LAROUSSE

BÁSICO

ESPAÑOL
FRANCÉS

FRANÇAIS
ESPAGNOL

Miguel B... (handwritten signature)

LAROUSSE

Av. Diagonal 407 Bis-10   Dinamarca 81   21 Rue de Montparnasse   Valentín Gómez 3530
08008 Barcelona   México 06600, D. F.   75298 París Cedex 06   1191 Buenos Aires

Realizado por / Réalisé par

LAROUSSE

Redactores:
BELÉN LÓPEZ LORENZO
NADINE MONGEARD MORANDI
CAROLINA CACECI
MARY RIGBY

Dirección del proyecto:
LEXUS

© Chambers Harrap Publishers Ltd.

"D. R." © MCMXCIX, por Ediciones Larousse, S. A. de C. V.
Dinamarca núm. 81, México 06600, D. F.

*Esta obra no puede ser reproducida, total o
parcialmente, sin autorización escrita del editor.*

SEGUNDA EDICIÓN — 6ª reimpresión

ISBN 970-607-956-4 (Ediciones Larousse)

*Larousse y el Logotipo Larousse son
marcas registradas de Larousse, S. A.*

Impreso en México — Printed in Mexico

Table des matières/Índice

Marques déposées

Introducción

El objetivo del presente diccionario es proporcionar una selección de las palabras y expresiones más usadas en el español y francés actuales. Además, se da una amplia cobertura del español de Hispanoamérica.

Se ha adoptado la nueva ordenación alfabética del español. Según ésta, los dígrafos **ch** y **ll** no se consideran letras independientes, sino que ocupan el lugar que les corresponde alfabéticamente dentro de la **c** y **l**, respectivamente. La **ñ**, sin embargo, aparece tras la n.

Se utilizan números para dividir las categorías gramaticales de las palabras. En entradas más largas o más detalladas se usa una letra minúscula para dividir los diferentes significados.

Las distintas traducciones de una misma entrada o frase están claramente separadas por indicadores que aparecen entre paréntesis. Dichos contextos o explicaciones también se facilitan cuando se estima que ayudan a comprender la única traducción ofrecida de una palabra (ej. **revêtement** m (de route etc) revestimiento m). Además, los indicadores se utilizan para señalar el registro de una palabra (ej. Fam para indicar familiar o coloquial) o para identificar un uso particular (ej. Am para señalar que pertenece al español de Hispanoamérica).

La presencia de un número entre corchetes tras un verbo español indica que éste es irregular. Las formas regulares de los verbos franceses pueden deducirse consultando los modelos de la página (xi) a la (xii). En la parte francesa del diccionario la presencia de un asterisco tras un verbo francés significa que éste es irregular y remite al usuario al cuadro de la página (xv) a la (xx).

Dos asteriscos tras un sustantivo español indican que la palabra, aún siendo femenina, requiere el artículo masculino **el** en el singular (por ejemplo, **el agua**, cuyo plural es **las aguas**).

El femenino de los sustantivos y de los adjetivos aparece (cuando procede) tras la forma masculina, separados con una coma y un guión. De modo que, **imprévu, -ue** significa que la forma femenina es **imprévue**. En la parte francesa del diccionario se facilita la forma completa femenina cuando ésta es escepcionalmente irregular.

El indicador a & mf (adjetivo y nombre masculino/feminino) no aparece repetido tras la traducción cuando también se aplica a ésta. Así, la presentación "**coetáneo, -a** *a* & *mf* contemporain, -aine." indica que tanto en francés como en español la palabra puede emplearse como adjetivo o sustantivo masculino y femenino.

Generalmente, el plural de los sustantivos y adjetivos franceses se forma añadiendo una **s** a la forma singular (ej. arbre, arbres; taxi, taxis). El plural de un sustantivo acabado en **s**, **x** o **z** coincide con la forma singular (ej. croix, pois). Como ayuda al usuario en la parte francesa, así como en la española, se da el plural de las palabras que no siguen la regla general.

Introduction

L'objectif de ce dictionnaire est de fournir une sélection des mots et expressions courants de l'espagnol et du français contemporains. Une place importante est réservée à l'espagnol d'Amérique Latine.

C'est le nouvel ordre alphabétique espagnol qui a été suivi ici. Les digrammes **ch** et **ll** ne sont donc pas considérés comme des lettres indépendantes, mais traités dans l'ordre alphabétique correspondant au sein des lettres **c** et **l**. Cependant, **ñ** vient à la suite de la lettre **n**.

Les différentes catégories grammaticales des mots sont séparées par des numéros. Dans les entrées plus longues ou détaillées, une lettre minuscule introduit chaque variation de sens.

Lorsqu'un mot ou une expression requiert plusieurs traductions, celles-ci sont clairement introduites par des indicateurs qui figurent entre parenthèses. Ces exemples d'emploi ou explications sont également présents devant certaines traductions uniques lorsqu'une précision est jugée nécessaire (par ex **revêtement** m *(de route etc)* revestimiento m.). En outre, les variations de niveau de langue sont identifiées par des indicateurs (par ex *Fam* pour usage familier). Il en est de même pour les variations géographiques (*Am* pour usage latino-américain).

Les nombres entre crochets qui suivent certains verbes espagnols indiquent que ceux-ci sont irréguliers. Les formes irrégulières des verbes espagnols peuvent être vérifiées en consultant les modèles de conjugaison page (viii). Les pages (i) à (vii) contiennent les différents modèles de conjugaison des verbes réguliers, ainsi que des principaux verbes irréguliers. Du côté français, c'est un astérisque qui marque l'irrégularité. L'utilisateur est invité à se référer au tableau figurant pages (xv) à (xx).

Les substantifs espagnols suivis de deux astérisques requièrent l'emploi de l'article masculin **el** au singulier bien qu'ils soient de genre féminin (par ex **el agua**; le pluriel serait **las aguas**).

La forme féminine des noms et des adjectifs est donnée à la suite de la forme masculine, après une virgule et un tiret. Par exemple, la présentation **idéntico, -a** signifie que la forme féminine est **idéntica**. Du côté français, les formes féminines très irrégulières apparaissent en toutes lettres.

L'indicateur *a & mf* (adjectif et nom masculin / féminin) n'est pas répété après la traduction lorsqu'il s'applique aussi à celle-ci. Ainsi une entrée comme "**coetáneo, -a** *a & mf* contemporain, -aine." implique que le français, comme l'espagnol, peut être employé comme adjectif et comme nom masculin ou féminin.

Le pluriel des mots espagnols s'obtient généralement en ajoutant un **s** s'ils se terminent par une voyelle, et **es** s'ils se terminent par une consonne. Les pluriels irréguliers sont indiqués pour l'espagnol comme pour le français.

Guide de prononciation de l'espagnol

Lettre Exemples   **Equivalent français**

Voyelles

a	gato, amar, mesa	comme dans pas
e	estrella, vez, firme	comme dans levé
i	inicuo, iris	comme dans fini
o	bolo, cómodo, oso	comme dans eau
u	turuta, puro, tribu	comme dans cou, mais u dans -que- ou -qui- et -gue- ou -gui- est muet, comme en français (sauf dans -güe- ou -güi-)
y	y	comme dans fini

Diphtongues

ai, ay	baile, hay	comme dans ae
au	fauna	comme dans baobab
ei, ey	peine, ley	comme dans oseille
eu	feudo	se prononce éou
oi, oy	boina, hoy	comme dans cow-boy

Semi-consonnes

u	buey, cuando, fuiste	comme dans oui, kiwi
i	viernes, vicio, ciudad, ciar	comme dans ailleurs, yoyo
y	yermo, ayer, rey	comme dans ailleurs, yoyo

Consonnes

b	boda, burro, ambos	comme dans bon
	haba, traba	un b plus léger
c	cabeza, cuco, acoso	comme dans cou, képi, frac
	cecina, cielo	comme le th anglais dans thing, mais en Andalousie et en Amérique Latine s comme dans savon
ch	chepa, ocho	comme dans atchoum
d	dedo, andar	comme dans dire
	dedo, ánade, abad	comme le th anglais dans the (en fin de mot, souvent omis dans la langue parlée)
f	fiesta, afición	comme dans foire
g	gas, rango, gula	comme dans gaz
	agua, agosto, lagar	un g plus léger
	genio, legión	comme le ch allemand dans Bach
h	hambre, ahíto	le h est toujours muet en espagnol
j	jabón, ajo, carcaj	comme le ch allemand dans Bach

k	**k**ilo, **k**imono	comme dans cou, *k*épi
l	**l**abio, hábi**l**,	comme dans *l*aine, e*l*egante
ll	**ll**uvia, ca**ll**e	se rapproche du son contenu dans mi*ll*ion
m	**m**ano, a**m**igo, ha**m**bre	comme dans *m*oi, â*m*e
n	**n**ata, rató**n**, a**n**tes, **en**emigo	comme dans *n*oir, bo*nn*e
ñ	a**ñ**o, **ñ**o**ñ**o	comme dans Ag*n*ès
p	**p**ipa, **p**elo	comme dans *p*as
q	**q**uiosco, **q**uerer, alambi**qu**e	comme dans cou, *k*épi
r(r)	pe**r**o, corre**r**, pad**r**e	*r*oulé
	re**ír**, hon**r**ado, pe**rr**o	*rr* est un *r* allongé
s	**s**auna, a**s**ado, corté**s**	comme dans *s*avon, vite*ss*e
t	**t**eja, es**t**én, a**t**raco	comme dans *t*oi
v	**v**erbena, **v**ena	comme dans *b*on
	a**v**e, vi**v**o	un *b* plus léger
w	**w**agón	comme dans *b*on
	waterpolo	comme dans *ou*ate
x	é**x**ito, e**x**amen	comme dans e*x*ercice
	e**x**tensión	comme dans fe*st*ival
z	**z**orro, a**z**ul, ca**z**a,	comme le *th* anglais dans *th*ing, mais en Andalousie et en Amérique Latine **s** comme dans *s*avon

Règles d'accentuation

Si un mot se termine par une voyelle, par **-n** ou **-s**, l'accent porte sur l'avant-dernière syllabe:

m**a**no, ex**a**men, bocad**i**llos

Si un mot se termine par n'importe quelle autre lettre, l'accent porte sur la dernière syllabe:

habl**ar**, Madr**id**, ay**er**

Les mots qui n'obéissent pas à ces deux règles prennent un accent écrit sur la syllabe accentuée:

c**ó**modo, leg**ió**n, h**á**bil

Guía de la pronunciación francesa

La siguiente lista corresponde a una guía de los principales sonidos franceses.

a	a**ller**	parecido a la *a* de p**a**ra
e	j**e**	no existe en español; corresponde a una e muda
	s**e**l	como en c**e**rdo, **e**stable
i	p**i**p**i**	como en c**i**rco
o	d**o**s	como en l**o**co
	s**o**l	*o* más abierto, como en c**o**rrer
u	t**u**	no existe en español - sonido intermedio entre la *i* y la *u*
à	voil**à**	como en p**a**ra
â	p**â**té	como en p**a**ra pero más larga
é	**é**glise	como en d**i**je, men**ú**
è	r**è**gle	como en c**e**rdo, **e**stable
ê	**ê**tre	como en c**e**rdo, **e**stable
î	**î**le	como en c**i**rco
ô	h**ô**tel	como en l**o**co
û	f**û**t	no existe en español - sonido intermedio entre la *i* y la *u*
ai	l**ai**t	como en c**e**rdo, **e**stable
au	f**au**t	como en l**o**co
eau	p**eau**	como en l**o**co
ei	s**ei**gneur	como en c**e**rdo, **e**stable
eu	f**eu**	parecido a una e muda larga
oi	t**oi**t	sonido parecido al que se encuentra en s**ua**ve
ou	f**ou**	como en t**ú**
ui	p**ui**s	sonido parecido al que se encuentra en c**ui**dado
an	**an**cien	sonido nasal parecido a *an* de t**an**go
ein	pl**ein**	sonido nasal parecido a *ein* de v**ein**te
en	m**en**tir	sonido nasal parecido a *an* de t**an**go
in	v**in**	sonido nasal parecido a *ein* de v**ein**te
on	m**on**tagne	sonido nasal parecido a *on* de c**on**de
un	br**un**	sonido nasal parecido a *ein* de v**ein**te
c	**c**omment	como en **c**ama
	i**c**i	como en a**s**í
ç	gar**ç**on	como en a**s**í
ch	**ch**at	parecido a la *ch* andaluza al pronunciar **ch**aval
g	**g**énéral	sonido parecido a la *ll* tal como se pronuncia en Argentina etc
	gai	como en **g**uapo
gn	a**gn**eau	como en a**ñ**o

h	**h**omme	no se pronuncia (h muda)
	héro	no se pronuncia pero impede el enlace o la elisión con la palabra precedente (h aspirada)
j	**j**e	sonido parecido a la *ll* tal como se pronuncia en Argentina etc
r	**r**obot	*r* pronunciada con la garganta
s	ba**s**e	*s* sonora (como un zumbido)
ss	ma**ss**e	*s* como en a*sí*
v, w	**v**ache, **w**agon	sonido entre la *f* y la *b* como en la pronunciación exagerada de la *v* española
w	**w**att	sonido parecido al *u* en s*u*ave, m*u*y
z	**z**oo	*s* sonora (como un zumbido)
aille	pag**aille**	como en ¡*ay*!
eille	Mir**eille**	como en l*ey*
euil, euille	faut**euil**, f**euille**	pronunciación entre l*ey* y h*oy*

Generalmente no se pronuncian a final de palabra:

-e	mettre, aile, bonne
-d	laid
-t	tant, sent, sont, mot, chocolat
-ent	viennent
-r	donner
-s	pas
	penses
	Paris
-z	allez

Abréviations

Abreviaturas

adjectif	a	adjetivo
abréviation	abrév, abr	abreviatura
adverbe	adv	adverbio
quelqu'un	algn	alguien
américanisme	Am	hispanoamericano
article	art	artículo
conjonction	conj	conjunción
défini	def	definido
démonstratif	dem	demostrativo
féminin	f	femenino
familier	Fam	familiar
figuré	Fig	uso figurado
feminin pluriel	fpl	plural femenino
futur	fut	futuro
impersonnel	impers	impersonal
indéfini	indef	indefinido
indéterminé	indet	indeterminado
indicatif	indic	indicativo
infinitif	infin	infinitivo
interjection	interj	interjección
interrogatif	interr	interrogativo
invariable	inv	invariable
irrégulier	irreg	irregular
masculin	m	masculino
masculin pluriel	mpl	plural masculino
nom	n	nombre
participe	p	participio
personnel	pers	personal
pluriel	pl	plural
possessif	poss, pos	posesivo
participe passé	pp	participio pasado
préposition	prep	preposición
présent	pres	presente
passé	pret	pretérito
pronom	pron	pronombre
passé simple	pt indef	pretérito indefinido
imparfait	pt imperfecto	pretérito imperfecto
quelqu'un	qn	alguien
relatif	rel	relativo
singulier	sing	singular
quelque chose	qch	algo
subjonctif	subj	subjuntivo
verbe auxiliaire	v aux	verbo auxiliar
verbe intransitif	vi	verbo intransitivo

verbe impersonnel	*v impers*	verbo impersonal
verbe pronominal	*vpr*	verbo pronominal
verbe réflexif	*vr*	verbo reflexivo
verbe transitif	*vt*	verbo transitivo
verbe transitif et intransitif	*vti*	verbo transitivo e intransitivo
vulgaire	*Vulg*	vulgar
absence de préposition	-	ausencia de preposición
marque déposée	®	marca registrada

FRANÇAIS-ESPAGNOL
FRANCÉS-ESPAÑOL

a voir **avoir**.

à prép (**à** + **le** = **au**, **à** + **les** = **aux**) (**a**) (lieu, temps) a; **aller à Paris** ir a París; **aller au cinéma** ir al cine; **de 3 à 4 h** de 3 a 4 h.

(**b**) (position: lieu, surface) en; (temps) a; **être au bureau/à la ferme/au jardin/à Paris** estar en la oficina/en la granja/en el jardín/en París; **à 8 h** a las 8; **à minuit** a medioanoche; **à mon arrivée** a mi llegada; **à lundi!** ¡hasta el lunes!.

(**c**) (description) **l'homme à la barbe** el hombre de barba; **verre à liqueur** copa de licor.

(**d**) (attribution) **donner qch à qn** dar algo a alguien.

(**e**) (devant infinitif) **apprendre à lire** aprender a leer; **travail à faire** trabajo que hacer; **maison à vendre** casa en venta.

(**f**) (appartenance) **c'est à lui** (son livre etc.) es suyo; **c'est à toi de** (décider, protester etc.) te corresponde a ti; (lire, jouer etc.) te toca.

(**g**) (prix) de; **pain à 2F** pan de 2 francos.

(**h**) (poids) por; **vendre au kilo** vender por kilos.

(**i**) (moyen, manière) **à bicyclette** en bicicleta; **à la main** (laver etc.) a mano; **à pied** a pie; **au crayon** a lápiz; **au galop** al galope; **deux à deux** de dos en dos.

(**j**) (appel) **au voleur!** ¡al ladrón!

abaisser 1 vt bajar.

2 s'abaisser vpr (barrière) bajarse; Fig (personne) rebajarse.

abandon m (de sportif) abandono m; **à l'a.** en estado de abandono.

abandonner vti abandonar.

abat-jour m inv pantalla f.

abattoir m matadero m.

abattre* 1 vt (arbre) derribar; (animal) abatir; Fig **ne te laisse pas a.** no te desanimes.

2 s'abattre vpr abatirse (**sur** sobre).

abbaye f abadía f.

abbé m (prêtre) cura m.

abcès m abceso m; (aux gencives) flemón m.

abdomen m abdomen m.

abeille f abeja f.

abîmer 1 vt estropear.

2 s'abîmer vpr estropearse.

aboiement m ladrido m.

abominable a abominable.

abondance f abundancia f; **il y a une a. de fruits** hay mucha fruta; **en a.** en abundancia.

abondant, -ante a abundante.

abonné, -ée mf (à une revue) suscriptor, -ora; (au téléphone, à une chaîne câblée etc.) abonado, -a.

abonnement m suscripción f; (**carte d'**) **a.** (de transport) bono m; (de théâtre etc.) abono m de temporada.

abonner (s') vpr (à une revue) suscribirse; (au théâtre; à une chaîne câblée etc.) abonarse.

abord m **d'a.** en primer lugar, primero; **au premier a.** a primera vista.

abordable a (prix) asequible; (personne) accesible.

aborder vt abordar.

aboutir vi (réussir) tener éxito; **a. à** (chemin) llevar a; **a. dans** llegar a; (mener, conduire) desembocar en; **n'a. à rien** quedarse en nada.

aboyer vi ladrar.

abréger vt (récit) abreviar.

abreuvoir m abrevadero m.

abréviation f abreviatura f.

abri m abrigo m; **a. (de jardin)** cobertizo m; **à l'a. de** (vent) al abrigo de; **sans a.** sin casa; **les sans a.** las personas sin hogar.

abricot m albaricoque m.

abricotier m albaricoquero m.

abriter 1 vt abrigar, albergar.
   2 s'abriter vpr refugiarse.

abrupt, -e a (pente etc.) abrupto, -a.

abrutir vt (travail, télévision) embrutecer.

absence f ausencia f.

absent, -ente a & mf ausente.

absenter (s') vpr ausentarse (**de** de).

absolu, -ue a absoluto, -a.

absolument adv absolutamente.

absorbant, -ante a (papier) secante; Fig (travail, lecture) absorbente.

absorber vt absorber.

abstenir* (s') vpr abstenerse (**de faire** de hacer).

absurde a absurdo, -a.

absurdité f absurdo m; (bêtise) tontería f; **quelle a.!** ¡qué absurdo!

abus m abuso m; **a. de confiance** abuso de confianza.

abuser vi abusar; **a. de** (personne, friandises) abusar de; (situation) aprovecharse de.

académie f academia f.

acajou m caoba f.

accabler vt abrumar (**de** con).

accéder vi **a. à** (lieu) acceder a.

accélérateur m (pédale d')a. acelerador m.

accélérer 1 vi acelerar.
   2 s'accélérer vpr acelerarse.

accent m acento m; (signe écrit) tilde f.

accepter vt aceptar (**de faire qch** hacer algo).

accès m acceso m (**à** a); (de colère, toux, fièvre) ataque m; **a. interdit** prohibido el paso.

accessoire 1 m accesorio m; (de voiture etc.) extra f; (de théâtre) attrezzo m.
   2 a accesorio, -a.

accident m accidente m.

accidentel, -elle a accidental.

acclamation f aclamación f, vítor m.

acclamer vt aclamar, vitorear.

accommoder vt acomodar; (aliments) aderezar.

accompagnateur, -trice mf acompañante mf.

accompagnement m (musical) acompañamiento m.

accompagner vt acompañar.

accomplir vt realizar.

accord m acuerdo m; (musical) acorde m; **être d'a.** estar de acuerdo (**avec** con); **d'a.!** ¡de acuerdo!, ¡vale!

accordéon m acordeón m.

accorder 1 vt (donner) conceder; (instrument) afinar.
   2 s'accorder vpr (se mettre d'accord) ponerse de acuerdo; (bien s'entendre) entenderse (bien); (conjugaison verbale) concordar; **s'a. un temps de répit** darse un descanso.

accotement m arcén m.

accouchement m parto m.

accoucher vi dar a luz.

accouder (s') vpr **s'a. à** ou **sur** acodarse sobre.

accourir* vi acudir (rápido).

accroc m roto m, desgarrón m (**à** en).

accrochage *m (de voitures)* colisión *f*, choque *m*; *Fig (avec qn)* encontronazo *m*.

accrocher 1 *vt (suspendre)* colgar; *(fixer)* juntar, atar; *(heurter)* chocar.
2 s'accrocher *vpr (se cramponner)* agarrarse (**à** a); *(être retenu)* engancharse; *(ne pas céder)* resistir; **accroche-toi bien** agárrate fuerte; *Fig* **il faut vraiment s'a. pour suivre** hay que estar muy atento para entenderlo; *Fig* **s'a. avec qn** tener un encontronazo con alguien.

accroupi, -ie *a* en cuclillas.

accroupir (s') *vpr* ponerse en cuclillas.

accueil *m* recibimiento *m*, acogida *f*; **faire bon a. à qn** ofrecer un buen recibimiento a alguien.

accueillant, -ante *a* acogedor, -ora.

accueillir *vt* acoger.

accumuler 1 *vt* acumular.
2 s'accumuler *vpr* acumularse.

accusation *f* acusación *f*

accusé, -ée *mf* acusado, -a.

accuser *vt* acusar (**de** de); *(tenir pour responsable)* culpar (**de** de).

acharnement *m* ensañamiento *m*.

acharner (s') *vpr* **s'a. sur** *(attaquer)* ensañarse con; **s'a. à faire** empeñarse en hacer.

achat *m* compra *f*; **faire des achats** ir de compras.

acheter *vt* comprar.

acheteur, -euse *mf* comprador, -ora.

achever *vt* acabar; **a. de faire qch** acabar de hacer algo; **a. qn** *(tuer)* rematar a alguien.

acide *a & m* ácido, -a *a & m*.

acier *m* acero *m*.

acompte *m* adelanto *m*.

acquérir* *vt* adquirir.

acquisition *f (achat)* adquisición *f*.

acquittement *m (d'un accusé)* absolución *f*.

acquitter 1 *vt (dette)* pagar; *(accusé)* absolver.
2 s'acquitter *vpr* **s'a. envers qn** pagar a alguien.

acrobate *mf* acróbata *mf*.

acrobatie *f* acrobacia *f*.

acrobatique *a* acrobático, -a.

acte *m (action, pièce de théâtre)* acto *m*.

acteur, -trice *mf* actor, -triz.

actif, -ive 1 *a* activo, -a.
2 *m Grammaire* voz *f* activa.

action *f* acción *f*; **mettre en a.** *(mécanisme)* poner en marcha.

actionnaire *mf* accionista *mf*.

actionner *vt* encender, accionar.

activer 1 *vt* activar; *(feu)* avivar.
2 s'activer *vpr Fam (se dépêcher)* darse prisa.

activité *f* actividad *f*.

actualité *f (événements)* actualidad *f*; **actualités** *(à la télévision etc.)* noticias *fpl*.

actuel, -elle *a* actual; **à l'heure actuelle** hoy día.

actuellement *adv* actualmente, en la actualidad.

adaptation *f* adaptación *f*.

adapter 1 *vt* adaptar (**à** a).
2 s'adapter *vpr (s'habituer)* adaptarse (**à** a), ajustarse (**à** a).

additif *m* aditivo *m*.

addition *f* suma *f*; *(au restaurant)* cuenta *f*.

additionner 1 *vt* sumar (**à** a).
2 s'additionner *vpr* sumarse a.

adhérent, -ente *mf* miembro *m*.

adhérer *vi (coller)* adherir(se); *(s'inscrire)* afiliarse; **j'adhère à votre opinion** comparto su opinión.

adhésif, -ive 1 *a* adhesivo, -a; **pansement a.** tirita.
2 *m (autocollant)* pegatina *f*.

adieu, -x *int & m* adiós *int & m*; **faire ses adieux** despedirse.

adjectif *m* adjetivo *m*.

adjoint, -ointe *mf* ayudante *mf*; **a. au maire** teniente *m* de alcalde.

admettre* *vt* admitir; *(candidat)* aprobar; **être admis à** *(examen)* aprobar.

administratif, -ive *a* administrativo, -a.

administration *f* administración *f*; **l'A.** *(service public)* el Estado; **travailler dans l'A.** ser funcionario.

administrer *vt* administrar.

admirable *a* admirable.

admirateur, -trice *mf* admirador, -ora.

admiratif, -ive *a* admirativo, -a.

admiration *f* admiración *f*; **être en a. devant qch** admirar algo.

admirer *vt* admirar.

adolescent, -ente *mf* adolescente *mf*.

adopter *vt* adoptar.

adoptif, -ive *a* adoptivo, -a.

adoption *f* adopción *f*.

adorable *a* adorable.

adoration *f* adoración *f*.

adorer *vt* adorar; **j'adore les chats** me encantan los gatos.

adosser (s') *vpr* apoyarse (**à** en).

adoucir 1 *vt* ablandar, suavizar.
  2 s'adoucir *vpr* suavizarse; *(temps)* mejorar.

adresse *f (domicile)* dirección *f*; *(habileté)* habilidad *f*, destreza *f*.

adresser 1 *vt* enviar, dirigir; **a. la parole à** dirigir la palabra a.
  2 s'adresser *vpr* **s'a. à** dirigirse a; *(bureau)* preguntar en; *(être destiné à)* estar destinado a.

adroit, -oite *a* diestro, -a.

adulte *mf* adulto, -a.

adverbe *m* adverbio *m*.

adversaire *mf* oponente *mf*, adversario, -a.

aération *f* ventilación *f*.

aérer *vt* ventilar.

aérien, -ienne *a* aéreo, -a.

aérobic *f* aerobic *m*.

aérogare *f* terminal *f*.

aéroglisseur *m* aerodeslizador *m*.

aéroport *m* aeropuerto *m*.

aérosol *m* aerosol *m*.

affaiblir *vt* debilitar.
  2 s'affaiblir *vpr* debilitarse.

affaire *f (question)* asunto *m*; *(procès)* caso *m*; **affaires** negocios *mpl*; *(effets)* cosas *fpl*; **avoir a. à qn** tratar con alguien; **c'est mon a.** es asunto mío; **faire une bonne a.** hacer un buen trato; **quelle a.!** ¡qué historia!

affamé, -ée *a* hambriento, -a.

affecter *vt (à un poste)* destinar; *(sentiment)* fingir; **être affecté par une maladie/nouvelle** estar afectado por una enfermedad/noticia.

affection *f* afecto *m*, cariño *m*.

affectueux, -euse *a* afectuoso, -a.

affichage *m* **panneau d'a.** tablón de anuncios.

affiche *f* cartel *m*.

afficheur *m (d'ordinateur)* pantalla *f*.

afficher *vt* colgar.

affirmatif, -ive *a* afirmativo, -a.

affirmation *f* afirmación *f*.

affirmer *vt* afirmar.

affliger *vt* afligir.

affluence *f* afluencia *f*; **heure(s) d'a.** hora punta.

affluent *m* afluente *m*.

affolement *m* pánico *m*.

affoler 1 *vt* volver loco.
  2 s'affoler *vpr* enloquecer, volverse loco.

affranchir *vt (lettre)* franquear.

affreux, -euse *a* horrible, espantoso, -a.

affront *m* afrenta *f*; **faire un a. à** hacer una afrenta a.

affronter 1 *vt* afrontar; *(ennemi)* confrontar; *(problème)* hacer frente a.
   2 s'affronter *vpr* enfrentarse.

affûter *vt* afilar.

afin 1 *prép* **a. de** *(+ infinitif)* con el fin de *(+ infinitif)*.
   2 *conj* **a. que** *(+ subjonctif)* a fin de que.

africain, -aine 1 *a* africano, -a.
   2 *mf* **Africain, -aine** africano, -a.

agaçant, -ante *a* irritante, molesto, -a.

agacer *vt* irritar, molestar.

âge *m* edad *f*; **quel â. as-tu?** ¿cuántos años tienes?; **d'un certain â.** de cierta edad; **le moyen â.** la Edad Media.

âgé, -ée *a* de avanzada edad; **il est très â.** es muy mayor; **â. de six ans** de seis años (de edad).

agence *f* agencia *f*; *(succursale)* sucursal *f*; **a. immobilière** agencia inmobiliaria; **a. de voyages** agencia de viajes.

agenda *m* agenda *f*.

agenouiller (s') *vpr* arrodillarse.

agent *m* agente *mf*; **a. (de police)** agente (de policía); **a. immobilier** agente inmobiliario.

agglomération *f* aglomeración *f*.

aggloméré *m* aglomerado *m*.

aggraver 1 *vt* agravar.
   2 s'aggraver *vpr* agravarse.

agile *a* ágil.

agilité *f* agilidad *f*.

agir *vi* actuar.

agir (s') *vi* **il s'agit d'argent** */etc.* se trata de *ou* es cuestión de dinero / *etc.*; **de quoi s'agit-il?** ¿de qué se trata?

agitation *f* agitación *f*.

agité, -ée *a* inquieto, -a.

agiter 1 *vt* agitar.
   2 s'agiter *vpr* alterarse.

agneau, -x *m* cordero *m*.

agrafe *f* *(pour papiers)* grapa *f*.

agrafer *vt* *(robe)* abrochar; *(papiers)* grapar.

agrafeuse *f* grapadora *f*.

agrandir 1 *vt* ampliar, agrandar.
   2 s'agrandir *vpr* agrandarse.

agrandissement *m* ampliación *f*.

agréable *a* agradable.

agréer *vt* **veuillez a. (l'expression de) mes salutations distinguées** *(dans une lettre)* le saluda atentamente.

agrès *mpl* *(de gymnastique)* aparatos *mpl*.

agresser *vt* agredir, atacar.

agresseur *m* agresor, -ora.

agressif, -ive *a* agresivo, -a.

agression *f* agresión *f*.

agressivité *f* agresividad *f*.

agricole *a* agrícola.

agriculteur, -trice *mf* agricultor, -ora.

agriculture *f* agricultura *f*.

aguets (aux) *adv* al acecho.

ah! *int* ¡ah!

ai *voir* **avoir**.

aide 1 *f* ayuda *f*; **à l'a. de** con (la) ayuda de; **à l'a.!** ¡ayuda!.
   2 *mf* *(personne)* ayudante *mf*.

aider 1 *vt* ayudar.
   2 s'aider *vpr* ayudarse (**de** de).

aïe! *int* ¡ay!

aie(s), aient *voir* **avoir**.

aigle *m* águila *f*.

aigre *a* agrio, -a.

aigu, -uë *a* *(accent, voix)* agudo, -a.

aiguillage *m* *(pour train)* agujas *fpl*.

aiguille *f* aguja *f*; *(de montre etc.)* manecilla *f*.

aiguilleur *m* guardagujas *m inv*; **a. du ciel** controlador *m* aéreo.

aiguiser *vt* afilar.

ail *m* ajo *m*.

aile *f* ala *f*; *(de moulin à vent)* aspa *f*.

ailier *m* Football extremo *m*, lateral *m*.

aille(s), aillent *voir* **aller¹**.

ailleurs *adv (localisation)* en otra parte; **d'a.** *(du reste)* de hecho.

aimable *a* amable.

aimant *m* imán *m*.

aimanter *vt* imantar.

aimer *vt* querer; **ils s'aiment** se quieren; **j'aime mes parents** quiero a mis padres; **je t'aime** te quiero, te amo; **je t'aime bien** me gustas (mucho); **j'aime les gâteaux** me gustan los dulces; **j'aime bien faire la cuisine** me gusta cocinar; **a. mieux** preferir.

aîné, -ée 1 *a* **mon frère a.** mi hermano mayor.
  2 *mf (premier-né)* primogénito, -a; **elle est mon aînée de quatre ans** es cuatro años mayor que yo.

ainsi *adv (comme ça)* así, de este modo; **a. que** así como; **et a. de suite** y así sucesivamente; **pour a. dire** por decirlo de algún modo.

air¹ *m* aire *m*; *(mélodie)* melodía *f*; **en plein a.** al aire libre; **en l'a.** *(lancer)* en el aire; *Fam* **ficher en l'a.** *(jeter)* tirar por los aires; *(projets etc.)* echar a perder; **paroles en l'a.** palabras vacías.

air² *m (expression)* aire *m*, aspecto *m*; **avoir l'a.** parecer; **avoir l'a. bête** parecer un idiota; **il a l'a. de s'ennuyer** parece que se aburre.

aire *f* área *f*; **a. de stationnement** aparcamiento *m*.

aise *f* **à l'a.** a gusto, cómodo; **mal à l'a.** incómodo.

aisé, -ée *a (riche)* acomodado, -a; *(facile)* fácil.

aisselle *f* axila *f*.

ait *voir* **avoir**.

ajouter *vt* añadir (**à** a).

ajuster *vt* ajustar; **a. à** *(adapter)* adaptar a.

alaise *f* hule *m*.

alarme *f (signal)* alarma *f*; **a. anti-vol/d'incendie** alarma antirrobo/de incendios; **donner l'a.** dar la alarma.

alarmer 1 *vt* alarmar.
  2 s'alarmer *vpr* alarmarse.

album *m* álbum *m*.

alcool *m* alcohol *m*; *(spiritueux)* licor *m*; **a. à 90°** alcohol de 90 grados.

alcoolique *a & mf* alcohólico, -a.

alcoolisé, -ée *a* alcoholizado, -a.

alcootest® *m* test *m* de alcoholismo; *(appareil)* alcoholímetro *m*.

alentours *mpl* alrededores *mpl*; **aux a. de** en los alrededores de.

alerte *f* alerta *f*, alarma *f*; **en état d'a.** en estado de alerta; **donner l'a.** dar la alarma.

alerter *vt* alertar.

algèbre *f* álgebra *f*.

algérien, -ienne 1 *a* argelino, -a.
  2 *mf* **Algérien, -ienne** argelino, -a.

algue *f* alga *f*.

alibi *m* coartada *f*.

aliéné, -ée *mf* enajenado, -a, demente *mf*; **asile d'aliénés** manicomio.

alignement *m* alineamiento *m*.

aligner 1 *vt* alinear.
  2 s'aligner *vpr* alinearse.

aliment *m* alimento *m*.

alimentaire *a* alimenticio, -a.

alimentation *f* alimentación *f*; **magasin d'a.** tienda de comestibles.

alimenter *vt (nourrir)* alimentar.

allaiter 1 *vt (petit)* amamantar; **a. un bébé** dar el pecho a un bebé.
  2 *vi* dar el pecho.

allécher *vt* tentar.

allée *f (de parc etc.)* sendero *m*; *(de cinéma, supermarché etc.)* pasillo *m*; **allées et venues** idas y venidas.

allégé, -ée *a (fromage etc.)* light.

alléger *vt* aligerar; *Fig (souffrance)* aliviar.

allemand, -ande 1 *a* alemán, -ana.
  2 *m (langue)* alemán *m*.
  3 *mf* **Allemand -ande** alemán, -ana.

aller¹* 1 *vi (aux* **être***)* ir; **a. à qn** *(chapeau etc.)* quedar bien a alguien; *(heure, lieu)* convenir a alguien; **a. bien/mieux** *(personne)* estar bien/mejor; **aller faire qch** ir a hacer algo; **va voir!** ¡ve a ver!; **comment vas-tu?, (comment) ça va?** ¿cómo estás?; **ça va!** ¡bien!; **tout ira bien!** ¡todo va a salir bien!; **allez-y!** *(encouragement)* ¡vamos!; **allez! au lit!** ¡venga! ¡a la cama!.
  2 s'en aller *vpr* irse; *(tache)* salir.

aller² *m* ida *f*; **billet a. (et) retour** billete de ida y vuelta.

allergie *f* alergia *f*.

allergique *a* alérgico, -a (**à** a).

alliance *f* alianza *f*.

allié, -ée *mf* aliado, -a.

allier 1 *vt* aliar (**à** a, con).
  2 s'allier *vpr (pays)* aliarse (**à** con, a; **contre** contra).

allô! *int* ¿sí?, ¡diga!

allocation *f* subsidio *m*; **a. (de) chômage** subsidio de desempleo; **allocations familiales** ayuda *f* familiar.

allongé, -ée *a (étiré)* alargado, -a; *(couché)* tumbado, -a.

allonger 1 *vt (bras)* estirar; *(jupe)* alargar.
  2 *vi (jours)* alargarse.
  3 s'allonger *vpr* alargarse; *(s'étendre)* tumbarse.

allumage *m* encendido *m*.

allumer 1 *vt* encender.
  2 s'allumer *vpr (lumière)* encenderse.

allumette *f* cerilla *f*.

allure *f (vitesse)* paso *m*; *(de véhicule)* velocidad *f*; *(air)* aspecto *m*.

allusion *f* alusión *f*; **faire a. à** hacer alusión a, referirse a.

alors *adv (en ce cas-là)* entonces; **a. que** *(tandis que)* mientras que.

alouette *f* alondra *f*.

alourdir 1 *vt* hacer pesado, sobrecargar.
  2 s'alourdir *vpr* volverse pesado.

Alpes (les) *fpl* los Alpes.

alphabet *m* alfabeto *m*.

alphabétique *a* alfabético, -a; **une liste a.** una lista por orden alfabético.

alpinisme *m* alpinismo *m*.

alpiniste *mf* alpinista *mf*.

alterner *vti* alternar.

altitude *f* altitud *f*, altura *f*.

alu *m* **papier (d')a.** papel platino.

aluminium *m* aluminio *m*; **papier (d')a.** papel platino.

amabilité *f* amabilidad *f*.

amaigri, -ie *a* enflaquecido, -a.

amaigrissant *a* **régime** *m* **a.** régimen adelgazante, dieta.

amande *f* almendra *f*.

amarrer *vt* amarrar.

amarres *fpl* amarras *fpl*; **larguer les a.** soltar las amarras.

amas *m* montón *m*.

amasser 1 *vt* amontonar.
  2 s'amasser *vpr* amontonarse.

amateur 1 *m* aficionado, -a; *(de sport)* amateur *m*; **c'est un a. d'art** es un aficionado al arte.
  2 *a (équipe, sportif)* amateur.

ambassade *f* embajada *f*.

ambassadeur, -drice *mf* embajador, -ora.

ambiance *f* ambiente *m*; **il y a une bonne a.** hay buen ambiente.

ambitieux, -euse *a* ambicioso, -a.

ambition *f* ambición *f*.

ambulance *f* ambulancia *f*.

ambulant, -ante *a* ambulante.

âme *f* alma *f*.

amélioration *f* mejora *f*.

améliorer 1 vt mejorar.
  2 s'améliorer vpr mejorar(se).

aménagement m habilitación f, disposición f.

aménager vt (arranger) habilitar (**en** como); (transformer) reconvertir (**en** en).

amende f multa f.

amener vt traer.

amer, -ère a amargo, -a.

américain, -aine 1 a americano, -a.
  2 mf **Américain, -aine** americano, -a.

amertume f amargura f.

ameublement m mobiliario m.

ami, -ie mf amigo, -a; (de la nature etc.) amante mf (**de** de); **petit a.** novio m; **petite amie** novia f.

amical, -e, -aux a amistoso, -a.

amiral, -aux m almirante m.

amitié f amistad f; **mes amitiés à votre femme** salude a su mujer (de mi parte).

amonceler (s') vpr amontonarse.

amont (en) adv río arriba.

amorce f (de pêcheur) cebo m.

amortir vt amortiguar.

amortisseur m amortiguador m.

amour m amor m; (affection) cariño m; **pour l'a. de** por el amor de.

amoureux, -euse a **a. de qn** enamorado, -a de alguien.

amour-propre m amor m propio.

amovible a movible, amovible.

amphithéâtre m (romain) anfiteatro m; (à l'université) sala f de conferencias.

ample a (vêtement) amplio, -a.

ampleur f (de robe) amplitud f; Fig (de problème) envergadura f.

amplificateur m amplificador m.

amplifier vt amplificar, aumentar.

ampoule f (électrique) bombilla f; (aux pieds, de médicament) ampolla f.

amputer vt amputar.

amusant, -ante a divertido, -a, entretenido, -a.

amusement m diversión f, entretenimiento m.

amuser 1 vt divertir, entretener.
  2 s'amuser vpr divertirse.

amygdales fpl amígdalas fpl.

an m año m; **il a dix ans** tiene diez años; **Nouvel An** Año Nuevo.

analogue a análogo, -a.

analyse f análisis m inv.

analyser vt analizar.

ananas m piña f.

anarchie f anarquía f.

anatomie f anatomía f.

ancêtre m antepasado m.

anchois m anchoa f.

ancien, -ienne 1 a antiguo, -a; **mon a. patron** mi antiguo jefe.
  2 mf **c'est un a.** (dans la maison) es uno de los empleados de mayor antigüedad.

ancre f ancla f; **jeter/lever l'a.** echar/recoger el ancla.

ancrer vt anclar.

andouille f Fam **espèce d'a.!** ¡idiota!, ¡imbécil!

âne m asno m, burro m.

anéantir vt aniquilar.

anecdote f anécdota f.

anesthésie f anestesia f; **a. générale** anestesia general.

anesthésier vt anestesiar.

ange m ángel m; **a. gardien** ángel guardián.

angine f angina f; **a. de poitrine** angina de pecho.

anglais, -aise 1 a inglés, -esa.
  2 m (langue) inglés m.
  3 mf **Anglais, -aise** inglés, -esa.

angle m ángulo m; (de rue) esquina f.

angoissant, -ante a angustiante.

angoisse f angustia f.

anguille f anguila f.

animal, -e, -aux *a & m* animal *a & m*.

animateur, -trice *mf (de télévision)* presentador, -ora; *(de club)* animador, -ora.

animation *f* animación *f*.

animé, -ée *a* animado, -a.

animer 1 *vt* animar.
    2 s'animer *vpr* animarse.

ankylosé, -ée *a* anquilosado, -a, atascado, -a.

anneau, -x *m* anilla *f*, argolla *f*.

année *f* año *m*; **bonne a.!** ¡Feliz Año Nuevo!

annexe *f (bâtiment, document)* anexo *m*.

anniversaire *m (d'événement)* aniversario *m*; *(de naissance)* cumpleaños *m inv*.

annonce *f (publicitaire)* anuncio *m*; **petites annonces** anuncios por palabras, anuncios breves.

annoncer 1 *vt* anunciar.
    2 s'annoncer *vpr* **s'a. difficile/** *etc.* parecer difícil/ *etc.*; **les vacances s'annoncent bien** las vacaciones prometen; **ca s'annonce bien** es prometedor.

annuaire *m (téléphonique)* guía *f* de teléfonos.

annuel, -elle *a* anual.

annulaire *m* (dedo) anular *m*.

annuler *vt* anular.

ânonner *vt* farfullar.

anonyme *a & mf* anónimo, -a; **une lettre a.** un anónimo.

anorak *m* anorak *m*.

anorexie *f* anorexia *f*.

anorexique 1 *a* anoréxico, -a.
    2 *mf* enfermo, -a de anorexia.

anormal, -e, -aux *a* anormal.

anse *f (de tasse etc.)* asa *f*.

antarctique 1 *a* antártico, -a.
    2 *m* **l'Antarctique** la Antártida.

antécédent *m* antecedente *m*.

antenne *f* antena *f*.

antérieur, -eure *a* anterior.

antibiotique *a & m* antibiótico *a & m*.

antibrouillard *a & m* **(phare) a.** faro *m* antiniebla.

antichoc *a inv* a prueba de choques.

anticorps *m* anticuerpo *m*.

antilope *f* antílope *m*.

antipathique *a* antipático, -a.

antiquaire *mf* anticuario, -a.

antique *a* antiguo, -a.

antiquité *f* antigüedad *f*.

antivol *m* dispositivo *m* antirrobo.

anxiété *f* ansiedad *f*.

anxieux, -euse *a* ansioso, -a.

août *m* agosto *m*.

apaiser *vt* calmar, tranquilizar.

apercevoir* 1 *vt* percibir.
    2 s'apercevoir darse cuenta (**de** de).

apéritif *m* aperitivo *m*.

aplanir *vt (terrain)* aplanar; *Fig (difficulté)* allanar.

aplati, -ie *a* aplanado, -a.

aplatir *vt* aplanar.

aplomb (d') *adv (meuble etc.)* estable; *Fig (personne)* en forma.

apostrophe *f (signe)* apóstrofe *m*.

apparaître* *vi* aparecer(se).

appareil *m* aparato *m*; **a. (photo)** cámara *f* (de fotos).

apparemment *adv* aparentemente.

apparence *f* apariencia *f*.

apparent, -ente *a* aparente.

apparition *f* aparición *f*.

appartement *m* piso *m*, apartamento *m*, *Am* departamento *m*.

appartenir* *vi* pertenecer (**à** a).

appât *m* cebo *m*.

appâter *vt* atraer (con un cebo).

appauvrir (s') *vpr* empobrecerse.

appel *m (cri)* llamada *f*; *(en justice)* apelación *f*; **a. téléphonique** llamada de teléfono; **faire l'a.** pasar lista; **faire a. à** apelar a.

appeler 1 *vt* llamar; **a. à l'aide** pedir ayuda.

2 s'appeler *vpr* llamarse; **il s'appelle Paul** se llama Pablo.

appendicite *f* apendicitis *f*.

appétissant, -ante *a* apetitoso, -a.

appétit *m* apetito *m*; **bon a.!** ¡que aproveche!, ¡buen provecho!

applaudir *vti* aplaudir.

applaudissements *mpl* aplausos *mpl*.

application *f* aplicación *f*.

applique *f* aplique *m*.

appliqué, -ée *a* (*élève*) aplicado, -a.

appliquer (s') *vpr* **s'a. à qch** aplicarse a algo; (*se donner du mal*) esforzarse en algo; **s'a. à faire** aplicarse a hacer.

apporter *vt* traer.

appréciation *f* apreciación *f* (**de** de).

apprécier *vt* apreciar.

appréhender *vt* (*craindre*) temer (**de faire** hacer).

apprendre* *vti* (*étudier*) aprender; (*enseigner*) enseñar; (*fait, nouvelle*) enterarse de; **a. à faire** aprender a hacer; **a. qch à qn** enseñar algo a alguien; (*informer*) informar de algo a alguien; **a. à qn à faire** enseñar a alguien a hacer; **a. que** enterarse de que.

apprenti, -ie *mf* aprendiz, -a.

apprentissage *m* aprendizaje *m* (**de** de).

apprêter (s') *vpr* prepararse; **s'a. à faire** disponerse a hacer.

apprivoisé, -ée *a* manso, -a, domesticado, -a.

apprivoiser *vt* amansar, domesticar.

approcher 1 *vt* (*chaise etc.*) acercar (**de** a); (*personne*) acercarse a.

2 *vi*, **s'approcher** *vpr* acercarse (**de** a).

approfondir *vt* profundizar, ahondar.

approprier (s') *vpr* apropiarse de.

approuver *vt* aprobar.

approvisionner (s') *vpr* abastecerse, aprovisionarse (**en** de).

appui *m* (*support physique*) soporte *m*; (*moral*) apoyo *m*; **a. financier** ayuda *f* financiera.

appuyer 1 *vt* (*soutenir*) apoyar; **a. qch sur** (*poser*) apoyar algo en *o* contra.

2 *vi* **a. sur** apoyarse en; (*touche etc.*) apretar.

3 s'appuyer *vpr* apoyarse (**sur** en).

après 1 *prép* después de; **a. un an** después de *o* tras un año; **a. le pont** después del *o* más allá del puente; **a. avoir mangé** después de comer.

2 *adv* después; **l'année/la page d'a.** el año/la página siguiente.

après (d') *prép* según; **d'a. lui/mes calculs/***etc.* según él/mis cálculos/*etc.*

après-demain *adv* pasado mañana.

après-midi *m ou f inv* tarde *f*; **travailler l'a.** trabajar por la tarde.

apte *a* apto, -a (**à** para).

aptitudes *fpl* aptitudes *fpl*, cualidades *fpl* (**pour** para).

aquarelle *f* acuarela *f*.

aquarium *m* acuario *m*.

aquatique *a* acuático, -a.

arabe 1 *a* árabe; **chiffres arabes** números arábigos.

2 *m* (*langue*) árabe *m*.

3 *mf* **Arabe** árabe *mf*.

arachide *f* **huile d'a.** aceite de maní *o* cacahuete.

araignée *f* araña *f*.

arbitre *m* árbitro *m*.

arbitrer *vt* arbitrar.

arbre *m* árbol *m*.

arbuste *m* arbusto *m*.

arc *m* arco *m*.

arcade *f* arcada *f*; **a. sourcilière** ceja *f*.

arc-en-ciel *m* (*pl* **arcs-en-ciel**) arco *m* iris.

arche *f* (*voûte*) arco *m*; **l'a. de Noé** el arca *f* de Noé.

archer *m* arquero *m*.

archipel *m* archipiélago *m*.

architecte *mf* arquitecto *m*.

architecture *f* arquitectura *f*.

archives *fpl* archivo *m*.

arctique 1 *a* ártico, -a.
   2 *m* **l'Arctique** el Ártico.

ardent, -ente *a* (*passionné*) ardiente.

ardeur *f* ardor *m*, entusiasmo *m*.

ardoise *f* pizarra *f*.

are *m* área *f*.

arène *f* (*pour taureaux*) arena *f*; **arènes** (*romaines*) anfiteatro *m*.

arête *f* (*de poisson*) espina *f*; (*de cube*) arista *f*.

argent *m* (*métal*) plata *f*; (*monnaie*) dinero *m*; **a. comptant** (dinero en) efectivo *m*.

argenterie *f* (vajilla *f* de) plata *f*.

argile *f* arcilla *f*, barro *m*.

argot *m* argot *m*, jerga *f*.

argument *m* argumento *m*.

arithmétique *f* aritmética *f*.

armature *f* (*de lunettes*) montura *f*; (*de tente*) armazón *m*.

arme *f* arma *f*; **a. à feu** arma de fuego.

armée *f* ejército *m*; **a. de l'air** ejército del aire.

armement(s) *m*(*pl*) armamento *m*.

armer 1 *vt* (*personne*) armar (**de** de); (*fusil*) montar.
   2 s'armer *vpr* armarse (**de** de).

armoire *f* (*penderie*) armario *m*; **a. à pharmacie** botiquín *m*.

armure *f* armadura *f*.

arôme *m* aroma *m*.

arracher 1 *vt* arrancar; **a. qch à qn** arrebatar algo a alguien.
   2 s'arracher *vpr Fig* **s'a. les cheveux** volverse loco.

arranger 1 *vt* (*chambre*) ordenar; (*visite etc.*) organizar; (*voiture*) arreglar; (*texte*) adaptar; **ça m'arrange** me viene bien.
   2 s'arranger *vpr* (*deux personnes*) ponerse de acuerdo; (*finir bien*) arreglarse; **s'a. pour faire** arreglárselas para hacer.

arrestation *f* detención *f*.

arrêt *m* parada *f*; **temps d'a.** descanso; **sans a.** sin parar.

arrêté *m* decreto *m*, órden *f*.

arrêter 1 *vt* parar; (*voleur etc.*) detener.
   2 *vi* dejar (**de** de); **il n'arrête pas de critiquer/** *etc.* no deja de criticar/ *etc.*; **arrête!** ¡ya basta!.
   3 s'arrêter *vpr* pararse; **s'a. de fumer** dejar de fumar.

arrière 1 *adv* **en a.** hacia atrás; (*rester*) detrás.
   2 *m* parte *f* de atrás; **assis à l'a.** (*en voiture*) sentado detrás.
   3 *a* trasero, -a; **faire marche a.** dar marcha atrás.
   4 *m Football* defensa *m*.

arrière-boutique *m* trastienda *f*.

arrière-goût *m* resabio *m*.

arrière-grand-mère *f* bisabuela *f*.

arrière-grand-père *m* bisabuelo *m*.

arrivage *m* arribada *f*, llegada *f*.

arrivée *f* llegada *f*.

arriver *vi* (*aux* **être**) llegar; (*survenir*) ocurrir; **a. à faire** conseguir hacer; **a. à qn** ocurrirle o pasarle a alguien; **il m'arrive d'oublier/** *etc.* a veces olvido/ *etc.*; **qu'est-ce qui t'est arrivé?** ¿qué te pasó?

arrondir 1 *vt* redondear.
   2 s'arrondir *vpr* redondearse.

arrondissement *m* (*d'une ville*) distrito *m*.

arrosage *m* riego *m*.

arroser *vt* regar.

arrosoir *m* regadera *f*.

art *m* arte *m*; **les arts** las artes.

artère *f* arteria *f*.

artichaut *m* alcachofa *f*.

article *m* artículo *m*; **a. de journal** artículo de prensa; **articles de toilette** artículos de tocador.

articulation *f* (de membre) articulación *f*.

articuler *vt* (mot etc.) articular.

artifice *m* **feu d'a.** fuegos *mpl* artificiales o de artificio.

artificiel, -elle *a* artificial.

artisan *m* artesano *m*; *Fig* artífice *mf*.

artiste *mf* artista *mf*.

artistique *a* artístico, -a.

as¹ *voir* avoir.

as² *m* as *m*.

ascenseur *m* ascensor *m*.

ascension *f* ascensión *f*; **l'A.** el Día de la Ascensión.

asiatique 1 *a* asiático, -a.
  2 *mf* **Asiatique** asiático, -a.

asile *m* (abri) asilo *m*; **droit d'a.** derecho de asilo.

aspect *m* aspecto *m*.

asperge *f* espárrago *m*.

asperger *vt* rociar (**de** de, con).

asphyxie *f* asfixia *f*.

asphyxier 1 *vt* asfixiar.
  2 s'asphyxier *vpr* asfixiarse.

aspirateur *m* aspiradora *f*, aspirador *m*; **passer l'a.** pasar la aspiradora.

aspirer *vt* (liquide) aspirar; **a. à qch** aspirar a algo.

aspirine *f* aspirina *f*.

assaisonnement *m* condimento *m*; (de salade) aliño *m*.

assaisonner *vt* condimentar; (salade) aliñar.

assassin *m* asesino, -a.

assassinat *m* asesinato *m*.

assassiner *vt* asesinar.

assaut *m* asalto *m*; **prendre d'a.** tomar por asalto.

assemblée *f* asamblea *f*.

assembler 1 *vt* juntar, reunir.
  2 s'assembler *vpr* reunirse.

asseoir* (s') *vpr* sentarse.

assez *adv* suficiente, bastante; **il y en a a.** (en quantité suffisante) hay suficiente; **j'en ai a.!** ¡ya está bien!; **il est a. grand/** etc. **pour** es lo bastante grande/ etc. para hacer; **a. fatigué/**etc. (plutôt) bastante cansado/ etc.

assiéger *vt* asediar.

assiette *f* plato *m*; **a. anglaise** plato de fiambres.

assis, -ise (pp de **asseoir**) *a* sentado, -a.

assises *fpl* (**cour d')a.** audiencia *f*.

assistance *f* asistencia *f*; **prêter son a.** ayudar.

assistant, -ante *mf* asistente *mf*; **assistant(e) social(e)** asistente social; **assistante maternelle** niñera *f*.

assister 1 *vt* (aider) ayudar.
  2 *vi* **a. à** (réunion, cours etc.) asistir a; (accident) presenciar.

association *f* asociación *f*.

associé, -ée 1 *mf* socio, -a.
  2 *a* asociado, -a.

associer (s') *vpr* asociarse (**à** con).

assoiffé, -ée *a* sediento, -a.

assombrir (s') *vpr* (ciel) oscurecer(se).

assommer *vt* dejar inconsciente; *Fig* hartar.

assortiment *m* surtido *m*.

assortir 1 *vt* combinar.
  2 s'assortir *vpr* (couleurs) pegar.

assoupir (s') *vpr* adormecerse.

assouplir *vt* (corps) dar flexibilidad a.

assouplissement *m* **exercices d'a.** ejercicios de flexibilidad.

assourdir *vt* ensordecer.

assourdissant, -ante *a* ensordecedor, -ora.

assurance f (aplomb) seguridad f; (contrat) seguro m.

assurer 1 vt asegurar; **a. qn de qch** asegurar algo a alguien.
2 s'assurer vpr asegurarse (**contre** contra); **s'a. que/de** asegurarse de que/de.

astérisque m asterisco m.

asthmatique a & mf asmático, -a.

asthme m asma f.

asticot m gusano m.

astiquer vt abrillantar.

astre m astro m.

astrologie f astrología f.

astronaute mf astronauta mf.

astronomie f astronomía f.

astuce f astucia f.

astucieux, -euse a astuto, -a.

atelier m (d'ouvrier etc.) taller m; (de peintre) estudio m.

athlète mf atleta mf.

athlétique a atlético, -a.

athlétisme m atletismo m.

atlantique 1 a atlántico, -a.
2 m **l'Atlantique** el Atlántico.

atlas m atlas m.

atmosphère f atmósfera f.

atome m átomo m.

atomique a atómico, -a.

atout m triunfo m.

atroce a atroz.

atrocité f atrocidad f.

attabler (s') vpr sentarse a la mesa.

attachant, -ante a (enfant etc.) que se le coge cariño con facilidad.

attaché a agregado, -a; **je suis très a. à elle** estamos muy unidos.

attaché-case m maletín m, cartera f.

attacher 1 vt atar (**à** a); (ceinture) ponerse.
2 s'attacher vpr **s'a. à qn** coger cariño a alguien, encariñarse con alguien.

attaquant, -ante mf agresor, -ora; (sport) atacante mf.

attaque f ataque m; Fam **être d'a.** estar en forma.

attaquer 1 vti atacar; Fig **on attaque?** (le travail) ¿nos ponemos (a trabajar)?.
2 s'attaquer vpr **s'a. à qn** atacar a alguien; **s'a. à un problème** acometer o afrontar un problema.

attarder (s') vpr (en chemin) retrasarse.

atteindre* vt (but) llegar a; **être atteint de** (maladie) estar afectado de.

attelage m (crochet) enganche m.

atteler vt (bêtes) uncir; (remorque) enganchar.

attendre 1 vti esperar; **a. que qn vienne** esperar a que venga alguien; **faire a. qn** hacer esperar a alguien; **en attendant** mientras tanto; **en attendant que tu arrives** mientras te esperaba.
2 s'attendre vpr esperar (**à** a).

attendrir (s') vpr enternecerse (**sur** con).

attentat m atentado m; **a. (à la bombe)** atentado-bomba.

attente f espera f; **salle d'a.** sala de espera.

attentif, -ive a (personne) atento, -a; (travail, examen) concienzudo, -a.

attention f atención f; **faire a. à** prestar atención a; **a.!** ¡cuidado!, ¡ojo!; **a. à la voiture!** ¡cuidado con el coche!

attentivement adv atentamente.

atterrir vi aterrizar.

atterrissage m aterrizaje m.

attirer vt atraer; **a. l'attention** llamar la atención (**sur** sobre).

attitude f actitud f.

attraction f atracción f; **parc d'attractions** parque de atracciones.

attraper vt (ballon, maladie, voleur etc.) atrapar, coger; (train etc.) coger; (accent, contravention etc.) adquirir; **se laisser a.** (duper) dejarse engañar.

attrayant, -ante a atrayente, atractivo, -a.

attribuer vt atribuir; (prix, récompense) conceder (**à** a).

attribut m atributo m.

attrister vt entristecer.

attroupement m aglomeración f.

attrouper 1 vt agrupar.
   2 s'attrouper vpr agruparse.

au voir **à**, **le**.

aube f alba f.

auberge f albergue m; **a. de jeunesse** albergue juvenil.

aubergine f berenjena f.

aucun, -une 1 a ninguno, -a; (devant mot masculin singulier commençant par une voyelle) ningún.
   2 pron ninguno, -a; **il n'en a a.** no tiene ninguno; **a. d'entre eux** ninguno de ellos.

audace f audacia f.

audacieux, -euse a audaz.

au-dessous 1 adv debajo; (à l'étage inférieur) (en el piso de) abajo.
   2 prép **au-d. de** por debajo de.

au-dessus 1 adv encima; (à l'étage supérieur) (en el piso de) arriba.
   2 prép **au-d. de** encima de; (âge, température, prix) por encima de.

audiovisuel, -elle a audiovisual.

auditeur, -trice mf oyente mf.

auditoire m auditorio m.

auge f (mangeoire) comedero m; (abreuvoir) bebedero m.

augmentation f aumento m.

augmenter vti aumentar.

aujourd'hui adv hoy; (de nos jours) hoy día.

auprès de prép cerca de, junto a.

auquel voir **lequel**.

aura, aurai(t) etc. voir **avoir**.

aurore f aurora f.

ausculter vt auscultar.

aussi adv (**a**) (comparaison) tan; **a. sage que** tan bueno como; **il chante a. bien que toi** canta tan bien como tú.
   (**b**) (également) también; **moi a.** yo también.
   (**c**) (tellement) tan; **un repas a. délicieux** una comida tan deliciosa.

aussitôt adv inmediatamente; **a. que** tan pronto como; **a. levé, il partit** se fue nada más levantarse; **je lui ai a. téléphoné** lo llamé inmediatamente después.

australien, -ienne 1 a australiano, -a.
   2 mf **Australien, -ienne** australiano, -a.

autant adv **a. de... que** (quantité) tanto, -a... como; (nombre) tantos, -as... como. **a. de** (tant de) tanto, -a, -os, -as; **a. (que)** (souffrir, lire etc.) tanto (como); **en faire a.** hacer lo mismo; **j'aimerais a. aller au cinéma** casi preferiría ir al cine.

autel m altar m.

auteur m autor m.

authentique a auténtico, -a.

auto f coche m; **autos tamponneuses** cochitos mpl locos.

autobus m autobús m.

autocar m autocar m.

autocollant m pegatina f.

auto-école f autoescuela f.

autographe m autógrafo m.

automatique a automático, -a.

automatiquement adv automáticamente.

automne m otoño m.

automobile 1 f automóvil m, coche m.
   2 a automobilístico, -a.

automobiliste mf automovilista mf, conductor, -ora.

autopsie *f* autopsia *f*.

autoradio *m* radio *f* de coche.

autorisation *f* autorización *f*.

autoriser *vt* autorizar (**à faire** a hacer).

autoritaire *a* autoritario, -a.

autorité *f* autoridad *f*.

autoroute *f* autopista *f*; **a. à péage** autopista de peaje.

auto-stop *m* autostop *m*; **faire de l'a.** hacer autostop.

auto-stoppeur, -euse *mf* autostopista *mf*.

autour 1 *adv* alrededor.
     2 *prép* **a. de** alrededor de.

autre *a* & *pron* otro, -a; **un a.** otro, -a; **un a. livre** otro libro; **d'autres** otros, -as; **d'autres médecins** otros médicos; **d'autres questions?** ¿más preguntas?; **quelqu'un/personne/rien d'a.** alguien/nadie/nada más; **a. chose** otra cosa; **a. part** en otra parte; **qui/quoi d'a.?** ¿quién/qué más?; **l'un l'a.** uno a otro; **l'un et l'a.** uno y otro, ambos; **l'un ou l'a.** uno u otro; **c'est l'un ou l'a.!** ¡una de dos!; **ni l'un ni l'a.** ni el uno ni el otro; **les uns... les autres...** unos... otros...; **d'un moment à l'a.** de un momento a otro.

autrefois *adv* en otro tiempo, antaño.

autrement *adv* de otro modo; *(sinon)* si no, de no ser así; **a. dit** dicho de otro modo.

autrichien, -ienne 1 *a* austríaco, -a.
     2 *mf* **Autrichien, -ienne** austríaco, -a.

autruche *f* avestruz *m*.

aux *voir* à, le.

auxiliaire *a* & *m* **(verbe) a.** (verbo *m*) auxiliar *m*.

auxquel(le)s *voir* lequel.

aval (en) *adv* río abajo.

avalanche *f* avalancha *f*.

avaler *vt* tragar(se).

avance *f* **à l'a., d'a.** por adelantado; **en a.** con antelación; **en a. sur** más adelantado que; **avoir une heure d'a.** *(train etc.)* tener una hora de adelanto.

avancement *m* avance *m*; *(de personne)* ascenso *m*.

avancer 1 *vt* adelantar.
     2 *vi* avanzar; *(montre)* adelantar.
     3 s'avancer *vpr* adelantarse.

avant 1 *prép* antes; **a. de voir** antes de ver; **a. qu'il (ne) parte** antes de que se vaya; **a. tout** ante todo, sobre todo.
     2 *adv* antes; **en a.** *(mouvement)* hacia delante; *(en tête)* delante; **la nuit d'a.** la noche antes o anterior.
     3 *m* parte *f* de delante.
     4 *a inv* delantero, -a.
     5 *m (joueur)* delantero *m*.

avantage *m* ventaja *f*; **tu aurais a. à faire** te conviene hacer.

avantager *vt* aventajar, favorecer.

avant-bras *m inv* antebrazo *m*.

avant-dernier, -ière *a* & *mf* penúltimo, -a.

avant-hier *adv* & *m* anteayer *adv* & *m*.

avant-veille *f* **l'a. (de)** dos días antes (de).

avare *a* & *mf* avaro, -a, tacaño, -a.

avarice *f* avaricia *f*.

avarié, -ée *a (aliment)* estropeado, -a, pasado, -a.

avec *prép* con; **et a. ça?** *(dans un magasin)* ¿algo más?

avenir *m* porvenir *m*, futuro *m*; **à l'a.** en el futuro.

aventure *f* aventura *f*.

aventurer (s') *vpr* aventurarse.

aventurier, -ière *mf* aventurero, -a.

avenue *f* avenida *f*.

averse *f* chaparrón *m*.

avertir *vt* advertir.

avertissement *m* advertencia *f.*

avertisseur *m (klaxon)* pita *f,* bocina *f;* **a. d'incendie** alarma *f* de incendios.

aveu, -x *m* confesión *f;* **passer aux aveux** confesar.

aveugle *a* & *mf* ciego, -a.

aveugler *vt* cegar.

aveuglette (à l') *adv* **chercher qch à l'a.** buscar algo a ciegas.

aviateur, -trice *mf* aviador, -ora.

aviation *f* aviación *f;* **base d'a.** base aérea.

avion *m* avión *m;* **a. à réaction** avión de reacción; **a. de ligne** avión de línea; **par a.** *(lettre)* por correo aéreo; **en a., par a.** *(voyager)* en avión.

aviron *m* remo *m.*

avis *m* consejo *m,* opinión *f; (communiqué)* aviso *m;* **à mon a.** en mi opinión; **changer d'a.** cambiar de opinión.

aviser *vt* informar.

avocat, -ate 1 *mf* abogado, -a.
    2 *m (fruit)* aguacate *m.*

avoine *f* avena *f.*

avoir* 1 *v aux* haber; **je l'ai vu** le *o* lo he visto.
    2 *vt (posséder)* tener; *Fam (duper)* pillar, engañar; **qu'est-ce que tu as?** ¿qué te pasa?; **il n'a qu'à essayer** no tiene más que intentarlo; **a. faim/chaud/***etc.* tener hambre/calor/*etc.*; **a. cinq ans** tener cinco años (de edad); **j'en ai pour dix minutes** me llevará diez minutos.
    3 *(locution)* **il y a** hay; **il y a six ans** hace seis años; *(voir* **il***)*.

avouer 1 *vti* confesar (**que** que).
    2 s'avouer *vpr* **s'a. coupable** declararse culpable; **s'a. vaincu** darse por vencido.

avril *m* abril *m.*

axe *m* eje *m;* **grands axes** *(routes)* carreteras *fpl* principales.

ayant, ayez, ayons *voir* **avoir**.

azote *m* nitrógeno *m.*

azur *m* azul *m;* **la Côte d'A.** la Costa Azul.

baby-foot *m inv* futbolín *m.*

bac 1 *m (bateau)* transbordador *m;*
(cuve) cuba *f.*
   2 *abrév de* **baccalauréat**.

baccalauréat *m* examen *m* de selec-
tividad.

bâche *f* toldo *m.*

bachelier, -ière *mf* bachiller *mf.*

bâcher *vt* entoldar.

badaud, -aude *mf* mirón, -ona.

badigeonner *vt (mur)* encalar;
(écorchure etc.) untar (**de** con).

bafouiller *vti* farfullar.

bagage *m* equipaje *m;* **les bagages**
el equipaje, las maletas.

bagarre *f* pelea *f.*

bagarrer (se) *vpr* pelear(se).

bagnole *f Fam* coche *m;* **vieille b.**
cafetera *f.*

bague *f (anneau)* anillo *m.*

baguette *f* vara *f; (de chef d'orchestre)* batuta *f; (pain)* barra *f* (de pan);
baguettes *(de tambour, pour manger)* palillos *mpl;* **b. (magique)** varita
f mágica.

baie *f (de côte)* bahía *f; (fruit)* baya *f.*

baignade *f* baño *m.*

baigner 1 *vt* bañar.
   2 *vi* **b. dans** *(aliment)* estar bañado
en.
   3 se baigner *vpr* bañarse.

baigneur, -euse 1 *mf* bañista *mf.*
   2 *m (poupée)* muñeco, -a.

baignoire *f* bañera *f.*

bâillement *m* bostezo *m.*

bâiller *vi* bostezar.

bâillon *m* mordaza *f.*

bâillonner *vt* amordazar.

bain *m* baño *m;* **prendre un b. de
soleil** tomar el sol; **salle de bain(s)**
(cuarto *m* de) baño; *Fam* **être dans
le b.** saber de lo que se trata; **b. de
bouche** elixir *m* bucal.

baiser¹ *m* beso *m.*

baiser² *vi Vulg* follar, joder.

baisse *f* baja *f (de* de); **en b.** en descenso, a la baja.

baisser 1 *vt* bajar; *(tête)* inclinar.
   2 *vi* bajar.
   3 se baisser *vpr* agacharse.

bal *m (pl* **bals**) baile *m.*

balade *f Fam* vuelta *f;* **faire une b.**
dar un paseo.

balader (se) *vpr Fam* dar una vuelta.

baladeur *m* walkman® *m.*

balai *m* escoba *f;* **manche à b.** palo
de escoba.

balance *f* pesa *f; (compte)* balance *f.*

balancer 1 *vt* balancear; *Fam (jeter)*
tirar.
   2 se balancer *vpr* balancearse;
Fam **je m'en balance** me importa
un comino.

balançoire *f (suspendue)* columpio *m.*

balayer *vti* barrer.

balayette *f* escobillón *m.*

balayeur, -euse 1 *mf* barrendero, -a.
   2 *f (véhicule)* barredora *f.*

balbutier *vti* balbucear.

balcon *m* balcón *m*.

baleine *f* ballena *f*.

balisage *m* balizaje *m*.

balise *f (pour naviguer)* baliza *f*.

baliser *vt* balizar.

ballast *m* balasto *m*.

balle *f (de tennis, golf etc.)* pelota *f*; *(projectile)* bala *f*; **renvoyer la b.** devolver la pelota.

ballerine *f* bailarina *f*.

ballet *m* ballet *m*.

ballon *m (balle)* balón *m*; *(montgolfière)* globo *m*; *Fam* **souffler dans le b.** hacerse la prueba del alcoholismo.

ballot *m* bulto *m*.

ballottage *m (scrutin)* resultado *m* de una votación en la que no hay mayoría absoluta.

balnéaire *a* **station b.** balneario.

balustrade *f* balaustrada *f*.

bambin *m* niño, -a, nene, -a.

bambou *m* bambú *m*.

ban *m (applaudissements)* aplauso *m*; **un (triple) b. pour...** tres hurras por...

banane *f* plátano *m*.

banc *m (siège)* banco *m*; **b. de sable/ poissons** banco de arena/peces.

bancaire *a* **compte b.** cuenta bancaria.

bandage *m* vendaje *m*.

bande¹ *f (de terrain)* franja *f*; *(de papier etc.)* tira *f*; *(de film)* cinta *f*; *(rayure)* raya *f*; *(pansement)* venda *f*; *(sur la chaussée)* línea *f*; **b. (magnétique)** cinta; **b. vidéo** cinta de vídeo; **b. dessinée** historieta *f*; **b. sonore** banda *f* sonora.

bande² *f (groupe)* pandilla *f*; *(d'animaux)* bandada *f*.

bandeau, -x *m (sur les yeux)* venda *f*; *(pour la tête)* turbante *m*.

bander *vt* vendar.

banderole *f (sur montants)* banderola *f*.

bandit *m* bandido *m*.

banlieue *f* **la b.** las afueras; **une b.** un suburbio.

banque *f* banco *m*; *(activité)* banca *f*; **b. de données/du sang/** *etc.* banco de datos/de sangre/ *etc.*

banquet *m* banquete *m*.

banquette *f (de véhicule, train)* asiento *m*.

banquier *m* banquero *m*.

banquise *f* bloque *m* de hielo.

baptême *m* bautizo *m*, bautismo *m*; **b. de l'air** bautismo del aire.

baptiser *vt (enfant)* bautizar.

baquet *m* cubeta *f*.

bar *m* bar *m*.

baraque *f* barraca *f*.

baraquement *m* barracón *m*.

barbare *a* bárbaro, -a.

barbe *f* barba *f*; **se faire la b.** afeitarse; *Fam* **la b.!** ¡qué fastidio!

barbecue *m* barbacoa *f*.

barbelé *a* **fil de fer b.** alambre *m* de espino; **barbelés** alambrada *f*.

barboter *vi* chapotear.

barbouillage *m* mancha *f*; *(gribouillage)* garabato *m*.

barbouiller *vt (salir)* ensuciar; *(gribouiller)* garabatear.

barbu, -ue *a* barbudo, -a.

baril *m* barril *m*.

barman *m (pl* **-men** *ou* **-mans)** barman *m*, camarero *m*.

baromètre *m* barómetro *m*.

baron *m* barón *m*.

baronne *f* baronesa *f*.

barque *f* barca *f*.

barrage *m (sur une route)* barrera *f*; *(sur un fleuve)* presa *f*.

barre *f* barra *f*; *(de bateau)* timón *m*; *(sur un mot)* tachadura *f*.

barreau, -x *m (de fenêtre)* barrote *m*; *(d'échelle)* peldaño *m*.

barrer *vt (route etc.)* bloquear; *(mot, phrase)* tachar.

barrette *f* horquilla *f*.

barricade *f* barricada *f*.

barricader 1 *vt* cerrar con barricadas. **2 se barricader** *vpr* atrincherarse.

barrière *f* valla *f*; *(obstacle)* barrera *f*.

barrique *f* barrica *f*.

bas, basse 1 *a* bajo, -a. **2** *adv* abajo; *(parler)* (en) bajo. **3** *m (de côte , page, mur etc.)* parte *f* baja; **tiroir**/*etc.* **du b.** cajón /*etc.* de abajo; **en b.** abajo; **en** *ou* **au b. de** al pie de; **au b. de la page** a pie de página.

bas *m (de femme)* media *f*.

bas-côté *m* arcén *m*.

bascule *f* báscula *f*; *(jeu d'enfant)* balancín *m*.

basculer 1 *vt* volcar. **2** *vi (benne)* volcar; *(tomber)* caer; *(perdre l'équilibre)* perder el equilibrio.

base *f* base *f*; **salaire de b.** salario base; **base de données** base de datos; **à b. de lait/citron** a base de leche/limón.

baser *vt* basar (**sur** en).

basket(-ball) *m* baloncesto *m*.

basque 1 *a* vasco, -a; **Pays b.** País Vasco. **2** *m (langue)* vasco *m*. **3** *mf* **Basque** vasco, -a.

basse *voir* bas.

basse-cour *f* (*pl* **basses-cours**) corral *m*.

bassin *m* lago *m*; *(rade)* rada *f*; *(du corps)* pelvis *f*; **b. houiller** cuenca *f* minera.

bassine *f* barreño *m*.

bataille *f* batalla *f*.

batailleur, -euse *a & mf* luchador, -ora.

bateau, -x *m* barco *m*; *(petit)* bote *m*.

bâtiment *m* edificio *m*; *(navire)* navío *m*; **le b.** *(industrie)* la industria constructora.

bâtir *vt* construir; **bien bâti** robusto.

bâton *m* palo *m*; *(d'agent)* porra *f*; **b. de rouge à lèvres** barra *f* de labios; **donner des coups de b. à qn** dar palos a alguien.

battante *af* **pluie b.** chaparrón.

battement *m (délai)* intervalo *m*; **b. de coeur** latido *m*; **b. de paupières** parpadeo *m*.

batterie *f* batería *f*.

batteur *m (d'orchestre)* batería *m*.

battre* 1 *vt* pegar. **2** *vi (coeur)* latir; *(porte, volet)* dar golpes; **b. des mains** aplaudir; **b. des paupières** parpadear; **b. des ailes** aletear. **3 se battre** *vpr* pelearse; **se b. contre** luchar contra.

bavard, -arde *a & mf* hablador, -ora.

bavardage *m* charla *f*.

bavarder *vi* charlar.

baver *vi* babear; **en b.** *Fam* pasarlas negras.

bavoir *m* babero *m*.

bavure *f (tache)* borrón *m*; *(erreur)* error *m*.

bazar *m (magasin)* bazar *m*; *Fam (désordre)* desorden *m*.

beau *(o* **bel** *delante de una vocal o h muda),* **belle,** *pl* **beaux, belles** *a* bello -a; *(personne)* guapo, -a; *(temps, journée etc.)* bueno, -a; *(voyage)* bonito, -a; **au b. milieu** justo en el centro; **j'ai b. crier**/*etc.* no (me) sirve de nada gritar/*etc.*

beaucoup *adv (lire etc.)* mucho; **j'aime b.** me gusta mucho; **b. de** *(livres, courage etc.)* mucho, -a, -os, -as; **j'en ai b.** tengo mucho, -a *etc.*; **b. plus** mucho más (**que** que); **b. trop** demasiado.

beau-fils *m* (*pl* **beaux-fils**) (*époux d'une fille*) yerno *m*; (*après remariage*) hijastro *m*.

beau-frère *m* (*pl* **beaux-frères**) cuñado *m*.

beau-père *m* (*pl* **beaux-pères**) (*père du conjoint*) suegro *m*; (*après remariage*) padrastro *m*.

beauté *f* belleza *f*.

beaux-parents *mpl* suegros *mpl*.

bébé *m* bebé *m*.

bec *m* (*d'oiseau*, *Fam bouche*) pico *m*; **coup de b.** picotazo *m*.

bécane *f Fam* bici *f*.

bêche *f* pala *f*.

bêcher *vt* cavar.

becquée *f* **donner la b. à** (*oiseau*) dar de comer a.

bedonnant, -ante *a* barrigón, -ona.

bégayer *vi* tartamudear.

bègue *a & mf* tartamudo, -a.

beige *a & m* beige *a & m*.

beignet *m* (*pâtisserie*) buñuelo *m*.

bel *voir* **beau.**

bêler *vi* balar.

belette *f* comadreja *f*.

belge 1 *a* belga.
    2 *mf* **Belge** belga.

belle *voir* **beau**.

belle-fille *f* (*pl* **belles-filles**) (*épouse d'un fils*) nuera *f*; (*après remariage*) hijastra *f*.

belle-mère *f* (*pl* **belles-mères**) (*mère du conjoint*) suegra *f*; (*après remariage*) madrastra *f*.

belle-soeur *f* (*pl* **belles-soeurs**) cuñada *f*.

belliqueux, -euse *a* belicoso, -a.

bénédiction *f* bendición *f*.

bénéfice *m* beneficio *m*.

bénéficier *vi* **b. à** beneficiar a; **b. de** disfrutar de.

bénéfique *a* benéfico, -a.

bénévole *a & mf* voluntario, -a.

bénir *vt* bendecir.

bénit, -ite *a* bendito, -a; **eau bénite** agua bendita.

benjamin, -ine *mf* benjamín, -ina.

benne *f* (*de camion*) volquete *m*; **camion à b. basculante** (*camión m* de) volquete.

béquille *f* (*canne*) muleta *f*; (*de moto*) horquilla *f*.

berceau, -x *m* cuna *f*.

bercer *vt* acunar.

berceuse *f* nana *f*.

béret *m* boina *f*.

berge *f* ribera *f*.

berger *m* pastor *m*; **b. allemand** pastor alemán.

bergère *f* pastora *f*.

bergerie *f* redil *m*.

besogne *f* tarea *f*.

besoin *m* necesidad *f*; **avoir b. de** necesitar; **au b.** según se necesite.

bestiole *f* bicho *m*.

bétail *m* ganado *m*.

bête¹ *f* bestia *f*; (*insecte*) bicho *m*; **b. noire** (*personne, chose*) pesadilla *f*.

bête² *a* tonto, -a.

bêtement *adv* tontamente; **tout b.** simplemente.

bêtise *f* tontería *f*.

béton *m* hormigón *m*; **mur/etc. en b.** muro/etc. de hormigón.

betterave *f* remolacha *f*.

beurre *m* mantequilla *f*.

beurrer *vt* untar con mantequilla.

beurrier *m* mantequera *f*.

bibelot *m* chuchería *f*.

biberon *m* biberón *m*.

bible *f* biblia *f*; **la B.** la Biblia.

bibliothécaire *mf* bibliotecario, -a.

bibliothèque *f* biblioteca *f*.

bic® *m* boli *m*.

biceps *m* bíceps *m inv*.

biche *f* cierva *f*.

bicyclette f bicicleta f.

bidon 1 m bidón m.

2 a inv Fam **une histoire b.** un camelo.

bidonville m barrio m de chabolas.

bidule m (chose) Fam chisme m.

bien 1 adv bien; **b. fatigué/souvent/** etc. muy cansado/a menudo/ etc.; **merci b.!** ¡muchas gracias!; **b. sûr !** ¡claro!; **b. des fois/des gens/**etc. muchas veces/mucha gente/etc.; **si, je l'ai b. dit** ¡sí que lo dije!; **tu as b. fait** hiciste bien; **c'est b. fait (pour lui)** le está bien empleado.

2 a inv bien.

3 m bien m; **ça te fera du b.** te hará bien; **pour ton b.** por tu (propio) bien; **le b. et le mal** el bien y el mal.

bien-être m bienestar m.

bienfaisant, -ante a beneficioso, -a.

bien que conj (+ subjonctif) aunque.

bientôt adv pronto; **à b.!** ¡hasta pronto!; **il est b. midi/**etc. son casi las doce/etc.

bienvenu, -ue 1 a bienvenido, -a.

2 f bienvenida f; **souhaiter la bienvenue à** dar la bienvenida a.

bière f cerveza f; **b. pression** cerveza de barril.

bifteck m bistec m, filete m.

bifurcation f bifurcación f.

bifurquer vi bifurcarse.

bigoudi m rulo m.

bijou, -x m joya f.

bijouterie f joyería f.

bijoutier, -ière mf joyero, -a.

bilan m balance m; **b. de santé** revisión f (médica).

bile f bilis f; **se faire de la b.** Fam comerse el coco.

bilingue a bilingüe.

billard m (jeu) billar m; (table) mesa f de billar.

bille f (d'enfant) canica f; **stylo à b.** bolígrafo m.

billet m billete m; **b. (de banque)** billete (de banco); **b. aller, b. simple** billete de ida, billete sencillo; **b. (d')aller et retour** billete de ida y vuelta.

biologique a biológico, -a; (légumes etc.) orgánico, -a.

bip m **b. sonore** señal f; **b.(-bip)** (appareil) busca m.

biscotte f biscote m, pan m tostado.

biscuit m galleta f.

bison m bisonte m.

bissextile af **année b.** año m bisiesto.

bistouri m bisturí m.

bitume m asfalto m.

bizarre a raro, -a.

blague f Fam (farce) broma f; (histoire drôle) chiste m; **blagues** (mensonges) cuentos mpl (chinos).

blaguer vi bromear.

blâmer vt culpar.

blanc, blanche 1 a blanco, -a; (page) en blanco.

2 mf (personne) hombre m blanco, mujer f blanca.

3 m (couleur) blanco m; (de poulet) pechuga f; (espace) espacio m en blanco; **b. (d'oeuf)** clara f (de huevo); **laisser en b.** dejar en blanco; **chèque en b.** cheque m en blanco.

blancheur f blancura f.

blanchir vti blanquear.

blanchisserie f (lieu) lavandería f.

blé m trigo m.

blessant, -ante a hiriente.

blessé, -ée a & mf herido, -a.

blesser 1 vt herir.

2 se blesser vpr herirse; **se b. au bras/**etc. hacerse una herida en el brazo/etc.

blessure f herida f.

bleu, -e 1 *a (mpl* **bleus**) azul.
2 *m (pl* **-s**) *(couleur)* azul *m; (contusion)* cardenal *m*, moratón *m;* **b. (de travail)** mono *m.*

blindé, -ée *a* blindado, -a.

bloc *m* bloque *m; (de papier)* bloc *m;* **serrer à b.** apretar a tope.

bloc-notes *m (pl* **blocs-notes**) cuaderno *m* de notas.

blond, -onde 1 *a & mf* rubio, -a.
2 *a & f* **(bière) blonde** cerveza *f* rubia.

bloquer 1 *vt* bloquear; *(prix)* congelar.
2 se bloquer *vpr (porte, tiroir)* atascarse; *(mentalement)* bloquearse.

blottir (se) *vpr* acurrucarse.

blouse *f (tablier)* bata *f.*

blouson *m* cazadora *f.*

blue-jean *m* (pantalones *mpl*) vaqueros *mpl.*

bobine *f* carrete *m*, bobina *f.*

bocal, -aux *m* tarro *m; (à poissons)* pecera *f.*

bœuf *m (pl* **bœufs**) buey *m; (viande)* carne *f* de vaca.

boire* *vti* beber; **offrir à b. à qn** ofrecer algo de beber a alguien; **tu bois quelque chose?** ¿quieres tomar algo?

bois *m (arbres)* bosque *m; (de construction)* madera *f;* **en b.** de madera; **b. de chauffage** leña *f.*

boisé, -ée *a* boscoso, -a, arbolado, -a.

boisson *f* bebida *f.*

boîte *f* caja *f; (de conserve)* lata *f;* **b. aux** *ou* **à lettres** buzón *m;* **b. aux lettres électronique** buzón electrónico; *Fam* **b. (de nuit)** discoteca *f;* **b. à gants** guantera *f;* **b. de vitesses** caja de cambios; **b. postale** apartado *m* postal.

boiter *vi* cojear.

boîtier *m (de montre etc.)* caja *f.*

bol *m* tazón *m;* **prendre un b. d'air** respirar aire fresco.

bombardement *m* bombardeo *m.*

bombarder *vt* bombardear.

bombe *f* bomba *f; (de laque etc.)* atomizador *m.*

bon, bonne *a* bueno, -a; *(qui convient, apte)* adecuado, -a, apropiado, -a; **b. anniversaire!** ¡feliz cumpleaños!; **le b. choix** la elección adecuada; **le b. moment** el momento apropiado; **b. à manger** comestible; **c'est b. à savoir** es bueno saberlo; **croire b. de** creer que estaría bien si; **il est b. en français/**etc. es bueno en francés / etc.; **un b. moment** *(intensif)* un buen rato; **pour de b.** *(fâché)* de verdad; **il est parti pour de b.** se fue para siempre; **ah b.?** ¿en serio?, ¿sí?

bon *m (billet)* bono *m*, vale *m.*

bonbon *m* caramelo *m.*

bond *m* bote *m;* **faire un b.** dar un salto.

bondé, -ée *a* abarrotado, -a.

bondir *vi* saltar.

bonheur *m* felicidad *f; (chance)* (buena) suerte *f;* **par b.** por suerte.

bonhomme *m (pl* **bonshommes**) hombre *m;* **b. de neige** muñeco *m* de nieve.

bonjour *m & int* buenos días; *(aprèsmidi)* buenas tardes; **dire b. à** dar los buenos días a; **donne-lui le b. de ma part** salúdalo de mi parte.

bonne¹ *voir* bon.

bonne² *f (domestique)* criada *f*, chacha *f.*

bonnet *m* gorro *m.*

bonsoir *m & int (en rencontrant qn)* buenas tardes; *(en quittant qn)* hasta luego; *(au coucher)* buenas noches.

bonté *f* bondad *f.*

bord *m (rebord)* borde *m; (rive)* orilla *f;* **au b. de la mer** a la orilla del mar; **au b. de la route** al borde de la carretera; **b. du trottoir** bordillo *m* de la acera; **à b. (de)** a bordo (de).

border *vt* bordear; *(lit, personne)* arropar.

bordure *f* borde *m*.

borne *f (de batterie)* borne *m*; **b. kilométrique** mojón *m*.

bosse *f (dans le dos)* joroba *f*; *(enflure, de terrain)* protuberancia *f*, bulto *m*.

bosser *vi Fam* currar, trabajar; *(étudier)* empollar.

bossu, -ue *a & mf* jorobado, -a.

botte *f (chaussure)* bota *f*; *(de fleurs etc.)* manojo *m*.

bottine *f* botín *m*.

bouc *m* macho cabrío *m*; *(barbe)* perilla *f*.

bouche *f* boca *f*; **b. de métro** boca de metro; **b. d'égout** alcantarilla *f*.

bouchée *f* bocado *m*.

boucher¹ *vt* taponar; *(vue, rue)* bloquear; **se b. le nez** taparse la nariz.

boucher, -ère ² *mf* carnicero, -a.

boucherie *f* carnicería *f*.

bouchon *m* tapón *m*; *(de liège)* corcho *m*; *(de tube, bidon)* tapa *f*; *(embouteillage)* atasco *m*.

boucle *f (de ceinture)* hebilla *f*; **b. d'oreille** pendiente *m*; **b. (de cheveux)** rizo *m*.

bouclé, -ée *a (cheveux)* rizado, -a.

boucler 1 *vt (attacher)* atar(se); *(cheveux)* rizar.
2 *vi* rizarse.

bouclier *m* escudo *m*.

bouder *vi* enfurruñarse, poner mala cara.

boudin *m* morcilla *f*.

boue *f* lodo *m*, barro *m*.

bouée *f* boya *f*; **b. de sauvetage** salvavidas *m inv*.

boueux, -euse *a* embarrado, -a.

bouffée *f (de fumée)* bocanada *f*.

bougeoir *m* palmatoria *f*.

bougeotte *f Fam* **avoir la b.** tener pulgas; *(beaucoup voyager)* ser un culo inquieto.

bouger 1 *vi* moverse.
2 *vt* mover.

bougie *f* vela *f*; *(d'automobile)* bujía

bouillie *f* papilla *f*.

bouillir* *vi* hervir.

bouillon *m (aliment)* caldo *m*; *(bulles)* burbuja *f*.

bouillonner *vi* burbujear.

boulanger, -ère *mf* panadero, -a.

boulangerie *f* panadería *f*.

boule *f* bola *f*; **boules** *(jeu)* bolos *mpl*; **b. de neige** bola de nieve.

bouleau, -x *m* abedul *m*.

bouledogue *m* buldog *m*.

boulet *m* **b. de canon** bala *f* de cañón.

boulette *f (de papier)* bola *f*; *(de viande)* albóndiga *f*.

boulevard *m* avenida *f*.

bouleversement *m* trastorno *m*, agitación *f*.

bouleverser *vt (déranger)* trastornar; *(émouvoir)* conmover.

boulon *m* perno *m*.

bouquet *m (de fleurs)* ramo *m*.

bouquin *m Fam* libro *m*.

bourdon *m* abejorro *m*.

bourdonnement *m* zumbido *m*.

bourdonner *vi* zumbar.

bourg *m* burgo *m*.

bourgeois, -oise *a & mf* burgués, -esa.

bourgeon *m* brote *m*.

bourgeonner *vi* brotar.

bourrasque *f* borrasca *f*.

bourré, -e *adj Fam* **être b.** estar colocado.

bourrer *vt* rellenar **(de** de); *(pipe)* cargar.

bourse *f (sac)* bolsa *f*; *(d'études)* beca *f*; **la B.** la Bolsa.

boursier, -ière *mf* (estudiante *mf*) becario, -a.

bousculade f empujones mpl, atropello m.

bousculer vt (heurter, pousser) empujar.

boussole f brújula f.

bout m fin m; (de langue, canne, doigt) punta f; (de papier, pain, gâteau etc.) trozo m; **un b. de temps** un momento; **au b. d'un moment** al cabo de un rato; **à b.** exhausto; **à b. de souffle** sin aliento.

bouteille f botella f; (de gaz) bombona f.

boutique f tienda f.

bouton m (bourgeon) yema f; (au visage etc.) grano m; (de vêtement, télévision) botón m; (poussoir) pulsador m; (de porte) tirador m, pomo m; **b. de manchette** gemelo m.

bouton-d'or m (pl **boutons-d'or**) botón m de oro.

boutonner 1 vt abrochar.
  2 se boutonner vpr abrocharse.

boutonnière f ojal m.

bouton-pression m (pl **boutons-pression**) broche m.

box m (pl **boxes**) (garage) garaje m.

boxe f boxeo m.

boxer vi boxear.

boxeur m boxeador m.

boycotter vt boicotear.

B.P. abrév de **boîte postale** Apdo.

bracelet m pulsera f; (de montre) correa f.

braconner vi cazar ilegalmente; (pêcher) pescar ilegalmente.

braconnier m cazador m furtivo; (pêcheur) pescador m ilegal.

braguette f (de pantalon) bragueta f.

brailler vti gritar.

braise(s) f(pl) brasa(s) f(pl).

brancard m (civière) camilla f.

branchages mpl ramaje m.

branche f (d'arbre) rama f; (discipline) campo m; (de lunettes) patilla f.

branché a enchufado; Fam (personne) al día.

branchement m conexión f.

brancher vt enchufar.

brandir vt blandir.

branlant, -ante a (table etc.) inestable.

braquer 1 vt (arme etc.) apuntar (**sur** a).
  2 vi girar el volante.

bras m brazo m; **b. dessus b. dessous** cogidos, -as del brazo; **à b. ouverts** con los brazos abiertos.

brasier m hoguera f.

brassard m brazal m.

brasse f (nage, mesure) braza f.

brasserie f (usine) fábrica f de cerveza; (café) cervecería f.

brassière f (de bébé) camisita f.

brave a valiente.

bravement adv valientemente.

bravo int & m bravo int & m.

bravoure f bravura f.

brebis f oveja f.

brèche f brecha f.

bredouille a **rentrer b.** volver con las manos vacías.

bref, brève 1 a breve.
  2 adv **(enfin) b.** en resumen.

bretelle f correa f; (d'accès) carretera f de enlace; **bretelles** (pour pantalon) tirantes mpl.

breton, -onne 1 a bretón, -ona.
  2 mf **Breton, -onne** bretón, -ona.

brevet m diploma m; **b. (des collèges)** examen m a los 14 años; **b. (d'invention)** patente f.

bricolage m (passe-temps) bricolaje m.

bricoler 1 vi hacer bricolaje .
  2 vt (installer) instalar; (réparer) reparar.

bricoleur, -euse mf manitas mf.

bride f brida f.

brièvement adv brevemente.

brièveté f brevedad t.

brigand m bandido m; (enfant) pillín m, granujilla m.

brillamment adv brillantemente.

brillant, -ante a & m brillante a & m.

briller vi brillar; **faire b.** (meuble) a- brillantar.

brin m (d'herbe) brizna f; (de corde, fil) hebra f.

brindille f ramita f.

brioche f bollo m.

brique f ladrillo m; (de lait, jus de fruit) cartón m.

briquet m mechero m.

brise f brisa f.

briser 1 vt romper.
   2 se briser vpr romperse.

britannique 1 a británico, -a.
   2 mf **Britannique** británico, -a.

broc m jarra f, cántaro m.

brocante f (foire à la) b. rastro m.

brocanteur, -euse mf chamarile- ro, -a.

broche f (pour rôtir) espetón m; (bi- jou) broche m; **(cuit) à la b.** asado.

brochet m lucio m.

brochette f pinchito m, brocheta f.

brochure f folleto m.

broder vt bordar (**de** con).

broderie f bordado m.

bronchite f bronquitis f inv.

bronzage m bronceado m.

bronze m bronce m.

bronzer 1 vt broncear; **se (faire) b.** broncearse.
   2 vi broncearse.

brosse f cepillo m; (de peintre) brocha f; **b. à dents** cepillo de dientes; **b. à cheveux** cepillo del pelo.

brosser 1 vt cepillar.
   2 se brosser vpr **se b. les dents/ les cheveux** cepillarse los dientes/el pelo.

brouette f carretilla f.

brouhaha m alboroto m.

brouillard m niebla f.

brouiller 1 vt b. la vue à qn entur- biar la vista a alguien; **œufs brouillés** huevos revueltos.
   2 se brouiller vpr (temps, vue) nublarse; (amis) reñir (**avec** con).

brouillon m borrador m; **au b.** en su- cio.

broussailles fpl maleza f.

brousse f monte m bajo.

brouter vti pacer.

broyer vt moler.

bruit m ruido m; (nouvelle) rumor m; **faire du b.** hacer ruido.

brûlant, -ante a ardiente.

brûlé m odeur de b. olor a quema- do; **ça sent le b.** huele a quemado.

brûler 1 vti quemar; **b. un feu (rouge)** saltarse un semáforo.
   2 se brûler vpr quemarse.

brûlure f quemadura f.

brume f bruma f.

brumeux, -euse a brumoso, -a.

brun, brune 1 a marrón; (cheveux) castaño, -a; (personne) moreno, -a.
   2 m (couleur) marrón.
   3 mf moreno, -a.

brunir vi broncearse, ponerse more- no; (cheveux) obscurecerse.

brushing m se faire un b. secarse el pelo con secador.

brusque a (manière, personne) brus- co, -a; (subit) súbito, -a.

brusquement adv bruscamente.

brusquerie f brusquedad f.

brut a bruto, -a; (pétrole) crudo.

brutal, -e, -aux a (comportement) brutal; (personne) bruto.

brutaliser vt maltratar.

brutalité f brutalidad f.

brute f bestia f.

bruyamment adv ruidosamente.

bruyant, -ante a ruidoso, -a.

bu, bue pp de **boire**.

bûche f leño m; **b. de Noël** tipo de brazo gitano que se come en Navidad.

bûcheron m leñador m.

budget m presupuesto m.

buée f vaho m.

buffet m (armoire) aparador m; (table, repas) buffet m.

buisson m matorral m.

bulldozer m bulldozer m.

bulle f burbuja f; (de B. D.) bocadillo m.

bulletin m (météo) boletín m meteorológico; (scolaire) cuaderno m de notas; **b. d'inscription** hoja f de inscripción; **b. de paie** nómina f; **b. de vote** papeleta f (de voto); **b. officiel** comunicado m oficial.

bureau, -x m (table) escritorio m; (lieu) oficina f; **b. de change** oficina de cambio; **b. de tabac** estanco m.

bureautique f ofimática f.

burette f (d'huile de graissage) aceitera f.

bus m autobus m.

but m (objectif) fin m, objetivo m; Football gol m; **marquer un b.** marcar un gol; **dans le b. de** con el fin de.

buter 1 vi **b. contre** tropezar con. **2 se buter** vpr empeñarse.

butoir m (de porte) tope m (de la puerta).

butte f cerro m.

buvard m secante m.

buvette f quiosco m.

buveur, -euse mf bebedor, -ora; (alcoolique) borracho, -a.

ça *pron dém (abrév de* **cela**) *(pour désigner)* eso; *(plus près)* esto; *(plus loin)* aquello; **ça m'amuse que...** me divierte que...; **où/quand/comment/etc. ça?** ¿dónde?/¿cuándo?/¿cómo?/etc.; **ça va (bien)?** ¿qué tal (te va)?; **ça va!** ¡bien!; **ça alors!** *(surprise, indignation)* ¡pero bueno!; **c'est ça** eso es.

cabane *f* cabaña *f; (à outils)* cobertizo *m; (à lapins)* conejera *f.*

cabine *f (de bateau)* camarote *m; (téléphonique, de pilotage)* cabina *f; (à la piscine)* caseta *f;* **c. d'essayage** probador *m.*

cabinet *m (de médecin)* consulta *f; (de ministre)* gabinete *m;* **cabinets** *(toilettes)* lavabos *mpl;* **c. de toilette** cuarto *m* de baño; **c. de travail** despacho *m.*

câble *m* cable *m; (cordage)* cabo *m;* **la télévision par c.** la televisión por cable.

cabosser *vt* abollar.

cabrer (se) *vpr (cheval)* encabritarse.

cacah(o)uète *f* cacahuete *m.*

cacao *m* cacao *m.*

cachalot *m* cachalote *m.*

cache-cache *m inv* escondite *m inv.*

cache-nez *m inv* bufanda *f.*

cacher 1 *vt* esconder *(à de);* **je ne cache pas que...** no oculto que... 2 **se cacher** *vpr* esconderse.

cachet *m* sello *m; (de la poste)* matasellos *m inv; (comprimé)* comprimido *m; (d'artiste)* cachet *m.*

cacheter *vt* sellar.

cachette *f* escondite *m;* **en c.** a escondidas.

cachot *m* calabozo *m.*

cactus *m* cactus *m inv.*

cadavre *m* cadáver *m.*

caddie® *m* carrito *m (de la compra).*

cadeau, -x *m* regalo *m.*

cadenas *m* candado *m.*

cadence *f (vitesse)* cadencia *f;* **en c.** al compás.

cadet, -ette 1 *a (de frères etc.)* menor. **2** *mf* benjamín, -ina; *(sportif)* cadete *mf.*

cadran *m (de téléphone)* disco *m; (de montre)* esfera *f.*

cadre *m (milieu, de photo)* marco *m; (de vélo)* cuadro *m; (sur un imprimé)* recuadro *m; (chef)* ejecutivo *m.*

cafard *m* **avoir le c.** estar deprimido, -a; **ça me donne le c.** me deprime.

café *m* café *m;* **c. au lait, c. crème** café con leche; **c. noir, c. nature** café solo; **c. soluble** *ou* **instantané** café instantáneo; **tasse de c.** taza de café.

cafétéria *f* cafetería *f.*

cafetière *f* cafetera *f.*

cage *f* jaula *f; (d'escalier)* caja *f;* Football portería *f.*

cageot *m* caja *f.*

cagoule *f (de bandit, moine)* capucha *f; (d'enfant)* verdugo *m.*

cahier *m* cuaderno *m*; **c. de brouillon** cuaderno de sucio; **c. d'appel** registro *m*.

cahot *m* bache *m*.

cailler *vi (sang)* coagular; *(lait)* cuajar; *Fam* **ça caille** hace un frío que pela.

caillot *m* coágulo *m*.

caillou, -x *m* guijarro *m*.

caisse *f* caja *f*; **c. (enregistreuse)** caja registradora; **c. d'épargne** caja de ahorros.

caissier, -ière *mf* cajero, -a.

cake *m* pastel *m* de frutas.

calcaire 1 *a (eau)* calcáreo, -a.
 2 *m* caliza *f*.

calciné, -ée *a* calcinado, -a.

calcul *m* cálculo *m*.

calculatrice *f* calculadora *f*.

calculer *vt* calcular.

calculette *f* calculadora *f* (de bolsillo).

cale *f (pour maintenir)* calce *m*; *(de bateau)* bodega *f*.

caleçon *m* calzoncillos *mpl*; **c. de bain** bañador *m*.

calendrier *m* calendario *m*.

caler 1 *vt* calzar.
 2 *vi (moteur)* calarse.

calfeutrer 1 *vt* tapar las rendijas de.
 2 se calfeutrer *vpr* **se c. (chez soi)** encerrarse en casa.

calibre *m* calibre *m*.

califourchon (à) *adv* a horcajadas; **se mettre à c. sur qch** subirse sobre algo a horcajadas.

câlin, -ine 1 *a* mimoso, -a.
 2 *m* mimo *m*.

calmant *a & m* calmante *a & m*; **sous calmants** sedado, -a.

calme 1 *a* tranquilo, -a.
 2 *m* calma *f*; **du c.!** ¡silencio!; *(pas de panique)* ¡calma!, ¡tranquilidad!; **dans le c.** *(travailler, étudier)* en calma.

calmer 1 *vt* calmar.
 2 se calmer *vpr* calmarse.

calorie *f* caloría *f*.

calque *m (dessin)* calco *m*; **(papier) c.** papel *m* de calco.

camarade *mf* camarada *mf*; **c. de jeu** compañero, -a de juegos.

camaraderie *f* camaradería *f*.

cambouis *m* grasa *f*.

cambriolage *m* robo *m*.

cambrioler *vt* **c. une maison** robar en una casa; **j'ai été cambriolé** han robado en mi casa.

cambrioleur, -euse *mf* ladrón, -ona.

camelote *f* baratija *f*.

camembert *m* camembert *m*; *(graphique)* gráfico *m* de sectores.

caméra *f (de cinéma etc.)* cámara *f*.

caméscope *m* videocámara *f*.

camion *m* camión *m*.

camion-benne *m (pl* **camions-bennes)** camión *m* volquete.

camionnette *f* camioneta *f*.

camp *m* campamento *m*; **feu de c.** hoguera de campamento; **lit de c.** cama de campaña; **dans mon c.** *(jeu)* en mi equipo.

campagnard, -arde *mf* campesino, -a.

campagne *f* campo *m*; *(électorale, militaire etc.)* campaña *f*; **à la c.** en el campo.

camper *vi* acampar.

campeur, -euse *mf* campista *mf*.

camping *m* cámping *m*.

camping-car *m* coche-caravana *m*.

canadien, -ienne 1 *a* canadiense.
 2 *mf* **Canadien, -ienne** canadiense *mf*.

canal, -aux *m (pour bateaux)* canal *m*.

canalisation *f (de gaz etc.)* canalización *f*.

canaliser *vt (foule)* canalizar.

canapé *m (siège)* sofá *m*; *(culinaire)* canapé *m*.

canard *m* pato *m.*

canari *m* canario *m.*

cancer *m* cáncer *m.*

cancéreux, -euse 1 *a* canceroso, -a. **2** *mf* enfermo, -a de cáncer.

candidat, -ate *mf* candidato, -a; **être** *ou* **se porter c. à** ser candidato a.

candidature *f* candidatura *f*; **poser sa c.** presentar su candidatura (**à** a).

cane *f* pata *f.*

caneton *m* patito *m.*

canette *f (de bière)* botellín *m.*

caniche *m* caniche *m.*

canif *m* navaja *f.*

canine *f* colmillo *m.*

caniveau, -x *m* cuneta *f*, arroyo *m.*

canne *f* bastón *m*; **c. à pêche** caña *f* de pescar.

cannibale *mf* caníbal *mf.*

canoë *m* canoa *f.*

canon *m* cañón *m.*

canot *m* bote *m*; **c. de sauvetage** bote salvavidas; **c. pneumatique** bote inflable.

canoter *vi* navegar en bote.

cantine *f* cantina *f*; **manger à la c.** *(écolier)* comer en el comedor.

cantique *m* cántico *m.*

caoutchouc *m* caucho *m*; **balle/etc. en c.** pelota/ *etc.* de goma; **bottes en c.** botas de agua.

CAP *m abrév de* **certificat d'aptitude professionnelle** título *m* de formación profesional.

cap *m (pointe de terre)* cabo *m*; *(direction)* rumbo *m*; **mettre le c. sur** poner rumbo a.

capable *a* capaz.

capacité *f* capacidad *f.*

cape *f* capa *f.*

capitaine *m* capitán *m.*

capital *m (argent)* capital *m.*

capitale *f (lettre)* mayúscula *f*; *(ville)* capital *f.*

capitulation *f* capitulación *f.*

capituler *vi* capitular.

capot *m (de véhicule)* capó *m.*

capote *f (de véhicule)* capota *f*; *Fam (préservatif)* condón *m.*

caprice *m* capricho *m.*

capricieux, -euse *a* caprichoso, -a.

capsule *f (spatiale)* cápsula *f*; *(de bouteille)* tapa *f.*

capter *vt* captar.

captiver *vt* cautivar.

capture *f* captura *f.*

capturer *vt* capturar.

capuche *f* capucha *f.*

capuchon *m* capuchón *m.*

car 1 *conj* puesto que, porque. **2** *m* autobús *m*; **c. de police** furgoneta *f* de la policía.

carabine *f* carabina *f.*

caractère[1] *m (lettre)* carácter *m*; **petits caractères** minúsculas *fpl*; **caractères d'imprimerie** caracteres de imprenta.

caractère[2] *m (tempérament, nature)* carácter *m*; **avoir bon/mauvais c.** tener buen/mal carácter.

caractéristique 1 *f* característica *f.* **2** *a* característico -a.

carafe *f* garrafa *f.*

carambolage *m* choque *m* en cadena.

caramel *m* caramelo *m*; *(bonbon)* toffe *m.*

carapace *f* caparazón *m.*

caravane *f (pour camper)* caravana *f.*

carbone *m* carbono *m*; **(papier) c.** papel *m* carbón.

carboniser *vt* carbonizar.

carburant *m* carburante *m.*

carburateur *m* carburador *m.*

carcasse *f (d'animal)* esqueleto *m*; *(d'immeuble etc.)* armazón *m*; *(de machine)* carcasa *f.*

cardiaque *a (personne)* enfermo, -a del corazón; *(crise, problème)* cardiaco, -a.

cardinal, -aux 1 *a (nombre, point)* cardinal.
2 *m* cardenal *m*.

caressant, -ante *a* cariñoso, -a.

caresse *f* caricia *f*.

caresser *vt* acariciar.

cargaison *f* cargamento *m*.

cargo *m* buque *m* de carga.

carie *f* caries *f inv*.

cariée *af* **dent c.** muela picada.

carillon *m* carillón *m*.

carlingue *f (d'avion)* carlinga *f*.

carnaval *m* (*pl* **-als**) carnaval *m*.

carnet *m* libreta *f*; *(de timbres)* cuadernillo *m*; *(de chèques)* talonario *m*; *(d'adresses)* agenda *f*; **c. de notes** boletín *m* de notas.

carotte *f* zanahoria *f*.

carpe *f* carpa *f*.

carpette *f* alfombrilla *f*.

carré, -ée *a & m* cuadrado, -a *a & m*.

carreau, -x *m (vitre)* cristal *m*; *(pavé)* baldosa *f*; *Cartes* diamantes *mpl*; **à carreaux** *(nappe etc.)* a cuadros.

carrefour *m* cruce *m*.

carrelage *m (sol)* embaldosado *m*.

carrément *adv (dire)* francamente; *(complètement)* completamente.

carrière *f (terrain)* cantera *f*; *(métier)* carrera *f*.

carrosse *m* carroza *f*.

carrosserie *f* carrocería *f*.

carrure *f* anchura *f* de espaldas.

cartable *m* cartera *f*.

carte *f* tarjeta *f*; *(routière)* mapa *m*; *(menu)* menú *m*; **c. (postale)** (tarjeta) postal *f*; **c. à jouer** carta *f*; **jouer aux cartes** jugar a las cartas; **c. de visite** tarjeta de visita; **c. de crédit** tarjeta de crédito; **c. des vins** lista *f* de vinos; **c. grise** ficha *f* técnica (del vehículo); **c. d'identité** documento *m* nacional de identidad; **c. de téléphone** tarjeta telefónica; **c. à puce** tarjeta inteligente.

carton *m* cartón *m*; *(boîte)* caja *f* de cartón.

cartonné *a* **livre c.** libro de tapas duras.

cartouche *f* cartucho *m*; *(de cigarettes)* cartón *m*.

cas *m* caso *m*; **en tout c.** en cualquier caso; **en aucun c.** en ningún caso; **en c. de besoin/d'accident /** *etc.* en caso de necesidad/accidente/ *etc.*; **au c. où elle viendrait** por si viniese; **pour le c. où il pleuvrait** por si lloviese.

cascade *f* cascada *f*; *(de cinéma)* escena *f* peligrosa.

cascadeur, -euse *mf* doble *mf*, especialista *mf*.

case *f (hutte)* choza *f*; *(de tiroir)* compartimento *m*; *(d'échiquier etc.)* casilla *f*.

caserne *f* cuartel *m*.

casier *m* casillero *m*; *(fermant à clef)* taquilla *f*; **c. à bouteilles** botellero *m*; **c. à disques** clasificador *m* de discos; **c. judiciaire** antecedentes *mpl* penales.

casino *m* casino *m*.

casque *m* casco *m*; *(de coiffeur)* secador *m* (de pelo); **c. (à écouteurs)** cascos *mpl*.

casquette *f* gorra *f*.

casse-croûte *m inv* tentempié *m*.

casse-noisettes *m inv*,

casse-noix *m inv* cascanueces *m inv*.

casse-pieds *mf inv (personne) Fam* pesado, -a.

casser 1 *vt* romper; *(noix)* cascar; **elle me casse les pieds** *Fam* me pone de los nervios.
2 *vi*, **se casser** *vpr* romperse; *Fam* **se c. la figure** *(tomber)* romperse las narices.

casserole *f* cacerola *f*.

cassette *f (audio)* cinta *f*; *(vidéo)* vídeo *m*; **sur c.** *(film)* en vídeo.

cassis *m (fruit)* grosella *f* negra; *(obstacle)* badén *m*.

castor *m* castor *m*.

catalogue *m* catálogo *m*.

catastrophe *f* catástrofe *f*; **atterrir en c.** realizar un aterrizaje de emergencia.

catastrophique *a* catastrófico, -a.

catch *m* deporte *m* parecido a la lucha libre.

catcheur, -euse *mf* luchador, -ora.

catéchisme *m* catecismo *m*.

catégorie *f* categoría *f*.

cathédrale *f* catedral *f*.

catholique *a & mf* católico, -a.

cauchemar *m* pesadilla *f*.

cause *f* causa *f*; **à c. de** a causa de; **être en c.** estar en tela de juicio.

causer 1 *vt* (provoquer) causar. **2** *vi* (bavarder) charlar (**de** sobre).

cavalier, -ière *mf* jinete *mf*; (pour danser) pareja *mf*.

cave *f* sótano *m*; (à vin) bodega *f*.

caveau, -x *m* (tombeau) cripta *f*.

caverne *f* caverna *f*.

cavité *f* cavidad *f*.

CCP *m abrév de* **compte chèque postal** cuenta *f* de cheques postales.

ce¹ (c' *delante de e y é*) *pron dém* (pour désigner) ése, -a; (plus près) éste, -a; (plus loin) aquel, -ella; **c'est toi** eres tú; **c'est bon** es bueno; **c'est mon médecin** es mi médico; **ce sont eux qui...** son ellos quienes...; **c'est à elle de jouer** le toca jugar a ella; **c'est-à-dire** es decir, o sea; **est-ce que tu viens?;** ¿vienes? **ce que, ce qui** lo que; **je sais ce qui est bon/ce que tu veux** sé lo que es bueno/lo que quieres; **ce que c'est beau!** ¡qué bonito!

ce², cette, *pl* **ces (ce** *se transforma en* **cet** *delante de vocal y h muda*) *a dém* ese, -a, *pl* esos, -as; (plus près) este, -a, *pl* estos, -as; (plus loin) aquel, -ella, *pl* aquellos, -as; **cet homme** este/ ese/aquel hombre; **cet homme-ci** este hombre; **cet homme-là** ese

hombre; **cet homme là-bas** aquel hombre.

ceci *pron dém* esto.

céder *vti* ceder (**à** a).

cédille *f Grammaire* cedilla *f*.

CEE *f abrév de* **Communauté économique européenne** CEE *f*.

ceinture *f* cinturón *m*; (taille) cintura *f*; **c. de sécurité** cinturón de seguridad; **c. de sauvetage** flotador *m*.

cela *pron dém* (pour désigner) eso, aquello; **c. m'attriste que** me apena que; **quand/comment/**etc. **c.?** ¿cuándo?/¿cómo?/etc.

célèbre *a* célebre.

célébrer *vt* celebrar.

célébrité *f* celebridad *f*.

céleri *m* (en branches) apio *m*.

célibataire *a & mf* soltero, -a.

cellophane® *f* celofán® *m*.

cellule *f* célula *f*; (de prison) celda *f*.

celui, celle, *pl* **ceux, celles** *pron dém* el, la, *pl* los, las; **c./ceux de Jean** el/los de Jean; **c. dont je parle** del que estoy hablando; **c. qui chante** el que canta; **c. que j'ai vu** el que vi. **c.-ci** este, -a; (dont on vient de parler) éste, -a; **c.-là** aquel, aquella; **c.-ci sont gros** estos son grandes.

cendre *f* ceniza *f*.

cendrier *m* cenicero *m*.

censure *f* censura *f*.

cent *a & m* cien *a & m*; (suivi d'un autre nombre inférieur à cent) ciento *m*; **c. pages** cien páginas; **c. mille personnes** cien mil personas; **c. vingt-quatre** ciento veinticuatro; **cinq pour c.** cinco por ciento.

centaine *f* centena *f*; **des centaines de** centenares de.

centenaire *m* centenario *m*.

centième *a & mf* centésimo, -a.

centigrade *a* centígrado.

centime *m* céntimo *m*.

centimètre *m* centímetro *m*; *(ruban)* metro *m*.

central, -e, -aux 1 *a* central. **2** *m* **c. (téléphonique)** central *f* (telefónica).

centrale *f (usine)* central *f*.

centre *m* centro *m*; **c. commercial** centro comercial.

centre-ville *m inv* centro *m* (de la ciudad).

cependant *conj* sin embargo, no obstante.

céramique *f (matière)* cerámica *f*.

cerceau, -x *m* aro *m*.

cercle *m* círculo *m*.

cercueil *m* féretro *m*.

céréale *f* cereal *m*.

cérémonie *f* ceremonia *f*.

cerf *m* ciervo *m*.

cerf-volant *m* (*pl* **cerfs-volants**) cometa *f*.

cerise *f* cereza *f*.

cerisier *m* cerezo *m*.

cernes *mpl* ojeras *fpl*.

cerner *vt* rodear; **avoir les yeux cernés** tener ojeras.

certain¹, -aine *a (sûr)* seguro, -a; **c'est c. que tu réussiras** seguro que lo consigues; **je suis c. de gagner** estoy seguro de ganar.

certain², -aine 1 *a* alguno, -a; *(plus précis, difficile à définir)* cierto, -a; **il y a un c. temps** hace algún tiempo. **2** *pron pl* **certains** algunos, -as; **certains d'entre eux** algunos de ellos.

certainement *adv* ciertamente.

certificat *m* certificado *m*; **c. d'études** diploma *m* o acreditación *f* de estudios.

certifier *vt (assurer)* certificar.

certitude *f* certeza *f*; **avoir la c. que** tener la certeza de que.

cerveau, -x *m* cerebro *m*.

cervelle *f* cerebro *m*; *(plat)* sesos *mpl*.

cervical, -e, -aux *a* cervical; **vertèbres cervicales** cervicales.

ces *voir* **ce²**.

CES *m abrév de* **collège d'enseignement secondaire** instituto *m* de enseñanza secundaria.

cesse *f* **sans c.** sin cesar.

cesser *vti* cesar; **faire c.** poner fin a; **il ne cesse (pas) de parler** no deja de hablar.

cessez-le-feu *m inv* alto el fuego *m inv*.

cet, cette *voir* **ce²**.

ceux *voir* **celui**.

chacun, -une *pron* cada uno, -a; *(tout le monde)* todos.

chagrin *m* pena *f*; **avoir du c.** sentir pena.

chahut *m* alboroto *m*.

chahuter *vi* alborotar.

chahuteur, -euse *mf* alborotador, -ora.

chaîne *f* cadena *f*; *(de télévision)* cadena (de televisión); *(de montagnes)* cordillera *f*; **travail à la c.** trabajo en cadena; **c. hi-fi** cadena de sonido.

chair *f* carne *f*; **(couleur) c.** color *m* carne; **en c. et en os** en carne y hueso; **avoir la c. de poule** tener la piel de gallina; **c. à saucisses** carne picada.

chaise *f* silla *f*; **c. longue** tumbona *f*; **c. haute** tacatá *m*.

châle *m* chal *m*.

chalet *m* chalé *m*, chalet *m*.

chaleur *f* calor *m*.

chaleureux, -euse *a* caluroso, -a.

chaloupe *f (bateau)* chalupa *f*.

chalumeau, -x *m* soplete *m*.

chalutier *m* trainera *f*.

chamailler (se) *vpr* reñir.

chambouler *vt Fam* poner patas arriba.

chambre *f* habitación *f*; **c. à coucher** dormitorio *m*; *(mobilier)* juego *m* de muebles para dormitorio; **c. à air** *(de pneu)* cámara *f* de aire; **c. de commerce** cámara de comercio; **c. d'ami** habitación para invitados; **garder la c.** quedarse en cama.

chameau, -x *m* camello *m*.

chamois *m* **peau de c.** gamuza *f*.

champ *m* campo *m*; **c. de bataille** campo de batalla; **c. de courses** circuito *m* de carreras.

champagne *m* champán *m*.

champignon *m* seta *f*; **c. de París** champiñón *m*.

champion, -onne *mf* campeón, -ona.

championnat *m* campeonato *m*.

chance *f* suerte *f*; *(probabilité)* probabilidad *f*; *(occasion)* oportunidad *f*; **avoir de la c.** tener suerte; **c'est une c. que** es una suerte que; **il y a de grandes chances que cela arrive** es muy probable que suceda.

chanceler *vi* tambalearse.

chandail *m* jersey *m*.

chandelier *m* candelabro *m*.

chandelle *f* vela *f*; **en c.** *(tir)* al aire; *Fig* **tenir la c.** hacer de carabina.

change *m (de devises)* cambio *m*.

changement *m* cambio *m*.

changer 1 *vti* cambiar; **c. qn en** transformar a alguien en; **ça la changera de ne pas travailler** no trabajar será un cambio para ella; **c. de train/sujet**/*etc.* cambiar de tren/tema/*etc.*. **2 se changer** *vpr* cambiarse.

chanson *f* canción *f*.

chant *m* canto *m*; **c. de Noël** villancico *m*.

chantage *m* chantaje *m*.

chanter 1 *vi* cantar; *Fam* **si ça te chante** si te apetece; *Fig* **faire c. qn** hacer chantaje a alguien. **2** *vt* cantar.

chanteur, -euse *mf* cantante *mf*.

chantier *m* obra *f* (de construcción); **c. naval** astillero *m*.

chantonner *vti* canturrear.

chaos *m* caos *m*.

chapeau, -x *m* sombrero *m*; **c.!** ¡bien hecho!, ¡enhorabuena!

chapelet *m* rosario *m*; **un c. de** *(saucisses etc.)* una ristra de.

chapelle *f* capilla *f*.

chapelure *f* pan *m* rallado.

chapiteau, -x *m* carpa *f*.

chapitre *m* capítulo *m*.

chaque *a* cada.

char *m (romain)* carro *m*; *(de carnaval)* carroza *f*; **c. (d'assaut)** carro de combate.

charade *f (énigme)* charada *f*.

charbon *m* carbón *m*; **c. de bois** carbón vegetal.

charcuterie *f* charcutería *f*; *(aliments)* embutidos *mpl*.

charcutier, -ière *mf* charcutero, -a.

chardon *m* cardo *m*.

charge *f (poids, fardeau)* carga *f*; **à la c. de qn** *(personne)* a cargo de alguien; *(frais)* con cargo a; **prendre en c.** hacerse cargo de.

chargé, -ée *a (véhicule, arme etc.)* cargado, -a; *(journée)* ocupado, -a.

chargement *m (action)* carga *f*; *(marchandises)* cargamento *m*.

charger 1 *vt* cargar; **c. qn d'un travail** encargar un trabajo a alguien; **c. qn de faire** encargar a alguien que haga. **2 se charger** *vpr* **se c. de** *(enfant, travail etc.)* encargarse de.

chariot *m (à bagages etc.)* carro *m*.

charité *f* caridad *f*.

charmant, -ante *a* encantador, -ora.

charme *m* encanto *m*; *(magie)* hechizo *m*.

charmer *vt* encantar.

charnière f bisagra f.

charpente f armazón m.

charpentier m carpintero m.

charrette f carreta f.

charrier vt (transporter) acarrear; (rivière) arrastrar.

charrue f arado m.

charter m (vuelo m) chárter m, vuelo fletado.

chasse[1] f caza f; **avion de c.** caza m; **faire la c. à** dar caza a; **aller à la c.** ir de caza; **chien de c.** perro de cacería.

chasse[2] f **c. d'eau** cisterna f; **tirer la c.** tirar de la cisterna o de la cadena.

chasse-neige m inv quitanieves m inv.

chasser 1 vt (animal) cazar; (faire partir) ahuyentar; (odeur) disipar.
2 vi cazar.

chasseur, -euse mf cazador, -ora.

châssis m (d'automobile) chasis m inv.

chat m gato m; Fig **pas un c.** ni un alma; **c. perché** (jeu) cogida f.

châtaigne f castaña f.

châtaignier m castaño m.

châtain a inv castaño, -a.

château, -x m castillo m; (palais) palacio m; **c. fort** fortaleza f; **c. d'eau** arca f de agua.

châtiment m castigo m.

chaton m gatito m.

chatouiller vt hacer cosquillas a.

chatouilleux, -euse a **être c.** tener cosquillas.

chatte f gata f.

chatterton m cinta f aislante.

chaud, chaude 1 a caliente.
2 m **avoir c.** tener calor; **il fait c.** hace calor; **être au c.** estar a cobijo.

chaudement adv calurosamente.

chaudière f caldera f.

chauffage m calefacción f.

chauffant, -ante a (couverture, plaque etc.) térmico, -a.

chauffé, -ée a calentado, -a; (piscine) climatizada.

chauffe-eau m inv calentador m (de agua).

chauffer 1 vt calentar.
2 vi calentarse; (moteur) recalentarse.

chauffeur m chófer m.

chaume m (pour toiture) paja f, caña f; **toit de c.** techo de paja.

chaumière f choza f.

chaussée f calzada f.

chausse-pied m calzador m.

chausser 1 vt **c. qn** calzar a alguien; **c. du 40** calzar un 40.
2 **se chausser** vpr calzarse.

chaussette f calcetín m.

chausson m zapatilla f.

chaussure f zapato m.

chauve a & mf calvo, -a.

chauve-souris f (pl **chauves-souris**) (animal) murciélago m.

chaux f cal f.

chavirer vi zozobrar.

chef m jefe m; **c. d'entreprise** empresario m; **c. de gare** jefe m de estación; **c. d'orchestre** director m de orquesta; **en c.** (commandant, rédacteur)-jefe.

chef-d'œuvre m (pl **chefs-d'œuvre**) obra f maestra.

chef-lieu m (pl **chefs-lieux**) capital f (de provincia).

chemin m camino m; **beaucoup de c. à faire** mucho camino por recorrer; **se mettre en c.** ponerse en camino.

chemin de fer m ferrocarril m.

cheminée f chimenea f.

cheminot m ferroviario m.

chemise f camisa f; (cartonnée) carpeta f; **c. de nuit** camisón m.

chemisette f camisa f de manga corta.

chemisier m blusa f.

chêne *m* roble *m*.

chenil *m* perrera *f*.

chenille *f* oruga *f*.

chèque *m* cheque *m*; **c. de voyage** cheque de viaje.

chèque-repas *m* (*pl* **chèques-repas**) vale *m* o bono *m* de comida.

chéquier *m* chequera *f*.

cher, chère *a* (*aimé*) querido, -a; (*coûteux*) caro, -a ; **payer c.** (*objet, erreur etc.*) pagar caro.

chercher *vt* buscar; **aller c.** ir a buscar; **c. à faire** intentar hacer.

chercheur, -euse *mf* investigador, -ora.

chéri, -ie *a* & *mf* querido, -a.

chétif, -ive *a* enclenque.

cheval, -aux *m* caballo *m*; **à c.** a caballo; **faire du c.** montar a caballo; **chevaux de bois** caballitos *m inv*.

chevalier *m* caballero *m*.

chevaline *af* **boucherie c.** carnicería *f* que vende carne de caballo.

chevelure *f* cabellera *f*.

chevet *m* **livre de c.** libro de cabecera; **table de c.** mesilla de noche; **au c. de** a la cabecera de.

cheveu, -x *m* pelo; **cheveux** cabello *m*; *Fig* **tiré par les cheveux** sacado por los pelos; *Fig* **couper les cheveux en quatre** poner los pelos de punta.

cheville *f* tobillo *m*; (*pour vis*) clavija *f*.

chèvre *f* cabra *f*.

chevreau, -x *m* (*petit de la chèvre*) cabrito *m*.

chez *prép* **c. qn** en casa de alguien; **il est c. Jean/c. le boucher** está en casa de Juan/en la carnicería; **c. moi/nous** en (mi)/nuestra casa; **je vais c. moi** voy a (mi) casa; **c'est une habitude c. elle** es típico de ella; **c. Mme Dupont** (*adresse*) en casa de la señora Dupont.

chic 1 *a inv* elegante; *Fam* (*gentil*) amable.
  2 *int* **c. (alors)!** ¡estupendo!.
  3 *m* elegancia *f*.

chicorée *f* (*à café*) achicoria *f*; (*pour salade*) escarola *f*.

chien *m* perro *m*; **temps de c.** tiempo de perros.

chien-loup *m* (*pl* **chiens-loups**) perro *m* lobo.

chienne *f* perra *f*.

chiffon *m* trapo *m*; **c. (à poussière)** trapo (del polvo).

chiffonner *vt* arrugar.

chiffre *m* cifra *f*; (*romain, arabe*) numeración *f*; **c. d'affaires** volumen *m* de ventas.

chimie *f* química *f*.

chimique *a* químico, -a.

chimpanzé *m* chimpancé *m*.

chinois, -oise 1 *a* chino, -a.
  2 *m* (*langue*) chino *m*.
  3 *mf* **Chinois, -oise** chino, -a.

chiot *m* cachorro *m*.

chips *fpl* patatas *fpl* fritas.

chirurgical, -e, -aux *a* quirúrgico, -a.

chirurgie *f* cirugía *f*.

chirurgien *m* cirujano *m*.

choc *m* (*d'objets*) choque *m*; (*émotion*) conmoción *f*, perplejidad *f*.

chocolat *m* chocolate *m*; **c. à croquer** chocolate negro; **c. au lait** chocolate con leche.

chocolaté, -ée *a* con chocolate.

chœur *m* (*chanteurs, nef*) coro *m*; **en c.** a coro.

choisir *vt* elegir.

choix *m* elección *f*; (*assortiment*) surtido *m*.

cholestérol *m* colesterol *m*.

chômage *m* desempleo *m*; **au c.** en paro.

chômer *vi* estar en paro.

chômeur, -euse *mf* desempleado, -a, parado, -a.

choquant, -ante a chocante.

choquer vt chocar.

chorale f coral f.

chose f cosa f; **monsieur C.** Fulano, Mengano.

chou, -x m col f; **choux de Bruxelles** coles de Bruselas.

choucroute f chucrut m.

chouette 1 f lechuza f.
 2 a Fam estupendo, -a.

chou-fleur m (pl **choux-fleurs**) coliflor f.

choyer vt mimar.

chrétien, -ienne a & mf cristiano, -a.

chrome m cromo m.

chromé, -ée a cromado, -a.

chronique 1 f crónica f.
 2 a crónico, -a.

chronomètre m cronómetro m.

chronométrer vt cronometrar.

chrysanthème m crisantemo m.

chuchotement m cuchicheo m.

chuchoter vti cuchichear.

chut! int ¡sssh!

chute f caída f; **c. d'eau** salto m de agua; **c. de neige** nevada f; **c. de pluie** chaparrón m.

ci 1 adv **par-ci par-là** por aquí y por allá; **ci-après** seguidamente; **ci-dessus/dessous** aquí encima/debajo.
 2 pron dém **comme ci comme ça** regular.

cible f blanco m.

cicatrice f cicatriz f.

cicatrisation f cicatrización f.

cicatriser 1 vt cicatrizar.
 2 se cicatriser vpr cicatrizarse.

cidre m sidra f.

Cie abrév de **compagnie** Cía.

ciel m (pl **ciels** ou **cieux**) cielo m.

cierge m cirio m.

cigale f (insecte) cigarra f.

cigare m puro m.

cigarette f cigarr(ill)o m.

cigogne f cigüeña f.

cil m pestaña f.

cime f (d'un arbre) copa f; (d'une montagne) cima f.

ciment m cemento m.

cimetière m cementerio m.

ciné m Fam cine m.

ciné-club m cine-club m.

cinéma m cine m; **faire du c.** hacer cine.

cinglé, -ée a Fam chiflado, -a.

cinq a & m inv cinco a & m inv.

cinquantaine f **une c. de personnes** unas cincuenta personas.

cinquante a & m inv cincuenta a & m inv.

cinquantième a & mf quincuagésimo, -a.

cinquième a & mf quinto, -a.

cintre m percha f.

cirage m betún m.

circonférence f circunferencia f.

circonflexe a Grammaire circunflejo.

circonstance f circunstancia f.

circonstanciel, -ielle a Grammaire circunstancial.

circuit m circuito m.

circulaire a & f circular a & f.

circulation f circulación f; (automobile) tráfico m.

circuler vi circular; (rumeur) correr.

cire f cera f.

cirer vt encerar.

cirque m circo m.

ciseau, -x m cincel m; **(une paire de) ciseaux** tijeras fpl.

citadin, -ine mf ciudadano, -a.

citation f cita f; (à comparaître en justice) citación f.

cité f ciudad f; **c. universitaire** complejo m residencial universitario.

citer vt citar.

citerne f (réservoir) cisterna f.

citoyen, -enne mf ciudadano, -a.

citron m limón m; **c. pressé** zumo m de limón.

citronnade f limonada f.

citrouille f calabaza f.

civière f camilla f.

civil, -e 1 a (non militaire) civil, paisano, -a; **année civile** año civil.
 2 m civil m; **en c.** (policier) vestido de paisano.

civilisation f civilización f.

civilisé, -ée a civilizado, -a.

civique a cívico, -a; **instruction c.** educación cívica.

clair, -e 1 a claro, -a; **bleu/vert c.** azul/verde claro o flojito.
 2 adv (voir) claro, claramente.
 3 m **c. de lune** claro m de luna.

clairement adv claramente.

clairière f claro m.

clairon m clarín m.

clairsemé, -ée a escaso, -a.

clandestin, -ine a clandestino, -a; **passager c.** polizón, -ona.

claque f bofetada f; **donner une c. à** abofetear a.

claquement m (de porte) portazo m; (de mains) palmada f.

claquer 1 vt (porte) golpear.
 2 vi (porte) golpear; **c. des mains** aplaudir; **elle claque des dents** le casteñean los dientes.
 3 se claquer vpr se **c. un muscle** sufrir un tirón en un músculo.

clarinette f clarinete m.

clarté f claridad f.

classe f clase f; **aller en c.** ir a clase.

classement m clasificación f.

classer 1 vt clasificar; (papiers) archivar.
 2 se classer vpr se **c. premier** clasificarse el primero.

classeur m (meuble) archivo m; (portefeuille) archivador m.

classique a clásico, -a.

clavicule f clavícula f.

clavier m teclado m.

clé, clef f llave f; **fermer à c.** cerrar con llave; **sous c.** bajo llave; **c. de contact** llave de contacto.

clémentine f clementina f.

clergé m clero m.

cliché m (de photo) cliché m.

client, -ente mf cliente mf; (d'un médecin) paciente mf; (d'hôtel) huésped mf.

clientèle f clientela f.

cligner vi **c. des yeux** parpadear; (fermer à demi) entrecerrar los ojos; **c. de l'œil** guiñar el ojo, hacer un guiño.

clignotant m intermitente m.

clignoter vi parpadear.

climat m clima m.

climatisation f climatización f.

climatiser vt climatizar.

clin d'œil m guiño m; **en un c. d'œil** en un abrir y cerrar de ojos.

clinique f clínica f.

cliquer vi (avec souris) hacer clic(k).

clochard, -arde mf vagabundo, -a.

cloche f campana f.

cloche-pied (à) adv **sauter à c.-pied** saltar a la pata coja.

clocher m campanario m.

clochette f campanilla f.

cloison f tabique m.

clope m ou f Fam pitillo m.

clopin-clopant adv cojeando.

cloque f ampolla f.

clos, close a cerrado, -a.

clôture f (barrière) valla f.

clôturer vt cercar.

clou m clavo m; **les clous** (passage) el paso de cebra.

clouer vt clavar; **cloué au lit** en cama.

clouté, -ée a (pneus) claveteado, -a; **passage c.** paso de cebra.

clown m payaso, -a.

club *m (association)* club *m.*

cm *abrév de* **centimètre** cm.

coaguler 1 *vt* coagular.
2 *vi,* **se coaguler** *vpr* coagularse.

coalition *f* coalición *f.*

cobaye *m* cobaya *m.*

coca *m (Coca-Cola)* Coca Cola® *f.*

cocaïne *f* cocaína *f.*

coccinelle *f* mariquita *f.*

cocher¹ *vt* marcar con una cruz.

cocher² *m* cochero *m.*

cochon, -onne 1 *m* cerdo *m;* **c. d'Inde** conejillo *m* de Indias.
2 *mf (personne sale)* cerdo, -a.

cocorico *int &* *m* kikirikí *m.*

cocotier *m* cocotero *m.*

cocotte *f* cacerola *f;* **c. minute**® olla *f* a presión.

code *m* código *m;* **codes, phares c.** luces *fpl* de cruce; **C. de la route** Código de Circulación.

cœur *m* corazón *m; Cartes* còrazones; **au c. de** *(ville)* en el centro de; *(hiver)* en pleno; **par c. de** memoria; **avoir mal au c.** sentirse mal, estar provocado; **ça me fait mal au c.** me da pena, me pone triste; **avoir le c. gros** estar triste; **avoir bon c.** tener corazón; **de bon c.** de buena gana.

coffre *m* cofre *m; (de voiture)* maletero *m.*

coffre-fort *m (pl* **coffres-forts)** caja *f* fuerte.

coffret *m (à bijoux etc.)* cofrecito *m.*

cogner 1 *vti* golpear.
2 **se cogner** *vpr* **se c. la tête**/*etc.* golpearse la cabeza/*etc.;* **se c. à qch** chocar con algo.

cohue *f* muchedumbre *f.*

coiffer 1 *vt* **c. qn** peinar a alguien.
2 **se coiffer** *vpr* peinarse.

coiffeur, -euse *mf* peluquero, -a.

coiffure *f* peinado *m.*

coin *m (angle)* esquina *f; (endroit)* lugar *m;* **du c.** *(magasin etc.)* de la esquina; **dans le c.** aquí cerca.

coincé, -ée *a* atascado, -a.

coincer 1 *vt (mécanisme etc.)* atascar.
2 **se coincer** *vpr* atascarse; **se c. le doigt** pillarse el dedo.

coïncidence *f* coincidencia *f.*

coing *m* membrillo *m.*

col *m* cuello *m; (de montagne)* paso *m;* **c. roulé** cuello alto.

colère *f* ira *f,* cólera *f;* **une c.** una rabieta; **être en c.** estar furioso, -a **(contre** con); **se mettre en c.** enfadarse.

coléreux, -euse *a* colérico, -a.

colique *f* cólico *m.*

colis *m* paquete *m.*

collaboration *f* colaboración *f.*

collaborer *vi* colaborar **(à** en).

collant, -ante 1 *a (papier)* adherente; *(vêtement)* ajustado, -a.
2 *m* medias *fpl; (de danse)* malla *f.*

colle *f* cola *f; (blanche)* pegamento *m.*

collecte *f (quête)* colecta *f.*

collectif, -ive *a* colectivo, -a; **billet c.** billete de grupo; **sport c.** deporte de equipo.

collection *f* colección *f.*

collectionner *vt* coleccionar.

collectionneur, -euse *mf* coleccionista *mf.*

collège *m* colegio *m* de enseñanza secundaria.

collégien, -ienne *mf* colegial, -a.

collègue *mf* colega *mf.*

coller *vt* pegar; *(papier peint)* encolar; **c. contre** *(nez, oreille etc.)* pegar contra.

collier *m* collar *m.*

colline *f* colina *f.*

collision *f* colisión *f;* **entrer en c. avec** colisionar contra.

colombe *f* paloma *f.*

colonel *m* coronel *m.*

colonie *f* colonia *f*; **c. de vacances** campamento *m*.

colonne *f* columna *f*; **c. vertébrale** columna vertebral.

coloré, -ée *a* de color; *(verre, liquide)* coloreado, -a.

colorer *vt* colorear.

coloriage *m* **album de coloriages** libro para colorear.

colorier *vt (dessin)* colorear.

coloris *m (nuance)* colorido *m*.

colosse *m* coloso *m*.

coma *m* coma *m*; **dans le c.** en coma.

combat *m* combate *m*, pelea *f*.

combatif, -ive *a* beligerante; *(instinct, esprit)* combativo, -a.

combattant *m* combatiente *mf*.

combattre* *vti* combatir.

combien 1 *adv (quantité)* cuanto; *(interrogatif, exclamatif)* cuánto; *(nombre)* cuantos, -as; **c. de** *(temps, argent etc.)* cuanto, -a; *(personnes, livres etc.)* cuantos, -as.
  (b) *(à quel point)* cuanto; **c. y a-t-il d'ici à...?** cuánto hay de aquí a...?.
  2 *m inv Fam* **le c. sommes-nous?** ¿a qué día estamos?; *Fam* **tous les c.?** ¿cada cuánto?

combinaison *f (assemblage, vêtement de femme)* combinación *f*; *(de mécanicien)* mono *m*; **c. de vol/ plongée/ski** traje *m* de vuelo/submarinismo/esquí.

combiné *m (de téléphone)* auricular *m*.

combiner *vt (assembler)* combinar.

comble 1 *m* **le c. de** *(la joie etc.)* el colmo de; **c'est un** *ou* **le c.!** ¡es el colmo!.
  2 *a (bondé)* abarrotado, -a.

combler *vt (trou etc.)* llenar; **c. son retard** recuperar el tiempo perdido.

combustible *m* combustible *m*.

comédie *f* comedia *f*; **c. musicale** comedia musical; *Fig* **jouer la c.** hacer teatro.

comédien, -ienne *mf* comediante *mf*, actor *m*, actriz *f*.

comestible *a* comestible.

comique *a* cómico, -a.

comité *m* comité *m*.

commandant *m* **c. de bord** *(d'un avion)* comandante *m* (de a bordo); *(d'un navire)* capitán *m*.

commande *f (achat)* pedido *m*; **sur c.** por encargo; **les commandes** *(d'un avion etc.)* los mandos *mpl*.

commandement *m (autorité)* mando *m*.

commander 1 *vt* mandar; *(acheter)* pedir.
  2 *vi* **c. à qn de faire** mandar a alguien que haga.

comme 1 *adv & conj* como; **c. moi** como yo; **c. cela** así; **qu'as-tu c. diplômes?** ¿qué títulos tienes?; **blanc c. neige** blanco como la nieve; **c. si** como si; **c. par hasard** qué casualidad.
  2 *adv (exclamatif)* **regarde c. il pleut!** ¡mira cómo llueve!; **c. c'est petit!** ¡qué pequeño es!.
  3 *conj (temps)* cuando; *(cause)* como; **c. elle entrait** cuando ella entraba.

commencement *m* comienzo *m*.

commencer *vti* comenzar (**à faire** a hacer; **par** por; **par faire** haciendo); **pour c.** para empezar.

comment *adv* cómo; **c. le sais-tu?** ¿cómo lo sabes?; **c.?** *(répétition, surprise)* ¿cómo?, ¿qué?; **c. faire?** ¿qué vamos a hacer?; **c. t'appelles-tu?** ¿cómo te llamas?; **c. allez-vous?** ¿cómo está?

commerçant, -ante 1 *mf* comerciante *mf*.
  2 *a* **rue commerçante** calle comercial.

commerce *m* comercio *m*; *(magasin)* tienda *f*; **dans le c.** *(objet)* de venta en comercios.

commercial, -e, -aux *a* comercial.

commettre* *vt (délit etc.)* cometer.

commissaire *m* **c. (de police)** comisario *m* (de policía).

commissariat *m* **c. (de police)** comisaría *f* (de policía).

commission *f (course)* recado *m*; *(pourcentage)* comisión *f* (**sur** sobre); **faire les commissions** hacer la compra.

commode 1 *a* cómodo, -a.
 2 *f* cómoda *f*.

commun, -une *a (collectif, habituel etc.)* común; **en c.** en común.

communauté *f* comunidad *f*; **Communauté européenne** Comunidad europea.

commune *f* municipio *m*.

communication *f* comunicación *f*; **c. (téléphonique)** llamada *f* (de teléfono).

communier *vi* comulgar.

communion *f* comunión *f*.

communiqué *m* comunicado *m*; *(publicitaire)* anuncio *m*; **c. de presse** comunicado de prensa.

communiquer *vti* comunicar.

communiste *a & mf* comunista.

compact, -e *a* compacto, -a; **disque c.** compacto, CD.

compagne *f* compañera *f*.

compagnie *f (présence, société)* compañía *f*; **tenir c. à qn** hacer compañía a alguien.

compagnon *m* compañero *m*; **c. de jeu/travail** compañero de juegos/ trabajo.

comparable *a* comparable.

comparaison *f* comparación *f* (**avec** con).

comparer *vt* comparar (**à** a, con).

compartiment *m* compartimento *m*.

compas *m* compás *m*; *(boussole)* brújula *f*.

compatriote *mf* compatriota *mf*.

compenser *vti* compensar.

compétence *f* competencia *f*.

compétent, -ente *a* competente.

compétition *f (épreuve sportive)* competición *f*; **de c.** *(esprit, sport)* de competición.

complaisance *f* amabilidad *f*; *(péjoratif)* complacencia *f*.

complaisant, -ante *a* complaciente.

complément *m* complemento *m*.

complet, -ète 1 *a* completo, -a; *(train, hôtel etc.)* lleno, -a; **nous sommes au c.** ya estamos todos.
 2 *m* traje *m* de caballero.

complètement *adv* completamente.

compléter *vt* completar.

complexe 1 *a* complejo, -a.
 2 *m (sentiment, construction)* complejo *m*.

complication *f* complicación *f*.

complice *mf* cómplice *mf*.

compliment *m* cumplido *m*; **mes compliments!** ¡felicidades!; **faire des compliments** cumplimentar.

complimenter *vt* felicitar (**sur**, **pour** por).

compliqué, -ée *a* complicado, -a.

compliquer 1 *vt* complicar.
 2 se compliquer *vpr* complicarse.

complot *m* complot *m*, conspiración *f*.

comploter 1 *vt* tramar.
 2 *vi* conspirar; **c. de faire qch** tramar hacer algo.

comportement *m* comportamiento *m*.

comporter 1 *vt* constar.
 2 se comporter *vpr* comportarse.

composé, -ée *a & m (mot, en chimie etc.)* compuesto, -a *a & m*; **temps c.** tiempo *m* compuesto; **passé c.** pretérito *m* perfecto.

composer 1 *vt* componer; *(numéro)* marcar; **être composé de** componerse de.

   2 se composer *vpr* componerse **(de** de).

compositeur, -trice *mf* compositor, -ora.

composter *vt (billet)* picar.

compote *f* compota *f*; **c. de pommes** compota de manzanas.

compréhensible *a* comprensible.

compréhensif, -ive *a (personne)* comprensivo, -a.

comprendre* *vt* comprender, entender; *(comporter)* comportar; **je n'y comprends rien** no entiendo nada de eso; **ça se comprend** es comprensible.

comprimé *m* comprimido *m*.

comprimer *vt* comprimir.

compris, -ise *a (inclus)* incluido, -a **(dans** en); **tout c.** todo incluido; **y c.** inclusive.

comptable *mf* contable *mf*.

comptant 1 *a* **argent c.** (dinero en) efectivo.

   2 *adv* **payer c.** pagar al contado.

compte *m (calcul)* cuenta *f*; **avoir un c. en banque** tener una cuenta bancaria; **c. chèque** *ou* **courant** cuenta corriente; **c. à rebours** cuenta atrás; **tenir c. de qch** tener en cuenta algo; **c. tenu de** teniendo en cuenta; **se rendre c. de** darse cuenta de; **à son c.** *(travailler)* por su cuenta; **en fin de c.** a fin de cuentas.

compte-gouttes *m inv* cuentagotas *m inv*.

compter 1 *vt (calculer)* contar; **c. faire** esperar hacer; **c. qch à qn** *(facturer)* cobrar a alguien por algo.

   2 *vi (calculer, avoir de l'importance)* contar; **c. sur** contar con.

compte rendu *m (de réunion etc.)* acta *f*, informe *m*; *(de livre, film)* reseña *f*.

compteur *m* contador *m*; **c. (de vitesse)** velocímetro *m*; **c. (kilométrique)** cuentakilómetros *m inv*.

comptoir *m (de magasin)* mostrador *m*; *(de café)* barra *f*.

comte, -esse *mf* conde, -esa.

concentré, -ée 1 *a (lait)* condensado, -a; *(attentif)* concentrado, -a.

   2 *m* **c. de tomates** concentrado *m* de tomate.

concentrer 1 *vt* concentrar.

   2 se concentrer *vpr* concentrarse.

concerner *vt* concernir.

concert *m* concierto *m*.

concessionnaire *mf* concesionario, -a.

concierge *mf* portero, -a.

concitoyen, -enne *mf* conciudadano, -a.

conclure* *vti* concluir; **c. que** llegar a la conclusión de que.

conclusion *f* conclusión *f*.

concombre *m* pepino *m*.

concordant, -ante *a* concordante.

concorder *vi* concordar.

concours *m* concurso *m*; **c. hippique** concurso hípico.

concret, -ète *a* concreto, -a.

conçu, -ue *a* **c. pour faire/pour qn** concebido, -a para hacer/para alguien; **bien c.** *(maison etc.)* bien concebido, -a.

concurrence *f* competencia *f*, concurrencia *f*; **faire c. à** hacer la competencia a.

concurrencer *vt* hacer la competencia a.

concurrent, -ente 1 *mf* competidor, -a; *(dans une épreuve sportive)* participante *mf*.

   2 *a* competidor, -a, rival.

condamnation *f* condena *f*.

condamné, -ée *mf* condenado, -a.

condamner *vt* condenar **(à** a); **c. qn à une amende** multar a alguien, poner una multa a alguien.

condition f condición f; **à c. de faire** a condición de hacer; **à c. que l'on fasse** a condición de que se haga.

conditionné a **air c.** aire acondicionado.

conditionnel m Grammaire condicional m.

condoléances fpl pésame m; **toutes mes c.** mi más sincero pésame.

conducteur, -trice mf conductor, -ora.

conduire* 1 vt dirigir, llevar; (voiture, agua) conducir; **c. qn à** (accompagner) llevar a alguien a.
  2 vi conducir.
  3 se conduire vpr comportarse.

conduite f conducta f; (de voiture, d'eau, de gaz) conducción f (**de** de); **c. à gauche** (volant) volante m a la izquierda.

cône m cono m.

confection f confección f (**de** de); **vêtements de c.** ropa f de confección.

confectionner vt confeccionar.

conférence f conferencia f.

confesser 1 vt confesar.
  2 se confesser vpr confesarse.

confession f confesión f.

confettis mpl confetti m.

confiance f confianza f; **faire c. à qn, avoir c. en qn** confiar en alguien; **c. en soi** confianza en sí mismo.

confiant, -ante a confiado, -a; (sûr de soi) seguro, -a de sí mismo, -a.

confidence f (secret) confidencia f; **faire une c. à qn** hacer una confidencia a alguien.

confidentiel, -ielle a confidencial.

confier 1 vt confiar (**à qn** a alguien).
  2 se confier vpr **se c. à qn** confiarse a alguien.

confirmation f confirmación f.

confirmer vt confirmar (**que** que).

confiserie f confitería f; **confiseries** (produits) dulces mpl.

confiseur, -euse mf confitero, -a.

confisquer vt confiscar (**à qn** a alguien).

confit a **fruits confits** frutas confitadas.

confiture f confitura f.

conflit m conflicto m.

confondre vt (choses, personnes) confundir (**avec** con).

conformer (se) vpr conformarse (**à** con).

confort m comodidad f.

confortable a cómodo, -a.

confrère m colega m.

confus, -fuse a confuso, -a; (gêné) molesto, -a; **je suis c.!** (désolé) ¡lo siento mucho!

confusion f confusión f; (gêne, honte) vergüenza f.

congé m (vacances) vacaciones fpl; **être en c. de maladie/maternité** estar de baja por enfermedad/maternidad; **congés payés** vacaciones pagadas.

congélateur m congelador m.

congeler vt congelar.

congère f ventisquero m.

congrès m congreso m.

conjoint, -te mf cónyuge mf.

conjonction f Grammaire conjunción f.

conjugaison f conjugación f.

conjuguer vt (verbe) conjugar.

connaissance f conocimiento m; (personne) conocido, -a; **connaissances** conocimientos mpl (**en** de); **faire la c. de qn, faire c. avec qn** conocer a alguien; **perdre c.** perder el conocimiento; **sans c.** sin conocimiento.

connaître* vt conocer; **nous nous connaissons déjà** ya nos conocemos; **s'y c. en qch** saber mucho sobre algo.

connu, -ue (pp de **connaître**) a (célèbre) conocido, -a.

conquérant, -ante mf conquistador, -ora.

conquérir* vt conquistar.

conquête f conquista f; **faire la c. de** conquistar.

consacrer 1 vt (temps, vie etc.) consagrar (**à** a).

2 se consacrer vpr consagrarse (**à** a).

conscience f conciencia f; **avoir/prendre c. de** tener/tomar conciencia de; **c. professionnelle** conciencia profesional; **perdre c.** perder el conocimiento; Fig **tu auras ça sur la c.** pesará sobre tu conciencia.

consciencieux, -euse a concienzudo, -a.

conscient, -ente a consciente.

conseil¹ m consejo m.

conseil² m (assemblée) consejo m; **c. d'administration** consejo administrativo; **c. des ministres** (réunion) consejo de ministros.

conseiller vt aconsejar; **c. à qn de faire qch** aconsejar a alguien que haga algo.

conseiller, -ère mf (expert) asesor, -ora; (d'un conseil) consejero, -a; **c. municipal** concejal, -ala.

consentement m consentimiento m.

consentir* vi **c. à** consentir en.

conséquence f consecuencia f.

conservation f conservación f.

conservatoire m conservatorio m.

conserve f **conserves** conservas fpl; **de** ou **en c.** en conserva; **mettre en c.** poner en conserva.

conserver 1 vt conservar; (fruits) poner en conserva.

2 se conserver vpr (aliment) conservarse.

considérable a considerable.

considérer vt considerar (**que** que; **comme** como).

consigne f consigna f; (sur bouteille etc.) importe m del envase; **c. automatique** consigna automática.

consigner vt (bouteille etc.) cobrar por el envase.

consistant, -ante a consistente.

consister vi **c. en/dans** consistir en; **c. à faire** consistir en hacer.

consolation f consuelo m.

console f consola f.

consoler 1 vt consolar (**de** de).

2 se consoler vpr **se c. de** (la mort de qn etc.) consolarse de.

consolider vt consolidar.

consommateur, -trice mf consumidor, -ora; (au café) cliente mf.

consommation f consumo m; (boisson) consumición f.

consommer 1 vt (aliment etc.) consumir.

2 vi consumir; **c. beaucoup/peu** (véhicule) consumir mucho/poco.

consonne f consonante f.

conspirateur, -trice mf conspirador, -ora.

conspiration f conspiración f.

conspirer vi conspirar (**contre** contra).

constamment adv constantemente.

constant a constante.

constat m acta f; (d'acccident) atestado m.

constatation f constatación f.

constater vt constatar (**que** que); (enregistrer) hacer constar.

consternation f consternación f.

consterner vt consternar.

constipé, -ée a estreñido, -a.

constituer 1 vt (composer) constituir; **constitué de** constituido por.
 2 se constituer vpr **se c. prisonnier** entregarse.

constitution f constitución f.

construction f construcción f; **matériaux/jeu de c.** materiales/juego de construcción.

construire* vt construir.

consul m cónsul m.

consulat m consulado m.

consultation f visita f; **cabinet de c.** consulta f.

consulter 1 vt consultar.
 2 se consulter vpr consultarse.

contact m (toucher, de voiture) contacto m; **être/entrer en c. avec** estar/entrar en contacto con; **mettre/ couper le c.** (dans une voiture) arrancar/apagar; **lentilles** ou **verres de c.** lentillas o lentes de contacto.

contacter vt contactar.

contagieux, -euse a contagioso, -a.

contagion f contagio m.

conte m cuento m; **c. de fée** cuento de hadas.

contempler vt contemplar.

contemporain, -aine a & mf contemporáneo, -a.

contenance f (d'un récipient) capacidad f.

contenir* vt contener.

content, -ente a contento, -a (**de faire** de hacer; **de qn/qch** con alguien/algo); **c. de soi** satisfecho de sí mismo.

contenter 1 vt contentar.
 2 se contenter vpr contentarse (**de** con).

contenu m (de récipient) contenido m.

conter vt (histoire etc.) contar.

contestataire a & mf contestatario, -a.

contestation f polémica f.

conteste (sans) adv indiscutiblemente.

contester vti discutir.

conteur, -euse mf cuentacuentos mf inv.

contexte m contexto m.

continent m continente m.

continu, -ue a continuo, -a.

continuel, -elle a continuo, -a.

continuellement adv continuamente.

continuer vti continuar (**à** ou **de faire** haciendo).

contour m contorno m.

contourner vt (colline etc.) rodear.

contraceptif, -ive a & m anticonceptivo, -a a & m.

contraception f contracepción f.

contracter 1 vt contraer.
 2 se contracter vpr contraerse.

contractuel, -elle 1 mf controlador, -ora de estacionamiento.
 2 a contractual.

contradiction f contradicción f.

contradictoire a contradictorio, -a.

contraindre* vt forzar (**à faire** a hacer).

contrainte f coacción f.

contraire 1 a contrario, -a; **c. à** opuesto a.
 2 m contrario m; **au c.** al contrario.

contrairement adv **c. à** contrariamente a.

contrariant, -ante a (action etc.) molesto, -a; **être c.** (personne) llevar siempre la contraria.

contrarier vt (projet etc.) dificultar; (personne) contrariar.

contrariété f contrariedad f.

contraste m contraste m.

contrat m contrato m; **c. de travail** contrato de empleo.

contravention f (pour stationnement interdit) multa f.

contre *prép & adv* contra; *(en échange de)* a cambio de; **échanger c.** canjear o cambiar por; **fâché c.** enfadado con; **six voix c. deux** seis votos a dos; **Nîmes c. Arras** *(match)* Nîmes contra Arras; **un médicament c.** *(toux etc.)* un medicamento para o contra; **par c.** en cambio; **tout c. qch/qn** muy cerca de algo/alguien.

contre- *préfixe* contra-.

contre-attaque *f* contraataque *m*.

contrebande *f (fraude)* contrabando *m*; **de c.** *(tabac etc.)* de contrabando; **passer qch en c.** pasar algo de contrabando.

contrebandier, -ière *mf* contrabandista *mf*.

contrecœur (à) *adv* a regañadientes.

contredire* 1 *vt* contradecir.
2 se contredire *vpr* contradecirse.

contre-jour (à) *adv* a contraluz.

contremaître *m* contramaestre *m*.

contre-plaqué *m* contrachapado *m*.

contretemps *m* contratiempo *m*.

contribuable *mf* contribuyente *mf*.

contribuer *vi* contribuir **(à** a).

contribution *f* contribución *f*; **inspecteur des contributions** inspector de hacienda.

contrôle *m* control *m* **(de, sur** de); *(maîtrise)* dominio *m*.

contrôler *vt (examiner)* controlar; *(surveiller)* vigilar.

contrôleur, -euse *mf (de train)* revisor, -ora.

contrordre *m* contraorden *f*.

contusion *f* contusión *f*.

convaincant, -ante *a* convincente.

convaincre* *vt* convencer **(de** de); **c. qn de faire** convencer a alguien para que haga.

convaincu, -ue *a (certain)* convencido, -a **(de** de).

convalescence *f* convalecencia *f*; **être en c.** convalecer.

convalescent, -ente *a & mf* convaleciente.

convenable *a* conveniente; *(correct)* correcto, -a.

convenablement *adv* convenientemente.

convenir* *vi* **c. à** convenir a; **ça convient** *(date etc.)* es conveniente.

convenu, -ue *a (prix)* convenido, -a.

conversation *f* conversación *f*.

convertir *vt* convertir **(à** a; **en** en).

conviction *f (certitude)* convicción *f*.

convive *mf* convidado, -a.

convocation *f (lettre)* convocatoria *f*.

convoi *m (véhicules)* convoy *m*.

convoquer *vt* convocar **(à** a).

coopération *f* cooperación *f*.

coopérer *vi* cooperar **(à** en; **avec** con).

coordonnées *fpl (adresse, téléphone)* Fam señas *fpl*.

copain *m* Fam *(camarade)* camarada *m*; *(petit ami)* novio *m*; **être c. avec** ser amigo de.

copeau, -x *m (de bois)* viruta *f*.

copie *f* copia *f*; *(examen)* hoja *f* de examen.

copier *vt* copiar **(sur** a).

copieur *m*, **copieuse** *f* copiadora *f*.

copieux, -euse *a* copioso, -a.

copine *f* Fam *(camarade)* camarada *f*; *(petite amie)* novia *f*; **être c. avec** ser amiga de.

copropriété *f* **(immeuble en) c.** copropiedad *f*.

coq *m* gallo *m*.

coque *f (de navire)* casco *m*; *(de noix)* cáscara *f*; *(fruit de mer)* berberecho *m*; **œuf à la c.** huevo pasado por agua.

coquelicot *m* amapola *f*.

coqueluche *f* tos *f* ferina.

coquet, -ette *(chic)* coqueto, -a.

coquetier *m* huevera *f*.

coquetterie f *(élégance)* coquetería f.

coquillage m *(mollusque)* marisco m; *(coquille)* concha f.

coquille f concha f; **c. Saint-Jacques** concha de peregrino.

coquin, -ine a pillo, -a.

cor m *(instrument)* trompa f; **c. (au pied)** callo m.

corail, -aux m coral m.

Coran m le C. el Corán m.

corbeau, -x m cuervo m.

corbeille f cesta f; **c. à papier** papelera f.

corbillard m coche m fúnebre.

corde f cuerda f; **c. à linge** cuerda para tender la ropa; **c. à sauter** comba f.

cordial, -e, -aux a cordial.

cordon m cordón m.

cordon-bleu m *(pl* cordons-bleus*)* cocinero, -a de calidad.

cordonnerie f zapatería f.

cordonnier m zapatero m.

coriace a correoso, -a.

corne f *(instrument, de chèvre etc.)* cuerno m; *(matière)* asta f.

corneille f corneja f.

cornet m *(de glace)* cono m; **c. (de papier)** cucurucho m (de papel).

cornichon m *(concombre)* pepinillo m.

corps m cuerpo m; **lutter c. à c.** luchar cuerpo a cuerpo; *Fig* **prendre c.** *(projet)* tomar cuerpo.

correct, -e a *(exact, décent)* correcto, -a.

correctement adv correctamente.

correction f corrección f; *(punition)* reprimenda f.

correspondance f correspondencia f; *(de train, d'autocar)* enlace m.

correspondant, -ante 1 a correspondiente.

2 mf corresponsal mf; *(avec qui on échange des lettres)* persona con la que uno se escribe; *(au téléphone)* interlocutor, -ora.

correspondre vi corresponder (**à** a); *(écrire)* cartearse (**avec** con).

corrida f corrida f.

corriger vt corregir; **c. qn de** *(défaut)* corregir a alguien de.

corrompu, -ue a corrupto, -a.

corsage m *(chemisier)* blusa f.

cortège m cortejo m; **c. officiel** *(automobiles)* cortejo oficial.

corvée f faena f.

cosmonaute mf cosmonauta mf.

cosmos m cosmos m.

cosse f *(de pois etc.)* vaina f.

costaud, -aude a *Fam* robusto, -a.

costume m *(déguisement)* disfraz m; *(complet)* traje m.

costumé a bal c. baile m de disfraces.

cote f *(en Bourse)* cotización f; *Fig* **avoir la c.** tener éxito.

côte f costilla f; *(de mouton, veau)* chuleta f; *(montée)* cuesta f; *(littoral)* costa f; **c. à c.** lado a lado.

côté m lado m; *(direction)* dirección f; **de l'autre c.** al otro lado (**de** de); *(direction)* en la otra dirección; **du c. de** *(vers, près de)* en dirección a; **de c.** de lado; **mettre de c.** poner a un lado; **à c.** al lado; *(maison)* de al lado; **à c. de** al lado de; **à mes côtés** a mi lado.

coteau, -x m ladera f.

côtelette f chuleta f.

côtier, -ière a costero, -a.

cotisation f *(de club)* cuota f.

cotiser (se) vpr pagar a escote; **se c. pour acheter qch** comprar algo entre todos.

coton m algodón m; **c. (hydrophile)** algodón hidrófilo.

cou m cuello m.

couchage m **sac de c.** saco m de dormir.

couchant a *(soleil)* poniente.

couche f *(épaisseur, de peinture)* capa f; *(de bébé)* pañal m.

couché, -ée *a* acostado, -a; *(étendu)* tendido, -a.

coucher 1 *vt* acostar; *(héberger)* alojar; *(allonger)* tumbar.

2 *vi* acostarse (**avec** con).

2 se coucher *vpr* acostarse; *(s'allonger)* tumbarse; *(soleil)* ponerse.

couchette *f (de train, bateau)* litera *f*.

coucou *m (oiseau)* cuco *m*; *(fleur)* narciso *m* silvestre.

coude *m* codo *m*; *Fig* **se serrer les coudes** ayudarse uno a otro; **c. à c.** codo a codo; **coup de c.** codazo *m*.

coudre* *vti* coser.

couette *f* edredón *m*.

couler¹ *vi (eau etc.)* correr; *(robinet, nez, sueur)* gotear.

couler² *vti (bateau, nageur)* hundir(se).

couleur *f* color *m*; *Cartes* palo *m*; **avoir des couleurs** *(teint)* tener buen color; **de c.** de color; **photo/** *etc.* **en couleurs** foto/*etc.* en color; **téléviseur c.** *ou* **en couleurs** televisor en color.

couleuvre *f* culebra *f*.

coulisses *fpl* **dans les c.** entre bastidores.

couloir *m* pasillo *m*; *(de circulation, d'une piste)* carril *m*.

coup *m* golpe *m*; *(léger)* toque *m*; *(de fusil etc.)* disparo *m*; *(de crayon)* trazo *m*; *(d'horloge)* campanada *f*; *(fois)* *Fam* vez *f*; *(aux échecs)* movimiento *m*; *(sport)* jugada *f*; **donner un c. de main** echar una mano; **donner des coups à** dar golpes a; **c. de brosse** cepillada *f*; **c. de chiffon** sacudida *f*; **c. de sonnette** timbrazo *m*; **c. de dents** mordisco *m*; **c. de chance** golpe de suerte; **tenter le c.** *Fam* probar suerte; **tenir le c.** aguantar el golpe; **sous le c. de** *(émotion)* afectado por; **ça m'a fait un c.** me ha dejado de piedra; **après c.** después; **tué sur le c.** muerto en el acto; **à c. sûr** seguro; **tout à c., tout d'un c.** de repente; **d'un seul c.** de un solo golpe, de repente; **du c.** *(de ce fait)* por esto.

coupable *a & mf* culpable (**de** de).

coupant, -ante *a* cortante.

coupe *f (trophée, verre)* copa *f*; *(de vêtement etc.)* corte *m*; **c. de cheveux** corte de pelo.

coupe-ongles *m inv* cortauñas *m inv*.

coupe-papier *m inv* abrecartas *m inv*.

couper 1 *vt (arbre, téléphone, courant etc.)* cortar; *(morceler)* trocear; *(croiser)* atravesar; **c. la parole à qn** cortar la palabra a alguien.

2 *vi* cortar; **ne coupez pas!** *(au téléphone)* ¡no cuelgue!.

3 se couper *vpr (routes)* cortarse; **se c. au doigt** cortarse el dedo.

couple *m* pareja *f*.

couplet *m* estrofa *f*.

coupure *f* corte *m*; *(de journal)* recorte *m*; **c. d'électricité** corte de electricidad.

cour *f* patio *m*; *(de roi)* corte *f*; **c. (de récréation)** patio (de recreo).

courage *m* valor *m*; **bon c.!** ¡ánimo!

courageux, -euse *a* valiente.

couramment *adv (parler)* con fluidez; *(souvent)* frecuentemente.

courant, -ante 1 *a* corriente.

2 *m (de l'eau, électrique)* corriente *f*; **c. d'air** corriente de aire; **coupure de c.** corte de corriente; *Fig* **être/ mettre au c.** estar/poner al corriente (**de** de).

courbaturé, -ée *a* derrengado, -a.

courbe 1 *a* curvo, -a.

2 *f* curva *f*.

courber *vti* curvar.

coureur, -euse *mf* corredor, -a; *(cycliste)* ciclista *mf*.

courgette *f* calabacín *m*.

courir* 1 vi correr; *(se hâter)* apresurarse; **le bruit court que...** corre el rumor de que...
2 vt *(risque)* correr.

couronne f corona f.

couronnement m *(de roi etc.)* coronación f.

couronner vt coronar.

courrier m correo m; **c. électronique** correo electrónico.

courroie f correa f.

cours m curso m; *(d'une monnaie etc.)* cotización f; *(leçon)* clase f; **c. d'eau** curso de agua; **en c.** *(travail, année)* en curso; **en c. de route** en el camino; **au c. de** en el transcurso de; **prendre/donner des cours** asistir a/dar clases.

course¹ f carrera f; **courses** *(de chevaux)* carreras; **cheval de c.** caballo de carreras; **voiture de c.** coche de carreras.

course² f *(commission)* recado m; **courses** *(achats)* recados mpl, compras fpl; **faire les courses** hacer la compra.

coursier, -ière mf recadero, -a.

court, courte 1 a corto, -a.
2 adv *(couper)* corto; *(s'arrêter)* en seco; **à c. de** *(argent etc.)* escaso, -a de.
3 m Tennis pista f.

couscous m cuscús m.

cousin, -ine mf primo, -a; **c. germain** primo hermano.

coussin m cojín m.

couteau, -x m cuchillo m.

coûter vti costar; **ça coûte combien?** ¿cuánto cuesta eso?; **coûte que coûte** a toda costa, cueste lo que cueste.

coûteux, -euse a costoso, -a.

coutume f costumbre f; **avoir c. de faire** tener costumbre de hacer.

couture f costura f.

couturier m modisto m.

couturière f costurera f.

couvée f *(oiseaux)* nidada f.

couvent m convento m.

couver 1 vt *(oeufs)* empollar.
2 vi *(poule)* empollar.

couvercle m tapa(dera) f.

couvert, -erte 1 a cubierto, -a *(de* de); *(ciel)* nublado, -a.
2 m cubierto m; **mettre le c.** poner la mesa.

couverture f *(de lit)* manta f; *(de livre etc.)* tapa f.

couveuse f incubadora f.

couvrir* 1 vt cubrir *(de* de).
2 se couvrir vpr *(s'habiller)* cubrirse; *(ciel)* nublarse.

cow-boy m vaquero m.

crabe m cangrejo m.

crachat m escupitajo m.

cracher vti escupir.

craie f tiza f.

craindre* vt temer; *(chaleur, froid)* ser sensible a; **c. de faire** temer hacer; **ne crains rien** no te preocupes de nada.

crainte f temor m.

craintif, -ive a temeroso, -a.

crampe f calambre m.

cramponner (se) vpr **se c. à** agarrarse a.

crampons mpl *(de chaussures)* tacos mpl.

cran m *(entaille)* muesca f; *(de ceinture)* agujero m; **couteau à c. d'arrêt** navaja f de resorte; **c. de sûreté** seguro m.

crâne m cráneo m.

crapaud m sapo m.

craquement m crujido m.

craquer vi *(branche)* romperse; *(bois sec)* crujir; *(se déchirer)* desgarrarse; Fig *(personne)* derrumbarse.

crasse f mugre f.

crasseux, -euse a mugriento, -a.

cratère m cráter m.

cravate f corbata f.

crawl m (nage) crol m.

crayon m lápiz m; **c. de couleur** lápiz de color; **c. à bille** bolígrafo m.

création f creación f.

créature f criatura f.

crèche f (de Noël) belén m, nacimiento m; (pour bébé) guardería f.

crédit m crédito m; **à c.** a plazos, a crédito; **faire c.** (prêter) dar crédito (à a).

créditeur a **compte c.** cuenta acreedora.

créer vt crear.

crémaillère f **pendre la c.** dar una fiesta por el estreno de una casa.

crématorium m crematorio m.

crème f crema f, nata f; (dessert) natillas fpl; **c. Chantilly** nata chantillí; **c. glacée** helado m; **c. anglaise** crema inglesa; **c. à raser** crema de afeitar.

créneau, -x m **faire un c.** aparcar en paralelo.

crêpe f crepé f.

crépiter vi crepitar.

crépu, -ue a crespo, -a.

crépuscule m crepúsculo m.

cresson m berro m.

crête f (de montagne etc.) cresta f.

creuser vt cavar; Fig **se c. la tête** estrujarse los sesos.

creux, -euse 1 a hueco, -a; (estomac) vacío; **assiette creuse** plato m hondo.
   2 m hueco m; (de l'estomac) boca f.

crevaison f (de pneu) pinchazo m.

crevasse f (trou) grieta f.

crevé, -ée a (fatigué) Fam hecho, -a polvo; (mort) Fam muerto, -a.

crever 1 vi (bulle etc.) reventar; (pneu) pinchar(se); (mourir) Fam palmarla.
   2 vt reventar; (pneu) pinchar.

crevette f (grise) quisquilla f; (rose) gamba f.

cri m grito m; Fig **le dernier c.** el último grito.

cric m (de voiture) gato m.

crier 1 vi gritar; Fam **c. après qn** reñir a alguien.
   2 vt gritar; (injure) lanzar; (ordre) dar a gritos.

crime m crimen m; (assassinat) asesinato m.

criminel, -elle 1 a criminal.
   2 mf criminal mf; (assassin) asesino, -a.

crinière f crin f.

crise f crisis f inv ; (accès de colère etc.) ataque m; **c. cardiaque/de nerfs** ataque cardiaco /de nervios.

crisper vt (visage) crispar; (poing) apretar.

cristal, -aux m cristal m.

critique 1 a crítico, -a.
   2 f (reproche) crítica f.
   3 mf (d'art, de cinéma) crítico m.

critiquer vt criticar.

croc m (dent) colmillo m.

croche-pied m **faire un c.-pied à qn** poner la zancadilla a alguien.

crochet m gancho m; (aiguille, travail) ganchillo m; **faire qch au c.** hacer algo a ganchillo; **faire un c.** (personne) dar un rodeo; Fig **vivre aux crochets de qn** vivir a espensas de alguien.

crochu, -ue a (nez) ganchudo, -a.

crocodile m cocodrilo m.

croire* 1 vt creer (**que** que); **j'ai cru la voir** creí haberla visto.
   2 vi creer (**à, en** en).

croisement m (de routes) cruce m.

croiser 1 vt (jambes, ligne etc.) cruzar; **c. qn** cruzarse con alguien.
   2 se croiser vpr cruzarse.

croisière f crucero m.

croissant m creciente m; (pâtisserie) croissant m, Am medialuna f.

croix f cruz f.

croque-monsieur *m inv* sandwich *m* de jamón y queso caliente.

croquer 1 *vt* comer.
   2 *vi* crujir.

croquis *m* croquis *m*.

crosse *f (de fusil)* culata *f*.

crotte *f (de lapin etc.)* caca *f*.

crottin *m* estiércol *m* de caballo.

croustillant, -ante *a (pain)* crujiente.

croustiller *vi* crujir.

croûte *f (de pain etc.)* corteza *f*; *(de plaie)* costra *f*.

croûton *m* pico *m*, cuscurro *m*.

croyant, -ante *a & mf* creyente.

CRS *mpl abrév de* **Compagnies républicaines de sécurité** policía *f* antidisturbios.

cru¹, crue *pp de* **croire.**

cru², crue *a (aliment etc.)* crudo, -a.

cruauté *f* crueldad *f* (**envers** hacia).

cruche *f* cántaro *m*; *Fam (idiot)* subnormal *mf*.

crudités *fpl* verduras *fpl* crudas.

cruel, -elle *a* cruel (**envers, avec** con).

cube 1 *m* cubo *m*; **cubes** *(jeu)* cubos *mpl* para construir.
   2 *a (mètre etc.)* cúbico, -a.

cueillette *f* recolección *f*; *(fruits cueillis)* cosecha *f*.

cueillir* *vt* coger.

cuiller, cuillère *f* cuchara *f*; **petite c., c. à café** cucharilla *f*; **c. à soupe** cuchara de sopa.

cuillerée *f* cucharada *f*; **c. à café** cucharadita *f* de café; **c. à soupe** cucharada sopera.

cuir *m* cuero *m*.

cuire* 1 *vt* cocinar; *(à l'eau)* cocer; **c. (au four)** asar.
   2 *vi* cocerse; **faire c.** cocer.

cuisine *f (pièce, art, aliments)* cocina *f*; **faire la c.** cocinar; **livre de c.** libro *m* de cocina.

cuisiner *vti* cocinar.

cuisinier, -ière 1 *mf* cocinero, -a.
   2 *f (appareil)* hornillo *m*; **c. à gaz/ électrique** hornillo de gas/eléctrico.

cuisse *f* muslo *m*; *(de poulet, chevreuil etc.)* pierna *f*.

cuisson *m* cocción *f*.

cuit, cuite *(pp de* **cuire)** *a* cocido, -a; **bien c.** bien hecho, -a.

cuivre *m (rouge)* cobre *m*; *(jaune)* latón *m*.

cul *m Vulg* culo *m*; *Fam* **faire c. sec** vaciar el vaso de un golpe.

culbute *f (saut)* vuelta *f* de campana; *(chute)* caída *f*.

culotte *f (de sportif)* pantalón *m* corto; *(de femme)* bragas *fpl*; **culottes (courtes)** pantalones cortos.

culte *m* culto *m*.

cultivateur, -trice *mf* labrador, -ora.

cultivé, -ée *a (personne)* cultivado, -a.

cultiver 1 *vt* cultivar.
   2 se cultiver *vpr* cultivarse.

culture *f* cultura *f*; *(agriculture)* cultivo *m*.

culturel, -elle *a* cultural.

cure *f* cura *f*.

curé *m (cura m)* párroco *m*.

cure-dent *m* palillo *m* (de dientes).

curer *vt (fossé etc.)* limpiar.

curieux, -euse *a & mf (bizarre, indiscret)* curioso, -a (**de** sobre).

curiosité *f* curiosidad *f*.

curriculum (vitae) *m inv* currículum *m* vitae.

curseur *m (d'ordinateur)* cursor *m*.

cutter *m* cutter *m*.

cuve *f (réservoir)* cuba *f*.

cuvette *f (récipient)* palangana *f*; *(des toilettes)* taza *f*.

C.V. *m abrév de* **curriculum vitae** currículum *m* vitae.

cycle *m (série)* ciclo *m*.

cyclisme *m* ciclismo *m*.

cycliste *a & mf* ciclista.
cyclomoteur *m* ciclomotor *m.*
cyclone *m* ciclón *m.*
cygne *m* cisne *m.*
cylindre *m* cilindro *m.*

cylindrée *f* cilindrada *f.*
cylindrique *a* cilíndrico, -a.
cymbale *f* platillo *m.*
cyprès *m (arbre)* ciprés *m.*

C

D d

dactylo *mf (personne)* mecanógrafo, -a; *(technique)* mecanografía *f.*

dactylographier *vt* mecanografiar.

daim *m* gamo *m; (cuir)* ante *m.*

dallage *m* enlosado *m.*

dalle *f* losa *f.*

dallé, -ée *a* enlosado, -a.

dame *f* dama *f; (mariée)* señora *f; Échecs Cartes* reina *f; (au jeu de dames)* dama *f;* **(jeu de) dames** damas.

damier *m* tablero *m.*

dandiner (se) *vpr* pavonearse.

danger *m* peligro *m;* **en d.** en peligro; **mettre en d.** poner en peligro; **en cas de d.** en caso de emergencia; **en d. de mort** en peligro de muerte; **d. de mort** *(panneau)* peligro de muerte; **il n'y a pas de d.** no hay peligro; **être hors de d.** estar fuera de peligro.

dangereusement *adv* peligrosamente.

dangereux, -euse *a* peligroso, -a **(pour** para).

danois, -oise 1 *a* danés, -esa.
2 *m (langue)* danés *m.*
3 *mf* **Danois, -oise** danés, -esa.

dans *prép* en; **entrer d.** entrar en; **boire/prendre/***etc.* **d.** beber/tomar/*etc.* **d. deux jours/***etc.* *(temps futur)* en dos días, dentro de dos días/*etc.;* **d. les dix francs/***etc.* alrededor de diez francos/*etc.;* **être d. les premiers** estar entre los primeros.

danse *f* baile *m.*

danser *vti* bailar.

danseur, -euse *mf* bailarín, -ina.

date *f* fecha *f;* **en d. du...** con fecha del...; **d. d'expiration** fecha de caducidad; **d. limite** fecha límite.

dater 1 *vt (lettre etc.)* datar, fechar.
2 *vi* **d. de** datar de; **à d. de** a partir de.

datte *f (fruit)* dátil *m.*

dauphin *m* delfín *m.*

davantage *adv* más; **d. de temps/** *etc.* más tiempo/*etc.;* **il en a d. que moi** tiene más que yo.

de¹ **(d'** *delante de vocal o h muda;* **de + le = du, de + les = des)** *prép*
(a) *(complément d'un nom)* de; **les rayons du soleil** los rayos de sol; **le livre de David** el libro de David; **un pont de fer** un puente de hierro; **une augmentation d'impôts/***etc.* una subida de impuestos/*etc.*.
(b) *(complément d'un adjectif)* **digne de** digno de; **heureux de** feliz de; **content de qch/qn** contento por algo/con alguien.
(c) *(complément d'un verbe)* **parler de** hablar de *o* sobre; **décider de faire** decidir hacer.
(d) *(provenance: lieu & temps)* de; **mes amis du village** mis amigos del pueblo.
(e) *(agent)* **accompagné de** acompañado de *o* por.
(f) *(moyen)* **armé de** armado de *o* con; **se nourrir de** alimentarse de.
(g) *(manière)* **d'une voix douce**

con voz dulce.

(**h**) *(cause)* **mourir de faim** morirse de hambre.

(**i**) *(temps)* **travailler de nuit** trabajar por la noche; **six heures du matin** seis de la mañana.

(**j**) *(mesure)* **avoir** *ou* **faire six mètres de haut** medir seis metros (de altura); **homme de trente ans** hombre de treinta años (de edad); **gagner cent francs de l'heure** ganar cien francos por hora.

de² *art partitif* **elle boit du vin** bebe vino; **il ne boit pas de vin** *(négation)* no bebe vino; **des fleurs** flores; **de jolies fleurs** hermosas flores; **il y en a six de tués** *(avec un nombre)* hay seis muertos.

dé *m (à jouer)* dado *m*; *(à coudre)* dedal *m*; **jouer aux dés** jugar a los dados.

déballer *vt* desembalar.

débarbouiller (se) *vpr* lavarse la cara.

débarcadère *m* desembarcadero *m*.

débarquement *m* desembarco *m*.

débarquer 1 *vt (passagers)* desembarcar; *(marchandises)* descargar.

2 *vi (passagers)* desembarcar.

débarras *m* trastero *m*; **bon d.!** *Fam* ¡que le vaya bien!

débarrasser 1 *vt (table etc.)* quitar; **d. qn de qch** *(ennemi, soucis etc.)* librar a alguien de algo; *(manteau etc.)* quitar algo a alguien.

2 se débarrasser *vpr* librarse (**de** de).

débat *m* debate *m*.

débattre* 1 *vt* debatir.

2 se débattre *vpr* debatirse.

débile *a & mf Fam* imbécil.

débit *m (vente)* ventas *fpl*; *(compte)* debe *m*; *(de fleuve)* caudal *m*; **d. de boissons** bar *m*, café *m*.

débiter *vt (découper)* cortar (**en** en); *(vendre)* vender; **débitez mon compte de 100 francs** cargue 100 francos a mi cuenta.

débiteur, -trice 1 *mt* deudor, -ora.

2 *a* **compte d.** cuenta deudora.

déblayer *vt (terrain)* despejar; *(décombres)* quitar.

débloquer *vt (mécanisme, crédits)* desbloquear.

déboîter 1 *vt (tuyau)* desencajar; *(os)* dislocar.

2 *vi (véhicule)* cambiar de carril.

déborder 1 *vi (fleuve, liquide)* desbordar; **l'eau déborde du vase** el agua rebosa del jarrón.

2 *vt (dépasser)* adelantar; **débordé de travail** desbordado de trabajo.

débouché *m (carrière)* salida *f*; *(marché pour produit)* mercado *m*.

déboucher *vt (bouteille)* destapar; *(lavabo, tuyau)* desatascar.

débourser *vti* desembolsar.

debout *adv* de pie, en pie; **mettre d.** *(planche etc.)* poner en pie; **se mettre d.** ponerse de pie; **rester d.** permanecer de pie; **être d.** *(levé)* estar de pie; **d.!** ¡levántate!

déboutonner *vt* desabrochar.

débraillé, -ée *a (négligé)* descuidado, -a.

débrancher *vt* desconectar.

débrayer *vi* desembragar.

débris *mpl* fragmentos *mpl*, restos *mpl*; *(détritus)* sobras *fpl*.

débrouillard, -arde *a* despabilado, -a.

débrouiller (se) *vpr* arreglárselas (**pour faire** para hacer).

début *m* principio *m*; **au d.** al principio.

débutant, -ante *a & mf* principiante.

débuter *vi* debutar.

décaféiné, -ée *a* descafeinado, -a.

décalage *m (écart)* distancia *f*; *Fig* desfase *m*; **d. horaire** diferencia *f* horaria.

décalcomanie *f (image)* calcomanía *f*.

décaler *vt* desplazar.

décalquer *vt (dessin)* calcar.

décapant *m* abrasivo *m*; *(pour enlever la peinture)* disolvente *m*.

décaper *vt (métal)* limpiar; *(surface peinte)* raspar.

décapiter *vt* decapitar.

décapotable *a* descapotable.

décapsuler *vt (bouteille)* destapar.

décapsuleur *m* abrebotellas *m inv*, abridor *m*.

décéder *vi* fallecer.

déceler *vt (trouver)* detectar.

décembre *m* diciembre *m*.

décemment *adv* decentemente.

décent, -ente *a* decente.

déception *f* decepción *f*.

décerner *vt (prix)* otorgar.

décès *m* fallecimiento *m*.

décevant, -ante *a* decepcionante.

décevoir* *vt* decepcionar.

déchaîné, -ée *a (foule)* desencadenado, -a.

déchaîner 1 *vt (enthousiasme)* desencadenar; **d. les rires** provocar la risa.
    2 se déchaîner *vpr (tempête, rires)* desencadenarse; *(personne)* encolerizarse.

décharge *f* **d. (publique)** vertedero *m* (de basuras); **d. (électrique)** descarga *f* eléctrica.

déchargement *m* descarga *f*.

décharger 1 *vt* descargar.
    2 se décharger *vpr (batterie)* descargarse.

déchausser (se) *vpr* descalzarse.

déchet *m* **déchets** *(restes)* desperdicios *mpl*, restos *mpl*.

déchiffrer *vt* descifrar.

déchiqueter *vt* despedazar.

déchirer 1 *vt (page etc.)* arrancar; *(vêtement)* rasgar.
    2 se déchirer *vpr (robe etc.)* desgarrarse.

déchirure *f* desgarro *m*.

décidé, -ée *a (air, ton)* decidido, -a; **d. à faire** decidido a hacer.

décidément *adv* decididamente.

décider 1 *vt (opération)* decidir; **d. que** decidir que.
    2 *vi* **d. de faire** decidir hacer.
    3 se décider *vpr* decidirse (**à faire** a hacer).

décimal, -e, -aux *a* decimal.

décimètre *m* decímetro *m*; **double d.** regla *f*.

décisif, -ive *a* decisivo, -a.

décision *f* decisión *f*; *(fermeté)* determinación *f*.

déclaration *f* declaración *f*; *(de vol etc.)* parte *m*; **d. de revenus** declaración de la renta.

déclarer *vt* **1** declarar (**que** que); *(vol etc.)* denunciar.
    2 se déclarer *vpr* declararse.

déclencher 1 *vt (mécanisme, réaction)* activar; *(attaque)* lanzar.
    2 se déclencher *vpr* desencadenarse; *(alarme etc.)* saltar.

déclic *m (bruit)* chasquido *m*.

décoiffer *vt (personne)* despeinar a.

décollage *m (d'avion)* despegue *m*.

décoller 1 *vi (avion)* despegar.
    2 *vt* despegar.
    3 se décoller *vpr* despegarse.

décolorer (se) *vpr* decolorarse.

décombres *mpl* escombros *mpl*.

décongeler 1 *vt* **(faire) d.** *(aliment)* descongelar.
    2 *vi* descongelar.

déconseiller *vt* **d. qch à qn** desaconsejar algo a alguien; **d. à qn de faire** desaconsejar a alguien que haga.

décontracter (se) *vpr* relajarse.

décor *m (de théâtre)* decorado *m*; *(paysage)* paisaje *m*; *(d'intérieur)* decoración *f*.

décorateur, -trice *mf* decorador, -ora.

décoratif, -ive *a* decorativo, -a.

décoration *f* decoración *f.*

décorer *vt (maison)* decorar; *(soldat)* condecorar (**de** con).

découdre 1 *vt* descoser.
2 **se découdre** *vpr* descoserse.

découpage *m (image)* recorte *m.*

découper *vt (viande)* trinchar; *(article)* (re)cortar.

découragement *m* desánimo *m.*

décourager 1 *vt* descorazonar.
2 **se décourager** *vpr* desanimarse.

découvert *m (d'un compte)* descubierto *m*; **à d.** al descubierto.

découverte *f* descubrimiento *m.*

découvrir* 1 *vt* descubrir (**que** que).
2 **se découvrir** *vpr (dans son lit)* destaparse; *(ciel)* despejarse.

décrasser *vt (nettoyer)* limpiar.

décrire* *vt* describir.

décroché *a (téléphone)* descolgado, -a.

décrocher *vt (détacher)* desenganchar; *(tableau)* descolgar; **d. (le téléphone)** descolgar el teléfono; **se d.** *(tableau)* caerse.

décrotter *vt* desembarrar.

déçu, -ue *(pp de* **décevoir***)* a decepcionado, -a.

déculotter (se) *vpr* quitarse los pantalones.

dédaigner *vt* desdeñar, despreciar.

dédaigneux, -euse *a* desdeñoso, -a.

dédain *m* desprecio *m.*

dedans 1 *adv* dentro; **en d.** por dentro; **tomber d.** *(trou)* caer dentro; **je me suis fait rentrer d.** *(accident de voiture)* me dieron un golpe con el coche.
2 *m* **le d.** el interior.

dédommagement *m* compensación *f*, indemnización *f.*

dédommager *vt* compensar, indemnizar (**de** por).

déduction *f* deducción *f.*

déduire* *vt* deducir (**de** de).

déesse *f* diosa *f.*

défaire* 1 *vt (nœud etc.)* deshacer.
2 **se défaire** *vpr* deshacerse.

défait *a (lit)* deshecho, -a; *(visage)* descompuesto, -a.

défaite *f* derrota *f.*

défaut *m (faiblesse, de fabrication)* defecto *m.*

défavorable *a* desfavorable (**à** a).

défavoriser *vt* desfavorecer.

défectueux, -euse *a* defectuoso, -a.

défendre¹ 1 *vt (protéger)* defender.
2 **se défendre** *vpr* defenderse.

défendre² *vt (interdire)* **d. à qn de faire qch** prohibir a alguien que haga algo; **d. qch à qn** prohibir algo a alguien.

défense¹ *f (protection)* defensa *f*; *(d'éléphant)* colmillo *m.*

défense² *f (interdiction)* **d. de fumer** prohibido fumar; **d. (absolue) d'entrer** prohibida la entrada.

défenseur, -euse *mf* defensor, -ora.

défi *m* desafío *m*; **lancer un d. à qn** lanzar un desafío a alguien.

défier *vt* desafiar (**à** a); **d. qn de faire qch** desafiar a alguien a que haga algo.

défiguré, -ée *a* desfigurado, -a.

défilé *m (militaire)* desfile *m*; *(gorge)* desfiladero *m.*

défiler *vi (soldats)* desfilar.

définir *vt* definir; *Grammaire* **article défini** artículo definido.

définitif, -ive *a* definitivo, -a.

définition *f* definición *f.*

défoncé, -ée *a (route)* accidentado, -a; *Fam (drogué)* colocado, -a.

défoncer *vt (porte, mur)* echar abajo; *(trottoir, route)* demoler.

déformé, -ée *a* deforme; **chaussée déformée** badén.

D

déformer 1 vt deformar.
2 se déformer deformarse.
défouler (se) vpr desahogarse.
défricher vt (terrain) allanar.
défroisser vt alisar.
dégagé, -ée a (ciel) despejado, -a.
dégagement m (action) despeje m; Football saque m; **itinéraire de d.** carretera de circunvalación.
dégager 1 vt (passage) despejar; (odeur) desprender; **d. qn de** (décombres etc.) sacar a alguien de.
2 vi Football despejar; **dégagez!** ¡dejen (libre el) paso!.
3 se dégager vpr (ciel) despejarse; **se d. de** (personne) librarse de; (odeur) desprenderse de.
dégainer vti (arme) desenfundar.
dégarni, -ie a despoblado, -a; **front d.** frente despejada.
dégarnir 1 vt vaciar.
2 se dégarnir vpr (crâne) despoblarse.
dégâts mpl daños mpl.
dégel m deshielo m.
dégeler vti deshelar.
dégivrer vt (réfrigérateur) descongelar.
déglingué, -ée a Fam cayéndose a trozos.
dégonflé, -ée 1 a (pneu) deshinchado, -a; Fam (lâche) cobarde.
2 mf Fam cagueta f.
dégonfler 1 vt (pneu) desinflar.
2 se dégonfler vpr (pneu) desinflarse; Fam (se montrer lâche) rajarse.
dégouliner vi chorrear.
dégourdi, -ie a & mf espabilado, -a.
dégourdir (se) vpr **se d. les jambes** estirar las piernas.
dégoût m asco m; **avoir du d. pour qch** tener asco a algo.
dégoûtant, -ante a asqueroso, -a.
dégoûté, -ée a asqueado (**de** por); **il n'est pas d.!** ¡no le da asco!

dégoûter vt asquear; **d. qn de qch** quitar a alguien las ganas de algo; **ça me dégoute** me da asco.
degré m (angle, température) grado m; **par degrés** gradualmente.
dégringolade f Fam caída f.
dégringoler Fam **1** vi irse a pique, caer rodando; (Bourse) hundirse.
2 vt bajar corriendo.
déguerpir vi largarse.
dégueulasse a Fam asqueroso, -a.
déguisement m disfraz m.
déguiser 1 vt disfrazar; **d. qn** (costumer) disfrazar a alguien (**en** de).
2 se déguiser disfrazarse (**en** de).
déguster vt (savourer) degustar.
dehors 1 adv fuera; (après verbe de mouvement) afuera; **en d. de la ville** fuera de la ciudad; **au-d. (de), en d. (de)** fuera (de); **en d. de toi** a parte de ti.
2 m (extérieur) exterior m.
déjà adv ya; **elle l'a d. vu** ya lo ha visto; **quand partez-vous d.?** ¿cuándo dijeron que se iban?
déjeuner 1 vi (à midi) almorzar; (le matin) desayunar.
2 m almuerzo m; **petit d.** desayuno m.
delà adv **au-d. (de)** más allá (de).
délabré, -ée a estropeado, -a; (édifice) deteriorado, -a.
délacer vt (chaussures) desatar.
délai m plazo m; **sans d.** sin retraso; **dernier d.** último plazo; **d. de livraison** plazo de entrega.
délasser (se) vpr relajarse, descansar.
délayer vt (mélange) diluir.
délégation f delegación f.
délégué, -ée mf delegado, -a.
délibérer vi (se consulter) deliberar (**de** sobre).
délicat, -ate a (santé, travail) delicado, -a; (geste) atento, -a; (exigeant) exigente.

délicatement *adv (doucement)* delicadamente.

délice *m* delicia *f*.

délicieux, -euse *a (plat)* delicioso, -a.

délier *vt* desatar.

délimiter *vt (terrain)* delimitar.

délinquant, -ante *mf* delincuente *mf*.

délirer *vi* delirar.

délit *m* delito *m*.

délivrer *vt (prisonnier)* liberar; *(billet)* expedir.

déloger *vt* desalojar.

deltaplane® *m* ala *m* delta.

déluge *m (de pluie)* diluvio *m*; *(d'insultes)* retahíla *f*.

demain *adv* mañana; **à d.!** ¡hasta mañana!; **ce n'est pas d. la veille!** *Fam* ¡puedes esperar sentado!

demande *f* petición *f* (**de qch** de algo); **d. d'emploi** solicitud *f* de empleo.

demander *vt* pedir; *(poser une question)* preguntar; *(nécessiter)* requerir; **d. de l'aide à qn** pedir ayuda a alguien; **d. à qn de faire** pedir a alguien que haga; **d. le chemin/ l'heure** preguntar el camino/la hora; **ça demande du temps** eso requiere tiempo; **être très demandé** estar muy solicitado. **2 se demander** *vpr* preguntarse (**pourquoi** porqué; **si** si).

démangeaison *f* picor *m*; **avoir des démangeaisons** tener picores.

démanger *vt* picar; **son bras le démange** le pica el brazo.

démaquillant *m* crema *f* desmaquilladora.

démaquiller (se) *vpr* quitarse la pintura.

démarche *f (allure)* marcha *f*; *(administrative etc.)* gestión *f*; **faire des démarches** hacer los trámites (**pour faire** para hacer).

démarrage *m* arranque *m*.

démarrer *vi (voiture)* arrancar.

démarreur *m* arranque *m*.

démasquer *vt* desenmascarar.

démêler *vt* desenredar.

déménagement *m* mudanza *f*; **camion de d.** camión de mudanzas.

déménager *vi* mudarse (de casa).

déménageur *m* hombre *m* de la mudanza.

démettre *vt* **se d. le pied/**etc. dislocarse el pie/etc.

demeure *f (belle maison)* residencia *f*.

demeurer *vi (aux* **être***) (rester)* permanecer; *(aux* **avoir***) (habiter)* vivir.

demi, -ie 1 *a* medio, -a; **d.-journée** media jornada; **une heure et demie** una hora y media; *(horloge)* la una y media. **2** *adv* **(à) d. plein/**etc. a medio llenar/etc.. **3** *m (verre)* caña *f*.

demi-cercle *m* semicírculo *m*.

demi-douzaine *f* **une d.-douzaine** media docena (**de** de).

demi-finale *f* semifinal *f*.

demi-frère *m* hermanastro *m*.

demi-heure *f* media hora *f*; **dans une d.-heure** dentro de media hora.

demi-pension *f* media pensión *f*.

demi-pensionnaire *mf* mediopensionista *mf*.

démission *f* dimisión *f*.

démissionner *vi* dimitir.

demi-sœur *f* hermanastra *f*.

demi-tarif *a inv (billet)* media tarifa.

demi-tour *m* media vuelta *f*; **faire d.-tour** dar media vuelta.

démocratie *f* democracia *f*.

démocratique *a* democrático, -a.

démodé, -ée *a* pasado, -a de moda, anticuado, -a.

demoiselle *f (célibataire)* señorita *f*; **d. d'honneur** *(à un mariage)* dama *f* de honor.

démolir *vt (maison)* demoler.

démolition *f* demolición *f.*

démonstratif, -ive *a Grammaire* demostrativo, -a; *(personne)* expresivo, -a.

démonstration *f* demostración *f.*

démonter 1 *vt (mécanisme, tente)* desmontar; *Fig (personne)* desconcertar.

    2 se démonter *vpr* desconcertarse.

démontrer *vt* demostrar.

démoraliser 1 *vt* desmoralizar.

    2 se démoraliser *vpr* desmoralizarse.

déneiger *vt* quitar la nieve de.

dénicher *vt Fam (trouver)* dar con.

dénoncer 1 *vt (personne)* denunciar (**à** a).

    2 se dénoncer *vpr* denunciarse (**à** a).

dénouer 1 *vt (corde)* desatar.

    2 se dénouer *vpr (nœud)* desatarse.

denrées *fpl* **d. alimentaires** productos *mpl* alimenticios.

dense *a* denso, -a.

dent *f* diente *m;* **il fait ses dents** *(enfant)* le estan saliendo los dientes; **coup de d.** mordisco; **claquer des dents** castañear los dientes; *Fig* **avoir une d. contre qn** tenerle manía a alguien; **mal de dents** dolor de muelas.

dentaire *a* dental.

dentelle *f* encaje *m.*

dentier *m* dentadura *f* postiza.

dentifrice *m* pasta *f* de dientes.

dentiste *mf* dentista *mf.*

déodorant *m* desodorante *m.*

dépannage *m (remorquage)* remolque *m; (réparation)* reparación *f.*

dépanner *vt (remorquer)* remolcar; *(réparer)* arreglar.

dépanneur *m (de télévision)* técnico *m; (de voiture)* mecánico *m.*

dépanneuse *f (voiture)* grúa *f.*

départ *m (d'une course)* salida *f;* **ligne de d.** línea de salida; **au d.** *(au début)* al principio.

département *m* departamento *m.*

départementale *a & f* **(route) d.** carretera *f* regional.

dépasser 1 *vt (véhicule)* adelantar; **d. qn** *(en hauteur)* sobrepasar a alguien; *(surclasser)* estar por delante de alguien.

    2 *vi (clou etc.)* sobresalir.

dépêcher (se) *vpr* darse prisa.

dépeigné, -ée *a* despeinado, -a.

dépendre *vi* depender (**de** de).

dépense *f (frais)* gasto *m.*

dépenser 1 *vt (argent)* gastar.

    2 se dépenser *vpr* desvivirse.

dépensier, -ière *a* derrochador, -ora.

dépister *vt (criminel)* localizar; *(maladie)* detectar; *(poursuivants)* despistar.

dépit *m* **en d. de** a pesar de; **en d. du bon sens** sin sentido común.

déplacement *m (voyage)* desplazamiento *m,* traslado *m;* **être en d.** estar de viaje; **frais de d.** gastos de desplazamiento.

déplacer 1 *vt* desplazar.

    2 se déplacer *vpr (voyager)* desplazarse.

déplaire* *vi* **ça me déplaît** me desagrada.

dépliant *m (prospectus)* folleto *m.*

déplier 1 *vt* desplegar.

    2 se déplier *vpr* desplegarse.

déplorable *a* deplorable.

déplorer *vt (regretter)* deplorar, lamentar; **d. que** (+ *subjonctif*) lamentar que.

déployer *vt (ailes)* desplegar.

déporter *vt (à l'étranger)* deportar; *(dévier)* desviar.

déposer 1 vt (ordures, argent à la banque) depositar; (laisser) dejar; (plainte) presentar; **d. qn chez lui** (en voiture) llevar a alguien a casa (en coche).

2 se déposer vpr (poussière) depositarse.

dépôt m (d'ordures) vertedero m; (argent) ingreso m; (dans une bouteille) poso m.

dépotoir m vertedero m de basuras.

dépouillé, -ée a (arbre) deshojado, -a.

dépression f depresión f; **d. nerveuse** depresión nerviosa.

déprimant a deprimente.

déprimé, -ée a deprimido, -a.

déprimer 1 vt deprimir.

2 vi **il déprime facilement** se deprime con facilidad.

depuis 1 prép desde; **d. lundi** desde el lunes; **d. qu'elle est partie** desde que se fue; **j'habite ici d. un mois** vivo aquí desde hace un mes; **d. quand êtes-vous là?** ¿desde cuándo está aquí?; **d. Paris** desde que dejamos París.

2 adv desde entonces, después.

député m (au Parlement) diputado, -a.

déraciner vt desarraigar.

déraillement m descarrilamiento m.

dérailler vi (train) descarrilar; Fam (personne) decir tonterías.

dérangement m **en d.** (téléphone) estropeado.

déranger 1 vt (affaires) desordenar; (personne) molestar a alguien; **ça vous dérange si je fume?** ¿le molesta que fume?.

2 se déranger vpr (se déplacer) desplazarse; **ne te dérange pas!** ¡no te molestes!

dérapage m derrape m.

déraper vi derrapar.

déréglé, -ée a desajustado, -a.

dérégler 1 vt (télévision etc.) desajustar.

2 se dérégler vpr desajustarse.

dériver vi (bateau) ir a la deriva; **d. de** (provenir) derivar de.

dernier, -ière a & mf último, -a; **en d.** por último; **ce d.** este último; **être le d. de la classe** ser el último de la clase.

dernièrement adv últimamente.

dérober vt (voler) robar (**à** a).

dérouiller vt **se d. les jambes** estirar las piernas.

dérouler 1 vt (tapis, fil) desenrollar.

2 se dérouler vpr (événement) desarrollarse.

derrick m plataforma f de perforación.

derrière 1 prép & adv detrás; **assis d.** (dans une voiture) sentado detrás; **par d.** (attaquer) por detrás.

2 m parte f trasera o de atrás; (fesses) trasero m; **pattes de d.** patas traseras.

des voir de[1], [2], **le**.

dès prép desde; **d. le début** desde el principio; **d. qu'elle viendra** en cuanto venga.

désaccord m desacuerdo m.

désaccordé, -ée a (violon etc.) desafinado, -a.

désaffecté, -ée a (gare etc.) en desuso.

désagréable a desagradable.

désaltérer 1 vt (personne) quitar la sed a.

2 se désaltérer vpr quitarse la sed.

désapprouver vt desaprobar.

désarmer vt desarmar.

désastre m desastre m.

désastreux, -euse a desastroso, -a.

désavantage m desventaja f.

désavantager vt desfavorecer.

desceller (se) vpr arrancarse.

descendre 1 vi (aux **être**) bajar, descender; (d'un train, d'un arbre) bajar(se) (**de** de); **d. de cheval** desmontar; **d. en courant** bajar corriendo; **d. dans un hôtel** parar en un hotel.

2 vt (aux **avoir**) bajar.

descente f (d'avion etc.) descenso m; (pente) bajada f; **d. de lit** (tapis) alfombrilla f.

description f descripción f.

désenfler vi desinflarse.

déséquilibre m desequilibrio; **en d.** (meuble) desequilibrado, -a.

déséquilibrer vt desequilibrar.

désert, -erte a desierto, -a; **île déserte** isla desierta.

désert m desierto m.

désespérant, -ante a desesperante.

désespéré, -ée a desesperado, -a.

désespérer (se) vpr desesperarse.

désespoir m desesperación f.

déshabiller 1 vt desvestir.
2 se déshabiller vpr desvestirse.

désherbant m herbicida m.

désherber 1 vi quitar la hierba.
2 vt quitar la hierba de.

désigner vt (montrer) señalar; (élire) designar; (signifier) indicar.

désinfectant m desinfectante m.

désinfecter vt desinfectar.

désirer vt desear; **je désire que tu viennes** quiero que vengas.

désobéir vi desobedecer (**à qn** a alguien)

désobéissant, -ante a desobediente.

désodorisant m ambientador m.

désolé, -ée a être d. (navré) sentir, lamentar (**que** + subjonctif que); **je suis vraiment d.** lo siento mucho; **je suis d. de vous avoir dérangé** siento o lamento haberle molestado.

désoler vt afligir.

désordonné, -ée a (personne) desordenado, -a.

désordre m desorden m; **en d.** en desorden.

désorganisé, -ée a desorganizado, -a.

désormais adv (de ahora) en adelante, en lo sucesivo.

desquel(le)s voir **lequel**.

dessécher 1 vt (bouche, peau) secar.
2 se dessécher vpr (plante) secarse; (peau) resecarse.

desserrer 1 vt (ceinture) aflojar; (poing) abrir; (frein) soltar.
2 se desserrer vpr soltarse.

dessert m postre m.

desservir vt (table) quitar; **le car dessert ce village** el autobús para en este pueblo.

dessin m dibujo m; **d. (humoristique)** dibujo cómico; **d. animé** dibujo animado.

dessinateur, -trice mf dibujante mf; **d. humoristique** dibujante de viñetas.

dessiner vt dibujar.

dessous 1 adv debajo; **en d. de** debajo de; **par-d.** (passer) por debajo.
2 m cara f inferior; **drap de d.** sábana de abajo; **les gens du d.** la gente del piso de abajo; **dessous** (sous-vêtements) ropa f interior.

dessous-de-plat m inv salvamanteles m inv.

dessus 1 adv sobre, encima; **par-d.** (sauter) por encima.
2 m parte f superior; **drap de d.** sábana de arriba; **les gens du d.** la gente del piso de arriba.

dessus-de-lit m inv colcha f.

destin m destino m.

destination f (lieu) destino m; **à d. de** (train) con destino a.

destiner vt d. qch à qn destinar algo a alguien.

destruction f destrucción f.

détachant m quitamanchas m inv.

détacher¹ 1 vt (ceinture, personne) desatar; (ôter) desprender.

  2 se détacher (chien) soltarse; (se dénouer) desatarse; (fragment) desprenderse (**de qch** de algo).

détacher² vt (linge) quitar manchas de.

détail¹ m detalle m; **en d.** con (todo) detalle.

détail² m **de d.** (magasin, prix) al por menor; **vendre au d.** vender al por menor.

détaillant, -ante mf minorista mf.

détaillé, -ée a (récit etc.) detallado, -a.

détaler vi irse corriendo.

détecteur m detector m.

détective m **d. (privé)** detective mf (privado, -a).

déteindre* vi (couleur) desteñir; **d. sur qch** teñir algo.

détendre 1 vt **d. qn** relajar a alguien.

  2 se détendre vpr relajarse.

détendu, -ue a relajado, -a.

détente f (repos) descanso m.

détenu, -ue mf detenido, -a.

détergent m detergente m.

détérioration f deterioro m (**de** de).

détériorer (se) vpr deteriorarse.

déterminer vt (préciser) determinar.

déterrer vt desenterrar.

détester vt detestar.

détonation f detonación f.

détour m (crochet) rodeo m.

détourné, -ée a (chemin) indirecto, -a.

détournement m desvío m; (d'avion) secuestro m.

détourner 1 vt (dévier) desviar; (tête) volver; (avion) secuestrar; **d. les yeux** apartar la mirada.

  2 se détourner vpr volver la cara; **se d. de** (chemin) desviarse de.

détraqué, -ée a estropeado, -a.

détraquer 1 vt (mécanisme) estropear.

  2 se détraquer vpr (machine) estropearse.

détresse f angustia f; **en d.** (navire) en peligro.

détritus mpl basura f.

détroit m estrecho m.

détruire* vt destruir.

dette f deuda f; **avoir des dettes** adeudar, tener deudas.

deuil m duelo; (vêtements) luto m; **en d.** de luto.

deux a & m inv dos a & m inv ; **tous (les) d.** ambos, los dos.

deuxième a & mf segundo, -a.

deuxièmement adv en segundo lugar.

deux-pièces m inv (maillot de bain) bikini m.

deux-points m inv Grammaire dos puntos m inv .

deux-roues m inv (véhicule m de) dos ruedas m inv .

dévaler 1 vt bajar corriendo; **d. l'escalier** correr escaleras abajo.

  2 vi (tomber) caer(se).

dévaliser vt desvalijar.

devancer vt adelantar.

devant 1 prép delante de, frente a; **d. l'hôtel** /etc. delante del hotel /etc..

  2 adv delante, ante; **assis d.** (dans une voiture) sentado delante.

  3 m parte f delantera; **roue/patte de d.** rueda /pata delantera.

devanture f (vitrine) escaparate m.

dévaster vt devastar.

développer 1 vt (muscles) desarrollar; (photos) revelar.

  2 se développer vpr desarrollarse.

devenir* vi (aux **être**) convertirse en; (riche) hacerse; (pâle) ponerse; **qu'est-il devenu?** ¿qué ha sido de él?

déverser 1 vt verter (**dans** en).

  2 se déverser vpr verterse (**dans** en).

D

déviation f (itinéraire provisoire) desvío m.

dévier 1 vt desviar.
  2 vi desviarse.

deviner vt adivinar.

devinette f adivinanza f.

devis m presupuesto m.

devise f (légende) lema m; **devises** (argent) divisas fpl.

dévisser 1 vt desatornillar.
  2 se dévisser vpr (bouchon) destornillarse; (se desserrer) aflojarse.

dévoiler vt (secret) desvelar.

devoir*¹ v aux (**a**) (nécessité) **je dois refuser** tengo que o debo negarme; **j'ai dû refuser** tuve que negarme.
  (**b**) (probabilité) **il doit être tard** debe de ser tarde; **elle a dû oublier** debe de haberse olvidado; **il ne doit pas être bête** no puede ser tonto.
  (**c**) (obligation) **tu dois apprendre tes leçons** debes aprender los temas; **il aurait dû venir** debería haber venido; **tu devrais rester** deberías quedarte.
  (**d**) (événement prévu) **elle doit venir** debería venir.

devoir*² **1** vt (argent etc.) deber (**à** a).
  2 m (obligation) deber m; **devoirs** (à faire à la maison) deberes pl, tarea f; **d. sur table** examen m.

dévorer vt (manger) devorar.

dévoué, -ée a dedicado, -a.

dévouement m dedicación f.

dévouer (se) vpr sacrificarse (**pour qn** por alguien).

diabète m diabetes f inv.

diabétique a & mf diabético, -a.

diable m diablo m; **tirer le d. par la queue** no tener ni un duro.

diagnostic m diagnóstico m.

diagonale f diagonal f; **en d.** en diagonal.

dialecte m dialecto m.

dialogue m diálogo m.

diamant m diamante m.

diamètre m diámetro m.

diapositive, Fam **diapo** f diapositiva f.

diarrhée f diarrea f.

dictée f dictado m.

dicter vt dictar (**à** a).

dictionnaire m diccionario m.

dicton m dicho m, refrán m.

diesel a & m (**moteur**) **d.** (motor m) diesel m.

diète f (jeûne) **à la d.** a dieta.

diététique a dietético, -a.

dieu, -x m dios m; **D.** Dios.

différé m **en d.** en diferido.

différence f diferencia f (**de** de); **à la d. de** a diferencia de.

différent, -ente a diferente (**de** de, a).

difficile a difícil; (exigeant) exigente; **d. à faire** difícil de hacer; **il nous est d. de** nos es difícil.

difficulté f dificultad f; **être en d.** estar en apuros.

diffuser vt (émission) emitir; (idées) difundir.

digérer vti digerir.

digestif, -ive 1 a digestivo, -a.
  2 m licor m, digestivo m.

digestion f digestión f.

digne a **d. de** digno, -a de.

digue f dique m; (en bord de mer) escolleras f inv.

dilater 1 vt dilatar.
  2 se dilater vpr dilatarse.

dimanche m domingo m.

dimension f dimensión f; **prendre les dimensions de qch** tomar las medidas de algo; Fig darse cuenta de las dimensiones de algo.

diminuer 1 vt disminuir.
  2 vi (réserves) disminuir, menguar; (jours) acortarse; (prix) bajar.

diminutif m (prénom) mote m; Grammaire diminutivo m.

dinde f pava f; **d. aux marrons** pavo m con castañas.

dindon *m* pavo *m*.

dîner 1 *vi* cenar; *(au Canada, en Belgique)* almorzar.
   2 *m* cena *f*.

dînette *f (jouet)* comidita.

dinosaure *m* dinosaurio *m*.

diphtongue *f* diptongo *m*.

diplôme *m* diploma *m*.

dire* *vt* decir; **d. des bêtises** decir tonterías; **d. qch à qn** decir algo a alguien; **d. à qn que** decir a alguien que; **d. à qn de faire** decir a alguien que haga; **je n'ai rien à d.** no tengo nada que decir; **on dirait un château/du Mozart** parece un castillo/de Mozart; **ça ne me dit rien** *(envie)* no me apetece; *(souvenir)* no me suena; **ça ne se dit pas** eso no se dice.

direct, -e 1 *a* directo, -a; **train d.** tren directo.
   2 *m* **en d.** *(émission)* en directo.

directement *adv* directamente.

directeur, -trice *mf* director, -ora.

direction *f* dirección *f*; **en d. de** *(train)* en dirección a.

dirigeable 1 *a* dirigible.
   2 *m (ballon)* zepelín *m*.

dirigeant *m (de parti etc.)* dirigente *mf*; *(d'entreprise, club)* directivo, -iva.

diriger 1 *vt (société, orchestre)* dirigir; *(parti, groupe)* liderar; *(véhicule)* conducir; *(arme etc.)* apuntar (**vers** hacia, a).
   2 se diriger *vpr* dirigirse (**vers** hacia).

dis, disant *voir* dire.

discipline *f (règle)* disciplina *f*.

discipliné, -ée *a* disciplinado, -a.

discipliner (se) *vpr* disciplinarse.

discothèque *f (club)* discoteca *f*.

discours *m* discurso *m*.

discret, -ète *a (personne)* discreto, -a.

discrètement *adv* discretamente.

discrétion *f* discreción *f*; **vin à d.** vino a discreción.

discrimination *f* discriminación *f*.

discussion *f (conversation)* discusión *f*; **pas de d.!** ¡no se hable más!

discuter *vi* discutir (**de, sur** sobre).

dise(nt) *etc. voir* dire.

disloquer (se) *vpr* dislocarse.

disparaître* *vi* desaparecer.

disparition *f* desaparición *f*.

disparu, -ue *a (soldat)* desaparecido, -a.

dispense *f* dispensa *f*.

dispenser *vt* **d. qn de** *(obligation)* dispensar a alguien de.

disperser 1 *vt* dispersar.
   2 se disperser *vpr (foule)* dispersarse.

disponible *a (article, place etc.)* disponible.

disposé, -ée *a* **bien d.** *(humeur)* de buen humor; **d. à faire** dispuesto a hacer.

disposer 1 *vt (objets)* colocar.
   2 *vi* **d. de qch** disponer de algo.
   3 se disposer *vpr* disponerse (**à faire** a hacer).

dispositif *m (mécanisme)* dispositivo *m*.

disposition *f* disposición *f*; **être à la d. de qn** estar a disposición de alguien; **prendre ses dispositions** organizarse.

dispute *f* disputa *f*.

disputer 1 *vt (match)* disputar; *(rallye)* participar en; **d. qn** *(gronder)* reñir a alguien.
   2 se disputer *vpr* pelearse (**avec** con).

disqualifier *vt* descalificar.

disque *m* disco *m*; **d. dur** disco duro; **d. compact** compacto *m*.

disquette *f (d'ordinateur)* disquete *m*.

dissertation *f (au lycée etc.)* redacción *f*.

D

dissimuler 1 *vt* disimular; *(cacher)* esconder (**à qn** a alguien).
   2 se dissimuler *vpr* ocultarse.

dissipé, -ée *a (élève)* distraído, -a.

dissiper (se) *vpr (brume)* disiparse.

dissoudre* 1 *vt* disolver.
   2 se dissoudre *vpr* disolverse.

distance *f* distancia *f*; **à deux mètres de d.** a dos metros de distancia; **garder ses distances** guardar las distancias; **prendre ses distances** alejarse.

distancer *vt* distanciarse de.

distinct, -incte *a* distinto, -a.

distinctement *adv* claramente.

distinguer 1 *vt* distinguir (**une chose d'une autre** una cosa de otra); *(voir)* vislumbrar.
   2 se distinguer *vpr* distinguirse (**de** de).

distraction *f* distracción *f*.

distraire* 1 *vt (divertir)* distraer.
   2 se distraire *vpr* distraerse.

distrait, -aite *a* distraido, -a.

distribuer *vt (donner)* distribuir; *(courrier, cartes)* repartir.

distributeur *m* **d. (automatique)** máquina *f* expendedora; **d. de billets** máquina de billetes; *(de banque)* cajero *m* (automático).

distribution *f (du courrier)* distribución *f*; *(des rôles)* reparto *m*.

dit, dite, dites *voir* **dire**.

divan *m* diván *m*.

divers, -erses *apl* diversos, -as; **faits d.** sucesos.

divertir 1 *vt* divertir.
   2 se divertir *vpr* divertirse.

divertissement *m* diversión *f*.

diviser 1 *vt* dividir (**en** en).
   2 se diviser *vpr* dividirse (**en** en).

division *f* división *f*.

divorce *m* divorcio *m*.

divorcé, -ée *a* divorciado, -a.

divorcer *vi* divorciarse (**de, d'avec** de).

dix *a & m inv* diez *a & m inv*.

dizaine *f* **une d.** una decena (**de** de).

dix-huit *a & m inv* dieciocho *a & m inv*.

dixième *a & mf* décimo, -a.

dix-neuf *a & m inv* diecinueve *a & m inv*.

dix-sept *a & m inv* diecisiete *a & m inv*.

docile *a* dócil.

docker *m* estibador *m*.

docteur *m* médico, -a *mf*.

doctorat *m* doctorado *m*.

document *m* documento *m*.

documentaire *a & m (film)* documental *a & m*.

documentaliste *mf* documentalista *mf*.

documentation *f (documents)* documentación *f*.

documenter (se) *vpr* documentarse.

dodo *m (langage enfantin)* **faire d.** irse a mumú.

doigt *m* dedo *m*; **d. de pied** dedo del pie; **petit d.** (dedo) meñique *m*; *Fig* **être à deux doigts de** estar a un pelo de.

dois, doit, doive(nt) *voir* **devoir**[1], [2].

dollar *m* dólar *m*.

domaine *m (terres)* dominio *m*, posesión *f*; *(secteur)* campo *m*.

dôme *m* cúpula *f*.

domestique 1 *a (animal)* doméstico, -a; **travaux domestiques** tareas de la casa.
   2 *mf* criado, -a.

domicile *m* domicilio *m*; **livrer à d.** entregar a domicilio; **sans d. fixe** sin domicilio fijo.

domination *f* dominación *f*.

dominer 1 *vt* dominar.
   2 *vi (être le plus fort)* (pre)dominar.

domino *m* dominó *m*; **dominos** *(jeu)* dominó.

dommage *m* **(c'est) d.!** ¡es una pena! **(que** + *subjonctif* que); **dommages** *(dégâts)* daños *mpl.*

dompter *vt (animal)* domar.

dompteur, -euse *mf (de lions)* domador, -ora.

don *m (cadeau)* regalo *m; (aptitude)* don *m; (charité)* donación *f.*

donc *conj (par conséquent)* por tanto, así pues; **asseyez-vous d.!** ¡siéntese de una vez!

données *fpl (information)* datos *mpl.*

donner 1 *vt* dar; *(sa place)* ceder; *(cartes)* repartir; **d. à réparer** llevar a arreglar; **ça donne soif/faim** da sed/hambre; **se d. du mal** esforzarse **(pour** por, en).
  2 *vi* **d. sur** *(fenêtre, porte)* dar a.

dont *pron rel* (= **de qui, duquel, de quoi** *etc.*) cuyo, -a; **une mère d. le fils est malade** una madre cuyo hijo está enfermo; **la fille d. il est fier** la hija de la que está orgulloso; **la façon d.** la manera en que; **ce d. je t'ai parlé** eso de lo que te he hablado.

doré, -ée *a* dorado, -a.

dorer 1 *vt (objet)* dorar.
  2 se dorer *vpr* tostarse **(au soleil** al sol).

dormir* *vi* dormir.

dortoir *m* dormitorio *m.*

dos *m (de personne, animal)* espalda *f; (de page)* verso *m;* **à d. d'âne** a lomos de un burro; **voir au d.** *(verso)* véase el dorso.

dose *f* dosis *f inv.*

dossier *m (de siège)* respaldo *m; (papiers)* dosier *m*, carpeta *f;* **établir un d.** abrir expediente; **d. médical** historial *m* médico.

douane *f* aduana *f.*

douanier *m* aduanero, -a.

double 1 *a* doble; **en d. exemplaire** por duplicado.
  2 *adv* doble.
  3 *m (quantité)* doble *m* **(de** de); **je**

l'ai en d. lo tengo repetido.

doubler 1 *vt (vêtement)* forrar; *(film, montant)* doblar; *(en voiture)* adelantar.
  2 *vi (augmenter)* doblar; *(en voiture)* adelantar.

doublure *f (étoffe)* forro *m.*

douce *voir* **doux.**

doucement *adv (délicatement)* suavemente; *(à voix basse)* en voz baja; *(lentement)* lentamente.

douceur *f (de miel)* dulzura *f; (de peau)* suavidad *f; (de temps)* templanza *f.*

douche *f* ducha *f;* **prendre une d.** ducharse.

doucher (se) *vpr* ducharse.

doué, -ée *a* dotado, -a **(en** para); **être d. pour** tener facilidad para.

douillet, -ette *a (lit)* mullido, -a; **tu es d.** *(délicat)* eres un blando.

douleur *f (mal)* dolor *m; (chagrin)* pena *f.*

douloureux, -euse *a* doloroso, -a.

doute *m* duda *f;* **sans aucun d.** sin duda alguna; **sans d.** probablemente.

douter 1 *vi* dudar; **je m'en doute** me imagino; **j'en doute** lo dudo mucho.
  2 se douter *vpr* sospechar **(de qch** de algo)

doux, douce *a (miel etc.)* dulce; *(peau)* suave; *(temps)* templado.

douzaine *f* docena *f;* **une d. d'œufs/etc.** una docena de huevos/etc.

douze *a & m inv* doce *a & m inv.*

douzième *a & mf* duodécimo, -a.

dragée *f* peladilla *f.*

dragon *m (animal)* dragón *m.*

draguer *vt (rivière)* dragar; *Fam (personne)* ligar.

dramatique *a* dramático, -a; **film d.** drama.

drame *m* drama *m*; *(catastrophe)* catástrofe *f*.

drap *m (de lit)* sábana *f*; **d. housse** sábana ajustable; **d. de bain** toalla *f* de baño grande.

drapeau, -x *m* bandera *f*.

dressage *m* doma *f*.

dresser 1 *vt (échelle)* levantar; *(animal)* amaestrar.

 2 se dresser *vpr (personne)* ponerse en pie; *(montagne)* elevarse.

dribbler *vti Football* regatear.

drogue *f* droga *f*.

drogué, -ée *mf* drogadicto, -a.

droguer (se) *vpr* drogarse.

droguerie *f* droguería *f*.

droit¹ *m* derecho *m*; **avoir le d. de faire** tener el derecho de hacer; **avoir d. à** tener derecho a.

droit², droite 1 *a (ligne)* recto, -a; *(côté etc.)* derecho, -a.

 2 *adv* recto, derecho; **tout d.** todo recto.

 3 *f* **la droite** *(côté)* la derecha; **à droite** *(tourner, rouler etc.)* a la derecha; **à droite de** a la derecha de; **de droite** *(fenêtre etc.)* de la derecha.

droitier, -ière *a & mf* diestro, -a.

drôle *a (amusant)* divertido, -a; *(bizarre)* raro, -a; **d. d'air/de type** aspecto / hombre raro; **ce n'est pas d.**

no tiene ninguna gracia.

drôlement *adv (extrêmement)* tremendamente.

du *voir* **de, le**.

dû, due *(pp de* **devoir***)* a **d. à** debido a.

duc *m* duque *m*.

duchesse *f* duquesa *f*.

duel *m* duelo *m*.

dûment *adv* debidamente.

dune *f* duna *f*.

duplex *m* dúplex *m*.

duquel *voir* **lequel**.

dur, -e 1 *a (substance, ton, œuf)* duro, -a; *(difficile)* difícil.

 2 *adv (travailler)* duro.

durant *prép* durante.

durcir 1 *vt* endurecer.

 2 *vi,* **se durcir** *vpr* endurecerse.

durée *f (de film etc.)* duración *f*.

durer *vi* durar; **ça ne durera pas** no durará.

dureté *f* dureza *f*.

duvet *m (d'oiseau)* plumón *m*; *(sac)* saco *m* de dormir.

dynamique *a* dinámico, -a.

dynamite *f* dinamita *f*.

dynamo *f* dinamo *f*.

dyslexique *a & mf* disléxico, -a.

Ee

eau, -x *f* agua *f*; **e. douce/salée** agua dulce/salada; **e. de Cologne** agua de colonia; *Fig* **tomber à l'e.** *(projet)* fracasar.

eau-de-vie *f (pl* **eaux-de-vie)** a-guardiente *m*.

ébattre (s') *vpr* juguetear.

ébéniste *m* ebanista *mf*.

éblouir *vt* deslumbrar; *Fig* fascinar.

éboueur *m* basurero *m*.

ébouillanter (s') *vpr* escaldar-se.

éboulement *m* derrumbamiento *m*.

ébouler (s') *vpr (falaise)* derrumbar-se; *(roches)* desprenderse.

ébouriffé, -ée *a* alborotado, -a.

ébranler 1 *vt* sacudir; *(santé)* que-brantar.
   2 s'ébranler *vpr (train etc.)* ponerse en movimiento.

ébrécher *vt* mellar.

ébullition *f* **être en é.** hervir.

écaille *f (de poisson)* escama *f*; *(pour lunettes)* concha *f*; *(de peinture)* des-cascarillado *m*.

écailler 1 *vt (poisson)* escamar; *(huî-tre)* abrir.
   2 s'écailler *vpr (peinture)* descas-carillarse.

écarlate *a & f* escarlata *a & f*.

écarquiller *vt* **é. les yeux** abrir los ojos como platos.

écart *m (intervalle)* distancia *f*; *(diffé-rence)* diferencia *f* **(de** de; **entre** en-tre); **à l'é.** apartado **(de** de).

écarté, -ée *a (endroit)* apartado, -a; **les jambes écartées** con las pier-nas abiertas.

écarter 1 *vt (objets)* apartar; *(jambes, rideaux)* abrir; **é. qch de qch** alejar algo de algo; **é. qn de la liste** excluir a alguien de la lista.
   2 s'écarter *vpr (s'éloigner)* alejarse **(de** de).

échafaud *m* patíbulo *m*.

échafaudage *m (de peintre etc.)* an-damio *m*.

échalote *f* chalote *m*.

échange *m* cambio *m*; **en é.** a cambio **(de** de); **faire un é.** hacer un cambio.

échanger *vt* cambiar **(contre** por).

échangeur *m (intersection)* cruce *m* a nivel.

échantillon *m* muestra *f*.

échapper 1 *vi* **é. à qn** escapar de alguien; **é. à la mort** librarse de morir; **son nom m'échappe** no re-cuerdo su nombre.
   2 s'échapper *vpr (fuir)* escaparse **(de** de).

écharde *f* astilla *f*.

écharpe *f* bufanda *f*; *(de maire)* banda *f*; **en é.** *(bras)* en cabestrillo.

échauffer (s') *vpr (sportif)* calentar; *(discussion)* subir de tono.

échec *m* fracaso *m*; **les échecs** *(jeu)* el ajedrez; **é.!** ¡jaque!; **é. et mat!** ¡jaque mate!

échelle *f (marches)* escalera *f*; *(di-mension)* escala *f*; **faire la courte é. à qn** aupar a alguien.

échelon *m (d'échelle)* escalón *m*; *(de fonctionnaire)* grado *m*.

échiquier *m* tablero *m*.

écho *m (d'un son)* eco *m*.

échouer 1 *vi* fracasar; **é. à** *(examen)* suspender.
  2 s'échouer *vpr (navire)* embarrancar.

éclabousser *vt* salpicar (**de** de).

éclaboussure *f* salpicadura *f*.

éclair *m (lumière)* destello *m*; *(d'orage)* relámpago *m*; *(pâtisserie)* pastel *m* de crema.

éclairage *m (de pièce etc.)* iluminación *f*.

éclaircie *f (du temps)* escampada *f*.

éclaircir 1 *vt (couleur, mystère)* aclarar.
  2 s'éclaircir *vpr (ciel)* despejar(se); *(situation)* aclararse.

éclaircissement *m* aclaración *f*.

éclairé, -ée *a* **bien/mal é.** bien/mal iluminado.

éclairer 1 *vt (pièce etc.)* iluminar; **é. qn** *(avec une lampe)* alumbrar a alguien.
  2 s'éclairer *vpr (visage, situation)* aclararse; **s'é. à la bougie** alumbrarse con velas.

éclaireur, -euse *mf* explorador, -ora.

éclat[1] *m (de la lumière, de phare)* brillo *m*.

éclat[2] *m (de verre, de bois)* fragmento *m*; **é. de rire** carcajada *f*.

éclatant, -ante *a (lumière, succès)* brillante.

éclatement *m (de pneu, de bombe)* estallido *m*.

éclater *vi* estallar; *(verre)* romperse; **é. de rire** echarse a reír; **é. en sanglots** romper a llorar.

éclore* *vi (œuf, fleur)* abrirse.

éclosion *f* eclosión *f*.

écluse *f (de canal)* esclusa *f*.

écœurer *vt* dar asco a.

école *f* escuela *f*; **à l'é.** en la escuela; **aller à l'é.** ir a la escuela.

écolier, -ière *mf* escolar *mf*.

écologiste *mf* ecologista *mf*.

économe 1 *a* ahorrador, -ora.
  2 *mf* económo, -a.

économie *f* economía *f*; **économies** *(argent)* ahorros *mpl*; **une é. de** un ahorro de; **faire des économies** ahorrar.

économique *a (bon marché)* económico, -a.

économiser *vti* economizar (**sur** en).

écorce *f (d'arbre)* corteza *f*; *(de fruit)* piel *f*.

écorcher 1 *vt (érafler)* despellejar; **é. les oreilles** hacer daño a los oídos.
  2 s'écorcher *vpr* arañarse.

écorchure *f* arañazo *m*.

écossais, -aise 1 *a* escocés, -esa; **tissu é.** tela a cuadros escoceses.
  2 *mf* **Écossais, -aise** escoces, -esa.

écosser *vt (pois)* desgranar.

écoulement *m (de liquide)* flujo *m*; *(de temps)* paso *m*.

écouler (s') *vpr (eau)* fluir; *(temps)* pasar.

écoute *f* **être à l'é.** estar a la escucha.

écouter *vti* escuchar.

écouteur *m (de téléphone)* auricular *m*; **écouteurs** *(casque)* auriculares.

écran *m* pantalla *f*; **le petit é.** la televisión.

écrasant, -ante *a* aplastante.

écraser 1 *vt* aplastar; *(cigarette)* apagar; *(piéton)* atropellar; **se faire é.** ser atropellado, -a.
  2 s'écraser *vpr* estrellarse (**contre** contra).

écrémé, -ée *a (lait)* desnatado, -a.

écrier (s') *vpr* exclamar (**que** que).

écrire* 1 *vti* escribir; **é. à la machine** escribir a máquina.
  2 s'écrire *vpr* escribirse; **comment ça s'écrit?** ¿cómo se escribe?

écrit *m* **par é.** por escrito.

écriteau, -x *m* letrero *m*.

écriture *f* escritura *f*.

écrivain *m* escritor, -ora.

écrou *m* (de boulon) tuerca *f*.

écrouler (s') *vpr* derrumbarse.

écueil *m* escollo *m*.

écuelle *f* escudilla *f*.

écume *f* (de mer etc.) espuma *f*.

écureuil *m* ardilla *f*.

écurie *f* cuadra *f*.

écusson *m* (en étoffe) insignia *f*.

édifice *m* edificio *m*.

édifier *vt* edificar.

éditer *vt* editar.

éditeur, -trice *mf* editor, -ora.

édition *f* edición *f*; **maison d'é.** editorial *f*.

édredon *m* edredón *m*.

éducatif, -ive *a* educativo, -a.

éducation *f* educación *f*; **avoir de l'é.** tener buena educación.

éduquer *vt* educar.

effacer *vt* borrar.
2 s'effacer *vpr* borrarse; *Fig (s'écarter)* hacerse a un lado.

effectif *m* (d'entreprise) plantilla *f*; (de classe) alumnado *m*; **les effectifs** (militaires) los efectivos.

effectivement *adv* efectivamente.

effectuer 1 *vt* (expérience etc.) efectuar, realizar.
2 s'effectuer *vpr* efectuarse.

effet *m* efecto *m* (**sur** sobre); **faire de l'e.** (remède) hacer efecto; **en e.** en efecto; **sous l'e. de** bajo los efectos de.

efficace *a* (mesure etc.) eficaz; (personne) eficiente.

efficacité *f* (de mesure) eficacia *f*; (de personne) eficiencia *f*.

effilocher (s') *vpr* deshilacharse.

effleurer *vt* rozar.

effondrer (s') *vpr* derrumbarse.

efforcer (s') *vpr* **s'e. de faire** esforzarse en hacer.

effort *m* esfuerzo *m*.

effrayant, -ante *a* espantoso, -a.

effrayer *vt* espantar.

effroyable *a* espantoso, -a.

égal, -e, -aux 1 *a* igual (**à** a); (uniforme, régulier) uniforme; **ça m'est é.** me da igual; **sans é.** sin igual.
2 *mf* (personne) igual *mf*.

également *adv* (aussi) igualmente.

égaler *vt* igualar.

égaliser 1 *vt* (terrain) nivelar.
2 *vi* Sport empatar.

égalité *f* igualdad *f*; (régularité) uniformidad *f*; **à é. (de score)** empatados.

égard *m* **à l'é. de** (envers) con respecto a; **à tous égards** en todos los sentidos; **manque d'égards** falta de consideración.

égarer 1 *vt* (objet) perder.
2 s'égarer *vpr* perderse.

égayer *vt* (pièce) alegrar; **é. qn** animar a alguien.

église *f* iglesia *f*.

égoïste *a* & *mf* egoísta.

égorger *vt* degollar.

égout *m* alcantarilla *f*; **eaux d'é.** aguas residuales; **bouche d'é.** alcantarilla *f*.

égoutter 1 *vt* escurrir.
2 *vi*, **s'égoutter** *vpr* escurrirse; (linge) gotear.

égouttoir *m* escurridor *m*.

égratigner *vt* rasguñar.

égratignure *f* rasguño *m*.

eh! *int* ¡eh!; **eh bien!** ¡bueno!

élan¹ *m* (vitesse, impulsion) impulso *m*; **prendre son é.** tomar impulso.

élan² *m* (animal) alce *m*.

élancer (s') *vpr* (bondir) lanzarse.

élargir 1 *vt* ensanchar.
2 s'élargir *vpr* (route etc.) ensancharse.

élastique 1 *a* (objet) elástico, -a.
2 *m* (lien) goma *f* elástica; **saut à l'é.** bungee jumping *m*.

électeur, -trice *mf* elector, -ora.

élection *f* elección *f*.

électoral, -e, -aux *a* electoral.

électricien, -ienne *mf* electricista *mf*.

électricité *f* electricidad *f*.

électrique *a* eléctrico, -a.

électrocuter *vt* electrocutar.

électronique *a* electrónico, -a.

électrophone *m* tocadiscos *m inv*.

élégance *f* elegancia *f*.

élégant, -ante *a* elegante.

élément *m* elemento *m*; *(de meuble)* módulo *m*; **éléments** *(notions)* rudimentos *mpl*; *Fig* **être dans son é.** estar como pez en el agua.

élémentaire *a* elemental.

éléphant *m* elefante *m*.

élevage *m* cría *f*.

élève *mf* alumno, -a.

élevé, -ée *a (haut)* elevado, -a; **bien/mal é.** bien/mal educado, -a.

élever 1 *vt (prix, voix etc.)* subir; *(enfant, animal)* criar.

   2 s'élever *vpr (prix, ton etc.)* subir; **s'é. à** *(prix)* ascender a.

éleveur, -euse *mf (de bétail)* ganadero, -a; **é. de chiens/***etc.* criador de perros/*etc.*

éliminatoire *a & f* **(épreuve) é.** (prueba *f*) eliminatoria *f*.

éliminer *vt* eliminar.

élire* *vt* elegir (**à** para).

elle *pron* ella *(généralement omis)*; **e. vient** viene; **c'est à e.** es suyo.

elle-même *pron* ella misma; *(complément)* sí misma; **elles-mêmes** ellas mismas; *(complément)* sí mismas.

éloigné, -ée *a (lieu)* alejado, -a (**de** de); *(date)* remoto, -a; *(parent)* lejano, -a.

éloigner 1 *vt (chose, personne)* alejar (**de** de).

   2 s'éloigner *vpr (partir)* alejarse (**de** de).

émail, -aux *m* esmalte *m*.

emballage *m (action, caisse)* embalaje *m*; *(papier)* papel *m*; *(plastique)* envase *m*; **papier d'e.** papel de embalar.

emballer 1 *vt* embalar; *(cadeau)* envolver; *Fam* **e. qn** *(passionner)* entusiasmar a alguien.

   2 s'emballer *vpr (personne)* embalarse; *(cheval)* desbocarse.

embarcadère *m* embarcadero *m*.

embarcation *f* embarcación *f*.

embardée *f* bandazo *m*; **faire une e.** dar un bandazo.

embarquement *m* embarque *m*; **carte d'e.** tarjeta de embarque.

embarquer 1 *vt* embarcar.

   2 *vi* embarcar.

   3 s'embarquer *vpr* embarcarse (**dans** en).

embarras *m (gêne)* embarazo *m*, molestia *f*; **avoir l'e. du choix** tener mucho donde elegir.

embarrassant, -ante *a* molesto, -a.

embarrasser 1 *vt (gêner)* molestar; *(faire honte a)* avergonzar; *(troubler)* turbar.

   2 s'embarrasser *vpr* **s'e. de** cargarse (**de** de).

embaucher *vt (ouvrier)* contratar.

embêtant, -ante *a* fastidioso, -a.

embêtement *m* contrariedad *f*.

embêter 1 *vt (agacer)* molestar; *(ennuyer)* aburrir.

   2 s'embêter *vpr* aburrirse.

emboîter 1 *vt* encajar.

   2 s'emboîter *vpr (tuyaux etc.)* encajarse.

embouchure *f (de fleuve)* desembocadura *f*.

embourber (s') *vpr* atascarse.

embouteillage *m* atasco *m*.

embouteillé, -ée *a (rue)* congestionado, -a.

emboutir *vt (voiture)* abollar.

embranchement *m (de voie)* bifurcación *f; (carrefour)* cruce *m.*

embrasser 1 *vt (donner un baiser à)* besar; *(serrer dans ses bras)* abrazar.
 2 s'embrasser *vpr* besarse; *(se donner une accolade)* abrazarse.

embrayage *m (de véhicule)* embrague *m.*

embrocher *vt* ensartar.

embrouiller 1 *vt (fils)* enredar; *(papiers etc.)* embrollar; **e. qn** confundir a alguien.
 2 s'embrouiller *vpr* enredarse (**dans** con).

embuscade *f* emboscada *f.*

émerger *vi* emerger (**de** de).

émerveiller 1 *vt* maravillar.
 2 s'émerveiller *vpr* maravillarse.

émetteur *m* **(poste) é.** (estación *f*) emisora *f.*

émettre* *vt* emitir.

émeute *f* motín *m.*

émietter *vt* desmigajar.
 2 s'émietter *vpr* desmigajarse.

émigrer *vi* emigrar.

émission *f* emisión *f;* **une é. pour les enfants** un programa infantil.

emmanchure *f* sisa *f.*

emmêler 1 *vt* enredar.
 2 s'emmêler *vpr* enredarse.

emménager *vi (dans un logement)* mudarse (**dans** a).

emmener *vt* llevar (**à** a); **e. qn en promenade** llevar a alguien de paseo.

emmitoufler (s') *vpr* abrigarse.

émotion *f* emoción *f;* **une é.** *(peur)* un susto.

émouvant, -ante *a* conmovedor, -ora.

émouvoir* **1** *vt* conmover.
 2 s'émouvoir *vpr* conmoverse.

empailler *vt* disecar.

emparer (s') *vpr* s'e. de adueñarse de.

empêchement *m* contratiempo *m.*

empêcher 1 *vt* **e. qn de faire qch** impedir a alguien hacer algo.
 2 s'empêcher *vpr* **elle ne peut pas s'e. de rire** no puede evitar reír.

empereur *m* emperador *m.*

empester 1 *vt (tabac etc.)* apestar; **la pièce empestait le tabac** la habitación apestaba a tabaco.
 2 *vi* apestar.

empiler 1 *vt* apilar (**sur** sobre).
 2 *vpr* **s'empiler** apilarse.

empire *m* imperio *m;* Fig **sous l'e. de la colère** en un ataque de cólera.

emplacement *m* emplazamiento *m;* *(de stationnement)* (plaza *f* de) aparcamiento *m.*

emplir 1 *vt* llenar (**de** de).
 2 s'emplir *vpr* llenarse.

emploi *m (usage, travail)* empleo *m;* **e. du temps** horario *m;* **sans e.** *(au chômage)* desempleado, -a; **faire double e.** cumplir dos funciones.

employé, -ée *mf* empleado, -a; *(de bureau)* oficinista *mf.*

employer 1 *vt (utiliser)* emplear; **e. qn** contratar a alguien.
 2 s'employer *vpr (expression)* usarse.

employeur, -euse *mf* empresario, -a.

empoigner *vt* empuñar.

empoisonner 1 *vt* envenenar.
 2 s'empoisonner *vpr* envenenarse.

emporter 1 *vt (prendre)* llevarse (**avec soi** consigo); *(par le vent)* arrastrar; **l'e. sur** prevalecer sobre.
 2 s'emporter *vpr* enfadarse (**contre** con).

empreinte *f* huella *f;* **e. (digitale)** huella (digital); **e. (de pas)** huella.

empresser (s') *vpr* **s'e. de faire** apresurarse a hacer.

emprisonner *vt* encarcelar.

emprunt *m (argent etc.)* préstamo *m.*

emprunter vt (argent) pedir prestado (**à** a); (route) seguir; **je peux t'e.
ton stylo?** ¿me prestas el bolígrafo?

ému, -ue a (attristé) emocionado, -a.

en¹ prép (**a**) (lieu) en; (direction) hacia;
être en France estar en Francia; **regarder en haut** mirar hacia arriba;
aller en France ir a Francia.

(**b**) (temps) en; **en février** en febrero; **d'heure en heure** ɑe hora en
hora.

(**c**) (moyen, état, etc.) en; **en avion**
en avión; **en groupe** en grupo; **en
congé** de vacaciones.

(**d**) (matière) de; **en bois** de madera; **chemise en nylon** camisa de
nylon; **c'est en or** es de oro.

(**e**) (comme) **en cadeau** como regalo. (+ participe présent) **en mangeant**/etc. al comer/etc.; **en
apprenant que** al enterarse de
que; **en souriant** sonriendo.

(**f**) (transformation) en; **traduire
en** traducir al.

en² **1** pron & adv (**a**) (= de là) **j'en
viens** vengo de ahí.

(**b**) (= de ça, lui etc.) **il en est
content** está contento (por ello/él/
etc.); **ils en parlent** están hablando
(de eso); **il en est mort** murió de
eso; **s'en faire** (**pour qn**) preocuparse por alguien.

2 (partitif) **ne me donne pas de
gâteau, j'en ai déjà mangé** no me
des pastel, ya he comido; **si tu veux
du lait, j'en ai** si quieres leche, yo
tengo; **il en a déjà un** ya tiene uno.

encadrer vt (tableau) enmarcar; (entourer d'un trait) rodear.

encaisser vt (coup) encajar; (argent,
loyer etc.) cobrar.

enceinte a f (femme) embarazada; **e.
de six mois** embarazada de seis meses.

encens m incienso m.

encercler vt rodear; **e. une lettre**/
etc. hacer un círculo alrededor de una
letra/etc.

enchaîner 1 vt encadenar.
   2 s'enchaîner vpr encadenarse.

enchanté, -ée a (ravi) encantado, -a
(**de** de; **que** + subjonctif de que); **e.
de faire votre connaissance!**
¡encantado de conocerle!

enchantement m encanto m;
comme par e. como por arte de magia.

enchanter vt (ravir) encantar.

enchanteur 1 m mago m.
   2 a encantador, -ora.

enclos m cercado m.

encoche f muesca f (**à** en).

encolure f cuello m; (tour du cou)
(medida f del) cuello m; (décolleté) escote m.

encombrant, -ante a molesto, -a.

encombrement m (obstacle) estorbo m; (de rue) atasco m.

encombrer vt (pièce etc.) abarrotar
(**de** de); (rue) obstruir (**de** de); **e. qn**
estorbar a o molestar a alguien.

encore adv (**a**) (toujours) todavía,
aún; **e. là** todavía ahí; **pas e.** aún no,
todavía no.

(**b**) (de nouveau) otra vez.

(**c**) (de plus) **e. un café** otro café; **e.
une fois** otra vez; **e. un** otro (más);
e. du pain más pan; **e. quelque
chose** algo más; **qui/quoi e.?**
¿quién/qué más?.

(**d**) (avec comparatif) todavía, aún;
e. mieux todavía o aún mejor.

encourageant, -ante a alentador,
-ora.

encouragement m ánimo m; **merci
de tes encouragements** gracias
por darme ánimos.

encourager vt animar (**à faire** a hacer).

encrasser vt ensuciar.

encre f tinta f; **e. de Chine** tinta china.

encrier m tintero m.

encyclopédie f enciclopedia f.

endettement *m* endeudamiento *m*.

endetter (s') *vpr* endeudarse.

endive *f* endibia *f*.

endommager *vt* dañar.

endormi, -ie *a* (medio) dormido, -a; *(lent)* indolente.

endormir* 1 *vt* adormecer.
    2 s'endormir *vpr* dormirse.

endroit *m* (lieu) lugar *m*; **à l'e.** *(vête-ment)* al derecho.

endurant, -ante *a* resistente.

endurcir 1 *vt* **e. qn** endurecer a al-guien.
    2 s'endurcir *vpr* endurecerse.

endurer *vt* soportar.

énergie *f* energía *f*.

énergique *a* enérgico, -a.

énergiquement *adv* enérgicamen-te.

énervé, -ée *a* molesto, -a, exaspera-do, -a.

énerver 1 *vt* (irriter) poner nervioso.
    2 s'énerver *vpr* molestarse, exas-perarse.

enfance *f* infancia *f*.

enfant *mf* niño, -a; **e. en bas âge** niño de corta edad; **e. de chœur** monaguillo *m*.

enfantin, -ine *a* infantil.

enfer *m* infierno *m*; **d'e.** (bruit etc.) in-fernal; **à un train d'e.** a una veloci-dad de vértigo.

enfermer 1 *vt* encerrar.
    2 s'enfermer *vpr* encerrarse (**dans** en).

enfiler *vt* (aiguille) enhebrar; (perles etc.) ensartar; (vêtement) ponerse.

enfin *adv* (à la fin) por fin, al fin; (en dernier lieu) por último; **e. bref** en re-sumen; **(mais) e.!** ¡pero bueno!

enflammer 1 *vt* inflamar; (allumette) encender.
    2 s'enflammer *vpr* inflamarse.

enfler 1 *vt* inflar.
    2 *vi* inflarse.

enflure *f* hinchazón *f*.

enfoncer 1 *vt* (clou) clavar; (porte) derribar; **e. dans qch** (couteau, mains etc.) hundir en algo.
    2 *vi*, **s'enfoncer** *vpr* hundirse (**dans** en); **s'e. dans la forêt** adentrarse en el bosque.

enfouir *vt* enterrar; **e. les mains dans ses poches** meter las manos en los bolsillos.

enfuir* (s') *vpr* huir (**de** de); (de prison) fugarse.

enfumer *vt* (pièce) llenar de humo.

engagement *m* (promesse) com-promiso *m*; (pour une compétition) in-scripción *f*; **prendre l'e. de** com-prometerse a hacer.

engager 1 *vt* (discussion) iniciar; (combat) entablar; **e. la première** (vitesse) meter primera; **e. qn** (em-baucher) contratar a alguien; **ça n'engage à rien** eso no compro-mete a nada.
    2 s'engager *vpr* (dans l'armée) alis-tarse; (sportif) entrar (**pour** en); (ac-tion, jeu) comenzar; **s'e. à faire** comprometerse a hacer.

engelure *f* sabañón *m*.

engin *m* máquina *f*; **e. spatial** cohete *m* espacial.

engloutir *vt* tragar.

engouffrer (s') *vpr* **s'e. dans** preci-pitarse en.

engourdir (s') *vpr* entumecerse.

engrais *m* abono *m*.

engraisser *vti* (animal) engordar.

engrenage *m* engranaje *m*.

engueuler *vt* **e. qn** *Fam* hechar una bronca a alguien.

énigme *f* enigma *m*.

enivrer (s') *vpr* emborracharse (**de** de).

enjambée *f* zancada *f*.

enjamber *vt* franquear; (d'un pont) atravesar.

enjoliveur *m* embellecedor *m*.

E

enlèvement _m (d'enfant etc.)_ secuestro _m_.

enlever 1 _vt_ quitar (**à qn** a alguien); _(vêtement)_ quitarse; _(tache)_ quitar; _(enfant etc.)_ secuestrar.
2 s'enlever _vpr (tache)_ salir.

enliser (s') _vpr_ atascarse (**dans** en).

enneigé, -ée _a_ cubierto, -a de nieve.

enneigement _m_ **bulletin d'e.** estado _m_ de la nieve.

ennemi, -ie _a & mf_ enemigo, -a.

ennui _m_ aburrimiento _m_; _(tracas)_ problema _m_; **l'e., c'est que** el problema es que.

ennuyé, -ée _a (air)_ aburrido, -a; _(gêné)_ molesto, -a.

ennuyer 1 _vt (agacer, préoccuper)_ molestar; _(fatiguer)_ aburrir.
2 s'ennuyer _vpr_ aburrirse.

ennuyeux, -euse _a_ aburrido, -a; _(contrariant)_ molesto, -a.

énorme _a_ enorme.

énormément _adv_ enormemente; **e. de** muchísimo, -a.

enquête _f (de police)_ investigación _f_ (policial); _(judiciaire)_ sumario _m_; _(sondage)_ encuesta _f_.

enquêter _vi_ investigar (**sur** sobre).

enquêteur, -euse _mf_ investigador, -ora.

enragé, -ée _a (chien)_ rabioso, -a; _(furieux)_ furioso, -a.

enregistrement _m (des bagages)_ facturación _f_; _(sur bande etc.)_ grabación _f_.

enregistrer 1 _vt (par écrit)_ registrar; _(sur bande etc.)_ grabar; **(faire) e.** _(bagages)_ facturar.
2 _vi_ grabar; **ça enregistre** está grabando.

enrhumer (s') _vpr_ resfriarse.

enrichir (s') _vpr_ enriquecerse.

enrobé, -ée _a_ **e. de chocolat** bañado en chocolate.

enroué, -ée _a_ ronco, -a.

enrouler 1 _vt (tapis)_ enrollar.
2 s'enrouler _vpr (dans couvertures etc.)_ envolverse (**dans** en).

enseignant, -ante 1 _mf_ docente _mf_.
2 _a_ **le corps e.** el profesorado, el cuerpo docente.

enseigne _f_ letrero _m_; **e. lumineuse** letrero luminoso.

enseignement _m_ enseñanza _f_.

enseigner 1 _vt_ enseñar; **e. qch à qn** enseñar algo a alguien.
2 _vi_ enseñar.

ensemble 1 _adv_ juntos, -as; **bien aller e.** _(vêtements, couleurs)_ pegar; _(personnes)_ llevarse bien.
2 _m (d'objets, vêtement féminin)_ conjunto _m_; **l'e. du personnel** el conjunto del personal; **dans l'e.** en conjunto; **d'e.** _(vue etc.)_ de conjunto.

ensevelir _vt_ sepultar.

ensoleillé, -ée _a_ soleado, -a; _(pièce etc.)_ luminoso, -a.

ensuite _adv (puis)_ a continuación; _(plus tard)_ luego, después.

entaille _f (fente)_ muesca _f_; _(blessure)_ corte _m_.

entailler _vt_ cortar.

entamer _vt (pain, bouteille etc.)_ empezar; _(peau)_ cortar.

entasser 1 _vt_ apilar.
2 s'entasser _vpr (objets)_ amontonarse; **s'e. dans** _(passagers etc.)_ amontonarse en.

entendre 1 _vt_ oír; **e. parler de** oír hablar de; **e. dire que** oír decir que.
2 s'entendre _vpr (être d'accord)_ ponerse de acuerdo (**sur** sobre); **bien s'e. (avec qn)** llevarse bien (con alguien).

entendu, -ue _a (convenu)_ convenido, -a; **e.!** ¡de acuerdo!; **bien e.** desde luego.

entente _f (accord)_ acuerdo _m_; **(bonne) e.** _(amitié)_ buen entendimiento _m_.

enterrement *m* entierro *m*; *(funérailles)* funeral *m*.

enterrer *vt* enterrar.

entêtement *m* tozudez *f*; *(à faire qch)* obstinación *f*.

entêter (s') *vpr* obstinarse (**à** en).

enthousiasme *m* entusiasmo *m*.

enthousiasmer 1 *vt* entusiasmar.
   2 s'**enthousiasmer** *vpr* entusiasmarse (**pour** por).

enthousiaste *a* entusiasta.

entier, -ière 1 *a (total)* entero, -a; **le pays tout e.** el país entero.
   2 *m* **en e.** por completo.

entièrement *adv* totalmente.

entonnoir *m (ustensile)* embudo *m*.

entorse *f* esguince *m*.

entortiller *vt* **e. qch autour de qch** enrollar algo alrededor de algo.

entourage *m* allegados *mpl*.

entourer *vt* rodear (**de** de); **entouré de** rodeado de.

entracte *m (au théâtre)* entreacto *m*.

entraider (s') *vpr* ayudarse mutuamente.

entrain *m* **plein d'e.** lleno de entusiasmo.

entraînant, -ante *a (musique)* animado, -a.

entraînement *m (sportif)* entrenamiento *m*.

entraîner 1 *vt (emmener)* llevar; *(emmener de force)* arrastrar; *(causer)* acarrear; *(athlète etc.)* entrenar (**à** para).
   2 s'**entraîner** *vpr (sportif)* entrenarse.

entraîneur, -euse *mf (d'athlète)* entrenador, -ora.

entre *prép* entre; **l'un d'e. vous** uno de vosotros; **e. autres** entre otros, -as.

entrebâillé, -ée *a* entreabierto, -a.

entrebâiller *vt* entreabrir.

entrechoquer (s') *vpr* entrechocarse.

entrecôte *f* solomillo *m*, chuleta *f*.

entrée *f (action, porte, billet, plat)* entrada *f*; *(en informatique)* input *m*; **à son e.** al entrar; **e. interdite** prohibida la entrada; **e. libre** entrada libre; **e. en matière** principio *m*; **d'e. de jeu** desde el principio; **examen d'e.** examen de ingreso.

entremettre (s') *vpr* intervenir.

entreposer *vt* almacenar.

entrepôt *m* almacén *m*.

entreprendre* *vt* emprender; **e. de faire qch** proponerse hacer algo.

entrepreneur, -euse *mf* empresario, -a; *(en bâtiment)* contratista *mf*.

entreprise *f* empresa *f*; **e. publique/privée** empresa pública/privada.

entrer *vi (aux **être**)* entrar; **e. dans** *(pièce)* entrar en; *(arbre etc.)* chocar contra; **faire e. qn** hacer pasar a alguien.

entre-temps *adv* mientras tanto.

entretenir* *vt* mantener; *(feu)* avivar; **e. sa forme** mantenerse en forma.

entretenir (s') *vpr* s'**e. de qch** conversar sobre algo (**avec** con).

entretien *m* mantenimiento *m*; *(dialogue)* conversación *f*; *(entrevue)* entrevista *f*.

entrevue *f* entrevista *f*.

entrouvert, -erte *a* entreabierto, -a.

énumération *f* enumeración *f*.

énumérer *vt* enumerar.

envahir *vt* invadir.

envahisseur *m* invasor, -ora.

enveloppe *f (pour lettre)* sobre *m*; **e. budgétaire** presupuesto *m*; **e. timbrée à votre adresse** sobre sellado con su dirección.

envelopper *vt* envolver (**dans** en).

E

envergure f **de grande/petite e.** de gran/pequeña envergadura.

envers 1 prép hacia; **e. et contre tout** contra viento y marea.
2 m **à l'e.** (chaussette, pantalon) al revés; (la tête en bas) cabeza abajo.

envie f (jalousie) envidia f; (désir) ganas fpl, deseo m; **avoir e. de qch** tener ganas de algo.

envier vt envidiar (**qch à qn** algo a alguien).

environ adv alrededor; **il est parti il y a une heure e.** se fue hace más o menos una hora; **e. dix** unos diez.

environnant, -ante a circundante.

environnement m medio m ambiente; **protection de l'e.** conservación del medio ambiente.

environner vt rodear.

environs mpl **aux e. de** en los alrededores de; **aux e. de midi** alrededor del mediodía; **aux e. de Noël** más o menos por Navidad.

envisager vt considerar (**de faire** hacer).

envoi m (paquet, lettre, expédition) envío m; Football **coup d'e.** saque m.

envoler (s') vpr (oiseau) alzar el vuelo; (avion) despegar; (papiers etc.) volarse; Fig (disparaître) desaparecer.

envoyé, -ée mf (reporter) corresponsal mf; **e. spécial** enviado m especial.

envoyer* vt enviar; (lancer) lanzar.

épais, -aisse a espeso, -a.

épaisseur f espesor m.

épaissir 1 vt espesar.
2 vi, **s'épaissir** vpr espesarse.

épanoui, -ie a abierto, -a; (visage) alegre; (personne) realizado, -a.

épanouir (s') vpr florecer; (visage) iluminarse; (personne) realizarse.

épargner vt (argent) ahorrar; (ennemi etc.) perdonar; **e. qch à qn** (ennuis etc.) ahorrar algo a alguien.

éparpiller 1 vt esparcir.
2 s'éparpiller vpr esparcirse.

épatant, -ante a Fam estupendo, -a.

épater vt Fam dejar pasmado.

épaule f hombro m; **hausser les épaules** alzar los hombros.

épave f pecio m.

épée f espada f.

épeler vt (mot) deletrear.

éperon m espuela f.

épi m (de blé) espiga f; (de maïs) mazorca f.

épice f especia f.

épicé, -ée a picante.

épicer vt sazonar (con especias picantes).

épicerie f tienda f (de ultramarinos); (produits) comestibles mpl.

épicier, -ière mf tendero, -a de tienda de ultramarinos.

épidémie f epidemia f.

épinards mpl espinacas fpl.

épine f (de plante) espina f; **é. dorsale** espina dorsal.

épineux, -euse a espinoso, -a; (sujet) peliagudo.

épingle f alfiler m; **é. de nourrice** imperdible m; **é. à linge** pinza f (de la ropa); **é. à cheveux** horquilla f (del pelo); Fig **tiré à quatre épingles** de punta en blanco.

épisode m episodio m.

épithète f (adjectif) epíteto m.

éplucher vt (carotte, pomme etc.) pelar; (salade) deshojar.

épluchure f monda f.

éponge f esponja f.

éponger vt enjuagar.

époque f época f.

épouse f esposa f.

épouser vt **é. qn** casarse con alguien.

épousseter vt quitar el polvo a.

épouvantable a espantoso, -a.

épouvantail *m* espantapájaros *m* *inv*.

épouvante *f* espanto *m*; **film d'é.** película de terror.

épouvanter *vt* espantar.

époux *m* esposo *m*.

épreuve *f (examen, sportive)* prueba *f*; *(malheur)* desgracia *f*.

éprouver *vt* poner a prueba; *(sentiment etc.)* sentir; *(tristesse etc.)* padecer.

éprouvette *f* probeta *f*.

épuisant, -ante *a* agotador, -ora.

épuisé, -ée *a* agotado, -a.

épuiser 1 *vt* agotar.
    2 s'épuiser *vpr* agotarse; **s'é. à faire qch** agotarse haciendo algo.

équateur *m* ecuador *m*.

équation *f* ecuación *f*.

équerre *f* escuadra *f*; *(à 45 degrés)* cartabón *m*.

équilibre *m* equilibrio *m*; **tenir/mettre en é.** mantenerse/poner en equilibrio (**sur** sobre); **perdre l'é.** perder el equilibrio.

équilibrer *vt* equilibrar.

équipage *m* tripulación *f*.

équipe *f* equipo *m*; *(d'ouvriers)* cuadrilla *f*; **é. de secours** equipo de salvamento.

équipement *m* equipamiento *m*; *(de camping, ski)* equipo *m*.

équiper 1 *vt* equipar (**de** con).
    2 s'équiper *vpr* equiparse.

équipier, -ière *mf* compañero, -a (de equipo).

équitable *a* equitativo, -a.

équitation *f* equitación *f*.

équivalent, -ente *a* & *m* equivalente *a* & *m*.

érafler *vt* rasguñar.

éraflure *f* rasguño *m*.

errer *vi* errar.

erreur *f* error *m*; **faire une e.** cometer un error.

éruption *f (volcanique, de boutons)* erupción *f*.

es *voir* être.

escabeau, -x *m* escalerita *f*.

escadrille *f (d'avions)* escuadrilla *f*; *(de bateaux)* flotilla *f*.

escalade *f* escalada *f*; **faire de l'e.** escalar.

escalader *vt* escalar.

escale *f* escala; **faire e. à** hacer escala en.

escalier *m* escalera(s) *f(pl)*; **e. roulant** escalera mecánica.

escalope *f* filete *m*, escalope *m*.

escargot *m* caracol *m*.

escarpé, -ée *a* escarpado, -a.

esclave *mf* esclavo, -a.

escorte *f* escolta *f*.

escorter *vt* escoltar.

escrime *f* esgrima *f*; **faire de l'e.** hacer esgrima.

escrimeur, -euse *mf* esgrimidor, -ora.

escroc *m* estafador, -ora.

espace *m* espacio *m*; **e. vert** espacio verde.

espacer *vt* espaciar.

espagnol, -ole 1 *a* español, -ola.
    2 *m (langue)* español *m*.
    3 *mf* **Espagnol, -e** español, -ola.

espèce *f (race)* especie *f*; *(genre)* clase *f*; **e. d'idiot!** ¡pedazo de chorlito!

espèces *fpl* **payer en e.** pagar en especias.

espérance *f* esperanza *f*; **e. de vie** esperanza de vida.

espérer 1 *vt* esperar (**que** que); **e. faire** esperar hacer.
    2 *vi* esperar.

espiègle *a* travieso, -a.

espion, -onne *mf* espía *mf*.

espionnage *m* espionaje *m*.

espionner *vt* espiar.

espoir *m* esperanza *f*; **sans e.** *(cas etc.)* sin esperanza.

esprit *m* espíritu *m*; *(intellect)* mente *f*; *(humour)* ingenio *m*; **cela ne lui est pas venu à l'e.** no se le occurió.

Esquimau, -de, -aux *mf* esquimal *mf*.

esquiver *vt* esquivar.

essai *m (épreuve)* prueba *f*; *(tentative)* intento *m*; *Rugby, Litt* ensayo *m*; **faire un e.** hacer una prueba; **mettre à l'e.** poner a prueba.

essaim *m* enjambre *m*.

essayage *m (de costume)* prueba *f*.

essayer *vt* intentar (**de faire** hacer); *(vêtement)* probar.

essence *f* gasolina *f*; *(extrait)* esencia *f*.

essentiel, -ielle 1 *a* esencial.
 2 *m* **l'e.** lo esencial.

essentiellement *adv* esencialmente.

essieu, -x *m* eje *m*.

essoufflé, -ée *a* sin aliento.

essuie-glace *m* limpiaparabrisas *m inv*.

essuie-mains *m inv* toalla *f* (de manos).

essuyer *vt (sécher)* secar; *(nettoyer)* limpiar.

est¹ *voir* **être**.

est² *a & m inv* este *a & m inv*; **d'e.** *(vent)* del este; **de l'e.** del este.

estime *f* estima *f*.

estimer 1 *vt (qualité, personne)* apreciar; *(distance, prix)* calcular; *(penser)* considerar (**que** que); **e. qn** apreciar mucho a alguien.
 2 **s'estimer** *vpr* **s'e. heureux/etc.** considerarse feliz/etc.

estomac *m* estómago *m*.

estrade *f* estrado *m*.

estropier *vt* lisiar.

estuaire *m* estuario *m*.

et *conj* y; *(devant un mot commençant par i ou hi)* e.

étable *f* establo *m*.

établi *m* mesa *f* (de trabajo).

établir 1 *vt (installer)* establecer, instalar; *(plan, liste)* realizar.
 2 **s'établir** *vpr (habiter)* establecerse; **s'é. à son compte** establecerse por su cuenta.

établissement *m* establecimiento *m*; **é. scolaire** establecimiento escolar, colegio *m*.

étage *m (d'immeuble)* piso *m*; **à l'é.** en el piso de arriba; **au premier é.** en el primer piso.

étagère *f* estante *m*; *(meuble)* estantería *f*.

étais, était *etc. voir* **être**.

étalage *m (vitrine)* escaparate *m*.

étalagiste *mf* escaparatista *mf*.

étaler *vt* extender; *(en vitrine)* exponer.

étanche *a* estanco, -a; *(montre)* hermético, -a.

étang *m* estanque *m*.

étant *voir* **être**.

étape *f* etapa *f*; *(lieu)* parada *f*; **faire é. à Lyon** hacer escala en Lyón.

État *m (nation)* Estado *m*; **homme d'É.** hombre de Estado.

état *m (condition)* estado *m*; **en bon é.** en buen estado; **remettre en bon é.** arreglar; **en é. de faire** en condiciones de hacer; **en é. d'ivresse** en estado de embriaguez; **être dans tous ses états** estar fuera de sí.

États-Unis *mpl* Estados *mpl* Unidos.

étau, -x *m* torno *m*.

été¹ *pp de* **être**.

été² *m* verano *m*; **en é.** en verano.

éteindre* 1 *vt (feu, lampe etc.)* apagar.
 2 *vi* apagar la luz/la televisión/etc.
 3 **s'éteindre** *vpr (feu, lampe etc.)* apagarse.

éteint, -einte *a (feu, lampe etc.)* apagado, -a.

étendre 1 vt (nappe) extender; (linge) tender; **é. le bras**/etc. estirar el brazo/etc..

2 s'étendre vpr (personne) tenderse; (plaine) extenderse; (feu) propagarse.

étendu, -ue a (forêt etc.) extenso, -a; (personne) tumbado, -a.

étendue f (importance) alcance m; (surface) extensión f.

éternité f eternidad f.

éternuement m estornudo m.

éternuer vi estornudar.

êtes voir **être**.

étinceler vi destellar.

étincelle f destello m.

étiqueter vt etiquetar.

étiquette f etiqueta f.

étirer (s') vpr estirarse.

étoffe f tela f; Fig **avoir l'é. d'un chef** tener madera de jefe.

étoile f estrella f; **à la belle é.** al aire libre.

étoilé, -ée a (ciel) estrellado, -a.

étonnant, -ante a sorprendente.

étonnement m sorpresa f.

étonner 1 vt sorprender.

2 s'étonner vpr sorprenderse (**de qch** de algo; **que** + subjonctif de que).

étouffant, -ante a sofocante.

étouffer 1 vt (tuer) ahogar; (bruit) amortiguar; (feu) sofocar; Fig **é. qn** agobiar a alguien.

2 vi **on étouffe!** ¡no se puede respirar!.

3 s'étouffer vpr (en mangeant) atragantarse (**sur, avec** con).

étourderie f atolondramiento m; **une é.** un despiste.

étourdi, -ie a aturdido, -a.

étourdir vt aturdir.

étourdissant, -ante a (bruit) ensordecedor, -ora.

étourdissement m (malaise) mareo m.

étrange a extraño, -a.

étranger, -ère 1 a (d'un autre pays) extranjero, -a; (non familier) extraño, -a (**à** a).

2 mf extranjero, -a; (inconnu) desconocido, -a.

3 m **à l'é.** en el extranjero; **de l'é.** del extranjero.

étrangler 1 vt (tuer) estrangular.

2 s'étrangler vpr atragantarse.

être* 1 vi (idée de permanence) ser; (temporaire) estar; **il est tailleur** es sastre; **il est dans le jardin** está en el jardín; **nous sommes dix** somos diez; **nous sommes le dix** estamos a día diez; **il a été à Paris** a estado en París; **est-ce qu'elle vient?** ¿viene?; **il vient, n'est-ce pas?** viene, ¿no?; **est-ce qu'il aime le thé?** le gusta el té?

2 v aux (avec venir, partir etc.) haber; **elle est arrivée** ha llegado.

3 m **ê. humain** ser m humano.

étrennes fpl aguinaldo m.

étrier m estribo m.

étroit, -oite a estrecho, -a; **être à l'é.** estar apretado.

étroitement adv (surveiller etc.) estrechamente.

étude f (recherche) investigación f; (salle) (sala f de) estudio m; **à l'é.** (projet) en estudio; **é. de notaire** notaría f; **faire des études de** (médecine etc.) cursar estudios de.

étudiant, -ante mf estudiante mf.

étudier vti estudiar.

étui m (à lunettes etc.) estuche m.

E.U. mpl abrév de **États Unis** EE. UU. mpl.

eu, eue pp de **avoir**.

euh! int ¡ehem!

euro m euro.

euro- préfixe Euro-.

européen, -enne 1 a europeo, -a.

2 mf **Européen, -enne** europeo, -a.

eux *pron* ellos; *(réfléchi, emphase)* ellos o sí mismos.

eux-mêmes *pron* ellos o sí mismos.

évacuer *vt* evacuar.

évadé, -ée *mf* evadido, -a.

évader (s') *vpr* evadirse (**de** de).

évaluer *vt* evaluar.

Évangile *m* Evangelio *m*.

évanouir (s') *vpr* desmayarse.

évanouissement *m* desmayo *m*.

évasion *f* evasión *f* (**de** de); **é. fiscale** evasión fiscal; **é. de capitaux** evasión de capitales.

éveiller *vt* despertar; *(susciter)* suscitar.

événement *m* acontecimiento *m*.

éventail *m* abanico *m*; *(choix)* gama *f*.

éventrer *vt (sac, oreiller)* reventar; *(animal)* destripar.

éventuellement *adv* eventualmente.

évêque *m* obispo *m*.

évidemment *adv* evidentemente.

évident *a* evidente (**que** que); *Fam* **ce n'est pas é.** *(facile)* no es tan fácil.

évier *m* fregadero *m*.

éviter *vt* evitar (**de faire** hacer); **é. qch à qn** evitar algo a alguien.

ex- *préfixe* ex-; **ex-mari** ex-marido *m*.

exact, -e *a (précis)* exacto, -a; *(juste, vrai)* correcto, -a; *(ponctuel)* puntual.

exactement *adv* exactamente.

exactitude *f* exactitud *f*.

ex aequo *adv* **classés ex aequo** clasificados ex aequo.

exagération *f* exageración *f*.

exagéré, -ée *a* exagerado, -a.

exagérer *vti* exagerar.

examen *m* examen *m*; **e. écrit/oral/d'entrée** examen escrito/oral/de ingreso; **e. blanc** control *m*.

examinateur, -trice *mf* examinador, -ora.

examiner *vt* examinar.

excédent *m* exceso *m*; **e. de bagages** exceso de equipaje.

excellent, -ente *a* excelente.

excepté *prép* excepto.

exception *f* excepción *f*; **à l'e. de** a excepción de; **faire une e.** hacer una excepción.

exceptionnel, -elle *a* excepcional.

exceptionnellement *adv* excepcionalmente.

excès *m* exceso *m*; **e. de vitesse** exceso de velocidad.

excessif, -ive *a* excesivo, -a.

excitant, -ante *a* excitante.

excitation *f* excitación *f*.

excité, -ée *a (content)* alegre; *(nerveux)* nervioso, -a.

exciter *vt* **e. qn** *(mettre en colère)* provocar a alguien; *(sexuellement)* excitar a alguien.

exclamation *f* exclamación *f*.

exclamer (s') *vpr* exclamar.

exclure* *vt* excluir (**de** de).

excursion *f* excursión *f*; *(à pied)* caminata *f*.

excuse *f (prétexte)* excusa *f*; **excuses** *(regrets)* disculpas *fpl*; **faire des excuses** disculparse (**à** a).

excuser 1 *vt* excusar (**qn de faire** a alguien por hacer).
  2 s'excuser *vpr* disculparse (**de** por; **auprès de** ante, a).

exécuter *vt (travail etc.)* ejecutar; *(jouer)* tocar; **e. qn** *(tuer)* ejecutar a alguien.

exécution *f* ejecución *f*.

exemplaire *m* ejemplar *m*; **en double e.** por duplicado.

exemple *m* ejemplo *m*; **par e.** por ejemplo; **donner l'e.** dar ejemplo (**à** a).

exercer 1 *vt (muscles)* ejercitar; *(droits)* ejercer.
  2 s'exercer *vpr* ejercitarse (**à qch** en algo; **à faire** en hacer).

exercice *m* ejercicio *m*; *(fiscal)* año *m* fiscal; **faire de l'e.** hacer ejercicio; **dans l'e. de ses fonctions** en ejercicio de sus funciones.

exigeant, -eante *a* exigente.

exigence *f* exigencia *f*.

exiger *vt* exigir (**de** de; **que** + *subjonctif* que).

existence *f* existencia *f*.

exister *vi* existir; **il existe plusieurs solutions** hay varias soluciones.

exorbitant, -ante *a* exorbitante.

expédier *vt* *(envoyer)* expedir.

expéditeur, -trice *mf* remitente *mf*.

expédition *f* *(envoi)* envío *m*; *(voyage)* expedición *f*.

expérience *f* *(connaissance)* experiencia *f*; *(scientifique)* experimento *m*; **faire l'e. de qch** experimentar algo; **avoir de l'e.** tener experiencia (**dans un domaine** en un campo).

expérimenté, -ée *a* experimentado, -a.

expert *m* experto, -a (**en** en); **e.-comptable** perito *m* mercantil.

expirer *vi* *(délai)* vencer, expirar; *(respiration)* espirar; *(mourir)* expirar.

explication *f* explicación *f*; *(mise au point)* aclaración *f*.

expliquer 1 *vt* explicar (**à** a; **que** que).
   2 s'expliquer *vpr* explicarse; *(discuter)* discutir (**avec** con).

exploit *m* hazaña *f*.

exploitation *f* explotación *f*.

exploiter *vt* *(champs)* explotar; *(profiter de)* aprovecharse de.

explorateur, -trice *mf* explorador, -ora.

exploration *f* exploración *f*.

explorer *vt* explorar.

exploser *vi* explotar.

explosif *m* explosivo *m*.

explosion *f* explosión *f*.

exportation *f* exportación *f*.

exporter *vt* exportar (**vers** a; **de** de).

exposé, -ée 1 *a* **e. au sud**/etc. *(maison)* orientado al sur/etc..
   2 *m* ponencia *f*.

exposer 1 *vt* exponer (**à** a); *(vie)* arriesgar.
   2 s'exposer *vpr* exponerse (**à** a).

exposition *f* *(salon)* exposición *f*.

exprès *adv* de propósito, adrede; **je l'ai fait e. pour toi** lo hice expresamente para ti.

express *m inv* *(train, café)* expreso *m*.

expression *f* *(phrase, mine)* expresión *f*.

exprimer 1 *vt* expresar.
   2 s'exprimer *vpr* expresarse.

exquis, -ise *a* *(nourriture)* exquisito, -a.

exténué, -ée *a* extenuado, -a.

extérieur, -e 1 *a* externo, -a; *(politique)* exterior.
   2 *m* exterior *m*; **à l'e. (de)** en el exterior (de), fuera (de).

externe *mf* *(élève)* alumno, -a que no se queda a dormir.

extincteur *m* extintor *m*.

extra- *préfixe* extra-.

extraire* *vt* extraer (**de** de).

extrait *m* extracto *m*; **e. de naissance** partida *f* de nacimiento.

extraordinaire *a* extraordinario, -a.

extrême *a & m* extremo, -a *a & m*.

extrêmement *adv* extremamente.

extrémité *f* extremidad *f*.

fable f fábula f.

fabricant, -ante mf fabricante mf.

fabrication f fabricación f.

fabriquer vt fabricar; (en usine) manufacturar; Fam **qu'est-ce qu'il fabrique?** ¿qué está haciendo?

fabuleux, -euse a fabuloso, -osa.

fac f Fam facultad f; (université) universidad f.

façade f (de bâtiment) fachada f.

face f cara f; (de cube etc.) lado m; **en f.** enfrente; **en f. de** en frente de, frente a; (en présence de) en presencia de; **f. à un problème** cara a un problema; **regarder qn en f.** mirar a alguien a la cara; **f. à f.** cara a cara; **faire f. à** (difficultés) hacer frente a.

fâché, -ée a (air, amis) enfadado, -a.

fâcher 1 vt enfadar.

2 se fâcher vpr enfadarse (**contre, avec** con); **je vais me f.!** ¡me vas a hacer enfadar!

facile a fácil; **c'est f. à faire** es fácil de hacer; **il nous est f. de faire** nos es fácil hacer.

facilement adv con facilidad.

facilité f facilidad f (**à faire qch** para hacer algo).

faciliter vt facilitar.

façon f manera f, modo m; **la f. dont elle parle** el modo en que habla; **f. (d'agir)** comportamiento m; **façons** (manières) cumplidos mpl; **de toute f.** de todos modos; **à ma f.** a mi manera.

facteur m cartero m.

factrice f cartera f.

facture f factura f.

facultatif, -ive a facultativo, -a.

faculté f facultad f; **à la f.** en la universidad.

fade a (nourriture) soso, -a.

faible 1 a débil; (vent) suave; **f. en anglais/** etc. flojo en inglés/ etc..

2 m **avoir un f. pour** tener debilidad por.

faiblement adv débilmente; (légèrement, éclairer) ligeramente.

faiblesse f debilidad f.

faiblir vi (forces) debilitarse.

faillir* vi **il a failli tomber** casi se cae.

faillite f quiebra f; **faire f.** ir a la bancarrota, quebrar.

faim f hambre f; **avoir f.** tener hambre; **donner f. à qn** dar hambre a alguien.

fainéant, -ante mf vago, -a.

faire* 1 vt (bruit, faute, gâteau, devoir, ménage etc.) hacer; (rêve, chute) tener; (sourire, promenade) dar; **ça fait dix mètres/francs** (mesure, prix) son diez metros/francos; **qu'a-t-il fait (de)?** ¿qué ha hecho (con)?; **que f.?** ¿qué hacer?; **f. du tennis/** etc. jugar al tenis/ etc.; **f. l'idiot** hacer el tonto; **ça ne fait rien** (eso) no importa.

2 vi (agir) actuar, hacer; (paraître) parecer; (impersonnel) hacer; **il fait vieux** parece viejo; **elle ferait bien de partir** haría bien en marcharse; **il**

fait beau/froid/etc. hace bueno/ frío/etc.; **ça fait deux ans que je ne l'ai pas vu** hace dos años que no le he visto; **ça fait un an que je suis là** hace un año que estoy allí.

3 v aux (+ infinitif) **f. construire une maison** hacerse construir una casa; **f. crier/** etc. **qn** hacer gritar/ etc. a alguien; **se f. obéir**/etc. hacerse obedecer/etc.; **tu vas te f. tuer** te vas a matar; **se f. couper les cheveux** cortarse el pelo.

4 se faire vpr hacerse; **se f. des amis** hacerse amigos; **il se fait tard** se hace tarde; **se f. à** hacerse a; **ne t'en fais pas!** ¡no te preocupes!

faire-part m inv notificación f.

fais, fait, faites voir **faire**.

faisan m faisán m.

faisceau, -x m (rayons) haz m.

fait, faite (pp de **faire**) **1** a (fromage) maduro, -a; **tout f.** preparado; **c'est bien f.!** ¡te está bien empleado! .

2 m hecho m; **prendre sur le f.** coger con las manos en la masa; **faits divers** sucesos mpl; **au f.** a propósito; **en f.** de hecho.

falaise f acantilado m.

falloir* vi **il faut qch** hace falta algo; **il lui faut un stylo** necesita un bolígrafo; **il (nous) faut partir** tenemos que irnos; **il faut que je parte** tengo que irme; **il faudrait qu'elle reste** debería quedarse; **il faut un jour** hace falta un día (**pour faire** para hacer); **il s'en est fallu de peu** faltó poco.

fameux, -euse a famoso, -a; (excellent) excelente.

familiarité f familiaridad f (**avec** con); **pas de familiarités!** ¡sin demasiadas confianzas por favor!

familier, -ière a familiar (**à** a); **f. avec qn** confianzudo con alguien; **animal f.** animal doméstico.

familièrement adv (parler) familiarmente.

famille f familia f; **en f.** en familia.

fan mf fan mf, admirador, -ora; (au football etc.) hincha m.

fana mf Fam fanático, -a (**de** de).

fané, -ée a marchito, -a.

faner (se) vpr marchitarse.

fantaisie f (caprice) capricho m; **(de) f.** (bijou etc.) de bisutería.

fantastique a fantástico, -a.

fantôme m fantasma m.

farce¹ f farsa f; **faire une f. a qn** gastar una broma a alguien.

farce² f (viande) relleno m.

farceur, -euse mf farsante mf.

farcir vt rellenar.

fardeau, -x m fardo m.

farine f harina f.

farouche a (animal) arisco, -a; (violent) feroz.

fascination f fascinación f.

fasciner vt fascinar.

fasse(s), fassent etc. voir **faire**.

fatal, -e (mpl **-als**) a fatal.

fatalement adv fatalmente.

fatigant, -ante a agotador, -ora; (ennuyeux) fastidioso, -a.

fatigue f cansancio m.

fatigué, -ée a cansado, -a (**de** de).

fatiguer 1 vt cansar.

2 se fatiguer vpr cansarse (**de** de).

faucher vt (herbe) cortar; (blé) cosechar.

faucon m halcón m.

faufiler (se) vpr abrirse paso (**dans** entre).

fausse voir **faux**.

faut voir **falloir**.

faute f (erreur) falta f; (responsabilité) culpa f; (péché) pecado m; **c'est ta f.** es culpa tuya; **f. d'avoir fait qch** por no haber hecho algo.

fauteuil m sillón m; **f. roulant** silla f de ruedas.

fauve m fiera f.

F

faux, fausse 1 a falso, -a; *(pas exact)* incorrecto, -a; **f. jeton** *Fam* hipócrita *mf.*
  2 adv *(chanter)* desafinado.
  3 m *(signature, tableau)* falsificación *f.*

faux *f* guadaña *f.*

faux-filet *m* solomillo *m.*

faveur *f* **en f. de** en favor de.

favorable a favorable (**à** a).

favori, -ite a & *mf* favorito, -a.

favoriser vt favorecer.

fax m *(appareil, message)* fax *m.*

faxer vt *(message)* mandar por fax.

fée *f* hada *f.*

féerique a mágico, -a.

fêler 1 vt resquebrajar.
  2 se fêler vpr resquebrajarse.

félicitations *fpl* felicidades *fpl* (**pour** por).

féliciter vt felicitar (**qn de** *ou* **sur** a alguien por).

fêlure *f* raja *f.*

femelle a & *f (animal)* hembra a & *f.*

féminin, -ine a *(prénom, trait, pronom etc.)* femenino, -a; *(mode, revue etc.)* para mujeres.

femme *f* mujer *f; (épouse)* esposa *f;* **f. médecin** doctora *f;* **f. de ménage** mujer de la limpieza.

fendre 1 vt *(bois etc.)* rajar.
  2 se fendre vpr resquebrajarse.

fenêtre *f* ventana *f.*

fente *f* ranura *f.*

fer m hierro *m;* **barre de f.** barra de hierro; **f. forgé** hierro forjado; **f. à cheval** herradura *f;* **santé de f.** salud de hierro.

fer (à repasser) m plancha *f* (de la ropa).

fera, ferai(t) etc. voir **faire**.

fer-blanc m *(pl* **fers-blancs***)* hojalata *f.*

férié a **jour f.** día festivo.

ferme¹ *f* granja *f.*

ferme² **1** a *(pas, voix)* firme.
  2 adv *(travailler)* duro; *(boire)* mucho.

fermé, -ée a cerrado, -a.

fermement adv firmemente.

fermer 1 vt cerrar; *(gaz etc.)* apagar; *(vêtement)* abotonarse; **f. (à clef)** cerrar con llave.
  2 vi, **se fermer** vpr cerrarse.

fermeture *f* cierre *m; (heure)* hora *f* de cierre; **f. éclair®** cremallera *f.*

fermier, -ière *mf* granjero, -a.

féroce a feroz.

feront voir **faire**.

ferraille *f* chatarra *f;* **mettre à la f.** llevar a la chatarra.

ferrée a*f* **voie f.** vía férrea; *(rails)* raíles.

ferroviaire a **compagnie f.** compañía ferroviaria.

fertile a fértil.

fesse *f* nalga *f.*

fessée *f* nalgada *f.*

festin m *(banquet)* festín *m.*

festival m *(pl* **-als***)* festival *m.*

fête *f* fiesta *f;* **f. foraine** verbena *f;* **f. de famille** fiesta familiar; **c'est sa f.** es su santo; **f. des Mères** día *m* de la madre; **jour de f.** día festivo; **faire la f.** irse de juerga.

fêter vt celebrar.

feu, -x m fuego *m; (de réchaud)* hornillo *m;* **feux (tricolores)** semáforo *m;* **feux de détresse** luces *fpl* de emergencia; **f. rouge** luz *f* roja; *(objet)* semáforo *m;* **mettre le f. à** prender fuego a; **en f.** en llamas; **faire du f.** encender un fuego; **avez-vous du f.?** ¿tiene fuego?; **à f. doux** a fuego lento; **au f.!** ¡fuego!; **coup de f.** *(bruit)* disparo *m.*

feuillage m follaje *m.*

feuille *f (de papier etc.)* hoja *f;* **f. d'impôt** impreso *m* de declaración de la renta; **f. de paye** nómina *f;* **f. de calcul** hoja *f* de cálculo.

feuilleté a **pâte feuilletée** hojaldre.

feuilleter vt hojear.

feuilleton m (télévisé) serial m.

feutre m (crayon) **f.** rotulador m.

février m febrero m.

fiançailles fpl noviazgo m.

fiancé, -ée mf prometido, -a.

fiancer (se) vpr comprometerse (**avec** con).

ficeler vt atar.

ficelle f cuerda f fina.

fiche f (carte, papier) ficha f.

ficher Fam **1** vt (pp **fichu**) **f. le camp** largarse; **fiche-moi la paix!** ¡déjame en paz!.
2 se ficher vpr **se f. de qn** reírse de alguien; **je m'en fiche!** ¡me importa un rábano!

fichier m fichero m.

fichu, -ue a Fam **c'est f.** (abîmé) está estropeado; (projet) se fastidió.

fidèle a fiel (**à** a); (client) habitual.

fier (se) vpr **se f. à** fiarse de.

fier, fière a orgulloso, -a (**de** de).

fièrement adv orgullosamente.

fierté f orgullo m.

fièvre f fiebre f; **avoir de la f.** tener fiebre.

fiévreux, -euse a febril.

figer 1 vt cuagular.
2 se figer vpr cuagularse.

figue f higo m.

figure f (visage) rostro m; (géométrique) figura f (geométrica).

figurer 1 vi figurar.
2 se figurer vpr figurarse.

fil m hilo m; (métallique) cable m; **f. dentaire** hilo dental; **f. de fer** alambre m; Fam **passer un coup de f. à qn** dar un telefonazo a alguien; Fig **au f. des ans** con el paso de los años.

file f fila f; (couloir) carril m; **se garer en double f.** aparcar en doble fila; **f. d'attente** cola f; **en f. (indienne)** en fila india.

filer 1 vt **f. qn** (suivre) seguir a alguien.
2 vi (partir) marchar volando; (aller vite) ir volando.

filet m (à bagages) red f (de equipaje); (d'eau) chorrito m; (de pêche) filete m; **f. (à provisions)** bolsa f de redecilla.

fille f chica f; (parenté) hija f; **petite f.** niña f; **jeune f.** chica.

fillette f niña f.

filleul, -e mf ahijado, -a.

film m película f; (pellicule) rollo m (de película); **f. plastique** plástico m para envolver.

filmer vt rodar.

fils m hijo m.

filtre m filtro m; **(à bout) f.** (cigarette) con filtro.

filtrer vt filtrar.

fin f fin m; **mettre f. à** poner fin a; **prendre f.** finalizar; **sans f.** sin fin; **à la f.** al final; **f. mai** a finales de mayo; **arriver à ses fins** conseguir lo propuesto.

fin, fine 1 a (pointe etc.) fino, -a; (peu épais) delgado, -a; (esprit, oreille) agudo, -a.
2 adv (couper etc.) finamente.

final, -e, -aux (ou **-als**) a final.

finale f final f.

finalement adv finalmente.

finance f finanzas fpl.

financer vt financiar.

financier, -ière a financiero, -a.

finir vti terminar; **f. de faire** terminar de hacer; (cesser) dejar de hacer; **f. par faire** acabar haciendo; **c'est fini** se acabó.

finlandais, -aise 1 a finlandés, -esa.
2 m (langue) finlandés m.
3 mf **Finlandais, -aise** finlandés, -esa.

fissure f fisura f.

fissurer (se) vpr agrietarse.

fixe a fijo, -a; **idée f.** idea fija; **regard f.** mirada fija.

fixement adv regarder f. mirar fijamente.

fixer vt (attacher, décider) fijar (**à** a); **f. (du regard)** mirar fijamente; **être fixé** (décidé) estar decidido.

flacon m frasco m.

flair m olfato m.

flairer vt oler.

flamand, -ande 1 a flamenco, -a.
2 m (langue) flamenco m.
3 mf **Flamand, -ande** flamenco, -a.

flamber vi flamear.

flamme f llama f; **en flammes** en llamas.

flan m (dessert) flan m.

flanc m flanco m.

flâner vi deambular.

flaque f charco m.

flash m (pl **flashes**) (de photographie) flash m; (dispositif) bengala f; (d'informations) noticia f urgente.

flatter vt piropear.

flatterie f zalamería f.

fléau, -x m (catastrophe) plaga f.

flèche f flecha f; (d'église) aguja f; **monter en f.** (prix) dispararse.

flécher vt señalizar.

fléchette f dardo m; **jouer aux fléchettes** jugar a los dardos.

fléchir 1 vt (membre) flexionar.
2 vi (poutre) doblarse.

flétrir 1 vt marchitar.
2 se flétrir vpr marchitarse.

fleur f flor f; **en fleur(s)** en flor; **à fleurs** (tissu) floreado.

fleuri, -ie a florido, -a; (tissu) floreado, -a.

fleurir vi florecer.

fleuriste mf florista mf.

fleuve m río m; **roman f.** novelón m.

flexible a flexible.

flic m Fam poli m.

flipper m flíper m

flocon m (de neige) copo m (de nieve).

flot m (de souvenirs etc.) oleada f; **à f.** a flote.

flotte f (de bateaux) flota f; Fam (pluie) lluvia f; Fam (eau) agua f.

flotter vi flotar.

flotteur m Pêche boya f; Natation flotador m.

flou, -e a borroso, -a.

fluide a & m fluido, -a a & m.

fluo a inv (couleur etc.) fluorescente.

fluorescent, -ente a fluorescente.

flûte 1 f flauta f; (verre) copa f de tubo.
2 int ¡demonios!

foi f fe f; **être de bonne/mauvaise f.** ser de buena/mala fe.

foie m hígado m.

foin m heno m.

foire f f.(-exposition) feria f; **faire la f.** Fam irse de parranda.

fois f vez f; **chaque f. que** cada vez que; **une f. qu'il sera arrivé** cuando haya llegado; **à la f.** a la vez; **des f.** a veces; **une f. pour toutes** de una vez por todas.

fol voir fou.

folie f locura f.

folklore m folclore m.

folklorique a folclórico, -a.

folle voir fou.

foncé, -ée a (couleur) oscuro, -a.

foncer vi (aller vite) ir volando; **f. sur qn** embestir a alguien.

fonction f función f; **faire f. de** hacer de; **la f. publique** la función pública; **entrer en fonctions** tomar posesión de su cargo.

fonctionnaire mf funcionario, -a.

fonctionnement m funcionamiento m.

fonctionner vi (machine etc.) funcionar.

fond *m* fondo *m*; **au f. de** al fondo de; **f. de teint** base *f* (de maquillaje); **à f.** *(connaître etc.)* a fondo.

fonder *vt (ville etc.)* fundar.

fondre 1 *vt (métal)* fundir; **faire f.** *(sucre etc.)* disolver.
  2 *vi* fundirse; *(sucre etc.)* disolverse; **f. en larmes** romper a llorar.

fonds *mpl (argent)* fondos *mpl*.

font *voir* **faire**.

fontaine *f* fuente *f*.

fonte *f (des neiges)* fundición *f*; *(fer)* hierro *m* colado.

foot *m* Fam fútbol *m*.

football *m* fútbol *m*.

footballeur, -euse *mf* jugador, -ora de fútbol.

footing *m* futing *m*.

force *f (physique, morale)* fuerza *f*; **de f.** por la fuerza; **à f. de lire** /*etc.* a base de leer /*etc.*; **forces de l'ordre** fuerzas del órden público.

forcément *adv* obviamente; **pas f.** no necesariamente.

forcer 1 *vt (porte etc.)* forzar; **f. qn à faire** forzar a alguien a hacer.
  2 se forcer *vpr* forzarse (**à faire** a hacer).

forêt *f* bosque *m*; **f. vierge** selva *f* virgen.

forfait *m* **déclarer f.** abandonar.

formalité *f* formalidad *f*.

format *m* formato *m*.

formater *vt* formatear.

formation *f* formación *f*; **f. continue** formación continua; **f. professionnelle** formación profesional.

forme *f (contour)* forma *f*; **en f. de poire** /*etc.* en o con forma de pera /*etc.*; **en (pleine) f.** en plena forma.

formel, -elle *a (absolu)* formal.

former 1 *vt* formar; *(apprenti etc.)* preparar.
  2 se former *vpr (apparaître)* formarse.

formidable *a* formidable.

formulaire *m (feuille)* formulario *m*.

formule *f* fórmula *f*; *(phrase)* frase *f* hecha; **f. de politesse** fórmula de cortesía.

fort, forte 1 *a* fuerte; *(mer)* grueso, -a; *(voix, radio, fièvre)* alto, -a; *(élève)* brillante; **f. en** *(maths etc.)* bueno en; **c'est plus f. qu'elle** es superior a ella.
  2 *adv (frapper, serrer)* fuerte; *(pleuvoir)* mucho; *(parler)* alto; **sentir f.** oler muy fuerte.

fort *m* fuerte *m*.

forteresse *f* fortaleza *f*.

fortifiant *m* tónico *m*.

fortune *f* fortuna *f*; **faire f.** hacer fortuna.

fosse *f (trou, tombe)* fosa *f*.

fossé *m* zanja *f*.

fou (**fol** *delante de vocal o h muda*), **folle 1** *a* loco, -a; *(succès, temps)* tremendo, -a; **f. de** *(musique etc.)* loco por; **f. de joie** loco de alegría.
  2 *mf* loco, -a; **faire le f.** hacerse el loco.
  3 *m* Échecs alfil *m*.

foudre *f* rayo *m*; Fig **coup de f.** flechazo *m*.

foudroyant, -ante *a (succès etc.)* fulminante.

foudroyer *vt (tuer)* electrocutar.

fouet *m* látigo *m*; *(de cuisine)* batidora *f*.

fouetter *vt* azotar; *(œufs)* batir.

fougère *f* helecho *m*.

fouiller 1 *vt (personne)* buscar; *(maison etc.)* registrar.
  2 *vi* **f. dans** *(tiroir etc.)* rebuscar en.

fouillis *m* revoltijo *m*.

foulard *m* pañuelo *m*.

foule *f* multitud *f*; **une f. de** *(objets etc.)* un montón de.

fouler *vt* **se f. la cheville** /*etc.* torcerse el tobillo /*etc.*

F

foulure f torcedura f.

four m horno m..

fourche f horquilla f.

fourchette f tenedor m.

fourgon m furgón m; **f. cellulaire** furgón celular.

fourgonnette f furgoneta f.

fourmi f hormiga f; Fig **avoir des fourmis** sentir un hormigueo (**dans** en).

fourneau, -x m (poêle) horno m.

fournée f hornada f.

fournir vt proveer; (effort) realizar; **f. qch à qn** proveer a alguien de algo.

fourré, -ée a (gant etc.) forrado, -a de piel.

fourré m maleza f.

fourrer vt Fam (mettre) meter.

fourre-tout m inv (sac) bolsa f (de viaje).

fourrière f (pour véhicules) depósito m; (pour chiens) perrera f.

fourrure f piel f.

foyer m (maison, famille) hogar m; (résidence de jeunes etc.) residencia f.

fracas m estrépito m.

fracasser 1 vt estrellar.
  2 se fracasser vpr estrellarse.

fraction f fracción f.

fracture f fractura f; **se faire une f. au bras/etc.** romperse el brazo/etc.

fracturer vt (porte etc.) forzar; **se f. la jambe** romperse la pierna.

fragile a frágil.

fragment m fragmento m.

fraîcheur f frescor m.

frais, fraîche 1 a (temps) fresco, -a; (boisson) frío, -a; **servir f.** (vin etc.) sírvase frío.
  2 m **il fait f.** hace fresco; **mettre au f.** poner al fresco; (au frigo) poner en la nevera.

frais mpl gastos mpl; **à mes f.** a mis expensas; **f. de déplacement** gastos de desplazamiento.

fraise f fresa f.

framboise f frambuesa f.

franc, franche a (personne etc.) franco, -a; Football **coup f.** golpe franco.

franc m (monnaie) franco m.

français, -aise 1 a francés, -esa.
  2 m (langue) francés.
  3 mf **Français, -aise** francés, -esa.

franchement adv francamente; (vraiment) verdaderamente.

franchir vt (porte, rivière) atravesar; (fossé) saltar; (frontière etc.) cruzar; (distance) cubrir.

franchise f franqueza f; **f. douanière/de bagages** franquicia f aduanera/de maletas.

francophone 1 a de habla francesa.
  2 mf persona f de habla francesa.

frange f (de cheveux) flequillo m.

frappant, -ante a sorprendente.

frapper 1 vt golpear, pegar; **f. qn** (surprendre) sorprender a alguien.
  2 vi (à la porte etc.) llamar (**à** a); **f. du pied** patear.

fraude f (à un examen) trampa f; (crime) fraude m; **passer qch en f.** pasar algo de contrabando.

frauder 1 vt **f. le fisc** defraudar al fisco.
  2 vi (à un examen) hacer trampa (**à** en).

frayer vt **se f. un passage** abrirse paso (**à travers, dans** a través de).

frayeur f pavor m.

fredonner vt tararear.

freezer m congelador m.

frein m freno m; **f. à main** freno de mano; **donner un coup de f.** dar un frenazo.

freinage m frenazo m.

freiner vi frenar.

frémir vi (trembler) temblar (**de** de).

fréquemment adv frecuentemente.

fréquence f frecuencia f.

fréquent, -ente *a* frecuente.

fréquenter 1 *vt (école, église)* frecuentar; **f. qn** salir con o alternar con alguien.

2 se fréquenter *vpr* verse.

frère *m* hermano *m*.

friandises *fpl* dulces *mpl*.

fric *m Fam (argent)* pasta *f*, guita *f*.

frictionner *vt* friccionar.

frigo *m Fam* nevera *f*.

frileux, -euse *a* friolero, -a.

frire* *vti* **(faire) f.** freír.

frisé, -ée *a (cheveux)* rizado, -a; *(personne)* de pelo rizado.

friser 1 *vt (cheveux)* rizar.

2 *vi (personne)* tener el pelo rizado; **ses cheveux frisent** se le riza el pelo; **se faire f.** rizarse.

frisson *m* escalofrío *m*.

frissonner *vi (de froid)* tiritar; *(de peur)* temblar **(de** de).

frit, frite *(pp de frire) a* frito, -a.

frites *fpl* patatas *fpl* fritas, *Amér* papas *fpl* fritas

friteuse *f* freidora *f*.

froid, froide 1 *a* frío, -a.

2 *m* frío *m*; **avoir/prendre f.** tener/coger frío; **il fait f.** hace frío.

froisser 1 *vt (tissu)* arrugar; *(personne)* ofender.

2 se froisser *vpr (tissu)* arrugarse; *(personne)* ofenderse **(de** por).

frôler *vt (toucher)* rozar.

fromage *m* queso *m*; **f. blanc** requesón *m*.

fromagerie *f (magasin)* quesería *f*.

froncer *vt* **f. les sourcils** fruncir el ceño.

front *m* frente *f*; *(de bataille)* frente *m*.

frontière *f* frontera *f*; **ville f.** ciudad fronteriza.

frotter *vti* frotar.

frousse *f Fam* miedo *m*; **avoir la f.** estar cagadito de miedo.

fruit *m (produit)* fruto *m*; *(à consom-* *mer)* fruta *f*; **fruits de mer** marisco *m*.

fruitier *a* **arbre f.** árbol frutal.

fuel *m (aceite m)* combustible *m*.

fugitif, -ive *mf* fugitivo, -a.

fugue *f* fuga *f*; **faire une f.** fugarse.

fuir* *vi* huir; *(gaz, robinet)* salirse.

fuite *f* huída *f* **(de** de); *(de gaz etc.)* escape *m*, pérdida *f*; **en f.** en fuga; **prendre la f.** darse a la fuga.

fumé, -ée *a* ahumado, -a.

fumée *f* humo *m*; *(vapeur)* vapor *m*.

fumer 1 *vi* fumar; *(liquide brûlant)* hechar humo.

2 *vt (jambon etc.)* ahumar; *(tabac)* fumar.

fumeur, -euse *mf* fumador, -ora; **compartiment fumeurs** compartimento para fumadores.

fumier *m* estiércol *m*.

funérailles *fpl* funeral *m*.

fur et à mesure (au) *adv* poco a poco; **au f. et à m. que** a medida que.

fureur *f* furor *m*; **faire f.** *(mode etc.)* provocar furor.

furie *f* furia *f*; **entrer en f.** enfurecerse.

furieux, -euse *a* furioso, -a **(contre** con).

furoncle *m* forúnculo *m*.

fuseau, -x *m (pantalon)* pantalón *m* o pantalones *mpl* de esquí; **f. horaire** huso *m* horario.

fusée *f* cohete *m*.

fusible *m* fusible *m*.

fusil *m* fusil *m*; *(de chasse)* escopeta *f* (de caza); **coup de f.** disparo.

fusillade *f (tirs)* tiroteo *m*.

fusiller *vt (exécuter)* fusilar; **f. qn du regard** fulminar a alguien con la mirada.

fût *m (tonneau)* barril *m*.

futé, -ée *a* ladino, -a.

futur, -ure *a & m* futuro, -a *a & m*.

F

gâcher *vt* estropear; *(argent, sa vie etc.)* malgastar.

gâchette *f* gatillo *m*.

gâchis *m (gaspillage)* desperdicio *m*.

gadget *m* artilugio *m*.

gag *m* gag *m*.

gage *m (garantie)* prenda *f*; **mettre en g.** empeñar.

gagnant, -ante *a & mf* ganador, -ora.

gagner 1 *vt* ganar; *(atteindre)* alcanzar; **g. sa vie** ganarse la vida. **2** *vi* ganar.

gai, -e *a* alegre.

gaiement *adv* alegremente.

gaieté *f* alegría *f*.

gain *m* **un g. de temps** un ahorro de tiempo; **gains** *(au jeu)* ganancia *f*.

gaine *f (sous-vêtement)* faja *f*; *(étui)* funda *f*.

gala *m* gala *f*.

galant, -ante *a* galante.

galerie *f* galería *f*; *(porte-bagages)* baca *f*; **g. marchande** centro *m* comercial.

galet *m* guijarro *m*.

galette *f* torta *f*.

gallois, -oise 1 *a* galés, -esa. **2** *m (langue)* galés *m*. **3** *mf* **Gallois, -oise** galés, -esa.

galon *m* galón *m*.

galop *m* galope *m*; **aller au g.** ir al galope.

galoper *vi* galopar.

gambader *vi* brincar.

gamelle *f (Fam, de chien)* escudilla *f*; *(d'ouvrier)* fiambrera *f*.

gamin, -ine 1 *a* infantil. **2** *mf (enfant)* chiquillo, -a.

gamme *f (de notes)* escala *f*; *(série)* gama *f*.

gangster *m* gángster *m*.

gant *m* guante *m*; **g. de toilette** manopla *f*; **boîte à gants** guantera *f*; **ça te va comme un g.** te queda como anillo al dedo.

garage *m* garaje *m*; *(de mécanique)* taller *m*.

garagiste *mf* mecánico *mf*.

garantie *f* garantía *f*; **garantie(s)** *(d'assurance)* cobertura *f*.

garantir *vt* garantizar; **g. à qn que** garantizar a alguien que.

garçon *m* niño *m*; *(jeune homme)* joven *m*; **g. (de café)** camarero *m*; **vieux g.** solterón *m*.

garde 1 *m* guarda *mf*; **g. du corps** guardaespaldas *m inv*. **2** *f* guardia *f*; *(d'enfants) (après divorce)* custodia *f* (**de** de); **avoir la g. de** estar a cargo de; **prendre g.** tener cuidado (**à qch** con algo); **mettre qn en g.** poner en guardia a alguien (**contre** contra); **mise en g.** puesta *f* en guardia; **de g.** de guardia; **monter la g.** montar guardia; **être sur ses gardes** estar en guardia; **chien de g.** perro *m* guardián.

garde-chasse *m (pl gardes-chasses)* guardabosque *mf*.

garder 1 *vt* guardar; *(ne pas jeter)* conservar; *(enfant, malade)* cuidar; **garde ton pull** no te quites el jersey; **g. la chambre** quedarse en cama.

2 se garder *vpr (aliment)* conservarse; **se g. de faire qch** evitar hacer algo.

garderie *f* guardería *f*.

gardien, -ienne *mf (d'immeuble etc.)* portero, -a; *(de prison)* carcelero, -a; *(de zoo, parc)* guarda *mf*; *(de musée)* celador, -ora; **g. de but** portero *m*.

gare *f* estación *f*; **g. routière** estación de autobuses.

garer 1 *vt* aparcar; *(au garage)* meter en el garaje.

2 se garer *vpr* aparcar.

garnement *m* pillo *m*, granujilla *m*.

garnir *vt (orner)* adornar (**de** con); *(équiper)* equipar (**de** con); *(plat)* guarnecer.

garniture *f (de légumes)* guarnición *f*.

gars *m* tío *m*, chico *m*.

gas-oil *m* gasóleo *m*.

gaspillage *m* despilfarro *m*.

gaspiller *vt* despilfarrar.

gâté, -ée *a (fruit, dent etc.)* picado, -a; *(enfant)* mimado, -a.

gâteau, -x *m* pastel *m*; **g. sec** galleta *f*.

gâter 1 *vt* estropear; *(enfant)* mimar.

2 se gâter *vpr (aliment)* estropearse; *(dent)* picarse; *(temps, situation)* empeorar.

gauche 1 *a* izquierdo, -a; *(maladroit)* torpe.

2 *f (côté)* izquierda *f*; **à g.** *(tourner)* a la izquierda; *(marcher etc.)* por la izquierda; **de g.** *(fenêtre etc.)* de la izquierda; **à g. de** a la izquierda de.

gaucher, -ère *a & mf* zurdo, -a.

gaufre *f* gofre *m* (dulce).

gaufrette *f* barquillo *m*.

Gaulois *m* galo *m*.

gaver (se) *vpr* atiborrarse (**de** de).

gaz *m inv* gas *m*; **réchaud à g.** hornillo de gas.

gaze *f* gasa *f*.

gazeux, -euse *a* gaseoso, -a.

gazinière *f* cocina *f* de gas.

gazole *m* gasóleo *m*.

gazon *m* césped *m*.

géant, -ante *a & mf* gigante.

gel *m* helada *f*; *(pour cheveux etc.)* gel *m*.

gelé, -ée *a* helado, -a.

gelée *f* helada *f*; *(de fruits)* jalea *f*.

geler *vti* helar; **il gèle** estamos/están/etc. a bajo cero.

gémir *vi* gemir.

gémissement *m* gemido *m*.

gênant, -ante *a* molesto, -a.

gencive *f* encía *f*.

gendarme *m* policía *m*.

gendarmerie *f (local)* cuartel *m* de policía; *(police)* policía *m*.

gendre *m* yerno *m*.

gêne *f (trouble physique)* molestia *f*; *(embarras)* apuro *m*.

gêné, -ée *a (physiquement)* molesto, -a; *(embarrassé)* apurado, -a.

gêner *vt* molestar; *(embarrasser)* incomodar; *(circulation)* entorpecer; **g. qn** *(par sa présence)* estorbar a alguien; **ça me gêne d'avoir à t'en parler** me molesta tener que decírtelo.

général, -e, -aux 1 *a* general; **en g.** en general.

2 *m (officier)* general *m*.

généralement *adv* generalmente.

génération *f* generación *f*.

généreusement *adv* generosamente.

généreux, -euse *a* generoso, -a.

générosité *f* generosidad *f*.

génial, -e, -aux *a* genial; **c'est g.** ¡es estupendo!

génie *m* genio *m*.

genou, -x m rodilla f; **à genoux** de rodillas; **sur ses genoux** sobre las rodillas.

genre m género m.

gens mpl gente f; **jeunes g.** jóvenes mpl.

gentil, -ille a amable, simpático, -a; **g. avec qn** agradable con alguien; **sois g.** (sage) sé bueno.

gentillesse f amabilidad f, simpatía f; **avoir la g. de faire qch** tener la amabilidad de hacer algo.

gentiment adv amablemente; (sagement) tranquilamente.

géographie f geografía f.

géographique a geográfico, -a.

géomètre m agrimensor, -ora mf.

géométrie f geometría f.

géométrique a geométrico, -a.

gerbe f (de blé) gavilla f; (de fleurs) ramo m.

gercer 1 vt agrietar. **2** vi, **se gercer** vpr agrietarse.

gerçure f grieta f; **avoir des gerçures aux lèvres** tener los labios agrietados.

germe m (microbe) gérmen m; (de plante) brote m.

germer vi germinar.

geste m gesto m; **ne pas faire le moindre g. pour aider qn** no hacer lo más mínimo por ayudar a alguien.

gesticuler vi gesticular.

gibier m (animaux) caza f.

giboulée f chaparrón m.

gicler vi (liquide) salpicar.

gifle f bofetada f.

gifler vt g. qn abofetear a alguien.

gigantesque a gigantesco, -a.

gigot m g. **d'agneau** pierna f de cordero.

gigoter vi patalear.

gilet m cárdigan m; (de costume) chaleco m; **g. de sauvetage** chaleco salvavidas.

girafe f jirafa f.

giratoire a sens g. sentido m giratorio.

girouette f veleta f.

gitan, -ane a & mf gitano, -a.

givre m escarcha f.

givré, -ée a escarchado, -a.

glace f (eau gelée) hielo m; (crème glacée) helado m; (vitre) cristal m; (miroir) espejo m.

glacé, -ée a helado, -a.

glacer vt helar; (gâteau) glasear.

glacial, -e, -aux a glacial.

glacier m (champ de glace) glaciar m; (vendeur) heladero m.

glacière f (pour pique-nique) nevera f.

glaçon m cubito m de hielo.

gland m bellota f.

glande f glándula f.

glissant, -ante a resbaladizo, -a.

glissement m g. **de terrain** corrimiento m de tierra.

glisser 1 vi (involontairement) resbalar; (volontairement) (sur la glace etc.) deslizarse; (coulisser) (tiroir etc.) deslizar; **ça glisse** resbala. **2** vt deslizar. **3 se glisser** vpr deslizarse.

glissière f fermeture f à g. cierre m de corredera.

globe m globo m.

gloire f gloria f.

glorieux, -euse a glorioso, -a.

gloussement m cloqueo m.

glousser vi cloquear.

glouton, -onne a & mf glotón, -ona.

gluant, -ante a pegajoso, -a.

goal m portero m.

gobelet m cubilete m.

golf m golf m; (terrain) pista f de golf.

golfe m golfo m.

golfeur, -euse mf golfista mf.

gomme f (à effacer) goma f.

gommer vt (effacer) borrar.

gond *m* gozne *m*; *Fig* **sortir de ses gonds** salirse de sus casillas.

gonflable *a* hinchable, inflable.

gonflé, -ée *a* inflado, -a; *(yeux)* hinchado; *Fam* **il est g.!** ¡es un fresco!

gonfler 1 *vt* inflar.
    2 *vi*, **se gonfler** *vpr* hincharse.

gorge *f* garganta *f*.

gorgée *f* trago *m*; **petite g.** sorbo *m*.

gorille *m* gorila *m*.

gosier *m* garganta *f*.

gosse *mf Fam (enfant)* chaval, -ala.

goudron *m* alquitrán *m*.

goudronner *vt* alquitranar.

goulot *m (de bouteille)* cuello *m*; **boire au g.** beber a morro.

gourde *f* cantimplora *f*.

gourdin *m* porra *f*.

gourmand, -ande *a & mf* goloso, -a; **il est très g. de pâtisseries** le encanta comer pasteles.

gourmandise *f* gula *f*.

gourmet *m* sibarita *m*.

gourmette *f* pulsera *f* (de cadenita).

gousse *f* **g. d'ail** diente *m* de ajo.

goût *m* sabor *m*; *(sens)* gusto *m*; **de bon g.** de buen gusto; **ça a un g. de vanille** sabe a vainilla.

goûter 1 *vt* probar; **g. à qch** probar algo.
    2 *vi* merendar.
    3 *m* merienda *f*.

goutte *f* gota *f*.

gouttelette *f* gotita *f*.

goutter *vi* gotear (**de** de).

gouttière *f (d'un toit)* canalón *m*.

gouvernail *m* timón *m*.

gouvernement *m* gobierno *m*.

gouverner *vti* gobernar.

grâce 1 *f* gracia *f*; *(faveur)* favor *m*.
    2 *prép* **g. à** gracias a.

gracieux, -euse *a (élégant)* gracioso, -a.

grade *m* grado *m*; **monter en g.**

ascender de grado.

gradin *m* grada *f*.

graffiti *m* pintada *f*.

grain *m (de café)* grano *m*; *(de poussière)* mota *f*; **g. de beauté** lunar *m*.

graine *f* semilla *f*.

graisse *f* grasa *f*.

graisser *vt* engrasar.

graisseux, -euse *a (vêtement etc.)* grasiento, -a.

grammaire *f* gramática *f*; *(livre)* libro *m* de gramática.

gramme *m* gramo *m*.

grand, grande 1 *a* grande (gran *devant un nom au singulier*); *(en hauteur)* alto, -a; *(chaleur)* intenso, -a; *(découverte etc.)* importante; **g. frère/***etc.* (*plus âgé*) hermano/*etc.* mayor; **il est g. temps** ya es hora (**que** de que).
    2 *adv* **g. ouvert** abierto de par en par.

grand-chose *pron* **pas g.-chose** poca cosa.

grandeur *f (importance)* grandeza *f*; *(dimension)* tamaño *m*; **g. nature** tamaño natural.

grandir *vi* crecer.

grand-mère *f (pl* **grands-mères**) abuela *f*.

grand-père *m (pl* **grands-pères**) abuelo *m*.

grand-route *f* carretera *f* principal.

grands-parents *mpl* abuelos *mpl*.

grange *f* granero *m*.

graphique *m ou f* gráfico *m*.

grappe *f* racimo *m*; **g. de raisin** racimo de uvas.

gras, grasse 1 *a* graso, -a; *(graisseux)* grasiento, -a; **matières grasses** grasa.
    2 *m (de viande)* grasa *f*.

gratin *(plat)* *m* plato *m* gratinado; *Fig* **le g.** la flor y nata.

gratitude f gratitud f.

gratte-ciel m inv rascacielos m inv.

gratter 1 vt raspar; (avec les ongles) rascar; **ça me gratte** rasca.
2 **se gratter** vpr rascarse.

gratuit, -uite a gratuito, -a.

gratuitement adv gratis.

gravats mpl escombros mpl.

grave a grave, serio; (son) grave; **accent g.** acento grave.

gravement adv gravemente.

graver vt grabar.

graveur m grabador, -ora.

gravier m grava f.

gravillons mpl gravilla f.

gravir vt subir.

gravité f gravedad f.

gravure f (image) grabado m.

gré m de bon g. de buena gana; **agir contre son g.** hacer algo contra su voluntad.

grec, grecque 1 a griego, -a.
2 m (langue) griego m.
3 **Grec, Grecque** mf griego, -a.

greffe f (de peau, d'arbre) injerto m; (d'organe) transplante m.

greffer vt (peau, arbre) injertar; (organe) transplantar.

grêle f granizo m.

grêler vi granizar.

grêlon m granizo m.

grelot m cascabel m.

grelotter vi tiritar (**de** de).

grenade f granada f.

grenadine f granadina f.

grenier m (de maison) desván m; (de ferme) granero m.

grenouille f rana f.

grève f huelga f; **g. de la faim** huelga de hambre; **se mettre en g.** ponerse en huelga.

gréviste mf huelguista mf.

gribouiller vti garabatear.

gribouillis m garabato m.

grièvement adv **g. blessé** gravemente herido.

griffe f (ongle) garra f; (de couturier) marca f.

griffer vt arañar.

griffonner vti garabatear.

grignoter 1 vt mordisquear.
2 vi picar.

gril m parilla f.

grillade f (viande) carne f a la parilla.

grillage m alambrada f, rejas fpl.

grille f (clôture) verja f.

grille-pain m inv tostadora f.

griller 1 vt (viande) asar; (pain) tostar. **g. un feu rouge** saltarse un semáforo.
2 vi (ampoule) fundirse.

grillon m (insecte) grillo m.

grimace f mueca; **faire des grimaces/la g.** hacer muecas/una mueca.

grimacer vi hacer muecas; **g. de douleur** hacer gestos de dolor.

grimpant, -ante a trepador, -ora.

grimper 1 vi subir (**à qch** a algo).
2 vt (escalier) subirse; (montagne etc.) escalar.

grincement m chirrido m.

grincer vi chirriar; **g. des dents** crujir los dientes.

grincheux, -euse a gruñón, -ona.

grippe f gripe f.

grippé, -ée a **être g.** tener gripe.

gris, grise a & m gris a & m.

grisâtre a grisáceo, -a.

grognement m gruñido m.

grogner vi gruñir.

grognon, -onne a gruñón, -ona.

grondement m (d'un animal) gruñido m; (du tonnerre etc.) estruendo m.

gronder 1 vi (animal) gruñir; (tonnerre etc.) retumbar.
2 vt reñir.

groom m botones m inv.

gros, grosse 1 *a* grueso, -a; *(en taille)* grande (gran *devant un nom au singulier); (gras)* gordo, -a; *(effort)* grande; *(progrès, somme)* importante; *(averse, rhume)* fuerte; **g. mot** palabrota.
   2 *adv (écrire)* con letra grande; **en g.** en líneas generales; *(vendre)* al por mayor.

groseille *f* grosella *f.*

grossesse *f* embarazo *m.*

grosseur *f* tamaño *m; (tumeur)* bulto *m.*

grossier, -ière *a (personne)* grosero, -a, mal educado -a; *(mot etc.)* grosero, -a.

grossièrement *adv* groseramente.

grossièreté *f* grosería *f.*

grossir *vi* engordar; **g. de dix kilos** engordar diez kilos.

grotte *f* cueva *f*, gruta *f.*

grouiller *vi* hormiguear **(de** de).

groupe *m* grupo *m.*

grouper 1 *vt* agrupar.
   2 se grouper *vpr* agruparse.

grue *f* grúa *f; (oiseau)* grulla *f.*

grumeau, -x *m* grumo *m.*

gruyère *m* queso *m* de Gruyère.

guenilles *fpl* harapos *mpl.*

guêpe *f* avispa *f.*

guère *adv* **(ne ...) g.** apenas; **il ne sort g.** apenas sale, sale muy poco.

guéri, -ie *a* curado, -a.

guérir 1 *vt* curar **(de** de).

   2 *vi* curarse **(de** de).

guérison *f* curación *f.*

guerre *f* guerra *f;* **en g.** en guerra **(avec** con).

guerrier, -ière *a & mf* guerrero, -a.

guet *m* **faire le g.** estar al acecho.

guetter *vt* acechar.

gueule *f (d'animal, Fam de personne)* morro *m; Vulg* **ta g.!** ¡cierra el pico!

gueuler *vi* chillar.

guichet *m (de banque, poste)* ventanilla *f; (de cinéma, gare)* taquilla *f.*

guichetier, -ière *mf (de banque etc.)* empleado, -a de banca; *(à la gare, au cinéma)* taquillero, -a.

guide *m (personne)* guía *mf; (livre)* guía *f.*

guider 1 *vt* guiar.
   2 se guider *vpr* guiarse; **se g. sur un manuel**/*etc.* guiarse por un manual/*etc.*

guidon *m* manillar *m.*

guignol *m* guiñol *m.*

guillemets *mpl* comillas *fpl;* **entre g.** entre comillas.

guirlande *f* guirnalda *f.*

guitare *f* guitarra *f.*

guitariste *mf* guitarrista *mf.*

gymnase *m* gimnasio *m.*

gymnastique *f* gimnasia *f; (à l'école)* educación *f* física.

gynécologue *mf* ginecólogo, -a.

G

habile *a* hábil (**à qch** en o para algo; **à faire** haciendo).

habileté *f* habilidad *f*.

habillé, -ée *a* vestido, -a (**de** de; **en** de, como).

habiller 1 *vt* vestir (**de** de).
   2 s'habiller *vpr* vestirse.

habitable *a (maison)* habitable.

habitant, -ante *mf* habitante *mf*.

habitation *f* vivienda *f*; **h. à loyer modéré** vivienda de protección oficial.

habité, -ée *a* habitado, -a.

habiter 1 *vi* vivir (**à, en, dans** en).
   2 *vt (maison etc.)* vivir en.

habits *mpl (vêtements)* ropa *f*.

habitude *f* costumbre *f*; **avoir l'h. des voyages** *ou* **de voyager en avion** estar acostumbrado a viajar en avión; **j'ai l'h. de boire du café le matin** suelo tomar café por la mañana; **d'h.** normalmente; **comme d'h.** como de costumbre; **c'est une h. chez elle** es típico de ella.

habituel, -elle *a* habitual.

habituellement *adv* habitualmente.

habituer 1 *vt* **h. qn à** acostumbrar a alguien a.
   2 s'habituer *vpr* acostumbrarse (**à** a).

hache *f* hacha *f*.

hacher *vt* picar.

hachis *m* picadillo *m*; *(de viande)* carne *f* picada.

haie *f (clôture)* seto *m*; **course de haies** *(coureurs)* carrera de obstáculos.

haine *f* odio *m*.

haïr* *vt* odiar.

haleine *f* aliento *m*; **hors d'h.** sin aliento.

haleter *vi* jadear.

hall *m (de gare)* estación *f*; *(de maison)* recibidor *m*; *(d'hôtel)* vestíbulo *m*.

halte 1 *f (arrêt)* parada *f*.
   2 *int* ¡alto! ¡deténgase!

haltères *mpl* pesas *fpl*.

hamac *m* hamaca *f*.

hameçon *m* anzuelo *m*.

hamster *m* hámster *m*.

hanche *f* cadera *f*.

handicapé, -ée *a & mf* minusválido, -a.

hangar *m* cobertizo *m*; *(pour avions)* hangar *m*.

hanté, -ée *a* encantado, -a.

harassé, -ée *a (fatigué)* exhausto, -a.

hardi, -ie *a* atrevido, -a.

hareng *m* arenque *m*.

hargneux, -euse *a* malhumorado, -a.

haricot *m (blanc)* haba *f*; *(vert)* judía *f* verde; **haricots rouges** judías pintas.

harmonica *m* armónica *f*.

harmonie *f* armonía *f*.

harmonieux, -euse *a* armonioso, -osa.

harnais *m* arreos *mpl*; *(d'alpiniste)* arnés *m*.

harpe *f* arpa *f*.

hasard *m* suerte *f*; **un h.** una coincidencia; **par h.** por casualidad; **au h.** al azar; **à tout h.** por si acaso.

hasardeux, -euse *a* arriesgado, -a.

hâte *f* prisa *f*; **à la h.** con prisa, deprisa; **avoir h. de faire** tener prisa en o por hacer.

hâter (se) *vpr* darse prisa (**de faire** en hacer).

hausse *f* subida *f* (**de** de); **en h.** en alza.

hausser *vt* **h. les épaules** alzar los hombros; **h. le ton** subir el tono.

haut, haute 1 *a* alto, -a; **à haute voix** en voz alta; **h. de 5 mètres** de 5 metros de altura.

    2 *adv (voler, parler etc.)* alto; **tout h.** *(lire etc.)* en voz alta; **h. placé** *(personne)* en un puesto de responsabilidad.

    3 *m (de placard etc.)* parte *f* de arriba; *(de colline)* alto *m*; **en h. de** en lo alto de; **en h.** *(loger, mettre)* arriba; *(regarder)* hacia arriba; **avoir 5 mètres de h.** medir 5 metros de altura.

hauteur *f* altura *f*.

haut-parleur *m* altavoz *m*.

hayon *m (porte)* puerta *f* de atrás.

hé! *int (appel)* ¡eh!

hebdomadaire 1 *a* semanal.

    2 *m* semanario *m*.

héberger *vt* hospedar.

hectare *m* hectárea *f*.

hein! *int Fam* ¡eh!

hélas! *int* ¡vaya!

hélice *f* hélice *f*.

hélicoptère *m* helicóptero *m*.

hémorragie *f* hemorragia *f*; **h. cérébrale** hemorragia cerebral.

hennir *vi* relinchar.

hépatite *f* hepatitis *f inv*.

herbe *f* hierba *f*; **mauvaise h.** mala hierba; **fines herbes** finas hierbas; *Fig* **en h**. en cierne.

hérisser (se) *vpr (poils)* erizarse.

hérisson *m* erizo *m*.

héritage *m (biens)* herencia *f*.

hériter *vti* heredar (**qch de qn** algo de alguien); **h. de qch** heredar algo.

héritier, -ière *mf* heredero, -a.

hermétique *a* hermético, -a.

héroïne *f* heroína *f*.

héroïque *a* heróico, -a.

héros *m* héroe *m*.

hésitant, -ante *a* indeciso, -a; *(pas, voix)* tembloroso, -a.

hésitation *f* indecisión.

hésiter *vi* vacilar (**sur** sobre; **à faire** en hacer).

hêtre *m* haya *f*.

heu! *int* ¡ejem!

heure *f* hora *f*; **quelle h. est-il?** ¿qué hora es?; **il est six heures** son las seis; **six heures moins cinq** seis menos cinco; **six heures cinq** seis y cinco; **à l'h.** *(arriver)* a la hora; **dix kilomètres à l'h.** diez kilómetros por hora; **de bonne h.** temprano; **tout à l'h.** *(futur)* pronto; *(passé)* hace poco; **heures supplémentaires** horas extra; **l'h. de pointe** *(circulation etc.)* la hora punta.

heureusement *adv (par chance)* afortunadamente (**pour** para).

heureux, -euse 1 *a* feliz, contento, -a; *(chanceux)* afortunado, -a; **h. de qch/de voir qn** contento por algo/de ver a alguien; **encore h.!** ¡menos mal!.

    2 *adv (vivre etc.)* felizmente.

heurter 1 *vt* chocar.

    2 se heurter *vpr* **se h. à** chocar con *ou* contra.

hibou, -x *m* búho *m*.

hier *adv & m* ayer *adv & m*; **h. soir** ayer (por la) tarde.

H

hi-fi 1 *a inv* de alta fidelidad.
   2 *f inv Fam* equipo *m* de alta fidelidad.

hippopotame *m* hipopótamo *m*.

hirondelle *f* golondrina *f*.

histoire *f* historia *f*; *(récit, mensonge)* relato *m*; **des histoires** *(ennuis)* líos *mpl*, problemas *mpl*; **sans histoires** *(voyage etc.)* sin incidentes; **h. drôle** chiste *m*.

historique *a* histórico, -a.

hiver *m* invierno *m*.

HLM *m ou f abrév de* **habitation à loyer modéré** vivienda *f* de protección oficial.

hocher *vt* **h. la tête** mover la cabeza.

hochet *m (jouet)* sonajero *m*.

hockey *m* hockey *m*; **h. sur glace** hockey sobre hielo.

hold-up *m inv (attaque)* atraco *m*.

hollandais, -aise 1 *a* holandés, -esa.
   2 *m (langue)* holandés *m*.
   3 *mf* **Hollandais, -aise** holandés, -esa.

homard *m* bogavante *m*.

homme *m* hombre *m*; **l'h.** *(espèce)* el hombre; **des vêtements d'h.** ropa de caballero; **h. d'affaires** hombre de negocios.

homosexuel, -elle *a & mf* homosexual.

honnête *a* honrado, -a; *(satisfaisant)* razonable.

honnêtement *adv* honradamente.

honnêteté *f* honradez *f*.

honneur *m* honor *m*; **en l'h. de** en honor a; **faire h. à** *(sa famille etc.)* hacer honor a.

honorable *a* honorable.

honte *f* vergüenza *f*; **j'ai h.** me da vergüenza (**de qch** algo; **de faire** hacer).

honteux, -euse *a* avergonzado, -a; *(scandaleux)* vergonzoso, -a.

hôpital, -aux *m* hospital *m*; **à l'h.** en el hospital.

hoquet *m* **avoir le h.** tener hipo.

horaire *m* horario *m*.

horizon *m* horizonte *m*; **à l'h.** en el horizonte.

horizontal, -e, -aux *a* horizontal.

horloge *f* reloj *m*; **h. parlante** servicio *m* horario telefónico.

horreur *f* horror *m*; **faire h. à** dar asco a; **avoir h. de qch** tener pánico a algo; **j'ai h. d'arriver en retard** me da pánico llegar tarde.

horrible *a* horrible.

horriblement *adv* horriblemente.

horrifiant, -ante *a* horripilante.

horrifié, -ée *a* horrorizado, -a.

hors *prép* **h. de** fuera de; **h. service** estropeado; **h. série** especial; *Fig* fuera de serie; **h. pair** sin igual; **h. de prix** carísimo.

hors-bord *m inv* fuera borda *m inv*.

hors-d'œuvre *m inv (à table)* entremeses *mpl*.

hors-taxe *a inv* libre de impuestos.

hospitaliser *vt* hospitalizar.

hospitalité *f* hospitalidad *f*.

hostile *a* hostil (**à, envers** frente a).

hostilité *f* hostilidad *f* (**envers** a, hacia).

hôte 1 *m (qui reçoit)* anfitrión *m*.
   2 *mf (invité)* huésped *mf*.

hôtel *m* hotel *m*; **h. de ville** ayuntamiento *m*.

hôtesse *f* anfitriona *f*; **h. d'accueil** recepcionista *f*; **h. (de l'air)** azafata *f*.

hotte *f (de cuisine)* extractor *m*; *(panier)* cuévano *m*.

hourra! *int* ¡hurra!

housse *f* funda *f*.

hublot *m* ojo *m*; *(d'avion)* ventanilla *f*.

huile *f* aceite *m*; **h. de tournesol/ d'olive**/*etc.* aceite de girasol/oliva/ *etc.*

huit *a & m inv* ocho *a & m inv*; **h. jours** una semana; **lundi en h.** una semana a partir del lunes que viene.

huitième a & mf octavo, -a.
huître f ostra f.
humain, -aine a humano, -a.
humanité f humanidad f.
humble a humilde.
humblement adv humildemente.
humecter vt humedecer.
humeur f humor m; (caractère) carácter m; **bonne h.** (gaieté) buen humor; **de bonne/mauvaise h.** de buen/mal humor.
humide a húmedo, -a.
humidité f humedad f.
humiliation f humillación f.
humilier vt humillar.
humoristique a humorístico, -a.
humour m humor m; **avoir de l'h.**

tener sentido del humor.
hurlement m grito m; (loup) aullido m.
hurler 1 vi (loup) aullar; (vent) rugir; (personne) chillar.
  2 vt gritar.
hygiène f higiene f.
hygiénique a higiénico, -a; **papier h.** papel higiénico; **serviette h.** compresa f.
hymne m **h. national** himno m nacional.
hypermarché m hipermercado m.
hypocrisie f hipocresía f.
hypocrite a & mf hipócrita.
hypothèse f (supposition) hipótesis f inv.

H

iceberg *m* iceberg *m*.

ici *adv* aquí; **par i.** por aquí; **jusqu'i.** hasta aquí; **d'i. peu** dentro de poco.

idéal, -e, -aux *(ou* **-als)** *a* & *m* ideal *a* & *m*.

idée *f* idea *f*; **changer d'i.** cambiar de idea; **ça ne lui est pas venu à l'i.** no se le ocurrió.

identifier 1 *vt* identificar.
2 s'identifier *vpr* **s'i. à** *ou* **avec** identificarse con.

identique *a* idéntico, -a **(à** a).

identité *f* identidad *f*; **carte d'i.** carnet de identidad.

idiot, -ote 1 *a* idiota.
2 *mf* idiota *mf*; **faire l'i.** hacer el tonto.

idiotie *f* une i. una idiotez.

idole *m* ídolo *m*.

igloo *m* iglú *m*.

ignifugé, -ée *a* ignífugo, -a.

ignorance *f* ignorancia *f*.

ignorant, -ante *a* ignorante.

ignorer *vt* ignorar; **i. qn** ignorar a alguien.

il *pron* (**a**) *(personnel)* él *(généralement omis)*; **il vient** viene.
(**b**) *(impersonnel)* **il pleut** llueve; **il y a** hay; **il y a six ans** hace seis años; **il y a une heure qu'il travaille** hace una hora que trabaja; **qu'est-ce qu'il y a?** ¿qué pasa?; **qu'est-ce qu'il a?** ¿qué le pasa?

île *f* isla *f*.

illégal, -e, -aux *a* ilegal.

illettré, -ée *a* analfabeto, -a.

illisible *a* *(écriture)* ilegible.

illuminer 1 *vt* iluminar.
2 s'illuminer *vpr* iluminarse.

illusion *f* ilusión *f*; **se faire des illusions** hacerse ilusiones.

illustration *f* ilustración *f*.

illustré, -ée 1 *a* ilustrado, -a.
2 *m* tebeo *m*.

illustrer *vt* ilustrar (**de** con).

ils *pron* ellos.

image *f* imagen *f*.

imaginaire *a* imaginario, -a.

imagination *f* imaginación *f*.

imaginer 1 *vt* imaginar (**que** que).
2 s'imaginer *vpr* imaginarse.

imbattable *a* invencible.

imbécile *mf* imbécil *mf*.

imitateur, -trice *mf* *(artiste)* imitador, -ora.

imitation *f* imitación *f*.

imiter *vt* imitar; **i. qn** imitar a alguien.

immangeable *a* incomestible.

immatriculation *f* matriculación *f*.

immédiat, -ate *a* inmediato, -a.

immédiatement *adv* inmediatamente.

immense *a* inmenso, -a.

immeuble *m* inmueble *m*; *(d'habitation)* bloque *m*; *(de bureaux)* bloque de oficinas.

immigration *f* inmigración *f*.

immigré, -ée *a* & *mf* inmigrante.

immiscer (s') *vpr* inmiscuirse.

immobile *a* inmóvil.

immobilier 1 *m* inmobiliario *m*.
  2 *a (biens)* inmueble; *(agence)* inmobiliario, -a.

immobiliser 1 *vt* inmovilizar.
  2 s'immobiliser *vpr* inmovilizarse.

immortel, -elle *a* inmortal.

impair, -e *a (nombre)* impar.

impardonnable *a* imperdonable.

imparfait *m Grammaire* imperfecto *m*.

impartial, -e, -aux *a* imparcial.

impasse *f (cul-de-sac)* callejón *m* sin salida; *Fig* estancamiento *m*.

impatience *f* impaciencia *f*.

impatient, -ente *a* impaciente (**de faire** por hacer).

impatienter (s') *vpr* impacientarse.

impeccable *a (propre)* impecable.

impératif, -ive *a & m Grammaire* imperativo, -a *a & m*.

imperméable *a & m* impermeable *a & m*.

impitoyable *a* despiadado, -a.

impliquer *vt* implicar.

impoli, -ie *a* maleducado, -a.

importance *f* importancia *f*; **ça n'a pas d'i.** no tiene importancia.

important, -ante 1 *a* importante.
  2 *m* **l'i., c'est de** lo importante es.

importation *f* importación *f*; **d'i.** *(article)* de importación.

importer 1 *vi* **peu importe** no *o* poco importa; **n'importe qui** cualquiera; **n'importe quoi** cualquier cosa; **n'importe où** dondequiera; **n'importe quand** cuandoquiera; **n'importe comment** comoquiera; **n'importe lequel** uno cualquiera.
  2 *vt* importar (**de** de).

imposer 1 *vt* imponer (**à** a).
  2 s'imposer *vpr* imponerse.

impossibilité *f* imposibilidad *f*.

impossible *a* imposible (**à faire** de hacer); **il (nous) est i. de le faire** (nos) es imposible hacerlo.

impôt *m* impuesto *m*; **i. sur le revenu** impuesto sobre la renta; **impôts locaux** impuestos municipales; **(service des) impôts** Hacienda *f*.

impression *f* impresión *f*; **faire bonne i.** causar buena impresión.

impressionnant, -ante *a* impresionante.

impressionner *vt (émouvoir)* impresionar *a*.

imprévisible *a* imprevisible.

imprévu, -ue *a* imprevisto, -a.

imprimante *f (d'ordinateur)* impresora *f*.

imprimé *m* impreso *m*.

imprimer *vt (livre etc.)* imprimir.

imprimerie *f* imprenta *f*.

improviser *vti* improvisar.

improviste (à l') *adv* de improviso.

imprudence *f* imprudencia *f*; **commettre une i.** cometer una imprudencia.

imprudent, -ente *a* imprudente.

impuissant, -ante *a* impotente.

impulsif, -ive *a* impulsivo, -a.

inabordable *a (prix)* desorbitado.

inacceptable *a* inaceptable.

inachevé, -ée *a* inacabado, -a.

inadmissible *a* inadmisible.

inanimé, -ée *a (mort)* inanimado, -a; *(évanoui)* inconsciente.

inaperçu, -ue *a* **passer i.** pasar desapercibido.

inattendu, -ue *a* inesperado, -a.

inattention *f* distracción *f*; **par i.** por descuido.

inauguration *f* inauguración *f*.

inaugurer *vt* inaugurar.

incapable *a* **i. de faire** incapaz de hacer.

incassable *a* irrompible.

incendie *m* incendio *m*.

incendier *vt* incendiar.

incertain, -aine a incierto, -a; *(temps)* inestable.

incertitude f incertidumbre f.

incessant, -ante a incesante.

inchangé, -ée a sin cambios; **son état est i.** *(d'un malade)* está estable.

incident m incidente m.

incisive f incisivo m.

incliner 1 vt *(pencher)* inclinar.
  2 s'incliner vpr *(se courber)* inclinarse.

inclus, -use a incluído; **jusqu'à lundi i.** hasta el lunes inclusive.

incolore a incoloro, -a.

incommoder vt incomodar.

incompatible a incompatible.

incompétent, -ente a incompetente.

incomplet, -ète a incompleto, -a.

incompréhensible a incomprensible.

inconnu, -ue a & mf desconocido, -a **(à** para).

inconscient, -ente a inconsciente **(de** de).

inconsolable a inconsolable.

incontestable a innegable.

inconvénient m inconveniente m.

incorrect, -e a incorrecto, -a.

incroyable a increíble.

inculpé, -ée mf inculpado, -a.

inculper vt inculpar **(de** de).

incurable a incurable.

indécis, -ise a *(hésitant)* indeciso, -a.

indéfini, -ie a indefinido, -a.

indéfiniment adv indefinidamente.

indemne a indemne; **s'en sortir i.** salir indemne.

indemnité f indemnización f; *(allocation)* subsidio m; **i. parlementaire** salario m de los parlamentarios; **i. de licenciement** indemnización por despido.

indépendance f independencia f.

indépendant, -ante a independiente **(de** de).

indescriptible a indescriptible.

index m índice m.

indicatif m *(à la radio)* sintonía f; *(téléphonique)* prefijo m; *Grammaire* indicativo m.

indication f indicación f; *(pour arriver quelque part)* seña f.

indice m *(dans une enquête)* pista f; *(rapport, d'écoute)* índice m.

indien, -ienne 1 a indio, -a; .
  2 mf **Indien, -ienne** indio, -a.

indifférence f indiferencia f **(à** a).

indifférent, -ente a indiferente **(à** a).

indigestion f indigestión f.

indignation f indignación f.

indigner (s') vpr indignarse **(de** por).

indiquer vt *(montrer)* indicar; *(dire)* informar; **i. du doigt** señalar.

indirect, -e a indirecto, -a.

indirectement adv indirectamente.

indiscipliné, -ée a indisciplinado, -a.

indiscret, -ète a indiscreto, -a.

indiscrétion f indiscreción f.

indispensable a indispensable.

indistinct, -incte a indistinto, -a.

individu m individuo m.

individuel, -elle a individual.

indolore a indoloro, -a.

indulgent, -ente a indulgente **(envers** hacia, con).

industrialisé, -ée a industrializado, -a.

industrie f industria f; **i. lourde/légère** industria pesada/ligera; **i. automobile/pharmaceutique/** etc. industria automobilística/farmacéutica/etc.

industriel, -elle a industrial.

inefficace a *(mesure etc.)* ineficaz; *(personne)* ineficiente.

inépuisable a inagotable.

inestimable a inestimable.

inévitable a inevitable.

inexact, -e a inexacto, -a.

inexcusable a inexcusable.

inexplicable a inexplicable.

inexpliqué, -ée a inexplicado, -a.

infaillible a infalible.

infarctus m infarto m.

infatigable a incansable.

infect, -e a *(odeur)* pestilente; *(café etc.)* infecto, -a.

infecter (s') vpr infectarse.

infection f infección f; *(odeur)* pestilencia f.

inférieur, -e a *(qualité etc.)* inferior (**à** a); **l'étage i.** el piso de abajo.

infériorité f inferioridad f.

infernal, -e, -aux a infernal.

infesté, -ée a **i. de requins/**etc. infestado de tiburones/etc.

infiltrer (s') vpr *(liquide)* filtrarse (**dans** en).

infini, -ie a & m infinito, -a a & m.

infiniment adv *(regretter, remercier)* infinitamente.

infinitif m Grammaire infinitivo m.

infirme a & mf minusválido, -a.

infirmerie f enfermería f.

infirmier, -ière mf enfermero, -a.

inflammable a inflamable.

inflammation f inflamación f.

inflation f inflación f.

inflexible a inflexible.

influence f influencia f.

influencer vt influenciar.

informaticien, -ienne mf informático, -a.

information f información f; *(nouvelle)* noticia f; **les informations** las noticias.

informatique f informática f.

informatisé, -ée a informatizado, -a.

informer 1 vt informar (**de** de; **que** que).

2 s'informer vpr informarse (**de** de, sobre; **si** si).

infraction f infracción f (**à** de).

infrastructure f infraestructura f.

infusion f infusión f.

ingénieur m ingeniero m; **femme i.** ingeniera f.

ingénieux, -euse a ingenioso, -a.

ingrat, -ate a ingrato, -a (**envers** con).

ingratitude f ingratitud f.

ingrédient m ingrediente m.

inhabité, -ée a deshabitado, -a.

inhabituel, -elle a inusual.

inhumain, -aine a inhumano, -a.

inimaginable a inimaginable.

ininflammable a ininflamable.

ininterrompu, -ue a ininterrumpido, -a.

initiale f *(lettre)* inicial f.

initiative f iniciativa f; **sur l'i. de** por iniciativa de.

injecter vt inyectar.

injection f inyección f.

injure f insulto m.

injurier vt insultar.

injuste a injusto, -a.

injustice f injusticia f.

innocence f inocencia f.

innocent, -ente a & mf inocente (**de** de).

innombrable a innumerable.

inoccupé, -ée a desocupado, -a.

inoffensif, -ive a inofensivo, -a.

inondation f inundación f.

inonder vt inundar.

inoubliable a inolvidable.

inox m acero m inoxidable.

inoxydable a **acier i.** acero inoxidable.

inquiet, -iète a inquieto, -a, preocupado, -a (**de** por).

inquiétant, -ante *a* inquietante.

inquiéter 1 *vt* inquietar, preocupar.
   2 s'inquiéter *vpr* preocuparse (**de** de, por).

inquiétude *f* inquietud *f*.

inscription *f* inscripción *f*; **frais d'i.** *(à l'université)* gastos *mpl* de matrícula *f*.

inscrire* 1 *vt* inscribir; **i. qn** inscribir a alguien; *(étudiant)* matricular a alguien.
   2 s'inscrire *vpr* inscribirse; **s'i. à** *(club)* hacerse socio, -a de; *(examen)* inscribirse en.

insecte *m* insecto *m*.

insecticide *m* insecticida *f*.

insensible *a* insensible (**à** a).

inséparable *a* inseparable (**de** de).

insigne *m* insignia *f*.

insignifiant, -ante *a* insignificante.

insistance *f* insistencia *f*.

insister *vi* insistir (**pour faire** en hacer); **i. sur** *(détail etc.)* insistir en.

insolation *f* insolación *f*; **attraper une i.** coger una insolación.

insolence *f* insolencia *f*.

insolent, -ente *a* insolente.

insomnie *f* insomnio *m*.

insonoriser *vt* insonorizar.

insouciant, -ante *a* despreocupado, -a.

inspecter *vt* inspeccionar.

inspecteur, -trice *mf* inspector, -ora.

inspection *f* inspección *f*.

inspiration *f* inspiración *f*.

inspirer *vt* inspirar (**qch à qn** algo a alguien).

instable *a* inestable.

installation *f* instalación *f*.

installer 1 *vt (appareil etc.)* instalar.
   2 s'installer *vpr (s'asseoir, s'établir)* instalarse (**dans** en).

instant *m* instante *m*; **à l'i.** hace un momento; **pour l'i.** por el momento.

instinct *m* instinto *m*.

instinctif, -ive *a* instintivo, -a.

instituteur, -trice *mf* maestro, -a.

institution *f (organisation, structure)* institución *f*.

instructif, -ive *a* instructivo, -a.

instruction *f* instrucción *f*.

instruire* 1 *vt* instruir.
   2 s'instruire *vpr* instruirse.

instrument *m* instrumento *m*; *(outil)* herramienta *f*.

insu *m* **à mon/son/etc. i.** sin saberlo yo/él/etc.

insuffisant, -ante *a* insuficiente.

insulte *f* insulto *m* (**à** a).

insulter *vt* insultar.

insupportable *a* insoportable.

intact, -e *a* intacto, -a.

intégralement *adv* integralmente.

intellectuel, -elle *a* & *mf* intelectual.

intelligemment *adv* inteligentemente.

intelligence *f* inteligencia *f*.

intelligent, -ente *a* inteligente.

intempéries *fpl* **les i.** la intemperie.

intense *a* intenso, -a.

intensifier 1 *vt* intensificar.
   2 s'intensifier *vpr* intensificarse.

intensité *f* intensidad *f*.

intention *f* intención *f*; **avoir l'i. de faire** tener la intención de hacer.

interchangeable *a* intercambiable.

interdiction *f* prohibición *f* (**de** de); **i. de fumer** prohibido fumar.

interdire* *vt* prohibir (**qch à qn** algo a alguien); **i. à qn de faire qch** prohibir a alguien hacer algo.

interdit, -ite *a* prohibido, -a; **stationnement i.** prohibido aparcar.

intéressant, -ante *a* interesante.

intéresser 1 *vt* interesar.
   2 s'intéresser *vpr* interesarse (**à** en).

intérêt *m* interés *m*; **rapporter des intérêts** producir intereses; **tu as i. à faire** te conviene hacer.

intérieur, -e 1 *a* interior.
  2 *m* interior *m* (**de** de); **à l'i.** en el interior.

interlocuteur, -trice *mf* interlocutor, -ora.

intermédiaire 1 *mf* intermediario, -a.
  2 *m* **par l'i. de** por mediación de.

interminable *a* interminable.

international, -e, -aux *a* internacional.

interne *mf (élève)* interno, -a.

interpeller *vt* interpelar.

interphone *m* interfono *m*.

interposer (s') *vpr* **s'i. dans une bagarre** intervenir en una pelea; **s'i. entre deux personnes** interponerse entre dos personas.

interprète *mf* intérprete *mf*.

interpréter *vt* interpretar.

interrogatif, -ive *a & m Grammaire* interrogativo, -a *a & m*.

interrogation *f* interrogación *f*; *(à l'école)* control *m*.

interrogatoire *m* interrogatorio *m*.

interroger *vt* interrogar.

interrompre* *vt* interrumpir.

interrupteur *m (électrique)* interruptor *m*.

interruption *f* interrupción *f*.

intersection *f* intersección *f*.

intervalle *m* intervalo *m*.

intervenir* *vi* intervenir; *(survenir)* acontecer.

intervention *f* intervención *f*; **i. (chirurgicale)** intervención quirúrgica.

interview *f* entrevista *f*.

interviewer *vt* entrevistar.

intestin *m* intestino *m*.

intime *a* íntimo, -a.

intimider *vt* intimidar.

intituler (s') *vpr* titularse.

intolérable *a* intolerable (**que** + *subjonctif* que).

intraduisible *a* sin traducción.

intransitif, -ive *a Grammaire* intransitivo, -a.

intrépide *a* intrépido, -a.

introduction *f* introducción *f*.

introduire* 1 *vt (insérer)* introducir (**dans** en); *(faire entrer)* mostrar la entrada a.
  2 s'introduire *vpr* introducirse (**dans** en).

introuvable *a* ilocalizable; *(rare)* difícil de encontrar.

inusable *a* resistente.

inutile *a* inútil.

inutilement *adv* inútilmente.

inutilisable *a* inutilizable.

invariable *a* invariable.

invasion *f* invasión *f*.

inventer *vt* inventar.

inventeur, -trice *mf* inventor, -ora.

invention *f* invención *f*.

inverse *a* inverso, -a.

inverser *vt (ordre)* invertir.

investir *vti* invertir (**dans** en).

investissement *m* inversión *f*.

invisible *a* invisible.

invitation *f* invitación *f*.

invité, -ée *mf* invitado, -a.

inviter *vt* invitar.

involontaire *a (geste etc.)* involuntario, -a.

ira, irai(t) *voir* **aller**[1].

irlandais, -aise 1 *a* irlandés, -esa.
  2 *m (langue)* irlandés *m*.
  3 *mf* **Irlandais, -aise** irlandés, -esa.

ironie *f* ironía *f*; **par une i. du sort** por ironía del destino.

ironique *a* irónico, -a.

iront *voir* **aller**[1].

irrégulier, -ière *a* irregular.

irremplaçable *a* irremplazable.

I

irréparable *a (véhicule etc.)* irreparable.

irrésistible *a* irresistible.

irriguer *vt* irrigar.

irritable *a* irritable.

irritation *f* irritación *f.*

irriter *vt* irritar.

islamique *a* islámico, -a.

isolant *m (material)* aislante *m.*

isolé, -ée *a* aislado, -a (**de** de).

isoler *vt* aislar (**de** de).

issue *f* salida *f;* **rue sans i.** calle sin salida.

italien, -ienne 1 *a* italiano, -a.
    2 *m (langue)* italiano *m.*
    3 *mf* **Italien, -ienne** italiano, -a.

italique *m* itálica *f;* **en i.** en cursiva.

itinéraire *m* itinerario *m.*

ivoire *m* marfil *m.*

ivre *a* ebrio.

ivresse *f* embriaguez *f.*

ivrogne *mf* borracho, -a.

jadis *adv* antiguamente.

jaillir *vi* brotar.

jalousie *f* celos *mpl*.

jaloux, -ouse *a* celoso, -a (**de** de).

jamais *adv* nunca; **elle ne sort j.** no sale nunca; **j. de la vie!** ¡ni pensarlo!; **si j.** si por casualidad.

jambe *f* pierna *f*.

jambon *m* jamón *m*.

janvier *m* enero *m*.

japonais, -aise 1 *a* japonés, -esa.
  2 *m (langue)* japonés *m*.
  3 *mf* **Japonais, -aise** japonés, -esa.

jardin *m* jardín *m*; **j. public** parque *m*; **j. potager** huerta *f*.

jardinage *m* jardinería *f*.

jardinier, -ière *mf* jardinero, -a.

jardinière *f (caisse à fleurs)* macetero *m*.

jaune 1 *a* amarillo, -a.
  2 *m* amarillo *m*; **j. d'œuf** yema *f* (de huevo).

jaunir 1 *vi* volverse amarillo.
  2 *vt* amarillear; **le soleil a jauni les rideaux** el sol ha descolorido las cortinas.

jaunisse *f* ictericia *f*.

Javel (eau de) *f* lejía *f*.

jazz *m* yaz *m*.

je *pron* (**j'** delante de vocal o h muda) yo.

jean(s) *m(pl)* vaquero(s) *m(pl)*.

jeep® *f* jeep® *m*.

jerrycan *m* bidón *m* (de gasolina).

jet¹ *m (de vapeur, d'eau)* chorro *m*.

jet² *m* avión *m* a reacción.

jetable *a* desechable, de usar y tirar.

jetée *f* espigón *m*.

jeter 1 *vt* tirar (**à** a; **dans** en); **j. un coup d'œil** echar un vistazo.
  2 se jeter *vpr* **se j. sur** tirarse sobre; **le fleuve se jette dans** el río desemboca en.

jeton *m* ficha *f*; *Fam* **faux j.** hipócrita *m*.

jeu, -x *m* juego *m*; *(d'argent)* apuesta *f*; *(de cartes)* baraja *f*; **j. de mots** juego de palabras; **jeux de société** juegos de sociedad; **j. télévisé** concurso *m* de televisión; **par j.** de broma.

jeudi *m* jueves *m*.

jeun (à) *adv* **être à j.** estar en ayunas.

jeune *a & mf* joven.

jeunesse *f* juventud *f*.

jockey *m* yóquei *m*, yoqui *m*.

jogging *m* futing *m*; **faire du j.** hacer futing.

joie *f* alegría *f*.

joindre* 1 *vt* unir; *(envoyer avec)* adjuntar (**à** a); **j. qn** *(au téléphone)* ponerse en contacto con alguien; **je n'ai pas réussi à le j.** no conseguí hablar con él.
  2 se joindre *vpr* **se j. à** *(un groupe etc.)* unirse a.

joker *m* *Cartes* comodín *m*.

joli, -ie *a* bonito, -a; *(personne)* guapo, -a.

jongler *vi* hacer malabarismos (**avec** con).

jongleur, -euse *mf* malabarista *mf*.

jonquille *f* junquillo *m*.

joue *f* mejilla *f*.

jouer 1 *vi* jugar; *(acteur)* actuar; **j. au tennis/aux cartes/**etc. jugar al tenis/a las cartas/etc.; **j. du piano/**etc. tocar el piano/etc..

2 *vt* jugar; *(risquer)* apostar (**sur** a, en); *(film)* poner; *(pièce)* representar.

jouet *m* juguete *m*.

joueur, -euse *mf* jugador, -ora; **bon j.,** buen perdedor.

jour *m* día *m*; *(lumière)* luz *f*; **il fait j.** es de día; **en plein j.** en pleno día; **de nos jours** hoy día, actualmente; **du j. au lendemain** de la noche a la mañana; **le j. de l'An** el Año Nuevo; **j. ouvrable** día laborable.

journal, -aux *m* periódico *m*; *(intime)* diario *m*; **j. (parlé)** noticias *fpl* (radiofónicas); **j. télévisé** telediario *m*.

journalisme *m* periodismo *m*.

journaliste *mf* periodista *mf*.

journée *f* día *m*; **toute la j.** todo el día.

joyeux, -euse *a* alegre; **j. Noël!** ¡Feliz Navidad!; **j. anniversaire!** ¡feliz cumpleaños!

judo *m* yudo *m*.

juge *m* juez, -eza; **j. de paix/d'instruction** juez de paz/de instrucción; **j. de touche** juez de línea.

jugement *m* juicio *m*; *(verdict)* veredicto *m*; **passer en j.** ser juzgado.

juger *vt* *(au tribunal)* juzgar; *(estimer)* considerar (**que** que).

juif, juive 1 *a* judío, -a.

2 *mf* **Juif, Juive** judío, -a.

juillet *m* julio *m*.

juin *m* junio *m*.

jumeau, -elle *a* & *mf* (*pl* **-eaux, -elles**) gemelo, -a; **frère j.** hermano gemelo; **soeur jumelle** hermana gemela; **lits jumeaux** camas gemelas.

jumelles *fpl* *(pour regarder)* gemelos *mpl*.

jument *f* yegua *f*.

jungle *f* jungla *f*.

jupe *f* falda *f*.

jupon *m* faldón *m*; **coureur de jupons** mujeriego *m*.

jurer 1 *vi* jurar; *(dire un gros mot)* maldecir (**contre** a).

2 *vt* *(promettre)* prometer (**que** que; **de faire** hacer).

juridique *a* jurídico.

juriste *mf* jurista *mf*.

juron *m* taco *m*, palabrota *f*.

jury *m* jurado *m*.

jus *m* jugo *m*, zumo *m*; *(de viande)* salsa *f*.

jusque 1 *prép* **jusqu'à** *(espace, temps)* hasta; **jusqu'à dix francs** *(limite)* hasta diez francos; **jusqu'en mai** hasta mayo; **jusqu'où?** ¿hasta dónde?; **jusqu'ici** *(temps)* hasta aquí.

2 *conj* **jusqu'à ce qu'il vienne** hasta que venga.

juste 1 *a* *(loyal)* justo, -a; *(correct)* exacto, -a; **à j. titre** con razón.

2 *adv* *(deviner etc.)* justo; *(chanter)* afinado; *(seulement)* sólo; *(arriver)* por poco; **j. après moi** justo después de mí; **qu'a-t-il dit au j.?** ¿qué es exactamente lo que dijo?; **il vient j. d'arriver** acaba de llegar.

justement *adv* justamente.

justice *f* justicia *f*.

justifier 1 *vt* justificar.

2 **se justifier** *vpr* justificarse.

juteux, -euse *a* jugoso, -a.

kaki *a & m* caqui *a & m*.
kangourou *m* canguro *m*.
karaté *m* kárate *m*.
képi *m* quepis *m*.
kidnapper *vt* secuestrar.
kilo(gramme) *m* kilo(gramo) *m*.
kilométrage *m* kilometraje *m*.
kilomètre *m* kilómetro *m*.

kiosque *m (à journaux)* quiosco *m*.
kit *m* **meuble en k.** mueble desmontable, mueble armable.
klaxon® *m* pita *f*, bocina *f*.
klaxonner *vi* tocar la pita.
k.-o. *a inv* k.o.; *Fam (épuisé)* hecho polvo; **mettre k.-o.** dejar k.o.
kyste *m* quiste *m*.

l', la *voir* le.

là 1 *adv (lieu)* allí; *(temps)* entonces; **je reste là** me quedo allí; **c'est là que** es allí que; **ici et là** aquí y allá; **à cinq mètres de là** a cinco metros de allí; **jusque-là** *(lieu)* hasta allí; *(temps)* hasta entonces.
2 *int* **oh là là!** ¡vaya!, ¡Dios mío!

là-bas *adv* allá.

laboratoire *m* laboratorio *m.*

labourer *vt* labrar.

labyrinthe *m* laberinto *m.*

lac *m* lago *m.*

lacet *m* cordón *m; (de route)* curva *f;* **faire ses lacets** atarse los cordones.

lâche 1 *a (personne)* cobarde; *(nœud)* flojo, -a.
2 *mf* cobarde *mf.*

lâcher 1 *vt* soltar; *(bombe)* dejar caer.
2 *vi (corde)* soltar.

lâcheté *f* cobardía *f.*

là-dedans *adv* ahí dentro.

là-dessous *adv* ahí abajo.

là-dessus *adv* ahí encima.

là-haut *adv* ahí arriba; *(à l'étage)* arriba.

laid, laide *a* feo, -a.

laideur *f* fealdad *f.*

lainage *m* prenda *f* de lana.

laine *f* lana *f;* **en l.** de lana; **l. vierge/de verre** lana vírgen/de vídrio.

laisse *f* correa *f;* **tenir en l.** llevar atado o con correa.

laisser *vt* dejar; **l. qn partir/** *etc.* dejar marchar/ *etc.* a alguien; **l. qch à qn**

dejar algo a alguien; *Fam* **laisse tomber!** ¡olvídalo!

lait *m* leche *f.* **l. UHT/condensé/en poudre** leche UHT/condensada/en polvo.

laitier *a* **produit l.** producto lácteo.

laitue *f* lechuga *f.*

lambeau, -x *m* jirón *m;* **mettre qch en lambeaux** hacer algo trizas.

lame *f (de couteau, à raser etc.)* cuchilla *f; (vague)* ola *f.*

lamentable *a (mauvais)* lamentable.

lampadaire *m* lámpara *f; (de rue)* farol *m,* farola *f.*

lampe *f* lámpara *f; (au néon)* luz *f* de neón; **l. de poche** linterna *f.*

lance *f* lanza *f;* **l. d'incendie** manguera *f* de incendios.

lancement *m* lanzamiento *m.*

lancer 1 *vt* lanzar (**à** a).
2 se lancer *vpr (se précipiter)* lanzarse.

landau *m (pl* **-s)** cochecito *m* (de bebé).

langage *m* lenguaje *m.*

langouste *f* langosta *f.*

langue *f* lengua *f,* idioma *m; (langage)* lenguaje *m;* **l. maternelle** lengua materna; **langues vivantes** lenguas vivas; **être mauvaise l.** tener una lengua viperina.

lanière *f* correa *f.*

lanterne *f* linterna *f;* **lanternes** *(de véhicule)* faros *mpl.*

lapin *m* conejo *m.*

laque *f* laca *f*.

lard *m (fumé)* bacon *m; (gras)* sebo *m*, tocino *m*.

large 1 *a* ancho, -a, amplio, -a; *(vêtement)* ancho, -a; **l. de six mètres** de seis metros de ancho.

2 *m* anchura *f*, amplitud *f*; **avoir six mètres de l.** tener seis metros de anchura; **le l.** *(mer)* el mar abierto; **au l. de Cherbourg** al salir de Cherburgo.

largement *adv (ouvrir)* ampliamente; *(au moins)* fácilmente; **avoir l. le temps** tener tiempo de sobra.

largeur *f* anchura *f; (de route)* ancho *m*.

larme *f* lágrima *f*; **en larmes** en lágrimas; **fondre en larmes** deshacerse en lágrimas.

laser *m* láser *m*; **disque/platine l.** compacto *m*.

lasser 1 *vt* lasser.

2 se lasser *vpr* cansar(se) **(de** de).

latin *m (langue)* latín *m*.

latino-américain, -aine 1 *a* latinoamericano, -a; *(abusivement, en Espagne)* hispanoamericano, -a.

2 *mf* **Latino-Américain, -aine** latinoamericano, -a; *(abusivement, en Espagne)* sudamericano, -a.

lavabo *m* lavabo *m*.

lave-auto *m* tren *m* de lavado (de coches).

laver 1 *vt* lavar.

2 se laver *vpr* lavarse; **se l. les mains** lavarse las manos.

laverie *f (automatique)* lavandería *f*.

lavette *f* paño *m*.

lave-vaisselle *m* lavavajillas *m inv*.

layette *f* canastilla *f*.

le, la *(pl* **les) (le** y **la** *se transforman en* **l'** *delante de vocal o h muda)* **(à + le = au, à + les = aux; de + le = du, de + les = des) 1** *art déf* **(a)** el, la, los, las.

(b) *(généralisation)* **la beauté** la belleza; **la France** Francia; **les hommes** los hombres; **j'aime le café** me gusta el café.

(c) *(possession)* **il ouvrit la bouche** abrió la boca; **avoir les cheveux blonds** tener el pelo rubio.

(d) *(mesure)* **dix francs le kilo** diez francos el kilo.

(e) *(temps)* **elle vient le lundi** viene los lunes; **l'an prochain** el año que viene; **une fois l'an** una vez al año.

(f) *(non traduit)* **boire le café** tomar café.

2 *pron (homme)* le, *Fam* lo; *(femme)* la; *(impersonnel)* lo; **es-tu fatigué? je le suis** estás cansado? lo estoy; **je le crois** lo creo.

lécher *vt* lamer; **se l. les doigts** chuparse los dedos.

leçon *f* lección *f*; **l. de conduite** lección de conducir.

lecteur, -trice *mf* lector, -ora; **l. de cassettes** radiocasette *m*; **l. de CD** compacto *m*; **l. (de disquettes)** disquetera *f*.

lecture *f* lectura *f*.

légal, -e, -aux *a* legal.

légende *f (histoire)* leyenda *f; (de photo)* pie *m* de foto.

léger, -ère *a (bruit)* pequeño; *(fièvre etc.)* ligero, -a; *(café, bière, tabac)* suave.

légèrement *adv* ligeramente.

légèreté *f* ligereza *f*.

légitime *a* **être en état de l. défense** actuar en legítima defensa.

légume *m* verdura *f*; **l. (vert)** hortaliza *f*; **légumes (secs)** legumbres *fpl* (secas).

lendemain *m* **le l.** el día siguiente *o* después **(de** a, de); **le l. matin** a la mañana siguiente; *Fig* **du jour au l.** de la noche a la mañana.

lent, lente *a* lento, -a.

lentement *adv* lentamente.

lenteur *f* lentitud *f*.

L

lentille _f (graine)_ lenteja _f; (de contact)_ lentilla _f._

léopard _m_ leopardo _m._

lequel, laquelle _(pl_ **lesquels, lesquelles**_)_ _(+ à =_ **auquel, à laquelle, auxquel(le)s**_; + de =_ **duquel, de laquelle, desquel(le)s**_)_ _pron_ el/la cual, los/las cuales, que; _(interrogatif)_ cuál; **dans l.** en el cual o que; **parmi lesquels** entre los/las que o cuales; **l'homme auquel je parlais** el hombre con quien hablaba o con el que hablaba; **l'homme duquel je parlais** el hombre del que hablaba.

les _voir_ le.

lessive _f_ detergente _m_ en polvo; _(linge)_ colada _f;_ **faire la l.** hacer la colada, lavar la ropa.

lettre _f_ letra _f; (missive)_ carta _f;_ **écrire en toutes lettres** escribir la palabra completa; **à la l.** al pie de la letra; **l. recommandée/d'amour/de licenciement** carta certificada/de amor/de despido; **mettre une l. à la boîte** poner una carta al correo.

leur 1 _a poss_ su.
   2 _pron poss_ **le l., la l., les leurs** el suyo, la suya, los suyos, las suyas.
   3 _pron inv (indirect)_ les; **il l. est facile de** les es fácil, es fácil para ellos; **dis-l.** díselo.

levé, -ée _a_ **être l.** _(debout)_ estar de pie; _(plus au lit)_ estar levantado.

lever 1 _vt_ levantar; **l. les yeux** alzar la mirada.
   2 _m_ **le l. du soleil** el amanecer.

lever (se) _vpr_ levantarse; _(soleil)_ salir; _(rideau)_ subirse; _(jour)_ romper.

levier _m (pour soulever)_ palanca _f;_ **l. de vitesse** palanca de cambios.

lèvre _f_ labio _m._

lézard _m_ lagarto _m._

liaison _f (routière etc.)_ enlace _m; (entre mots)_ liaison _m._

liasse _f_ fajo _m._

libération _f_ liberación _f._

libérer 1 _vt_ liberar **(de** de).
   2 se libérer _vpr_ liberarse **(de** de).

liberté _f_ libertad _f;_ **en l. provisoire** en libertad provisional; **mettre en l.** poner en libertad; **l. de la presse/d'expression** libertad de prensa/de expresión.

libraire _mf_ librero, -a.

librairie _f_ librería _f._

libre _a_ libre **(de qch** de algo; **de faire** de hacer).

librement _adv_ libremente.

libre-service _m (pl_ **libres-services**_)_ autoservicio _m._

licence _f (diplôme)_ diplomatura _f; (sportive)_ licencia _f; (permis)_ permiso _m._

licencié, -ée _a & mf_ licenciado, -a; _(renvoyé)_ despedido, -a; **l. ès lettres/sciences** licenciado en letras/ciencias.

licenciement _m_ despido _m._

licencier _vt (ouvrier)_ despedir.

liège _m (matériau)_ corcho _m._

lien _m (rapport)_ vínculo _m; (ficelle)_ ligadura _f;_ **l. de parenté** lazo familiar.

lier _vt (attacher)_ atar; _(relier)_ enlazar.

lieu, -x _m_ lugar _m; (d'un accident, crime)_ escena _f;_ **les lieux** _(locaux)_ el local; **l. de naissance** lugar de nacimiento; **avoir l.** tener lugar; **au l. de** en lugar de.

lièvre _m_ liebre _f._

ligne _f_ línea _f; (belle silhouette)_ figura _f;_ **garder la l.** guardar la línea; **se mettre en l.** ponerse en fila; **en l.** _(au téléphone)_ al teléfono; **grandes lignes** _(de train)_ líneas principales; **à la l.** punto y aparte.

ligoter _vt_ atar.

lilas _m_ lila _f._

lime _f_ lima _f;_ **l. à ongles** lima de uñas.

limer _vt_ limar.

limitation _f_ limitación _f; (de vitesse, poids)_ límite _m._

limite 1 f limite m (**à** a); *(frontière)* frontera f.

2 a *(cas)* extremo, -a; *(vitesse etc.)* máximo, -a; **date l.** fecha límite; **date l. de vente** fecha de caducidad.

limiter 1 vt limitar (**à** a).

2 se limiter vpr **se l. à** limitarse a.

limonade f limonada f.

limpide a límpido, -a.

linge m ropa f; *(à laver)* colada f.

lingerie f *(dessous)* ropa f interior.

lion m león m; *(signe du zodiaque)* leo m; **l. de mer** león marino.

lionne f leona f.

liqueur f licor m.

liquide 1 a líquido, -a; **argent l.** dinero en efectivo.

2 m líquido m; **du l.** *(argent)* dinero; **payer en l.** pagar al contado.

lire* vti leer.

lis m lirio m.

lis, lisant, lise(nt) etc. voir **lire**.

lisible a *(écriture)* legible.

lisse a liso, -a.

lisser vt alisar.

liste f lista f; **être sur la l. rouge** *(numéro de téléphone)* no estar en la guía; **l. de mariage** lista de boda; **l. d'attente** lista de espera.

lit¹ m cama f; **l. d'enfant** cuna f; **lits superposés** litera(s) f(pl).

lit² voir **lire**.

literie f ropa de cama f.

litre m litro m.

littéraire a literario, -a.

littérature f literatura f.

littoral m litoral m.

livraison f entrega f; **l. à domicile** entrega a domicilio.

livre¹ m libro m; **l. de poche** libro de bolsillo.

livre² f *(monnaie, poids)* libra f.

livrer vt entregar (**à** a); **l. qn à** *(la police etc.)* entregar a alguien a.

livret m **l. scolaire** libreta f (del colegio); **l. de caisse d'épargne** cartilla f de ahorros.

livreur, -euse mf repartidor, -ora.

local, -ale, -aux a & m local a & m.

locataire mf inquilino, -a.

location f alquiler m.

locomotive f *(de train)* locomotora f.

locution f locución f.

loge f *(de concierge)* portería f; *(d'acteur)* camerino m; *(de spectateur)* palco m.

logement m alojamiento m; *(appartement)* piso m; *(maison)* casa f.

loger 1 vt *(héberger)* alojar, albergar.

2 vi *(à l'hôtel etc.)* alojarse; *(habiter)* vivir.

logiciel m software m inv, soporte m lógico; **l. de traitement de texte** procesador m de textos.

logique a lógico, -a.

logiquement adv lógicamente.

loi f ley f; **projet de l.** proyecto de ley.

loin adv lejos; **Boston est l. (de Paris)** Boston está lejos (de París); **plus l.** más lejos; **de l.** desde lejos.

lointain, -aine a lejano, -a.

loisir m ocio m, tiempo m libre; **à l.** con tiempo; **loisirs** tiempo de ocio; *(distractions)* pasatiempos mpl, aficiones fpl.

long, longue 1 a largo, -a; **l. de deux mètres** de dos metros de largo; **être l. (à faire)** tardar (en hacer); **à la longue** a la larga.

2 m **avoir deux mètres de l.** medir dos metros de largo; **(tout) le l. de** *(espace)* a lo largo de; **de l. en large** *(marcher)* arriba y abajo.

longer vt bordear.

longtemps adv *(durante)* mucho tiempo; **trop l.** demasiado tiempo; **mettre l.** tardar mucho (**à faire** en hacer).

longueur f longitud f, largo m; **à l. de journée** todo el día; **l. d'ondes**

longitud de onda.

lors *adv* **l. de** durante.

losange *m (forme)* rombo *m.*

lot *m (de loterie)* premio *m*; **le gros l.** el gordo.

loterie *f* lotería *f.*

lotion *f* loción *f.*

lotissement *m (habitations)* urbanización *f.*

louche¹ *f* cucharón *m.*

louche² *a* sospechoso, -a.

loucher *vi* ser bizco.

louer *vt* alquilar; **maison à l.** casa en alquiler; **à l.** se alquila.

loup *m* lobo *m*; **avoir une faim de l.** tener más hambre que un perro.

loupe *f* lupa *f.*

lourd, lourde 1 *a* pesado, -a; *(faute)* grave; **être l.** *(phrase)* sonar mal.
2 *adv* **peser l.** ser pesado, -a.

loyal, -e, -aux *a (honnête)* leal (**envers** a).

loyauté *f* lealtad *f.*

loyer *m* alquiler *m.*

lu, lue *pp de* **lire**.

lucarne *f (fenêtre)* tragaluz *m.*

lueur *f* luz *f.*

lui 1 *pron mf (complément indirect)* a él, le; *(femme)* a ella, le; **tu l. as menti** le mentiste; **je la l. ai donnée** se la di; **il l. est facile de** es fácil para él/ella; **donne-le-l.** dáselo.
2 *pron m (complément direct)* le; *(sujet emphatique)* él; **avec/sans l.** con/sin él; **ce livre est à l.** ese libro es suyo.

lui-même *pron* él mismo.

luisant, -ante *a* reluciente; **ver l.** luciérnaga *f.*

lumière *f* luz *f.*

lumineux, -euse *a (ciel etc.)* luminoso; *(idée)* brillante.

lundi *m* lunes *m.*

lune *f* luna *f*; **l. de miel** luna de miel.

lunettes *fpl* gafas *fpl*; **l. de soleil** gafas de sol.

lustre *m (éclairage)* (lámpara *f* de) araña *f.*

lutte *f* lucha *f.*

lutter *vi* luchar.

luxe *m* lujo *m*; **article de l.** artículo de lujo.

luxueux, -euse *a* lujoso, -a.

lycée *m* instituto *m.*

lycéen, -enne *mf* alumno, -a de bachillerato.

lycra® *m* lycra *f.*

M *abrév de* **Monsieur** Señor, Sr.

ma *voir* **mon**.

macaronis *mpl* macarrones *mpl*.

macédoine *f* **m. (de légumes)** menestra *f* (de verduras); **m. (de fruits)** macedonia *f* (de frutas).

mâcher *vt* masticar.

machin *m* *Fam* *(chose)* chisme *m*; *(personne)* Fulano, Mengano.

machinal, -e, -aux *a* maquinal, instintivo, -a.

machinalement *adv* automáticamente.

machine *f* máquina *f*; **m. à calculer** calculadora *f*; **m. à coudre** máquina de coser; **m. à écrire** máquina de escribir; **m. à laver** lavadora *f*.

mâchoire *f* mandíbula *f*.

maçon *m* albañil *m*.

madame *f* (*pl* **mesdames**) señora *f*; **Madame** *ou* **Mme Legras** la señora o la Sra. Legras; **Madame** *(dans une lettre)* Estimada señora.

madeleine *f* ma(g)dalena *f*.

mademoiselle *f* (*pl* **mesdemoiselles**) señorita *f*; **Mademoiselle** *ou* **Mlle Legras** la señorita o la Srta. Legras; **Mademoiselle** *(dans une lettre)* Estimada señorita.

magasin *m* tienda *f*; **grand m.** grandes almacenes *mpl*; **tenir un m.** tener una tienda; **faire les magasins** ir de compras; **en m.** en existencias.

magazine *m* revista *f*.

magicien, -ienne *mf* mago, -a.

magie *f* magia *f*.

magique *a* mágico, -a.

magnétophone *(Fam* **magnéto)** *m* magnetófono *m*; **m. à cassettes** casete *m*.

magnétoscope *m* vídeo *m*.

magnétoscoper *vt* *(film etc.)* grabar (en vídeo).

magnifique *a* magnífico, -a.

mai *m* mayo *m*.

maigre *a* *(personne)* flaco, -a; *(viande)* sin grasa.

maigrir *vi* adelgazar.

maille *f* *(de tricot)* punto *m*; *(de filet)* malla *f*.

maillon *m* *(de chaîne)* eslabón *m*.

maillot *m* *(de sportif)* jersey *m*; **m. (de corps)** camiseta *f*; **m. (de bain)** bañador *m*.

main *f* mano *f*; **tenir à la m.** tener en la mano; **tenir à deux mains** sostener con las dos manos; **tenir par la m.** llevar de la mano; **se tenir par la m.** ir de manos; **à la m.** *(faire, coudre etc.)* a mano; **haut les mains!** ¡arriba las manos!; **donner un coup de m. à qn** echar una mano a alguien; **sous la m.** bajo mano.

maintenant *adv* ahora; **m. que** ahora que.

maintenir* *vt* *(conserver)* mantener; *(retenir)* retener.

maire *m* alcalde *m*.

mairie *f* ayuntamiento *m*.

mais *conj* pero, mas; *(après négation)* sino; **m. oui, m. si** claro que sí; **m. non** de ninguna manera.

maïs *m (céréale)* maíz *m*.

maison *f* casa *f*; **à la m.** en casa; **aller à la m.** ir a casa; **m. de la culture** casa de la cultura; **m. des jeunes** club *m* juvenil; **m. de retraite** asilo *m* (de ancianos); **cuisine m.** comida casera.

maître *m (d'un chien etc.)* dueño *m*; **m. d'école** maestro *m*; **m. d'hôtel** *(restaurant)* maitre *m*; **m. nageur** profesor *m* de natación.

maîtresse *f* dueña *f*; *(amante)* querida *f*, amante *f*; **m. (d'école)** maestra *f*.

maîtrise *f (diplôme)* = licenciatura *f* (**de** en); *(d'une langue, d'un instrument etc.)* dominio *m*.

maîtriser 1 *vt (incendie)* controlar; **m. qn** dominar a alguien.
 2 se maîtriser *vpr* controlarse.

majesté *f* **Votre M.** *(titre)* Su Majestad *mf*.

majeur, -e 1 *a* mayor, capital; **pour la majeure partie** en su mayoría; **être m.** ser mayor de edad.
 2 *m (doigt)* dedo *m* corazón.

majorette *f* majorette *f*.

majorité *f* mayoría *f* (**de** de); *(âge)* mayoría de edad.

majuscule *f* mayúscula *f*.

mal, maux **1** *m (douleur)* dolor *m*; **m. de dents/ventre/etc.** dolor de muelas/vientre/etc.; **avoir le m. de mer** *(habituellement)* marearse; *(à une occasion précise)* estar mareado; **j'ai m. à la tête/gorge/etc.** me duele la cabeza/garganta/etc.; **ça (me) fait m., j'ai m.** me duele; **faire du m. à** doler; **avoir du m. à faire** costar hacer; **dire du m. de qn** hablar mal de alguien; **le bien et le m.** el bien y el mal.
 2 *adv* mal; **pas m.!** ¡no está mal!; **c'est m. de mentir!** ¡no se miente!

malade 1 *a* enfermo, -a; **être m. du cœur** tener problemas de corazón.
 2 *mf* enfermo, -a; *(d'un médecin)* paciente *mf*.

maladie *f* enfermedad *f*; **m. sexuellement transmissible** enfermedad de transmisión sexual.

maladresse *f* torpeza *f*.

maladroit, -droite *a* torpe.

malaise *m* **avoir un m.** sentirse mal.

malaria *f* malaria *f*.

malchance *f* mala suerte *f*.

mâle *a & m* macho, -a *a & m*.

malentendu *m* malentendido *m*.

malfaiteur, -trice *mf* malhechor, -ora.

malgré *prép* a pesar de; **m. tout** a pesar de todo; **m. moi** por mucho que me pese.

malheur *m (événement, malchance)* desgracia *f*.

malheureusement *adv* desgraciadamente.

malheureux, -euse 1 *a (triste)* triste.
 2 *mf (pauvre)* pobre *mf*.

malhonnête *a* deshonesto, -a.

malice *f* malicia *f*; **je l'ai dit sans m.** lo dije sin mala intención.

malicieux, -euse *a* malicioso, -a; *(espiègle)* travieso, -a.

malin, -igne *a (astucieux)* vivo, -a.

malle *f (coffre)* baúl *m*; *(de véhicule)* baca *f*.

mallette *f* maletín *m*.

malpoli, -ie *a* maleducado, -a.

malsain, -saine *a* dañino, -a.

maltraiter *vt* maltratar.

maman *f* mamá *f*.

mamie *f* *Fam* abuelita *f*.

mammifère *m* mamífero *m*.

manche¹ *f (de vêtement)* manga *f*; *(d'un match)* vuelta *f*; **la M.** el Canal de la Mancha.

manche² *m (d'outil)* mango *m*; **m. à balai** palo *m* de escoba; *(d'avion etc.)* mando *m*.

manchette *f (de chemise)* puño *m*.

manchot *m (oiseau)* pingüino *m*.

mandarine *f* mandarina *f*.

mandat *m (postal)* giro *m* postal.

manège *m (à la foire)* tiovivo *m*.

manette *f* palanca *f*.

mangeoire *f* comedero *m*.

manger *vti* comer; **donner à m. à** dar de comer a.

maniable *a* manejable.

maniaque 1 *a* maniático, -a.
2 *mf* maníaco, -a.

manie *f* manía *f*.

manier *vt* manejar.

manière *f* manera *f*; **de toute m.** de todos modos; **à ma m.** a mi manera; **la m. dont elle parle** el modo en que habla; **de m. à** con el fin de; **faire des manières** *(chichis)* ser amanerado.

manifestant, -ante *mf* manifestante *mf*.

manifestation *f (défilé)* manifestación *f*.

manifester 1 *vt (sa colère etc.)* manifestar.
2 *vi (dans la rue)* hacer una manifestación.
3 se manifester *vpr (maladie)* manifestarse.

manipuler *vt* manipular.

mannequin *m* maniquí *m*.

manœuvre 1 *m (ouvrier)* trabajador *m*.
2 *f (action)* maniobra *f*; *Fig* trapicheo *m*.

manœuvrer *vti (véhicule)* maniobrar.

manque *m* falta *f* (**de** de).

manquer 1 *vt (cible, train etc.)* perder.
2 *vi (faire défaut, être absent)* faltar (**à** a); **j'ai toujours manqué d'argent** nunca tuve mucho dinero; **il me**

manque cent francs me faltan cien francos; **elle manque d'expérience/de tendresse**/*etc.* le falta experiencia/cariño/*etc.*; **ça manque de sel** le falta sal; **elle/cela lui manque** la/lo echa de menos; **elle a manqué (de) tomber** casi se cae.

mansarde *f* buhardilla *f*.

manteau, -x *m* abrigo *m*.

manuel, -elle *a & m* manual *a & m*.

mappemonde *f* mapamundi *m*; *(sphère)* globo *m* (terráqueo).

maquereau, -x *m (poisson)* caballa *f*.

maquette *f* maqueta *f*.

maquillage *m (fard)* maquillaje *m*.

maquiller 1 *vt (visage)* maquillar.
2 se maquiller *vpr* maquillarse.

marais *m* pantano *m*.

marathon *m* maratón *m* o *f*.

marbre *m* mármol *m*.

marchand, -ande *mf* tendero, -a; *(de voitures, meubles)* vendedor, -ora.

marchander *vi* regatear.

marchandise(s) *f(pl)* mercancía(s) *f(pl)*.

marche *f (d'escalier)* escalón *m*; *(trajet, sport)* marcha *f*; **faire m. arrière** *(en voiture)* dar marcha atrás; **un train en m.** un tren en marcha; **mettre qch en m.** poner algo en marcha; **en état de m.** en funcionamiento.

marché *m (lieu)* mercado *m*; **m. aux puces** mercadillo *m*, rastro *m*; **faire son** *ou* **le m.** hacer la compra; **bon m.** barato, -a.

marcher *vi (à pied)* caminar; *(poser le pied)* pisar (**dans** en); *(fonctionner)* funcionar; **faire m.** *(machine)* hacer funcionar; *Fam* **ça marche?** ¿qué tal te va?

mardi *m* martes *m*; **M. gras** Martes de carnaval.

mare *f (étang)* charca *f*.

marécage *m* ciénaga *f*.

marécageux, -euse *a* cenagoso, -a.

M

marée *f* marea *f*; **m. noire** marea negra.

marelle *f* **jouer à la m.** jugar a tres en raya.

margarine *f* margarina *f*.

marge *f* *(de cahier etc.)* margen *m*; **en m.** al margen.

marguerite *f* margarita *f*.

mari *m* marido *m*.

mariage *m* matrimonio *m*; *(cérémonie)* boda *f*.

marié, -ée 1 *a* casado, -a.
2 *mf* novio, -a; **les mariés** los novios; **les jeunes mariés** los recién casados.

marier 1 *vt* **m. qn** *(prêtre etc.)* casar a alguien.
2 **se marier** *vpr* casarse (**avec qn** con alguien); **se m. à la mairie/à l'église** casarse por lo civil/por la iglesia.

marin, -ine 1 *a* *(air)* marino, -a.
2 *m* marino *m*, marinero *m*.

marine 1 *f* **m. (de guerre)** marina *f*.
2 *a inv & m (couleur)* **(bleu) m.** azul *m* marino.

marionnette *f* marioneta *f*.

marketing *m* marketing *m*, mercadotecnia *f*.

marmelade *f* **m. (de fruits)** mermelada *f* (de frutas).

marmite *f* marmita *f*.

marmonner 1 *vt* murmurar.
2 *vi* refunfuñar.

maroquinerie *f* *(magasin)* marroquinería *f*.

marque *f* *(trace, de produit)* marca *f*; *(points)* puntuación *f*; **m. de fabrique** marca (de fábrica); **m. déposée** marca registrada.

marquer 1 *vt* *(par une marque, but)* marcar; *(écrire)* anotar; **m. les points** apuntar los puntos.
2 *vi (trace)* dejar rastro; *(footballeur etc.)* marcar un tanto.

marqueur *m* *(crayon)* rotulador *m*.

marraine *f* madrina *f*.

marrant, -ante *a Fam* gracioso, -a.

marre *f Fam* **en avoir m.** estar hasta las narices (**de** de).

marron 1 *m* castaña *f*.
2 *m & a inv (couleur)* castaño.

mars *m* marzo *m*.

marteau, -x *m* martillo *m*; **m. piqueur** martillo neumático; **coup de m.** martillazo.

martien, -ienne 1 *a* marciano, -a.
2 **Martien, -ienne** *mf* marciano, -a.

martyriser *vt* *(enfant)* martirizar.

mascara *m* rímel® *m*.

mascotte *f* mascota *f*.

masculin, -ine *a & m Grammaire* masculino, -a *a & m*.

masque *m* máscara *f*; *(de beauté)* mascarilla *f*; **m. à gaz** careta *f* antigas; **m. de plongée** gafas *fpl* (de buceo).

massacre *m* masacre *f*.

massacrer *vt* masacrar.

massage *m* masaje *m*.

masse *f* *(volume)* masa *f*; **en m.** en masa.

masser 1 *vt* *(frotter)* masajear.
2 **se masser** *vpr (gens)* agruparse.

masseur, -euse *mf* masajista *mf*.

massif, -ive 1 *a (or)* macizo, -a; *(bois)* espeso, -a.
2 *m (de montagnes)* macizo *m*.

mastic *m* *(pour vitres)* masilla *f*.

mastiquer *vt* enmasillar.

mat, mate *a (papier, couleur)* mate.

mât *m* *(de navire)* mástil *m*; *(poteau)* poste *m*.

match *m* partido *m*.

matelas *m* colchón *m*; **m. pneumatique** colchoneta *f* hinchable.

matelot *m* marinero *m*.

matériaux *mpl* material(es) *m(pl)* (de construcción).

matériel, -ielle 1 *a (dégâts)* material.

2 *m (de camping etc.)* equipo *m*; *(d'ordinateur)* hardware *m*, soporte *m* físico.

maternel, -elle 1 *a* materno, -a, maternal.

2 *f* **(école) maternelle** parbulitos *mpl*.

maternité *f (hôpital)* maternidad *f*.

mathématiques *fpl* matemáticas *fpl*.

maths *fpl* mates *fpl*.

matière *f (à l'école, substance)* materia *f*; **m. première** materia prima.

matin *m* mañana *f*; **le m.** *(chaque matin)* por la mañana; **demain m.** mañana por la mañana; **à sept heures du m.** a las siete de la mañana.

matinal, -e, -aux *a* matinal; **être m.** ser madrugador, -ora.

matinée *f* mañana *f*; **faire la grasse m.** dormir hasta las tantas.

matraque *f* porra *f*.

maussade *a (personne)* malumorado, -a; *(temps)* desapacible.

mauvais, -aise 1 *a* malo, -a; **plus m.** peor; **le plus m.** el peor; **il fait m.** hace mal tiempo; **m. en** *(anglais etc.)* malo en.

2 *adv* **sentir m.** holer mal.

mauve *a & m (couleur)* malva *a & m*.

maximal, -e *a* máximo, -a.

maximum *m* máximo *m*; **le m. de** *(force etc.)* el máximo de; **le m. de chances** la mayoría de las posibilidades; **au m.** *(tout au plus)* como máximo, como mucho.

mayonnaise *f* mayonesa *f*.

mazout *m* fuel *m*.

me **(m'** *delante de vocal o h muda)* *pron (complément direct, indirect, réfléchi)* me.

mécanicien *m* mecánico *m*; *(de train)* conductor *m* de tren.

mécanique 1 *a* mecánico, -a; **jouet m.** juguete mecánico.

2 *f* mecánica *f*.

mécanisme *m* mecanismo *m*.

méchanceté *f* malicia *f*; **une m.** *(parole)* una maldad; **dire des méchancetés** hablar mal.

méchant, -ante *a (cruel)* malvado, -a; *(enfant)* malo, -a.

mèche *f (de cheveux)* mechón *m*; *(de bougie, de pétard)* mecha *f*.

méconnaissable *a* irreconocible.

mécontent, -ente *a* descontento, -a (**de qch** por algo; **de qn** con alguien).

mécontentement *m* descontento *m*.

mécontenter *vt* descontentar.

médaille *f (décoration)* medalla *f*; *(bijou)* medallón *m*; **être m. d'or** ser medalla de oro.

médecin *m* doctor *m*; **m. traitant** médico *m* de cabecera.

médecine *f* medicina *f*; **m. générale/du travail** medicina general / laboral; **étudiant en m.** estudiante de medicina.

médias *mpl* medios *mpl* de comunicación.

médical, -e, -aux *a* médico, -a; **passer une visite médicale** hacerse una revisión médica.

médicament *m* medicamento *m*.

médiéval, -e, -aux *a* medieval.

médiocre *a* mediocre.

médisance *f* cotilleo *m*.

Méditerranée *f* **la M.** el Mediterráneo.

méditerranéen, -enne *a* mediterráneo, -a.

meeting *m* reunión *f*.

méfiance *f* desconfianza *f*.

méfiant, -ante *a* desconfiado, -a.

méfier (se) *vpr* **se m. de** desconfiar de; *(faire attention à)* prestar atención a; **méfie-toi!** ¡ten cuidado!; **je me méfie** no me fío.

mégaoctet *m* megabyte *m*.

M

mégot *m* colilla *f.*

meilleur, -eure 1 *a* mejor (**que** que); **le m. résultat/**etc. el mejor resultado/etc..

2 *mf* **le m., la meilleure** el mejor, la mejor.

mélange *m* mezcla *f.*

mélanger 1 *vt* mezclar.

2 **se mélanger** *vpr (mêler)* mezclarse.

mêlée *f* Rugby melé *f.*

mêler 1 *vt* mezclar (**à** con).

2 **se mêler** *vpr* mezclarse (**à** con); **se m. à la foule** mezclarse con la muchedumbre; **mêle-toi de ce qui te regarde!** ¡métete en tus asuntos!

mélodie *f* melodía *f.*

melon *m (fruit)* melón *m;* **(chapeau) m.** bombín *m.*

membre *m* miembro *m.*

même 1 *a* mismo, -a; **en m. temps** al mismo tiempo (**que** que).

2 *pron* **le m., la m.** el mismo, la misma; **les mêmes** los mismos, las mismas.

3 *adv* incluso; **m. si** incluso si; **ici m.** aquí mismo; **m. pas** ni siquiera; **tu exagères quand m.!** ¡estás exagerando! ¿no?

mémoire[1] *f* memoria *f;* **à la m. de** en memoria de.

mémoire[2] *m (de maîtrise etc.)* memoria *f.*

mémorable *a* memorable.

menaçant, -ante *a* amenazador, -ora.

menace *f* amenaza *f;* **sous la m.** bajo amenaza.

menacer *vt* amenazar (**de faire** con hacer).

ménage *m* limpieza *f; (couple)* pareja *f;* **se mettre en m.** irse a vivir juntos; **faire le m.** hacer las tareas de la casa; **femme de m.** mujer de la limpieza.

ménager, -ère *a (appareil)* doméstico, -a; **travaux ménagers** tareas de la casa.

ménagère *f* ama *f* de casa.

mendiant, -ante *mf* mendigo, -a.

mendier 1 *vi* mendigar.

2 *vt* pedir.

mener 1 *vt (personne, vie etc.)* llevar; *(enquête etc.)* llevar a cabo.

2 *vi (en sport)* liderar.

menottes *fpl* esposas *f.*

mensonge *m* mentira *f.*

mensuel, -elle *a* mensual.

mental, -e, -aux *a* mental; **malade m.** enfermo mental.

menteur, -euse *mf* mentiroso, -a.

menthe *f* menta *f.*

mention *f* mención *f; (à un examen)* matrícula *f.*

mentir* *vi* mentir (**à** a).

menton *m* mentón *m.*

menu *m* menú *m.*

menuiserie *f* carpintería *f.*

menuisier *m* carpintero *m.*

mépris *m* desprecio *m* (**pour** por); **au m. de** sin tener en cuenta a.

méprisant, -ante *a* despectivo, -a.

mépriser *vt* despreciar.

mer *f* mar *m* o *f;* **en m.** en el mar; **aller à la m.** ir a la playa; **avoir le mal de m.** *(habituellement)* marearse; *(à une occasion précise)* estar mareado.

mercerie *f (magasin)* mercería *f.*

merci *int* & *m* gracias *fpl* (**de, pour** por).

mercredi *m* miércoles *m.*

merde! *int Fam* ¡mierda!

mère *f* madre *f;* **m. de famille** madre (de familia).

mériter *vt (être digne de)* merecer.

merle *m* mirlo *m.*

merveille *f* maravilla *f.*

merveilleux, -euse *a* maravilloso, -a.

mes *voir* mon.

mésaventure *f* contratiempo *m*.

mesdames *voir* madame.

mesdemoiselles *voir* mademoise-lle.

message *m* mensaje *m*.

messager *m* mensajero *m*.

messe *f* misa *f*; **aller à la m.** ir a misa.

messieurs *voir* monsieur.

mesure *f (dimension, action)* medida *f*; *(cadence)* tiempo *m*; **être en m. de faire** estar en condiciones de hacer.

mesurer 1 *vt* medir; **m. 1 mètre 83** medir un metro 83 (centímetros).
   2 se mesurer *vpr* **se m. à qn** medirse contra alguien.

métal, -aux *m* metal *m*.

métallique *a* metálico, -a .

métallurgie *f (industrie)* metalurgia *f*.

météo *f* Fam *(bulletin)* boletín *m* meteorológico.

météorologique *a* meteorológico, -a.

méthode *f* método *m*.

méthodique *a* metódico, -a.

métier *m (travail)* oficio *f*.

mètre *m (mesure)* metro *m*; *(règle)* regla *f*; **m. carré** metro cuadrado.

métrique *a* métrico, -a.

métro *m* metro *m*.

metteur *m* **m. en scène** *(de cinéma)* director *m*.

mettre* 1 *vt* poner; *(vêtement)* ponerse; *(chauffage etc.)* encender; **j'ai mis une heure** tardé una hora; **m. en colère** enfadar.
   2 *vpr* **se mettre** ponerse; **ça se met dans le placard** eso va en el armarito; **se m. debout** ponerse de pie; **se m. en short/etc.** ponerse (en) pantalón corto/etc.; **se m. à faire** ponerse a hacer; **se m. à table** sentarse a la mesa.

meuble *m* mueble *m*.

meubler *vt* amueblar.

meugler *vi (vache)* mugir.

meule *f (de foin)* almiar *m*.

meurtre *m* asesinato *m*.

meurtrier, -ière *mf* asesino, -a.

mi- *préfixe* **à la mi-mars/etc.** a mediados de marzo/etc.

miauler *vi* maullar.

miche *f* hogaza *f*.

mi-chemin (à) *adv* a medio camino.

micro *m* micro *m*, micrófono *m*.

microbe *m* microbio *m*.

micro-onde *f* **four à micro-ondes** (horno *m*) microondas *m*.

microscope *m* microscopio *m*.

midi *m (heure)* mediodía *m*; *(heure du déjeuner)* hora *f* de la comida.

mie *f* miga *f*; **pain de m.** pan de molde.

miel *m* miel *f*.

mien, mienne *pron poss* **le m., la mienne, les miens, les miennes** el mío, la mía, los míos, las mías; **les deux miens** mis dos; **moi et les miens** los míos y yo.

miette *f (de pain)* migaja *f*.

mieux *adv & a inv* mejor **(que** que); **le m., la m., les m.** el mejor, la mejor, los/las mejores; **tant m.** tanto mejor; **tu ferais m. de partir** más vale que te vayas; **aimer m.** preferir; **aller m.** encontrarse mejor.

mignon, -onne *a* mono, -a.

migraine *f* migraña *f*.

mil *m inv (dans les dates)* **l'an m.** el año mil.

milieu, -x *m (centre)* medio *m*; **au m. de** en medio de.

militaire *a & m* militar *a & m*.

mille *a & m inv* mil *a & m*; **m. hommes/etc.** mil hombres/etc.

mille-pattes *m inv* ciempiés *m inv*.

milliard *m* mil millones *m*.

millième *a & mf* milésimo, -a.

M

millier *m* millar *m*; **un m. (de)** un millar (de).

millimètre *m* milímetro *m*.

million *m* millón *m*; **un m. de francs/**etc. un millón de francos/ *etc.*; **deux millions** dos millones.

millionnaire *mf* millonario, -a.

mime *mf (acteur)* mimo *m*.

mimer 1 *vt* imitar.
    2 *vi* hacer mimo.

minable *a* lamentable.

mince *a* delgado, -a; *(élancé)* esbelto, -a.

mincir *vi* adelgazar.

mine¹ *f* cara *f*; **avoir bonne m.** tener buena cara o aspecto.

mine² *f (de charbon, de crayon, engin explosif)* mina *f*.

miner *vt (terrain)* minar.

minerai *m* mineral *m*.

minéral, -e, -aux *a & m* mineral *a & m*.

mineur¹ *m (ouvrier)* minero *m*.

mineur, -eure ² *a & mf (de moins de 18 ans)* menor (de edad).

miniature *a inv (train etc.)* miniatura.

minimal, -e *a* mínimo, -a.

minimum *m* mínimo *m*; **le m. de** *(force etc.)* el mínimo de; **au (grand) m.** por lo menos.

ministère *m* ministerio *m*.

ministre *m* ministro *m*.

minorité *f* minoría *f*.

minou *m (chat)* gatito *m*, minino *m*.

minuit *m* medianoche *f*.

minuscule 1 *a (petit)* minúsculo, -a.
    2 *f (lettre)* minúscula *f*.

minute *f* minuto *m*.

minuterie *f* temporizador *m*.

minuteur *m* minutero *m*.

minutieux, -euse *a* minucioso, -a.

miracle *m* milagro *m*; **par m.** de milagro.

miraculeux, -euse *a* milagroso, -a.

miroir *m* espejo *m*.

mis, mise *pp de* **mettre.**

mise¹ *f (action)* puesta *f*; **m. en marche** puesta en marcha; **m. au point** puesta a punto; **m. en scène** *(de film)* dirección *f*.

mise² *(argent)* apuesta *f*.

misérable *a & mf (très pauvre)* miserable.

misère *f* miseria *f*.

missile *m (fusée)* misil *m*.

mission *f* misión *f*.

mite *f* polilla *f*.

mi-temps *f (en sport)* tiempo *m*; *(pause)* descanso *m*; **à mi-t.** *(travailler)* a media jornada.

mitraillette *f* metralleta *f*.

mitrailleuse *f* ametralladora *f*.

mixe(u)r *m (pour mélanger)* batidora *f*.

mixte *a (école)* mixto, -a.

Mlle *abrév de* **Mademoiselle** Srta.

MM *abrév de* **Messieurs** Sres.

Mme *abrév de* **Madame** Sra.

mobile *a* móvil.

mobilier *m* mobiliario *m*.

mobylette® *f* ciclomotor *m*.

moche *a Fam (laid)* feo, -a.

mode 1 *f* moda *f*; **à la m.** a la moda.
    2 *m Grammaire* modo *m*; **m. d'emploi** instrucciones *fpl*.

modèle *m* modelo *m*; **m. (réduit)** modelo a escala.

modération *f* moderación *f*.

modéré, -ée *a* moderado, -a.

modérer *vt (dépenses)* moderar; *(vitesse)* reducir.

moderne *a* moderno, -a.

moderniser 1 *vt* modernizar.
    2 se moderniser *vpr* modernizarse.

modeste *a* modesto, -a.

modestie *f* modestia *f*.

modification *f* modificación *f*.

modifier *vt* modificar.

moelle *f (d'os)* médula *f*; **m. épinière** médula espinal.

moelleux, -euse *a (lit, tissu)* mullido, -a.

moi *pron (sujet emphatique)* yo; *(complément direct)* me; *(après préposition)* mi; **pour m.** para mi; **avec m.** conmigo; **regarde-m.** mírame; **c'est m.** soy yo; **un ami à m.** un amigo mío; **donne-le-m.** dámelo.

moi-même *pron* yo mismo, -a.

moindre *a* **le m.** *(de mes problèmes etc.)* el menor/*(de de)*; **à la m. erreur** al más mínimo error; **c'est la m. des choses** es lo mínimo que podía/puedo *etc.* hacer.

moine *m* monje *m*.

moineau, -x *m* gorrión *m*.

moins 1 *adv* menos (**que** que); **m. de** *(temps, livres)* menos (**que** que); *(cent francs)* menos de; **m. grand** menor, más pequeño (**que** que); **de m. en m.** cada vez menos; **le m.** *(travailler)* menos; **le m. grand, la m. grande, les m. grand(e)s** el menor, la menor, los/las menores; **au m., du m.** al menos; **de m., en m.** *(qui manque)* (de) menos; **dix ans de m.** diez años menos; **en m.** *(personne, objet)* de menos; **à la m. que** (+ *subjonctif*) a menos que.

2 *prép (en calcul)* menos; **deux heures m. cinq** dos menos cinco; **il fait m. dix (degrés)** estamos a menos diez grados o a diez grados bajo cero.

mois *m* mes *m*; **au m. de juin** en el mes de junio.

moisi, -ie 1 *a* enmohecido, -a.

2 *m* moho *m*; **sentir le m.** oler a moho.

moisir *vi* enmohecer(se).

moisson *f* siega *f*; **faire la m.** segar.

moissonner *vt* segar.

moite *a* húmedo, -a.

moitié *f* mitad *f*; **la m. de la pomme** la mitad de la manzana; **à m. fermé** a medio cerrar; **à m. prix** a mitad de precio; **de m.** a la mitad.

mol *voir* mou.

molaire *f* molar *m*, muela *f*.

molette *f* **clé à m.** llave *f* inglesa.

molle *voir* mou.

mollet *m (de jambe)* pantorrilla *f*.

moment *m (instant, période)* momento *m*; **en ce m.** en este momento; **par moments** a veces; **au m. de partir** al partir; **au m. où** en el momento en que, cuando; **du m. que** *(puisque)* puesto que.

mon, ma, *pl* **mes** (**ma** *se transforma en* **mon** *delante de vocal o h muda*) *a poss* mi, *pl* mis; **m. père** mi padre; **ma mère** mi madre; **m. ami(e)** mi amigo, -a; **m. Dieu!** ¡Dios mío!

monde *m* mundo *m*; **du m.** *(beaucoup de gens)* mucha gente; **le m. entier** el mundo entero; **tout le m.** todo el mundo.

mondial, -e, -aux *a (crise etc.)* mundial; **guerre mondiale** guerra mundial.

moniteur, -trice *mf* monitor, -ora; *(de colonie de vacances)* monitor, -ora de campamento.

monnaie *f (devise)* moneda *f*; *(pièces)* cambio *m*; **faire de la m.** cambiar; **faire de la m. à qn** dar cambio a alguien (**sur un billet** de un billete); **rendre la m.** dar la vuelta.

monopoliser *vt* monopolizar.

monotone *a* monótono, -a.

monotonie *f* monotonía *f*.

monsieur *m (pl* **messieurs**) *(homme)* señor *m*, caballero *m*; **oui m.** sí señor; **Monsieur** *ou* **M. Legras** el señor *ou* Sr. Legras; **Monsieur** *(dans une lettre)* Estimado señor.

monstre *m* monstruo *m*.

monstrueux, -euse *a* monstruoso, -a.

mont *m (montagne)* monte *m*.

M

montagne f montaña f.

montagneux, -euse a montañoso, -a.

montant m (somme) suma f, importe m; (de barrière) montante m.

montée f (ascension, côte) subida f.

monter 1 vi (aux **être**) (personne, marée) subir; (s'élever) (ballon, prix etc.) elevarse; **m. dans un véhicule** subir(se) a un vehículo; **m. sur** subirse a; **m. en courant /** etc. subir corriendo / etc.; **m. (à cheval)** montar (a caballo).
2 vt (aux **avoir**) (côte, objet) subir; (cheval, tente) montar; **m. l'escalier** subir las escaleras.

montre f reloj m (de pulsera).

montrer 1 vt mostrar (**à** a); **m. du doigt** señalar con el dedo.
2 vpr **se montrer** mostrarse.

monture f (de lunettes) montura f.

monument m monumento m; **m. aux morts** monumento a los caídos.

moquer (se) vpr **se m. de** burlarse de; **je m'en moque!** ¡me importa un comino!

moquette f moqueta f.

moral a & m moral a & f; **remonter le m. à qn** levantar la moral a alguien; **avoir/ne pas avoir le m.** encontrarse bien / mal.

morale f (d'histoire) moral f.

morceau, -x m trozo m; (de sucre) terrón m.

mordiller vt mordisquear.

mordre vti morder.

morse m (animal) morsa f.

morsure f mordisco m; (de serpent, insecte) picadura f.

mort f muerte f.

mort, morte (pp de **mourir**) a & mf muerto, -a.

mortel, -elle a mortal.

morue f bacalao m.

mosquée f mezquita f.

mot m palabra f; **envoyer un m. à** escribir unas letras a; **mots croisés** crucigrama m; **m. de passe** contraseña f; **gros m.** palabrota f.

motard m motorista mf.

moteur m (de véhicule etc.) motor m.

motif m (raison, dessin) motivo m (**de** de).

motivé, -ée a motivado, -a.

moto f moto f.

motocycliste mf motorista mf.

motte f (de terre) terrón m.

mou (**mol** delante de vocal o h muda), **molle** a blando, -a; (sans énergie) débil.

mouche f (insecte) mosca f.

moucher (se) vpr sonarse la nariz.

mouchoir m pañuelo m; **m. en papier** pañuelo de papel.

moudre* vt moler.

moue f faire la m. poner caras largas.

mouette f gaviota f.

moufle f manopla f.

mouillé, -ée a mojado, -a (**de** de).

mouiller vt mojar; **se (faire) m.** mojarse.

moule¹ m molde m; **m. à gâteaux** molde para tarta.

moule² f (animal) mejillón m.

mouler vt moldear; **m. qn** (vêtement) quedar pegado a alguien.

moulin m molino m; **m. à vent** molino de viento; **m. à café** molinillo m de café.

moulu (pp de **moudre**) a (café) molido, -a.

mourir* vi (aux **être**) morir (**de** de); **m. de froid** morir de frío; **je meurs de froid/faim!** ¡me muero de frío / hambre!

mousse f (plante) musgo m; (écume, de bière, de savon) espuma f; (dessert) mousse m; **m. à raser** crema f de afeitar.

mousser vi hacer espuma.

moustache f bigote m; **moustaches** (de chat) bigotes.

moustachu, -ue a bigotudo, -a.

moustique m mosquito m.

moutarde f mostaza f.

mouton m oveja f inv; (viande) cordero m.

mouvement m (geste, groupe etc.) movimiento m; **m. de colère** ataque m de cólera.

mouvementé, -ée a (vie, voyage etc.) movido, -a.

moyen, -enne 1 a medio, -a; (format etc.) mediano, -a; **classe moyenne** clase media; **moyenne entreprise** empresa mediana.

   2 f media f; (dans un examen) aprobado m; (dans un devoir) suficiente m; **moyenne d'âge** edad media; **en moyenne** por término medio.

moyen m (procédé, façon) medio m, manera f (**de faire** de hacer); **il n'y a pas m. de le faire** no hay manera de hacerlo; **au m. de** por medio de; **je n'ai pas les moyens** no puedo permitírmelo (económicamente).

muer vi (animal) mudar; (voix) cambiar.

muet, -ette a & mf mudo, -a.

mufle m (d'animal) morro.

mugir vi (bœuf) mugir.

mugissement(s) m(pl) mugido m.

muguet m muguete m.

mule f (pantoufle) chinela f; (animal) mula f.

multicolore a multicolor.

multiple m (nombre) múltiplo m.

multiplication f multiplicación f.

multiplier vt multiplicar (**par** por).

municipal, -e, -aux a municipal; **conseil m.** consejo municipal.

munir 1 vt **m. de** equipar con.
   2 se munir aprovisionarse (**de** de).

munitions fpl municiones fpl.

mur m muro m; **m. du son** barrera f del sonido.

mûr, mûre a (fruit) maduro, -a.

muraille f muralla f.

mûre f (baie) mora f.

mûrir 1 vt hacer madurar.
   2 vi madurar.

murmure m murmullo m.

murmurer vti murmurar

muscle m músculo m.

musclé, -ée a (bras) musculoso, -a.

museau, -x m (de chien etc.) hocico m.

musée m museo m.

muselière f (appareil) bozal m.

musical, -e, -aux a musical.

musicien, -ienne mf músico, -a.

musique f música f.

musulman, -ane a & mf musulmán, -ana.

muter vt trasladar.

mutuel, -elle a (réciproque) mutuo, -a.

myope a & mf miope.

mystère m misterio m.

mystérieux, -euse a misterioso, -a.

M

nage *f* natación *f*; **traverser à la n.** atravesar a nado; *Fig* **être en n.** sudar a mares.

nageoire *f* (de poisson) aleta *f*.

nager 1 *vi* nadar.
  2 *vt* **n. la brasse/le crawl** nadar a braza/a crol.

nageur, -euse *mf* nadador, -ora.

naïf, -ïve *a* ingenuo, -a.

nain, naine *mf* enano, -a.

naissance *f* nacimiento *m*.

naître* *vi* nacer.

nappe *f* (sur une table) mantel *m*.

napperon *m* (pour vase etc.) salvamanteles *m inv*.

narine *f* orificio *m* nasal.

naseau, -x *m* (de cheval) ventana *f* de la nariz.

natal, -e (mpl **-als**) *a* (pays) natal.

natalité *f* natalidad *f*; **taux de n.** tasa de natalidad.

natation *f* natación *f*.

nation *f* nación *f*; **Nations Unies** Naciones Unidas.

national, -e, -aux *a* nacional; **(route) nationale** carretera nacional.

nationaliser *vt* nacionalizar.

nationalité *f* nationalidad *f*.

natte *f* (de cheveux) trenza *f*; (tissu) estera *f*.

nature 1 *f* (monde naturel, caractère) naturaleza *f*.
  2 *a inv* (yaourt etc.) natural; (café) solo; **omelette n.** tortilla francesa.

naturel, -elle *a* natural.

naufrage *m* naufragio *m*; **faire n.** naufragar.

naufragé, -ée *a & mf* náufrago, -a.

nautique *a* **ski/**etc. **n.** esquí/etc. náutico.

naval, -e (mpl **-als**) *a* naval.

navet *m* (légume) nabo *m*.

navette *f* **faire la n.** ir y venir (**entre** entre); **n. spatiale** nave *f* espacial; **n. aérienne** puente *m* aéreo.

navigation *f* navegación *f*.

naviguer *vi* (bateau) navegar.

navire *m* navío *m*, buque *m*.

navré, -ée *a* desconsolado, -a; **je suis n.** siento muchísimo.

ne (**n'** *delante de vocal o h muda; es parte de la negación del verbo con* **pas, jamais, personne, rien, que** *etc.*) *adv* (+ **pas**) no; **il ne boit pas** no bebe; **n'est-ce pas?** ¿no?

né, -ée *a* (pp de **naître**) nacido, -a.

nécessaire 1 *a* necesario, -a.
  2 *m* **faire le n.** hacer lo necesario; **n. de toilette** neceser *m*.

nécessité *f* necesidad *f*.

nécessiter *vt* necesitar.

nectarine *f* nectarina *f*.

négatif, -ive *a & m* negativo, -a *a & m*.

négation *f* Grammaire negación *f*.

négligence *f* (défaut) negligencia *f*.

négligent, -ente *a* negligente.

négliger *vt* (personne, travail etc.) descuidar; **n. de faire qch** olvidar(se) de hacer algo.

négociation f negociación f.

négocier vti negociar.

neige f nieve f; **n. fondue** aguanieve f.

neiger vi nevar.

nénuphar m nenúfar m.

néon m neón; **éclairage au n.** luces de neón.

nerf m nervio m; **du n.!** ¡ánimo!; **ça me tape sur les nerfs** eso me saca de quicio; **être à bout de nerfs** tener los nervios a flor de piel.

nerveux, -euse a (agité) nervioso, -a.

nescafé® m café m instantáneo.

net, nette 1 a (image, voix) nítido, -a; (refus, idée, victoire) claro, -a; (coupure, linge, écriture) limpio, -a; (poids, prix) neto, -a.
   2 adv (s'arrêter) en seco; (casser) de un golpe.

nettement adv claramente; (bien plus) definitivamente.

nettoyage m limpieza f; **n. à sec** limpieza en seco.

nettoyer vt limpiar.

neuf, neuve 1 a nuevo, -a; **quoi de n.?** ¿qué hay de nuevo?.
   2 m **remettre à n.** dejar como nuevo.

neuf a & m inv nueve.

neutre a neutro, -a; (pays) neutral.

neuvième a & mf noveno, -a.

neveu, -x m sobrino m.

nez m nariz f; **n. à n.** cara a cara (**avec** con).

ni conj **ni... ni** (+ **ne**) ni... ni; **il n'a ni faim ni soif** no tiene ni hambre ni sed; **sans manger ni boire** sin comer ni beber; **ni l'un ni l'autre** ni el uno ni el otro.

niche f (de chien) caseta f (de perro).

nicher vi, **se nicher** vpr (oiseau) anidar.

nid m nido m.

nièce f sobrina f.

nier vt negar (**que** que).

niveau, -x m nivel m; **au n. de** (à hauteur de) a nivel de.

noble a & mf noble.

noce(s) f(pl) boda f; **noces d'argent/d'or** bodas de plata/de oro.

nocif, -ive a nocivo, -a, dañino, -a.

Noël m Navidad f; **le père N.** Papá Noel.

nœud m nudo m; (ruban) lazo m; **n. coulant** nudo corredizo; **n. papillon** pajarita f.

noir, noire 1 a negro, -a; (nuit, lunettes etc.) oscuro, -a; **il commence à faire n.** está anocheciendo; **marché n.** mercado negro.
   2 m (couleur) negro m; (obscurité) oscuridad f; **n. sur blanc** con pelos y señales.
   3 mf **Noir, Noire** (personne) negro, -a, persona de color.
   4 f (note de musique) negra f.

noircir 1 vt ennegrecer.
   2 vi, **se noircir** vpr oscurecerse.

noisetier m avellano m.

noisette f avellana f.

noix f (du noyer) nuez f; **n. de coco** coco m; **n. de cajou/pécan** nuez de cahoba/pacana.

nom m Grammaire nombre m; **n. de famille** apellido m; Grammaire **n. commun/propre** nombre común/propio.

nombre m número m; **bon n. de** bastantes; **venir en n.** venir en gran número; **le grand n. de** la mayoría de.

nombreux, -euse a (amis, livres) numerosos, -as; **famille nombreuse** familia numerosa; **peu n.** pocos; **venir n.** venir muchos.

nombril m ombligo m.

nommer 1 vt (appeler) nombrar; **n. qn** (désigner) nombrar a alguien (**à un poste** para un puesto).
   2 se nommer vpr llamarse.

N

non 1 *adv* no; **tu viens ou n.?** ¿vienes o no?; **n. seulement** no sólo; **je crois que n.** creo que no; **(ni) moi n. plus** yo tampoco; **n. sucré** sin azúcar.
  2 *m inv* no.

nonante *a (en Belgique, en Suisse)* noventa.

non-fumeur, -euse *mf* nofumador, -ora.

nord *m* norte *m*; **au n. de** al norte de; **du n.** *(vent, ville)* del norte.

nord-africain, -aine 1 *a* norteafricano, -a.
  2 *mf* **Nord-Africain, -aine** norteafricano, -a.

nord-américain, -aine 1 *a* norteamericano, -a.
  2 *mf* **Nord-Américain, -aine** norteamericano, -a.

nord-est *m & a inv* nordeste *m & a inv*.

nord-ouest *m & a inv* noroeste *m & a inv*.

normal, -e, -aux *a* normal.

normale *f* **au-dessus/au-dessous de la n.** por encima/por debajo de lo normal.

normalement *adv* normalmente.

norvégien, -ienne 1 *a* noruego, -a.
  2 *m (langue)* noruego *m*.
  3 *mf* **Norvégien, -ienne** noruego, -a.

nos *voir* **notre.**

notaire *m* notario *m*.

notamment *adv* especialmente.

note *f (de musique, remarque, à l'école)* nota *f*; *(facture)* cuenta *f*; **prendre n. de** tomar nota de.

noter *vt* anotar; *(un devoir)* corregir.

notice *f (mode d'emploi)* instrucciones *fpl*.

notre *(pl* **nos)** *a poss* nuestro, -a.

nôtre *pron poss* **le** *ou* **la n., les nôtres** el nuestro, la nuestra, los nuestros, las nuestras.

nouer *vt (chaussure etc.)* atar.

nouilles *fpl* tallarines *mpl*.

nounours *m* osito *m* de peluche.

nourrice *f (assistante maternelle)* nodriza *f*, ama *f* de cría.

nourrir 1 *vt* alimentar.
  2 se nourrir *vpr* alimentarse.

nourrissant, -ante *a* nutritivo, -a.

nourrisson *m* niño *m* de pecho.

nourriture *f* alimento *m*, comida *f*.

nous *pron pl (sujet, complément direct)* nosotros, -as; *(complément indirect)* a nosotros, -as; *(réfléchi, réciproque)* nos; **c'est à n.** *(cet objet)* es nuestro; **n. n. connaissons déjà** ya nos conocemos.

nous-mêmes *pron pl* nosotros, -as mismos, -as.

nouveau (nouvel *delante de vocal o h muda)*, **-elle** *(pl* **nouveaux, nouvelles) 1** *a* nuevo, -a; **nouvel an** Año Nuevo.
  2 *mf (dans une classe etc.)* nuevo, -a.
  3 *m* **de n., à n.** de nuevo.

nouveau-né, -ée *mf* recién nacido, -a.

nouvelle *f (information)* noticia *f*.

novembre *m* noviembre *m*.

noyade *f* ahogamiento *m*.

noyau, -x *m* núcleo *m*; *(de fruit)* hueso *m*.

noyé, -ée *mf* ahogado, -a.

noyer¹ 1 *vt* ahogar.
  2 se noyer *vpr* ahogarse.

noyer² *m (arbre)* nogal *m*.

nu, nue *a (personne)* desnudo, -a; **à mains nues** sin guantes; **tout nu** en cueros; **tête nue, nu-tête** con la cabeza descubierta; **bras nus** en manga corta; **à l'œil nu** a simple vista.

nuage *m* nube *f*.

nuageux, -euse *a* nuboso, -a.

nuance *f (de couleurs)* matiz *m*.

nucléaire *a* nuclear.

nuire* *vi* **n. à qn** perjudicar a alguien.

nuisible *a* perjudicial, dañino, -a.

nuit *f* noche *f*; **il fait n.** está oscuro; **il commence à faire n.** está anocheciendo; **la n.** *(se promener etc.)* de noche; **cette n.** *(aujourd'hui)* esta noche; *(hier)* ayer noche; **bonne n.** *(au coucher)* buenas noches; **n. blanche** noche en vela; **n. noire** noche cerrada; **oiseau de n.** ave nocturna.

nul, nulle *a (médiocre)* nulo, -a; **faire match n.** empatar; **nulle part** ninguna parte.

numéro *m* número *m*; **n. vert** *(au téléphone)* número de teléfono gratuito.

numéroter *vt (page etc.)* numerar.

nuque *f* nuca *f*.

nylon *m* nilón *m*, nylon *m*; **chemise/** *etc.* **en n.** camisa /*etc.* de nylon .

N

Oo

obéir *vi* obedecer (**à** a).

obéissance *f* obediencia *f*.

obéissant, -ante *a* obediente.

objectif *a & m* objetivo *a & m*.

objet *m* (*chose*) objeto *m*; **objets trouvés** (*bureau*) (oficina *f* de) objetos perdidos.

obligation *f* obligación *f*; **être dans l'o. de** estar obligado a.

obligatoire *a* obligatorio, -a.

obligé, -ée *a* obligado -a; **être o. de faire** estar obligado a hacer; **c'était o. que ça arrive** era de prever que sucediera; **je vous en serais très o.** le estaré muy agradecido.

obliger *vt* obligar (**à faire** a hacer).

oblique *a* oblícuo, -a.

obscène *a* obsceno, -a.

obscur, -e *a* oscuro, -a.

obscurcir 1 *vt* oscurecer.
   2 s'obscurcir *vpr* (*ciel*) oscurecerse.

obscurité *f* oscuridad *f*.

obsèques *fpl* exequias *fpl*.

observation *f* (*étude*) observación *f*; **être en o.** (*malade*) estar en observación.

observatoire *m* observatorio *m*.

observer *vt* observar; **faire o.** hacer notar.

obstacle *m* obstáculo *m*.

obstiné, -ée *a* obstinado, -a.

obstiner (s') *vpr* **s'o. à faire** obstinarse en hacer.

obtenir* *vt* obtener.

obus *m* obús *m*.

occasion *f* ocasión *f*, oportunidad *f* (**de faire** de hacer); (*prix avantageux*) ganga *f*; **d'o.** de segunda mano.

occidental, -e, -aux *a* occidental.

occupation *f* ocupación *f*.

occupé, -ée *a* ocupado, -a.

occuper 1 *vt* ocupar.
   2 *vpr* **s'occuper** ocuparse (**de** de; **à faire** haciendo); **occupe-toi de tes affaires!** ¡métete en tus asuntos!

océan *m* océano *m*.

octobre *m* octubre *m*.

oculiste *mf* oculista *mf*.

odeur *f* olor *m*.

odieux, -euse *a* odioso, -a.

odorat *m* olfato *m*.

œil *m* (*pl* **yeux**) ojo *m*; **lever/baisser les yeux** alzar/bajar la mirada; **coup d'o.** ojeada; **jeter un coup d'o. sur** echar una ojeada a; **o. poché, o. au beurre noir** ojo morado.

œillet *m* (*fleur*) clavel *m*.

œuf *m* (*pl* **œufs**) huevo *m*; **o. dur/sur le plat/à la coque/brouillé** huevo duro/frito/pasado por agua/escalfado.

œuvre *f* obra *f*; **se mettre à l'o.** ponerse a trabajar.

offenser *vt* ofender.

office *m* (*messe*) oficio *m*; **o. de tourisme** oficina *f* de turismo.

officiel, -ielle *a* oficial.

officier *m* (*dans l'armée etc.*) oficial *m*.

offre *f* oferta *f*; **offres d'emploi** ofertas de empleo.

offrir* 1 *vt* ofrecer (**de faire** hacer); *(cadeau)* regalar.
  2 s'offrir *vpr* regalarse (**qch** algo).

oh! *int* ¡oh!

oie *f* oca *f*.

oignon *m (légume)* cebolla *f*; *(de fleur)* bulbo *m*.

oiseau, -x *m* pájaro *m*; **o. de nuit / de proie** ave *f* nocturna / de presa; **à vol d'o.** en línea recta.

oisif, -ive *a (inactif)* ocioso, -a.

oisiveté *f* ocio *m*.

olive *f* aceituna *f*; **huile d'o.** aceite de oliva.

olivier *m* olivo *m*.

olympique *a (sport)* olímpico, -a.

ombragé, -ée *a* umbrío, -a.

ombre *f* sombra *f*; **à l'o.** a la sombra; **faire de l'o.** hacer sombra.

omelette *f* tortilla *f*; **o. au fromage /** *etc.* tortilla de queso / *etc.*

omnibus *a & m* **(train) o.** (tren *m*) ómnibus *m*.

omoplate *f* omoplato *m*.

on *pron* (**a**) *(nous)* nosotros, -as .
  (**b**) *(les gens)* **on boit beaucoup de vin en France** se bebe mucho vino en Francia.
  (**c**) *(vous)* **on ne s'en fait pas!** ¡no nos preocupemos!; **on frappe** llaman a la puerta; **on m'a dit que** me han dicho que; **on dirait du bois / qu'il va pleuvoir** parece madera / que va a llover.

oncle *m* tío *m*.

onde *(de radio)* onda *f*; **grandes ondes** onda larga; **ondes courtes** onda corta; **longueur d'o.** longitud de onda.

ondulation *f* ondulación *f*.

onduler *vi (cheveux)* ondular.

ongle *m* uña *f*.

ont *voir* avoir.

onze *a & m inv* once *a & m inv* .

onzième *a & mf* undécimo, -a.

OPA *f abrév de* **offre publique d'achat** OPA *f*.

opaque *a* opaco, -a.

opéra *m* ópera *f*.

opération *f* operación *f*.

opérer *vt (en chirurgie)* operar (**de** de); **se faire o.** operarse.

opinion *f* opinión *f* (**sur** sobre).

opposé, -ée 1 *a (direction, opinion etc.)* opuesto, -a; *(équipe)* contrario, -a; **être o. à** *(contre)* estar en contra de.
  2 *m* **l'o.** lo opuesto (**de** a); **à l'o.** *(côté)* en el lado opuesto (**de** a).

opposer 1 *vt (résistance)* oponer (**à** a); **o. qn à qn** enfrentar a alguien contra alguien.
  2 *vpr* **s'opposer** *(équipes, personnes)* enfrentarse; **s'o. à** *(mesure)* oponerse a.

opposition *f* oposición *f* (**à** a).

opticien, -ienne *mf* óptico, -a.

optimiste *a* optimista.

or 1 *m* oro *m*; **montre /** *etc.* **en or** , **d'or** reloj / *etc.* de oro.
  2 *conj (cependant)* ahora bien.

orage *m* tormenta *f*.

orageux, -euse *a* tormentoso, -a.

oral, -e, -aux *a & m* oral *a & m* .

orange 1 *f (fruit)* naranja *f*.
  2 *a & m inv (couleur)* naranja *a & m inv* .

orangeade *f* naranjada *f*.

orbite *f* órbita *f*.

orchestre *m (classique, jazz)* orquesta *f*; *(places)* patio *m* de butacas.

ordinaire 1 *a* ordinario, -a; **d'o.** por lo general.
  2 *m* **sortir de l'o.** salir de lo normal.

ordinateur *m* ordenador *m*.

ordonnance *f (de médecin)* receta *f*.

ordonné, -ée *a* ordenado, -a.

ordonner *vt* ordenar (**que** + *subjonctif* que); *(médicament etc.)* recetar; **o. à qn de faire** ordenar a alguien hacer.

O

ordre *m* (*commandement*) orden *f*; (*classement, absence de désordre*) orden *m*; **jusqu'à nouvel o.** hasta nueva orden; **en o.** (*chambre etc.*) en orden; **mettre en o., mettre de l'o. dans** ordenar, poner en orden.

ordures *fpl* (*débris*) basura *f*; **boîte à o.** cubo de la basura.

oreille *f* oreja *f*; (*ouïe*) oído *m*; **faire la sourde o.** hacer oídos sordos.

oreiller *m* almohada *f*.

oreillons *mpl* paperas *fpl*.

organe *m* órgano *m*.

organisateur, -trice *mf* organizador, -ora.

organisation *f* organización *f*.

organiser 1 *vt* organizar.
　2 *vpr* **s'organiser** organizarse.

organisme *m* organismo *m*.

orge *f* cebada *f*.

orgue 1 *m* (*instrument*) órgano *m*.
　2 *fpl* **grandes orgues** órgano *m*.

orgueil *m* orgullo *m*.

orgueilleux, -euse *a* orgulloso, -a.

oriental, -e, -aux *a* oriental.

orientation *f* orientación *f*; **o. professionnelle** orientación profesional.

orienté, -ée *a* (*appartement etc.*) **o. à l'ouest** orientado al o hacia el oeste.

orienter 1 *vt* orientar.
　2 *vpr* **s'orienter** *vpr* orientarse.

original, -e, -aux *a & m* original *a & m*.

originalité *f* originalidad *f*.

origine *f* origen *m*; **à l'o.** al principio; **d'o.** (*pneu etc.*) de origen; **pays d'o.** país de origen.

ornement *m* ornamento *m*.

orner *vt* adornar (**de** de, con).

orphelin, -ine *mf* huérfano, -a.

orphelinat *m* orfanato *m*.

orteil *m* dedo *m* (del pie); **gros o.** dedo gordo del pie.

orthographe *f* ortografía *f*.

ortie *f* ortiga *f*.

os *m* hueso *m*; **trempé jusqu'aux os** calado hasta los huesos.

oser 1 *vt* atreverse a; **o. faire** atreverse a hacer.
　2 *vi* atreverse.

osier *m* mimbre *m*; **panier d'o.** cesta de mimbre.

otage *m* rehén *mf*; **prendre qn en o.** tomar a alguien como rehén.

otarie *f* (*animal*) león *m* marino.

ôter *vt* quitar (**à qn** a alguien); (*vêtement*) quitarse; (*déduire*) restar (**de** a).

ou *conj* o; (*devant un mot commençant par o*) u; (*entre deux chiffres*) ó; **ou bien** o (bien); **ou elle ou moi** ella o yo.

où *adv & pron* donde; (*interrogatif*) dónde; **le jour où** el día en que; **la table où** la mesa donde; **par où?** ¿por dónde?; **d'où?** ¿de dónde?.

oubli *m* olvido *m*; (*étourderie*) despiste *m*.

oublier *vt* olvidar (**de faire** hacer).

ouest *m & a inv* oeste *m & a inv*; **d'o.** (*vent*) (del) oeste; **de l'o.** del oeste.

ouf! *int* ¡uf!

oui 1 *adv* sí; **tu viens, o. ou non?** ¿vienes o no?; **je crois que o.** creo que sí.
　2 *m inv* sí.

ouïe *f* oído *m*.

ouïes *fpl* (*de poisson*) agallas *fpl*.

ouille! *int* ¡ay!

ouragan *m* huracán *m*.

ourlet *m* dobladillo *m*.

ours *m* oso *m*; **o. blanc/en peluche** oso polar/de peluche.

outil *m* herramienta *f*.

outillage *m* herramientas *fpl*.

outre 1 *prép* además de; **pas o. mesure** no demasiado.
　2 *adv* **en o.** además.

outré, -ée *a* (*révolté*) indignado, -a.

ouvert, -erte *(pp de* **ouvrir***)* *a* abierto, -a.

ouvertement *adv* abiertamente.

ouverture *f* apertura *f*; *(trou)* abertura *f*.

ouvrage *m (d'art)* obra *f*; *(travail)* trabajo *m*, labor *f*; **se mettre à l'o.** ponerse a trabajar.

ouvre-boîtes *m inv* abrelatas *m inv*.

ouvre-bouteilles *m .inv* abrebotellas *m inv*.

ouvrier, -ière 1 *mf* obrero, -a; **o. spécialisé** obrero (sin preparación especial); **o. qualifié** obrero cualificado.

2 *a* obrero, -a; **classe ouvrière** clase obrera.

ouvrir* 1 *vti* abrir.

2 *vpr* **s'ouvrir** abrirse.

ovale 1 *a* oval.

2 *m* óvalo *m*.

OVNI *m abrév de* **objet volant non identifié** OVNI *m*.

oxygène *m* oxígeno *m*.

ozone *m* ozono *m*.

O

pacifier *vt* pacificar.

pacifique 1 *a* pacífico, -a.
  2 *m* **le P.** el Pacífico.

pagaie *f* zagual *m*.

pagaïe, pagaille *f* *(désordre)* desorden *m*; **en p.** en desorden.

pagayer *vi* remar.

page *f* *(de livre etc.)* página *f*.

paie *f* paga *f*.

paiement *m* pago *m*.

paillasson *m* felpudo *m*.

paille *f* paja *f*; **tirer à la courte p.** echar a suertes.

paillette *f* *(d'habit)* lentejuela *f*.

pain *m* pan *m*; **p. grillé** pan tostado; **p. complet** pan integral; **p. de seigle** pan de centeno; **petit p.** bollo *m*.

pair, -e *a (numéro)* par.

paire *f* par *m* **(de** de); **une p. de lunettes** unas gafas *fpl*.

paisible *a (vie, endroit)* apacible.

paître* *vi* pastar.

paix *f* paz *f*; **en p.** en paz; **avoir la p.** estar tranquilo; **faire la p.** hacer las paces; *Fam* **fous-moi la p.!** ¡déjame en paz de una vez!

palais¹ *m (château)* palacio *m*; **P. de justice** palacio de justicia; **p. des sports** polideportivo *m*.

palais² *(dans la bouche)* paladar *m*.

pâle *a* pálido, -a.

palette *f (de peintre)* paleta *f*.

pâleur *f* palidez *f*.

palier *m (d'escalier)* descansillo *m*; **voisins de p.** vecinos de piso.

pâlir *vi* palidecer **(de** de).

palissade *f* empalizada *f*.

palme *f* palma *f*; *(de nageur)* aleta *f*.

palmier *m* palmera *f*.

palper *vt* palpar.

palpitant, -ante *a* palpitante.

palpiter *vi (cœur)* palpitar.

pamplemousse *m* pomelo *m*.

pan! *int* ¡pum!

panaché *a & m* **(demi) p.** cerveza *f* con gaseosa.

pancarte *f* cartel *m*; *(de manifestant)* pancarta *f*.

pané, -ée *a* empanado, -a.

panier *m* cesta *f*; **p. à salade** *(ustensile)* escurridor *m* de ensalada.

panique *f* pánico *m*.

paniquer *vi* perder los estribos.

panne *f* avería *f*; **tomber/être en p.** tener una avería; **p. d'électricité** corte *f* de electricidad, apagón *m*.

panneau, -x *m (écriteau)* panel *m*; **p. (de signalisation)** señal *f* de tráfico; **p. (d'affichage)** tablón *m* (de anuncios).

panoplie *f (jouet)* disfraz *m*.

panorama *m* panorama *m*.

pansement *m* venda *f*; **p. adhésif** tirita *f*.

panser *vt (bander)* vendar.

pantalon *m* pantalón *m*, pantalones *mpl*; **en p.** en pantalón.

pantin *m* títere *m*.

pantoufle *f* zapatilla *f*, pantuflo *m*.

paon m pavo m real.

papa m papá m.

pape m papa m.

papeterie f (magasin) papelería f.

papi m Fam abuelito m.

papier m (matière) papel m; **un p.** (feuille) una hoja de papel; (formulaire) un impreso; **sac/etc. en p.** bolsa/etc. de papel; **p. d'aluminium** papel platino; **papiers (d'identité)** papeles (de identidad); **p. hygiénique** papel higiénico; **p. à lettres** papel de cartas; **p. journal** papel de periódico; **p. peint** papel pintado; **p. de verre** papel de lija.

papillon m mariposa f; **p. (de nuit)** polilla f.

paquebot m paquebote m.

pâquerette f margarita f.

Pâques f ou fpl Pascua f; **vacances de P.** vacaciones de Semana Santa.

paquet m paquete m.

par prép (a) por; **choisi p.** elegido por; **apprendre p. un ami** enterarse por un amigo; **commencer p. qch** comenzar por algo; **p. le travail/l'étude/etc.** trabajando/estudiando/etc..

(b) (manière) **p. le train/avion/bateau** en tren/avión/barco; **p. la poste** por correo.

(c) (lieu) por; **p. la porte** por la puerta; **jeter p. la fenêtre** tirar por la ventana; **p. ici/là** (aller) por aquí/allá.

(d) (motif) por; **p. pitié** por lástima.

(e) (temps) en; **p. un jour d'hiver** un día de invierno; **p. ce froid** en este frío.

(f) (distributif) **dix fois p. an** diez veces al año; **deux p. deux** dos por dos.

parachute m paracaídas m inv.

paradis m paraíso m.

paragraphe m párrafo m.

paraître* vi (sembler) parecer; (livre) publicarse; **il paraît qu'il va partir** parece que se va.

parallèle a paralelo, -a (**à** a).

paralyser vt paralizar.

parapluie m paraguas m inv.

parasite m parásito m; **parasites** (à la radio) interferencias fpl.

parasol m quitasol m.

paravent m biombo m.

parc m parque m; **p. (de stationnement)** aparcamiento m.

parce que conj porque.

parcelle f (terrain) parcela f; (fragment) partícula f.

par-ci par-là adv aquí y allá, en todas partes.

parcmètre m parquímetro m.

parcourir* vt (région) recorrer; (distance) cubrir; (texte) ojear.

parcours m (itinéraire) trayecto m, recorrido m.

par-dessous prép & adv por debajo.

pardessus m abrigo m.

par-dessus prép & adv por encima; **p.-dessus tout** ante todo.

pardon m **p.!** (excusez-moi) ¡perdón!, ¡disculpe!; **demander p.** pedir perdón (**à** a).

pardonner vt perdonar; **p. qch à qn** perdonar algo a alguien; **p. à qn d'avoir fait qch** perdonar a alguien por haber hecho algo.

pare-brise m inv parabrisas m inv.

pare-chocs m inv parachoques m inv.

pareil, -eille 1 a parecido, -a; **p. à** parecido a; **être pareils** ser parecidos; **un p. désordre/etc.** semejante desorden/etc..

2 adv Fam **faire p. que qn** imitar a alguien.

parent, -ente 1 mf pariente mf.

2 mpl (père et mère) padres mpl.

3 a pariente (**de** de).

parenthèse f (signe) paréntesis m inv.

paresse f pereza f.

P

paresseux, -euse *a & mf* perezoso, -a.

parfait, -aite *a* perfecto, -a; **p.!** ¡perfecto!

parfaitement *adv* perfectamente; *(certainement)* desde luego.

parfois *adv* a veces.

parfum *m (odeur)* fragancia *f; (liquide)* perfume *m; (goût)* sabor *m*.

parfumé, -ée *a (savon, fleur)* perfumado, -a; **p. au café/**etc. con sabor a café/etc.

parfumer 1 *vt* perfumar; *(glace, crème)* aromatizar (**à** con).
    2 se parfumer *vpr* perfumarse.

parfumerie *f* perfumería *f*.

pari *m* apuesta *f*.

parier *vti* apostar (**sur** a, por; **que** que).

parisien, -ienne 1 *a* parisino, -a, parisiense; **la banlieue parisienne** los suburbios de París.
    2 *mf* **Parisien, -ienne** parisino, -a.

parking *m* aparcamiento *m*.

parlement *m* parlamento *m*.

parlementaire *mf* parlamentario, -a.

parler 1 *vi* hablar (**de** de; **à** a).
    2 *vt (langue)* hablar.
    3 se parler *vpr (langue)* hablarse.

parmi *prép* entre.

paroi *f* pared *f*.

paroisse *f* parroquia *f*.

paroissial, -e, -aux *a* église/etc. **paroissiale** iglesia/etc. parroquial.

parole *f (mot, promesse)* palabra *f*; **adresser la p. à** dirigir la palabra a; **prendre la p.** tomar la palabra; **demander la p.** pedir la palabra.

parquet *m* parqué *m*.

parrain *m* padrino *m*.

parrainer *vt (course etc.)* apadrinar.

parsemé, -ée *a* **p. de** lleno, a de.

part *f (portion)* parte *f; (de gâteau)* porción *f*; **prendre p. à** *(activité)* tomar parte en; *(la joie etc. de qn)* com-

partir; **de toutes parts** de todas partes; **de p. et d'autre** por ambas partes; **d'autre p.** *(d'ailleurs)* por otra parte; **de la p. de** *(provenance)* de parte de; **quelque p.** en alguna parte; **nulle p.** en ninguna parte; **autre p.** en otra parte; **à p.** *(mettre)* aparte; *(excepté)* aparte de.

partage *m* reparto *m*.

partager *vt* compartir (**avec** con).

partenaire *mf* compañero, -a; *(de danse)* pareja *f*.

parterre *m (de jardin)* jardinera *f*.

parti *m (politique)* partido *m*; **prendre p. pour qn** tomar parte a favor de alguien.

participant, -ante *mf* participante *mf*.

participation *f* participación *f*; **p. (aux frais)** contribución *f*.

participe *m* Grammaire participio *m*.

participer *vi* **p. à** *(jeu etc.)* participar en; *(frais, joie)* compartir.

particularité *f* particularidad *f*.

particulier, -ière *a (spécial)* particular; *(bizarre)* peculiar; **en p.** *(surtout)* en particular.

particulièrement *adv* particularmente.

partie *f* parte *f; (de cartes)* partida *f; (de tennis etc.)* partido *m*; **en p.** en parte; **faire p. de** formar parte de; *(club etc.)* pertenecer a.

partir* *vi (aux être)* irse; *(coup de feu)* disparar(se); *(tache)* salir; **à p. de** *(date, prix)* a partir de.

partisan *m* partidario, -a *mf*; **être p. de qch/de faire** ser partidario de algo/de hacer.

partition *f (musique)* partitura *f*.

partout *adv* por todas partes; **p. où tu vas/iras** adondequiera que vayas.

parvenir* *vi (aux être)* **p. à** *(lieu)* llegar a; **p. à faire** conseguir hacer.

pas¹ *adv (négatif)* no; **(ne)... p.** no; **je ne sais p.** no lo sé; **il n'y a p. de**

pain/*etc.* no hay pan/*etc.*; **p. encore** aún no; **p. du tout** en absoluto; **p. content du tout** nada contento; **presque p.** casi nada; **p. mal** regular; **p. mal de monde** bastante gente; **p. un** ni uno; **même p.** ni siquiera.

pas² *m* paso *m*; *(trace)* huella *f*; **rouler au p.** *(véhicule)* avanzar a paso lento; **marcher au p. (cadencé)** marchar; **faire les cent p.** ir y venir de un lado a otro; **faux p.** *(en marchant)* paso en falso; **le p. de la porte** el umbral.

passable *a (travail, résultat)* regular.

passage *m* paso *m*; *(traversée en bateau)* travesía *f*; *(extrait)* pasaje *m*; *(couloir)* pasillo *m*; **p. clouté** *ou* **pour piétons** paso de cebra o de peatones; **p. souterrain** paso subterráneo; **p. à niveau** paso a nivel; **p. interdit** prohibido el paso; **cédez le p.** *(au carrefour)* ceda el paso; **droit de p.** derecho de paso.

passager, -ère *mf* pasajero, -a.

passant, -ante 1 *mf* transeúnte *mf*. **2** *a* concurrido, -a.

passe *f Football etc.* pase *m*; **mot de p.** contraseña *f*.

passé, -ée 1 *a (temps)* pasado, -a; *(couleur)* descolorido, -a; **la semaine passée** la semana pasada; **dix heures passées** pasadas las diez; **avoir vingt ans passés** tener veinte años cumplidos. **2** *m* pasado *m*.

passe-passe *m inv* **tour de p.-passe** juego *m* de manos.

passeport *m* pasaporte *m*.

passer 1 *vi* (*aux* **être** *ou* **avoir**) pasar (**à** a; **de** de); *(traverser)* atravesar; *(facteur)* venir; *(temps)* pasar, transcurrir; *(au tableau)* salir; *(douleur, couleur)* irse; **p. à la radio** salir en la radio; **son nouveau film passe cette semaine** ponen su nueva película esta semana; **p. devant** *(maison etc.)* pasar delante de; **p. à la** **boulangerie** *ou* **chez le boulanger** pasarse por la panadería; **laisser p.** *(personne, lumière)* dejar pasar; **p. prendre** ir a buscar, recoger; **p. voir qn** ir a ver a alguien; **p. pour** *(riche etc.)* pasar por; **p. en** *(seconde etc.) (à l'école)* pasar a; *(en voiture)* meter.

2 *vt* (*aux* **avoir**) *(frontière etc.)* cruzar; *(donner)* pasar, dar (**à** a); *(temps)* pasar (**à faire** haciendo); *(disque, chemise, film)* poner; *(examen)* tener; *(thé)* colar; *(café)* filtrar; *(limites)* sobrepasar; *(visite médicale)* pasar; *(loi)* aprobar; **p. qch à qn** *(caprice etc.)* conceder algo a alguien; **p. un coup d'éponge/de chiffon**/*etc.* **à qch** dar una pasadita a algo.

3 **se passer** *vpr* ocurrir, pasar; **se p. de** prescindir de; **tout s'est bien passé** todo salió bien.

passerelle *f* pasarela *f*.

passe-temps *m inv* pasatiempo *m*.

passif, -ive 1 *a* pasivo, -a. **2** *m Grammaire* (voz *f*) pasiva *f*.

passion *f* pasión *f*; **avoir la p. des voitures/d'écrire** tener pasión por los coches/por escribir.

passionnant, -ante *a* apasionante.

passionné, -ée *a* apasionado, -a (**de qch** por algo).

passionner 1 *vt* apasionar. **2** **se passionner** *vpr* apasionarse (**pour** por).

passoire *f* escurridor *m*.

pasteurisé, -ée pasteurizado, -a.

pastille *f* pastilla *f*.

patate *f Fam (pomme de terre)* patata *f*, *Am* papa *f*; *(imbécile)* sobobo, -a *mf*; **p. douce** batata *f*.

patauger *vi (dans la boue, barboter)* chapotear.

pâte *f* pasta *f*; *(à pain, à tarte etc.)* masa *f*; **p. d'amandes** mazapán *m*; **pâtes (alimentaires)** pasta *f*; **p. à modeler** plastilina® *f*.

P

pâté *m (charcuterie)* paté *m;* **p. (en croûte)** pastel *m;* **p. (de sable)** castillo *m* de arena; **p. de maisons** bloque *m,* manzana *f.*

pâtée *f (pour chien, chat)* comida *f* para animales, pienso *m.*

paternel, -elle *a* paternal.

patiemment *adv* pacientemente.

patience *f* paciencia *f.*

patient, -ente 1 *a* paciente.
  2 *mf (malade)* paciente *mf.*

patin *m* **p. (à glace)** patín *m* (de cuchilla); **p. à roulettes** patín (de ruedas); **faire du p. à roulettes** patinar sobre ruedas.

patinage *m* patinaje *m.*

patiner *vi* patinar.

patinoire *f* pista *f* de patinaje.

pâtisserie *f* pastel *m; (magasin)* pastelería *f.*

pâtissier, -ière *mf* pastelero, -a.

patrie *f* patria *f.*

patriote 1 *mf* patriota *mf.*
  2 *a* patriótico, -a.

patriotique *a (chant etc.)* patriótico, -a.

patron, -onne 1 *mf (chef)* jefe, -a.
  2 *m (modèle de papier)* patrón *m.*

patrouille *f* patrulla *f.*

patrouiller *vi* patrullar.

patte *f* pata *f;* **marcher à quatre pattes** gatear, andar a gatas.

pâturage *m* pasto *m.*

paume *f (de main)* palma *f* (de la mano).

paumé, -ée *a Fam (perdu)* despistado, -a.

paumer *vt Fam (perdre)* perder.

paupière *f* párpado *m.*

pause *f* descanso *m; (silence)* pausa *f.*

pauvre 1 *a* pobre.
  2 *mf* pobre *mf;* **le p.!** ¡el pobre!.

pauvreté *f* pobreza *f.*

pavé *m (de rue)* adoquín *m.*

paver *vt* pavimentar.

pavillon *m (maison)* chalet *m; (drapeau)* pabellón *m.*

payant, -ante *a (hôte, spectateur)* que paga; *(place, entrée)* de pago.

paye *f* paga *f.*

payer 1 *vt (personne, somme)* pagar; **p. qn pour faire** pagar a alguien por hacer.
  2 *vi (personne, métier)* pagar.

pays *m* país *m;* **du p.** *(vin, gens)* del país.

paysage *m* paisaje *m.*

paysan, -anne *mf* campesino, -a.

PCV *(abrév de* **paiement contre vérification***)* **téléphoner en PCV** llamar a cobro revertido.

PDG *abrév de* **président-directeur général** *m* director, -ora *mf* general.

péage *m (droit)* peaje *m; (lieu)* paso *m* de peaje.

peau, -x *f* piel *f.*

pêche¹ *f* pesca *f;* **p. à la truite**/*etc.* pesca de truchas/*etc.;* **p. (à la ligne)** pesca con caña; **aller à la p.** ir de pesca.

pêche² *f (fruit)* melocotón *m.*

péché *m* pecado *m.*

pécher *vi* pecar.

pêcher¹ *vti* pescar.

pêcher² *m* melocotonero *m.*

pêcheur *m* pescador *m.*

pédale *f* pedal *m;* **p. de frein** pedal de freno; *Fig* **perdre les pédales** perder los estribos.

pédaler *vi* pedalear.

pédalo *m* hidropedal *m,* patín *m.*

pédiatre *mf* pediatra *mf.*

pédicure *mf* callista *mf.*

peigne *m* peine *m;* **se donner un coup de p.** peinarse.

peigner 1 *vt (cheveux)* peinar; **p. qn** peinar a alguien.
  2 se peigner *vpr* peinarse.

peignoir *m* bata *f;* **p. (de bain)** albornoz *m.*

peindre* *vti* pintar; **p. en bleu**/*etc.* pintar de azul/*etc.*

peine (à) *adv* apenas; **j'y ai à p. touché** apenas lo he tocado.

peine *f* (a) *(châtiment)* **p. de mort** pena *f* de muerte; **p. de prison** sentencia *f* de encarcelamiento.

(b) *(chagrin)* **avoir de la p.** estar triste; **faire de la p. à** dar pena a.

(c) *(effort, difficulté)* **se donner de la p.** molestarse (**pour faire** en hacer); **avec p.** a duras penas; **ça vaut la p. d'attendre**/*etc.* vale la pena esperar/*etc.*; **prendre la p. de** tomarse la molestia de; **j'ai de la p. à y croire** me cuesta creerlo.

peintre *m* pintor *m*; **p. (en bâtiment)** pintor (de brocha gorda).

peinture *f* pintura *f*; **p. fraîche** ojo (que mancha).

pelage *m (d'animal)* pelaje *m*.

peler 1 *vt (fruit)* pelar.

2 *vi (personne bronzée)* pelarse.

pelle *f* pala *f*; **p. à poussière** recogedor *m*.

pelleteuse *f* excavadora *f*.

pellicule *f* película *f*; **pellicules** *(dans les cheveux)* caspa *f*.

pelote *f (de laine)* ovillo *m*.

peloton *m* pelotón *m*.

pelotonner (se) *vpr* acurrucarse.

pelouse *f* césped *m*.

peluche *f* **(jouet en) p.** peluche *m*; **chien/ours en p.** *(jouet)* perro/oso de peluche.

penalty *m Football* penalti *m*.

penché, -ée *a* inclinado, -a.

pencher 1 *vt* inclinar.

2 *vi (arbre etc.)* estar inclinado, -a.

3 se pencher *vpr* inclinarse; **se p. par** *(fenêtre)* asomarse a.

pendant *prép* durante; **p. deux mois** durante dos meses; **p. que** mientras.

penderie *f* armario *m* ropero.

pendre 1 *vti* colgar (**à** de); **p. qn**

colgar a alguien (**pour** por).

2 se pendre *vpr (se suspendre)* colgarse (**à** de); *(se tuer)* ahorcarse.

pendu, -ue *a (objet)* colgado, -a; **p. au mur** colgado en la pared; **p. à un clou** colgado de un clavo.

pendule *f* reloj *m* de pared.

pénétrer *vi* **p. dans** penetrar en.

pénible *a* penoso, -a.

péniblement *adv* penosamente.

péniche *f* chalana *f*.

pénicilline *f* penicilina *f*.

pensée *f (idée)* pensamiento *m*; **je ne partage pas sa p.** no comparto su opinión.

penser *vi* pensar (**à** en); **p. à qch/à faire qch** *(ne pas oublier)* pensar en algo/en hacer algo.

2 *vt* pensar (**que** que); **je pensais rester** pensaba o pretendía quedarme; **je pense réussir** creo que aprobaré; **que pensez-vous de?** ¿qué opina (acerca) de?

pension *f* internado *m*; *(hôtel, somme à payer)* pensión *f*; **être en p.** hospedarse (**chez** en); **p. complète** pensión completa.

pensionnaire *mf (élève)* interno, -a *(d'hôtel)* huésped *mf*.

pensionnat *m* internado *m*.

pente *f* cuesta *f*; **en p.** en pendiente.

Pentecôte *f* Pentecostés *m*.

pépin *m (de fruit)* pepita *f*.

perçant, -ante *a* agudo, -a.

percepteur, -trice *mf* recaudador, -ora de impuestos.

percer 1 *vt* perforar; *(ouverture)* agujerear.

2 *vi (dent)* salir; *(artiste)* hacerse famoso.

perceuse *f (outil)* taladradora *f*.

perche *f (bâton)* vara *f*.

percher (se) *vpr (oiseau)* posarse.

perchoir *m* percha *f*.

percuter *vt (véhicule)* chocar.

P

perdant, -ante *mf* perdedor, -ora.

perdre 1 *vt* perder; **p. son temps** perder el tiempo; **p. de vue** perder de vista.
2 *vi* perder.
3 se perdre *vpr (s'égarer)* perderse; *Fig* **je m'y perds** estoy perdido, -a.

perdrix *f* perdiz *f.*

perdu, -ue *a* perdido, -a; **c'est du temps p.** es tiempo perdido.

père *m* padre *m.*

perfection *f* perfección *f;* **à la p.** a la perfección.

perfectionné, -ée *a (machine)* perfeccionado, -a.

perfectionner 1 *vt* perfeccionar.
2 se perfectionner *vpr* **se p. en anglais/etc.** mejorar en inglés/etc.

perforeuse *f* perforadora *f.*

performance *f* actuación *f;* *(résultat)* marca *f;* *(de véhicule etc.)* prestación *f.*

péril *m* peligro *m.*

périlleux, -euse *a* peligroso, -a.

périmé, -ée *a (billet, aliment)* caducado, -a.

période *f* período *m.*

périphérique *a & m* **(boulevard) p.** carretera *f* de circunvalación.

perle *f (bijou)* perla *f;* *(de bois, verre)* cuenta *f.*

permanence *f (salle d'étude)* sala *f* de estudio; **être de p.** estar de guardia; **en p.** permanentemente.

permanent, -ente 1 *a* permanente; *(spectacle)* de sesión contínua.
2 *f (coiffure)* permanente *f.*

permettre* *vt* permitir; **p. à qn de faire** permitir a alguien hacer; **vous permettez?** ¿me permite?; **je ne peux pas me p. d'acheter** no puedo permitirme comprar.

permis, -ise 1 *a* permitido, -a.
2 *m* permiso *m;* **p. de conduire** permiso de conducir.

permission *f* permiso *m;* **demander la p.** pedir permiso **(de faire** para hacer).

perpendiculaire *a* perpendicular **(à** a).

perpétuel, -elle *a (incessant)* perpetuo, -a.

perron *m* escalinata *f.*

perroquet *m* loro *m.*

perruche *f* periquito *m.*

perruque *f* peluca *f.*

persécuter *vt* perseguir.

persécution *f* persecución *f.*

persévérance *f* perseverancia *f.*

persévérer *vi* perseverar **(dans** en).

persil *m* perejil *m.*

persister *vi* persistir **(à faire** en hacer; **dans qch** en algo).

personnage *m* personalidad *f;* *(de livre, film)* personaje *m.*

personnalité *f* personalidad *f.*

personne 1 *f* persona *f;* **grande p.** persona mayor; **en p.** en persona.
2 *pron (négatif)* nadie; **je ne vois p.** no veo a nadie; **mieux que p.** mejor que nadie.

personnel, -elle *a & m* personal *a & m.*

personnellement *adv* personalmente.

perspective *f* perspectiva *f* **(de** de).

persuader *vt* persuadir **(qn de faire** a alguien para hacer); **être persuadé que** estar convencido de que.

persuasion *f* persuasión *f.*

perte *f* pérdida *f* **(de temps/d'argent** de tiempo/de dinero).

perturbation *f* perturbación *f.*

perturber *vt* perturbar.

pesant, -ante *a* pesado, -a.

pesanteur *f (force)* gravedad *f.*

pèse-personne *m* pesa *f.*

peser *vti* pesar; **p. lourd** pesar mucho.

pessimiste *a* pesimista.

peste *f (maladie)* peste *f.*

pétale *m* pétalo *m.*

pétanque *f (jeu)* petanca *f.*

pétard *m* petardo *m.*

pétillant, -ante *a* con gas; *(vin)* espumoso, -a; *Fig (yeux)* chispeante.

pétiller *vi (champagne)* burbujear; *(yeux)* chispear.

petit, -ite 1 *a* pequeño, -a; *(de taille)* bajo, -a; *(bruit, coup)* ligero, -a; **tout p.** pequeñito, -a; **un p. Français/ Espagnol**/*etc.* un francesito/espa-ñolito/*etc.*.
   2 *mf* pequeño, -a; **petits** *(d'animal)* cría *f.*
   3 *adv* **p. à p.** poco a poco.

petit déjeuner *m* desayuno *m.*

petite-fille *f (pl* **petites-filles)** nie-ta *f.*

petit-fils *m (pl* **petits-fils)** nieto *m.*

petit pois *m* guisante *m.*

petits-enfants *mpl* nietos *mpl.*

petit-suisse *m (pl* **petits-suisses)** petit-suisse *m.*

pétrole *m* petróleo *m.*

pétrolier *m (navire)* petrolero *m.*

peu *adv (manger etc.)* poco; **un p.** un poco; **p. de temps** poco tiempo; **p. de sel** poca sal; **p. de fleurs**/*etc.* pocas flores/*etc.*; **un (tout) petit p.** un poquito, un pelín; **p. intéres-sant**/*etc.* poco interesante/*etc.*; **p. de chose** poca cosa; **p. à p.** poco a poco; **à p. près** más o menos; **p. après** poco después; **p. importe** ¡qué importa!; **j'habite ici depuis p.** hace poco que vivo aquí, vivo aquí desde hace poco tiempo.

peuple *m* pueblo *m.*

peuplé, -ée *a* **très/peu**/*etc.* **p.** muy/poco/*etc.* poblado; **p. de** po-blado de.

peur *f* miedo *m;* **avoir p.** tener miedo **(de qch/qn** de algo/alguien; **de faire** de hacer); **faire p. à** dar miedo a; **de p. que** (+ *subjonctif*) por

miedo a que.

peureux, -euse *a* miedoso, -a.

peut, peuvent, peux *voir* pouvoir.

peut-être *adv* quizá(s), tal vez; **p.-être qu'il viendra** quizá(s) venga.

phare *m* faro *m;* **faire un appel de phares** picar las luces.

pharmacie *f* farmacia *f; (armoire)* bo-tiquín *m.*

pharmacien, -ienne *mf* farmacéu-tico, -a.

philatélie *f* filatelia *f.*

philatéliste *mf* coleccionista *mf* de sellos.

philosophe 1 *mf* filósofo, -a.
   2 *a (résigné)* filosófico, -a.

philosophie *f* filosofía *f.*

phonétique *a* fonético, -a.

phoque *m (animal)* foca *f.*

photo *f* foto(grafía) *f; (art)* fotografía *f;* **prendre une p. de, prendre en p.** sacar o hacer una foto de; **se faire prendre en p.** sacarse una foto.

photocopie *f* fotocopia *f.*

photocopier *vt* fotocopiar.

photocopieuse *f (machine)* fotoco-piadora *f.*

photographe *mf* fotógrafo, -a.

photographier *vt* fotografiar.

photographique *a* fotográfico, -a.

photomaton® *m* fotomatón® *m.*

phrase *f* frase *f.*

physique 1 *a* físico, -a.
   2 *m (corps, aspect)* físico *m.*
   3 *f (science)* física *f.*

physiquement *adv* físicamente.

pianiste *mf* pianista *mf.*

piano *m* piano *m.*

pic *m* pico *m; (cime)* cima *f.*

pic (à) *adv* **couler à p.** ir(se) a pique.

pichet *m* jarra *f.*

pickpocket *m* carterista *mf.*

picorer *vti* picotear.

picoter *vt (yeux, peau)* picar.

pièce f *(de maison etc.)* habitación f; *(de pantalon)* parche m; **p. (de monnaie)** moneda f; **p. (de théâtre)** obra f (de teatro); **p. d'identité** identificación f; **pièces détachées** *(de véhicule etc.)* piezas fpl de recambio; **cinq dollars p.** cinco dólares la pieza.

pied m pie m; *(de meuble)* pata f; **à p.** a pie; **au p. de** al pie de; **coup de p.** patada f; **être pieds nus** estar descalzo.

piège m trampa f.

piéger vt atrapar; **voiture piégée** coche-bomba.

pierre f piedra f; **p. à briquet** piedra de mechero.

piétiner 1 vt pisotear.
2 vi patalear.

piéton m peatón m.

piétonne a rue p. calle peatonal.

pieu, -x m estaca f.

pieuvre f pulpo m.

pigeon m palomo m.

pile 1 f *(électrique, tas)* pila f; **radio à piles** radio de pilas; **en p.** en una pila; **p. (ou face)?** ¿cara o cruz?.
2 adv **s'arrêter p.** pararse en seco; **à deux heures p.** a las dos en punto.

pilier m pilar m.

pillage m pillaje m.

piller vti saquear.

pilotage m **poste de p.** carlinga f.

pilote m piloto m.

piloter vt pilotar.

pilule f píldora f; **prendre la p.** tomar la píldora.

piment m pimiento m.

pimenté, -ée a picante.

pin m *(arbre)* pino m; **pomme de p.** piña f.

pince f *(outil)* pinzas fpl; *(de cycliste, crabe)* pinza f; **p. (à linge)** pinza (de la ropa); **p. à épiler** pinzas (de depilar); **p. à sucre** tenacillas fpl para el azúcar; **p. à cheveux** horquilla f (para el pelo).

pinceau, -x m pincel m.

pincée f *(de sel etc.)* pellizco m **(de** de).

pincer 1 vt pellizcar.
2 se pincer vpr trillarse; **se p. le doigt** pillarse el dedo **(dans** en).

pingouin m pingüino m.

ping-pong m ping-pong m.

pin's m inv pins m.

pioche f pico m.

piocher vti cavar.

pion m *(au jeu de dames)* ficha f; *Échecs* peón m.

pipe f pipa f; **fumer la p.** fumar en pipa.

pipi m Fam **faire p.** hacer pipí.

piquant, -ante a *(sauce)* picante.

pique m Cartes espadas fpl.

pique-nique m picnic m.

pique-niquer vi hacer o ir de picnic.

piquer 1 vt *(percer)* pinchar; *(langue, yeux)* picar; *(coudre)* coser a máquina; *Fam (voler)* birlar; **p. qn** *(abeille)* picar a alguien; **p. qch dans** *(enfoncer)* clavar algo en; **p. une colère** montar en cólera.
2 vi *(avion)* bajar en picado; *(moutarde, insecte etc.)* picar.

piquet m *(pieu)* estaca f; **p. de grève** piquete m (de huelga).

piqûre f *(d'abeille)* picadura f; *(avec une seringue)* inyección f.

pirate m pirata m; **p. de l'air** pirata aéreo.

pire 1 a peor **(que** que**); le p. moment** /etc. el peor momento /etc..
2 mf **le/la p.** el/la peor.

piscine f piscina f.

pissenlit m diente m de león.

pistache f pistacho m.

piste f pista f; **p. d'envol** pista (de despegue); **p. cyclable** carril m de bicicletas; **p. de danse** pista de baile; **p. de ski** pista de esquí.

pistolet *m* pistola *f*; **p. à eau** pistola de agua.

pitié *f* piedad *f*; **j'ai p. de lui, il me fait p.** me da lástima o pena.

pittoresque *a* pintoresco, -a.

pivoter *vi* pivotar.

pizza *f* pizza *f*.

pizzeria *f* pizzería *f*.

placard *m* (*armoire*) armario *m*; (*de cuisine*) armarito *m* (de cocina).

place *f* (*endroit, rang, espace*) lugar *m*; (*lieu public, siège*) plaza *f*; (*emploi*) puesto *m*; **p. de parking** plaza de aparcamiento; **à la p. de** en lugar de; **à votre p.** en su lugar; **sur p.** en el sitio; **en p.** en su sitio; **mettre en p.** (*installer*) instalar; **changer qch de p.** cambiar algo de sitio.

placement *m* (*d'argent*) inversión *f*.

placer 1 *vt* colocar; (*invité, spectateur*) acomodar; (*argent*) invertir (**dans** en).
    2 se placer *vpr* colocarse; **se p. troisième/etc. (en sport)** clasificarse en tercer puesto/etc.

plafond *m* techo *m*.

plage *f* playa *f*; **p. arrière** (*de voiture*) bandeja *f*.

plaie *f* llaga *f*.

plaindre* 1 *vt* compadecer.
    2 se plaindre *vpr* quejarse (**de** de; **que** de que).

plaine *f* llanura *f*.

plainte *f* queja *f*; (*cri*) quejido *m*; **porter p.** poner una denuncia.

plaire* 1 *vi* **p. à qn** gustar a alguien; **elle lui plaît** le gusta; **ça me plaît** me gusta; **s'il vous/te plaît** por favor.
    2 se plaire *vpr* (*à Paris etc.*) estar a gusto.

plaisanter *vi* bromear (**sur** sobre).

plaisanterie *f* broma *f*; **par p.** de o en broma.

plaisir *m* placer *m*; **faire p. à** complacer a; **pour le p.** por placer; **faire qch pour le p.** hacer algo porque uno quiere.

plan *m* (*projet, dessin*) plan *m*; (*de ville*) plano *m*; **au premier p.** en primer plano.

planche *f* tabla *f*; **p. à repasser** tabla de planchar; **p. (à roulettes)** monopatín *m*; **p. (à voile)** tabla de windsurf; **faire de la p. (à voile)** hacer windsurf.

plancher *m* suelo *m*.

planer *vi* (*oiseau, avion*) planear.

planète *f* planeta *m*.

plante¹ *f* planta *f*; **p. verte** planta de interior.

plante² *f* **p. des pieds** planta *f* del pie.

planter 1 *vt* (*fleur etc.*) plantar; (*clou, couteau*) clavar.
    2 se planter *vpr* **se p. devant** plantarse delante.

plaque *f* placa *f*; (*de métal*) hoja *f*; (*de verglas*) capa *f*; (*de chocolat*) tableta *f*; **p. chauffante** fuego *m*; **p. d'immatriculation** matrícula *f*.

plaqué, -ée *a* **p. or** chapado en oro.

plaquer *vt* *Rugby* hacer un placaje a; (*aplatir*) aplastar (**contre** contra).

plastique *a & m* plástico, -a *a & m*; **en (matière) p.** (*bouteille etc.*) de plástico.

plat, plate 1 *a* llano, -a; **à p.** (*pneu*) desinflado, -a; (*batterie*) descargado, -a; **poser à p.** poner en horizontal; **à p. ventre** boca abajo; **assiette plate** plato llano; **eau plate** agua sin gas.
    2 *m* (*de cuisson, de service*) plato *m*; **p. du jour** plato del día.

platane *m* plátano *m*.

plateau, -x *m* (*pour servir*) bandeja *f*; **p. à fromages** tabla *f* de quesos.

plate-forme *f* (*pl* **plates-formes**) plataforma *f*; **p.-forme pétrolière** plataforma petrolífera.

plâtre *m* (*matière*) yeso *m*; **un p.** una escayola; **dans le p.** escayolado.

plâtrer vt (bras, jambe) escayolar.

plein, pleine 1 a lleno, -a (**de** de); **en pleine mer** en alta mar; **en pleine figure** en toda la cara; **à p. temps** (travailler) a jornada completa; **en pleine mer** en mar abierto; **en p. soleil** en todo el sol; **en p. milieu de** en todo el medio de.

2 prép & adv **des billes p. les poches** los bolsillos llenos de boliches; **du chocolat p. la figure** chocolate por toda la cara; Fam **p. de lettres** muchas cartas.

3 m **faire le p. (d'essence)** llenar el depósito (de gasolina).

pleurer vi llorar.

pleuvoir* vi llover; **il pleut** está lloviendo.

pli m (de papier) pliego m; (de jupe) tabla f; (de pantalon) raya f; **(faux) p.** arruga f; **mise en plis** (coiffure) marcado m.

pliant, -ante a (chaise etc.) plegable.

plier 1 vt plegar; (courber) doblar.

2 vi (branche) doblarse.

3 se plier vpr (lit, chaise etc.) plegarse.

plissé, -ée a (jupe) a tablas.

plisser vt **p. le front** fruncir el ceño; **p. les yeux** casi cerrar los ojos.

plomb m (métal, fusible) plomo m; **plombs** (de chasse) perdigones mpl.

plombage m (de dent) empaste m.

plomber vt (dent) empastar.

plomberie f fontanería f.

plombier m fontanero m.

plongée f (sport) buceo m, submarinismo m.

plongeoir m trampolín m.

plongeon m salto m de trampolín.

plonger 1 vi (personne) sumergirse.

2 vt (mettre) sumergir (**dans** en); **p. les mains dans l'eau** meter las manos en el agua.

plongeur, -euse mf saltador, -ora de trampolín; (sousmarin) buceador, -ora.

plu voir plaire, pleuvoir.

pluie f lluvia f; **sous la p.** bajo la lluvia.

plume f (d'oiseau) pluma f; (de stylo) plumilla f; **stylo à p.** pluma (estilográfica).

plumer vt (volaille) desplumar.

plupart (la) f la mayoría f; **la p. des cas/du temps** la mayoría de los casos/del tiempo; **la p. d'entre eux** la mayoría de ellos; **pour la p.** en su mayoría.

pluriel, -ielle a & m plural a & m; **au p.** en plural.

plus¹ 1 adv comparatif (travailler etc.) más (**que** que); **p. d'un kilo/de dix** más de un kilo/de diez; **p. de thé** más té; **p. beau/petit/**etc. más bonito/pequeño/etc. (**que** que); **p. tard** más tarde; **de p. en p.** cada vez más; **p. ou moins** más o menos; **en p.** además (**de** de); **de p.** más (**que** que); (en outre) además; **(âgé) de p. de dix ans** de más de diez años; **j'ai dix ans de p. qu'elle** soy diez años mayor que ella; **il est p. de cinq heures** pasan de las cinco; **p. je bois, p. j'ai soif** cuanto más bebo, más sed tengo.

2 adv superlatif **c'est elle qui travaille/**etc. **le p.** es la que más trabaja/etc.; **le p. beau** el más bonito (**de** de); **le p. grand** el mayor (**de** de); **j'ai le p. de livres** soy el que tiene más libros.

plus² adv de négation **il n'y a p. de pain** se acabó el pan; **il n'a p. de pain** no le queda pan; **tu n'es p. jeune** ya no eres joven; **je ne la reverrai p.** no la veré más.

plus³ conj más; **deux p. deux** dos más dos; **il fait p. deux (degrés)** hay una temperatura de dos grados sobre cero.

plusieurs *a & pron* varios, -as.

plutôt *adv* más bien (**que** que); **p. mourir!** ¡antes la muerte!

pluvieux, -euse *a* lluvioso, -a.

PMU *abrév de* **pari mutuel urbain** apuestas *fpl* mutuas.

pneu *m* (*pl* **-s**) neumático *m*.

pneumatique *a* matelas p. colchoneta hinchable; **canot p.** bote hinchable.

poche *f* bolsillo *m*; (*de kangourou*) bolsa *f* abdominal.

pocher *vt* (*oeufs*) escalfar; **p. l'œil à qn** poner un ojo morado a alguien.

pochette *f* (*sac*) bolsa *f*; (*d'allumettes*) carterita *f*; (*de disque*) funda *f*; (*sac à main*) bolso *m* de mano.

poêle 1 *m* estufa *f*.
2 *f* **p. (à frire)** sartén *f*.

poème *m* poema *m*.

poésie *f* poesía *f*.

poète *m* poeta *m*.

poétique *a* poético, -a.

poids *m* peso *m*; **au p.** al peso.

poids lourd *m* vehículo *m* pesado.

poignard *m* puñal *m*.

poignarder *vt* apuñalar.

poignée *f* (*quantité*) puñado *m* (**de** de); (*de porte etc.*) picaporte *m*; **p. de main** apretón *m* de manos.

poignet *m* muñeca *f*; (*de chemise*) puño *m*.

poil *m* pelo *m*; *Fam* **à p.** en pelotas, desnudo.

poilu, -ue *a* peludo, -a.

poinçonner *vt* (*billet*) picar.

poing *m* puño *m*; **coup de p.** puñetazo *m*.

point *m* (*lieu, score, sur i, à l'horizon*) punto *m*; (*note scolaire*) nota *f*; (*de couture*) puntada *f*; **sur le p. de faire** a punto de hacer; **p. à la ligne** punto y aparte; **p. (final)** punto y final; **p. d'exclamation / d'interrogation** signo *m* de excla-

mación / de interrogación; **points de suspension** puntos suspensivos; **p. de vue** (*opinion*) punto de vista; **à p.** (*steak*) poco hecho; **au p. mort** (*véhicule*) en punto muerto; **p. de côté** (*douleur*) punzada *f* en un costado.

pointe *f* (*extrémité, clou*) punta *f*; **sur la p. des pieds** de puntillas; **en p.** en punta.

pointer 1 *vt* (*cocher*) marcar con un trazo; (*braquer*) apuntar (**sur** a).
2 *vi* **p. vers** apuntar hacia.

pointillé *m* línea *f* de puntos.

pointu, -ue *a* (*en pointe*) puntiagudo, -a.

pointure *f* (*de chaussure*) número *m*; (*de gant*) talla *f*.

point-virgule *m* (*pl* **points-virgules**) punto y coma *m*.

poire *f* pera *f*.

poireau, -x *m* puerro *m*.

poirier *m* peral *m*.

pois *m* guisante *m*; **petits p.** guisantes; **p. chiche** garbanzo *m*.

poison *m* veneno *m*.

poisseux, -euse *a* pegajoso, -a.

poisson *m* pez *m*; **p. rouge** pez de colores.

poissonnerie *f* pescadería *f*.

poissonnier, -ière *mf* pescadero, -a.

poitrine *f* pecho *m*; (*de femme*) pechos *mpl*.

poivre *m* pimienta *f*.

poivré, -ée *a* sazonado con pimienta.

poivrer *vt* sazonar con pimienta.

poivrière *f* pimentero *m*.

poivron *m* (*légume*) pimiento *m*.

pôle *m* **p. Nord / Sud** polo *m* norte / sur.

poli, -ie *a* (*courtois*) educado, -a (**avec** con); (*lisse*) pulido, -a.

police¹ *f* policía *f*; **p. secours** servicio *m* de emergencias de la policía.

police² *f* **p. (d'assurance)** póliza *f* (de seguros).

P

policier, -ière 1 a policial; **roman p.** novela policíaca.
2 m policía m.

poliment adv educadamente.

polio 1 f (maladie) polio f.
2 mf (personne) enfermo, -a de polio.

polir vt pulir.

politesse f educación f.

politique 1 a político, -a; **homme p.** político m.
2 f (activité) política f.

pollen m polen m.

polluer vt contaminar.

pollution f contaminación f.

polo m (chemise) polo m.

polochon m almohada f.

polonais, -aise 1 a polaco, -a.
2 m (langue) polaco m.
3 mf **Polonais, -aise** polaco, -a.

polycopié m fotocopia f.

polyester m poliéster m; **chemise/** etc. **en p.** camisa/etc. de poliéster.

pommade f pomada f.

pomme f manzana f; **p. de terre** patata f, Am papa f; **pommes frites**, **pommes chips** patatas fritas.

pommier m manzano m.

pompe f bomba f; **p. à essence** surtidor m (de gasolina); **pompes funèbres** pompas fpl fúnebres.

pomper vt (eau) bombear (**de** de).

pompier m bombero m; **voiture des pompiers** coche de bomberos.

pompiste mf empleado, -a de gasolinera.

pompon m pompón m.

poncer vt (polir) pulir.

ponctuation f puntuación f.

ponctuel, -elle a (à l'heure) puntual.

pondre 1 vti poner.

poney m poni m.

pont m puente m.

pop m & a inv (musique) pop m & a inv.

populaire a (qui plaît) popular; (quartier) obrero, -a; (expression) coloquial.

population f población f.

porc m cerdo m.

porcelaine f porcelana f.

porche m porche m.

porcherie f pocilga f.

port m puerto m.

portable a (portatif) portátil.

portail m (de jardin) verja f.

portant, -ante a **bien p.** bien de salud.

portatif, -ive a portátil.

porte f puerta f; **p. (d'embarquement)** (d'aéroport) puerta de embarque; **p. d'entrée** puerta de entrada; **p. coulissante** puerta corrediza; **mettre à la p.** poner de patitas en la calle.

porte-avions m inv portaaviones m inv.

porte-bagages m inv portaequipajes m inv.

porte-bonheur m inv amuleto m (de la suerte).

porte-clefs m inv llavero m.

porte-documents m inv portafolios m inv.

portée f (de fusil etc.) alcance m; (animaux) camada f; **à p. de la main** al alcance de la mano; **à p. de voix** a escasa distancia; **hors de p.** fuera de(l) alcance.

porte-fenêtre f (pl **portes-fenêtres**) puerta f vidriera.

portefeuille m cartera f.

portemanteau, -x m perchero m; (crochet) percha f.

porte-monnaie m inv monedero m.

porte-parole m inv portavoz mf.

porter 1 vt llevar; **p. qch à** (apporter) llevar algo a; **p. bonheur/malheur** traer suerte/mala suerte.
2 vi (voix) alcanzar.

3 se porter *vpr (vêtement)* llevarse; **bien/mal se p.** *(personne)* estar bien/enfermo; **comment te portes-tu?** ¿cómo te encuentras?

porte-revues *m inv* revistero *m*.

porte-savon *m* jabonera *f*.

porte-serviettes *m inv* servilletero *m*.

porteur *m (à la gare)* mozo *m* de equipajes.

porte-voix *m inv* altavoz *m*.

portier *m* portero *m*.

portière *f (de véhicule, train)* puerta *f*.

portion *f (partie)* porción *f; (de nourriture)* ración *f*.

portrait *m* retrato *m*.

portugais, -aise 1 *a* portugués, -esa.
   2 *m (langue)* portugués *m*.
   3 *mf* **Portugais, -aise** portugués, -esa.

pose *f (installation)* instalación *f; (attitude de modèle)* pose *f*.

poser 1 *vt* posar; *(papier peint, rideaux, moquette)* poner; *(sonnette, chauffage)* instalar; *(question)* hacer **(à qn** a alguien).
   2 *vi (modèle)* posar **(pour** para).
   3 se poser *vpr (oiseau)* posarse; *(avion)* aterrizar.

positif, -ive *a* positivo, -a.

position *f* posición *f*.

posséder *vt* poseer.

possessif, -ive *a & m* posesivo, -a *a & m*.

possibilité *f* posibilidad *f*.

possible 1 *a* posible; **il (nous) est p. de le faire** (nos) es posible hacerlo; **il est p. que** (+ *subjonctif*) puede que (+ *subjuntivo*); **si p.** si es o fuese posible; **le plus tôt p.** lo antes posible; **autant que p.** tanto como sea posible; **donne m'en le plus p.** dame cuantos más mejor; **je t'aiderai le plus p.** te ayudaré en todo lo que pueda.

   2 *m* **faire son p.** hacer lo posible **(pour faire** para hacer).

postal, -e, -aux *a* postal; **boîte postale** apartado postal; **code p.** código postal.

poste 1 *f (service)* correo *m*; **(bureau de) p.** oficina *f* de correos; **par la p.** por correo; **p. aérienne** correo aéreo.
   2 *m (lieu, emploi)* puesto *m; (radio)* radio *f; (télévision)* televisión *f*; **p. de secours** puesto de socorro; **p. de police** comisaría *f* de policía; **p. restante** lista *f* de correos.

poster *vt (lettre)* echar al correo.

postier, -ière *mf* empleado, -a de correos.

pot *m* cacharro *m; (à confiture)* tarro *m; (à lait, à bière)* jarra *f; (de crème, yaourt)* bote *m; (de bébé)* potito *m*; **p. de fleurs** maceta *f*.

potable *a* potable.

potage *m* potaje *m*.

potager *a & m* **(jardin) p.** huerta *f*.

pot-au-feu *m inv* cocido *m*.

pot-de-vin *m (pl* **pots-de-vin)** gratificación *f*.

poteau, -x *m* poste *m*; **p. indicateur** poste indicador; **p. d'arrivée** línea *f* de llegada; **p. télégraphique** poste de telégrafos.

poterie *f (art)* alfarería *f*; **une p.** un objeto de cerámica.

potier *m* alfarero *m*.

potiron *m* calabaza *f*.

pou, -x *m* piojo *m*.

poubelle *f* cubo *m* de la basura; **mettre qch à la p.** tirar algo a la basura.

pouce *m* (dedo) pulgar *m; (mesure)* pulgada *f*.

poudre *f* polvo *m; (explosif)* pólvora *f*; **en p.** *(lait, chocolat)* en polvo.

poudrer (se) *vpr (femme)* empolvarse.

poudrier *m* polvera *f*.

pouf *m (siège)* puf *m*.

poulailler *m* gallinero *m*.

poulain *m (cheval)* potro *m*.

poule *f* gallina *f*.

poulet *m* pollo *m*.

poulie *f* polea *f*.

pouls *m* pulso *m*.

poumon *m* pulmón *m*; **à pleins poumons** *(respirer, crier)* a todo pulmón.

poupée *f* muñeca *f*.

pour 1 *prép* para; **p. toi/** *etc.* para ti/ *etc.*; **partir p.** *(Paris etc.)* irse a; **partir p. cinq ans** irse por cinco años; **être p. qch** estar a favor de algo; **p. faire** parar hacer; **p. que tu saches** para que sepas; **p. quoi faire?** ¿para qué?; **trop petit/***etc.* **p. faire** demasiado pequeño/etc. para hacer.

　2 *m* **le p. et le contre** los pros y los contras.

pourboire *m (argent)* propina *f*.

pourcentage *m* porcentaje *m*.

pourquoi 1 *adv & conj* por qué; **p. pas?** ¿por qué no?; **c'est p.** es el motivo por el que.

　2 *m* **le p.** el porqué.

pourra, pourrai(t) *etc. voir* **pouvoir.**

pourri, -ie *a (fruit)* podrido, -a; *(temps etc.)* horrible.

pourrir *vi* pudrirse.

poursuite *f* persecución *f*; **se mettre à la p. de** perseguir a.

poursuivant, -ante *mf* perseguidor, -ora.

poursuivre* 1 *vt* perseguir; *(lecture, voyage etc.)* proseguir.

　2 se poursuivre *vpr (se continuer)* (pro)seguirse.

pourtant *adv* sin embargo, no obstante.

pourvu que *conj (condition)* con tal de que; *(souhait)* **p. qu'elle soit là!** ¡ojalá que esté (allí)!

pousser 1 *vt* empujar; *(cri, soupir)* dar; **p. qn à faire** empujar a alguien a hacer.

　2 *vi (croître)* crecer; **faire p.** *(plante etc.)* plantar.

poussette *f* cochecito *m* (de bebé).

poussière *f* polvo *m*.

poussiéreux, -euse *a* polvoriento, -a, lleno, -a de polvo.

poussin *m (poulet)* polluelo *m*.

poutre *f* viga *f*.

pouvoir* 1 *v aux (capacité, permission, éventualité)* poder; **je peux deviner** puedo adivinar; **tu peux entrer** puedes entrar; **il peut être sorti** puede que haya salido; **j'ai pu l'obtenir** lo conseguí; **j'aurais pu l'obtenir** hubiera podido conseguirlo; **je n'en peux plus** no puedo más.

　2 se pouvoir *vpr* **il se peut qu'elle parte** puede que o quizás se vaya.

　3 *m (capacité, autorité)* poder *m*; **les pouvoirs publics** los poderes públicos; **au p.** en el poder.

prairie *f* pradera *f*.

pratique 1 *a* práctico, -a.

　2 *f (exercice, procédé)* práctica *f*.

pratiquement *adv (presque)* prácticamente.

pratiquer *vt (sport, art etc.)* practicar.

pré *m* prado *m*.

préau, -x *m (d'école)* patio *m* cubierto.

préavis *m* aviso *m* previo.

précaution *f* precaución *f* **(de faire** de hacer).

précédent, -ente *a & mf* precedente.

précéder *vt* preceder.

précieux, -euse *a* precioso, -a.

précipice *m* precipicio *m*.

précipitamment *adv* precipitadamente.

précipitation *f* precipitación *f*.

précipiter 1 *vt (hâter)* precipitar.

　2 se précipiter *vpr* precipitarse (**à, sur** sobre).

précis, -ise a preciso, -a; **à deux heures précises** a las dos en punto.

préciser 1 vt precisar (**que** que).
  2 se préciser vpr precisarse.

précision f precisión f.

précoce a (fruit etc.) precoz.

prédécesseur m predecesor, -ora.

prédiction f predicción f.

prédire* vt predecir (**que** que).

préfabriqué, -ée a prefabricado, -a.

préface f prefacio m.

préféré, -ée a & mf preferido, -a.

préférence f preferencia f (**pour** por); **de p.** preferentemente.

préférer vt preferir (**à** a); **p. faire** preferir hacer.

préfet m representante m del Gobierno en cada departamento.

préfixe m prefijo m.

préhistorique a prehistórico, -a.

préjugé m prejuicio m; **être plein de préjugés** estar lleno de prejuicios.

premier, -ière 1 a primero, -a; (devant un nom masculin singulier) primer; **nombre p.** número primo; **le p. rang** la primera fila; **P. ministre** primer ministro.
  2 mf primero, -a; **arriver le p.** llegar el primero; **être le p. de la classe** ser el primero de la clase.
  3 m (étage) primero m; **le p. de l'an** el uno de enero.
  4 f (en train etc., vitesse) primera f; (au lycée) primero m.

premièrement adv primeramente.

prendre* **1** vt (attraper, voyager par) coger; (douche, bain, café) tomar; (repas) comer; (photo) hacer; (temps) tomarse; **p. qch à qn** coger algo a alguien; **p. qn pour** (un autre) confundir a alguien con; (considérer) tomar a alguien por; **p. feu** prenderse fuego; **p. de la place** coger espacio; **p. du poids** subir de peso.
  2 vi (feu) prenderse; (ciment) solidificarse.

3 se prendre vpr (objet, s'accrocher) cogerse; **se p. pour un génie** creerse un genio; **s'y p.** hechárselas; **s'en p. à** tomarla con; (accuser) acusar.

prénom m nombre m.

préoccupation f preocupación f.

préoccupé, -ée a preocupado, -a.

préoccuper 1 vt (inquiéter) preocupar.
  2 se préoccuper vpr **se p. de** preocuparse de.

préparatifs mpl preparativos mpl (**de** de, para).

préparation f preparación f.

préparer vt preparar (**qch pour** algo para; **qn à** a alguien para); **se p.** prepararse (**à qch, pour qch** para algo).

préposition f Grammaire preposición f.

près adv **p. de** (qn, qch) cerca (de); **p. de deux ans/**etc. cerca de dos años/etc.; **tout p.** cerquita (**de qn/qch** de alguien/algo); **de p.** (lire, suivre) de cerca.

prescrire* vt (médicament) recetar.

présence f presencia f; (à l'école etc.) asistencia f (**à** a); **feuille de p.** lista de asistencia; **en p. de** en presencia de, delante de.

présent, -ente 1 a (non absent) presente (**à, dans** en).
  2 m Grammaire (tiempo) presente m; **à p.** actualmente.

présentateur, -trice mf presentador, -ora.

présentation f presentación f.

présenter 1 vt presentar.
  2 se présenter vpr presentarse (**à** a).

préservatif m preservativo m.

préserver vt preservar (**de** de; **contre** contra).

présidence f presidencia f.

président, -ente mf presidente, -a; **p.-directeur général** director m general.

P

présidentiel, -ielle a presidencial.

presque adv casi.

presqu'île f península f.

presse f (journaux, appareil) prensa f; **conférence**/etc. **de p.** conferencia/etc. de prensa.

pressé, -ée a (travail) urgente; **être p.** (personne) tener prisa; **citron p.** zumo de limón.

presse-citron m inv exprimidor m.

pressentir* vt presentir (**que** que).

presser 1 vt (serrer, bouton) apretar; (fruit) exprimir.

    2 vi (temps) apremiar; (affaire) correr prisa; **rien ne presse** no hay prisa.

    3 se presser vpr (se serrer) apretujarse; (se hâter) apresurarse (**de faire** a hacer).

pressing m (magasin) tintorería f.

pression f presión f; (bouton) broche m.

prestidigitateur, -trice mf prestidigitador, -ora.

prestidigitation f **tour de p.** truco de magia.

prêt m (emprunt) préstamo m.

prêt, prête a (préparé) listo, -a, preparado, -a (**à faire** para hacer; **à qch** para algo).

prêt-à-porter m inv ropa f de confección.

prétendre vt pretender (**que** que; **être** ser); **elle se prétend riche** afirma ser rica.

prétendu, -ue a supuesto, -a.

prétentieux, -euse a & mf pretencioso, -a.

prêter vt (argent, objet) prestar (**à** a); **p. attention** prestar atención (**à** a).

prétexte m pretexto m; **sous p. de/que** bajo el pretexto de/que.

prêtre m cura m.

preuve f prueba f; **faire p. de** dar prueba de.

prévenir* vt prevenir (**que** (de) que).

prévention f prevención f; **p. routière** seguridad f vial.

prévision f previsión f.

prévoir* vt prever (**que** que).

prévu, -ue a previsto, -a; **au moment p.** en el momento previsto; **comme p.** como estaba previsto; **p. pour** (véhicule, appareil) diseñado para.

prier 1 vi rezar (**pour** por).

    2 vt **p. qn de faire** rogar a alguien que haga; **je vous en prie** (faites donc) por favor; (en réponse à merci) de nada; **p. Dieu** rezar a Dios.

prière f oración f; **p. de répondre**/etc. se ruega respuesta/etc.

primaire a primario, -a.

prime f (d'employé) prima f; **en p.** (cadeau) como prima; **p. (d'assurance)** prima (del seguro).

primevère f prímula f.

primitif, -ive a (société etc.) primitivo, -a.

prince m príncipe m.

princesse f princesa f.

principal, -e, -aux 1 a principal.

    2 m (de collège) director m de instituto; **le p.** (essentiel) lo principal.

principe m principio m; **en p.** en principio.

printemps m (saison) primavera f.

prioritaire a **être p.** ser prioritario, -a; (en voiture) tener prioridad, tener preferencia de paso.

priorité f prioridad f (**sur** sobre); (sur la route) prioridad, preferencia f de paso; **p. à droite** prioridad a la derecha; **cédez la p.** ceda el paso.

pris, prise (pp de **prendre**) a (place) ocupado, -a; (crème, sauce) espeso, -a; (ciment) fraguado, -a; (nez) tapado, -a; **être (très) p.** estar (muy) ocupado; **p. de peur/de panique** presa del miedo/del pánico.

prise f (de judo etc.) llave f; (objet saisi)

presa f; **p. (de courant)** enchufe m;
p. multiple (électrique) ladrón m; **aller faire une p. de sang** ir a que le
saquen sangre a uno.
prison f prisión f; **en p.** en prisión.
prisonnier, -ière mf prisonero, -a;
faire qn p. hacer prisionero a al-
gulen.
privé, -ée a privado, -a.
priver 1 vt privar (**de** de).
  2 se priver vpr privarse (**de** de).
prix¹ m (d'un objet etc.) precio m; **à
tout p.** a cualquier precio; **à aucun
p.** de ningún modo.
prix² m (récompense) premio m.
probable a probable (**que** que); **peu
p.** improbable.
probablement adv probablemente.
problème m problema m.
procédé m procedimiento m.
procès m juicio m; **faire un p. à** llevar
a juicio a.
procès-verbal, -aux m (contravention) multa f.
prochain, -aine a próximo, -a; **l'année prochaine** el año que viene.
prochainement adv próximamente.
proche a (espace, temps, ami, parent)
cercano, -a; **p. de** cerca de.
procurer vt **p. qch à qn** (personne)
proporcionar algo a alguien; **se p.
qch** (acheter) comprar algo.
prodigieux, -euse a prodigioso, -a.
producteur, -trice a & mf productor, -ora.
production f producción f.
produire* 1 vt (fabriquer, causer etc.)
producir.
  2 se produire vpr (événement etc.)
producirse.
produit m (article etc.) producto m;
(pour la vaisselle) lavavajillas m inv; **p.
chimique** producto químico; **produits de beauté** productos de belleza.

prof mf Fam profe mf, seño f.
professeur m profesor m.
profession f profesión f.
professionnel, -elle a & mf profesional.
profil m perfil m; **de p.** de perfil.
profit m beneficio m; **tirer p. de** beneficiarse de.
profitable a (utile) provechoso, -a (**à**
para).
profiter vi **p. de** aprovecharse de;
p. à qn ser de provecho para
alguien.
profond, -onde 1 a profundo, -a; **p.
de deux mètres** de dos metros de
profundidad.
  2 adv (pénétrer etc.) profunda-
mente.
profondément adv profunda-
mente; (respirer) hondo.
profondeur f profundidad f; **à six
mètres de p.** a seis metros de profundidad.
progiciel m paquete m de software.
programme m programa m.
programmer vt (ordinateur) programar.
programmeur, -euse mf Informatique programador, -ora (informático,
-a).
progrès m progreso m; **faire des p.**
hacer progresos.
progresser vi progresar.
progressif, -ive a progresivo, -a.
progressivement adv progresivamente.
proie f presa f.
projecteur m (de théâtre) foco m;
(de film etc.) proyector m.
projectile m proyectil m.
projection f (de film) proyección f.
projet m proyecto m.
projeter vt (lancer) lanzar; (film)
proyectar; (voyage, fête etc.) planear;
p. de faire planear hacer.

P

prolonger 1 *vt* prolongar.
   2 se prolonger *vpr (séance, rue)* prolongarse.

promenade *f (à pied, en voiture etc.)* paseo *m*; **faire une p.** dar un paseo.

promener 1 *vt* pasear.
   2 se promener *vpr* pasear(se), ir de paseo.

promeneur, -euse *mf* paseante *mf*.

promesse *f* promesa *f*.

promettre* *vt* prometer (**qch à qn** algo a alguien; **que** que); **p. de faire** prometer hacer; **c'est promis** prometido.

promotion *f* **en p.** *(produit)* en promoción.

pronom *m* pronombre *m*.

prononcer 1 *vt (articuler)* pronunciar.
   2 se prononcer *vpr (mot)* pronunciarse.

prononciation *f* pronunciación *f*.

propager 1 *vt* propagar.
   2 se propager *vpr* propagarse.

proportion *f* proporción *f*; **en p. avec** proporcionalmente a.

propos 1 *mpl (paroles)* palabras *fpl*.
   2 *prép* **à p. de** a propósito de.
   3 *adv* **à p.!** ¡a propósito!

proposer *vt* proponer (**qch à qn** algo a alguien; **que** + *subjonctif* que); *(offrir)* ofrecer (**qch à qn** algo a alguien; **de faire** hacer); **je te propose de rester** sugiero que te quedes; **se p. pour faire** ofrecerse para hacer.

proposition *f* proposición *f*.

propre¹ 1 *a* limpio, -a.
   2 *m* **mettre qch au p.** pasar algo a limpio.

propre² *a (à soi)* propio, -a; **mon p. argent** mi propio dinero.

proprement *adv (avec netteté)* limpiamente; **p. dit** propiamente dicho.

propreté *f (netteté)* limpieza *f*.

propriétaire *mf* propietario, -a; *(qui loue)* arrendatario, -a.

propriété *f (bien, maison)* propiedad *f*.

prose *f* prosa *f*.

prospectus *m* folleto *m*.

prospère *a* próspero, -a.

protecteur, -trice *a & mf* protector, -ora.

protection *f* protección *f*; **de p.** *(écran etc.)* de protección, protector, -ora.

protège-cahier *m* forro *m* de cuaderno.

protéger *vt* proteger (**de** de; **contre** contra).

protestant, -ante *a & mf* protestante.

protestation *f* protesta *f* (**contre** contra).

protester *vi* protestar (**contre** contra).

prouver *vt* probar (**que** que).

provenir* *vi* **p. de** provenir de.

proverbe *m* proverbio *m*.

province *f* provincia *f*; **la p.** las provincias excepto la capital; **en p.** fuera de la capital.

provincial, -e, -aux *a & mf* provincial.

proviseur *m (de lycée)* director, -ora de instituto.

provision *f* provisión *f*; **provisions** *(achats)* compra *f*; *(nourriture)* provisiones; **faire ses provisions** hacer la compra; **faire p. de** abastecerse de; **sac à provisions** bolsa de la compra; **chèque sans p.** cheque sin fondos.

provisoire *a* provisional.

provisoirement *adv* provisionalmente.

provoquer *vt* provocar (**qch** algo; **qn** a alguien).

proximité *f* proximidad *f*; **à p.** cerca (**de** de).

prudemment *adv* prudentemente.

prudence *f* prudencia *f*.
prudent, -ente *a* prudente.
prune *f (fruit)* ciruela *f*.
pruneau, -x *m* ciruela *f* pasa.
prunier *m* ciruelo *m*.
psychiatre *mf* psiquiatra *mf*.
psychologique *a* psicológico, -a.
psychologue *mf* psicólogo, -a.
PTT *fpl abrév de* **Postes, Télégraphes, Téléphones** Correos y Telecomunicaciones.
pu *voir* **pouvoir.**
puanteur *f* hedor *m*.
public, -ique 1 *a* público, -a.
 2 *m* público *m*; **en p.** en público.
publication *f* publicación *f*.
publicitaire *a* publicitario.
publicité *f* publicidad *f*; *(annonce)* anuncio *m*.
publier *vt* publicar.
puce *f* pulga *f*; *(d'ordinateur, de carte)* chip *f*; **marché aux puces** mercadillo *m*; *Fig* **avoir la p. à l'oreille** tener la mosca detrás de la oreja.
puer 1 *vi* apestar.
 2 *vt* apestar a.
puéricultrice *f* puericultora *f*.
puis *adv* luego.
puiser *vt* sacar (**dans** de).

puisque *conj* puesto que, ya que.
puissance *f (force)* poder *m*; *(nation)* potencia *f*.
puissant, -ante *a* poderoso, -a.
puisse(s), puissent *etc. voir* **pouvoir.**
puits *m* pozo *m*.
pull(-over) *m* jersey *m*.
pulvérisateur *m* pulverizador *m*.
pulvériser *vt (liquide)* pulverizar.
punaise *f (insecte)* chinche *f*; *(clou)* chincheta *f*.
punir *vt* castigar (**de qch** por algo; **pour avoir fait** por haber hecho).
punition *f* castigo *m*.
pupille *f (de l'oeil)* pupila *f*.
pur, -e *a* puro, -a.
purée *f* puré *m*; **p. (de pommes de terre)** puré de patatas.
pureté *f* pureza *f*.
puzzle *m* puzzle *m*, rompecabezas *m inv*.
p.-v. *m inv (procès-verbal)* multa *f*.
pyjama *m* pijama *m*.
pylône *m* pilar *m*.
pyramide *f* pirámide *f*.
pyromane *mf* pirómano, -a.

QI *m inv abrév de* **quotient intellectuel** C.I. *m.*

quadrillé, -ée *a (papier)* cuadriculado, -a.

quai *m (de port)* muelle *m; (de fleuve)* paseo *m; (de gare)* andén *m.*

qualifié, -ée *a (équipe etc.)* clasificado, -a; *(ouvrier)* cualificado, -a.

qualifier (se) *vpr (en sport)* clasificarse (**pour** para).

qualité *f* calidad *f.*

quand *conj & adv* cuando; *(interrogatif)* cuándo; **q. je viendrai** cuando venga; **q. même** a pesar de todo.

quant à *prép* en cuanto a.

quantité *f* cantidad *f;* **j'en ai une q.** *(beaucoup)* tengo muchos.

quarantaine *f (isolement)* cuarentena *f;* **une q. de personnes/** *etc.* unas cuarenta personas/*etc.;* **avoir la q.** *(âge)* tener cuarenta y tantos.

quarante *a & m inv* cuarenta.

quarantième *a & mf* cuadragésimo, -a.

quart *m* cuarto *m;* **q. d'heure** cuarto de hora; **une heure et q.** una hora y cuarto; **il est une heure et q.** es la una y cuarto; **une heure moins le q.** una menos cuarto; **q. de vin** cuarta *f* de vino; **quarts de finale** cuartos de final.

quartier[1] *m (de ville)* barrio *m;* **de q.** *(cinéma etc.)* del barrio, de la zona.

quartier[2] *m (de pomme)* trozo *m; (d'orange)* gajo *m.*

quartz *m* **montre**/*etc.* **à q.** reloj/*etc.* de cuarzo.

quatorze *a & m inv* catorce *a & m inv.*

quatre *a & m inv* cuatro; **q. heures** *(goûter)* merienda *f.*

quatre-vingt(s) *a & m* ochenta; **q.-vingt-un** ochenta y uno.

quatre-vingt-dix *a & m inv* noventa *a & m inv.*

quatrième *a & mf* cuarto, -a.

que (**qu'** *delante de vocal o h muda*) **1** *conj* **(a)** que; **je pense qu'elle restera** creo que se quedará; **qu'elle vienne ou non** venga o no venga; **tu n'as qu'un franc** sólo tienes un franco.

(b) *(exclamatif)* qué; **qu'il s'en aille!** ¡qué se vaya! *(comparaison)* como; **aussi sage q.** tan bueno como; **plus âgé q.** mayor que; **le même q. moi** el mismo que yo.

2 *adv* **(ce) qu'il est bête!** ¡qué tonto es!; **q. de monde!** ¡cuánta gente!.

3 *pron rel* que; **le livre q. j'ai** el libro que tengo; **un jour q. j'étais en ville** un día que fui al centro.

4 *pron interrogatif* qué; **q. fait-il?, qu'est-ce qu'il fait?** ¿qué hace?; **qu'y a-t-il?** ¿qué pasa?

quel, quelle 1 *a interrogatif* qué, cuál; *(qui)* quién, quiénes; **q. livre/acteur?** ¿qué libro/actor?; **q. est cet homme?** ¿quién es ese hombre?; **je sais q. est ton but** sé cuál es tu objetivo.

2 *pron interrogatif* cuál; **q. est le**

meilleur? ¿cuál es el mejor?.

3 a *exclamatif* qué; **q. idiot!** ¡qué idiota!.

4 a *rel* cualquiera, *pl* cualesquiera; **q. que soit votre âge** cualquiera que sea su edad.

quelconque a cualquier, -era, *pl* cualesquiera; **une raison q.** una razón cualquiera.

quelque 1 a alguno, -a; *(devant un nom masculin singulier)* algún; **quelques femmes** algunas mujeres; **quelques livres** algunos libros; **les quelques amis qu'elle a** los pocos amigos que tiene.

2 *adv* **q. part** en algún sitio; **q. chose** algo; **il a q. chose** *(un problème)* le pasa algo; **q. chose d'autre** otra cosa; **q. chose de grand** algo grande.

quelquefois *adv* a veces.

quelques-uns, -unes *pron pl* algunos, -as.

quelqu'un *pron* alguien; **q. d'intelligent**/*etc.* alguien inteligente/*etc.*

question f pregunta f; *(problème)* cuestión f, problema m; **il est q. de** se trata de **(faire** hacer); **il n'en est pas q.** ni hablar de eso.

questionnaire m cuestionario m.

questionner vt preguntar **(sur** sobre, acerca de).

quête f *(collecte)* colecta f; **faire la q.** hacer una colecta.

quêter vi pedir, hacer la colecta.

queue¹ f *(d'oiseau, de poisson, train)* cola f; *(de quadrupède)* rabo m; *(de fleur)* tallo m; *(de fruit)* rabillo m; *(de poêle)* asa f; **q. de cheval** *(coiffure)* cola (de caballo); **à la q. leu leu** en fila india; *Fig* **sans q. ni tête** sin pies ni cabeza.

queue² f *(file)* fila f; **faire la q.** hacer cola.

qui *pron (personne)* quien, *pl* quienes; *(interrogatif)* quién, *pl* quiénes; *(relatif)* que; **l'homme q.** el hombre que; **la maison q.** la casa que; **q. est là?** ¿quién es?; **q. désirez-vous voir?, q. est-ce que vous désirez voir?** ¿a quién desea ver?; **la femme de q. je parle** la mujer de quien hablo *o* de la que hablo; **l'ami sur l'aide de q. je compte** el amigo con cuya ayuda cuento; **à q. est ce livre?** ¿de quién es este libro?

quiche f tarta f salada.

quille f *(de jeu)* bolo m; **jouer aux quilles** jugar a los bolos.

quincaillerie ferretería f.

quincaillier, -ière mf ferretero, -a.

quinzaine f **une q.** una quincena **(de** de); **dans une q. (de jours)** dentro de dos semanas.

quinze a & m inv quince a & m inv; **q. jours** dos semanas.

quinzième a & mf decimoquinto, -a.

quitte a en paz **(envers** con); **nous sommes quittes** estamos en paz; **q. à nous mettre en retard** aunque se nos haga tarde.

quitter 1 vt dejar; **ne pas q. qn des yeux** no quitar los ojos de encima a alguien.

2 vi **ne quittez pas!** *(au téléphone)* ¡no cuelgue!.

3 se quitter vpr *(dire au revoir)* despedirse; *(couple)* separarse.

quoi *pron* que; *(interrogatif)* qué; **à q. penses-tu?** ¿en qué piensas?; **de q. manger** algo para comer; **de q. couper/écrire** algo con que cortar/escribir; **il n'y a pas de q.!** *(en réponse à merci)* ¡no hay de qué!

quotidien, -ienne 1 a cotidiano, -a.

2 m diario m.

Q

R

rabattre* 1 vt bajar; *(sur un prix)* rebajar.

   2 se rabattre vpr *(barrière)* bajarse; *(après avoir doublé un véhicule)* volver a su carril.

rabbin m rabino m.

rabot m *(outil)* cepillo m.

raboter vt cepillar.

raccommodage m remiendo m.

raccommoder vt remendar.

raccompagner vt acompañar; **r. qn chez lui** acompañar a alguien a su casa.

raccord m *(dispositif)* empalme m; *(de papier peint)* unión f.

raccourci m *(chemin)* atajo m.

raccourcir 1 vt acortar.

   2 vi encoger; *(jours)* acortarse.

raccrocher 1 vt *(objet tombé)* volver a colgar; *(téléphone)* colgar.

   2 vi *(au téléphone)* colgar.

race f raza f; **de r.** *(animal)* de raza.

racheter vt *(pour remplacer un objet usé)* comprar otro; *(en quantité supérieure)* comprar más; **il m'a racheté le manteau qui ne m'allait plus** me compró el abrigo que ya no me servía.

racial, -e, -aux a racial.

racine f raíz f; **prendre r.** *(plante)* echar raíces.

racisme m racismo m.

raciste a & mf racista.

racler vt rascar; *(enlever)* raspar; **se r. la gorge** carraspear.

raconter vt *(histoire)* contar; **r. des histoires** contar cuentos.

radar m radar m.

radeau, -x m balsa f.

radiateur m radiador m.

radieux, -euse a radiante.

radio¹ f radio f; **à la r.** en la radio.

radio² f *(examen, photo)* radiografía f; **passer une r.** hacer una radiografía.

radioactif, -ive a radioactivo, -a.

radiodiffuser vt radiodifundir.

radiodiffusion f radiodifusión f.

radiographier vt hacer una radiografía de.

radiotéléphone m teléfono m móvil.

radin a Fam tacaño, -a, agarrado, -a.

radis m rábano m.

radoucir (se) vpr *(temps)* suavizarse.

radoucissement m **r. (du temps)** mejora f de las temperaturas.

rafale f *(vent)* ráfaga f.

raffoler vi **r. de** *(aimer)* estar loco, -a por.

rafistoler vt Fam hacer un remiendo a.

rafraîchir 1 vt refrescar.

   2 se rafraîchir vpr *(boire)* refrescarse; *(temps)* refrescar.

rafraîchissant, -ante a refrescante.

rafraîchissement m *(de température)* enfriamiento m; *(boisson)* refresco m.

rage f (colère, maladie) rabia f; **r. de dents** fuerte dolor m de muelas.

ragoût m guisado m.

raid m incursión f.

raide a (rigide) rígido, -a; (côte) empinado, -a; (cheveux) lacio, -a; (corde) tirante.

raidir 1 vt (corde) tensar.

2 se raidir vpr ponerse rígido; (corde) tensarse.

raie f raya f.

rail m (barre) raíl m.

rainure f ranura f.

raisin m **(grain de) r.** uva f; **du r., des raisins** uvas; **r. sec** (uva) pasa f.

raison f razón f; **la r. de/pour laquelle** la razón de/por la que; **en r. de** con motivo de; **avoir r.** tener razón (**de faire** al hacer); **faire entendre r. a qn** hacer entrar en razón a alguien.

raisonnable a razonable.

raisonnement m razonamiento m.

raisonner 1 vi (penser) razonar.

2 vt **r. qn** hacer entrar en razón a alguien.

rajeunir vt rejuvenecer.

ralenti m **au r.** (filmer) a cámara lenta; **tourner au r.** (moteur) ir al ralentí.

ralentir 1 vt (auto) relentizar.

2 (auto) ir más despacio.

rallonge f (de table) extensión f; (électrique) alargador m.

rallonger 1 vt alargar.

2 alargarse.

rallumer vt encender de nuevo.

rallye m (automobile) rally m.

ramassage m recogida f; **r. scolaire** transporte m escolar.

ramasser vt recoger.

rame f (aviron) remo m; (de métro) tren m.

ramener vt (personne) llevar; (objet) devolver.

ramer vi remar.

ramollir 1 vt ablandar.

2 se ramollir vpr ablandarse.

ramoner vt (cheminée) deshollinar.

rampe f (d'escalier) barandilla f; **r. (d'accès)** rampa f; **r. de lancement** (de fusées) plataforma f de lanzamiento.

ramper vi reptar.

ranch m rancho m.

rançon f (argent) rescate m.

rancune f rencor m; **garder r. à qn** guardar rencor a alguien.

rancunier, -ière a rencoroso, -a.

randonnée f (à pied) caminata f; (en vélo) vuelta f.

rang m (rangée) fila f; (classement) rango m; **se mettre en rang(s)** ponerse en fila(s) (**par trois**/etc. de a tres/etc.).

rangé, -ée a (chambre etc.) ordenado, -a.

rangée f fila f.

rangements mpl (placards) armarios mpl.

ranger 1 vt (affaires etc.) recoger; (chambre) ordenar; (voiture) aparcar.

2 se ranger vpr (élèves etc.) colocarse; (s'écarter) apartarse; (voiture) hacerse a un lado.

ranimer vt (réanimer) reanimar; (feu) reavivar.

rapace m rapaz f.

râpe f (à fromage etc.) rallador m.

râper vt (fromage, carottes) rallar.

rapetisser vi empequeñecer.

rapide 1 a rápido, -a.

2 m (train) rápido m.

rapidement adv rápidamente.

rapidité f rapidez f.

rapiécer vt remendar.

rappeler 1 vt llamar de nuevo; (souvenir) recordar; **r. qch à qn** recordar algo a alguien.

2 se rappeler vpr acordarse (**que** de que).

R

rapport m (lien) relación f; (récit) informe m; **rapports** (entre personnes) relaciones; **par r. à** con relación a; **ça n'a aucun r.!** ¡no tiene nada que ver!

rapporter 1 vt devolver; (profit) proporcionar.
  2 se rapporter vpr estar relacionado (**à** con).
  3 vi (dénoncer) chivarse; (investissement) producir beneficios.

rapporteur, -euse 1 mf chivato, -a.
  2 m (en géométrie) transportador m.

rapprocher 1 vt acercar (**de** a).
  2 se rapprocher vpr acercarse (**de** a).

raquette f (de tennis) raqueta f; (de ping-pong) pala f.

rare a raro, -a; **il est r. que** (+ subjonctif) es extraño que (+ subjuntivo).

rarement adv raramente.

ras, rase a (cheveux) rapado, -a; (herbe, poil) raso, -a; **en rase campagne** en medio del campo; **à r. bord** (remplir) hasta el borde; **en avoir r.-le-bol** estar hasta la coronilla.

rasé, -ée a **être bien r.** estar bien afeitado; **mal r.** sin afeitar.

raser 1 vt afeitar; (démolir) derribar; (frôler) rozar.
  2 se raser vpr afeitarse.

rasoir 1 m maquinilla f (de afeitar); (électrique) maquinilla eléctrica; (couteau) navaja f.
  2 a Fam (ennuyeux) pesado, -a.

rassemblement m reunión f.

rassembler 1 vt (gens, objets) reunir.
  2 se rassembler vpr reunirse.

rassis, f rassie a (pain etc.) duro, -a.

rassurant, -ante a tranquilizador, -ora.

rassurer vt tranquilizar; **rassure-toi** tranquilízate.

rat m rata f.

râteau, -x m (outil) rastrillo m.

rater vt (bus) perder; (cible) fallar; (travail, gâteau etc.) estropear; (examen) suspender; **tu l'as raté de cinq minutes** (personne) no os habéis encontrado por cinco minutos.

ration f ración f.

rationnement m racionamiento m.

rationner vt racionar.

ratisser vt (feuilles etc.) rastrillar; (région) peinar.

rattacher vt (lacets etc.) atar (de nuevo).

rattrapage m **cours de r.** clase de recuperación.

rattraper vt atrapar (de nuevo); (temps perdu) recuperar; **r. qn** (rejoindre) alcanzar a alguien

rature f tachón m.

raturer vt tachar.

ravager vt devastar.

ravages mpl estragos mpl; **faire des r.** hacer estragos.

ravaler vt (façade etc.) restaurar.

ravi, -ie a encantado, -a (**de** con; **de faire** de hacer).

ravin m barranco m.

ravioli mpl raviolis mpl.

ravir vt (plaire) encantar.

ravissant, -ante a encantador, -ora.

ravisseur, -euse mf secuestrador, -ora.

ravitaillement m abastecimiento m; (denrées) provisiones fpl.

ravitailler 1 vt abastecer (**en** de).
  2 se ravitailler vpr abastecerse.

rayé, -ée a rayado, -a; (tissu) a rayas.

rayer vt (érafler) rayar; (mot etc.) tachar.

rayon m (de lumière, soleil) rayo m; (de cercle, roue) radio m; (planche) estante m; (de magasin) departamento m.

rayonnant, -ante a (visage etc.) radiante (**de** de).

rayure *f* raya *f*; **à rayures** a rayas.

raz-de-marée *m inv* maremoto *m*.

re-, ré- *préfixe* re-.

réacteur *m (d'avion, nucléaire)* reactor *m*.

réaction *f* reacción *f*; **avion à r.** avión a reacción.

réagir *vi* reaccionar (**contre** contra; **à** a).

réalisateur, -trice *mf (de film)* realizador, -ora.

réaliser 1 *vt (projet etc.)* llevar a cabo; *(rêve)* realizar; *(se rendre compte)* darse cuenta.
   2 se réaliser *vpr (vœu, projet)* realizarse.

réaliste *a* realista.

réalité *f* realidad *f*; **en r.** en realidad.

réanimation *f* **en r.** en reanimación.

réanimer *vt* reanimar.

rébarbatif *a (travail)* ingrato, -a.

rebond *m* rebote *m*.

rebondir *vi* rebotar.

rebord *m* reborde *m*; **r. de (la) fenêtre** alféizar *m*.

reboucher *vt (flacon, trou)* volver a tapar.

rebrousser *vt* **r. chemin** dar media vuelta.

rébus *m inv* jeroglífico *m*.

récemment *adv* recientemente.

récent, -ente *a* reciente.

réception *f* recepción *f*; **dès r. de** desde la recepción de.

recette *f (de cuisine)* receta *f* (**de** de); *(argent, bénéfice)* ingreso *m*.

recevoir* 1 *vt* recibir; *(accueillir)* acoger; **être reçu (à)** *(examen)* aprobar.
   2 *vi* recibir visitas.

rechange (de) *a (outil, roue etc.)* de repuesto; **vêtements de r.** ropa para cambiarse.

recharge *f (de stylo)* recambio *m*.

recharger *vt (fusil, appareil photo, briquet)* cargar; *(batterie)* recargar.

réchaud *m* hornillo *m*; **r. à gaz** camping gas *m*.

réchauffement *m (de température)* recalentamiento *m* (**de** de).

réchauffer 1 *vt* (re)calentar.
   2 se réchauffer *vpr* calentarse; *(temps)* suavizarse.

recherche *f (scientifique etc.)* investigación *f* (**sur** sobre); *(d'un assassin etc.)* búsqueda *f*; **faire des recherches** documentarse; *(enquêter)* investigar, indagar.

recherché, -ée *a (style)* rebuscado, -a; *(demandé)* solicitado, -a; **r. pour meurtre** buscado por asesinato.

rechercher *vt (personne, objet)* buscar.

récif *m* arrecife *m*.

récipient *m* recipiente *m*.

réciproque *a* recíproco, -a, mutuo, -a.

récit *m (histoire)* relato *m*.

récitation *f (poème)* recitación *f*.

réciter *vt* recitar.

réclamation *f* reclamación *f*.

réclame *f* publicidad *f*; *(annonce)* anuncio *m*; **en r.** de oferta.

réclamer *vti* reclamar.

recoin *m* rincón *m*.

recoller *vt (objet cassé, enveloppe)* (volver a) pegar.

récolte *f* cosecha *f*.

récolter *vt* cosechar.

recommandation *f* recomendación *f*.

recommander *vt* recomendar (**à** a; **pour** para); **r. à qn de faire** recomendar a alguien que haga; **lettre recommandée** carta certificada; **en recommandé** *(envoyer)* por correo certificado.

recommencer *vti* volver a empezar; **tout est à r.** hay que empezar desde cero.

R

récompense f recompensa f (**pour** por).

récompenser vt recompensar (**de, pour** por).

réconciliation f reconciliación f.

réconcilier (se) vpr reconciliarse (**avec** con).

reconduire* vt **r. qn** acompañar a alguien; (en voiture) llevar (en coche) a alguien.

réconfortant, -ante a reconfortante.

réconforter vt reconfortar.

reconnaissance f (gratitude) agradecimiento m.

reconnaissant, -ante a agradecido, -a (**à qn de qch** a alguien por algo).

reconnaître* vt reconocer (**que** que); **reconnu coupable** declarado culpable; **je l'ai reconnu à sa moustache** lo reconocí por el bigote.

reconstruire* vt (ville) reconstruir.

recopier vt volver a copiar.

record m & a inv (en sport etc.) récord m & a inv.

recoudre* vt (bouton, vêtement) coser (de nuevo).

recourbé, -ée a (clou etc.) retorcido, -a; (nez) aguileño, -a.

recouvrir* vt (livre) forrar; (meuble etc.) tapizar (de nuevo).

récréation f (à l'école) recreo m.

recroquevillé, -ée a (personne) acurrucado, -a.

recrue f recluta mf.

rectangle m rectángulo m.

rectangulaire a rectangular.

rectification f rectificación f.

rectifier vt rectificar.

recto m recto m.

reçu, reçue 1 pp de **recevoir.**
2 m (écrit) recibo m.

recueil m recopilación f (**de** de).

recueillir* vt recoger; (réfugiés etc.) acoger.

reculer 1 vi retroceder; (véhicule) dar marcha atrás.
2 vt apartar hacia atrás.

reculons (à) adv andando hacia atrás.

récupérer 1 vt (objet prêté) recuperar.
2 vi recuperarse.

récurer vt (casserole etc.) fregar.

recycler vt (matériaux) reciclar.

rédacteur, -trice mf (de journal) redactor, -ora; **r. en chef** redactor jefe.

rédaction f redacción f.

redescendre vti bajar de nuevo.

rediffusion f (de film etc.) repetición f.

rédiger vt redactar.

redire* vt repetir.

redonner vt (donner plus de) dar más; (rendre) devolver.

redoublant, -ante mf repetidor, -ora.

redoublement m repetición f.

redoubler vti **r. (une classe)** repetir (un curso).

redoutable a temible.

redouter vt temer (**de faire** hacer).

redresser 1 vt (objet tordu etc.) enderezar.
2 se redresser vpr (debout) enderezarse.

réduction f reducción f (**de** de); (prix réduit) descuento m; **en r.** (article) abaratado, -a.

réduire* vt reducir (**à** a; **de** en); **r. en cendres** reducir a cenizas.

réduit, -uite a reducido, -a.

réel, -elle a real.

réellement adv realmente.

réexpédier vt (faire suivre) reexpedir.

refaire* vt (exercice, travail) rehacer; (chambre etc.) restaurar.

réfectoire *m* comedor *m*.

référence *f* referencia *f*; **faire r. à** hacer referencia a.

refermer 1 *vt* volver a cerrar.
   2 se refermer *vpr* volver a cerrarse.

réfléchir 1 *vt (image)* reflejar; **verbe réfléchi** verso reflexivo.
   2 se réfléchir *vpr* reflejarse.
   3 *vi (penser)* reflexionar (**à** sobre), pensar (**à** en); **je vais y r.** me lo voy a pensar.

reflet *m* reflejo *m*.

refléter 1 *vt (image etc.)* reflejar.
   2 se refléter reflejarse.

réflexe *m* reflejo *m*.

réflexion *f (méditation)* reflexión *f*; *(remarque)* observación *f* desagradable.

réforme *f (changement)* reforma *f*.

refrain *m (de chanson)* estribillo *m*.

réfrigérateur *m* nevera *f*.

refroidir 1 *vt* enfriar.
   2 *vi* enfriarse.
   3 se refroidir *vpr (prendre froid)* enfriarse; *(temps)* refrescar.

refroidissement *m (rhume)* enfriamiento *m*; **r. de la température** descenso *m* de la temperatura.

refuge *m* refugio *m*; **trouver r. dans** ampararse en.

réfugié, -ée *mf* refugiado, -a.

réfugier (se) *vpr* refugiarse.

refus *m* negativa *f*, rechazo *m*.

refuser 1 *vt* rehusar (**qch à qn** algo a alguien; **de faire** hacer); *(candidat)* suspender.
   2 *vi* negarse (**de faire** a hacer).

regagner *vt* recobrar; *(revenir à)* regresar a.

régaler (se) *vpr* disfrutar.

regard *m* mirada *f*; **jeter un r. sur** echar una ojeada a.

regarder¹ *vti* mirar; **r. qn faire** mirar a alguien hacer; **r. de haut** mirar por encima del hombro.

regarder² *vt (concerner)* concernir; **ça ne te regarde pas!** ¡no es asunto tuyo!

régime¹ *m (politique)* régimen *m*; *(alimentaire)* dieta *f*; **se mettre au r.** ponerse a dieta; **suivre un r.** estar a dieta.

régime² *m (de bananes)* mano *f*.

régiment *m (soldats)* regimiento *m*.

région *f* región *f*.

régional, -e, -aux *a* regional.

registre *m* registro *m*.

réglable *a* regulable.

réglage *m* regulación *f*, ajuste *m*; *(de moteur)* reglaje *m*

règle *f* regla *f*; **être en r.** estar en regla; **en r. générale** por regla general; **avoir ses règles** *(menstruation)* tener la regla.

règlement *m (règles)* reglamento *m*; *(paiement)* pago *m*; **contraire au r.** contrario al reglamento; **r. de comptes** ajuste *m* de cuentas.

régler 1 *vt (problème etc.)* arreglar; *(mécanisme)* ajustar; *(moteur)* regular.
   2 *vti (payer)* pagar; **r. ses comptes avec qn** ajustar las cuentas con alguien.

réglisse *f* regaliz *m*.

règne *m (de roi)* reino *m*.

régner *vi (roi, silence)* reinar (**sur** sobre, en).

regret *m* pesar *m*, pena *f*; **à r.** con pesar.

regrettable *a* lamentable.

regretter *vt* lamentar (**que** + *subjonctif* que); **r. qn** echar de menos a alguien; **je (le) regrette** lo siento.

regrouper 1 *vt* reagrupar.
   2 se regrouper *vpr* reagruparse.

régularité *f* regularidad *f*.

régulier, -ière *a* regular; *(progrès, vitesse)* constante.

régulièrement *adv* regularmente.

R

rein *m* riñón *m*; **les reins** *(dos)* los riñones.

reine *f* reina *f*.

rejeter *vt* volver a lanzar; *(refuser)* rechazar.

rejoindre* 1 *vt (se joindre à)* reunirse con; *(rattraper)* alcanzar a; *(lieu etc.)* regresar a.

  2 se rejoindre *vpr (personnes)* reunirse; *(routes)* unirse.

réjouir (se) *vpr* alegrarse **(de** de; **de faire** de hacer).

réjouissances *fpl* festejos *mpl*.

relâche *f* **sans r.** sin descanso; **le théâtre fait r. le lundi** no hay función los lunes.

relâcher *vt (corde etc.)* aflojar; **r. qn** soltar a alguien.

relais *m* **prendre le r.** tomar el relevo **(de** de); **course de r.** carrera de relevos.

relatif, -ive *a* relativo, -a.

relation *f* relación *f*; **relations publiques** relaciones públicas; **entrer en relations avec** ponerse en contacto con.

relativement *adv (assez)* relativamente.

relayer 1 *vt* relevar.

  2 se relayer *vpr* relevarse **(pour faire** para hacer).

relevé *m (de compteur)* lectura *f*; **r. de compte** extracto *m* de cuenta; **r. d'identité bancaire** identidad *f* bancaria.

relever 1 *vt* levantar; *(compteur)* leer; **r. ses manches** remangarse; **r. ses cheveux** recogerse el pelo.

  2 se relever *vpr (personne tombée)* levantarse.

relief *m (forme)* relieve *m*; **en r.** *(cinéma)* en tres dimensiones; *(dessin)* en relieve.

relier *vt* unir **(à** a); *(livre)* encuadernar.

religieux, -euse 1 *a* religioso, -a.

  2 *f* religiosa *f*; *(gâteau)* pastelito *m*

de crema.

religion *f* religión *f*.

relire* *vt* leer de nuevo.

reliure *f (de livre)* encuadernación *f*.

reluire* *vi* relucir.

remarquable *a* notable **(par** por).

remarquablement *adv* notablemente.

remarque *f* comentario *m*; *(écrite)* nota *f*.

remarquer *vt* notar **(que** que); **faire r.** hacer notar **(à** a; **que** que); **se faire r.** hacerse notar; **pas complètement, remarque!** no del todo, ¡fíjate!

rembobiner 1 *vt* rebobinar.

  2 se rembobiner *vpr (bande)* rebobinarse.

rembourré, -ée *a (fauteuil etc.)* relleno, -a.

remboursement *m* reembolso *m*; **envoi contre r.** envío contra reembolso.

rembourser *vt* reembolsar.

remède *m* remedio *m*.

remerciements *mpl* agradecimientos *mpl*.

remercier *vt* agradecer **(de qch** algo; **pour qch** por algo); **je vous remercie d'être venu** le agradezco que haya venido.

remettre* 1 *vt* volver a poner; *(vêtement)* volver a ponerse; *(donner)* entregar **(à** a); *(démission)* presentar; *(différer)* posponer **(à** hasta); **r. en question** poner en tela de juicio; **r. en état** reparar.

  2 se remettre *vpr* **se r. à** *(activité)* seguir con; **se r. de** *(chagrin, maladie)* recuperarse de.

remise *f (rabais)* descuento *m*.

remonte-pente *m* telesquí *m*.

remonter 1 *vi (aux* **être)** volver a subir **(dans** en); **r. sur son cheval/son vélo** volver a montar a caballo/en bici.

  2 *vt (aux* **avoir)** volver a subir;

(porter) subir; *(montre)* dar cuerda a; *(jupe)* subirse; *(objet démonté)* volver a armar.

remords *m* remordimiento *m*; **avoir des r.** tener remordimientos.

remorque *f (de voiture etc.)* remolque *m*; **prendre en r.** llevar a remolque.

remorquer *vt* remolcar.

remorqueur *m* remolcador *m*.

remplaçant, -ante *mf (personne)* suplente *mf; (enseignant)* sustituto, -a; *(en sport)* reserva *mf*.

remplacement *m* reemplazo *m*; **assurer le r. de qn** sustituir a alguien.

remplacer *vt* reemplazar (**par** por).

rempli, -ie *a* lleno, -a (**de** de).

remplir 1 *vt* llenar (**de** de); *(fiche etc.)* rellenar.
    2 se remplir *vpr* llenarse.

remporter *vt (objet)* devolver; *(prix, victoire)* lograr.

remuant, -ante *a (enfant)* revoltoso, -a.

remuer 1 *vt* mover; *(café, salade etc.)* remover.
    2 *vi* moverse.

renard *m* zorro *m*.

rencontre *f* encuentro *m*; **aller à la r. de qn** ir al encuentro de alguien.

rencontrer 1 *vt* encontrar; *(équipe)* enfrentarse a.
    2 se rencontrer *vpr* encontrarse.

rendez-vous *m inv* cita *f; (lieu)* lugar *m* de la cita; **avoir r. chez le dentiste** tener hora con el dentista; **donner r.-vous à qn** quedar con alguien.

rendormir* (se) *vpr* dormir(se) de nuevo.

rendre 1 *vt* devolver; *(vomir)* devolver, vomitar; **r. célèbre /etc.** hacer famoso /etc..
    2 *vi (vomir)* vomitar, devolver.
    3 se rendre *vpr* rendirse (**à qn** a alguien); *(aller)* acudir (**à** a); **se r. utile** ser de utilidad.

rênes *fpl* riendas *fpl*.

renfermé *m* **sentir le r.** *(chambre etc.)* oler a cerrado.

renfermer *vt* contener.

renflement *m* hinchazón *f*.

renforcer *vt* reforzar.

renforts *mpl (troupes)* refuerzos *mpl*.

renifler 1 *vt* olfatear.
    2 *vi* aspirar por la nariz.

renne *m* reno *m*.

renommé, -ée *a* famoso, -a (**pour** por).

renommée *f* fama *f*.

renoncer *vi* **r. à qch /à faire** renunciar a algo /a hacer.

renouveler 1 *vt* renovar; *(erreur, question)* repetir.
    2 se renouveler *vpr (incident)* repetirse.

renseignement *m* información *f*; **des renseignements** información; **les renseignements** *(au téléphone)* información.

renseigner 1 *vt* informar (**sur** sobre).
    2 se renseigner *vpr* informarse (**sur** sobre).

rentrée *f (d'argent)* entrada *f*; **r. (des classes)** vuelta *f* al colegio.

rentrer 1 *vi (aux* **être**) entrar; *(chez soi)* volver a casa; *(entrer de nouveau)* volver a entrar; *(élèves)* volver al colegio; **r. dans** entrar en; *(heurter)* chocar con; *(s'emboîter dans)* caber en.
    2 *vt (aux* **avoir**) meter; *(voiture)* guardar; *(pan de chemise)* meter por dentro.

renverse (à la) *adv (tomber)* boca arriba.

renverser 1 *vt (mettre à l'envers)* poner cabeza abajo, poner al revés; *(faire tomber)* hacer caer; *(piéton)* atropellar; *(liquide)* derramar.
    2 se renverser *vpr (vase etc.)* caerse; *(liquide)* derramarse.

renvoi *m (d'un employé)* despido *m*; *(rot)* eructo *m*.

R

renvoyer* *vt* *(lettre, balle etc.)* devolver; *(employé)* despedir; *(élève)* expulsar.

réorganiser *vt* reorganizar.

repaire *m* guarida *f*.

répandre 1 *vt* *(liquide, larmes)* derramar; *(nouvelle)* propagar; *(odeur, lumière)* despedir; *(gravillons etc.)* echar.
    2 se répandre *vpr* *(liquide)* derramarse; *(nouvelle)* extenderse; *(fumée, odeur)* propagarse.

répandu, -ue *a* *(opinion etc.)* extendido, -a.

reparaître *vi* reaparecer.

réparateur, -trice *mf* reparador, -ora.

réparation *f* reparación *f*; **en r.** en reparación.

réparer *vt* reparar, arreglar; *(erreur)* subsanar.

repartir* *vi* *(aux* **être***)* volver a marcharse; *(s'en retourner)* regresar.

répartir *vt* *(partager)* repartir.

repas *m* comida *f*; **prendre un r.** comer.

repassage *m* planchado *m*.

repasser 1 *vi* volver a pasar.
    2 *vt* *(traverser)* volver a pasar; *(leçon)* repasar; *(film, examen)* volver a poner; *(linge)* planchar.

repêcher *vt* *(objet)* repescar; *Fig* *(candidat)* aprobar en repesca.

repentir* (se) *vpr* arrepentirse *(de* de).

repère *m* marca *f*; **point de r.** *(espace, temps)* punto de referencia.

repérer 1 *vt* localizar.
    2 se repérer *vpr* orientarse.

répertoire *m* repertorio *m*; **r. d'adresses** agenda *f*.

répéter 1 *vt* repetir; *(pièce de théâtre)* ensayar.
    2 se répéter *vpr* *(événement)* repetirse.

répétitif, -ive *a* repetitivo, -a.

répétition *f* repetición *f*; *(au théâtre)* ensayo *m*.

replacer *vt* reponer.

repli *m* repliegue *m*.

replier 1 *vt* plegar, doblar.
    2 se replier *vpr* *(siège)* replegarse.

réplique *f* réplica *f*.

répliquer *vti* replicar (**que** que).

répondeur *m* *(téléphonique)* contestador *m* automático.

répondre 1 *vi* responder, contestar (**à** a); *(réagir)* responder (**à** a); **r. à qn** *(avec impertinence)* responder mal *o* contestar mal a alguien.
    2 *vt* **r. que** responder que, contestar que.

réponse *f* respuesta *f*.

reportage *m* reportaje *m*.

reporter¹ *vt* volver a llevar; *(différer)* aplazar (**à** hasta).

reporter² *mf* reportero, -a.

repos *m* reposo *m*, descanso *m*; *(tranquillité)* sosiego *m*; **jour de r.** día de descanso.

reposant, -ante *a* descansado, -a.

reposer 1 *vt* *(objet)* volver a poner; *(délasser)* descansar.
    2 se reposer *vpr* descansar.

repousser 1 *vt* empujar; *(écarter)* apartar; *(différer)* aplazar.
    2 *vi* *(cheveux, feuilles)* volver a crecer.

reprendre* 1 *vt* *(objet)* volver a coger; *(évadé)* atrapar de nuevo; *(souffle, forces)* recuperar; *(activité)* reanudar; *(refrain)* repetir; **r. de la viande/***etc.* tomar más carne/*etc.*; **r. un œuf/***etc.* tomar un huevo/*etc.* más.
    2 *vi* *(recommencer)* *(cours)* empezar; *(affaires)* reactivarse.
    3 se reprendre *vpr* corregirse; **s'y r. à plusieurs fois pour faire qch** intentar hacer algo varias veces.

représentant, -ante *mf* representante *mf*; **r. de commerce** representante comercial.

représentation *f (au théâtre)* representación *f.*

représenter *vt* representar.

reprise *f (d'émission de télévision)* reposición *f; (raccommodage)* zurcido *m; Boxe* asalto *m; (économique)* recuperación *f; (d'un commerce etc.)* traspaso *m;* **à plusieurs reprises** repetidas veces.

repriser *vt (chaussette etc.)* zurcir.

reproche *m* reproche *m;* **faire des reproches à qn** hacer reproches a alguien.

reprocher *vt* **r. qch à qn** reprochar algo a alguien.

reproduction *f* reproducción *f.*

reproduire* 1 *vt (modèle etc.)* reproducir.
    2 se reproduire *vpr (animaux)* reproducirse; *(incident etc.)* repetirse.

reptile *m* reptil *m.*

républicain, -aine *a & mf* republicano, -a.

république *f* república *f.*

réputation *f* reputación *f;* **avoir la r. d'être** tener reputación de ser.

requin *m (poisson)* tiburón *m.*

R.E.R. *m abrév de* **réseau express régional** red *f* de trenes exprés de la región de París.

rescapé, -ée *mf* superviviente *mf.*

réseau, -x *m* red *f;* **r. électrique/routier/etc.** red eléctrica/de carreteras/etc.

réservation *f* reserva *f.*

réserve *f (provision)* reserva *f; (entrepôt)* depósito *m;* **en r.** en reserva; **r. naturelle** reserva natural.

réservé, -ée *a (personne, place)* reservado, -a.

réserver 1 *vt (garder)* reservar (**à** para).
    2 se réserver *vpr* reservarse (**pour** para).

réservoir *m (citerne)* depósito *m;* **r. d'essence** depósito de gasolina.

résidence *f* residencia *f;* **r. secondaire** segunda vivienda *f.*

résidentiel, -ielle *a (quartier)* residencial.

résider *vi* residir (**à, en, dans** en).

résigner (se) *vpr* resignarse (**à qch** a algo; **à faire** a hacer).

résistance *f* resistencia *f* (**à** a); **plat de r.** plato principal.

résistant, -ante *a* resistente; **r. à la chaleur** resistente al calor.

résister *vi* **r. à** oponerse a; *(chaleur)* resistir a; *(fatigue)* luchar contra.

résolu, -ue *a (problème)* solucionado, -a; *(décidé)* resuelto, -a (**à faire** a hacer).

résolution *f (décision)* resolución *f.*

résonner *vi (cris, salle etc.)* resonar.

résoudre* *vt (problème)* resolver.

respect *m* respeto *m* (**pour, de** por).

respecter *vt* respetar.

respectueux, -euse *a* respetuoso, -a (**envers** con).

respiration *f* respiración *f.*

respirer 1 *vi* respirar; *(reprendre haleine)* recobrar el aliento.
    2 *vt* aspirar.

resplendissant, -ante *a (visage)* resplandeciente (**de** de).

responsabilité *f* responsibilidad *f;* **prendre ses responsabilités** enfrentarse a sus responsabilidades.

responsable 1 *a* responsable (**de qch** de algo; **devant qn** ante alguien).
    2 *mf (chef, coupable)* responsable *mf* (**de** de).

ressemblance *f* parecido *m* (**avec** con).

ressembler *vi, vpr* **se ressembler** parecerse (**à** a).

ressentir* *vt* sentir.

resserrer 1 *vt (nœud etc.)* apretar.
    2 se resserrer *vpr* apretarse.

R

resservir* 1 vi (outil etc.) servir de nuevo.

2 se resservir vpr (plat) volver a servirse (**de qch** algo).

ressort m (objet) resorte m; Fig **en dernier r.** en último caso.

ressortir* vi (aux **être**) volver a salir; (se voir) resaltar.

ressources fpl (moyens, argent) recursos mpl.

restaurant m restaurante m.

restaurer vt (réparer) restaurar.

reste m resto m (**de** de); **restes** (de repas) sobras fpl; **un r. de fromage/**etc. unos restos de queso/etc.

rester vi (aux **être**) quedarse; (calme, jeune etc.) permanecer; **il reste du pain/**etc. queda algo de pan/etc.; **l'argent qui lui reste** el dinero que le queda.

restreindre*-1 vt restringir (**à** a).

2 se restreindre vpr limitarse (**à** a).

résultat m (score, d'examen etc.) resultado m.

résumé m resumen m.

résumer vt resumir.

rétablir 1 vt restablecer.

2 se rétablir vpr (malade) restablecerse.

rétablissement m (de malade) restablecimiento m.

retard m (sur un programme etc.) retraso m; **en r.** con retraso; **être en r.** llegar tarde; **être en r. dans qch** llevar retraso en algo; **être en r. sur qn/qch** llevar retraso con respecto a alguien/algo; **rattraper son r.** recuperar el retraso; **avoir du r.** llegar con retraso; (montre) atrasar; **avoir une heure de r.** tener una hora de retraso.

retardataire mf retrasado, -a.

retarder 1 vt retrasar; **r. qn** (dans une activité) retrasar a alguien.

2 vi (montre) atrasar (**de cinq minutes** cinco minutos).

retenir* 1 vt (empêcher d'agir) detener; (souffle) contener; (réserver) reservar; (se souvenir de) recordar; (fixer) sujetar; (chiffre) llevar; (chaleur, odeur) conservar; **r. qn prisonnier** mantener o retener a alguien prisionero.

2 se retenir vpr (se contenir) contenerse (**de faire** de hacer); **se r. à** agarrarse a.

retentir vi retumbar (**de** con).

retenue f (sur salaire) descuento m; (punition) tipo m de castigo escolar basado en no salir de clase.

retirer vt (sortir) retirar; (ôter) quitarse; **r. qch à qn** (permis etc.) retirar algo a alguien.

retomber vi recaer; (pendre, après un saut etc.) caer.

retouche f (de vêtement) retoque m.

retoucher vt (vêtement) retocar.

retour m vuelta f; **être de r.** estar de vuelta (**de** de); **à mon r.** a mi vuelta o regreso.

retourner 1 vt (aux **avoir**) (matelas, steak etc.) dar la vuelta a; (terre etc.) labrar; (vêtement, sac etc.) volver del revés.

2 vi (aux **être**) volver; **r. chez soi** volver a casa.

3 se retourner vpr volverse; (voiture) dar una vuelta de campana.

retraite f jubilación f; (argent) pensión f; **prendre sa r.** jubilarse; **à la r.** jubilado.

retraité, -ée a & mf jubilado, -a.

retransmettre vt retransmitir.

retransmission f retransmisión f.

rétrécir 1 vi (au lavage) encoger.

2 se rétrécir vpr (rue etc.) estrecharse.

rétro a inv (personne, idée etc.) anticuado, -a.

retrousser vt (manches) remangar.

retrouver 1 vt volver a encontrar; (rejoindre) reunirse con; (forces, *santé)* recuperar; *(se rappeler)* recordar.

2 se retrouver *vpr* encontrarse; *(se rencontrer)* reunirse; **ne pas s'y r.** estar perdido.

rétroviseur *m* retrovisor.

réunion *f (séance)* reunión *f;* **être en r.** estar reunido.

réunir 1 *vt (objets)* reunir.

2 se réunir *vpr* reunirse.

réussi, -ie *a* logrado, -a.

réussir 1 *vi* conseguir (**à faire** en hacer); **r. à** *(examen)* aprobar; **r. à qn** *(aliment, climat)* sentar bien a alguien.

2 *vt* salir bien.

réussite *f* éxito *m.*

revanche *f (en sport)* revancha *f;* **en r.** en cambio.

rêve *m* sueño *m;* **faire un r.** soñar (**de** con); **maison**/etc. **de r.** casa/etc. de ensueño.

réveil *m (pendule)* despertador *m;* **à son r.** al despertar(se).

réveillé, -ée *a* despierto, -a.

réveiller 1 *vt* despertar.

2 se réveiller *vpr* despertarse.

réveillon *m (de Noël)* cena *f* de Nochebuena; *(du jour de l'An)* cena de Nochevieja.

révéler *vt* revelar (**que** que).

revenant *m* fantasma *m.*

revendication *f* reivindicación *f.*

revendiquer *vt* reivindicar.

revenir* *vi (aux* **être)** volver (**à** a); *(coûter)* costar (**à qn** a alguien); **r. à soi** volver en sí; **r. de** *(surprise)* recuperarse de; **r. sur** *(décision, promesse)* retractarse; **ça revient au même** viene a ser lo mismo; **je n'en reviens pas** no me lo puedo creer.

revenu *m* renta *f* (**de** de).

rêver 1 *vi* soñar (**de qn** con alguien; **de faire** con hacer).

2 *vt* soñar (**que** que).

revers *m (de veste)* revés *m;* *(de pantalon)* vuelta *f.*

revêtement *m (de route etc.)* revestimiento *m.*

rêveur, -euse *mf* soñador, -ora.

revient *m* **prix de r.** precio de coste.

réviser *vt (leçon)* repasar; *(machine, voiture)* revisar.

révision *f* revisión *f.*

revoir* *vt* volver a ver; *(texte, leçon)* revisar; **au r.** adiós.

révoltant, -ante *a* indignante.

révolte *f* revuelta *f.*

révolté, -ée *mf* rebelde *mf.*

révolter 1 *vt (indigner)* **ça me révolte** me hierve la sangre.

2 se révolter *vpr* rebelarse (**contre** contra).

révolution *f* revolución *f.*

révolutionnaire *a & mf* revolucionario, -a.

revolver *m* revólver *m.*

revue *f (magazine)* revista *f.*

rez-de-chaussée *m inv* planta *f* baja.

rhabiller (se) *vpr* volver a vestirse.

rhinocéros *m* rinoceronte *m.*

rhubarbe *f* ruibarbo *m.*

rhum *m* ron *m.*

rhumatisme *m* reumatismo *m;* **avoir des rhumatismes** tener reúma.

rhume *m* catarro *m;* **r. des foins** alergia *f* al polen.

ri, riant *pp, p pres de* **rire.**

RIB *m abrév de* **relevé d'identité bancaire** identidad *f* bancaria.

ricaner *vi* pitorrearse.

riche *a & mf* rico, -a.

richesse *f* riqueza *f.*

ricocher *vi* rebotar.

ricochet *m (de pierre)* rebote *m.*

ride *f* arruga *f.*

ridé, -ée *a* arrugado, -a.

R

rideau, -x m cortina f; **r. de fer** telón m metálico.

ridicule a ridículo, -a.

ridiculiser (se) vpr ponerse en ridículo.

rien pron nada; **il ne sait r.** no sabe nada; **r. du tout** nada de nada; **r. d'autre/de bon/**etc. nada nuevo/bueno/etc.; **de r.!** (je vous en prie) ¡de nada!; **ça ne fait r.** no tiene ninguna importancia; **r. que** sólo; **r. que d'y penser** sólo de pensarlo.

rigide a rígido, -a.

rigoler vi Fam reírse; (s'amuser) divertirse.

rigolo, -ote a Fam gracioso, -a.

rigoureux a riguroso, -a.

rime f rima f.

rimer vi rimar (**avec** con).

rinçage m aclarado m.

rincer vt aclarar; (verre) enjuagar.

ring m ring m, cuadrilátero m.

rire* 1 vi reír, reírse (**de** de); (s'amuser) divertirse; (plaisanter) bromear; **pour r.** de broma.
  2 m risa f; **rires** risa; **le fou r.** la risa tonta.

risque m riesgo m (**de faire** de hacer); **assurance tous risques** seguro a todo riesgo; **il y a un r. à faire cela** eso supone un riesgo.

risqué, -ée a arriesgado, -a.

risquer vt arriesgar; **r. de faire** correr el riesgo de hacer; **il risque de pleuvoir** parece que va a llover; **ça risque de durer longtemps** probablemente va a durar mucho.

rivage m orilla f.

rival, -e, -aux a & mf rival.

rivaliser vi rivalizar (**avec** con; **de** en).

rive f orilla f.

rivière f río m.

riz m arroz m; **r. au lait** arroz con leche.

RN f abrév de **route nationale** carretera f nacional.

robe f (de femme) vestido m; **r. du soir/de mariée** vestido de noche/de boda; **r. de chambre** bata f.

robinet m grifo m; **eau du r.** agua del grifo.

robot m robot m.

robuste a robusto, -a.

roche f,

rocher m roca f.

rocheux, -euse a rocoso, -a.

rock m (musique) rock m.

roder vt (moteur, voiture) rodar.

rôder vi rondar, vagabundear.

rôdeur, -euse mf vagabundo, -a.

rognon m (d'animal) riñón m.

roi m rey m.

rôle m papel m; **à tour de r.** por turnos.

romain, -aine a romano, -a.

roman m novela f; **r. d'aventures/d'amour/policier/**etc. novela de aventuras/rosa/policíaca/etc.

romancier, -ière mf novelista mf.

romantique a romántico, -a.

rompre* 1 vti romper.
  2 se rompre vpr (corde, digue etc.) romperse.

ronces fpl zarzas fpl.

ronchonner vi Fam refunfuñar.

rond, ronde 1 a redondo, -a; **dix francs tout r.** diez francos exactamente.
  2 m (cercle) círculo m; **en r.** (s'asseoir etc.) en círculo; **tourner en r.** dar vueltas en círculo.

ronde f (de soldat, policier) ronda f.

rondelle f (tranche) rodaja f.

rondin m leño m.

rond-point m (pl **ronds-points**) rotonda f.

ronflement m ronquido m.

ronfler vi roncar.

ronger 1 vt roer; (ver, mer, rouille) carcomer.

  2 se ronger vpr **se r. les ongles** morderse las uñas.

ronronnement m ronroneo m.

ronronner vi ronronear.

rosbif m **du r.** rosbif m; **un r.** un asado.

rose 1 f (fleur) rosa f.

  2 a & m (couleur) rosa a & m.

rosé a & m **(vin) r.** vino m rosado.

roseau, -x m (plante) caña f.

rosée f rocío m.

rosier m rosal m.

rossignol m ruiseñor m.

rot m Fam eructo m.

roter vi Fam eructar.

rôti m asado m.

rotin m mimbre m.

rôtir 1 vt asar.

  2 vi, **se rôtir** vpr asarse; **faire r.** asar.

roue f rueda f; **r. avant/arrière** rueda delantera/trasera.

rouge 1 a rojo, -a; **au fer r.** al rojo vivo.

  2 m (couleur) rojo m; **r. à lèvres** barra f de labios; **le feu est au r.** el semáforo está (en) rojo.

rouge-gorge m (pl **rouges-gorges**) petirrojo m.

rougeole f sarampión m.

rougir vi (de honte, colère) enrojecer (**de** de).

rouille f óxido m.

rouillé, -ée a oxidado, -a.

rouiller vi, **se rouiller** vpr oxidarse.

roulant, -ante a (meuble) con ruedas; **escalier r.** escalera mecánica.

rouleau, -x m (outil) rodillo m; (de papier etc.) rollo m; **r. à pâtisserie** rodillo (de cocina); **r. compresseur** apisonadora f.

rouler 1 vt hacer rodar; (crêpe, corde etc.) enrollar.

  2 vi rodar; (train, voiture) circular; **tu roules trop vite** vas demasiado rápido.

  3 se rouler vpr revolcarse; **se r. dans** (couverture etc.) enrollarse en.

roulette f (de meuble) rueda f; (de dentiste) torno m; (jeu) ruleta f.

roulotte f (de gitan) carro m.

round m Boxe round m.

rouspéter vi Fam refunfuñar.

rousse voir roux.

rousseur f **tache de r.** peca f.

roussir vt (brûler) chamuscar.

route f carretera f (**de** de); (itinéraire) ruta f; **r. nationale/départementale** carretera nacional/regional; **par la r.** por carretera; **en r.!** ¡en marcha!; **mettre en r.** (voiture etc.) poner en marcha; **se mettre en r.** ponerse en camino (**pour** hacia); **une heure de r.** una hora de camino; **bonne r.!** ¡buen viaje!

routier, -ière 1 a **carte routière** mapa de carreteras; **sécurité routière** seguridad vial.

  2 m camionero m.

roux, rousse 1 a (cheveux) rojo, -a; (personne) pelirrojo, -a.

  2 mf pelirrojo, -a.

royal, -e, -aux a (famille, palais) real.

royaume m reino m.

Royaume-Uni m Reino Unido m.

ruban m cinta f; **r. adhésif** cinta adhesiva.

rubéole f rubeola f.

rubis m rubí m.

rubrique f membrete m.

ruche f colmena f.

rude a (pénible, hiver) duro, -a; (voix, tissu) áspero, -a; (grossier) basto, -a.

rudement adv (parler, traiter) rudamente; Fam (très) terriblemente.

rue f calle f; **à la r.** (sans domicile) en la calle.

ruelle f calleja f.

R

ruer 1 *vi (cheval)* cocear.

2 se ruer *vpr* arrojarse (**sur** sobre).

rugby *m* rugby *m*.

rugbyman *m* (*pl* -**men**) *m* jugador *m* de rugby.

rugir *vi* rugir.

rugissement *m* rugido *m*.

rugueux, -euse *a* rugoso, -a.

ruine *f* ruina *f*; **en r.** en ruinas; **tomber en r.** *(bâtiment)* caer en ruinas.

ruiner 1 *vt (personne, santé etc.)* arruinar.

2 se ruiner arruinarse.

ruisseau, -x *m* arroyo *m*.

ruisseler *vi (eau)* resvalar; **son visage ruisselait de larmes** le co-rrían lágrimas por las mejillas.

rumeur *f* rumor *m*.

rupture *f (des négociations, d'un couple)* ruptura *f*; **en r. de stock** sin existencias.

rural, -e, -aux *a* **vie/école/**etc. rurale vida/escuela/etc. rural.

ruse *f (habileté)* astucia *f*; **une r.** *(subterfuge)* un ardid.

rusé, -ée *a & mf* astuto, -a.

russe 1 *a* ruso, -a.

2 *m (langue)* ruso *m*.

3 *mf* **Russe** ruso, -a.

rythme *m* ritmo *m*; **au r. de trois par jour** a un ritmo de tres al día.

rythmé, -ée *a* rítmico, -a.

sa *voir* **son**.

sabbat *m* sábat.

sabbatique *adj* **année s.** año sabático.

sable *m* arena *f*.

sabler *vt (rue)* enarenar.

sablier *m (de cuisine)* reloj *m* de arena.

sablonneux, -euse *a* arenoso, -a.

sabot *m (d'animal)* pezuña *f*; *(chaussure)* zueco *m*; **s. (de Denver)** cepo *m* (para los coches).

sac *m* bolsa *f*; *(grand et en toile)* saco *m*; **s. (à main)** bolso *m* (de mano); **s. à dos** mochila *f*; **s. de couchage** saco de dormir.

saccadé, -ée *a* entrecortado, -a.

saccager *vt (détruire)* saquear.

sachant, sache(s), sachent *etc. voir* **savoir**.

sachet *m* saquito *m*; **s. de thé** bolsita *f* de té.

sacoche *f* bolso *m*; *(de vélo)* cartera *f*.

sacré, -ée *a (saint)* sagrado, -a; *Fam* **un s. menteur/***etc.* un maldito embustero/*etc.*

sacrifice *m* sacrificio *m*.

sacrifier 1 *vt* sacrificar (**à** a; **pour** por).
   2 se sacrifier *vpr* sacrificarse.

sage *a* sensato, -a; *(enfant)* bueno, -a.

sage-femme *f (pl* **sages-femmes)** comadrona *f*.

sagement *adv* sensatamente; *(avec calme)* tranquilamente.

saignant, -ante *a (viande)* poco hecho, -a.

saignement *m* hemorragia *f*; **avoir des saignements de nez** sangrar por la nariz.

saigner *vi* sangrar.

sain, saine *a* sano, -a; **s. et sauf** sano y salvo.

saint, sainte 1 *a* santo, -a; **s. Jean** san Juan; **(le jour de) la Saint-Jean** el día de San Juan; **la Sainte Vierge** la Virgen María.
   2 *mf* santo, -a.

Saint-Esprit *m* Espíritu *m* Santo.

Saint-Sylvestre *f* Nochevieja *f*.

sais, sait *voir* **savoir**.

saisir 1 *vt* agarrar; *(occasion)* aprovechar; *(comprendre)* comprender.
   2 se saisir *vpr* apoderarse (**de** a).

saison *f* estación *f*.

salade *f (laitue)* lechuga *f*; **s. (verte)** ensalada *f*; **s. de fruits** macedonia *f* de frutas.

saladier *m* ensaladera *f*.

salaire *m* salario *m*.

salarié, -ée *a & mf* asalariado, -a.

sale *a* sucio, -a; *(dégoûtant)* asqueroso, -a.

salé, -ée *a* salado, -a.

saler *vt* salar.

saleté *f* suciedad *f*; **saletés** *(détritus)* porquerías *fpl*.

salière *f* salero *m*.

salir 1 *vt* ensuciar.
   2 se salir *vpr* ensuciarse.

salissant, -ante *a* sucio, -a, que se mancha con facilidad.

salive *f* saliva *f*.

salle *f* sala *f*; *(très grande)* salón *m*; *(de théâtre)* auditorio *m*; **s. à manger** comedor *m*; **s. de bain(s)** (cuarto *m* de) baño *m*; **s. d'opération** quirófano *m*.

salon *m* salón *m*; *(exposition)* exposición *f*.

salopette *f* *(d'enfant)* babi *m*; *(d'ouvrier)* mono *m*.

saluer *vt* saludar.

salut 1 *m* saludo *m*.
2 *int* ¡hola!; *(au revoir)* ¡adiós!

samedi *m* sábado *m*.

sandale *f* sandalia *f*.

sandwich *m* bocadillo *m* (**à** de); *(au pain de mie)* sandwich *m*.

sang *m* sangre *f*.

sang-froid *m* sangre *f* fría; **garder son s.-froid** mantener la sangre fría; **avec/de s.-froid** con/a sangre fría.

sanglant, -ante *a* sangriento, -a.

sanglier *m* jabalí *m*.

sanglot *m* sollozo *m*.

sangloter *vi* sollozar.

sanguin *a* **groupe s.** grupo sanguíneo.

sans *prép* sin; **s. faire** sin hacer; **s. qu'il le sache** sin que él lo supiera; **fais-le, s. cela nous aurons des problèmes** hazlo, si no tendremos problemas; **s. importance** sin o carente de importancia.

sans-abri *mf inv* **les s.** las personas sin hogar.

santé *f* salud *f*; **être en bonne s.** gozar de buena salud; **(à votre) s.!** ¡(a su) salud!

sapin *m* *(arbre)* abeto *m*; *(bois)* pino *m*; **s. de Noël** árbol *m* de Navidad.

sardine *f* sardina *f*.

satellite *m* satélite *m*.

satin *m* satén *m*.

satisfaction *f* satisfacción *f*.

satisfaire* *vt* satisfacer.

satisfaisant, -ante *a* satisfactorio, -a.

satisfait *(pp de* **satisfaire***)* satisfecho (**de** de, con).

sauce *f* salsa *f*; **s. tomate** salsa de tomate.

saucisse *f* salsicha *f*.

saucisson *m* salchichón *m*.

sauf *prép* salvo, excepto; **s. que** a excepción de que; **s. si** a menos que.

saule *m* sauce *m*; **s. pleureur** sauce llorón.

saumon *m* salmón *m*.

sauna *m* sauna *f*.

saupoudrer *vt* espolvorear (**de** con, de).

saura, saurai(t) *etc. voir* **savoir**.

saut *m* salto; **s. en longueur/hauteur/***etc.* salto de longitud/altura/*etc.*; **faire un s.** dar un salto, saltar; **faire un s. chez qn** pasar por casa de alguien.

sauter 1 *vi* saltar; **faire s.** *(détruire)* volar; **s. à la corde** saltar a la cuerda; **ça saute aux yeux** salta a la vista.
2 *vt* saltar; *(mot, repas)* saltarse.

sauterelle *f* saltamontes *m inv*.

sauvage *a* salvaje; *(plante)* silvestre.

sauver 1 *vt* salvar (**de** de); **s. la vie à qn** salvar la vida a alguien.
2 se sauver *vpr* largarse.

sauvetage *m* salvamento *m*.

sauveteur *m* salvador *m*.

sauveur *m* salvador *m*.

savant *m* sabio *m*.

savate *f* chancla *f*.

saveur *f* sabor *m*.

savoir* *vt* saber; **faire s. à qn que** hacer saber a alguien que; **je n'en sais rien** no sé nada; **s. par cœur** saber de memoria.

savon *m* jabón *m*; **un s.** una pastilla de jabón.

savonner vt enjabonar.

savonnette f pastilla f de jabón.

savonneux, -euse a jabonoso, -a.

savourer vt saborear.

savoureux, -euse a sabroso, -a.

saxophone m saxofón m.

scandale m escándalo m; **faire un s.** armar un escándalo.

scandaleux, -euse a escandaloso, -a.

scandaliser 1 vt escandalizar.
     2 se scandaliser vpr escandalizarse.

scandinave 1 a escandinavo, -a.
     2 mf **Scandinave** escandinavo, -a.

scanner m (appareil) escáner m.

scarlatine f escarlatina f.

scénario m (dialogues etc.) guión m.

scène f (plateau, décors) escenario m; (partie de pièce, dispute) escena f; **mettre en s.** poner en escena.

schéma m esquema m.

scie f sierra f.

science f ciencia f; **étudier les sciences** estudiar ciencias.

science-fiction f ciencia f ficción.

scientifique a & mf científico, -a.

scier vt serrar.

scintiller vi destellar.

scolaire a **année/**etc. **s.** año/etc. escolar.

score m (de match) puntuación f.

scotch® m (ruban) (papel m) celo m.

scrutin m escrutinio m.

sculpter vt esculpir.

sculpteur m escultor m.

sculpture f (art, oeuvre) escultura f.

se (**s'** delante de vocal o h muda) pron se; **il se lave les mains** se lava las manos; **ils s'adorent** se adoran.

séance f (au cinéma) sesión f.

seau, -x m cubo m.

sec, sèche 1 a seco, -a; **raisins secs** (uvas) pasas; **bruit s.** (rupture) ruido seco, chasquido.
     2 m **à s.** (rivière) sin agua; (nettoyage) en seco; **au s.** en lugar seco.

sécateur m (tijera f) podadera f.

sèche-cheveux m inv secador m (de pelo).

sèche-linge m inv secadora f.

sécher 1 vt secar; Fam (cours) pirarse.
     2 vi secarse

sécheresse f (période) sequía f.

séchoir m **s. à linge** tendedero m.

second, -onde 1 a & mf segundo, -a.
     2 m (étage) segundo m (piso).
     3 f (de lycée) quinto curso m de la enseñanza secundaria; (vitesse) segunda f.

secondaire a secundario, -a.

seconde f (instant) segundo m.

secouer vt sacudir.

secourir vt socorrer.

secouriste mf socorrista mf.

secours m socorro m; **(premiers) s.** primeros auxilios mpl; **au s.!** ¡socorro!, ¡auxilio!; **sortie de s.** salida de emergencia; **roue de s.** rueda de repuesto.

secousse f sacudida f.

secret, -ète 1 a secreto, -a.
     2 m secreto m; **en s.** en secreto.

secrétaire 1 mf secretario, -a.
     2 m (meuble) escritorio m.

secrétariat m (bureau) secretaría f.

secteur m sector m; **branché sur s.** conectado a la red; **panne de s.** corte de corriente.

sécurité f seguridad f; **en s.** a salvo; **S. sociale** Seguridad Social.

séduisant, -ante a & mf seductor, -ora.

segment m segmento m.

seigneur m señor m.

sein m seno m; **donner le s.** dar el pecho.

seize a & m inv dieciséis a & m inv.

seizième a & mf decimosexto, -a.

S

séjour *m* estancia *f*; **(salle de) s.** sala *f* de estar.

séjourner *vi* **s. à Madrid** pasar una temporada en Madrid.

sel *m* sal *f*; **sels de bain** sales de baño.

sélection *f* selección *f*.

sélectionner *vt* seleccionar.

self(-service) *m* autoservicio *m*, self-service *m*.

selle *f* silla *f* de montar; **aller à la s.** ir al baño (para hacer de vientre).

selon *prép* según; **s. qu'il pleuve ou non** dependiendo de que llueva o no.

semaine *f* semana *f*; **en s.** durante la semana.

semblable *a* parecido, -a (**à** a).

semblant *m* **faire s.** fingir (**de faire** hacer).

sembler *vi* parecer (**à** a); **il (me) semble vieux** (me) parece viejo; **il me semble que** (+ *indicatif*) me parece que, creo que.

semelle *f* (*de chaussure*) suela *f*.

semer *vt* sembrar.

semestre *m* semestre *m*.

séminaire *m* seminario *m*.

semi-remorque *m* semirremolque *m*.

semoule *f* sémola *f*.

sénat *m* senado *m*.

sens¹ *m* (*signification*) significado *m*; (*faculté*) sentido *m*; **avoir du bon s.** tener sentido común; **avoir un s.** tener sentido; **ça n'a pas de s.** no tiene sentido.

sens² *m* (*direction*) sentido *m*; **s. giratoire** sentido giratorio; **s. interdit** *ou* **unique** (*rue*) dirección *f* prohibida o única; **s. interdit** dirección prohibida; **s. dessus dessous** patas arriba; **dans le s. inverse des aiguilles d'une montre** en sentido contrario a las agujas del reloj.

sensation *f* sensación *f*.

sensationnel, -elle *a* sensacional.

sensible *a* sensible (**à** a); (*progrès etc.*) apreciable.

sentier *m* sendero *m*.

sentiment *m* sentimiento *m*.

sentir* **1** *vt* sentir; (*par l'odorat*) oler; (*dégager un parfum de*) oler a; (*avoir le goût de*) saber a; *Fig* **je ne peux pas le s.** (*supporter*) no puedo soportarlo.

 2 *vi* **ca sent bon/mauvais** huele bien/mal.

 3 **se sentir** *vpr* **se s. fatigué/**etc. sentirse cansado/etc.

séparément *adv* por separado.

séparer **1** *vt* separar (**de** de).

 2 **se séparer** *vpr* separarse (**de** de).

sept *a* & *m inv* siete.

septante *a* (*en Belgique, Suisse*) setenta.

septembre *m* septiembre *m*.

septième *a* & *mf* séptimo, -a.

sera, serai(t) *etc. voir* **être.**

série *f* serie *f*; (*ensemble*) juego *m*.

sérieusement *adv* seriamente; **s., tu viens ou non?** en serio, ¿vienes o no?; **s. malade** muy grave. **s. blessé** gravemente herido.

sérieux, -euse **1** *a* serio, -a.

 2 *m* **prendre au s.** tomar en serio; **garder son s.** contener la risa.

seringue *f* jeringilla *f*.

serment *m* juramento *m*; **prêter s.** prestar juramento; **sous s.** bajo juramento; **faire le s. de faire** prometer hacer.

sermonner *vt* sermonear.

serpent *m* serpiente *f*.

serpillière *f* fregona *f*.

serre *f* invernadero *m*.

serré, -ée *a* (*gens, nœud etc.*) apretado, -a; (*match*) reñido, -a.

serrer **1** *vt* (*presser, poing, nœud, vis*) apretar; **s. la main à qn** estrechar la mano a alguien; **s. qn (dans ses bras)** abrazar a alguien.

 2 *vi* **s. à droite** pegarse a la derecha.

3 se serrer *vpr* apretarse (**contre** contra); **se s. la main** darse la mano.

serrure *f* cerradura *f*.

serveur, -euse *mf* camarero, -a.

serviable *a* servicial.

service *m* servicio *m*; *(dans une entreprise)* departamento *m*; **un s.** *(aide)* un favor; **rendre s.** *(être utile)* prestar un servicio (**à qn** a alguien); **être de s.** estar de servicio; **s. compris** servicio incluido; **s. après-vente** servicio posventa; **s. militaire** servicio militar.

serviette *f* toalla *f*; *(sac)* cartera *f*; **s. hygiénique** compresa *f*; **s. (de table)** servilleta *f*.

servir* **1** *vt* servir (**qch à qn** algo a alguien).

2 *vi* (*être utile*) servir; **s. à qch/à faire** *(objet)* servir para algo/para hacer; **ça ne sert à rien** no sirve para nada (**de faire** hacer).

3 se servir *vpr* (*à table*) servirse (**de qch** algo); **se s. de** (*utiliser*) servirse de.

ses *voir* **son.**

set *m Tennis* set *m*; **s. (de table)** mantel *m* individual.

seuil *m* umbral *m*.

seul¹, -e 1 *a* solo, -a; **tout s.** solo; **se sentir s.** sentirse solo.

2 *adv* (**tout**) **s.** solo.

seul², -e 1 *a* (*unique*) único, -a; **la seule femme**/etc. la única mujer/etc.; **pas un s. livre**/etc. ni un sólo libro/etc..

2 *mf* **le s., la seule** el único, la única; **il m'en reste un s.** sólo me queda uno; **pas un s.** ni uno.

seulement *adv* sólo, solamente.

sévère *a* severo, -a.

sévérité *f* (*de parents etc.*) severidad *f*.

sexe *m* sexo *m*.

sexuel, -elle *a* sexual; **éducation/ vie sexuelle** educación/vida sexual.

shampooing *m* champú *m*; **faire**

un s. à qn lavar el pelo o la cabeza a alguien.

short *m* pantalones *mpl* cortos.

si¹ 1 (**s'** *delante de* **il, ils**) *conj* si; **je me demande si** me pregunto si; **si on restait?** ¿y si nos quedamos?; **si seulement elle venait!** ¡ojalá viniese!.

2 *adv* (*tellement*) tan; **pas si riche que toi** no tan rico como tú; **un si bon dîner** una cena tan buena; **si bien que** (+ *indicatif*) de modo que.

si² *adv* (*après négative*) sí; **tu ne viens pas? si!** ¿no vienes? !sí¡

SIDA *m* SIDA *m*.

siècle *m* siglo *m*.

siège *m* asiento *m*; *(de parti, d'entreprise)* sede *f*; *(au parlement)* escaño *m*; **s. (social)** sede social.

sien, sienne 1 *pron poss* **le s., la sienne, les sien(ne)s** el suyo, la suya, los suyos, las suyas; **les deux siens** sus dos.

2 *m* **y mettre du s.** poner de su parte.

sieste *f* **faire la s.** echarse la siesta.

sifflement *m* silbido *m*.

siffler 1 *vi* silbar; *(avec un sifflet)* pitar.

2 *vt* (*chanson, acteur*) silbar.

sifflet *m* silbato *m*; **(coup de) s.** *(son)* pitido *m*; **sifflets** (*des spectateurs*) silbidos *mpl*.

signal, -aux *m* señal *f*; **s. d'alarme** *(de train)* señal de alarma.

signaler *vt* señalar (**à qn** a alguien; **que** que); *(à la police etc.)* denunciar, dar parte de (**à** a).

signature *f* firma *f*.

signe *m* signo *m*; *(geste)* seña *f*, señal *f*; **s. de ponctuation** signo de puntuación; **faire s. à qn** *(geste)* hacer señas a alguien (**de faire** para que haga); **en s. de victoire**/etc. en señal de victoria/etc.; **faire le s. de croix** hacer la señal de la Cruz.

signer *vt* firmar.

S

signification *f* significado *m*.

signifier *vt* significar (**que** que).

silence *m* silencio *m*; **en s.** en silencio; **garder le s.** guardar silencio (**sur** sobre, a cerca de).

silencieusement *adv* silenciosamente.

silencieux, -euse *a* silencioso, -a.

silhouette *f* silueta *f*.

simple *a* simple; *(facile)* sencillo; **aller s.** billete de ida.

simplement *adv* simplemente.

simplifier *vt* to simplificar.

simultané, -ée *a* simultáneo, -a.

simultanément *adv* simultáneamente.

sincère *a* sincero, -a.

sincèrement *adv* sinceramente.

sincérité *f* sinceridad *f*.

singe *m* mono *m*.

singeries *fpl* muecas *fpl*.

singulier, -ière *a & m (non pluriel)* singular *a & m*; **au s.** en singular.

sinistre *a & m* siniestro, -a *a & m*.

sinon *conj (autrement)* si no, de lo contrario.

sirène *f (d'usine etc.)* sirena *f*.

sirop *m* jarabe *m*; **s. contre la toux** jarabe para la tos.

situation *f* situación *f*; **s. de famille** estado *m* civil.

situé, -ée *a* situado, -a.

situer (se) *vpr* situarse.

six *a & m inv* seis.

sixième *a & mf* sexto, -a.

sketc.h *m (pl* **sketc.hes**) *(de théâtre)* sketc.h *m*, escena *f* corta.

ski *m* esquí *m*; **faire du s.** esquiar; **s. de descente** esquí; **s. de fond** esquí de fondo; **s. nautique** esquí náutico.

skier *vi* esquiar.

skieur, -euse *mf* esquiador, -ora.

slip *m (d'homme)* calzoncillo(s) *m(pl)*; *(de femme)* braga(s) *f(pl)*; **s. de bain** bañador *m* (de hombre).

slogan *m* eslogan *m*.

SNCF *f abrév de* **Société nationale des chemins de fer français** red *f* nacional de ferrocarriles franceses.

social, -e, -aux *a* social.

socialiste *a & mf* socialista.

société *f* sociedad *f*; **s. anonyme/ limitée** sociedad anónima/limitada.

socquette *f* calcetín *m*.

sœur *f* hermana *f*.

soi *pron* sí mismo, -a; **cela va de soi** ni que decir tiene (**que** que).

soi-disant *a inv* supuesto, -a.

soie *f* seda *f*.

soient *voir* être.

soif *f* sed *f*; **avoir s.** tener sed; **donner s.** dar sed.

soigné, -ée *a (vêtement)* cuidado, -a; *(travail)* esmerado, -a; *(personne)* arreglado, -a.

soigner *vt* cuidar; *(maladie)* curar; **se faire s.** recibir tratamiento.

soigneusement *adv* cuidadosamente.

soigneux, -euse *a* cuidadoso, -a (**de** con); *(propre)* cuidado, -a.

soi-même *pron* sí mismo, -a.

soin *m* cuidado *m*; **soins** *(à un malade)* cuidados; **avec s.** con cuidado; **prendre s. de qch** ocuparse de algo; **les premiers soins** los primeros auxilios.

soir *m* tarde *f*; *(après coucher du soleil)* noche *f*; **le s.** *(chaque soir)* por la tarde/noche; **à neuf heures du s.** a las nueve de la noche.

soirée *f* noche *f*; *(réunion)* velada *f*.

sois, soit *voir* être.

soit *conj* **s.... s....** sea... sea...

soixantaine *f* **une s. de personnes** unas sesenta personas.

soixante *a & m inv* sesenta.

soixante-dix *a & m inv* setenta.

soixante-dixième *a & mf* septagé-
simo, -a.

soixantième *a & mf* sexagésimo, -a.

sol *m* suelo *m*.

solaire *a* solar; **crème/huile s.** cre-
ma/aceite solar.

soldat *m* soldado *m*.

solde *m* *(de compte)* saldo *m*; **en s.**
(acheter) de rebajas; **soldes** *(marchandises)* saldos; *(vente)* rebajas *fpl*.

soldé, -ée *a* *(article etc.)* rebajado, -a.

solder *vt* *(articles)* rebajar.

sole *f* *(poisson)* lenguado *m*.

soleil *m* sol *m*; **au s.** al sol; **il fait (du)
s.** hace sol; **coup de s.** insolación.

solennel, -elle *a* solemne.

solidarité *f* *(de personnes)* solidaridad *f*.

solide *a & m* sólido, -a *a & m*.

solidement *adv* sólidamente.

solitaire *a* solitario, -a.

solitude *f* soledad *f*.

sombre *a* sombrio, -a; **il fait s.** está
oscuro.

sommaire *m* sumario *m*.

somme¹ *f* suma *f*; **faire la s. de** sumar, hacer la suma de.

somme² *m* *(sommeil)* sueño *m*; **faire
un s.** echarse una siesta.

sommeil *m* sueño *m*; **avoir s.** tener
sueño.

sommes *voir* **être**.

sommet *m* cima *f*.

somnifère *m* somnífero *m*.

son¹ *m* *(bruit)* sonido *m*.

son² *m* *(de blé etc.)* salvado *m*.

son³, sa, *pl* **ses** *(sa se transforma en*
son *delante de vocal o h muda)* *a*
poss su; **son père/sa mère** su
padre/madre.

sondage *m* **s. (d'opinion)** sondeo *m*
(de opinión).

songer *vi* **s. à qch/à faire** pensar en
algo/en hacer.

sonner *vi* sonar; **on a sonné** *(à la
porte)* llaman a la puerta.

sonnerie *f* *(appareil, son)* timbre *m*.

sonnette *f* timbre *m*; *(clochette)* campanilla *f*; **coup de s.** timbre; **s.
d'alarme** timbre de alarma.

sonore *a* *(rire)* sonoro, -a.

sont *voir* **être**.

sorcière *f* bruja *f*.

sort *m* *(hasard)* suerte *f*; *(destin)* des
tino *m*; *(condition)* fortuna *f*; **jeter
un s. à qn** encantar a alguien.

sorte *f* clase *f*, tipo *m*; **toutes sortes
de** todo tipo de; **de (telle) s. que** (+
subjonctif) de modo que; **faire en s.
que** (+ *subjonctif*) procurar que (+
subjuntivo).

sortie *f* salida *f*; *(de disque, film)* lanzamiento *m*; **à la s. de l'école** a la salida
del colegio.

sortir* **1** *vi* *(aux* **être***)* salir; *(film etc.)*
estrenarse; **s. de table** dejar la mesa;
s'en s. *(d'une maladie)* recuperarse;
(d'un problème) salir bien.
    2 *vt* *(aux* **avoir***)* sacar (**de** de); *(film,
livre etc.)* lanzar (al mercado).

sottise *f* *(action, parole)* tontería *f*;
faire des sottises *(enfant)* hacer
tonterías.

sou *m* *(pl* **sous***)* *(argent)* dinero *m*; **elle
n'a pas un s.** no tiene (ni) un duro;
appareil *ou* **machine à sous** máquina tragaperras.

souche *f* *(d'arbre)* cepa *f*.

souci *m* preocupación *f* (**de** por); **se
faire du s.** preocuparse; **ça lui
donne du s.** eso le preocupa.

soucier (se) *vpr* **se s. de** preocuparse por.

soucieux, -euse *a* preocupado, -a
(**de qch** por algo).

soucoupe *f* platillo *m*; **s. volante**
platillo volante.

soudain **1** *adv* de repente.
    2 *a* repentino, -a.

souder *vt* soldar.

S

soudure f soldadura f.

souffle m soplo m; (haleine) aliento m; (de bombe etc.) onda f expansiva; **à bout de s.** sin aliento.

souffler 1 vi soplar.
2 vt (bougie) soplar, apagar; (chuchoter) susurrar.

souffrance f sufrimiento m.

souffrant, -ante a enfermo, -a.

souffrir* vi sufrir (**de** de); **faire s. qn** hacer sufrir a alguien.

souhait m deseo m; **à vos souhaits!** (après un éternuement) ¡Jesús!

souhaitable a deseable.

souhaiter vt desear; **s. qch à qn** desear algo a alguien; **s. faire** desear hacer; **s. que** (+ subjonctif) desear que.

soulagement m alivio m.

soulager vt aliviar (**de** de).

soulever vt levantar; (question) plantear.

soulier m zapato m.

souligner vt subrayar.

soupçon m sospecha f; (pincée) pizca f.

soupçonner vt sospechar (**de** de); **je le soupçonne d'avoir menti** sospecho que ha mentido.

soupe f sopa f; **s. à la tomate** sopa de tomate.

souper 1 m cena f.
2 vi cenar.

soupir m suspiro m; **pousser un s.** suspirar.

soupirer vi suspirar.

souple a flexible; (matière) blando, -a.

souplesse f flexibilidad f.

source f (point d'eau, origine) fuente f; **eau de s.** agua de manantial.

sourcil m ceja f.

sourd, sourde 1 a sordo, -a; **bruit s.** ruido sordo.
2 mf sordo, -a.

sourd-muet (pl **sourds-muets**),

sourde-muette (pl **sourdes-muettes**) a & mf sordomudo, -a.

sourire* 1 vi sonreír (**à qn** a alguien).
2 m sonrisa f; **faire un s. à qn** sonreir a alguien.

souris (animal, d'ordinateur) f ratón m.

sous prép (position) bajo, debajo de; **s. la pluie** bajo la lluvia; **s. mes yeux** ante mis ojos; **s. Charles X** bajo el reinado de Carlos X; **s. peu** (bientôt) dentro de poco.

sous-entendre vt sobreentender.

sous-marin a & m submarino a & m.

sous-sol m (d'immeuble) sótano m.

sous-titre m subtítulo m.

sous-titré, -ée a subtitulado, -a.

soustraction f substracción f.

soustraire* vt (nombre) substraer (**de** de).

sous-vêtements mpl ropa f interior.

soutenir* 1 vt sostener; **s. que** mantener que.
2 **se soutenir** vpr (blessé etc.) sostenerse.

souterrain, -aine a & m subterráneo, -a a & m.

soutien m apoyo m.

soutien-gorge m (pl **soutiens-gorge**) sujetador m.

souvenir m recuerdo m; (pour touristes) souvenir m.

souvenir* (se) vpr se s. de acordarse de; **se s. que** acordarse de que.

souvent adv a menudo; **peu s.** raramente; **le plus s.** la mayoría de las veces.

soyez, soyons voir être.

spacieux, -euse a espacioso, -a.

spaghetti(s) mpl espaguetis mpl.

sparadrap m esparadrapo m.

speaker m, **speakerine** f (à la radio etc.) locutor, -ora.

spécial, -e, -aux a especial.

spécialement adv especialmente.

spécialiste mf especialista mf.

spécialité f especialidad f.

spécimen m espécimen m.

spectacle m *(vue, représentation)* espectáculo m.

spectaculaire a espectacular.

spectateur, -trice mf espectador, -ora.

sphère f esfera f.

spirale f espiral f.

spirituel, -elle a espiritual; *(remarque etc.)* ingenioso, -a.

splendide a espléndido, -a.

spontané, -ée a espontáneo, -a.

sport m deporte m; **faire du s.** practicar o hacer deporte; **voiture de s.** (coche m) deportivo m; **terrain de s.** cancha de deporte; **sports d'hiver** deportes de invierno.

sportif, -ive 1 a *(personne)* deportivo, -a.
    2 mf deportista mf.

spot m *(lampe)* foco m; **s. (publicitaire)** anuncio m (publicitario).

squash m *(jeu)* squash m.

squelette m esqueleto m.

stable a estable.

stade m estadio m.

stage m *(cours)* cursillo m; *(expérience professionnelle)* periodo m de formación.

stand m *(d'exposition)* puesto m.

standard 1 m *(téléphonique)* central f telefónica.
    2 a inv *(modèle etc.)* estándar.

station f estación f; *(d'autobus, de taxis)* parada f.

stationnement m aparcamiento m.

stationner vi *(se garer)* aparcar.

station-service f *(pl stations-service)* gasolinera f.

statistique f *(donnée)* estadística f.

statue f estatua f.

steak m filete m.

sténodactylo mf taquimecanógrafo, -a.

stéréo a inv estéreo.

stériliser vt esterilizar.

stock m existencias fpl **(de** de); **en s.** en almacén.

stocker vt *(provisions etc.)* almacenar.

stop 1 int stop.
    2 m *(panneau)* stop m; *(feu arrière)* luz f de freno; **faire du s.** hacer autostop.

stopper vti parar.

store m *(à enrouleur)* persiana f.

stress m inv estrés m.

stressé, -ée a estresado, -a.

strict, -e a estricto, -a.

strictement adv estrictamente.

structure f estructura f.

studio m *(de cinéma, logement)* estudio m.

stupéfaction f estupefacción f.

stupéfait, -faite a estupefacto, -a **(de** por, ante).

stupide a estúpido, -a.

stupidité f estupidez f.

style m estilo m.

stylo m *(à bille)* bolígrafo m; **s.-plume** pluma f.

su, sue pp de **savoir.**

subir vt padecer; *(conséquences, défaite)* sufrir; **s. l'influence de** estar bajo la influencia de.

subit, -ite a repentino, -a.

subitement adv repentinamente.

subjonctif m *Grammaire* subjuntivo m.

submergé, -ée a sumergido, -a; **s. de travail** abrumado por el trabajo.

substance f sustancia f.

subtil, -e a sutil.

succéder 1 vi **s. à** suceder a.
    2 se succéder vpr sucederse.

succès m éxito m; **avoir du s.** tener éxito.

successif, -ive a sucesivo, -a.

S

succession f (série) sucesión f (**de de**).

sucer vt chupar.

sucette f chupachús m; (tétine) chupete m.

sucre m azúcar m; (morceau) terrón m de azúcar; **s. cristallisé** azúcar cristalizado; **s. en morceaux** terrones de azúcar; **s. en poudre, s. semoule** azúcar en polvo.

sucré, -ée a azucarado, -a.

sucrer vt azucarar, poner azúcar a.

sucrier m azucarero m.

sud m sur m; **au s. de** al sur de.

sud-américain, -aine 1 a sudamericano, -a.
　2 mf Sud-Américain, -aine sudamericano, -a.

sud-est a inv & m sureste a inv & m.

sud-ouest a inv & m s uroeste a inv & m.

suédois, -oise 1 a sueco, -a.
　2 m (langue) sueco m.
　3 mf Suédois, -oise sueco, -a.

suer vi sudar; Fam **il me fait s.** (m'ennuie) me las hace pasar canutas.

sueur f sudor m; **être en s.** sudar.

suffire* vi bastar, ser suficiente (**à** para); **ça suffit!** ¡basta ya!; **il suffit d'une goutte**/etc. **pour faire** basta una gota/etc. para hacer; **un verre me suffit** con una copa tengo bastante.

suffisamment adv suficientemente; **s. de** bastante.

suffisant, -ante a suficiente.

suffocant, -ante a sofocante.

suggérer vt sugerir (**à** a; **de faire** hacer; **que** que).

suggestion f sugerencia f.

suicide m suicidio m.

suicider (se) vpr suicidarse.

suis voir être, suivre.

suisse 1 a suizo, -a.
　2 mf Suisse suizo, -a.

Suissesse f suiza f.

suite f (de film, roman) continuación f; (série) serie f; (reste) resto m; **faire s. à** seguir a; **par la s.** después; **à la s.** seguido; **à la s. de** (événement etc.) como consecuencia de; **de s.** (deux jours etc.) seguido; **(tout) de s.** en seguida.

suivant, -ante a & mf siguiente; **au s.!** ¡el siguiente!

suivre* 1 vt seguir; (accompagner) acompañar; (classe) asistir a; **s. des yeux** ou **du regard** seguir con la mirada.
　2 vi seguir, continuar; **faire s.** (courrier) reexpedir; **à s.** continuará.
　3 se suivre vpr seguirse, sucederse.

sujet 1 m (question) tema m, asunto m; Grammaire sujeto m; (d'un roi) súbdito, -a; **au s. de** a propósito de; **à quel s.?** ¿de qué se trata?.
　2 a s. à propenso a.

super 1 a inv Fam (bon) súper.
　2 m (essence) súper f.

superbe a fantástico, -a.

superficie f superficie f.

superficiel, -ielle a superficial.

supérieur, -e a superior (**à** a); **l'étage s.** el piso de arriba.

supériorité f superioridad f.

supermarché m supermercado m.

superposer vt (objets) superponer.

superstitieux, -euse a supersticioso, -a.

superstition f superstición f.

supplément m (argent) suplemento m; **en s.** de más.

supplémentaire a extra, suplementario, -a; **heures supplémentaires** horas extras.

supplier vt **s. qn de faire** suplicar a alguien que haga.

support m soporte m.

supporter¹ vt soportar; (soutenir) sostener.

supporter² m seguidor m.

supposer *vt* suponer (**que** que).

supposition *f* suposición *f*.

suppositoire *m* supositorio *m*.

suppression *f* supresión *f*.

supprimer *vt* suprimir.

sur *prép* encima (de), sobre; *(au sujet de)* sobre; **six s. vingt** *(note)* seis sobre veinte; **trois personnes s. dix** tres personas de cada diez; **il vient un jour s. deux** viene un día sí y otro no; **six mètres s. dix** seis por diez metros.

sûr, sûre *a* seguro, -a (**de** de; **que** que); *(digne de confiance)* de confianza; **en lieu s.** en lugar seguro; **c'est s. que** (+ *indicatif*) seguro que; **s. de soi** seguro de sí mismo; **bien s.!** ¡por supuesto!

sûrement *adv* seguramente.

sûreté *f* seguridad *f*; **être en s.** estar a salvo; **mettre en s.** poner en lugar seguro.

surexcité, -ée *a* excitadísimo, -a.

surf *m* surf *m*; **faire du s.** hacer surf.

surface *f* superficie *f*; **(magasin à) grande s.** hipermercado *m*.

surgelé, -ée *a (viande etc.)* congelado, -a.

surgelés *mpl* congelados *mpl*.

surgir *vi* surgir (**de** de).

sur-le-champ *adv* en el acto, inmediatamente.

surlendemain *m* **le s.** dos días después; **le s. de** a los dos días de.

surmener (se) *vpr* agotarse (por exceso de trabajo).

surmonter *vt (obstacle etc.)* vencer, superar.

surnom *m* apodo *m*, mote *m*.

surnommer *vt* apodar.

surpasser (se) *vpr* superarse.

surprenant, -ante *a* sorprendente.

surprendre* *vt (étonner)* sorprender; *(prendre sur le fait)* pillar.

surpris, -ise *a* sorprendido, -a (**de** por; **que** de que); **je suis s. de te voir** me sorprende verte.

surprise *f* sorpresa *f*.

sursauter *vi* sobresaltarse.

surtout *adv* sobre todo; **s. pas** ni hablar, de eso nada; **s. que** sobre todo porque.

surveillant, -ante *mf (lycée)* celador, -ora; *(prison)* vigilante *mf*.

surveiller *vt* vigilar.

survêtement *m* chándal *m*.

survivant, -ante *mf* superviviente *mf*.

survivre* *vi* sobrevivir (**à qch** a algo).

survoler *vt* sobrevolar.

susceptible *a* susceptible.

suspect, -ecte *a & mf* sospechoso, -a.

suspendre 1 *vt (accrocher)* suspender (**à** de).
   2 se suspendre *vpr* colgarse (**à** de).

suspendu, -ue *a* **s. à** colgado, -a de.

suspense *m* suspense *m*.

suspension *f (de véhicule)* suspensión *f*.

suture *f* **point de s.** punto de sutura.

SVP *abrév de* **s'il vous plaît** por favor.

sweat-shirt *m* sudadera *f*.

syllabe *f* sílaba *f*.

symbole *m* símbolo *m*.

symbolique *a* simbólico, -a.

sympa *a inv Fam* guai, simpático, -a.

sympathie *f* simpatía *f*; **avoir de la s. pour qn** tener simpatía por alguien.

sympathique *a* simpático, -a.

symphonie *f* sinfonía *f*.

symptôme *m* síntoma *m*.

synagogue *f* sinagoga *f*.

syndicat *m (d'ouvriers)* sindicato *m*; **s. d'initiative** oficina *f* de turismo.

S

syndiqué, -ée 1 *a* sindicado, -a.
  2 *mf* persona *f* afiliada a un sindicato.
synonyme 1 *a* sinónimo, -a (**de** de).
  2 *m* sinónimo *m*.

syntaxe *f* sintaxis *f*.
système *m* sistema *m*; **s. métrique**
  sistema métrico; **s. d'exploitation**
  sistema operativo.

ta *voir* **ton**.

tabac *m* tabaco *m*; *(magasin)* estanco *m*.

table *f* mesa *f*; *(d'école)* pupitre *m*; **t. de nuit** mesilla *f* de noche; **t. à repasser** tabla *f* de planchar; **t. des matières** índice *m*; **à t.!** ¡a comer!

tableau, -x *m (peinture)* cuadro *m*; *(panneau)* tablero *m*; *(liste)* lista *f*; *(graphique)* gráfico *m*; **t. (noir)** pizarra *f*, encerado *m*; **t. d'affichage** tablón *m* de anuncios; **t. de bord** salpicadero *m*.

tablette *f (de chocolat)* tableta *f*; *(de lavabo etc.)* repisa *f*.

tableur *m* hoja *f* de cálculo.

tablier *m* delantal *m*; *(d'écolier)* bata *f*.

tabouret *m* taburete *m*.

tache *f* mancha *f*.

tacher 1 *vti* manchar.
   2 se tacher *vpr* mancharse.

tâcher *vi* **t. de faire** intentar hacer.

tact *m (discrétion)* tacto *m*; **avoir du t.** tener tacto.

tactique *f* táctica *f*.

tag *m* pintada *f*.

taie d'oreiller *f* funda *f* de almohada.

taille *f (hauteur)* altura *f*; *(de vêtement)* talla *f*; *(dimension, mesure)* tamaño *m*; *(ceinture)* talle *m*; **tour de t.** contorno de cintura.

taille-crayon(s) *m inv* afilador *m*.

tailler *vt* cortar; *(barbe)* recortar; *(arbre, haie)* podar; *(crayon)* afilar.

tailleur *m (personne)* sastre *m*; *(vête-ment)* traje *m* de chaqueta.

taire* (se) *vpr* callarse; **se t. sur qch** callarse algo; **tais-toi!** ¡cállate!

talent *m* talento *m*.

talon *m* talón *m*; *(de chaussure)* tacón *m*; *(de chèque, carnet)* matriz *f*.

talus *m* talud *m*.

tambour *m* tambor *m*.

tambourin *m* pandereta *f*.

tamiser *vt (farine)* tamizar.

tampon *m (cachet)* sello *m*; *(instru-ment)* matasellos *m inv*; *(bouchon)* tapón *m*; **t. hygiénique** tampón *m*, tampax® *m*; **t. à récurer** estropajo *m* metálico.

tandis que *conj (opposition)* mientras que; *(simultanéité)* mientras.

tant *adv (travailler etc.)* tanto (**que** que); **t. de** *(temps, gens etc.)* tanto, -a, -os, -as (**que** que); **t. que** *(aussi longtemps que)* mientras que; **t. mieux!** ¡tanto mejor!; **t. pis!** ¡qué le vamos a hacer!; **en t. que** como.

tante *f* tía *f*.

tantôt *adv (dans le passé)* hace poco; *(dans l'avenir)* dentro de poco; **t.... t....** unas veces... otras...

tapage *m* alboroto *m*.

tape *f (sur les fesses)* nalgada *f*; *(au visage)* cachete *m*; *(sur le dos)* palmadita *f*.

taper¹ 1 *vt (enfant)* pegar.
   2 *vi* **t. sur qch** golpear algo; **t. du pied** patalear.

taper² *vti* **t. (à la machine)** escribir a máquina.

tapis *m* alfombra *f*; **t. roulant** *(pour marchandises)* cinta *f* mecánica.

tapisser *vt (mur, tiroir etc.)* empapelar; *(meuble)* tapizar.

tapisserie *f (papier peint)* empapelado *m*; *(broderie)* tapiz *m*.

tapoter *vt* golpetear.

taquiner *vt* pinchar, hacer rabiar a.

tard *adv* tarde; **plus t.** más tarde; **au plus t.** como muy tarde.

tarder *vi* tardar (**à faire** en hacer); **elle ne va pas t.** no tardará; **il me tarde d'arriver** estoy impaciente por llegar.

tarif *m (prix)* tarifa *f*, precio *m*; *(tableau)* lista *f* de precios.

tarte *f* tarta *f*.

tartine *f* rebanada *f* de pan; **t. de beurre** rebanada con mantequilla.

tartiner *vt (beurre etc.)* untar; **t. de beurre** untar con *o* de mantequilla; **fromage à t.** queso de untar.

tas *m* montón *m*; *Fam* **un** *ou* **des t. de** *(beaucoup)* un montón de; **mettre en t.** amontonar.

tasse *f* taza *f*; **t. à café** taza de café.

tasser 1 *vt* apretar (**dans** en); **un whisky bien tassé** un whisky cargadito.
  2 se tasser *vpr (se serrer)* apretujarse; *(s'affaisser)* encorvarse.

tâter *vt* palpar; *Fig* **t. le terrain** tantear el terreno.

tâtonner *vi* tantear.

tâtons (à) *adv (avancer, chercher)* a tientas.

tatouage *m (dessin)* tatuaje *m*.

tatouer *vt* tatuar.

taudis *m* tugurio *m*.

taupe *f* topo *m*.

taureau, -x *m* toro *m*.

taux *m* tasa *f*; **t. d'alcool**/*etc.* porcentaje *m* de alcohol/*etc.*; **t. de change** tipo *m* de cambio; **t. d'inflation** tasa de inflación; **t. d'intérêt** tipo de interés.

taxe *f (impôt)* impuesto *m*; **t. à la valeur ajoutée** impuesto sobre el valor añadido.

taxer *vt* someter a impuestos.

taxi *m* taxi *m*.

te (**t'** *delante de vocal o h muda*) *pron* te.

technicien, -ienne *mf* técnico, -a.

technique 1 *a* técnico, -a.
  2 *f* técnica *f*.

technologie *f* tecnología *f*.

tee-shirt *m* camiseta *f*.

teindre* 1 *vt* teñir (**en** de).
  2 se teindre *vpr* teñirse.

teint *m* tez *f*.

teinte *f* matiz *m*.

teinture *f (produit)* tinte *m*.

teinturerie *f (boutique)* tintorería *f*.

teinturier, -ière *mf* tintorero, -a.

tel, telle *a* tal, semejante; **un t. livre**/*etc.* semejante libro/*etc.*; **un t. intérêt**/*etc.* tal interés/*etc.*; **de tels mots**/*etc.* tales palabras/*etc.*; **rien de t. que** nada como.

télé *f* tele *f*; **à la t.** en la tele.

télécarte *f* tarjeta *f* telefónica.

télécommande *f* mando *m* a distancia.

télécopie *f* fax *m inv*.

télécopieur *m* fax *m inv*.

téléfilm *m* telefilme *m*.

télégramme *m* telegrama *m*.

téléphérique *m* teleférico *m*.

téléphone *m* teléfono *m*; **coup de t.** llamada de teléfono, telefonazo; **passer un coup de t. à qn** llamar a alguien por teléfono; **au t.** al teléfono; **t. sans fil** (teléfono) inalámbrico *m*; **t. portatif** (teléfono) móvil *m*.

téléphoner *vti* telefonear (**à** a).

téléphonique *a* telefónico.

télescope *m* telescopio *m*.

télésiège *m* telesilla *m*.

téléspectateur, -trice *mf* telespectador, -ora.

télévisé *a* **journal t.** noticias *fpl*.

téléviseur *m* televisor *m*.

télévision *f* televisión *f*; **à la t.** en la televisión.

telle *voir* tel.

tellement *adv (si)* tan; *(tant)* tanto; **t. de** *(travail etc.)* tanto, -a; *(soucis etc.)* tantos, -as; **pas t.!** ¡no tanto!

témoignage *m* testimonio *m*.

témoigner *vi* testimoniar (**contre** contra).

témoin *m* testigo *m*; **être t. de** ser testigo de.

température *f* temperatura *f*; **avoir de la t.** tener fiebre.

tempête *f* tormenta *f*, tempestad *f*; **t. de neige** tormenta de nieve.

temple *m* templo *m*.

temporaire *a* temporal.

temps¹ *m* tiempo *m*; **avoir le t.** tener tiempo; **il est t. de faire** es hora de hacer; **ces derniers t.** estos últimos tiempos; **de t. en t.** de vez en cuando; **à t.** *(arriver)* a tiempo; **travailler à plein t./à t. partiel** trabajar a tiempo completo/a tiempo parcial; **dans le t.** *(autrefois)* en otro tiempo.

temps² *m (climat)* tiempo *m*; **quel t. fait-il?** ¿qué tiempo hace?

tenailles *fpl (outil)* tenazas *fpl*.

tendance *f* tendencia *f*; **avoir t. à faire** tener tendencia a hacer.

tendeur *m (à bagages)* tensor *m*.

tendre¹ *vt* estirar; *(piège)* tender; **t. qch à qn** alcanzar algo a alguien; **t. la main** ofrecer la mano; **t. l'oreille** aguzar el oído.

tendre² *a (viande etc.)* tierno, -a, blando, -a; *(personne)* cariñoso, -a, tierno, -a (**avec** con).

tendrement *adv* cariñosamente, tiernamente.

tendresse *f* ternura *f*.

tendu, -ue *a (corde, personne, situation, muscle)* tenso, -a; *(main)* extendido, -a.

tenir* **1** *vt* mantener; *(promesse)* cumplir; *(comptes, hôtel)* llevar; *(rôle)* jugar; **t. sa droite** *(conducteur)* mantenerse a la derecha.

2 *vi* quedarse; *(résister)* resistir; *(neige)* cuajar; **t. à** *(personne, objet etc.)* tener apego a; **t. à faire qch** empeñarse en hacer algo; **t. dans qch** *(être contenu)* caber en algo; **t. debout** mantenerse de pie; **tenez!** *(prenez)* ¡tome!; **tiens!** *(surprise)* ¡vaya!.

3 **se tenir** *vpr (avoir lieu)* tener lugar; **se t. debout** (man)tenerse en pie; **se t. droit** estar derecho; **tiens-toi droit** ponte derecho; **se t. par la main** cogerse de la mano; **bien se t.** *(s'agripper)* agarrarse fuerte; *(bien se comporter)* portarse bien.

tennis *m* tenis *m*; *(terrain)* pista *f* de tenis; *(chaussure)* zapatilla *f* de deporte; **t. de table** tenis de mesa.

tension *f* tensión *f*; **t. (artérielle)** tensión arterial; **avoir de la t.** tener la tensión alta.

tentant, -ante *a* tentador, -ora.

tentation *f* tentación *f*.

tentative *f* intento *m*.

tente *f* tienda *f*.

tenter¹ *vt* intentar (**de faire** hacer); **t. sa chance** intentar.

tenter² *vt (faire envie à)* tentar.

tenue *f (vêtements)* ropa *f*; *(conduite)* comportamiento *m*; **t. de soirée** traje *m* de noche.

tergal® *m* Tergal® *m*.

terme *m (mot, fin)* término *m*; **mettre un t. à** poner fin o término a; **à court/long t.** *(conséquences)* a corto/largo plazo; **être en bons/ mauvais termes avec qn** mantener buenas/malas relaciones con alguien; **parler de qn en bons/**

mauvais termes hablar bien/mal de alguien.

terminaison f *(de mot)* terminación f.

terminal, -e, -aux 1 a terminal.
2 f *(classe)* COU m.
3 m *(aérogare)* terminal f; *(ordinateur)* terminal informática.

terminer vt, vpr **se terminer** terminar (**par** por; **en** en).

terne a *(couleur, personne)* apagado, -a.

terrain m terreno m; *(à bâtir)* solar m; *Football* campo m; *(de tennis, basket)* cancha f; **t. de camping** cámping m; **t. de jeux** *(pour enfants)* patio m; *(stade)* terreno de juego; **t. vague** solar.

terrasse f terraza f.

terre f *(matière, monde)* tierra f; *(sol)* suelo m; **par t.** *(tomber)* al suelo; *(poser, assis, couché)* en el suelo; **sous t.** bajo tierra.

terrestre a **la surface t.** la superficie terrestre; **globe t.** globo terráqueo.

terreur f terror m.

terrible a terrible.

terrifiant, -ante a terrorífico, -a.

terrifier vt aterrorizar.

territoire m territorio m.

terroriser vt aterrorizar.

terroriste a & mf terrorista.

tes voir **ton.**

test m test m.

testament m *(en droit)* testamento m.

tester vt probar; *(personne)* poner a prueba.

tête f cabeza f; *(visage)* cara f; *(d'arbre)* copa f; **tenir t. à** hacer frente a; **faire la t.** estar de morros; **à la t. de** *(entreprise, classe)* a la cabeza de; **en t.** *(sportif)* en cabeza.

tête-à-tête adv **(en) t.-à-tête** a solas.

téter vti mamar.

tétine f *(de biberon)* tetina f; *(sucette)* chupete m.

têtu, -ue a cabezón, -ona.

texte m texto m.

textile 1 a textil.
2 m tejido m.

TGV m abrév de **train à grande vitesse** tren m de gran velocidad.

thé m té m; **t. (au) citron** té con limón.

théâtre m teatro m; **une pièce de t.** una obra de teatro; **le t. de Molière** la obra de Molière; **faire du t.** hacer teatro.

théière f tetera f.

théorie f teoría f; **en t.** en teoría.

thermomètre m termómetro m.

thermos® m ou f termo m.

thermostat m termostato m.

thon m atún m, bonito m.

tibia m tibia f.

ticket m *(bus)* billete m; **t. de caisse** ticket m de caja; **t.-repas** vale m para comida.

tiède a tibio, -a.

tien, tienne pron poss **le t., la tienne, les tien(ne)s** el tuyo, la tuya, los tuyos, las tuyas.

tiens, tient voir **tenir.**

tiercé m **jouer/gagner au t.** jugar a/ganar la quiniela hípica.

tiers m *(fraction)* tercio m.

tiers-monde m tercer mundo m.

tige f *(de plante)* tallo m; *(barre)* vara f.

tigre m tigre m.

timbre m *(pour courrier)* sello m; *(sonnette, qualité sonore)* timbre m.

timbre-poste m *(pl* **timbres-poste)** sello m.

timbrer vt *(lettre)* sellar.

timide a tímido, -a.

timidement adv tímidamente.

timidité f timidez f.

tinter vi *(cloche)* tocar; *(clefs)* tintinear.

tir *m* tiro *m*; **t. à l'arc** tiro con arco.

tirage *m* *(de journal)* tirada *f*; *(de lotería)* sorteo *m*; **t. au sort** sorteo.

tire-bouchon *m* sacacorchos *m inv*.

tirelire *f* hucha *f*.

tirer 1 *vt* tirar; *(langue)* sacar; *(trait)* hacer; *(rideaux)* correr; *(balle, canon)* disparar; **t. de** *(sortir)* sacar de; *(obtenir)* obtener de; **t. qn de** *(danger, lit)* sacar a alguien de.

2 se tirer *vpr* **se t. de** *(situation)* salir de; **je m'en suis bien tiré** me salió bien.

3 *vi* tirar (**sur** de); *(faire feu)* disparar (**sur** a, contra); **t. au sort** sortear, echar a suerte; **t. à sa fin** tocar a su fin.

tiret *m* *(trait d'union)* guión *m*; *(dans un dialogue)* raya *f*.

tireur *m* *(au fusil)* tirador *m*.

tiroir *m* cajón *m*.

tisonnier *m* atizador *m*.

tisser *vt* tejer.

tissu *m* tejido *m*; *Fig* **un t. de mensonges** una sarta de mentiras; **t.-éponge** tela *f* de rizo.

titre *m* título *m*; **(gros) t.** *(de journal)* titular *m*; **à t. d'exemple** a modo de ejemplo; **à juste t.** con toda razón; **t. universitaire** título universitario; **t. de transport** billete *m*.

toast *m* *(pain grillé)* tostada *f*; *(en buvant)* brindis *m inv*.

toboggan *m* tobogán *m*; *(pour voitures)* paso *m* elevado.

toc *int* **t. t.!** ¡toc toc!

toi *pron* *(sujet)* tú; *(complément direct)* te; *(après préposition)* ti; **avec t.** contigo; **ils parlent de t.** hablan de ti; **c'est à t.** es tuyo, -a; **un ami à t.** un amigo tuyo, -a; *(réfléchi)* **assieds-t.** siéntate.

toile *f* tela *f*; *(à voile, sac etc.)* lona *f*; *(tableau)* lienzo *m*; **t. d'araignée** tela de araña.

toilette *f* *(action)* aseo *m*; *(vêtements)* ropa *f*; **eau de t.** agua *f* de colonia; **faire sa t.** asearse; **les toilettes** el servicio, el baño; **aller aux toilettes** ir al baño.

toi-même *pron* tú mismo, -a.

toit *m* *(d'un bâtiment)* tejado *m*; *(d'un tunnel, d'une voiture)* techo *m*; **t. ouvrant** *(de voiture)* techo solar.

tôle *f* chapa *f*; **t. ondulée** chapa ondulada.

tolérant, -ante *a* tolerante (**à l'égard de** con).

tolérer *vt* tolerar.

tomate *f* *(fruit)* tomate *m*.

tombe *f* tumba *f*.

tombeau, -x *m* tumba *f*.

tombée *f* **t. de la nuit** anochecer *m*.

tomber *vi* *(aux* **être***)* caer; **t. malade** caer enfermo, -a; **t. (par terre)** caerse al suelo; **faire t.** *(personne)* hacer caer; **laisser t.** dejar caer; **tu tombes bien/mal** llegas en buen/mal momento; **t. sur** *(trouver)* encontrarse con.

tombola *f* tómbola *f*.

ton, ta *(pl* **tes)** **(ta** *se transforma en* **ton** *delante de vocal o* h *muda)* a *poss* tu; **t. père** tu padre; **ta mère** tu madre; **t. ami(e)** tu amigo, -a.

ton *m* *(de voix etc.)* tono *m*.

tonalité *f* *(téléphonique)* señal *f*; *(couleur)* tonalidad *f*.

tondeuse *f* **t. (à gazon)** cortadora *f* de césped.

tondre *vt* *(gazon)* cortar; *(mouton)* esquilar.

tonne *f* tonelada *f*; *Fam* **des tonnes de** *(beaucoup)* un montón de.

tonneau, -x *m* tonel *m*.

tonner *vi* tronar; **il tonne** caen truenos.

tonnerre *m* trueno *m*; **coup de t.** trueno.

tonton *m* *Fam* tío *m*.

torche f *(flamme)* antorcha f; **t. électrique** linterna f.

torchon m *(à vaisselle)* trapo m (de cocina); *(de ménage)* trapo (del polvo).

tordant, -ante a *Fam* **une histoire tordante** una historia para partirse de risa; **il est t.** es un basilón.

tordre 1 vt torcer; *(linge)* retorcer; **se t. la cheville** torcerse el tobillo.

2 se tordre vpr torcerse; **se t. de douleur** retorcerse de dolor; **se t. (de rire)** partirse o morirse de risa.

torrent m torrente m; **il pleut à torrents** llueve a cántaros.

torse m torso m; **t. nu** sin camisa.

tort m **avoir t.** estar equivocado **(de faire** al o en hacer); **être dans son t.** tener la culpa; **donner t. à qn** *(accuser)* echar la culpa a alguien; **à t.** sin razón; **parler à t. et à travers** hablar a tontas y a locas.

torticolis m **avoir le t.** tener tortícolis.

tortiller vt retorcer.

tortue f tortuga f; *(de mer)* galápago m.

torture f tortura f.

torturer vt torturar.

tôt adv pronto, temprano; **le plus t. possible** lo más pronto posible, cuanto antes; **t. ou tard** tarde o temprano; **je n'étais pas plus t. sorti que** apenas había salido cuando.

total, -e, -aux a & m total a & m.

totalement adv totalmente.

totalité f **en t.** en su totalidad, totalmente.

touchant, -ante a conmovedor, -ora.

touche f *(de clavier, de téléphone)* tecla f; **téléphone à touches** teléfono de tecla.

toucher 1 vt tocar; *(paie, chèque)* cobrar; *(émouvoir)* conmover; **t. la cible** dar en la diana.

2 se toucher vpr *(lignes, mains etc.)* tocarse.

3 vi **t. à** tocar.

4 m *(sens)* tacto m.

touffe f *(de cheveux)* mechón m; *(d'herbe)* mata f.

toujours adv siempre; *(encore)* todavía; **pour t.** para siempre.

tour[1] f torre f; *(immeuble)* bloque m.

tour[2] m vuelta f; *(de magie etc.)* truco m; **t. de poitrine /etc.** contorno de pecho /etc.; **faire le t. de** dar la vuelta a; **faire un t.** dar una vuelta; **jouer un t. à qn** jugar una mala pasada a alguien; **c'est mon t.** es mi turno; **à t. de rôle** por turnos.

tourisme m turismo m; **faire du t.** hacer turismo.

touriste mf turista mf.

touristique a turístico, -a; **site t.** lugar de interés turístico; **guide t.** guía turística.

tournage m *(de film)* rodaje m.

tournant m *(de route)* curva f.

tourne-disque m *(pl* **tourne-disques)** tocadiscos m inv.

tournée f *(de livreur, boissons)* ronda f; *(de spectacle)* gira f.

tourner 1 vt girar; *(film)* rodar.

2 vi girar; *(moteur)* estar en marcha; *(lait)* agriarse; **t. autour de** *(objet)* girar alrededor de.

3 se tourner vpr volverse **(vers** hacia).

tournevis m destornillador m.

tournoi m torneo m.

Toussaint f Día m de Todos los Santos.

tousser vi toser.

tout, toute, *pl* **tous, toutes 1** a **(a)** todo, -a; **tous les livres** todos los libros; **t. l'argent /le temps /le village** todo el dinero /el tiempo /el pueblo; **toute la nuit** toda la noche; **tous (les) deux** los dos.

(b) *(chaque)* cada; **tous les ans** cada año; **tous les cinq mois /**

mètres cada cinco meses/metros.

2 *pron pl* todos, -as; **ils sont tous là** están todos allí.

3 *pron m sing* **tout** todo; **t. ce que** todo lo que; **en t.** *(au total)* en total.

4 *adv (tout à fait)* muy; **t. simplement** simplemente; **t. petit** muy pequeño, pequeñito; **t. neuf/seul** (completamente) nuevo/solo; **t. autour** por todo alrededor; **t. en chantant** mientras cantaba/cantábamos/*etc.*; **t. à coup** de repente; **je suis t. à fait d'accord** estoy completamente de acuerdo; **tu es prête? pas t. à fait!** ¿estas lista? ¡casi, pero no!; **tu as t. à fait raison** tienes toda la razón; **t. de même** a pesar de todo; **t. de suite** al momento.

5 *m* **le t.** todo; **(pas) du t.** no, en absoluto; **pas lourd du t.** nada pesado; **rien du t.** nada de nada.

toux *f* tos *f*.

toxique *a* tóxico, -a.

trac *m Fam* **avoir le t.** estar cagadito de miedo.

tracasser 1 *vt* preocupar.

2 se tracasser *vpr* preocuparse.

trace *f* huella *f* (**de** de); *(marque)* marca *f*; **traces** *(de bête, pneus, pas)* huellas; **suivre un animal à la t.** seguir el rastro de un animal.

tracer *vt (dessiner)* trazar.

tracteur *m* tractor *m*.

tradition *f* tradición *f*.

traditionnel, -elle *a* tradicional.

traducteur, -trice *mf* traductor, -ora.

traduction *f* traducción *f*.

traduire* *vt* traducir (**de** de; **en** a).

trafic *m* tráfico *m*.

tragédie *f* tragedia *f*.

tragique *a* trágico, -a.

trahir 1 *vt* traicionar.

2 se trahir *vpr* traicionarse.

trahison *f* traición *f*.

train¹ *m* tren *m*; **t. à grande vitesse** tren de gran velocidad; **t. couchettes** (tren) coche-cama *m*.

train² *m* **être en t. de faire** estar haciendo.

traîneau, -x *m* trineo *m*.

traînée *f (de peinture etc.)* reguero *m*.

traîner 1 *vt* arrastrar, tirar de.

2 *vi (jouets etc.)* estar tirado, -a; *(s'attarder)* rezagarse; **t. (par terre)** *(robe etc.)* arrastrar por el suelo.

3 se traîner *vpr (par terre)* arrastrarse.

train-train *m* rutina *f*.

traire* *vt* ordeñar.

trait *m (en dessinant)* trazo *m*; *(caractéristique)* rasgo *m*; **t. d'union** guión *m*.

traitement *m* tratamiento *m*; *(salaire)* sueldo *m*; **t. de texte** procesamiento *m* de textos; **machine de t. de texte** procesador de textos.

traiter 1 *vt* tratar; **t. qn de lâche/***etc.* llamar a alguien cobarde/*etc.*.

2 *vi* **t. de** *(sujet)* tratar sobre o de.

traiteur *m* empresa *f* de comidas de restaurante por encargo.

traître *m* traidor *m*.

trajectoire *f* trayectoria *f*.

trajet *m* trayecto *m*, recorrido *m*.

tramway *m* tranvía *m*.

tranchant, -ante *a (couteau, voix)* cortante.

tranche *f (morceau)* rodaja *f*.

tranchée *f* trinchera *f*.

trancher 1 *vt* trinchar.

2 *vi (prendre une décision)* zanjar una cuestión.

tranquille *a* tranquilo, -a; *(mer)* sereno, -a; **laisse-moi t.** déjame en paz.

tranquillement *adv* tranquilamente.

tranquillisant *a & m* tranquilizante *a & m*.

tranquilliser *vt* tranquilizar.

tranquillité *f* tranquilidad *f*.

transférer *vt* transferir (**à** a).

transfert *m* transferencia *f*.

transformation *f* transformación *f*.

transformer *vt* transformar (**en** en); *(maison)* reformar.

transfusion *f* **t. (sanguine)** transfusión *f* de sangre.

transistor *m* transistor *m*.

transitif, -ive *a Grammaire* transitivo, -a.

transmettre* *vt (message etc.)* transmitir (**à** a).

transparent, -ente *a* transparente.

transpercer *vt* traspasar.

transpirer *vi* transpirar.

transport *m* transporte *m* (**de** de); **moyen de t.** medio de transporte; **les transports en commun** el transporte público.

transporter *vt* transportar; *(à la main)* llevar; **t. qn à l'hôpital** llevar a alguien al hospital.

trappe *f* trampilla *f*.

travail, **-aux** *m* trabajo *m*; **travaux** *(dans la rue)* obras *fpl*; **travaux pratiques** *(à l'école etc.)* prácticas *fpl*; **travaux ménagers** tareas *fpl* de la casa.

travailler *vi* trabajar (**à qch** en algo).

travailleur, -euse *a & mf* trabajador, -ora.

travers 1 *prép* **à t. qch** a través de algo; **en t. de** a través de.
   2 *adv* **en t.** a través; **de t.** *(chapeau etc.)* de través, torcido; *(comprendre)* al revés; **avaler de t.** atragantarse.

traversée *f* travesía *f*.

traverser *vt* cruzar; *(foule, période)* atravesar.

traversin *m* cabezal *m*.

trébucher *vi* tropezar (**sur** con).

trèfle *m (plante, cartes)* trébol *m*.

treize *a & m inv* trece.

treizième *a & mf* decimotercero, -a.

tremblement *m* temblor *m*; **t. de terre** terremoto *m*, temblor de tierra.

trembler *vi* temblar (**de** de).

tremper 1 *vt* empapar; *(plonger)* remojar (**dans** en).
   2 *vi (linge)* estar en remojo; **faire t. qch** poner algo en remojo; **sa main trempait dans l'eau** tenía la mano dentro del agua.

tremplin *m* trampolín *m*.

trentaine *f* **une t. de personnes** unas treinta personas.

trente *a & m inv* treinta; **un t.-trois tours** un elepé, un LP.

trentième *a & mf* trigésimo, -a.

très *adv* muy; **avoir t. chaud/faim/** *etc.* tener mucho calor/mucha hambre/*etc.*

trésor *m* tesoro *m*.

tresse *f (cheveux)* trenza *f*.

tresser *vt* trenzar.

tri *m* clasificación *f*; **faire le t.** seleccionar.

triangle *m* triángulo *m*.

triangulaire *a* triangular.

tribu *f* tribu *f*.

tribunal, -aux *m* tribunal *m*.

tribune *f (de stade)* tribuna *f*.

tricher *vi* hacer trampas.

tricheur, -euse *mf* tramposo, -a.

tricolore 1 *a* tricolor; **feu t.** semáforo *m*.
   2 *m (sport)* **les tricolores** el equipo nacional francés.

tricot *m (activité)* punto *m*; *(chandail)* jersey *m*.

tricoter 1 *vt* tricotar.
   2 *vi* hacer punto.

tricycle *m* triciclo *m*.

trier *vt* clasificar.

trimestre *m* trimestre *m*.

trimestriel, -ielle *a (revue)* trimestral; **bulletin t.** cuaderno de notas.

tringle *f* caña *f*.

triomphe *m* triunfo *m* (**sur** sobre).

triompher *vi* triunfar (**de** sobre).

triple *m* **le t.** el triple (**de** de).

tripler 1 *vt* triplicar.
    2 *vi* triplicarse.

tripoter *vt* manosear.

triste *a* triste.

tristement *adv* tristemente.

tristesse *f* tristeza *f*.

trognon *m* (*de fruit*) corazón *m*.

trois *a & m inv* tres.

troisième *a & mf* tercero, -a.

troisièmement *adv* en tercer lugar, tercero.

trombe *f* **t. d'eau** tromba *f* de agua.

trombone *m* trombón *m*; (*agrafe*) clip *m*.

trompe *f* (*d'éléphant*) trompa *f*.

tromper 1 *vt* engañar; (*être infidèle à*) ser infiel a.
    2 se tromper *vpr* equivocarse; (**de** date /etc. de fecha / etc.) .

trompette *f* trompeta *f*.

tronc *m* tronco *m*.

tronçonneuse *f* sierra *f* mecánica, motosierra *f*.

trône *m* trono *m*.

trop *adv* demasiado; **t. fatigué pour jouer** demasiado cansado para jugar; **boire**/etc. **t.** beber/etc. demasiado; **t. de sel**/etc. demasiada sal /etc.; **t. d'élèves**/etc. demasiados alumnos/ etc.; **un franc**/etc. **de t.** *ou* **en t.** un franco /etc. de más.

tropical, -e, -aux *a* tropical.

trot *m* trote *m*; **aller au t.** ir al trote.

trotter *vi* (*cheval*) trotar.

trottinette *f* (*jouet*) patinete *m*.

trottoir *m* acera *f*.

trou *m* agujero *m*; **t. de (la) serrure** ojo *m* de la cerradura; **avoir un t. (de mémoire)** quedarse en blanco.

trouble *a* (*liquide*) turbio, -a; (*image*) borroso, -a; **voir t.** ver borroso.

troubler *vt* molestar, perturbar; (*vue*) nublar; (*liquide*) enturbiar.

troubles *mpl* (*de santé*) trastornos *mpl*; (*désordres*) desórdenes *mpl*.

trouer *vt* agujerear.

troupe *f* (*groupe*) grupo *m*; (*de théâtre*) compañía *f*; **troupes** (*armée*) tropas *fpl*.

troupeau, -x *m* (*de moutons*) rebaño *m*; (*d'animaux sauvages*) manada *f*; (*d'oies*) bandada *f*; **un t. de vaches** vacas.

trousse *f* estuche *m*; **t. à outils** caja *f* de herramientas; **t. à pharmacie** botiquín *m* de primeros auxilios; **t. de toilette** neceser *m*.

trousseau, -x *m* (*de clefs*) manojo *m*; (*de mariée*) ajuar *m*.

trouver 1 *vt* encontrar; **aller/venir t. qn** ir a/venir a buscar a alguien; **je trouve que** considero que, me parece que.
    2 se trouver *vpr* encontrarse; (*se sentir*) encontrarse, sentirse.

truc *m* (*astuce*) truco *m*; *Fam* (*chose*) chisme *m*, cosa *f*.

truite *f* trucha *f*.

TTC *abrév de* **toutes taxes comprises** impuestos incluidos.

tu *pron* tú.

tu, tue *voir* taire.

tube *m* tubo *m*; *Fam* (*chanson*) éxito *m*.

tuberculose *f* tuberculosis *f*.

tue-tête (à) *adv* a voz en grito.

tuer 1 *vti* matar.
    2 se tuer *vpr* suicidarse; (*dans un accident*) matarse.

tuile *f* teja *f*; *Fam* (*problème*) problemón *m*, follón *m*.

tulipe *f* tulipán *m*.

tunisien, -ienne 1 *a* tunecino, -a.
    2 *mf* **Tunisien, -ienne** tunecino, -a.

tunnel *m* túnel *m*.

turbulent, -ente *a* (*eau*) turbulento, -a; (*enfant*) revoltoso, -a.

tutoyer *vt* **t. qn** tutear a alguien; **tu peux me t.** puedes tutearme.

tutu *m* tutú *m*.

tuyau, -x *m* tubo *m*; **t. d'arrosage** manguera *f* de riego; **t. d'échappement** tubo de escape.

TVA *f abrév de* **taxe à la valeur ajoutée** IVA *m*.

type *m* tipo *m*.

typique *a* típico, -a (**de** de).

UE *f abrév de* **Union européenne** UE *f*.

ulcère *m* úlcera *f*.

ultérieurement *adv* posteriormente; **veuillez nous rappeler u.** sería tan amable de llamarnos más tarde.

ultramoderne *a* ultramoderno, -a.

ultrasecret, -ète *a* ultrasecreto, -a.

un, une 1 *art indéf* un, una; **une page** una página; **un ange** un ángel.

2 *a* uno, -a; **la page un** la primera página, la página número uno; **un kilo** un kilo.

3 *pron & mf* uno, una; **l'un** uno; **les uns** (los) unos; **j'en ai un** tengo uno; **pas un n'est venu** no vino ni uno; **l'un d'eux** uno de ellos.

4 *f* **la une** *(de journal)* la primera página (de un periódico).

unanime *a* unánime.

unanimité *f* **à l'u.** por unanimidad.

uni, -ie *a* unido, -a; *(surface, couleur)* liso, -a.

unième *a (après un nombre)* primero, -a; **trente et u.** trigésimo primero, -a; **cent u.** centésimo primero, -a.

unifier *vt* unificar.

uniforme *m* uniforme *m*.

union *f* unión *f*. **U. européenne** Unión Europea.

unique *a* único, -a.

uniquement *adv* únicamente.

unir 1 *vt* unir; **u. deux personnes** *(amitié)* unir a dos personas.

2 s'unir *vpr (étudiants etc.)* unirse.

unité *f (mesure, élément)* unidad *f*.

univers *m* universo *m*.

universel, -elle *a* universal.

universitaire *a* universitario, -a.

université *f* universidad *f*; **à l'u.** en la universidad.

urbain, -aine *a* urbano, -a.

urgence *f (cas)* urgencia *f*; **faire qch d'u.** hacer algo urgentemente; **(service des) urgences** *(d'hôpital)* (servicio de) urgencias; **en cas d'u.** en caso de emergencia.

urgent, -ente *a* urgente.

urine *f* orina *f*.

urne *f* urna *f*; **aller aux urnes** ir a votar, ir a las urnas.

usage *m* uso *m*; *(habitude)* costumbre *f*; **faire u. de** hacer uso de; **hors d'u.** fuera de servicio.

usagé, -ée *a* usado, -a.

usager *m* usuario, -a.

usé, -ée *a (tissu etc.)* gastado, -a.

user 1 *vt* desgastar.

2 s'user *vpr (vêtement)* desgastarse.

usine *f* fábrica *f*.

ustensile *m* utensilio *m*.

usure *f* desgaste *m*.

utile *a* útil (**à** para).

utilisateur, -trice *mf* usuario, -a.

utilisation *f* utilización *f*.

utiliser *vt* utilizar.

utilité *f* utilidad *f*; **d'une grande u.** de gran utilidad.

utopie *f* utopía *f*.

va *voir* **aller¹.**

vacances *fpl* vacaciones *fpl*; **en v.** de vacaciones; **les grandes v.** las vacaciones de verano.

vacancier, -ière *mf* persona *f* de vacaciones; *(en été)* veraneante *mf*.

vacarme *m* estrépito *m*.

vaccin *m* vacuna *f*; **faire un v. à** poner una vacuna a.

vaccination *f* vacunación *f*.

vacciner *vt* vacunar.

vache 1 *f* vaca *f*.
  2 *a* Fam *(méchant)* cabroncete.

vachement *adv* Fam *(très)* súper; *(beaucoup)* un mogollón.

vagabond, -onde *mf* vagabundo, -a.

vague 1 *a* vago, -a; *(regard)* vacío, -a.
  2 *f* ola *f*; **v. de froid** ola de frío.

vaguement *adv* vagamente, apenas; **connaître v.** *(personne, sujet)* conocer ligeramente.

vain (en) *adv* en vano.

vaincre* *vt* vencer.

vaincu, -ue *mf (sportif)* vencido, -a.

vainqueur *m (sportif)* vencedor, -ora, ganador, -ora.

vais *voir* **aller¹.**

vaisselle *f* vajilla *f*; **faire la v.** lavar los platos.

valable *a (billet, argument etc.)* válido, -a.

valet *m* sirviente *m*; *Cartes* sota *f*.

valeur *f* valor *m*; **avoir de la v.** tener valor; **objets de v.** objetos de valor;

mettre en v. *(en relief)* hacer resaltar.

valise *f* maleta *f*; **faire ses valises** hacer las maletas.

vallée *f* valle *m*.

valoir* *vi* valer; **v. cher** costar caro; **la cuisine espagnole vaut bien la cuisine française** la cocina española es tan buena como la francesa; **il vaut mieux rester** más vale quedarse; **il vaut mieux que j'attende** es mejor que espere; **ça ne vaut rien** no vale nada; **ça vaut le coup** vale o merece la pena **(de faire** hacer).
  2 se valoir *vpr* **ça se vaut** es lo mismo; **les deux se valent** los dos son iguales.

valse *f* vals *m*.

vandale *mf* vándalo, -a.

vanille *f* vainilla *f*; **glace à la v.** helado de vainilla.

vaniteux, -euse *a* vanidoso, -a.

vantard, -arde *mf* fanfarrón, -ona.

vanter (se) *vpr* presumir, jactarse **(de** de).

vapeur *f* **v. (d'eau)** vapor *m* (de agua).

variable *a & m* variable *a & m*.

varicelle *f* varicela *f*.

varié, -ée *a* variado, -a; *(divers)* diverso, -a.

varier *vti* variar, cambiar.

variété *f* variedad *f*; **spectacle de variétés** espectáculo de variedades; **il aime la v.** le gusta cambiar.

vas *voir* **aller¹.**

vase *m* jarrón *m*.

vaste *a* vasto, -a.

vaut *voir* **valoir.**

veau, -x *m (animal)* becerro *m*; *(viande)* ternera *f*; *(cuir)* (piel *f* de) becerro *m*.

vécu, -ue *(pp de* **vivre)** *a (histoire etc.)* vivido, -a.

vedette *f (de cinéma, la chanson etc.)* artista *m* famoso.

végétarien, -ienne *a & mf* vegetariano, -a.

végétation *f* vegetación *f*.

véhicule *m* vehículo *m*; **v. tout terrain** vehículo todo terreno.

veille *f* víspera *f* (**de** de); **la v. de Noël** Nochebuena; **je l'ai vu la v.** le vi el día antes.

veiller *vi* velar; *(sentinelle)* montar guardia, vigilar; **v. à ce que** (+ *subjonctif*) asegurarse de que; **v. sur qn** cuidar de alguien; **v. un mort** velar a un muerto.

veilleur *m* **v. de nuit** vigilante *m* nocturno, sereno *m*.

veilleuse *f (de cuisinière)* piloto *m*; *(de voiture)* luz *f* de posición; *(lampe allumée la nuit)* lámparilla *f* de noche.

veine *f* vena *f*; *Fam (chance)* vena, potra *f*.

vélo *m* bici *f*, bicicleta *f*; *(activité)* ciclismo *m*; **faire du v.** montar en bici; **v. tout terrain** bicicleta todo terreno.

vélomoteur *m* motocicleta *f*.

velours *m* terciopelo *m*; **v. côtelé** pana *f*.

vendeur, -euse *mf* vendedor, -ora.

vendre 1 *vt* vender (**qch à qn** algo a alguien); **à v.** en venta.

   2 se vendre *vpr* vender(se); **ça se vend bien** (se) vende bien.

vendredi *m* viernes *m*; **V. saint** Viernes Santo.

vénéneux, -euse *a* venenoso, -a.

vénération *f* veneración *f*.

vénérer *vt* venerar.

vengeance *f* venganza *f*.

venger (se) *vpr* vengarse (**de qn/ qch** de alguien/algo).

venimeux, -euse *a* venenoso, -a.

venin *m* veneno *m*.

venir* *vi (aux* **être)** venir (**de** de); **v. faire** venir a hacer; **viens me voir** ven a verme; **je viens/venais d'arriver** acabo/acababa de llegar; **où veux-tu en v.?** ¿adónde quieres llegar?; **faire v.** hacer venir.

vent *m* viento *m*; **il y a du v.** hace viento; **coup de v.** ráfaga de viento.

vente *f* venta *f*; **v. (aux enchères)** subasta *f*; **en v.** se vende, en venta; **prix de v.** precio de venta; **v. à terme** venta a plazos; **v. au détail/ en gros** venta al por menor/al por mayor.

ventilateur *m* ventilador *m*.

ventre *m* vientre *m*, *Fam* barriga *f*.

venu, -ue *mf* **nouveau v., nouvelle venue** recién llegado, -a; **le premier v.** el primero que llegue; **être mal v.** ser inoportuno.

ver *m* gusano *m*; **v. de terre** lombriz *f* de tierra.

véranda *f* mirador *m*.

verbe *m* verbo *m*.

verdict *m* veredicto *m*.

verger *m* vergel *m*.

verglas *m* hielo *m* en la calzada.

vérification *f* verificación *f*.

vérifier *vt* verificar.

véritable *a* verdadero, -a; *(non imité)* auténtico, -a.

véritablement *adv* verdaderamente.

vérité *f* verdad *f*.

vernir *vt* barnizar.

vernis *m* barniz *m*; **v. à ongles** esmalte *m* de uñas.

verra, verrai(t) *etc. voir* **voir.**

verre m *(récipient)* vaso m; *(matériau)* cristal m; **boire** ou **prendre un v.** tomar una copa; **v. de/à bière** vaso de cerveza.

verrou m cerrojo m; **fermer au v.** passar el cerrojo.

verrue f verruga f.

vers¹ prép *(direction)* hacia; **v. minuit** alrededor de o a eso de la medianoche.

vers² m *(de poème)* verso m.

verse (à) adv **pleuvoir à v.** llover a cántaros.

verser vt verter; *(larmes)* derramar; *(argent)* ingresar.

version f versión f.

verso m verso m; **voir au v.** véase el dorso.

vert, verte a & m verde a & m.

vertical, -e, -aux a vertical.

vertige m vértigo m; **avoir le v.** tener vértigo; **donner le v. à qn** dar vértigo a alguien.

veste f chaqueta f, americana f; Fig **retourner sa v.** chaquetear.

vestiaire m vestuario m.

veston m chaqueta f, americana f.

vêtement m ropa f; **vêtements de sport** ropa de deporte.

vétérinaire mf veterinario, -a.

veuf, veuve a & mf viudo, -a.

veuille(s), veuillent etc. voir **vouloir**.

veulent, veut, veux voir **vouloir**.

vexant, -ante a molesto, -a.

vexer vt molestar.

viande f carne f; **v. rouge** carne de vaca o de cordero.

vibration f vibración f.

vibrer vi vibrar.

vice m vicio m.

victime f víctima f; **être v. de** ser víctima de.

victoire f victoria f.

victorieux, -euse a victorioso, -a.

vidange f *(de véhicule)* cambio m de aceite; **faire la v.** cambiarle el aceite al coche.

vide 1 a vacío, -a.
2 m vacío m; *(trou)* hueco m.

vidéo a inv vídeo m.

vidéocassette f videocasete m.

vide-ordures m inv vertedero m (de basuras).

vide-poches m inv *(dans une voiture)* compartimiento m lateral.

vider 1 vt vaciar; Fam **v. qn** poner de patitas en la calle, echar a alguien.
2 se vider vpr vaciarse.

vie f vida f; **le coût de la v.** el coste de la vida; **gagner sa v.** ganarse la vida; **en v.** en vida.

vieil voir **vieux**.

vieillard m anciano m, viejo m.

vieille voir **vieux**.

vieillesse f vejez f.

vieillir vti envejecer. **v. qn** *(vêtement etc.)* hacer más viejo.

vieux *(o* **vieil** antes de vocal o h muda*)*, **vieille**, pl **vieux, vieilles 1** a viejo, -a.
2 mf viejo, -a; **mon v.!** *(mon ami)* ¡amigo!, ¡colega!

vif, vive a *(enfant)* espabilado, -a; *(couleur, lumière)* vivo, -a; *(froid)* intenso, -a; **brûlé v.** quemado vivo; **avoir les nerfs à v.** tener los nervios a flor de piel.

vignette f *(de véhicule)* impuesto m de circulación.

vignoble m viñedo m.

vilain, -aine a *(laid)* feo, -a; *(enfant)* malo, -a.

villa f chalet m, villa f.

village m pueblo m.

villageois, -oise mf pueblerino, -a, lugareño, -a.

ville f ciudad f; **aller/être en v.** ir al/estar en el centro.

vin *m* vino *m*; **v. blanc/rosé/rouge** vino blanco/rosado/tinto.

vinaigre *m* vinagre *m*.

vinaigrette *f* vinagreta *f*.

vingt *a & m* veinte *a & m*; **v. et un** veintiuno, -a.

vingtaine *f* **une v.** una veintena (**de** de).

vingtième *a & mf* vigésimo, -a.

viol *m* violación *f*.

violemment *adv* violentamente.

violence *f* violencia *f*.

violent, -ente *a* violento, -a.

violer *vt* violar.

violet, -ette 1 *a & m (couleur)* violeta *a & m*.
     2 *f (fleur)* violeta *f*.

violeur *m* violador *m*.

violon *m* violín *m*.

vipère *f* víbora *f*.

virage *m (de route)* curva *f*.

virgule *f* coma *f*; **2 v. 5** 2 coma 5.

virus *m* virus *m*.

vis¹ *voir* **vivre, voir.**

vis² *f* tornillo *m*.

visa *m* visado *m*.

visage *m* cara *f*, rostro *m*.

viser *vti* apuntar (**à** a).

visible *a* visible.

visite *f* visita *f*; **rendre v. à** visitar, hacer una visita a; **v. (médicale)** revisión *f* (médica).

visiter *vt (lieu)* visitar.

visiteur, -euse *mf* visitante *mf*.

visser *vt* atornillar.

vit *voir* **vivre, voir.**

vitamine *f* vitamina *f*.

vite *adv* rápido, rápidamente.

vitesse *f* velocidad *f*; *(sur un véhicule)* marcha *f*; **boîte de vitesses** caja de cambios; **à toute v.** a toda velocidad.

vitrail, -aux *m* vidriera *f*.

vitre *f* cristal *m*; *(de véhicule, train)* ventanilla *f*.

vitrine *f* escaparate *m*; *(meuble)* vitrina *f*.

vivant, -ante *a* vivo, -a, viviente; *(récit, rue)* vivo, -a.

vive *int* **v. le roi/etc.!** ¡viva el rey/etc.!; **v. les vacances!** ¡vivan las vacaciones!

vivre* **1** *vi* vivir; **v. vieux** llegar a viejo; **v. de** *(fruits etc.)* vivir a base de; *(métier, art etc.)* vivir de.
     2 *vt (vie)* vivir.

vocabulaire *m* vocabulario *m*.

vodka *f* vodka *m o f*.

vœu, -x *m* deseo *m*; **faire un v.** pedir un deseo; **faire v. de chasteté** hacer votos de castidad; **tous mes vœux!** ¡mis mejores deseos!, ¡felicidades!

voici *prép* he aquí; **me v.** aquí estoy; **v. dix ans que** hace diez años que.

voie *f* vía *f*; *(partie de route)* carril *m*; *(de gare)* plataforma *f*; **v. sans issue** vía *f* muerta; *Fig* **sur la bonne v.** por buen camino.

voilà *prép* he ahí; **les v.** ahí están; **v., j'arrive!** ¡ya llego!, **v. dix ans que** hace diez años que.

voile¹ *m (tissu)* velo *m*.

voile² *f (de bateau, sport)* vela *f*; **faire de la v.** practicar la vela.

voilier *m (de plaisance)* velero *m*.

voir* *vti* ver; **faire v. qch** mostrar algo; **fais v.** déjame ver; **v. qn faire** ver a alguien hacer; *Fam* **je ne peux pas la v.** no la puedo ni ver; **ça n'a rien à v.** eso no tiene nada que ver; **tu vas v.!** *(menace)* ¡te vas a enterar!.
     2 se voir *vpr (se fréquenter)* verse; **ça se voit** se nota.

voisin, -ine 1 *a* cercano, -a; *(maison, pièce)* vecino, -a (**de** a).
     2 *mf* vecino, -a.

voisinage *m* vecindario *m*.

voiture *f* coche *m*, *Am* carro *m*; *(de*

train) coche.

voix *f* voz *f*; *(d'électeur)* voto *m*; **à v. basse** en voz baja.

vol¹ *m (d'avion, d'oiseau)* vuelo *m*.

vol² *m (délit)* robo *m*; *(hold-up)* atraco *m*.

volaille *f* ave *f* de corral.

volant *m* volante *m*.

volcan *m* volcán *m*.

voler¹ *vi (oiseau, avion etc.)* volar.

voler² *vt* robar; **v. qn** robar a alguien.

volet *m (de fenêtre)* contraventana *f*.

voleur, -euse *mf* ladrón, -ona; **au v.!** ¡al ladrón!

volontaire *a & mf* voluntario, -a.

volontairement *adv (exprès)* voluntariamente.

volonté *f* voluntad *f*; **bonne v.** buena voluntad.

volontiers *adv* de buena gana; **v.!** ¡encantado!

volume *m (de boîte, son, livre)* volumen *m*.

volumineux, -euse *a* voluminoso, -a.

vomir *vti* vomitar.

vont *voir* **aller¹.**

vos *voir* **votre.**

vote *m* voto *m*, votación *f*; **bureau de v.** colegio electoral.

voter *vti* votar.

votre *a poss (pl* **vos)** vuestro, -a, -os, -as; *(formule de politesse)* su, sus.

vôtre *pron poss* **le** *ou* **la v., les vôtres** vuestro, -a, -os, -as; *(formule de politesse)* suyo, -a, -os, -as; **à la v.!** ¡a su salud!

voudra, voudrai(t) *etc. voir* **vouloir.**

vouloir* *vt* querer (**faire** hacer); **je veux qu'il parte** quiero que se vaya; **v. dire** querer decir, significar **(que** que); **je voudrais rester** me gustaría quedarme; **je voudrais un pain** querría un pan; **voulez-vous me suivre** síganme, por favor; **si tu**

veux si quieres; **en v. à qn d'avoir fait qch** guardar rencor a alguien por haber hecho algo; **je veux bien (attendre)** no me importa (esperar); **sans le v.** sin querer; **veuillez entrer** sírvase entrar.

vous *pron (sujet, complément direct)* vosotros, -as, *Am* ustedes; *(formule de politesse)* usted, -es; *(complément indirect)* a usted; *(réfléchi, réciproque)* se; **c'est à v.** *(cet objet)* es suyo; *(de jouer)* le toca; **v. v. êtes fait mal?** ¿se ha hecho daño?; **v. v. êtes déjà rencontrés?** ¿ya se conocían?

vous-même *pron* usted mismo, -a.

vous-mêmes *pron pl* vosotros, -as mismos, -as, *Am* ustedes mismos, -as; *(formule de politesse)* ustedes mismos, -as.

vouvoyer *vt* **v. qn** tratar de usted a alguien.

voyage *m* viaje *m*; **j'aime les voyages** me gusta viajar; **faire un v., partir en v.** ir de viaje; **bon v.!** ¡buen viaje!; **v. organisé** viaje organizado; **agent /agence de voyages** agente/agencia de viajes.

voyager *vi* viajar.

voyageur, -euse *mf* viajero, -a.

voyelle *f* vocal *f*.

voyou *m* granuja *m*.

vrac (en) *adv (marchandises)* a granel; *(en désordre)* en desorden.

vrai, -e *a* verdadero, -a; **c'est v.** es cierto, es verdad.

vraiment *adv* de verdad, verdaderamente; **il fait v. chaud** hace mucho calor; **il est v. intelligent** es muy inteligente.

vraisemblable *a (probable)* verosímil, probable; **peu v.** improbable.

VTT *m inv abrév de* **vélo tout terrain** bicicleta *f* todo terreno.

vu, vue *pp de* **voir.**

vue *f* vista *f*; **avoir qch en v.** tener algo pensado; **connaître qn de v.**

conocer a alguien de vista.
vulgaire *a* vulgar.

wagon *m* vagón *m*, coche *m*.
wagon-lit *m* (*pl* **wagons-lits**) coche-cama *m*.
wagon-restaurant *m* (*pl* **wagons-restaurants**) vagón *m* restaurante.
walkman® *m* walkman® *m*.

Wallonie *f* Valonia *f*.

waters *mpl* servicios *m*.

watt *m* vatio *m*.

w-c *mpl* W.C. *m*.

week-end *m* fin *m* de semana.

western *m* (*film*) película *f* del oeste.

whisky *m* (*pl* -ies) whisky *m*.

W

xénophobe *a & mf* xenófobo, -a.
xénophobie *f* xenofobia *f*.
xérès *m* (vino *m* de) Jerez *m*.

y 1 *adv* allí, ahí; **allons-y** vamos; **nous y sommes** ya hemos llegado; **j'y suis!** *(j'ai compris)* ¡ahora caigo!; **je n'y suis pour rien** no tengo nada que ver con esto; **il y a** hay.
   2 *pron* (= à cela) **j'y pense** pienso en ello; **je m'y attendais** me lo esperaba; **ça y est!** ¡ya está!
yacht *m* yate *m*.
yaourt *m* yogur *m*; **y. à boire** yogur bebible.
yeux *voir* œil.

zèbre *m* cebra *f*.
zéro *m* cero *m*; **deux buts à z.** dos goles a cero.
zigzag *m* zigzag *m*; **en z.** *(route etc.)* en zigzag.
zigzaguer *vi* zigzaguear.
zodiaque *m* zodíaco *m*.
zone *f* zona *f*; **z. industrielle** polígono *m* industrial; **la z.** *(banlieue)* las zonas deprimidas.
zoo *m* zoo(lógico) *m*.
zup *f abrév de* **zone à urbaniser en priorité** zona *f* de urbanización prioritaria.
zut! *int* ¡vaya (por Dios)!, ¡me cachis!

Suplemento

Supplément

CONJUGAISON ESPAGNOLE

Modèles de conjugaison régulière

TOMAR   prendre

INDICATIF

PRÉSENT	**FUTUR**	**CONDITIONNEL**
1. tomo	tomaré	tomaría
2. tomas	tomarás	tomarías
3. toma	tomará	tomaría
1. tomamos	tomaremos	tomaríamos
2. tomáis	tomaréis	tomaríais
3. toman	tomarán	tomarían

IMPARFAIT	**PASSÉ SIMPLE**	**PASSÉ COMPOSÉ**
1. tomaba	tomé	he tomado
2. tomabas	tomaste	has tomado
3. tomaba	tomó	ha tomado
1. tomábamos	tomamos	hemos tomado
2. tomabais	tomasteis	habéis tomado
3. tomaban	tomaron	han tomado

FUTUR ANTÉRIEUR	**CONDITIONNEL PASSÉ**	**PLUS-QUE-PARFAIT**
1. habré tomado	habría tomado	había tomado
2. habrás tomado	habrías tomado	habías tomado
3. habrá tomado	habría tomado	había tomado
1. habremos tomado	habríamos tomado	habíamos tomado
2. habréis tomado	habríais tomado	habíais tomado
3. habrán tomado	habrían tomado	habían tomado

SUBJONCTIF

PRÉSENT	IMPARFAIT	PASSÉ/PLUS-QUE-PARFAIT
1. tome	tom-ara/ase	haya/hubiera* tomado
2. tomes	tom-aras/ases	hayas/hubieras tomado
3. tome	tom-ara/ase	haya/hubiera tomado
1. tomemos	tom-áramos/ásemos	hayamos/hubiéramos tomado
2. toméis	tom-arais/aseis	hayáis/hubierais tomado
3. tomen	tom-aran/asen	hayan/hubieran tomado

* la forme 'hubiese' etc peut aussi s'employer

IMPÉRATIF	INFINITIF	PARTICIPE
(tú) toma	**PRÉSENT**	**PRÉSENT**
(Vd) tome	tomar	tomando
(nosotros) tomemos		
(vosotros) tomad	**PASSÉ**	**PASSÉ**
(Vds) tomen	haber tomado	tomado

COMER   manger

INDICATIF

PRÉSENT	FUTUR	CONDITIONNEL
1. como	comeré	comería
2. comes	comerás	comerías
3. come	comerá	comería
1. comemos	comeremos	comeríamos
2. coméis	comeréis	comeríais
3. comen	comerán	comerían

IMPARFAIT	PASSÉ SIMPLE	PASSÉ COMPOSE
1. comía	comí	he comido
2. comías	comiste	has comido
3. comía	comió	ha comido
1. comíamos	comimos	hemos comido
2. comíais	comisteis	habéis comido
3. comían	comieron	han comido

FUTUR ANTÉRIEUR	CONDITIONNEL PASSÉ	PLUS-QUE-PARFAIT
1. habré comido	habría comido	había comido
2. habrás comido	habrías comido	habías comido
3. habrá comido	habría comido	había comido
1. habremos comido	habríamos comido	habíamos comido
2. habréis comido	habríais comido	habíais comido
3. habrán comido	habrían comido	habían comido

SUBJONCTIF

PRÉSENT	IMPARFAIT	PASSÉ/PLUS-QUE-PARFAIT
1. coma	com-iera/iese	haya/hubiera* comido
2. comas	com-ieras/ieses	hayas/hubieras comido
3. coma	com-iera/iese	haya/hubiera comido
1. comamos	com-iéramos/iésemos	hayamos/hubiéramos comido
2. comais	com-ierais/ieseis	hayáis/hubierais comido
3. coman	com-ieran/iesen	hayan/hubieran comido

* la forme 'hubiese' etc peut aussi s'employer

IMPÉRATIF	*INFINITIF*	*PARTICIPE*
(tú) come	PRÉSENT	PRÉSENT
(Vd) coma	comer	comiendo
(nosotros) comamos		
(vosotros) comed	PASSÉ	PASSÉ
(Vds) coman	haber comido	comido

PARTIR partir

INDICATIF

PRÉSENT	FUTUR	CONDITIONNEL
1. parto	partiré	partiría
2. partes	partirás	partirías
3. parte	partirá	partiría
1. partimos	partiremos	partiríamos
2. partís	partiréis	partiríais
3. parten	partirán	partirían

IMPARFAIT	PASSÉ SIMPLE	PASSÉ COMPOSÉ
1. partía	partí	he partido
2. partías	partiste	has partido
3. partía	partió	ha partido
1. partíamos	partimos	hemos partido
2. partíais	partisteis	habéis partido
3. partían	partieron	han partido

FUTUR ANTÉRIEUR	CONDITIONNEL PASSÉ	PLUS-QUE-PARFAIT
1. habré partido	habría partido	había partido
2. habrás partido	habrías partido	habías partido
3. habrá partido	habría partido	había partido
1. habremos partido	habríamos partido	habíamos partido
2. habréis partido	habríais partido	habíais partido
3. habrán partido	habrían partido	habían partido

PRÉSENT	IMPARFAIT	PASSÉ/PLUS-QUE-PARFAIT
parta	parti-era/ese	haya/hubiera* partido
partas	parti-eras/eses	hayas/hubieras partido
parta	parti-era/ese	haya/hubiera partido
partamos	parti-éramos/ésemos	hayamos/hubiéramos partido
partáis	parti-erais/eseis	hayáis/hubierais partido
partan	parti-eran/esen	hayan/hubieran partido

* la forme 'hubiese' etc peut aussi s'employer

IMPÉRATIF	*INFINITIF*	*PARTICIPE*
(tú) parte	**PRÉSENT**	**PRÉSENT**
(Vd) parta	partir	partiendo
(nosotros) partamos		
(vosotros) partid	**PASSÉ**	**PASSÉ**
(Vds) partan	haber partido	partido

ESTAR être

INDICATIF

PRÉSENT	FUTUR	CONDITIONNEL
1. estoy	estaré	estaría
2. estás	estarás	estarías
3. está	estará	estaría
1. estamos	estaremos	estaríamos
2. estáis	estaréis	estaríais
3. están	estarán	estarían

IMPARFAIT	PASSÉ SIMPLE	PASSÉ COMPOSÉ
1. estaba	estuve	he estado
2. estabas	estuviste	has estado
3. estaba	estuvo	ha estado
1. estábamos	estuvimos	hemos estado
2. estabais	estuvisteis	habéis estado
3. estaban	estuvieron	han estado

FUTUR ANTÉRIEUR	CONDITIONNEL PASSÉ	PLUS-QUE-PARFAIT
1. habré estado	habría estado	había estado
2. habrás estado	habrías estado	habías estado
3. habrá estado	habría estado	había estado
1. habremos estado	habríamos estado	habíamos estado
2. habréis estado	habríais estado	habíais estado
3. habrán estado	habrían estado	habían estado

SUBJONCTIF

PRÉSENT	IMPARFAIT	PASSÉ/PLUS-QUE- PARFAIT
1. esté	estuv-iera/iese	haya/hubiera* estado
2. estés	estuv-ieras/ieses	hayas/hubieras estado
3. esté	estuv-iera/iese	haya/hubiera estado
1. estemos	estuv-iéramos/iésemos	hayamos/hubiéramos estado
2. estéis	estuv-ierais/ieseis	hayáis/hubierais estado
3. estén	estuv-ieran/iesen	hayan/hubieran estado

* la forme 'hubiese' etc peut aussi s'employer

IMPÉRATIF	INFINITIF	PARTICIPE
(tú) está	**PRÉSENT**	**PRÉSENT**
(Vd) esté	estar	estando
(nosotros) estemos		
(vosotros) estad	**PASSÉ**	**PASSÉ**
(Vds) estén	haber estado	estado

HABER avoir *(auxiliaire)*

INDICATIF

PRÉSENT	FUTUR	CONDITIONNEL
1. he	habré	habría
2. has	habrás	habrías
3. ha / hay*	habrá	habría
1. hemos	habremos	habríamos
2. habéis	habréis	habríais
3. han	habrán	habrían

IMPARFAIT	PASSÉ SIMPLE	PASSÉ COMPOSÉ
1. había	hube	
2. habías	hubiste	
3. había	hubo	ha habido*
1. habíamos	hubimos	
2. habíais	hubisteis	
3. habían	hubieron	

FUTUR ANTÉRIEUR	CONDITIONNEL PASSÉ	PLUS-QUE-PARFAIT
3. habrá habido*	habría habido*	había habido*

SUBJONCTIF

PRÉSENT	IMPARFAIT	PASSÉ/PLUS-QUE-PARFAIT
1. haya	hub-iera / iese	
2. hayas	hub-ieras / ieses	
3. haya	hub-iera / iese	haya / hubiera** habido*
1. hayamos	hub-iéramos / iésemos	
2. hayáis	hub-ierais / ieseis	
3. hayan	hub-ieran / iesen	

INFINITIF	PARTICIPE
PRÉSENT	**PRÉSENT**
haber	habiendo
PASSÉ	**PASSÉ**
haber habido*	habido

* 'haber' est un auxiliaire qui s'utilise avec le participe d'un autre verbe pour former les temps composés (par ex he bebido - j'ai bu). 'hay' signifie 'il y a' et la troisième personne du singulier conserve toujours ce sens, quel que soit le temps auquel elle est conjuguée. Les formes suivies d'un astérisque sont utilisées pour cette dernière construction uniquement.

** la forme 'hubiese' peut aussi s'employer

Modèles de conjugaison irrégulière

[1] **pensar** *PRÉS* pienso, piensas, piensa, pensamos, pensáis, piensan; *SUBJ PRÉS* piense, pienses, piense, pensemos, penséis, piensen; *IMPÉR* piensa, piense, pensemos, pensad, piensen

[2] **contar** *PRÉS* cuento, cuentas, cuenta, contamos, contáis, cuentan; *SUBJ PRÉS* cuente, cuentes, cuente, contemos, contéis, cuenten; *IMPÉR* cuenta, cuente, contemos, contad, cuenten

[3] **perder** *PRÉS* pierdo, pierdes, pierde, perdemos, perdéis, pierden; *SUBJ PRÉS* pierda, pierdas, pierda, perdamos, perdáis, pierdan; *IMPÉR* pierde, pierda, perdamos, perded, pierdan

[4] **morder** *PRÉS* muerdo, muerdes, muerde, mordemos, mordéis, muerden; *SUBJ PRÉS* muerda, muerdas, muerda, mordamos, mordáis, muerdan; *IMPÉR* muerde, muerda, mordamos, morded, muerdan

[5] **sentir** *PRÉS* siento, sientes, siente, sentimos, sentís, sienten; *SUBJ PRÉS* sienta, sientas, sienta, sintamos, sintáis, sientan; *PART PRÉS* sintiendo; *IMPÉR* siente, sienta, sintamos, sentid, sientan

[6] **vestir** *PRÉS* visto, vistes, viste, vestimos, vestís, visten; *SUBJ PRÉS* vista, vistas, vista, vistamos, vistáis, vistan; *PART PRÉS* vistiendo; *IMPÉR* viste, vista, vistamos, vestid, vistan

[7] **dormir** *PRÉS* duermo, duermes, duerme, dormimos, dormís, duermen; *SUBJ PRÉS* duerma, duermas, duerma, durmamos, durmáis, duerman; *PART PRÉS* durmiendo; *IMPÉR* duerme, duerma, durmamos, dormid, duerman

D'autres verbes irréguliers courants

caer *PRÉS* caigo, caes, cae, caemos, caéis, caen; *SUBJ PRÉS* caiga, caigas, caiga, caigamos, caigáis, caigan; *PART PRÉS* cayendo; *PART PASSÉ* caído; *IMPÉR* cae, caiga, caigamos, caed, caigan

conocer *PRÉS* conozco, conoces, conoce, conocemos, conocéis, conocen; *SUBJ PRÉS* conozca, conozcas, conozca, conozcamos, conozcáis, conozcan; *IMPÉR* conoce, conozca, conozcamos, conoced, conozcan

dar *PRÉS* doy, das, da, damos, dais, dan; *SUBJ PRÉS* dé, des, dé, demos, deis, den; *PASSÉ SIM* di, diste, dio, dimos, disteis, dieron; *SUBJ IMPARF* diera / diese; *IMPÉR* da, dé, demos, dad, den

decir *PRÉS* digo, dices, dice, decimos, decís, dicen; *SUBJ PRÉS* diga, digas, diga, digamos, digáis, digan; *FUT* diré; *COND* diría; *PASSÉ SIM* dije, dijiste, dijo, dijimos, dijisteis, dijeron; *SUBJ IMPARF* dijera/dijese; *PART PRÉS* diciendo; *PART PASSÉ* dicho; *IMPÉR* di, diga, digamos, decid, digan

hacer *PRÉS* hago, haces, hace, hacemos, hacéis, hacen; *SUBJ PRÉS* haga, hagas, haga, hagamos, hagáis, hagan; *FUT* haré; *COND* haría; *PASSÉ SIM* hice, hiciste, hizo, hicimos, hicisteis, hicieron; *SUBJ IMPARF* hiciera/hiciese; *PART PASSÉ* hecho; *IMPÉR* haz, haga, hagamos, haced, hagan

ir *PRÉS* voy, vas, va, vamos, vais, van; *SUBJ PRÉS* vaya, vayas, vaya, vayamos, vayáis, vayan; *IMPERF* iba, ibas, iba, íbamos, ibais, iban; *PASSÉ SIM* fui, fuiste, fue, fuimos, fuisteis, fueron; *SUBJ IMPARF* fuera/fuese; *PART PRÉS* yendo; *IMPÉR* ve, vaya, vamos, id, vayan

leer *PASSÉ SIM* leí, leíste, leyó, leímos, leísteis, leyeron; *SUBJ IMPARF* leyera/leyese; *PART PRÉS* leyendo; *PART PASSÉ* leído; *IMPÉR* lee, lea, leamos, leed, lean

poder *PRÉS* puedo, puedes, puede, podemos, podéis, pueden; *SUBJ PRÉS* pueda, puedas, pueda, podamos, podáis, puedan; *FUT* podré; *COND* podría; *PASSÉ SIM* pude, pudiste, pudo, pudimos, pudisteis, pudieron; *SUBJ IMPARF* pudiera/pudiese; *PART PRÉS* pudiendo; *IMPÉR* puede, pueda, podamos, poded, puedan

poner *PRÉS* pongo, pones, pone, ponemos, ponéis, ponen; *SUBJ PRÉS* ponga, pongas, ponga, pongamos, pongáis, pongan; *FUT* pondré; *COND* pondría; *PASSÉ SIM* puse, pusiste, puso, pusimos, pusisteis, pusieron; *SUBJ IMPARF* pusiera/pusiese; *PART PASSÉ* puesto; *IMPÉR* pon, ponga, pongamos, poned, pongan

querer *PRÉS* quiero, quieres, quiere, queremos, queréis, quieren; *SUBJ PRÉS* quiera, quieras, quiera, queramos, queráis, quieran; *FUT* querré; *COND* querría; *PASSÉ SIM* quise, quisiste, quiso, quisimos, quisisteis, quisieron; *SUBJ IMPARF* quisiera/quisiese; *IMPÉR* quiere, quiera, queramos, quered, quieran

saber *PRÉS* sé, sabes, sabe, sabemos, sabéis, saben; *SUBJ PRÉS* sepa, sepas, sepa, sepamos, sepáis, sepan; *FUT* sabré; *COND* sabría; *PASSÉ SIM* supe, supiste, supo, supimos, supisteis, supieron; *SUBJ IMPARF* supiera/supiese; *IMPÉR* sabe, sepa, sepamos, sabed, sepan

ser **PRÉS** soy, eres, es, somos, sois, son; **SUBJ PRÉS** sea, seas, sea, seamos, seáis, sean; **IMPERF** era, eras, era, éramos, erais, eran; **PASSÉ SIM** fui, fuiste, fue, fuimos, fuisteis, fueron; **SUBJ IMPARF** fuera / fuese; **IMPÉR** sé, sea, seamos, sed, sean

tener **PRÉS** tengo, tienes, tiene, tenemos, tenéis, tienen; **SUBJ PRÉS** tenga, tengas, tenga, tengamos, tengáis, tengan; **FUT** tendré; **COND** tendría; **PASSÉ SIM** tuve, tuviste, tuvo, tuvimos, tuvisteis, tuvieron; **SUBJ IMPARF** tuviera / tuviese; **IMPÉR** ten, tenga, tengamos, tened, tengan

venir **PRÉS** vengo, vienes, viene, venimos, venís, vienen; **SUBJ PRÉS** venga, vengas, venga, vengamos, vengáis, vengan; **FUT** vendré; **COND** vendría; **PASSÉ SIM** vine, viniste, vino, vinimos, vinisteis, vinieron; **SUBJ IMPARF** viniera / viniese; **PART PRÉS** viniendo; **IMPÉR** ven, venga, vengamos, venid, vengan

Conjugación de los verbos franceses

VERBOS REGULARES

	verbos en -ER	verbos en -IR	verbos en -RE
Infinitivo	*donn/er*	*fin/ir*	*vend/re*
1. Presente	je donne	je finis	je vends
	tu donnes	tu finis	tu vends
	il donne	il finit	il vend
	nous donnons	nous finissons	nous vendons
	vous donnez	vous finissez	vous vendez
	ils donnent	ils finissent	ils vendent
2. Pretérito imperfecto	je donnais	je finissais	je vendais
	tu donnais	tu finissais	tu vendais
	il donnait	il finissait	il vendait
	nous donnions	nous finissions	nous vendions
	vous donniez	vous finissiez	vous vendiez
	ils donnaient	ils finissaient	ils vendaient
3. Pretérito indefinido	je donnai	je finis	je vendis
	tu donnas	tu finis	tu vendis
	il donna	il finit	il vendit
	nous donnâmes	nous finmes	nous vendmes
	vous donnâtes	vous fintes	vous vendtes
	ils donnèrent	ils finirent	ils vendirent
4. Futuro	je donnerai	je finirai	je vendrai
	tu donneras	tu finiras	tu vendras
	il donnera	il finira	il vendra
	nous donnerons	nous finirons	nous vendrons
	vous donnerez	vous finirez	vous vendrez
	ils donneront	ils finiront	ils vendront

VERBOS REGULARES

	verbos en -ER	verbos en -IR	verbos en -RE
Infinitivo	*donn/er*	*fin/ir*	*vend/re*
5. Subjuntivo	je donne	je finisse	je vende
	tu donnes	tu finisses	tu vendes
	il donne	il finisse	il vende
	nous donnions	nous finissions	nous vendions
	vous donniez	vous finissiez	vous vendiez
	ils donnent	ils finissent	ils vendent
6. Imperativo	donne	finis	vends
	donnons	finissons	vendons
	donnez	finissez	vendez
7. Gerundio	donnant	finissant	vendant
8. Participio	donné	fini	vendu

Obsérvese que el condicional se forma añadiendo las siguientes terminaciones al infinitivo: -ais, -ais, -ait, -ions, -iez, -aient. La e final se pierde en los infinitivos acabados en -re (je vendrais etc).

Irregularidades en la ortografía de los verbos en -er

Los verbos que acaban en **-ger** (ej. **manger**) adquieren una **e** extra delante de **a** y **o**: *presente* je mange, nous mangeons; *pretérito imperfecto* je mangeais, nous mangions; *pretérito indefinido* je mangeai, nous mangeâmes; *gerundio* mangeant. En los verbos acabados en **-cer** (ej. **commencer**) la **c** se transforma en **ç** delante de **a** y **o**: *presente* je commence, nous commençons; *pretérito imperfecto* je commençais, nous commencions; *pretérito indefinido* je commençai, nous commençâmes; *gerundio* commençant. Los verbos formados por **e + consonante + er** se dividen en dos grupos. En el primer grupo (ej. **mener, peser, lever**), la **e** se transforma en **è** delante de e muda (es decir, delante de las terminaciones -e, -es, -ent del presente y del subjunctivo, así como de los tiempos futuro y condicional (ej. je mène, ils mèneront)). El segundo grupo está formado por la mayoría de los verbos acabados en **-eler** y **-eter** (ej. **appeler, jeter**). En los verbos de este grupo la **l** se transforma en **ll** y la **t** en **tt** delante de e muda (ej. j'appelle, ils appelleront; je jette, ils jetteront). No obstante, los verbos **geler**, **degeler** y **acheter** son una excepción y pertenecen al primer grupo. En los verbos que tienen una **é** en la penúltima sílaba, ésta se transforma en **è** delante de las terminaciones -e, -es, -ent del presente y del subjuntivo exclusivamente (ej. je cède pero je céderai).

En los verbos acabados en **-yer** (ej. **essuyer**) la **y** se transforma en **i** delante de e muda en el presente y subjuntivo, así como en los tiempos futuro y condicional (ej. j'essuie, ils essuieront). Sin embargo, en los verbos acabados en **-ayer** (ej. **balayer**), dicha transformación es optativa (ej. je balaie o balaye, ils balaieront o balayeront).

Verbos irregulares

La siguiente lista de verbos consiste en una cuidadosa selección de los que se consideran como los más útiles. Sólo hay espacio para dar una pequeña muestra de la conjugación de cada uno, pero las formas y tiempos que no aparecen pueden deducirse con facilidad. Así, por ejemplo, la tercera persona del singular del presente generalmente se forma sustituyendo la **s** final de la primera persona del singular por una **t** (ej. **je crois** se transforma en **il croit**); y la tercera persona del plural del presente a menudo puede derivarse de la primera persona del plural si sustituimos la terminación **-ons** por **-ent** (ej. nous battons se transforma en **ils battent**).

Préstese atención a que las terminaciones del pasado indefinido se dividen en tres categorías; la categoría en **a** aparece ejemplificada por **donner**, la categoría en **i** aparece bajo **finir** y **vendre**, y la categoría en **u** posee las siguientes terminaciones: **-us, -us, -ut, -ûmes, -ûtes, -urent**. La mayoría de los verbos de la lista que sigue a continuación forman el pasado indefinido en **u**. El pretérito imperfecto generalmente puede formarse añadiendo las terminaciones **-ais, -ait, -ions, -iez, -aient** a la raíz de la primera persona del plural del presente, por ejemplo **je buvais** etc. puede derivarse de **nous buvons** (siendo la raíz **buv-** y la terminación **-ons**). Del mismo modo, el gerundio normalmente puede formarse sustituyendo la terminación **-ons** por **-ant** (ej. **buvant**). El futuro generalmente se forma añadiendo **-ai, -as, -a, -ons, -ez, -ont** al infinitivo o a un infinitivo sin la **e** final cuya terminación sea **-re** (ej. **conduire**). En la mayoría de los casos el imperativo coincide con la segunda persona del singular y del plural y con la primera persona del plural del presente.

1 = Presente   2 = Pretérito imperfecto   3 = Pretérito indefinido
4 = Futuro   5 = Subjuntivo   6 = Imperativo   7 = Gerundio
8 = Participio   n = nous   v = vous

† Sólo verbos conjugados con **être**.

Verbos irregulares franceses

abattre	*como* **battre**
accueillir	*como* **cueillir**
acquérir	1 j'acquiers, n acquérons, ils acquierent 2 j'acquérais
	3 j'acquis 4 j'acquerrai 5 j'acquière 7 acquérant
	8 acquis
admettre	*como* **mettre**
† **aller**	1 je vais, tu vas, il va, n allons, v allez, ils vont 4 j'irai 5 j'aille,
	n allions, ils aillent 6 va, allons, allez (pero adviértase vas-y)
apercevoir	*como* **recevoir**
apparaître	*como* **connaître**
appartenir	*como* **tenir**
apprendre	*como* **prendre**
† **s'asseoir**	1 je m'assieds, il s'assied, n n asseyons, ils s'asseyent
	2 je m'asseyais 3 je m'assis 4 je m'assiérai 5 je m'asseye
	7 asseyant 8 assis
atteindre	1 j'atteins, n atteignons, ils atteignent 2 j'atteignais
	3 j'atteignis 4 j'atteindrai 5 j'atteigne 7 atteignant
	8 atteint
avoir	1 j'ai, tu as, il a, n avons, v avez, ils ont 2 j'avais 3 j'eus 4 j'aura
	5 j'aie, il ait, n ayons, ils aient 6 aie, ayons, ayez 7 ayant 8 eu
battre	1 je bats, il bat, n battons 5 je batte
boire	1 je bois, n buvons, ils boivent 2 je buvais 3 je bus
	5 je boive, n buvions 7 buvant 8 bu
bouillir	1 je bous, n bouillons, ils bouillent 2 je bouillais 3 *no se usa*
	5 je bouille 7 bouillant
combattre	*como* **battre**
commettre	*como* **mettre**
comprendre	*como* **prendre**
conclure	1 je conclus, n concluons, ils concluent 5 je conclue
conduire	1 je conduis, n conduisons 3 je conduisis 5 je conduise
	8 conduit
connaître	1 je connais, il connaît, n connaissons 3 je connus
	5 je connaisse 7 connaissant 8 connu
conquérir	*como* **acquérir**
consentir	*como* **mentir**
construire	*como* **conduire**
contenir	*como* **tenir**
contraindre	*como* **atteindre**

contredire	*como* **dire** *a excepción de* 1 v contredisez
convaincre	*como* **vaincre**
convenir	*como* **tenir**
coudre	1 je couds, il coud, n cousons, ils cousent 3 je cousis 5 je couse 7 cousant 8 cousu
courir	1 je cours, n courons 3 je courus 4 je courrai 5 je coure 8 couru
couvrir	1 je couvre, n couvrons 2 je couvrais 5 je couvre 8 couvert
craindre	1 je crains, n craignons, ils craignent 2 je craignais 3 je craignis 4 je craindrai 5 je craigne 7 craignant 8 craint
croire	1 je crois, n croyons, ils croient 2 je croyais 3 je crus 5 je croie, n croyions 7 croyant 8 cru
cueillir	1 je cueille, n cueillons 2 je cueillais 4 je cueillerai 5 je cueille 7 cueillant
cuire	1 je cuis, n cuisons 2 je cuisais 3 je cuisis 5 je cuise 7 cuisant 8 cuit
débattre	*como* **battre**
décevoir	*como* **recevoir**
découvrir	*como* **couvrir**
décrire	*como* **écrire**
déduire	*como* **conduire**
défaire	*como* **faire**
déplaire	*como* **plaire**
détruire	*como* **conduire**
† **devenir**	*como* **tenir**
devoir	1 je dois, n devons, ils doivent 2 je devais 3 je dus 4 je devrai 5 je doive, n devions 6 *no se usa* 7 devant 8 dû, due, *plural* dus, dues
dire	1 je dis, n disons, v dites 2 je disais 3 je dis 5 je dise 7 disant 8 dit
disparaître	*como* **connaître**
distraire	1 je distrais, n distrayons 2 je distrayais 3 *no existe* 5 je distraie 7 distrayant 8 distrait
dormir	1 je dors, n dormons 2 je dormais 5 je dorme 7 dormant
écrire	1 j'écris, n écrivons 2 j'écrivais 3 j'écrivis 5 j'écrive 7 écrivant 8 écrit
élire	*como* **lire**
endormir	*como* **dormir**
s'enfuir	*como* **fuir**
entretenir	*como* **tenir**

envoyer	*regular a excepción de* 4 j'enverrai
éteindre	*como* **atteindre**
être	1 je suis, tu es, il est, n sommes, v êtes, ils sont 2 j'étais 3 je fus
	4 je serai 5 je sois, n soyons, ils soient 6 sois, soyons, soyez
	7 étant 8 été
faillir	*(defectivo)* 3 je faillis 8 failli
faire	1 je fais, n faisons, v faites, ils font 2 je faisais 3 je fis 4 je ferai
	5 je fasse 7 faisant 8 fait
falloir	*(impersonal)* 1 il faut 2 il fallait 3 il fallut 4 il faudra 5 il faille
	6 *no existe* 7 *no existe* 8 fallu
frire	*(defectivo)* 1 je fris, tu fris, il frit 4 je frirai *(poco habitual)*
	6 fris *(poco habitual)* 8 frit *(en las demás personas y*
	tiempos úsese faire frire)
fuir	1 je fuis, n fuyons, ils fuient 2 je fuyais 3 je fuis 5 je fuie
	7 fuyant 8 fui
haïr	1 je hais, il hait, n haïssons
inscrire	*como* **écrire**
instruire	*como* **conduire**
interdire	*como* **dire** *a excepción de* 1 v interdisez
interrompre	*como* **rompre**
intervenir	*como* **tenir**
joindre	*como* **rejoindre**
lire	1 je lis, n lisons 2 je lisais 3 je lus 5 je lise 7 lisant 8 lu
maintenir	*como* **tenir**
mentir	1 je mens, n mentons 2 je mentais 5 je mente
	7 mentant
mettre	1 je mets, n mettons 2 je mettais 3 je mis 5 je mette 7 mettant
	8 mis
moudre	1 je mouds, il moud, n moulons 2 je moulais 3 je moulus 5 je
	moule 7 moulant 8 moulu
† mourir	1 je meurs, n mourons, ils meurent 2 je mourais 3 je mourus
	4 je mourrai 5 je meure, n mourions 7 mourant 8 mort
† naître	1 je nais, il naît, n naissons 2 je naissais 3 je naquis
	4 je naîtrai 5 je naisse 7 naissant 8 né
nuire	1 je nuis, n nuisons 2 je nuisais 3 je nuisis 5 je nuise 7 nuisant
	8 nui
obtenir	*como* **tenir**
offrir	*como* **couvrir**
ouvrir	*como* **couvrir**

paître	*(defectivo)* 1 il paît 2 il paissait 3 *no existe* 4 il paîtra 5 il paisse 7 paissant 8 *no existe*
paraître	*como* **connaître**
† **partir**	1 je pars, n partons 2 je partais 5 je parte 7 partant
† **parvenir**	*como* **tenir**
peindre	*como* **atteindre**
permettre	*como* **mettre**
plaindre	*como* **craindre**
plaire	1 je plais, il plaît, n plaisons 2 je plaisais 3 je plus 5 je plaise 7 plaisant 8 plu
pleuvoir	*(impersonal)* 1 il pleut 2 il pleuvait 3 il plut 4 il pleuvra 5 il pleuve 6 *no existe* 7 pleuvant 8 plu
poursuivre	*como* **suivre**
pouvoir	1 je peux o je puis, tu peux, il peut, n pouvons, ils peuvent 2 je pouvais 3 je pus 4 je pourrai 5 je puisse 6 *no se usa* 7 pouvant 8 pu
prédire	*como dire a excepción de* 1 v prédisez
prendre	1 je prends, il prend, n prenons, ils prennent 2 je prenais 3 je pris 5 je prenne 7 prenant 8 pris
prescrire	*como* **écrire**
prévenir	*como* **tenir**
prévoir	*como* **voir** *a excepción de* 4 je prevoirai
produire	*como* **conduire**
promettre	*como* **mettre**
† **provenir**	*como* **tenir**
rabattre	*como* **battre**
recevoir	1 je recois, n recevons, ils reçoivent 2 je recevais 3 je reçus 4 je recevrai 5 je reçoive, n recevions, ils reçoivent 7 recevant 8 recu
reconduire	*como* **conduire**
reconnaître	*como* **connaître**
reconstruire	*como* **conduire**
recoudre	*como* **coudre**
recouvrir	*como* **couvrir**
recueillir	*como* **cueillir**
redire	*como* **dire**
réduire	*como* **conduire**
refaire	*como* **faire**
rejoindre	1 je rejoins, n rejoignons, ils rejoignent 2 je rejoignais 3 je rejoignis 4 je rejoindrai 5 je rejoigne 7 rejoignant 8 rejoint

relire	*como* **lire**
reluire	*como* **nuire**
remettre	*como* **mettre**
rendormir	*como* **dormir**
renvoyer	*como* **envoyer**
† **repartir**	*como* **partir**
reprendre	*como* **prendre**
reproduire	*como* **conduire**
résoudre	1 je résous, n résolvons 2 je résolvais 3 je résolus 5 je résolve 7 résolvant 8 résolu
ressentir	*como* **mentir**
resservir	*como* **mentir**
ressortir	*como* **mentir**
restreindre	*como* **atteindre**
retenir	*como* **tenir**
† **revenir**	*como* **tenir**
revivre	*como* **vivre**
revoir	*como* **voir**
rire	1 je ris, n rions, ils rient 2 je riais 3 je ris 5 je rie, n riions 7 riant 8 ri
rompre	*regular a excepción de* 1 il rompt
satisfaire	*como* **faire**
savoir	1 je sais, n savons, ils savent 2 je savais 3 je sus 4 je saurai 5 je sache 6 sache, sachons, sachez 7 sachant 8 su
sentir	*como* **mentir**
servir	1 je sers, n servons 2 je servais 5 je serve 7 servant
sortir	1 je sors, n sortons 2 je sortais 5 je sorte 7 sortant
souffrir	*como* **couvrir**
sourire	*como* **rire**
soustraire	*como* **distraire**
soutenir	*como* **tenir**
† **se souvenir**	*como* **tenir**
suffire	1 je suffis, n suffisons 2 je suffisais 3 je suffis 5 je suffise 7 suffisant 8 suffi
suivre	1 je suis, n suivons 2 je suivais 3 je suivis 5 je suive 7 suivant 8 suivi
surprendre	*como* **prendre**
† **se taire**	1 je me tais, n n taisons 2 je me taisais 3 je me tus 5 je me taise 7 taisant 8 tu

tenir	1 je tiens, n tenons, ils tiennent 2 je tenais 3 je tins, tu tins, il tint, n tînmes, v tîntes, ils tinrent 4 je tiendrai 5 je tienne 7 tenant 8 tenu
traduire	*como* **conduire**
traire	*como* **distraire**
transmettre	*como* **mettre**
vaincre	1 je vaincs, il vainc, n vainquons 2 je vainquais 3 je vainquis 5 je vainque 7 vainquant 8 vaincu
valoir	1 je vaux, il vaut, n valons 2 je valais 3 je valus 4 je vaudrai 5 je vaille 6 *no se usa* 7 valant 8 valu
† venir	*como* **tenir**
vivre	1 je vis, n vivons 2 je vivais 3 je vécus 5 je vive 7 vivant 8 vécu
voir	1 je vois, n voyons, ils voient 2 je voyais 3 je vis 4 je verrai 5 je voie, n voyions 7 voyant 8 vu
vouloir	1 je veux, il veut, n voulons, ils veulent 2 je voulais 3 je voulus 4 je voudrai 5 je veuille 6 veuille, veuillons, veuillez 7 voulant 8 voulu

PAYS et RÉGIONS

PAÍSES y REGIONES

NB: los adjetivos referidos a nombres de países se escriben con minúscula (la *délégation chinoise, les hommes espagnols*). En cambio, los sustantivos utilizados para designar la nacionalidad de los habitantes de un país se escriben con mayúscula (*une Portuguaise, les Français*).

Afrique f *(africain, -aine)*	África f *(africano, -a)*
Afrique f du Sud *(sud-africain, -aine)*	Sudáfrica f *(sudafricano, -a)*
Albanie f *(albanais, -aise)*	Albania f *(albanés, -esa)*
Algérie f *(algérien, -ienne)*	Argelia f *(argelino, -a)*
Allemagne f *(allemand, -ande)*	Alemania f *(alemán, -ana)*
Amérique f *(américain, -aine)*	América f *(americano, -a)*
Amérique f centrale *(d'Amérique centrale)*	América f Central *(centroamericano, -a)*
Amérique f du Nord *(nord-américain, -aine)*	América f del Norte *(norteamericano, -a)*, Norteamérica f *(norteamericano, -a)*
Amérique f du Sud *(sud-américain, -aine)*	América f del Sur *(sudamericano, -a, suramericano, -a)*, Sudamérica f *(sudamericano, -a)*, Suramérica f *(suramericano, -a)*
Amérique f latine *(latino-américain, -aine)*	Hispanoamérica f *(hispanoamericano, -a)*, Iberoamérica f *(iberoaméricano, -a)*, Latinoamérica f *(latinoamericano, -a)*
Andorre f *(andorran, -ane)*	Andorra f *(andorrano, -a)*
Angleterre f *(anglais, -aise)*	Inglaterra f *(inglés, -esa)*
Antarctique (l') f *(antarctique)*	Antártico (el) m *(antártico, -a)*
Antilles fpl *(antillais, -aise)*	Antillas fpl *(antillano, -a)*
Arabie f *(arabe)*	Arabia f *(árabe)*
Arabie f Saoudite *(saoudien, -ienne)*	Arabia f Saudita *(saudita, saudí)*
Arctique (l') m *(arctique)*	Ártico (el) m *(ártico, -a)*
Argentine f *(argentin, -ine)*	Argentina f *(argentino, -a)*
Asie f *(asiatique)*	Asia f *(asiático, -a)*
Australie f *(australien, -ienne)*	Australia f *(australiano, -a)*

Autriche f (autrichien, -ienne)	Austria f (austríaco, -a)
Baléares fpl (baléare)	Baleares f (balear)
Belgique f (belge)	Bélgica f (belga)
Birmanie f (birman, -ane)	Birmania f (birmano, -a)
Bolivie f (bolivien, -ienne)	Bolivia f (boliviano, -a)
Brésil m (brésilien, -ienne)	Brasil m (brasileño, -a, brasilero, -a)
Bulgarie f (bulgare)	Bulgaria f (búlgaro, -a)
Canada m (canadien, -ienne)	Canadá m (canadiense)
Canaries fpl (canarien, -ienne)	Canarias fpl (canario, -a)
Chili m (chilien, -ienne)	Chile m (chileno, -a)
Chine f (chinois, -oise)	China f (chino, -a)
Chypre f (chypriote)	Chipre m (chipriota)
Colombie f (colombien, -ienne)	Colombia f (colombiano, -a)
Communauté f des Etats Indépendents	Comunidad f de Estados Independientes
Corée f (coréen, -éenne)	Corea f (coreano, -a)
Corse f (corse)	Córcega f (corso, -a)
Costa Rica m (costaricien, -ienne)	Costa Rica f (costarricense, costarriqueño, -a)
Crète f (crétois, -oise)	Creta f (cretense)
Cuba m (cubain, -aine)	Cuba f (cubano, -a)
Danemark m (danois, -oise)	Dinamarca f (danés, -esa)
Ecosse f (écossais, -aise)	Escocia f (escocés, -a)
Egypte f (égyptien, -ienne)	Egipto m (egipcio, -a)
Equateur m (équatorien, -ienne)	Ecuador m (ecuatoriano, -a)
Espagne f (espagnol, -ole)	España f (español, -a)
Etats-Unis mpl, E-U (états-unien, -ienne)	Estados Unidos mpl, EE.UU. (estadounidense)
Ethiopie f (éthiopien, -ienne)	Etiopía f (etiope, etíope)
Européen f (européen, -enne)	Europa f (europeo, -a)
Finlande f (finlandais, -aise)	Finlandia f (finlandés, -a)
France f (français, -aise)	Francia f (francés, -a)
Gibraltar m (de Gibraltar)	Gibraltar f (gibraltareño, -a)
Grande Bretagne f (britannique)	Gran Bretaña f (británico, -a)
Grèce f (grec, grecque)	Grecia f (griego, -a)
Guatemala m (guatémaltèque)	Guatemala f (guatemalteco, -a)
Hollande f (hollandais, -aise)	Holanda f (holandés, -esa)
Honduras m (hondurien, -ienne)	Honduras f (hondureño, -a)
Hongrie f (hongrois, -oise)	Hungría f (húngaro, -a)
Inde f (indien, -ienne)	India f (índio, -a)
Indonésie f (indonésien, -ienne)	Indonesia f (indonesio, -a)
Irak m (irakien, -ienne)	Irak f (iraquí)
Iran m (iranien, -ienne)	Irán m (irani)
Irlande f (irlandais, -aise)	Irlanda f (irlandés, -esa)

Français	Español
Irlande f du Nord	Irlanda f del Norte
Islande f (islandais, -aise)	Islandia f (islandós, esa)
Israël m (israélien, -ienne)	Israel m (israelí)
Italie f (italien, -ienne)	Italia f (italiano, -a)
Jamaïque f (jamaïcain, -aine)	Jamaica f (jamaicano, -a)
Japon m (japonais, -aise)	Japón m (japonés, -esa, nipón, -ona)
Kenya m (kenyan, -ane)	Kenia f (keniano, -a)
Lettonie f (letton, -onne)	Letonia f (letón, -ona)
Liban m (libanais, -aise)	Líbano m (libanés, -esa)
Libye f (libyen, -enne)	Libia f (libio, -a)
Lituanie f (lituanien, -ienne)	Lituania f (lituano, -a)
Luxembourg m (luxembourgeois, -oise)	Luxemburgo m (luxemburgués, -esa)
Majorque f (majorquin, -ine)	Mallorca f (mallorquín, -ina)
Malaysie f (malais, -aise)	Malasia f (malayo, -a)
Maroc m (marocain, -aine)	Marruecos m (marroquí)
Méxique m (mexicain, -aine)	Méjico m, México m (mejicano, -a, mexicano, -a)
Mongolie f (mongolien, -ienne)	Mongolia f (mongol)
Nicaragua m (nicaraguayen, -enne)	Nicaragua f (nicaraguense, nicaragüeño, -a)
Norvège f (norvégien, -ienne)	Noruega f (noruego, -a)
Nouvelle-Zélande f (néo-zélandais, -aise)	Nueva Zelanda f (neocelandés, -esa)
Pakistan m (pakistanais, -aise)	Pakistán m, Paquistán m (pakistaní, paquistaní)
Palestine f (palestinien, -ienne)	Palestina f (palestino, -a)
Panama m (panaméen, -enne)	Panamá m (panameño, -a)
Paraguay m (paraguayen, -enne)	Paraguay m (paraguayo, -a)
Pays m de Galles (gallois, -oise)	Gales (país m de) (galés, -esa)
Pays-Bas mpl (néerlandais, -aise)	Países Bajos mpl (neerlandés, -esa)
Philippines fpl (philippin, -ine)	Filipinas fpl (filipino, -a)
Pérou m (péruvien, -ienne)	Perú (el) m (peruano, -a)
Pologne f (polonais, -aise)	Polonia f (polaco, -a)
Porto Rico m (portoricain, -aine)	Puerto Rico m (portorriqueño, -a, puertorriqueño, -a)
Portugal m (portugais, -aise)	Portugal m (portugués, -a)
République f Dominicaine (dominicain, -aine)	República f Dominicana (dominicano, -a)
République f Tchèque (tchèque)	República f Checa (checo, -a)
Roumanie f (roumain, -aine)	Rumanía f (rumano, -a)
Russie f (russe)	Rusia f (ruso, -a)
Salvador m (salvadorien, -ienne)	El Salvador m (salvadoreño, -a)
Scandinavie f (scandinave)	Escandinavia f (escandinavo, -a)

Sénégal *m (sénégalais, -aise)*	Senegal *m (senegalés, -esa)*
Sicile *f (sicilien, -ienne)*	Sicilia *f (siciliano, -a)*
Slovaquie *f (slovaque)*	Eslovaquia *f (eslovaco, -a)*
Suède *f (suédois, -oise)*	Suecia *f (sueco, -a)*
Suisse *f (suisse)*	Suiza *f (suizo, -a)*
Syrie *f (syrien, -ienne)*	Siria *f (sirio, -a)*
Thaïlande *f (thaïlandais, -aise)*	Tailandia *f (tailandés, -esa)*
Tunisie *f (tunisien, -ienne)*	Túnez *m (tunecino, -a)*
Turquie *f (turc, turque)*	Turquía *f (turco, -a)*
Ukraine *f (ukrainien, -ienne)*	Ucrania *f (ucraniano, -a)*
Uruguay *m (uruguayen, -enne)*	Uruguay *m (uruguayo, -a)*
Vénézuéla *m (vénézuélien, -ienne)*	Venezuela *f (venezolano, -a)*
Vietnam *m (vietnamien, -ienne)*	Vietnam *m (vietnamita)*
Zaïre *m (zaïrois, -oise)*	Zaire *f (zaireño, -a)*

LES CHIFFRES

LOS NÚMEROS

zéro	0	cero
un	1	uno
deux	2	dos
trois	3	tres
quatre	4	cuatro
cinq	5	cinco
six	6	seis
sept	7	siete
huit	8	ocho
neuf	9	nueve
dix	10	diez
onze	11	once
douze	12	doce
treize	13	trece
quatorze	14	catorce
quinze	15	quince
seize	16	dieciséis
dix-sept	17	diecisiete
dix-huit	18	dieciocho
dix-neuf	19	diecinueve
vingt	20	veinte
vingt-et-un	21	veintiuno
vingt-deux	22	veintidós
vingt-trois	23	veintitrés
trente	30	treinta
trente-et-un	31	treinta y uno
trente-deux	32	treinta y dos
quarante	40	cuarenta
cinquante	50	cincuenta
soixante	60	sesenta
soixante-dix	70	setenta
soixante-et-onze	71	setenta y uno
soixante-douze	72	setenta y dos
quatre-vingts	80	ochenta
quatre-vingt-un	81	ochenta y uno
quatre-vingt-deux	82	ochenta y dos
quatre-vingt-dix	90	noventa
quatre-vingt-onze	91	noventa y uno
cent	100	cien
cent un	101	ciento uno

cent deux	102	ciento dos
cent soixante-dix-huit	178	ciento setenta y ocho
deux cents	200	doscientos
deux cent deux	202	doscientos dos
trois cents	300	trescientos
quatre cents	400	cuatrocientos
cinq cents	500	quinientos
six cents	600	seiscientos
sept cents	700	setecientos
huit cents	800	ochocientos
neuf cents	900	novecientos
mille	1000	mil
deux mille	2000	dos mil
trois cent mille	300 000	trescientos mil
trois cents millions	300 000 000	trescientos millones

ESPAÑOL-FRANCÉS
ESPAGNOL-FRANÇAIS

a *prep* (**a**) *(dirección)* à, dans; **llegar a Valencia** arriver à Valence; **subir al tren** monter dans le train; **caer al agua** tomber dans l'eau; **ir al médico** aller chez le docteur.

(**b**) *(lugar)* à; **a la derecha** à droite; **a lo lejos** au loin; **a mi lado** à côté de moi; **al sol** au soleil.

(**c**) *(tiempo)* à; **a las doce** à midi/minuit; **a los tres meses/la media hora** trois mois/une demi-heure plus tard; **al final** à la fin; **al principio** au début.

(**d**)*(distancia)* à; **a cien kilómetros de aquí** à cent kilomètres d'ici.

(**e**) *(manera)* à; **a mano** à la main.

(**f**) *(proporción)* à; **a 90 kilómetros por hora** à 90 kilomètres à l'heure; **a 300 pesetas el kilo** à trois cents pesetas le kilo; **tres veces al mes** trois fois par mois; **ganar cuatro a dos** gagner quatre à deux.

(**g**) *(complemento)* à; **díselo a Javier** dis-le à Javier; **te lo di a ti** je te l'ai donné; **comprarle algo a algn** acheter qch à qn; **saludé a tu tía** j'ai dit bonjour à ta tante.

(**h**) *Fam* **ir a por algn/algo** aller chercher qn/qch.

(**i**) *(verbo + a + infinitivo)* à; **aprender a nadar** apprendre à nager.

(**j**) **a decir verdad** pour dire vrai; **a no ser que** à moins que; **a ver** voyons; *(muéstramelo)* montre; **¡a comer!** à table!; **¡a dormir!** au lit!; **¿a que no lo haces?** *(desafío)* je parie que tu n'en es pas capable!

abajo 1 *adv* en bas; **el piso de a.** l'appartement d'en bas; **ahí/aquí a.** là-bas/en bas; **la parte de a.** le dessous, la partie du dessous; **más a.** plus bas; **hacia a.** vers le bas; **venirse a.** *(edificio)* s'écrouler.

2 *interj* **¡a. la censura!** à bas la censure!

abalanzarse [4] *vr* **a. sobre** se lancer sur.

abalear *vt Am* tirer sur.

abandonar *vt (lugar)* quitter; *(persona, cosa, proyecto)* abandonner.

abanico *m* éventail *m*.

abarcar [1] *vt* renfermer, comprendre; *Am (acaparar)* accaparer.

abarrotado, -a *a* bondé (**de** de).

abarrotes *mpl Am* articles *mpl* d'épicerie; **tienda de a.** épicerie *f*.

abastecer 1 *vt* approvisionner.

2 abastecerse *vr* s'approvisionner (**de** en).

abatible *a* pliant; **asiento a.** strapontin *m*.

abatir 1 *vt (derribar, desanimar)* abattre.

2 abatirse *vr (desanimarse)* se laisser abattre.

abdicar [1] *vti* abdiquer.

abdominales *mpl* abdominaux *mpl*.

abecedario *m* alphabet *m*.

abedul *m* bouleau *m*.

abeja *f* abeille *f*; **a. reina** reine *f*.

abejorro *m* bourdon *m*.

abertura f (hueco) ouverture f; (grieta) crevasse f.

abeto m sapin m.

abierto, -a a ouvert.

abismo m abîme m; (marino) abysse m.

ablandar 1 vt ramollir.
   2 ablandarse vr se ramollir; Fig (persona) s'adoucir.

abnegado, -a a désintéressé, dévoué.

abogado, -a mf avocat, -ate.

abolir vt defectivo abolir.

abollar vt cabosser.

abonado, -a mf abonné, -ée.

abono m engrais m; (pago) paiement m; (billete) abonnement m.

aborrecer vt détester.

aborto m fausse couche f; (provocado) avortement m.

abrasar vti, **abrasarse** vr brûler.

abrazadera f bride f.

abrazar [4]**1** vt étreindre.
   2 abrazarse vr **abrazarse a algn** étreindre qn; **se abrazaron** ils s'étreignirent.

abrazo m (con ternura) étreinte f; (amistosa, oficial) accolade f.

abrebotellas m inv ouvre-bouteilles m inv.

abrelatas m inv ouvre-boîte(s) m.

abreviar 1 vt abréger.
   2 vi abréger; **para a.** en résumé.

abreviatura f abréviation f.

abrigado, -a a couvert; (lugar) abrité.

abrigar [7] **1** vt couvrir; (del viento etc.) abriter; (esperanza) caresser; (duda) avoir.
   2 vi **esta chaqueta abriga mucho** cette veste tient bien chaud ou est très chaude.

abrigo m (prenda) manteau m; **ropa de a.** vêtements chauds.

abril m avril m.

abrir¹ m **en un a. y cerrar de ojos** en un clin d'œil.

abrir² (pp **abierto**) **1** vti ouvrir.
   2 abrirse vr s'ouvrir; **abrirse paso** se frayer un chemin.

abrochar vt, **abrocharse** vr (botones) fermer; (camisa) boutonner; (cinturón) accrocher, attacher; (zapatos) lacer; (cremallera) fermer, remonter.

abrumar vt épuiser.

abrupto, -a a (terreno) escarpé.

absceso m abcès m.

absolutamente adv absolument.

absoluto, -a a absolu; **en a.** pas du tout.

absolver [4] (pp **absuelto**) vt absoudre.

absorbente a absorbant.

absorber vt absorber.

absorto, -a a absorbé (**en** dans).

abstenerse vr s'abstenir.

abstracto, -a a abstrait.

abstraído, -a a (ensimismado) absorbé (**en** dans).

absuelto, -a a pp de **absolver**.

absurdo, -a a absurde.

abuchear vt huer.

abuela f grand-mère f, Fam mémère f, mamie f.

abuelo m grand-père m, Fam pépère m, papi m; **abuelos** grands-parents mpl.

abultado, -a a volumineux.

abundancia f abondance f.

abundante a abondant.

aburrido, -a a ser a. être ennuyeux; **estar a.** s'ennuyer; (harto) être las (**de** de).

aburrimiento m ennui m; **¡qué a.!** ce que c'est ennuyeux!

aburrir 1 vt ennuyer.
   2 aburrirse vr s'ennuyer.

abusar vi (propasarse) abuser (**de** de).

abuso *m* abus *m*.

a. C. *abr de* **antes de Cristo** av. J.-C.

acá *adv (lugar)* ici, là; **más a.** plus près; **¡ven a.!** viens ici!, viens là!

acabar 1 *vt* terminer, finir.
2 *vi* finir, se terminer; **a. de...** venir de...; **acaba de entrar** il vient d'entrer; **acabaron casándose** *o* **por casarse** ils ont fini par se marier.
3 acabarse *vr* finir, se terminer; **se nos acabó la gasolina** il n'y a plus d'essence.

acacia *f* acacia *m*.

academia *f* académie *f*.

académico, -a 1 *a* académique.
2 *mf* universitaire *mf*; *(de la lengua)* académicien, -ienne.

acalorado, -a *a* échauffé; *(debate etc.)* enflammé.

acampar *vi* camper.

acantilado *m* falaise *f*.

acaparar *vt (productos)* accaparer; *(mercado)* monopoliser.

acariciar *vt* caresser.

acarrear *vt (transportar)* transporter; *(conllevar)* entraîner.

acaso *adv* peut-être; **por si a.** au cas où; **si a. viene...** au cas où il viendrait...

acatar *vt* obéir à.

acatarrado, -a *a* enrhumé; **estar a.** être enrhumé, avoir le rhume.

acceder *vi* **a. a** *(consentir)* consentir à.

accesible *a* accessible; *(persona)* abordable.

acceso *m (entrada)* accès *m*; *(en carretera)* voie *f* d'accès.

accesorio, -a *a & m* accessoire *a & m*.

accidentado, -a 1 *a (terreno)* accidenté; *(viaje, vida)* mouvementé.
2 *mf* accidenté, -ée.

accidental *a* accidentel.

accidente *m* accident *m*; **a. laboral** accident du travail.

acción *f* action *f*; *(acto)* acte *m*; **poner en a.** mettre en action; **película de a.** film d'action.

accionar *vt* actionner.

accionista *mf* actionnaire *mf*.

acechar *vt* guetter.

aceite *m* huile *f*; **a. de girasol/maíz/oliva** huile de tournesol/de maïs/d'olive.

aceituna *f* olive *f*; **a. rellena** olive farcie.

acelerador *m* accélérateur *m*.

acelerar *vti* accélérer.

acento *m* accent *m*.

acentuar 1 *vt* accentuer.
2 acentuarse *vr* s'accentuer.

aceptar *vt* accepter.

acequia *f* canal *m* d'irrigation.

acera *f* trottoir *m*.

acerca *adv* **a. de** au sujet de, sur.

acercar [1] **1** *vt* rapprocher, approcher.
2 acercarse *vr* approcher, se rapprocher **(a** de); *(ir)* aller; *(venir)* venir.

acero *m* acier *m*; **a. inoxidable** acier inoxydable.

acérrimo, -a *a (partidario)* ardent; *(enemigo)* acharné.

acertado, -a *a (solución)* correct, juste; *(decisión)* opportun, à propos.

acertar [1] **1** *vt (pregunta)* bien répondre à; *(adivinar)* trouver.
2 *vi* avoir raison.

acertijo *m* devinette *f*.

achacar *vt (atribuir)* attribuer.

achaque *m* indisposition *f*.

achicharrar *vt* brûler.

achuchar *vt (empujar)* pousser.

aciago, -a *a* malheureux, funeste.

acicalarse *vr* se faire beau.

acidez *f (de sabor)* acidité *f*; **a. de estómago** aigreur *f* (d'estomac).

ácido, -a *a & m* acide *a & m*.

acierto *m (buena decisión)* bonne idée *f*.

aclamar vt acclamer.

aclarado m rinçage m.

aclarar 1 vt (explicar) clarifier; (color) éclaircir; (enjuagar) rincer.
  2 v impers (tiempo) s'éclaircir.
  3 aclararse vr **aclararse la voz** s'éclaircir la voix.

aclimatarse vr **a. a algo** s'habituer à qch.

acné f acné f.

acogedor, -ora a accueillant.

acoger 1 vt accueillir.
  2 acogerse vr **acogerse a** se réfugier dans; **acogerse a la ley** avoir recours à la loi.

acometer vt (emprender) entreprendre; (atacar) attaquer.

acomodado, -a a fortuné; (instalado) installé.

acomodador, -ora mf (hombre) placeur; (mujer) ouvreuse.

acomodar 1 vt (en cine etc.) placer.
  2 acomodarse vr (instalarse) s'installer; (adaptarse) s'adapter.

acomodo m buscar a. chercher à se loger.

acompañador, -ora mf accompagnateur, -trice.

acompañante mf compagnon, -agne.

acompañar vt accompagner; ¿te **acompaño a casa?** je te raccompagne?; **le acompaño en el sentimiento** (en funeral) toutes mes condoléances.

acomplejar 1 vt complexer.
  2 acomplejarse vr **acomplejarse por** se complexer à cause de.

acondicionado, -a a aire a. air conditionné, climatisation f.

acondicionador m climatiseur m.

aconsejar vt conseiller.

acontecimiento m événement m.

acopio m **hacer a. de** faire des réserves de.

acordar [2] **1** vt se mettre d'accord

pour; (decidir) décider.
  2 acordarse vr se souvenir, se rappeler.

acordeón m accordéon m.

acordonar vt (zona) entourer d'un cordon de police, boucler.

acorralar vt acculer.

acortar vt raccourcir.

acoso m harcèlement m; **a. sexual** harcèlement sexuel.

acostar [2] **1** vt mettre au lit.
  2 acostarse vr se coucher, se mettre au lit.

acostumbrado, -a a habitué; (asiento, camino etc.) habituel; **es lo a.** c'est ce qu'on fait d'habitude; **a. al frío/calor** habitué au froid/à la chaleur.

acostumbrar 1 vi **a. a** (soler) avoir l'habitude de.
  2 vt **a. a algn a algo** (habituar) habituer qn à qch.
  3 acostumbrarse vr (habituarse) s'habituer (**a** à).

acotejar vt Am arranger.

acre m (medida) acre f.

acreditar vt accréditer; (probar) prouver; (confirmar) confirmer.

acreedor, -ora mf créditeur m.

acrílico, -a a acrylique.

acriollarse vr Am prendre les habitudes locales.

acrobacia f acrobatie f.

acta f (de reunión) compte m rendu; (certificado) certificat m.

actitud f attitude f.

actividad f activité f.

activo, -a a actif.

acto m acte m; (ceremonia) cérémonie f; **en el a.** tout de suite; **a. seguido** tout de suite après.

actor m acteur m.

actriz f actrice f.

actuación f (de un actor) jeu m; (intervención) participation f.

actual *a* actuel.

actualidad *f* actualité *f*; **en la a.** actuellement, à l'heure actuelle.

actualmente *adv (hoy en día)* actuellement.

actuar *vi* jouer un rôle, agir; *(actor)* jouer.

acuarela *f* aquarelle *f*.

acuario *m* aquarium *m*

acuciante *a* urgent.

acudir *vi (ir)* aller; *(venir)* venir.

acuerdo *m* accord *m*; **¡de a.!** d'accord!; **de a. con** conformément à; **ponerse de a.** se mettre d'accord.

acumular 1 *vt* accumuler.
　2 acumularse *vr* s'accumuler.

acuñar *vt (moneda)* frapper; *(frase)* créer.

acurrucarse *vr* se recroqueviller.

acusación *f* accusation *f*.

acusado, -a 1 *mf* accusé, -ée.
　2 *a (marcado)* accusé, marqué.

acusar 1 *vt* accuser (**de** de).
　2 acusarse *vr (acentuarse)* s'accuser.

acústica 1 *f* acoustique *f*.
　2 *a* **acústico, -a** acoustique.

adaptador *m* adaptateur *m*.

adaptar 1 *vt* adapter; *(ajustar)* ajuster.
　2 adaptarse *vr* s'adapter (**a** à).

adecuado, -a *a* adéquat, approprié.

a. de J.C. *abr de* **antes de Jesucristo** av. J.-C.

adelantado, -a *a* avancé; *(reloj)* qui avance; **pagar por a.** payer d'avance.

adelantamiento *m* dépassement *m*.

adelantar 1 *vt* avancer; *(en carretera)* doubler.
　2 *vi* avancer; *(progresar)* faire des progrès.
　3 adelantarse *vr (ir delante)* s'avancer; *(reloj)* avancer.

adelante 1 *adv* en avant; **más a.** *(lugar)* plus loin; *(tiempo)* plus tard.
　2 *interj* **¡a!** *(pase)* entrez!

adelanto *m* avance *f*; *(progreso)* progrès *m*; **el reloj lleva diez minutos de a.** la montre avance de dix minutes.

adelgazar *vi* mincir.

ademán *m* geste *m*.

además *adv* en plus, de plus; **a. de él** en plus de lui.

adherir [5] **1** *vt* coller.
　2 adherirse *vr* adhérer (**a** à).

adhesión *f* adhésion *f*.

adicción *f* dépendance *f*.

adicto, -a 1 *mf* drogué, -ée.
　2 *a* accro (**a** à).

adiestrar *vt* dresser.

adinerado, -a *a* riche, fortuné.

adiós (*pl* **adioses**) *interj* au revoir, *Fam* salut; *(al cruzarse)* salut.

aditivo, -a *a & m* additif *a & m*.

adivinanza *f* devinette *f*.

adivinar *vt* deviner.

adjetivo *m* adjectif *m*.

adjudicar 1 *vt* adjuger.
　2 adjudicarse *vr* s'adjuger.

adjuntar *vt* joindre.

adjunto, -a 1 *a* joint.
　2 *mf (profesor)* assistant, -ante.

administración *f (gobierno, de empresa)* administration *f*; *(oficina)* service *m* administratif; **a. pública** administration publique.

administrador, -ora *a & mf* administrateur, -trice.

administrar *vt* administrer; *(empresa)* diriger.

administrativo, -a 1 *a* administratif.
　2 *mf (funcionario)* employé, -ée de bureau.

admiración *f* admiration *f*; *(ortográfica)* point *m* d'exclamation.

admirar 1 *vt* admirer; *(sorprender)* surprendre, étonner.
　2 admirarse *vr* s'étonner.

admisión f admission f.

admitir vt admettre.

ADN m abr de **ácido desoxirribonu-cleico** ADN m.

adobe m brique f.

adobo m marinade f.

adolescencia f adolescence f.

adolescente a & mf adolescent, -ente.

adonde adv où.

adónde adv où?

adondequiera adv n'importe où.

adopción f adoption f.

adoptar vt adopter.

adoptivo, -a a adoptif.

adorar vt adorer.

adormecer 1 vt endormir. **2 adormecerse** vr (dormirse) s'endormir; (brazo etc.) s'engourdir.

adornar vt décorer.

adorno m décoration f; **de a.** décoratif.

adosado, -a a (casa) adjacent.

adquirir vt acquérir.

adquisición f acquisition f.

adrede adv exprès, délibérément.

aduana f douane f.

aduanero, -a mf douanier, -ière.

aducir vt alléguer.

adueñarse vr a. de s'approprier.

aduje pt indef de **aducir**.

adular vt aduler.

adulterar vt falsifier.

adulterio m adultère m.

adulto, -a a & mf adulte.

aduzco indic pres de **aducir**.

adverbio m adverbe m.

adversario, -a mf adversaire mf. **2** a adverse.

adversidad f adversité f; (revés) revers m.

adverso, -a a adverse.

advertencia f avertissement m.

advertir [5] vt avertir; (informar) prévenir; (notar) remarquer.

adviento m Avent m.

adyacente a adjacent.

aéreo, -a a aérien; **por vía aerea** par avion.

aerodinámico, -a a aérodynamique.

aeromoza f Am hôtesse f de l'air.

aeronáutico, -a a **la industria aeronáutica** l'aéronautique f, l'industrie f aéronautique.

aeroplano m aéroplane m.

aeropuerto m aéroport m.

aerosol m aérosol m.

afable a affable.

afán m (pl **afanes**) (esfuerzo) efforts mpl; (celo) zèle m, ardeur f.

afanarse vr a. por conseguir algo faire tout son possible pour obtenir qch.

afección f affection f.

afectar vt a. a affecter.

afecto m affection f; **tomarle a. a algn** se prendre d'affection pour qn.

afectuoso, -a a affectueux.

afeitar 1 vt raser. **2 afeitarse** vr se raser.

afeminado, -a a efféminé.

aferrarse vr s'accrocher (**a** à).

afianzar vt consolider.

afición f penchant m; **tiene a. por la música** c'est un amateur de musique; **la a.** (de deporte) le public.

aficionado, -a a & mf amateur m; **ser a. a algo** être un amateur de qch.

aficionarse vr prendre goût (**a** à).

afilado, -a a aiguisé.

afiliarse vr s'affilier (**a** à).

afinar vt (puntería) ajuster; (instrumento) accorder.

afinidad f affinité f.

afirmación f affirmation f.

A

afirmar vt (aseverar) affirmer; (afianzar) consolider.
afligir 1 vt affliger.
2 afligirse vr s'affliger.
aflojar 1 vt desserrer.
2 aflojarse vr (rueda) se desserrer.
afluencia f afflux m; **gran a. de público** grande affluence de spectateurs.
afluente m affluent m.
afónico, -a a aphone.
afortunado, -a a fortuné.
afrontar vt affronter; **a. las consecuencias** faire face aux conséquences.
afuera 1 adv dehors; **la parte de a.** l'extérieur; **más a.** plus loin.
2 afueras fpl environs mpl.
agachar 1 vt baisser.
2 agacharse vr se baisser.
agarrar 1 vt agripper, saisir; Am prendre; **agárralo fuerte** tiens-le bien.
2 agarrarse vr s'accrocher, s'agripper.
agasajar vt être plein d'attentions pour.
agazaparse vr s'accroupir.
agencia f agence f; **a. de viajes** agence de voyages; **a. de seguros** cabinet m d'assurances; **a. inmobiliaria** agence immobilière.
agenda f agenda m.
agente mf agent m; **a. de policía** agent de police; **a. de seguros** agent d'assurances.
ágil a agile.
agilidad f agilité f.
agilizar vt (trámites) accélérer.
agitación f agitation f.
agitado, -a a agité.
agitar 1 vt (botella) agiter, secouer.
2 agitarse vr (persona) s'agiter.
aglomeración f (de gente) attroupement m.
agobiante a (trabajo, persona) épuisant; (lugar, calor) étouffant.

agobiar 1 vt épuiser.
2 agobiarse vr (angustiarse) se tourmenter.
agobio m (angustia) tourment m; (sofoco) suffocation f.
agolparse vr s'attrouper.
agonía f agonie f.
agonizar vi agoniser.
agosto m août m.
agotado, -a a épuisé.
agotador, -ora a épuisant.
agotamiento m épuisement m.
agotar 1 vt épuiser.
2 agotarse vr (existencias, persona) s'épuiser; **se agotó** (producto, persona etc.) il est épuisé.
agradable a agréable.
agradar vi plaire.
agradecer vt (dar las gracias) remercier de; (estar agradecido) être reconnaissant à; **te lo agradezco mucho** merci beaucoup.
agradecimiento m gratitude f, reconnaissance f.
agrandar 1 vt agrandir.
2 agrandarse vr s'agrandir.
agrario, -a a agraire.
agravar 1 vt aggraver.
2 agravarse vr s'aggraver.
agredir vt defectivo agresser.
agregado, -a a **profesor a.** (de escuela) professeur m de lycée; (de universidad) maître m assistant.
agregar vt (añadir) ajouter.
agresión f agression f.
agresivo, -a a agressif.
agrícola a agricole.
agricultor, -ora mf agriculteur, -trice.
agricultura f agriculture f.
agrietar 1 vt crevasser; (piel, labios) gercer.
2 agrietarse vr se crevasser; (piel) se gercer.

agringarse *vr Am* se conduire comme un gringo.

agrio, -a *a* aigre.

agropecuario, -a *a* agricole.

agrupación *f* regroupement *m*.

agua** *f* eau *f*; **a. potable** eau potable; **a. corriente/del grifo** eau courante/du robinet; **a. dulce/salada** eau douce/de mer; **a. mineral sin/con gas** eau minérale non gazeuse/gazeuse.

aguacate *m (fruto)* avocat *m*.

aguacero *m* averse *f*.

aguanieve *f* neige *f* fondue.

aguantar 1 *vt (soportar)* supporter; *(sostener)* tenir; **no lo aguanto más** je n'en peux plus; **aguanta la respiración** retiens ta respiration; **no pude a. la risa** je n'ai pas pu m'empêcher de rire.

2 aguantarse *vr (contenerse)* se retenir; *(resignarse)* se faire une raison.

aguardar *vti* attendre.

aguardiente *m* eau *f* de vie.

aguarrás *m* essence *f* de térébenthine.

aguatero, -a *mf Am* porteur *m* d'eau.

agudizar 1 *vt* aggraver.

2 agudizarse *vr* s'aggraver.

agudo, -a *a* aigu, -uë.

aguijón *m* aiguillon *m*.

águila** *f* aigle *m*.

aguja *f* aiguille *f*; *(de tocadiscos)* saphir *m*.

agujerear *vt* faire des trous dans.

agujero *m* trou *m*; **a. negro** trou noir.

agujetas *fpl* **tener a.** être courbaturé.

aguzar *vt* **a. el oído** tendre l'oreille; **a. la vista** regarder attentivement.

ahí *adv* là; **a. está** le/la voilà; **por a.** par là.

ahínco *m* **con a.** avec ardeur.

ahogado, -a 1 *a (en líquido)* noyé;

(asfixiado) asphyxié, étouffé; **morir a.** se noyer.

2 *mf* noyé, -ée.

ahogar 1 *vt (en líquido, motor)* noyer; *(asfixiar)* étouffer.

2 ahogarse *vr (en líquido)* se noyer; *(asfixiarse)* étouffer.

ahora 1 *adv* maintenant; **a. mismo** tout de suite; **de a. en adelante** à partir de maintenant, dorénavant; **por a.** pour l'instant; **a. voy** j'arrive; **hasta a.** *(hasta el momento)* à tout de suite; *(hasta luego)* à bientôt.

2 *conj* **a. bien** *(sin embargo)* cependant.

ahorcar 1 *vt* pendre.

2 ahorcarse *vr* se pendre.

ahorita *adv Am* tout de suite.

ahorrar *vt* économiser.

ahorros *mpl* économies *fpl*; **caja de a.** caisse d'épargne.

ahuevado *a Am* bête.

ahumado, -a *a* fumé.

ahuyentar *vt* faire fuir.

aindiado, -a *a Am* qui ressemble à un(e) indien(ne).

airado, -a *a* en colère, furieux.

aire *m (atmósfera, aspecto)* air *m*; *(viento)* air, vent *m*; **a. acondicionado** air conditionné; **al a.** *(al descubierto)* à l'air libre; **al a. libre** en plein air; **en el a.** *(pendiente)* dans l'air; **tomar el a.** prendre l'air; **cambiar de aires** changer d'air; **darse aires** se donner des airs.

aislado, -a *a* isolé.

aislante *a & m* isolant *a & m*.

aislar *vt* isoler.

ajedrez *m (juego)* échecs *mpl*; *(piezas y tablero)* jeu *m* d'échecs.

ajeno, -a *a* d'autrui; **por causas ajenas a nuestra voluntad** pour des causes indépendantes de notre volonté.

ajetreado, -a *a* agité.

ajo *m* ail *m*; **cabeza/diente de a.** tête *f* /gousse *f* d'ail.

ajustado, -a *a* ajusté.

ajustar *vt* ajuster.

ajuste *m* ajustement *m*; *(de precio)* fixation *f*; **a. de cuentas** règlement *m* de comptes.

ajusticiar *vt* exécuter.

al *(contracción de* **a** *&* **el)** *ver* **a**; **(al +** *infinitivo)* **al salir** en sortant.

ala *f* aile *f*; *(de sombrero)* bord *m*.

alabar *vt* élogier, louer.

alabastro *m* albâtre *m*.

alambrada *f*, **alambrado** *m* grillage *m*.

alambre *m* fil *m* de fer; **a. de púas** fil de fer barbelé.

álamo *m* peuplier *m*.

alarde *m (ostentación)* étalage *m*, ostentation *f*; **hacer a. de** faire étalage de.

alardear *vi* se vanter.

alargadera *f (cable)* rallonge *f*.

alargado, -a *a* allongé.

alargar 1 *vt* allonger; *(estirar)* allonger, étirer; *(prolongar)* rallonger, prolonger; *(dar)* passer.
   2 alargarse *vr* s'allonger; *(prolongarse)* être prolongé.

alarido *m* hurlement *m*; **dar un a.** pousser un hurlement.

alarma *f* alarme *f*; **falsa a.** fausse alarme; **señal de a.** signal d'alarme.

alarmar 1 *vt* alarmer.
   2 alarmarse *vr* s'alarmer.

alba** *f* aube *f*.

albañil *m* maçon *m*.

albaricoque *m (fruta)* abricot *m*; *(árbol)* abricotier *m*.

alberca *f (poza)* réservoir *m*; *Am* piscine *f*.

albergar 1 *vt (alojar)* héberger, loger.
   2 albergarse *vr* loger.

albergue *m (lugar)* auberge *f*; *(refugio)* abri *m*, refuge *m*; **a. juvenil** auberge de jeunesse.

albino, -a *a & mf* albinos.

albóndiga *f* boulette *f* (de viande).

albornoz *m* sortie *f* de bain.

alborotar 1 *vt (desordenar)* mettre en désordre.
   2 *vi* faire du vacarme.
   3 alborotarse *vr* s'énerver, s'agiter; *(mar)* s'agiter.

albufera *f* lagune *f*.

álbum *m* album *m*.

alcachofa *f* artichaut *m*.

alcalde *m* maire *m*.

alcaldesa *f* mairesse *f*.

alcance *m* portée *f*; **dar a.** a rattraper; **fuera del a. de los niños** hors de portée des enfants.

alcantarilla *f* égout *m*; *(boca)* bouche *f* d'égout.

alcanzar 1 *vt* atteindre; *(persona)* rattraper; *(conseguir)* parvenir à.
   2 *vi (ser suficiente)* suffire.

alcaparra *f (fruto)* câpre *m*.

alcayata *f* crochet *m*.

alcazaba *f* citadelle *f*.

alcázar *m (fortaleza)* forteresse *f*; *(castillo)* château *m*.

alcoba *f* chambre *f*.

alcohol *m* alcool *m*.

alcoholemia *f* prueba de a. test *m* d'alcoolémie.

alcohólico, -a *a & mf* alcoolique.

alcoholímetro *m* alcoomètre *m*.

alcornoque *m* chêne-liège *m*.

alcurnia *f* lignage *m*.

aldea *f* village *m*.

aleccionador, -ora *a (ejemplar)* exemplaire.

alegar *vt (aducir)* alléguer, affirmer.

alegrar 1 *vt (complacer)* faire plaisir à, réjouir; **me alegra que se lo hayas dicho** je suis content que tu le lui aies dit.
   2 alegrarse *vr* se réjouir; **me**

alegro de verte je suis content de te voir.

alegre a (contento) joyeux, gai; (color, música) gai.

alegría f joie f, gaieté f.

alejado, -a a éloigné.

alejar 1 vt éloigner.
2 alejarse vr s'éloigner.

alemán, -ana 1 a allemand.
2 mf Allemand, -ande.
3 m (idioma) allemand m.

alentar [1] vt encourager.

alergia f allergie f.

alérgico, -a a allergique.

alerta 1 f alerte f.
2 a vigilant.

aleta f (de pez, foca) nageoire f; (de nadador) palme f.

aletargar 1 vt rendre léthargique, engourdir.
2 aletargarse vr devenir léthargique, s'engourdir.

aletear vi battre des ailes.

alfabetización f alphabétisation f; **campaña de a.** campagne d'alphabétisation.

alfabeto m alphabet m.

alfalfa f luzerne f.

alfarería f poterie f.

alféizar m rebord m de fenêtre.

alférez m sous-lieutenant m.

alfil m (ajedrez) fou m.

alfiler m épingle f.

alfombra f tapis m; (moqueta) moquette f.

alga f (marina) algue f.

álgebra** f algèbre f.

álgido, -a a **el punto a.** le point culminant.

algo 1 pron indef quelque chose; (cantidad indeterminada) un peu; **a. así** quelque chose comme ça; **¿a. más?** autre chose?; **¿queda a. de pastel?** est-ce qu'il reste du gâteau?

2 adv (un poco) un peu; **está a. mejor** elle va un peu mieux.

algodón m coton m; **a. (hidrófilo)** coton (hydrophile).

alguacil m huissier m.

alguien pron indef quelqu'un.

algún a (delante de nombres masculinos en singular) ver **alguno, -a**.

alguno, -a 1 a (delante de nombre) quelque; **alguna que otra vez** de temps en temps; **¿le has visto alguna vez?** tu l'as déjà vu?; **no vino persona alguna** personne n'est venu.

2 pron indef **algunos, -as** quelques-uns, quelques-unes; **a. de ellos** l'un d'entre eux.

alhaja f bijou m.

alhelí m (pl **alhelíes**) giroflée f.

aliado, -a a allié.

alianza f alliance f.

aliarse vr s'allier.

alicates mpl pince f.

aliciente m (atractivo) charme m; (incentivo) stimulant m.

aliento m souffle m; **sin a.** essoufflé.

aligerar 1 vt (carga) alléger; (acelerar) accélérer; **a. el paso** hâter le pas.
2 vi Fam **¡aligera!** magne-toi!, grouille-toi!

alijo m déchargement m; **un a. de drogas** un chargement de drogues.

alimaña f vermine f.

alimentación f alimentation f.

alimentar 1 vt (dar alimento a) alimenter, nourrir; (ser nutritivo para) nourrir.
2 alimentarse vr se nourrir (**con, de** de).

alimenticio, -a a nourrissant; **valor a.** valeur nutritive.

alimento m aliment m.

alinear 1 vt aligner.
2 alinearse vr s'aligner.

aliñar vt assaisonner.

alistar 1 *vt (en el ejército)* enrôler.
   2 alistarse *vr* s'enrôler.

aliviar 1 *vt (dolor)* soulager; *(carga)* alléger.
   2 aliviarse *vr (dolor)* diminuer, passer.

allá *adv (lugar alejado)* là-bas; **a. abajo/arriba** là-bas/là-haut; **más a.** plus loin; **más a. de** au-delà de; **a. tú** c'est ton problème.

allí *adv* là; **a. abajo/arriba** là-bas/là-haut; **por a.** *(movimiento)* dans ce sens-là; *(posición)* par là.

alma** *f* âme *f.*

almacén *m (local)* entrepôt *m*; **grandes almacenes** grand magasin *m.*

almacenar *vt* stocker.

almanaque *m* calendrier *m.*

almeja *f* palourde *f.*

almendra *f* amande *f.*

almendro *m* amandier *m.*

almíbar *m* sirop *m.*

almirante *m* amiral *m.*

almizcle *m* musc *m.*

almohada *f* oreiller *m.*

almohadón *m* coussin *m.*

almorrana *f Fam* hémorroïde *f.*

almorzar [2] **1** *vi* déjeuner.
   2 *vt* manger au déjeuner, déjeuner de.

almuerzo *m* déjeuner *m.*

aló *interj Am* allô.

alojamiento *m* logement *m*; **dar a.** loger, héberger.

alojar 1 *vt* loger, héberger.
   2 alojarse *vr* se loger.

alondra *f* alouette *f.*

alpargata *f* espadrille *f.*

alpinismo *m* alpinisme *m.*

alpinista *mf* alpiniste *mf.*

alquilar *vt* louer; **se alquila** à louer.

alquiler *m (acción)* location *f*; *(precio)* loyer *m*; **a. de coches** location de voitures; **de a.** à louer; **en una**

casa de a. dans une maison en location.

alquitrán *m* goudron *m.*

alrededor 1 *adv (lugar)* autour.
   2 *prep* **a. de** autour de; **a. de quince** environ quinze.
   3 alrededores *mpl* environs *mpl.*

alta *f* **dar de** o **el a.** *(a un enfermo)* renvoyer de l'hôpital.

altamente *adv* extrêmement.

altanero, -a *a* hautain, arrogant.

altar *m* autel *m.*

altavoz *m* haut-parleur *m.*

alteración *f (cambio)* altération *f*; *(alboroto)* tumulte *m*; *(excitación)* inquiétude *f.*

alterar 1 *vt* altérer, changer.
   2 alterarse *vr (inquietarse)* s'inquiéter.

altercado *m* altercation *f.*

alternar 1 *vt* alterner.
   2 *vi (relacionarse)* **a. con** fréquenter.
   3 alternarse *vr* alterner.

alternativa *f* alternative *f.*

alterno, -a *a* alternatif.

altibajos *mpl* **los a.** les hauts et les bas.

altitud *f* altitude *f.*

altivez *f* arrogance *f.*

alto¹ *m (interrupción)* halte *f*; **dar el a. a algn** dire à qn de faire halte; **un a. el fuego** un cessez-le-feu.

alto¹, -a 1 *a (persona, árbol, edificio)* grand; *(agudo)* haut; *(sonido)* fort; **en lo a.** en haut; **clase alta** haute société; **en voz alta** à voix haute; **a altas horas de la noche** à une heure avancée.
   2 alto *adv* haut; *(fuerte)* fort; **¡habla más a.!** parle plus fort! .
   3 *m (altura)* hauteur *f*; **¿cuánto mide de a.?** il fait combien de haut?

altoparlante *m Am* haut-parleur *m.*

altura *f* hauteur *f*; *(nivel)* niveau *m*; **de diez metros de a.** de dix mètres de haut; **estar a la a. de las**

circunstancias être à la hauteur; *Fig* **a estas alturas** maintenant, à présent.

alubia *f* haricot *m.*

alucinación *f* hallucination *f.*

alucinante *a Fam* hallucinant.

alucinar *vt Fam* stupéfier.

alud *m* avalanche *f.*

aludir *vi* **a. a** faire allusion à.

alumbrar 1 *vt (iluminar)* illuminer. **2** *vi (parir)* donner le jour.

aluminio *m* aluminium *m.*

alumno, -a *mf (de colegio)* élève *mf; (de universidad)* étudiant, -ante.

alusión *f* allusion *f.*

alza** *f* hausse *f;* **en a.** en hausse.

alzamiento *m (rebelión)* soulèvement *m.*

alzar 1 *vt* lever; **a. los ojos/la vista** lever les yeux. **2 alzarse** *vr (levantarse)* se lever; *(rebelarse)* se soulever.

ama *f (dueña)* propriétaire *f;* **a. de casa** ménagère *f.*

amabilidad *f* amabilité *f;* **tenga la a. de esperar** veuillez avoir l'amabilité de patienter.

amable *a* aimable.

amaestrar *vt (animal)* dresser; *(domar)* dompter.

amainar *vi (viento etc.)* se calmer.

amamantar *vt* allaiter.

amanecer 1 *v impers* **¿a qué hora amanece?** quand le jour se lève-t-il?; **amaneció lluvioso** il pleuvait quand le jour s'est levé. **2** *vi* **amanecimos en Finlandia** au lever du jour nous étions en Finlande; **amaneció muy enfermo** il était très malade quand il s'est réveillé. **3** *m* lever *m* du jour, aube *f;* **al a.** au lever du jour, à l'aube.

amanerado, -a *a* maniéré.

amante *mf (hombre)* amant *m; (mujer)* maîtresse *f.*

amañar 1 *vt* truquer. **2 amañarse** *vr* s'arranger.

amapola *f* coquelicot *m.*

amar 1 *vt* aimer. **2 amarse** *vr* s'aimer.

amargar 1 *vt* rendre amer; *(relación)* aigrir, gâter. **2 amargarse** *vr* devenir amer, s'aigrir.

amargo, -a *a* amer.

amargor *m,* **amargura** *f* amertume *f.*

amarillo, -a *a* & *m* jaune *a* & *m.*

amarilloso, -a *a Am* jaunâtre.

amarrar *vt (atar)* attacher; *(barco)* amarrer.

amarrete *a Am* mesquin.

amasar *vt* pétrir.

amateur *a* & *mf* amateur *a* & *m.*

ámbar *m* ambre *m.*

ambición *f* ambition *f.*

ambicioso, -a *a* & *mf* ambitieux, -ieuse.

ambiental *a* de l'environnement.

ambiente 1 *m* milieu *m.* **2** *a* ambiant; **temperatura a.** température ambiante; **medio a.** environnement.

ambiguo, -a *a* ambigu, -uë.

ámbito *m* enceinte *f; Fig* cadre *m; (atmósfera)* atmosphère *f;* **en el á. rural** dans le milieu rural.

ambos, -as *a pl* tous les deux, toutes les deux.

ambulancia *f* ambulance *f.*

ambulatorio 1 *m* cabinet *m* médical. **2** *a* ambulatoire.

amedrentar *vt* effrayer.

amenaza *f* menace *f.*

amenazador, -ora, amenazante *a* menaçant.

amenazar *vt* menacer.

ameno, -a *a* agréable.

americana *f (prenda)* veste *f.*

americano, -a 1 *a* américain. **2** *mf* Américain, -aine.

ametralladora *f* mitrailleuse *f.*

amígdala *f* amygdale *f.*

amigdalitis *f* amygdalite *f.*

amigo, -a *mf* ami, -ie; **hacerse amigos** devenir amis; **son muy amigos** ils sont très amis.

aminorar *vt* diminuer; **a. el paso** ralentir le pas.

amistad *f* amitié *f;* **amistades** amis *mpl.*

amnistía *f* amnistie *f.*

amo *m (dueño)* propriétaire *m.*

amodorrarse *vr* s'endormir.

amoldar 1 *vt* adapter.
    2 amoldarse *vr* s'adapter.

amonestación *f* admonestation *f.*

amoníaco *m* ammoniaque *f.*

amontonar 1 *vt* entasser.
    2 amontonarse *vr* s'entasser; *(gente)* se masser.

amor *m* amour *m;* **hacer el a.** faire l'amour; **a. propio** amour-propre.

amoratado, -a *a (de frío)* violacé de froid; *(de un golpe)* meurtri; **todo a.** couvert de bleus.

amordazar *vt (a una persona)* bâillonner.

amoroso, -a *a* amoureux, affectueux.

amortiguador *m (de vehículo)* amortisseur *m.*

amortiguar *vt (golpe)* amortir; *(ruido)* assourdir.

amortizar *vt* amortir.

amotinar 1 *vt* soulever.
    2 amotinarse *vr* se soulever.

amparar 1 *vt* protéger.
    2 ampararse *vr* se réfugier.

ampliación *f* agrandissement *m;* *(de plazo)* prolongation *f.*

ampliar *vt* agrandir; *(plazo)* prolonger.

amplificador *m* amplificateur *m.*

amplio, -a *a (ropa)* ample; *(criterio)* large; *(habitación)* vaste.

ampolla *f* ampoule *f.*

amputar *vt* amputer.

amueblar *vt* meubler.

amuleto *m* amulette *f.*

anaconda *f* anaconda *m.*

anacronismo *m* anachronisme *m.*

anales *mpl* annales *fpl.*

analfabeto, -a *a & mf* analphabète.

analgésico, -a *a & m* analgésique *a & m.*

análisis *m inv* analyse *f;* **a. de sangre** analyse de sang.

analizar *vt* analyser.

analogía *f* analogie *f.*

análogo, -a *a* analogue.

ananá *m (pl* **ananaes**), **ananás** *m (pl* **ananases**) ananas *m.*

anarquista *a & mf* anarchiste.

anatomía *f* anatomie *f.*

ancho, -a 1 *a* large; **a lo a.** dans le sens de la largeur; **te está muy a.** il/elle est trop large pour toi.
    2 *m (anchura)* largeur *f;* **dos metros de a.** deux mètres de large; **¿qué a. tiene?** il/elle fait combien en largeur?

anchoa *f* anchois *m.*

anchura *f* largeur *f.*

anciano, -a 1 *a* très vieux, *f* très vieille.
    2 *mf* vieillard *m,* personne *f* âgée.

ancla** *f* ancre *f.*

andaluz, -uza 1 *a* andalou.
    2 *mf* Andalou, -ouse.

andamiaje *m* échafaudage *m.*

andamio *m* échafaudage *m.*

andar¹ *m,* **andares** *mpl* démarche *f.*

andar² 1 *vi* marcher; *(coche etc.)* avancer; *(funcionar)* marcher; *Fam* **anda por los cuarenta** il a dans les quarante ans; **¿cómo andamos de tiempo?** combien de temps avons-nous?; **tu bolso debe a. por ahí** ton sac doit être quelque part par là.
    2 *vt (recorrer)* **a. diez kilómetros** faire dix kilomètres (à pied).

andariego, -a *a* qui aime bouger.

andén *m* quai *m*.

andinismo *m Am* alpinisme *m*.

andino, -a 1 *a* andin.
2 *mf* Andin, -ine.

andrajo *m* guenille *f*.

anécdota *f* anecdote *f*.

anegar 1 *vt* inonder.
2 **anegarse** *vr* être inondé.

anejo, -a *a* annexe (**a** à).

anemia *f* anémie *f*.

anestesia *f* anesthésie *f*.

anexión *f* annexion *f*.

anexionar *vt* annexer.

anexo, -a *a & m* annexe *a & f*.

anfitrión, -ona 1 *m* amphitryon *m*,
hôte *m*.
2 *f* hôtesse *f*.

ángel *m* ange *m*; *Am (micrófono)* micro *m*.

angina *f* **tener anginas** avoir une angine; **a. de pecho** angine de poitrine.

anglosajón, -ona 1 *a* anglo-saxon.
2 *mf* Anglo-Saxon, -onne.

angosto, -a *a* étroit.

anguila *f* anguille *f*.

angula *f* civelle *f*.

ángulo *m* angle *m*.

angustia *f* angoisse *f*.

anhídrido *m* **a. carbónico** anhy-
dride *m* carbonique.

anilla *f* anneau *m*.

anillo *m* anneau *m*.

animado, -a *a (fiesta etc.)* animé.

animadversión *f* antipathie *f*.

animal 1 *m* animal *m*; *Fig (basto)*
brute *f*.
2 *a* animal.

animar 1 *vt (alentar)* encourager;
(alegrar) (persona) égayer; *(fiesta,
bar)* animer.
2 **animarse** *vr (persona)* s'égayer;
(fiesta, reunión) s'animer.

ánimo *m (valor, coraje)* courage *m*;
estado de á. état d'esprit; **con á.
de** dans l'intention de; **¡á.!** courage!

aniquilar *vt* annihiler.

anís *m (bebida)* anisette *f*.

aniversario *m* anniversaire *m*.

anoche *adv* la nuit dernière; *(por la
tarde)* hier soir; **antes de a.** avant-
hier soir.

anochecer 1 *v impers* **está anocheciendo** la nuit tombe.
2 *m* tombée *f* de la nuit.

anodino, -a *a (insustancial)* peu
consistant; *(soso)* insipide.

anómalo, -a *a* anormal.

anónimo, -a 1 *a (desconocido)*
anonyme; **sociedad anónima** société anonyme.
2 *m (carta)* lettre *f* anonyme.

anorak *m (pl* **anoraks)** anorak *m*.

anormal *a* anormal.

anotar *vt (apuntar)* noter.

anquilosarse *vr* stagner.

ansiar *vt* désirer ardemment, aspirer à.

ansiedad *f* anxiété *f*; **con a.** anxieu-
sement.

antagonismo *m* antagonisme *m*.

antaño *adv* autrefois.

antártico, -a 1 *a* antarctique.
2 **el A.** l'Antarctique.

ante¹ *m (piel)* daim *m*.

ante² *prep* devant; **a. todo** avant
tout.

anteanoche *adv* avant-hier soir; **a.
tuve un sueño** il y a deux nuits j'ai
fait un rêve.

anteayer *adv* avant-hier.

antecedente 1 *a* précédent.
2 **antecedentes** *mpl (historial)*
antécédents *mpl*; **antecedentes
penales** casier *m* judiciaire.

antecesor, -ora *mf (en un cargo)*
prédécesseur *m*.

antelación *f* **con un mes de a.** un
mois à l'avance.

antemano *adv* **de a.** d'avance.

antena *f* antenne *f*; **a. parabólica** antenne parabolique; **en a.** à l'antenne.

anteojo *m* télescope *m*; **anteojos** *(binoculares)* jumelles *fpl*; *Am (gafas)* lunettes *fpl*.

antepecho *m (de ventana)* appui *m*.

antepenúltimo, -a *a* antépénultième; **el capítulo a.** le troisième chapitre avant la fin.

anteponer *vt* mettre devant; *Fig* **a. una cosa a otra** faire passer une chose avant une autre.

anteproyecto *m* avant-projet *m*.

antepuesto, -a *pp de* **anteponer**.

antepuse *pt indef de* **anteponer**.

anterior *a* précédent; *(delantero)* de devant.

anteriormente *adv* déjà.

antes 1 *adv* avant; *(antaño)* autrefois, avant; **mucho a.** longtemps avant; **cuanto a.** le plus tôt possible; **a. prefiero hacerlo yo** je préfère le faire moi-même; **a. bien** au contraire. **2** *prep* **a. de** avant.

antiadherente *a* antiadhésif.

antibiótico, -a *a & m* antibiotique *a & m*.

anticaspa *a* antipelliculaire.

anticipar 1 *vt* avancer. **2 anticiparse** *vr (llegar pronto)* arriver en avance; **él se me anticipó** il m'a devancé.

anticoncepción *f* contraception *f*.

anticonceptivo, -a *a & m* contraceptif *a & m*.

anticongelante *a & m (de radiador)* antigel *a & m*; *(de parabrisas)* dégivrant *a & m*.

anticonstitucional *a* anticonstitutionnel.

anticuado, -a *a* dépassé.

anticuario, -a *mf* antiquaire *mf*.

anticuerpo *m* anticorps *m*.

antídoto *m* antidote *m*.

antifaz *m* masque *m*.

antigüedad *f (período histórico)* antiquité *f*; *(en cargo)* ancienneté *f*;

tienda de antigüedades magasin d'antiquités.

antiguo, -a *a* vieux, *f* vieille; *(pasado de moda)* dépassé; *(anterior)* ancien.

antihistamínico *m* antihistaminique *m*.

antiniebla *a inv* **luces a.** *(phares mpl)* antibrouillards *mpl*.

antipático, -a *a* antipathique.

antirrobo 1 *a inv* antivol. **2** *m* alarme *f* antivol.

antiséptico, -a *a & m* antiseptique *a & m*.

antojarse *vr* **cuando se me antoja** quand ça me dit; **se le antojó un helado** il a eu envie d'une glace.

antojo *m (capricho)* caprice *m*; *(de embarazada)* envie *f*.

antorcha *f* torche *f*.

antropología *f* anthropologie *f*.

anual *a* annuel.

anudar *vt (atar)* nouer.

anular *vt (matrimonio)* annuler; *(ley)* abroger.

anunciar *vt (producto etc.)* faire la publicité de; *(avisar)* annoncer.

anuncio *m (comercial)* publicité *f*; *(aviso)* annonce *f*; *(cartel)* affiche *f*.

anzuelo *m* hameçon *m*.

añadir *vt* ajouter (**a** à).

añejo, -a *a (vino)* vieux, *f* vieille; *(queso)* bien fait.

año *m* an *m*, année *f*; **el a. pasado** l'an dernier, l'année dernière; **el a. que viene** l'an prochain, l'année prochaine; **hace años** il y a des années; **los años noventa** les années quatre-vingt-dix; **todo el a.** toute l'année; **¿cuántos años tienes?** quel âge as-tu?; **tiene seis años** il a six ans.

añorar *vt* avoir la nostalgie de.

apacible *a* doux.

apagar *vt* éteindre.

apagón *m* coupure *f ou* panne *f* de courant.

apaisado, -a *a (papel)* à l'italienne.

aparador *m (mueble)* buffet *m*.

aparato *m* appareil *m*; *(dispositivo)* dispositif *m*; *(instrumento)* instrument *m*; **a. de radio/televisión** appareil de radio/télévision; **a. digestivo** appareil digestif.

aparcamiento *m (en la calle)* place *f* de stationnement; *(parking)* parking *m*.

aparcar 1 *vt* garer.
   2 *vi* se garer.

aparecer 1 *vi* apparaître, paraître; *(en un sitio)* faire son apparition; **no aparece en mi lista** il ne figure pas sur ma liste; **¿apareció el dinero?** tu as/il a/*etc*. trouvé l'argent?; **no apareció nadie** personne n'est venu.
   2 aparecerse *vr* apparaître.

aparejo *m (equipo)* matériel *m*.

aparentar 1 *vt (simular)* feindre, simuler; **no aparenta esa edad** elle ne fait pas cet âge-là.
   2 *vi* se faire remarquer.

apariencia *f* apparence *f*; **en a.** apparemment, en apparence; **guardar las apariencias** sauver les apparences.

apartamento *m* appartement *m*.

apartar 1 *vt (alejar)* éloigner; *(guardar)* mettre de côté.
   2 *vi* **¡aparta!** pousse-toi! .
   3 apartarse *vr (alejarse)* s'éloigner.

aparte 1 *adv* à part; **modestia/bromas a.** toute modestie/plaisanterie à part; **eso hay que pagarlo a.** *(separadamente)* ceci se paie séparément *ou* à part; **punto y a.** point, à la ligne.
   2 *prep* **a. de eso** *(además)* en plus de cela; *(excepto)* à part cela.

apasionado, -a *a* passionné.

apasionante *a* passionnant.

apasionar *vt* passionner.

apático, -a 1 *a* apathique.
   2 *mf* personne *f* apathique.

apearse *vi* descendre.

apedrear *vt* lapider.

apelar *vi (sentencia)* faire appel; *(recurrir)* avoir recours (**a** à).

apellido *m* nom *m* de famille.

apenar 1 *vt* peiner, faire de la peine à.
   2 apenarse *vr* s'attrister; *Am (avergonzarse)* avoir honte.

apenas *adv (casi no)* presque pas; **a. (si) hay nieve** il n'y a presque pas de neige; **a. llegó, sonó el teléfono** à peine était-il arrivé que le téléphone a sonné.

apéndice *m* appendice *m*.

apendicitis *f inv* appendicite *f*.

aperitivo *m (bebida)* apéritif *m*; *(comida)* amuse-gueule *m*.

apertura *f (comienzo)* ouverture *f*.

apestar *vi* empester (**a algo** qch).

apetecer *vi* **¿qué te apetece para cenar?** de quoi as-tu envie pour le dîner?; **¿te apetece ir al cine?** tu as envie *ou* ça te dit d'aller au cinéma?

apetito *m* appétit *m*; **tengo mucho a.** je meurs de faim.

apiadarse *vr* prendre pitié (**de** de).

apilar 1 *vt* empiler.
   2 apilarse *vr* s'empiler.

apiñarse *vr* se masser.

apio *m* céleri *m*.

apisonadora *f* rouleau *m* compresseur.

aplacar 1 *vt* calmer.
   2 aplacarse *vr* se calmer.

aplanar *vt* aplanir.

aplastar *vt* écraser.

aplaudir *vt* applaudir.

aplauso *m* applaudissement *m*.

aplazamiento *m* ajournement *m*.

aplazar *vt* remettre, ajourner.

aplicar 1 *vt* appliquer.
   2 aplicarse *vr (esforzarse)* s'appliquer.

aplique *m* applique *f.*

aplomo *m* aplomb *m.*

apoderado, -a *mf* fondé, -ée de pouvoir.

apoderarse *vr* s'emparer (**de** de).

apodo *m* surnom *m.*

apogeo *m* apogée *m;* **estar en pleno a.** être à son apogée.

apoplejía *f* apoplexie *f.*

aporrear *vt* frapper.

aportar *vt* apporter, fournir.

aposento *m (cuarto)* pièce *f; (recámara)* chambre *f.*

aposta *adv* exprès, délibérément.

apostar [2] *vti,* **apostarse** *vr* parier (**por** sur).

apoyar 1 *vt* appuyer; *(causa)* soutenir.
 2 apoyarse *vr* s'appuyer (**en** sur).

apoyo *m* appui *m.*

apreciar 1 *vt* apprécier; *(percibir)* percevoir.
 2 apreciarse *vr (notarse)* **se aprecia...** on peut remarquer…

aprecio *m* estime *f;* **tener a. a algn** avoir de l'estime pour qn, estimer qn.

aprender *vt* apprendre.

aprendiz, -iza *mf* apprenti, -ie.

aprensivo, -a *a & mf* craintif, -ive.

apresar *vt* attraper.

apresurar 1 *vt (paso etc.)* accélérer.
 2 apresurarse *vr* se presser, se dépêcher.

apretado, -a *a (ropa, cordón)* serré; **íbamos todos apretados en el coche** nous étions tous entassés dans la voiture.

apretar [1] **1** *vt (botón)* appuyer sur; *(nudo, tornillo)* serrer; **me aprietan las botas** ces bottes me serrent.
 2 apretarse *vr* se serrer.

aprieto *m* mauvais pas *m,* situation *f* délicate; **poner a algn en un a.** mettre qn dans une situation délicate.

aprisa *adv* vite.

aprisionar *vt* emprisonner.

aprobado *m (nota)* mention *f* passable.

aprobar [2] *vt (autorizar, estar de acuerdo con)* approuver; *(examen)* réussir; *(ley)* adopter.

apropiado, -a *a* approprié.

aprovechamiento *m* utilisation *f;* **tener un buen a.** *(escolar)* bien profiter.

aprovechar 1 *vt* mettre à profit.
 2 *vi* **¡que aproveche!** bon appétit!
 3 aprovecharse *vr* **aprovecharse de algo/algn** profiter de qch/qn.

aproximadamente *adv* approximativement, à peu près.

aproximado, -a *a* approximatif.

aproximar 1 *vt* rapprocher.
 2 aproximarse *vr* s'approcher (**a** de).

apto, -a *a (apropiado)* approprié; *(capacitado)* apte; **estar a. en un examen** être reçu à un examen.

apuesta *f* pari *m.*

apuntador, -ora *mf (en el teatro)* souffleur, -euse.

apuntalar *vt* étayer.

apuntar 1 *vt (con arma)* viser; *(anotar)* noter; *(indicar)* indiquer, suggérer.
 2 apuntarse *vr (en una lista)* s'inscrire; *Fam* être partant (**a** pour).

apuntes *mpl* notes *fpl;* **tomar a.** prendre des notes.

apuñalar *vt* poignarder.

apurado, -a *a* pressé.

apurar 1 *vt (terminar)* finir; *(preocupar)* tracasser.
 2 apurarse *vr (preocuparse)* se tracasser, s'en faire; *(darse prisa)* se dépêcher.

apuro *m (situación difícil)* mauvais pas *m,* situation *f* difficile; *(escasez de dinero, vergüenza)* embarras *m,* gêne *f;* **pasar apuros** être dans l'embarras, être à court d'argent; **¡qué a.!** quelle histoire!

aquel, -ella *a dem* ce, cette; **a. niño** ce garçon; **aquellos, -as** ces; **aquellas niñas** ces petites filles.

aquél, -élla *pron dem mf* celui-là, celle-là; *(el anterior)* le premier, la première; **todo a. que** quiconque, tous ceux qui; **aquéllos, -as** ceux-là, celles-là; *(los anteriores)* les premiers, les premières.

aquella *a dem f ver* **aquel**.

aquélla *pron dem f ver* **aquél**.

aquello *pron dem neutro* cela.

aquellos, -as *a dem pl ver* **aquel, -ella**.

aquéllos, -as *pron dem mfpl ver* **aquél, -élla**.

aquí *adv (lugar)* ici; **a. arriba/fuera** en haut/dehors; **a. mismo** ici même; **de a. para allá** de-ci de-là; **hasta a.** jusqu'ici, **por a., por favor** par ici, s'il vous plaît; **está por a.** il est quelque part par ici; **de a. en adelante** à partir de maintenant.

árabe 1 *a* arabe.
  2 *mf* Arabe *mf*.
  3 *m (idioma)* arabe *m*.

arado *m* charrue *f*.

aragonés, -esa 1 *a* aragonais.
  2 *mf* Aragonais, -aise.

arancel *m* droit *m* de douane.

arandela *f (anilla)* anneau *m*.

araña *f* araignée *f*.

arañazo *m* égratignure *f*.

arar *vti* labourer.

arbitrario, -a *a* arbitraire.

árbitro, -a *mf* arbitre *m; (de tenis)* juge *m*, arbitre.

árbol *m* arbre *m*; **á. genealógico** arbre généalogique.

arbusto *m* arbuste *m*.

arcada *f (de puente)* arche *f; (náusea)* nausée *f*.

arcén *m* accotement *m; (de autopista)* bande *f* d'arrêt d'urgence.

archipiélago *m* archipel *m*.

archivar *vt (documento, caso, asunto)* classer; *(en ordenador)* sauvegarder.

archivero *m (mueble)* classeur *m*.

archivo *m* dossier *m; (archivador)* classeur *m*; **archivos** archives *fpl*.

arcilla *f* argile *m*.

arco *m (de edificio, flechas etc.)* arc *m; (de violín)* archet *m*; **a. iris** arc-en-ciel *m*.

arder *vi* brûler.

ardilla *f* écureuil *m*.

ardor *m* ardeur *f*; **a. de estómago** brûlures *fpl* d'estomac.

área *f* zone *f; (medida)* aire *f*.

arena *f* sable *m; (en plaza de toros)* arène *f*; **playa de a.** plage de sable.

arenisca *f* grès *m*.

arenque *m* hareng *m*.

arete *m* boucle *f* d'oreille.

argelino, -a 1 *a* algérien.
  2 *mf* Algérien, -ienne.

argentino, -a 1 *a* argentin.
  2 *mf* Argentin, -ine.

argolla *f (gros)* anneau *m; Am (alianza)* alliance *f*.

argot *m (popular)* argot *m; (técnico)* jargon *m*.

argumento *m (trama)* intrigue *f*, scénario *m; (razonamiento)* raisonnement *m*.

árido, -a *a* aride.

arisco, -a *a (persona)* antipathique; *(áspero)* bourru; *(animal)* sauvage.

aristócrata *mf* aristocrate *mf*.

aritmética *f* arithmétique *f*.

arma *f* arme *f*; **a. de fuego** arme à feu; **a. nuclear** arme nucléaire.

armada *f* marine *f*.

armador, -ora *mf* armateur *m*.

armadura *f (armazón)* armature *f*.

armamento *m (armas)* armement *m*.

armar 1 vt (tropa, soldado) armer; (montar) monter.
2 armarse vr s'armer; **armarse de paciencia/valor** s'armer de patience/courage.

armario m (para ropa) armoire f; (de cocina) buffet m.

armazón m armature f; (de madera) charpente f.

armisticio m armistice m.

armonioso, -a a harmonieux.

aro m anneau m; (juguete) cerceau m; (de bordar) tambour m; (servilletero) rond m de serviette.

aroma m arôme m; (de vino) bouquet m.

arpa** f harpe f.

arpón m harpon m.

arqueología f archéologie f.

arquitecto, -a mf architecte mf.

arquitectura f architecture f.

arrabales mpl bidonvilles mpl.

arraigado, -a a enraciné

arrancar 1 vt (planta, diente, pelo) arracher; (coche, motor) faire démarrer; **a. de raíz** déraciner.
2 vi (coche, motor) démarrer; (empezar) commencer.

arrasar vt raser; (terreno) aplanir.

arrastrar 1 vt traîner; **lo arrastró la corriente** le courant l'a emporté.
2 arrastrarse vr se traîner.

arrebatar 1 vt (coger) arracher.
2 arrebatarse vr (enfurecerse) exploser, s'emporter; (exaltarse) se déchaîner.

arrebato m éclat m.

arreciar vi (viento, tormenta) redoubler.

arrecife m récif m.

arreglado, -a a (reparado) réparé; (solucionado) arrangé, réglé; (habitación) rangé; (persona) bien habillé, élégant.

arreglar 1 vt arranger; (problema) régler; (habitación, papeles) ranger; (reparar) réparer.
2 arreglarse vr (vestirse) se préparer; Fam **arreglárselas** se débrouiller.

arreglo m arrangement m; (reparación) réparation f; **no tiene a.** ce n'est pas réparable; **con a. a** conformément à.

arremangarse vr remonter ses manches/jambes de pantalon.

arrendar [1] vt (piso) louer; (dar en arriendo) donner en location; (tomar en arriendo) prendre en location.

arrepentirse [5] vr se repentir (**de** de).

arrestar vt arrêter; (encarcelar) mettre en prison, incarcérer.

arriba 1 adv en haut; (encima) tout en haut; (en casa) en haut; **ahí a.** là-haut; **de a. abajo** de haut en bas; **mirar a algn de a. abajo** regarder qn de la tête aux pieds; **desde a.** de là-haut; **hacia a.** vers le haut; **más a.** plus haut; **la parte de a.** le dessus; **vive a.** il habite en haut ou au-dessus; **véase más a.** voir plus haut.
2 interj debout!; **¡a. la República!** vive la République!; **¡a. las manos!** haut les mains! .
3 prep Am **a. de** au-dessus de.

arribeño, -a Am **1** a des hautes terres.
2 mf habitant, -ante des hautes terres.

arriendo m location f.

arriesgado, -a a (peligroso) risqué; (persona) audacieux.

arriesgar 1 vt risquer.
2 arriesgarse vr se risquer.

arrimar 1 vt rapprocher; Fam **a. el hombro** donner un coup de main.
2 arrimarse vr se rapprocher.

arrinconar vt (poner en un rincón) mettre dans un coin; (acorralar) acculer.

arrodillarse *vr* s'agenouiller.

arrogante *a* arrogant.

arrojar 1 *vt (tirar)* lancer, jeter.
  2 arrojarse *vr* se lancer, se jeter.

arrollador, -ora *a (éxito)* retentissant; *(personalidad)* attirant.

arropar 1 *vt* couvrir; *(en cama)* border.
  2 arroparse *vr* se couvrir.

arroyo *m* ruisseau *m.*

arroz *m* riz *m;* **a. con leche** riz au lait.

arruga *f (en piel)* ride *f;* *(en ropa)* pli *m.*

arrugar 1 *vt (piel)* rider; *(ropa, papel)* froisser.
  2 arrugarse *vr (piel)* se rider; *(ropa)* se froisser.

arruinar 1 *vt* ruiner.
  2 arruinarse *vr* se ruiner.

arsenal *m* arsenal *m.*

arte *m o f* art *m;* **bellas artes** beaux-arts.

artefacto *m* dispositif *m.*

arteria *f* artère *f.*

artesanía *f* artisanat *m.*

ártico, -a 1 *a* arctique; **el océano á.** l'océan Arctique.
  2 *m* **el Á.** l'Arctique.

articulación *f (de huesos)* articulation *f.*

artículo *m* article *m.*

artificial *a* artificiel.

artillería *f* artillerie *f.*

artista *mf* artiste *mf;* **a. de cine** artiste de cinéma.

artritis *f inv* arthrite *f.*

arveja *f Am* petit pois *m.*

as *m* as *m.*

asa** *f (de cesta)* anse *f;* *(de maleta)* poignée *f.*

asado, -a *a & m* rôti *a & m.*

asaltar *vt* attaquer; *(banco)* dévaliser.

asamblea *f* assemblée *f;* **a. general** assemblée générale.

asar 1 *vt* rôtir.
  2 asarse *vr Fig* asarse **(de calor)** mourir de chaud.

ascender [3] **1** *vt (en un cargo)* donner de l'avancement à, promouvoir.
  2 *vi* monter, s'élever; *(temperatura etc.)* monter; **a. de categoría** avoir de l'avancement, être promu; **la factura asciende a...** la facture se monte *ou* s'élève à...

ascenso *m* avancement *m,* promotion *f;* *(subida)* ascension *f.*

ascensor *m* ascenseur *m.*

asco *m* dégoût *m;* **me da a.** ça me dégoûte; **¡qué a.!** c'est dégoûtant!

ascua** *f* braise *f.*

asear 1 *vt* nettoyer.
  2 asearse *vr* se laver.

asedio *m* siège *m.*

asegurar 1 *vt* assurer; *(cuerda)* bien tenir.
  2 asegurarse *vr* s'assurer; **asegurarse de que...** s'assurer que...

asemejarse *vr* asemejarse a ressembler à.

asentamiento *m* établissement *m.*

asentir [5] *vi* approuver, acquiescer; **a. con la cabeza** acquiescer *ou* approuver d'un signe de tête.

aseo *m (limpieza)* propreté *f;* *(cuarto de baño)* toilettes *fpl.*

asequible *a* accessible.

aserrín *m* sciure *f.*

asesinar *vt* assassiner.

asesinato *m* assassinat.

asesino, -a *a & mf* assassin, -ine.

asesorar *vt* conseiller.

asesoría *f* conseil *m.*

asfalto *m* asphalte *m.*

asfixiar 1 *vt* asphyxier.
  2 asfixiarse *vr* s'asphyxier.

así 1 *adv (de esta manera)* comme ça; **ponlo a.** mets-le comme ça; **a. de grande/alto** gros/grand comme ça; **algo a.** quelque chose comme ça; **¿no es a.?** n'est-ce pas?; **a las seis o a.** vers six heures; **a. como** ainsi que; **aun a.** malgré cela.

2 *conj* **a. pues...** donc...; **a. que...** alors...

asiático, -a 1 *a* asiatique.
2 *mf* Asiatique *mf*.

asiduo, -a 1 *a* assidu.
2 *mf* habitué, -ée.

asiento *m* siège *m*; **a. trasero/delantero** siège avant/arrière; **tome a.** asseyez-vous.

asignar *vt* assigner.

asignatura *f* matière *f*.

asilo *m* asile *m*; **a. de ancianos** hospice *m*.

asimismo *adv* aussi, également.

asistencia *f* (*presencia*) présence *f*; (*público*) assistance *f*; **falta de a.** absence; **a. médica** soins *mpl* médicaux; **a. técnica** assistance technique.

asistenta *f* femme *f* de ménage.

asistente 1 *a* **el público a.** l'assistance.
2 *mf* (*ayudante*) assistant, -ante; **a. social** assistant(e) social(e); **los asistentes** l'assistance.

asistir 1 *vt* assister.
2 *vi* assister (**a** à).

asma *f* asthme *m*.

asno *m* âne *m*.

asociación *f* association *f*.

asociar 1 *vt* associer.
2 **asociarse** *vr* s'associer.

asomar 1 *vt* montrer; **asomó la cabeza por la ventana** il s'est penché par la fenêtre.
2 *vi* apparaître.
3 **asomarse** *vr* se montrer; **asomarse a la ventana** se pencher par la fenêtre.

asombrar 1 *vt* étonner.
2 **asombrarse** *vr* s'étonner.

asombro *m* étonnement *m*.

asorocharse *vr Am* avoir le mal d'altitude.

aspa *f* (*de molino*) aile *f*; (*de ventilador*) ailette *f*, pale *f*; (*cruz*) croix *f*, X *m*.

aspecto *m* aspect *m*.

áspero, -a *a* rude; (*carácter*) bourru.

aspersor *m* arroseur *m*.

aspirador *m*, **aspiradora** *f* aspirateur *m*.

aspirante *mf* candidat, -ate.

aspirar *vt* (*respirar*) inspirer.

aspirina *f* aspirine *f*.

asqueroso, -a *a & mf* dégoûtant, -ante.

asterisco *m* astérisque *m*.

astilla *f* écharde *f*.

astillero *m* chantier *m* naval.

astringente *a & m* astringent *a & m*.

astro *m* astre *m*.

astrología *f* astrologie *f*.

astronauta *mf* astronaute *mf*.

astronave *f* astronef *m*.

astronomía *f* astronomie *f*.

asturiano, -a 1 *a* des Asturies.
2 *mf* habitant, -ante des Asturies.

astuto, -a *a* malin, -igne.

asunto *m* sujet *m*; **no es a. tuyo** ce ne sont pas tes affaires.

asustar 1 *vt* effrayer, faire peur à.
2 **asustarse** *vr* avoir peur.

atacar *vt* attaquer.

atajo *m* raccourci *m*.

atañer *v impers* concerner.

ataque *m* attaque *f*; (*de nervios*) crise *f*; (*de tos*) quinte *f*; **a. cardíaco** o **al corazón** crise cardiaque.

atar 1 *vt* (*ligar*) attacher, lier; *Fig* **a. cabos** tirer une conclusion; *Fam* **loco de a.** fou à lier.
2 **atarse** *vr Fig* s'encombrer; **átate los zapatos** lace tes chaussures.

atardecer 1 *v impers* s'assombrir.
2 *m* soir *m*.

atareado, -a *a* occupé.

atascar 1 *vt* (*bloquear*) bloquer.
2 **atascarse** *vr* (*bloquearse*) se bloquer.

atasco *m* embouteillage *m*.

ataúd *m* cercueil *m*.

atemorizar *vt* effrayer, faire peur à.

atención 1 *f* attention *f*; **llamar la a.** attirer l'attention; **prestar/ poner a.** prêter *ou* faire attention (**a** à).
   2 *interj* attention!

atender [3] **1** *vt* assister à.
   2 *vi (alumno)* faire attention (**a** à).

atentado *m* attentat *m*.

atentamente *adv (con atención)* attentivement; **le saluda a.** *(en carta)* salutations respectueuses.

atento, -a *a* **estar a. a** être attentif à; **ser a.** *(amable)* être attentionné.

aterrador, -ora *a* terrifiant.

aterrar 1 *vt* terrifier.
   2 aterrarse *vr* être terrifié.

aterrizaje *m* atterrissage *m*.

aterrizar *vi* atterrir.

aterrorizar 1 *vt* terrifier.
   2 aterrorizarse *vr* être terrifié.

atingencia *f Am* rapport *m*.

atizar *vt (fuego)* attiser.

atlas *m inv* atlas *m*.

atleta *mf* athlète *mf*.

atletismo *m* athlétisme *m*.

atmósfera *f* atmosphère *f*.

atolondrado, -a *a* étourdi; *(tonto)* bête.

atómico, -a *a* atomique.

átomo *m* atòme *m*.

atónito, -a *a* stupéfait.

atontado, -a *a (tonto)* bête; *(aturdido)* étourdi.

atorarse *vr* se bloquer.

atormentar 1 *vt* tourmenter.
   2 atormentarse *vr* se tourmenter.

atornillar *vt* visser.

atracar 1 *vt* dévaliser; *(persona)* voler, attaquer.
   2 *vi (barco)* entrer au port.
   3 atracarse *vr (de comida)* se gaver (**de** de).

atracción *f* attraction *f*; *(por una persona)* attirance *f*; **parque de atracciones** parc d'attractions.

atraco *m* cambriolage *m*; **a. a mano armada** vol *m* à main armée, hold-up *m*.

atracón *m Fam* **darse un a.** se gaver.

atractivo, -a 1 *a* attirant.
   2 *m* attrait *m*.

atraer *vt* attirer.

atragantarse *vr* s'étrangler (**con** avec).

atraigo *indic pres de* **atraer**.

atraje *pt indef de* **atraer**.

atrancar 1 *vt (puerta)* barricader.
   2 atrancarse *vr* se bloquer.

atrapar *vt* attraper.

atrás *adv (lugar)* derrière; **hacia/ para a.** par derrière; **puerta de a.** porte de derrière; *Fig* **echarse a.** changer d'avis, se raviser; **venir de muy a.** remonter à loin.

atrasado, -a *a* en retard; *(pago, país)* arriéré; *(reloj)* qui retarde.

atrasar 1 *vt* reculer.
   2 *vi (reloj)* retarder.
   3 atrasarse *vr* rester en arrière; *(tomar más tiempo)* se mettre en retard; *(tren)* prendre du retard.

atravesar [1] **1** *vt (cruzar, traspasar)* traverser.
   2 atravesarse *vr* se mettre en travers.

atreverse *vr* oser; **a. a hacer algo** oser faire qch.

atrevido, -a *a (osado)* audacieux; *(insolente)* insolent; *(ropa etc.)* osé.

atropellar *vt* renverser.

atroz *a* atroce.

ATS *mf abr de* **ayudante técnico sanitario** infirmier, -ière.

atuendo *m* tenue *f*.

atún *m* thon *m*.

aturdido, -a *a* étourdi.

aturdir *vt (con un golpe)* étourdir; *(confundir)* abasourdir, déconcerter.

audaz *a* audacieux.

audición *f* audition *f.*

audiencia *f* audience *f; (tribunal)* tribunal *m.*

audiovisual *a* audiovisuel.

auditor *m* audit *m.*

auge *m* sommet *m; (económico)* boom *m;* **estar en a.** être en expansion.

aula** *f (en colegio)* salle *f* de classe; *(en universidad)* salle de cours.

aulaga *f* ajonc *m.*

aullido *m* hurlement *m.*

aumentar 1 *vt* augmenter; *(imagen)* agrandir.
 2 *vi (precios, valor)* augmenter.

aumento *m* augmentation *f; (de imagen)* agrandissement *m;* **ir en a.** aller en augmentant.

aun *adv* même; **a. así** quand même; **a. más** encore plus.

aún *adv* encore, **a. está aquí** il est encore ici; **ella no ha venido a.** elle n'est pas encore venue.

aunque *conj* bien que, quoique; *(enfático)* même si.

aureola *f* auréole *f.*

auricular *m (del teléfono)* écouteur *m;* **auriculares** casque *m,* écouteurs *mpl.*

aurora *f* aurore *f.*

auscultar *vt* ausculter.

ausencia *f* absence *f.*

ausentarse *vr (irse)* s'absenter.

ausente *a & mf* absent, -ente.

austero, -a *a* austère.

australiano, -a 1 *a* australien.
 2 *mf* Australien, -ienne.

austríaco, -a 1 *a* autrichien.
 2 *mf* Autrichien, -ienne.

auténtico, -a *a* authentique.

autista *a & mf* autiste.

auto¹ *m* voiture *f,* auto *f.*

auto² *m (sentencia)* arrêté *m;* **autos** *(pleito)* procédure *f* judiciaire.

autobiografía *f* autobiographie *f.*

autobiográfico, -a *a* autobiographique.

autobús *m* bus *m,* autobus *m.*

autocar *m* car *m,* autocar *m.*

autóctono, -a *a & mf* autochtone.

autodefensa *f* autodéfense *f.*

autoescuela *f* auto-école *f.*

autógrafo *m* autographe *m.*

automático, -a *a* automatique.

automotor *m* automotrice *f.*

automóvil *m* automobile *f.*

automovilista *mf* automobiliste *mf.*

automovilístico, -a *a* automobile.

autonomía *f* autonomie *f; (región)* région *f* autonome.

autonómico, -a *a* autonome.

autopista *f* autoroute *f.*

autopsia *f* autopsie *f.*

autor, -ora *mf* auteur *m.*

autoridad *f* autorité *f.*

autoritario, -a *a* autoritaire.

autorizar *vt* autoriser.

autoservicio *m* self-service *m.*

autostop *m* auto-stop *m;* **hacer a.** faire de l'auto-stop.

autostopista *mf* auto-stoppeur, -euse.

autosuficiencia *f* autosuffisance *f.*

auxiliar 1 *a & mf* auxiliaire.
 2 *vt* assister, aider.

auxilio *m* assistance *f,* aide *f;* **primeros auxilios** premiers secours *mpl.*

avalancha *f* avalanche *f.*

avance *m* avance *f.*

avanzado, -a *a* avancé; **de avanzada edad** d'un âge avancé.

avanzar *vt* avancer.

avaricia *f* avarice *f.*

avaro, -a *a & mf* avare.

ave** *f* oiseau *m.*

avellana *f* noisette *f.*

avellano *m* noisetier *m.*

avena *f* avoine *f.*

avenida *f* avenue *f.*

avenido, -a *a* **bien/mal avenidos** qui s'entendent bien/mal.

aventajar *vt* (*ir por delante de*) devancer (**a** -); (*superar*) dépasser.

aventura *f* aventure *f.*

aventurarse *vr* s'aventurer.

aventurero, -a 1 *a* aventureux. **2** *mf* aventurier, -ière.

avergonzar [2] **1** *vt* faire honte à. **2 avergonzarse** *vr* avoir honte (**de** de).

avería *f* avarie *f*, panne *f.*

averiar 1 *vt* endommager. **2 averiarse** *vr* (*estropearse*) s'abîmer; (*coche*) tomber en panne.

averiguar *vt* vérifier, savoir.

aversión *f* aversion *f.*

avestruz *m* autruche *f.*

aviación *f* aviation *f*; (*militar*) armée *f* de l'air; **accidente de a.** accident d'avion.

aviador, -ora *mf* aviateur, -trice; (*piloto militar*) pilote *m* de l'armée de l'air.

ávido, -a *a* avide (**de** de).

avión *m* avion *m*; **en a.** par avion; **por a.** (*en carta*) par avion.

avioneta *f* avionnette *f*, petit avion *m.*

avisar *vt* (*informar*) aviser; (*advertir*) prévenir, avertir; (*llamar*) appeler.

aviso *m* avis *m*; (*advertencia*) avertissement *m*; (*nota*) note *f*; **sin previo a.** sans préavis, sans avis préalable.

avispa *f* guêpe *f.*

avivar *vt* (*fuego*) raviver; (*paso*) accélérer.

axila *f* aisselle *f.*

ay *interj* (*dolor*) aïe!, ouille!

ayer *adv* hier; **a. por la mañana/por la tarde** hier matin/après-midi; **a. por la noche** la nuit dernière; **antes de a.** avant-hier.

ayuda *f* aide *f.*

ayudante *mf* assistant, -ante.

ayudar 1 *vt* aider. **2 ayudarse** *vr* (*unos a otros*) s'entraider; **ayudarse de** s'aider de.

ayunas en a. à jeun.

ayuntamiento *m* (*institución*) conseil *m* municipal; (*edificio*) mairie *f*; (*en ciudad grande*) hôtel *m* de ville.

azafata *f* (*de avión*) hôtesse *f* de l'air.

azafrán *m* safran *m.*

azahar *m* (*del naranjo*) fleur *f* d'oranger.

azar *m* hasard *m*; **al a.** au hasard.

azorado, -a *a* gêné.

azorar 1 *vt* gêner, embarrasser. **2 azorarse** *vr* être gêné *ou* embarrassé.

azotar *vt* battre; (*lluvia*) s'abattre sur; (*con látigo*) fouetter.

azotea *f* (*toiture f en*) terrasse *f.*

azteca 1 *a* aztèque. **2** *mf* Aztèque *mf.*

azúcar *m o f* sucre *m*; **a. blanco** sucre raffiné; **a. moreno** sucre roux.

azucarero, -a *a & f* sucrier *a & m.*

azucena *f* lys *m.*

azul *a & m* bleu *a & m*; **a. celeste** bleu ciel; **a. marino** bleu marine.

azulejo *m* azulejo *m*, carreau *m* de faïence.

baba *f* bave *f*.

babero *m* bavette *f*.

babor *m* bâbord *m*.

babosa *f* limace *f*.

baboso, -a *a* *Fam* obséquieux, visqueux; *Am* stupide.

baca *f* galerie *f*.

bacalao *m* morue *f*.

bache *m* (*en carretera*) ornière *f*, nid-de-poule *m*; (*mal momento*) mauvaise période *f*.

bachillerato *m* baccalauréat *m*, *Fam* bac *m*.

bacon *m* bacon *m*.

bacteriológico, -a *a* bactériologique.

badén *m* (*en carretera*) cassis *m*.

bádminton *m* badminton *m*.

bafle *m* haut-parleur *m*.

bahía *f* baie *f*.

bailar *vti* danser.

bailarín, -ina *mf* danseur, -euse.

baile *m* (*danza*) danse *f*; (*formal*) bal *m*; **b. de disfraces** bal costumé.

baja *f* (*disminución*) baisse *f*; (*en batalla*) perte *f*; **dar de b. a algn** (*despedir*) licencier qn; **darse de b.** (*por enfermedad*) prendre un congé de maladie.

bajada *f* (*descenso, cuesta*) descente *f*; **b. de bandera** (*en taxi*) prise *f* en charge.

bajar 1 *vt* descendre; (*volumen, telón, precios, cabeza*) baisser; **b. la escalera** descendre l'escalier.

2 *vi* descendre (**de** de); (*disminuir*) baisser.

3 bajarse *vr* descendre (**de** de).

bajío *m* *Am* basses terres *fpl*.

bajo, -a 1 *a* bas; (*persona*) petit; **en voz baja** à voix basse; **planta baja** rez-de-chaussée; **de baja calidad** de mauvaise qualité.

2 *adv* bas; **hablar b.** parler tout bas.

3 *prep* (*lugar*) sous; **b. tierra** sous terre; **b. cero** au-dessous de zéro; **b. juramento** sous serment; **b. fianza** sous caution.

bajón *m* (*bajada*) chute *f*.

bala *f* balle *f*; **como una b.** comme une flèche.

balance *m* bilan *m*.

balanza *f* balance *f*; **b. comercial** balance commerciale; **b. de pagos** balance des paiements.

balbucear *vi* (*adulto*) bafouiller, balbutier; (*niño*) babiller.

balbucir *vi defectivo ver* **balbucear**.

balcón *m* balcon *m*.

balde *m* seau *m*; **de b.** gratuitement; **en b.** en vain.

baldosa *f* carreau *m*; (*para pavimentar*) dalle *f*.

baliza *f* balise *f*.

ballena *f* baleine *f*.

ballet *m* ballet *m*.

balneario *m* établissement *m* de bains.

balón *m* balle *f*, ballon *m*.

baloncesto *m* basket(-ball) *m*.

balonmano *m* handball *m*.

balonvolea *m* volley(-ball) *m*.

balsa *f* radeau *m*.

bálsamo *m* baume *m*.

bambú *m* (*pl* **bambúes**) bambou *m*.

banana *f* banane *f*.

banca *f* (*asiento*) banc *m*; **la b.** la banque *f*.

bancarrota *f* banqueroute *f*.

banco *m* banque *f*; (*asiento*) banc *m*.

banda *f* (*de música*) fanfare *f*; (*cinta*) ceinture *f*; **b. sonora** bande *f* sonore; **(línea de) b.** ligne *f* de touche; **saque de b.** remise en touche.

bandada *f* volée *f*.

bandeja *f* plateau *m*; *Fig* **servir en b. de plata** apporter sur un plat d'argent *ou* un plateau.

bandera *f* drapeau *m*.

bandido *m* malfaiteur *m*.

bando *m* faction *f*.

bandolero *m* malfaiteur *m*.

banquero, -a *mf* banquier, -ière.

banqueta *f* tabouret *m*.

banquete *m* banquet *m*; **b. de bodas** repas *m* de noce.

bañador *m* (*de mujer*) maillot *m* de bain; (*de hombre*) slip *m* de bain.

bañar 1 *vt* baigner.
   2 bañarse *vr* (*en baño*) prendre un bain; (*en mar, piscina*) aller se baigner.

bañera *f* baignoire *f*.

bañista *mf* baigneur, -euse.

baño *m* bain *m*; (*de chocolate*) enrobage *m*; (*de pintura*) couche *f*; (*cuarto de baño*) salle *f* de bain; (*lavabo*) toilettes *fpl*; **tomar un b.** prendre un bain.

bar *m* bar *m*.

baraja *f* jeu *m*.

baranda, barandilla *f* (*de escalera*) rampe *f*; (*de balcón*) balustrade *f*.

baratija *f* bricole *f*.

barato, -a *a & adv* bon marché.

barba *f* (*pelo*) barbe *f*; (*mentón*) menton *m*; **hacer la b.** faire la barbe; *Fam* faire de la lèche.

barbacoa *f* barbecue *m*.

barbaridad *f* atrocité *f*; (*disparate*) bêtise *f*, absurdité *f*; **una b.** énormément.

barbería *f* boutique *f* du barbier.

barbilla *f* menton *m*.

barbo *m* barbeau *m*.

barbudo, -a *a* barbu.

barca *f* barque *f*.

barcaza *f* bac *m*

barco *m* bateau *m*; **b. de vapor** bateau à vapeur.

barlovento *m* côté *m* sous le vent.

barman *m* barman *m*.

barniz *m* vernis *m*.

barómetro *m* baromètre *m*.

barquillo *m* cornet *m*.

barra *f* barre *f*; **b. de pan** baguette *f* de pain; **b. de labios** rouge *m* à lèvres.

barraca *f* (*caseta*) cabane *f*; (*en Valencia y Murcia*) chaumière *f*.

barranco *m* (*despeñadero*) précipice *m*; (*torrentera*) ravin *m*.

barrendero, -a *mf* balayeur, -euse.

barreno *m* (*taladro*) grosse vrille *f*.

barreño *m* cuvette *f*.

barrer *vt* balayer.

barrera *f* barrière *f*.

barricada *f* barricade *f*.

barriga *f* ventre *m*.

barril *m* baril *m*, tonneau *m*; **cerveza de b.** bière pression.

barrio *m* quartier *m*; **barrios bajos** bas quartiers.

barro *m* (*lodo*) boue *f*; (*arcilla*) argile *m*, terre *f* glaise; **objetos de b.** objets en terre cuite.

bártulos *mpl Fam* affaires *fpl*; **liar los b.** plier bagage.

barullo *m (alboroto)* remue-ménage *m*; *(confusión)* cohue *f*.

basar 1 *vt* baser (**en** sur).
  2 basarse *vr (teoría, película)* être basé (**en** sur).

báscula *f* bascule *f*, balance *f*.

base *f* base *f*; *(de argumento, teoría)* base, fondement *m*; **sueldo b.** salaire de base; **b. de datos** base de données; **a b. de estudiar** en étudiant; **a b. de productos naturales** à base de produits naturels.

básico, -a *a* de base.

básquet *m* basket(-ball) *m*.

bastante 1 *a (suficiente)* suffisant; *(abundante)* beaucoup de; **b. tiempo/comida** assez de temps/à manger; **hace b. calor/frío** il fait assez chaud/froid; **bastantes amigos** de nombreux amis, beaucoup d'amis.
  2 *adv (suficiente)* suffisamment, assez; *(considerablemente)* assez; **con esto hay b.** ça suffit, il y en a suffisamment; **no soy lo b. rico (como) para...** je ne suis pas assez riche pour...; **me gusta b.** il me plaît bien; **vamos b. al cine** nous allons assez souvent *ou* pas mal au cinéma.

bastar *vi* suffire; **basta con tres** trois suffisent; **¡basta (ya)!** ça suffit!

basto, -a *a* grossier.

bastón *m* canne *f*.

bastos *m (baraja)* trèfle *m*.

basura *f* ordures *fpl*.

basurero *m (persona)* éboueur *m*; *(lugar)* décharge *f*.

bata *f (para casa)* robe *f* de chambre; *(de médico etc.)* blouse *f*.

batalla *f* bataille *f*.

bate *m (de béisbol)* batte *f*.

batería 1 *f* batterie *f*; **b. de cocina** batterie de cuisine; **aparcar en b.** se garer en épi.
  2 *mf* batteur, -euse.

batida *f (de la policía)* rafle *f*.

batido, -a 1 *a (huevo)* battu; *(crema)* fouetté.
  2 *m* milk-shake *m*.

batidor *m* fouet *m*.

batidora *f* batteur *m*.

batir *vt* frapper, battre; *(huevo, récord)* battre; *(nata)* fouetter.

baudio *m* baud *m*.

baúl *m* coffre *m*.

bautismo *m* baptême *m*.

bautizar *vt* baptiser.

bautizo *m* baptême *m*.

baya *f (fruto)* baie *f*.

bayeta *f* serpillière *f*.

bazar *m* bazar *m*.

bazo *m* rate *f*.

bazofia *f Fam* cochonnerie *f*.

beato, -a *a (peyorativo)* bigot.

bebé *m* bébé *m*.

beber *vti* boire.

bebida *f* boisson *f*.

beca *f* bourse *f*.

becario, -a *mf* boursier, -ière.

becerro *m* veau *m*.

bechamel *f* béchamel *f*; **salsa b.** sauce béchamel.

beige *a & m* beige *a & m*.

béisbol *m* base-ball *m*.

belga 1 *a* belge.
  2 *mf* Belge *mf*.

bélico, -a *a* de guerre.

belleza *f* beauté *f*.

bello, -a *a* beau, *f* belle.

bellota *f* gland *m*.

bencina *f Am* essence *f*.

bendición *f* bénédiction *f*.

bendito, -a *a* béni.

beneficencia *f* charité *f*.

beneficiar 1 *vt* servir; *(salud)* être bon pour.
  2 beneficiarse *vr* **beneficiarse de** *o* **con algo** bénéficier *ou* profiter de qch.

beneficio *m* bénéfice *m*; *(bien)* bienfait *m*; **en b. propio** dans son intérêt; **un concierto a b. de...** un concert au profit *ou* au bénéfice de...

beneficioso, -a *a* avantageux.

benevolencia *f* bienveillance *f*.

bengala *f* feu *m* de Bengale.

benigno, -a *a (persona)* bienveillant.

benjamín, -ina *mf* benjamin, -ine.

berberecho *m* coque *f*.

berbiquí *m* vilebrequin *m*.

berenjena *f* aubergine *f*.

Bermudas 1 *fpl* **las (Islas) B.** les Bermudes *fpl*.
   2 *fpl* **bermudas** *(prenda)* bermuda *m*.

berrear *vi* beugler.

berrinche *m Fam* colère *f*.

berro *m* cresson *m*.

berza *f* chou *m*.

besar 1 *vt* embrasser.
   2 besarse *vr* s'embrasser.

beso *m* bise *f*, baiser *m*.

bestia 1 *f* bête *f*.
   2 *mf Fam* brute *mf*.

best-seller *m* best-seller *m*.

besugo *m (pez)* daurade *f*.

betún *m (para el calzado)* cirage *m*.

biberón *m* biberon *m*.

Biblia *f* Bible *f*.

bibliografía *f* bibliographie *f*.

biblioteca *f* bibliothèque *f*.

bicarbonato *m* bicarbonate *m*; **b. sódico** bicarbonate de soude.

bíceps *m inv* biceps *m*.

bicho *m* bestiole *f*.

bici *f Fam* vélo *m*.

bicicleta *f* bicyclette *f*, vélo *m*; **montar en b.** monter à vélo, faire du vélo.

bidón *m* bidon *m*.

bien¹ 1 *adv* **(a)** *(correctamente)* bien; **responder b.** bien répondre; **hiciste b. en decírmelo** tu as bien fait de me le dire; **las cosas le van b.**

tout va bien pour lui; **¡b.!** bien!; **¡muy b.!** très bien!; **¡qué b.!** formidable!, *Fam* super!; **vivir b.** bien vivre; **¡está b.!** *(¡de acuerdo!)* d'accord!; **¡ya está b.!** ça suffit!; **esta falda te está b.** cette jupe te va bien; **ese libro está muy b.** c'est un très bon livre.
   (b) *(intensificador)* bien, très; **b. temprano** de très bonne heure; **b. caliente** très chaud; **más b.** plutôt.
   2 *conj* **o b.** ou bien; **b... o b...** soit..., soit...; **no b. llegó...** à peine était-il arrivé que...; **si b.** quoique, bien que.

bien² *m (bondad)* bien *m*; **el b. y el mal** le bien et le mal; **por el b. de** pour le bien de; **lo hace por tu b.** il le fait pour ton bien; **bienes** biens; **bienes inmuebles** biens immobiliers; **bienes de consumo** biens de consommation; **bienes raíces** biens-fonds.

bienestar *m* bien-être *m*.

bienvenida *f* bienvenue *f*; **dar la b. a algn** souhaiter la bienvenue à qn.

bienvenido, -a *a* bienvenu.

bifurcación *f (de la carretera)* bifurcation *f*.

bigote *m* moustache *f*.

bilateral *a* bilatéral.

bilingüe *a* bilingue.

bilis *f* bile *f*.

billar *m* billard *m*; **b. americano/ruso** billard américain/russe.

billete *m (de bus, metro)* ticket *m*; *(de avión, tren, banco, lotería)* billet *m*; **b. de ida y vuelta** (billet) aller *m* et retour; **b. sencillo** *o* **de ida** aller simple; **un b. de mil pesetas** un billet de mille pesetas.

billetera *f*, **billetero** *m* portefeuille *m*.

billón *m* billion *m*.

bingo *m (juego)* bingo *m*; *(sala)* salle *f* de bingo.

biografía *f* biographie *f*.

biología f biologie f.

biombo m paravent m.

biopsia f biopsie f.

bioquímica f biochimie f.

bióxido m b. de carbono dioxyde m de carbone.

biquini m Bikini® m.

birria f Fam horreur f.

bisabuela f arrière-grand-mère f.

bisabuelo m arrière-grand-père m; **bisabuelos** arrière-grands-parents.

bisagra f charnière f, gonds mpl.

bisiesto a año b. année f bissextile.

bisonte m bison m.

bisté, bistec m steak m, bifteck m.

bisturí m bistouri m.

bisutería f bijoux mpl fantaisie, bijouterie f de fantaisie.

bizco, -a a & mf bigle.

bizcocho m gâteau m.

blanco¹, -a 1 a blanc, f blanche.
2 mf (hombre) Blanc m; (mujer) Blanche f; **los blancos** les Blancs.

blanco² m (color, hueco) blanc m; (diana) cible f; **pasar la noche en b.** passer une nuit blanche; **me quedé en b.** j'ai eu un trou; **ser el b. de todas las miradas** être le point de mire.

blancura f blancheur f.

blando, -a a mou, f molle.

blanquear vt (encalar) blanchir.

blasfemar vi blasphémer (**contra** contre).

blindado, -a a blindé.

bloc m bloc m; **b. de notas** bloc-notes.

bloque m bloc m; **b. de pisos** immeuble m.

bloquear 1 vt bloquer.
2 bloquearse vr se bloquer.

bloqueo m blocus m.

blusa f chemisier m.

blusón m blouse f.

bobada f bêtise f; **decir bobadas** dire des bêtises.

bobina f bobine f.

bobo, -a 1 a (tonto) bête; (ingenuo) naïf.
2 mf imbécile mf.

boca f bouche f; **b. abajo** sur le ventre; **b. arriba** sur le dos; Fam **¡cierra la b!** ferme-la!; **con la b. abierta** la bouche ouverte; **se le hizo la b. agua** ça lui a mis l'eau à la bouche; **la b. del metro** la bouche du métro.

bocacalle f entrée f d'une rue.

bocadillo m sandwich m; **un b. de jamón/tortilla** un sandwich au jambon/à l'omelette.

bocado m bouchée f.

bocanada f (de humo, viento) bouffée f.

bocata m Fam sandwich m.

bocazas mf inv Fam bavard, -e.

boceto m esquisse f.

bochorno m (tiempo) temps m lourd; (calor sofocante) chaleur f étouffante; (de mujer) bouffée f de chaleur; Fig (vergüenza) honte f; **hace b.** il fait lourd.

bocina f Klaxon® m; **tocar la b.** klaxonner.

boda f noce f, mariage m; **bodas de plata** noces d'argent.

bodega f (en casa) cave f; (tienda) magasin m de vins et spiritueux; Am épicerie f.

body m body m.

bofetada f, **bofetón** m gifle f; **dar una b./un b. a algn** mettre une gifle à qn, gifler qn.

bohío m Am hutte f.

boicotear vt boycotter.

boina f béret m.

bola f boule f; (pelota) balle f; (canica) bille f; (mentira) mensonge m; **b. de nieve** boule de neige; Fig **no dar pie con b.** ne rien réussir, faire tout de travers; Fig **¡no hagan b.!** n'encombrez pas le passage!

bolera f bouldrome m.

boletería f Am (de estadio, estación) guichet m; (de teatro) guichet de location.

boletín m bulletin m.

boleto m billet m.

boli m stylo m.

boliche m Am (bolos) jeu m de quilles; (tienda) épicerie f.

bólido m (coche) bolide m.

bolígrafo m stylo m à bille.

boliviano, -a 1 a bolivien.
2 mf Bolivien, -ienne.

bollo m (de pan) petit pain m; (abolladura) bosse f.

bolo m quille f; **bolos** (juego) jeu m de quilles.

bolsa¹ f sac m; **b. de deportes** sac de sport; **b. de la compra** sac à commissions; **b. de viaje** sac de voyage.

bolsa² f (de valores) bourse f.

bolsillo m (prenda) poche f; **de b.** de poche; **libro de b.** livre de poche.

bolso m sac m à main.

boludo m Am Vulg branleur m.

bomba¹ f pompe f; **b. de incendios** pompe à incendie.

bomba² f (explosivo) bombe f; **b. atómica/de hidrógeno/de neutrones** bombe atomique/à hydrogène/à neutrons; **b. de relojería** bombe à retardement; Fam **pasarlo b.** bien s'amuser, s'éclater.

bombardear vt bombarder.

bombero, -a mf pompier m; **cuerpo de bomberos** escouade de pompiers; **parque de bomberos** caserne de pompiers.

bombilla f ampoule f électrique.

bombín m (chapeau m) melon m.

bombo m (de percusión) grosse caisse f; (de lavadora) tambour m; **fue una boda de gran b.** on a fait les choses en grand pour le mariage.

bombón m (crotte f en) chocolat m.

bombona f bonbonne f; **b. de butano** bouteille f de gaz.

bonachón, -ona a bonasse.

bonanza f (tiempo) beau temps m; (prosperidad) prospérité f.

bondad f bonté f.

bondadoso, -a a bon, f bonne.

boniato m patate f douce.

bonificación f bonification f.

bonito¹, -a a joli.

bonito² m thon m.

bono m bon m.

bono-bus m carte f de bus.

boquerón m anchois m.

boquete m trou m.

boquiabierto, -a a bouche bée; **se quedó b.** il est resté bouche bée.

boquilla f (para cigarrillo) fume-cigarette m; (filtro) filtre m; (de pipa) embout m; (de instrumento) embouchure f.

borda f bord m; **arrojar** o **echar por la b.** jeter par-dessus bord; **fuera b.** (motor) hors-bord.

bordado, -a 1 a brodé.
2 m broderie f.

bordar vt broder.

borde m (de mesa, camino, prenda) bord m; **al b. del mar** au bord de la mer.

bordear vt longer.

bordillo m bord m (du trottoir).

bordo m a b. à bord; **subir a b.** monter à bord.

borrachera f (embriaguez) ivresse f; **coger** o **pillar una b.** se soûler, Fam prendre une cuite.

borracho, -a 1 a (bebido) soûl; (bizcocho) à la liqueur; **estar b.** être soûl.
2 mf ivrogne, -esse.

borrador m (escrito) brouillon m; (de pizarra) tampon m; (goma) gomme f.

borrar vt (con goma) gommer; (pizarra, en pantalla) effacer.

borrasca *f* tempête *f.*

borrego, -a *mf* agneau *m*; *(persona)* mouton *m.*

borroso, -a *a* trouble, flou; **veo b.** je vois trouble.

bosque *m* bois *m.*

bosquejo *m* esquisse *f.*

bostezar *vi* bâiller.

bota *f* botte *f*; *(de vino)* gourde *f.*

botana *f Am* amuse-gueules *mpl.*

botánico, -a *a* botanique; **jardín b.** jardin botanique.

botar 1 *vi (saltar)* sauter; *(pelota)* rebondir.
 2 *vt (barco)* lancer; *(pelota)* faire rebondir; *Am (arrojar)* jeter, lancer.

bote¹ *m* bond *m*; *(de pelota)* rebond *m.*

bote² *m (lata)* boîte *f* (de conserve); *(para propinas)* cagnotte *f.*

bote³ *m (lancha)* canot *m*; **b. salvavidas** canot de sauvetage.

botella *f* bouteille *f.*

botellín *m* petite bouteille *f.*

botijo *m* cruche *f* en terre.

botín *m (de un robo)* butin *m.*

botiquín *m* armoire *f* à pharmacie; *(portátil)* trousse *f* à pharmacie; *(enfermería)* poste *m* de secours.

botón *m* bouton *m.*

botones *m inv (en hotel)* groom *m*; *(recadero)* garçon *m* de courses.

boutique *f* boutique *f.*

boxeador *m* boxeur *m.*

boxeo *m* boxe *f.*

boya *f (baliza)* bouée *f*; *(corcho)* flotteur *m.*

boy-scout *m* boy-scout *m.*

bozal *m* muselière *f.*

bracear *vi (nadar)* nager la brasse.

bragas *fpl* culotte *f*, slip *m.*

bragueta *f (de pantalón etc.)* braguette *f.*

braille *m* braille *m.*

bramido *m* beuglement *m.*

brandy *m* brandy *m.*

brasa *f* braise *f;* **chuletas a la b.** côtelettes braisées.

brasero *m* brasier *m.*

brasileño, -a, brasilero, -a 1 *a* brésilien.
 2 *mf* Brésilien, -ienne.

bravo, -a 1 *a (valiente)* courageux; **un toro b.** un taureau de combat.
 2 *interj* ¡b.! bravo!

braza *f* brasse *f*; **nadar a b.** nager la brasse.

brazada *f* brassée *f.*

brazalete *m (pulsera)* bracelet *m*; *(insignia)* brassard *m.*

brazo *m* bras *m*; **en brazos** dans les bras; **ir del b.** aller bras dessus, bras dessous; **con los brazos abiertos** les bras ouverts.

brecha *f (en muro)* brèche *f*; *(herida)* blessure *f.*

brécol *m* brocoli *m.*

breva *f (higo)* figue *f* précoce.

breve *a* bref; **en b., en breves momentos** bientôt, d'ici peu.

brezo *m* bruyère *f.*

bribón, -ona 1 *a* coquin.
 2 *mf* coquin, -ine, fripon, -onne.

bricolaje *m* bricolage *m.*

bridge *m* bridge *m.*

brigada *f* brigade *f.*

brillante 1 *a* brillant.
 2 *m* diamant *m.*

brillantina *f* brillantine *f.*

brillar *vi* briller.

brillo *m (resplandor)* brillant *m*; *(del sol, de la luna, lentejuelas etc.)* éclat *m*; *(del cabello, de tela, zapatos)* lustre *m*; **sacar b. a** faire briller, lustrer.

brincar *vi* bondir.

brindar 1 *vi* porter un toast (**por** à).
 2 brindarse *vr* proposer (**a** de).

brindis *m* toast *m.*

brío *m* énergie *f.*

brisa *f* brise *f*; **b. marina** air *m* marin.

británico, -a 1 *a* britannique; **las Islas Británicas** les îles Britanniques. **2** *mf* Britannique *mf*; **los británicos** les Britanniques.

brocha *f* (*para pintar*) pinceau *m*; (*de afeitar*) blaireau *m*.

broche *m* (*joya*) broche *f*; (*de vestido*) pression *f*.

bróculi *m* brocoli *m*.

broma *f* (*chiste*) blague *f*, plaisanterie *f*; **en b.** pour plaisanter *ou* blaguer; **¡ni en b.!** sûrement pas!; **b. pesada** mauvaise plaisanterie; **gastar una b.** jouer un tour, faire une blague.

bronca *f* (*riña*) bagarre *f*; **echar una b. a algn** réprimander qn, *Fam* passer un savon à qn.

bronce *m* bronze *m*.

bronceado, -a 1 *a* bronzé. **2** *m* bronzage *m*.

bronceador, -ora 1 *a* **leche bronceadora** lait solaire *ou* bronzant. **2** *m* lotion *f* solaire *ou* bronzante.

bronquitis *f inv* bronchite *f*.

brotar *vi* (*planta*) pousser; (*agua*) jaillir; (*epidemia*) se déclarer.

bruces de b. sur le ventre; **se cayó de b.** il est tombé à plat ventre.

bruja *f* sorcière *f*.

brújula *f* boussole *f*.

bruma *f* brume *f*.

brusco, -a *a* brusque.

bruto, -a 1 *a* (*necio*) bête, idiot; (*grosero*) grossier; (*no neto*) brut; **un diamante en b.** un diamant brut. **2** *mf* abruti, -ie.

bucear *vi* nager sous l'eau; (*deporte*) faire de la plongée sous-marine.

bucle *m* boucle *f*.

budín *m* pudding *m*.

budista *a* bouddhiste.

buen *a* (*delante de un nombre masculino singular*) bon; **¡b. viaje!** bon voyage!; *ver* **bueno, -a**.

buenamente *adv* **haz lo que b. puedas** fais ce que tu peux; **si b. puedes** si tu pouvais.

bueno, -a 1 *a* bon; (*amable*) (*con ser*) gentil; (*sano*) (*con estar*) en bonne santé; **un alumno muy b.** un très bon élève; **lo b.** ce qu'il y a de bien; **hoy hace buen tiempo** aujourd'hui il fait beau; **un buen número de** un bon nombre de; **una buena cantidad** beaucoup; **un buen trozo de pastel** un bon *ou* beau morceau de gâteau; **¡en buen lío te has metido!** tu t'es mis dans de beaux draps!; **¡buenas!** (*saludos*) salut!; **buenas tardes** (*desde mediodía hasta el oscurecer*) bonjour; (*a partir del oscurecer*) bonsoir, bonjour; **buenas noches** (*al llegar*) bonsoir; (*al irse, antes de dormir*) bonne nuit; **buenos días** bonjour; **de buenas a primeras** soudain; **por las buenas** de bon gré; **por las buenas o por las malas** bon gré mal gré; **¡buena la has hecho!** (*ironique*) tu as fait du beau travail!; **¡estaría b.!** il ne manquerait plus que ça!; **librarse de una buena** l'échapper belle. **2** *interj* **¡b.!** (*vale*) d'accord!

buey *m* bœuf *m*.

búfalo, -a *mf* buffle, -esse.

bufanda *f* écharpe *f*.

bufete *m* (*despacho de abogado*) étude *f*, cabinet *m* d'avocat.

buhardilla *f* mansarde *f*.

búho *m* hibou *m*.

buitre *m* vautour *m*.

bujía *f* (*de coche*) bougie *f*.

bulbo *m* bulbe *m*.

bulla *f* (*ruido*) boucan *m*, vacarme *m*; **armar b.** faire du boucan.

bullicio *m* vacarme *m*.

bulto *m* (*cosa indistinta*) forme *f* vague; (*maleta, caja*) malle *f*; (*hinchazón*) bosse *f*; **hacer mucho b.** être très volumineux.

búnker *m* bunker *m*.

buñuelo *m* beignet *m*.

buque *m* bateau *m*; **b. de guerra** bâtiment *m* de guerre; **b. de pasajeros** bateau de transport de passagers.

burbuja *f* bulle *f*.

burdel *m* bordel *m*.

burguesía *f* bourgeoisie *f*.

burladero *m* refuge *m* dans l'arène.

burlarse *vr* se moquer (**de** de).

burlón, -ona *a* moqueur.

burocracia *f* bureaucratie *f*.

burocrático, -a *a* bureaucratique.

burro, -a 1 *mf* âne, ânesse; *Fam (estúpido)* âne, imbécile *mf*.

  2 *a Fam (necio)* bête, idiot; *(obstinado)* têtu.

bursátil *a* boursier.

busca 1 *f* recherche *f*; **ir en b. de** aller à la recherche de.

  2 *m (mensáfono)* bıp(-bip) *m*.

buscar 1 *vt* chercher; **ir a b. algo** aller chercher qch; **fue a buscarme a la estación** il est venu me chercher à la gare.

  2 buscarse *vr Fam* **buscarse la vida** se débrouiller.

búsqueda *f* recherche *f*; **en b. de** à la recherche de.

busto *m* buste *m*.

butaca *f (sillón)* fauteuil *m*; *(de teatro, cine)* place *f*, fauteuil; **b. de platea** *o* **patio** fauteuil d'orchestre.

butano *m* **(gas) b.** (gaz *m*) butane *m*.

buzo *m* plongeur *m*.

buzón *m* boîte *f* à lettres; **b. electrónico** boîte aux lettres électronique; **echar una carta al b.** mettre une lettre à la boîte, poster une lettre.

cabalgar *vti* chevaucher.

caballa *f* maquereau *m*.

caballería *f (cuerpo)* cavalerie *f*; *(cabalgadura)* monture *f*.

caballero *m* homme *m*; *(distinguido)* gentleman *m*; **ropa de c.** vêtements pour hommes; **caballeros** *(en letrero)* hommes.

caballo *m* cheval *m*; *(de ajedrez)* cavalier *m*; *(de naipes)* reine *f*; **montar a c.** monter à cheval; *Fig* **a c. entre...** à cheval entre...

cabaña *f (choza)* cabane *f*.

cabaret *m (pl* **cabarets)** cabaret *m*.

cabecera *f* tête *f*, haut *m*.

cabecilla *mf* chef *m* de file; *(impetuoso)* étourdi, -ie.

cabello *m* cheveux *mpl*.

caber *vi* tenir; **cabe en el maletero** ca tient dans le coffre; **en este jarro caben...** cette cruche peut contenir...; **ya no quepo en mis pantalones** je ne rentre plus dans mon pantalon; **no cabe duda** il n'y a aucun doute; **cabe la posibilidad de que...** il est possible que...; **no está mal dentro de lo que cabe** ce n'est pas mal compte tenu des circonstances.

cabestrillo *m* écharpe *f*.

cabeza *f* tête *f*; **en c.** en tête; **por c.** par personne, par tête; **a la c. de** en tête de; **estar mal de la c.** débloquer; **el** *o* **la c. de familia** le chef de famille.

cabida *f* capacité *f*.

cabina *f* cabine *f*; **c. telefónica** cabine téléphonique.

cable *m* câble *m*.

cabo *m (extremo)* bout *m*; *(rango)* caporal *m*; *(policía)* brigadier *m*; *(de barco)* cordage *m*; *(geografía)* cap *m*; **al c. de** après; **atar cabos** tirer des conclusions.

cabra *f* chèvre *f*; *Fam* **estar como una c.** être complètement dingue.

cabré *indic fut de* **caber**.

cabriola *f* cabriole *f*.

cacahuete *m* cacahouète *f*.

cacao *m* cacao *m*.

cacatúa *f* cacatoès *m*.

cacería *f (actividad)* chasse *f*; *(partida)* partie *f* de chasse.

cacerola *f* casserole *f*.

cacharro *m* pot *m* en terre; *Fam (cosa)* truc *m*; **cacharros** *(de cocina)* ustensiles *mpl*.

cachear *vt* fouiller.

cachetada *f Am* claque *f*, gifle *f*.

cachete *m (bofetada)* claque *f*, gifle *f*; *Am (mejilla)* joue *f*.

cachimba *f* pipe *f*.

cachivache *m Fam* truc *m*, bidule *m*.

cacho[1] *m Fam (pedazo)* morceau *m*.

cacho[2] *m Am (cuerno)* corne *f*.

cachondeo *m Fam* rigolade *f*; **tomarse algo a c.** prendre qch à la rigolade.

cachorro, -a *mf (de perro)* chiot *m*; *(de gato)* chaton *m*; *(de otros animales)* petit *m*.

cacique m *(jefe)* cacique m.

caco m *Fam* voleur m.

cacto m, **cactus** m *inv* cactus m.

cada a chaque; **c. día** chaque jour, tous les jours; **c. dos días** tous les deux jours; **c. vez más** de plus en plus; **¿c. cuánto?** tous les combien?; **cuatro de c. diez** quatre sur dix.

cadáver m cadavre m.

cadena f *(de metal, TV, montañas)* chaîne f; *(de perro)* laisse f; **trabajo en c.** travail à la chaîne; **c. perpetua** prison f à perpétuité; **cadenas** *(para ruedas)* chaînes fpl.

cadera f hanche f.

caducar vi expirer.

caducidad f expiration f; **fecha de c.** date de péremption.

caer 1 vi tomber; *Fig (entender)* comprendre; *(hallarse)* se trouver, être; **dejar c.** laisser tomber; *Fig* **ya caigo** je comprends, je vois; **cae por Granada** c'est du côté de Grenade; **me cae bien/mal** je l'aime bien/je ne l'aime pas trop.

2 caerse vr tomber; **me caí de la moto** je suis tombé de moto; **se le cayó el pañuelo** elle a laissé tomber son mouchoir.

café m café m; **c. solo/con leche** café noir/au lait.

cafeína f caféine f.

cafetera f cafetière f.

cafetería f snack-bar m; *(en tren)* wagon-restaurant m.

caída f chute f.

caigo indic pres de **caer**.

caimán m caïman m.

caja f boîte f; *(de embalaje, en tienda, banco)* caisse f; *(féretro)* cercueil m; **c. fuerte** coffre-fort m; **c. de cerveza** caisse de bière; **c. de cambios** boîte de vitesses; **c. de ahorros** o **de pensiones** caisse d'épargne.

cajero, -a m/f caissier, -ière; **c. automático** distributeur m automatique de billets.

cajón m *(en un mueble)* tiroir m; *(caja grande)* caisse f.

cal f chaux f; **a c. y canto** *(cerrado)* à double tour.

calabacín m *(pequeño)* courgette f; *(grande)* courge f.

calabaza f citrouille f.

calabozo m *(prisión)* prison f; *(celda)* cellule f.

calado, -a a *(mojado)* trempé.

calamar m cal(a)mar m; **calamares a la romana** cal(a)mars à la romaine.

calambre m *(descarga)* décharge f *(électrique)*; *(en músculo)* crampe f; **ese cable da c.** ce câble est sous tension.

calamidad f calamité f.

calar 1 vt *(mojar)* tremper.
2 vi *(prenda)* laisser passer l'eau.
3 calarse vr *(prenda)* laisser passer l'eau; *(techo)* fuir, *(mojarse)* se faire tremper; *(coche)* caler; **calarse el sombrero** enfoncer son chapeau.

calavera f tête f de mort.

calcar vt calquer.

calcetín m chaussette f.

calcio m calcium m.

calco m calque m; **papel de c.** papier calque.

calculadora f calculatrice f.

calcular vt calculer; *(evaluar)* évaluer; *(suponer)* supposer.

cálculo m calcul m.

caldera f chaudière f.

caldo m bouillon m; **c. de cultivo** bouillon de culture.

calefacción f chauffage m; **c. central** chauffage central.

calendario m calendrier m.

calentador m chaudière f.

calentar [1] **1** *vt (agua, horno, comida)* faire chauffer; *(habitación)* chauffer.
2 calentarse *vr* se chauffer.

calentura *f* fièvre *f*.

calidad *f* qualité *f*; **de primera c.** de première qualité; **un vino de c.** un vin de qualité.

cálido, -a *a* chaud.

caliente *a* chaud.

calificar *vt* qualifier (**de** de); *(examen)* noter.

caligrafía *f* calligraphie *f*; *(modo de escribir)* écriture *f*.

caliza *f* calcaire *m*.

callar 1 *vi* se taire; **¡calla!** tais-toi! .
2 *vt (noticia)* taire, passer sous silence.
3 callarse *vr* se taire; **¡cállate!** tais-toi!

calle *f* rue *f*; *(de piscina, pista)* couloir *m*; **c. de dirección única** (rue à) sens *m* unique.

callejón *m* ruelle *f*; **c. sin salida** cul-de-sac *m*, impasse *f*.

callista *mf* pédicure *mf*.

callo *m* cor *m*; **callos** tripes *fpl*.

calma *f* calme *m*; **¡c.!** du calme!; **en c.** calme; **tómatelo con c.** reste calme.

calmante *m* calmant *m*.

calmar 1 *vt* calmer.
2 calmarse *vr* se calmer.

calor *m* chaleur *f*; *(entusiasmo)* ardeur *f*; **hace c.** il fait chaud; **tengo c.** j'ai chaud; **entrar en c.** s'échauffer.

caloría *f* calorie *f*.

calumnia *f* calomnie *f*.

caluroso, -a *a* chaud; *(acogida etc.)* chaleureux.

calvicie *f* calvitie *f*.

calvo, -a *a & m* chauve *a & m*.

calzada *f* chaussée *f*.

calzado *m* chaussures *fpl*.

calzador *m* chausse-pied *m*.

calzar 1 *vt (poner calzado)* chausser; *(mueble)* caler; **¿qué número calzas?** quelle pointure chausses-tu?
2 calzarse *vr* **calzarse los zapatos** se chausser, mettre ses chaussures.

calzoncillos *mpl* caleçon *m*.

calzones *mpl* pantalon *m*.

cama *f* lit *m*; **estar en** o **guardar c.** garder le lit; **hacer la c.** faire le lit; **irse a la c.** aller au lit, aller se coucher; **c. de matrimonio** lit de deux personnes; **c. individual** lit d'une personne.

cámara 1 *f (aparato)* appareil-photo *m*; *(de cine)* caméra *f*; *(de diputados etc.)* chambre *f*; *(de rueda)* chambre à air; **a c. lenta** au ralenti; **c. frigorífica** chambre froide.
2 *mf* cadreur *m*, cameraman *m*.

camarada *mf* camarade *mf*.

camarera *f (de hotel)* femme *f* de chambre.

camarero, -a *mf (de restaurante) (hombre)* serveur *m*; *(mujer)* serveuse *f*; *(tras la barra) (hombre)* barman *m*; *(mujer)* barmaid *f*.

camarón *m* crevette *f*.

camarote *m* cabine *f*.

cambiar 1 *vt* changer; *(intercambiar)* échanger; **c. algo de sitio** changer qch de place.
2 *vi* changer; **c. de casa** déménager; **c. de idea** changer d'avis.
3 cambiarse *vr (de ropa)* se changer; *(de casa)* déménager.

cambio *m* changement *m*; *(de impresiones)* échange *m*; *(de divisas)* change *m*; **c. de marcha** changement de vitesse; **a c. de** en échange de; **en c.** en revanche; **¿tienes c. de mil pesetas?** tu as de la monnaie sur mille pesetas?

camello, -a *mf* chameau, -elle.

camilla *f* civière *f*.

caminar 1 *vi* marcher.
2 *vt* parcourir, marcher; **caminaron diez kilómetros** ils ont fait dix kilomètres à pied.

camino *m* chemin *m*; **ponerse/estar en c.** se mettre/être en route; **abrirse c.** se faire un chemin; **a medio c.** à mi-chemin; **nos coge** *o* **pilla de c.** c'est sur notre chemin.

camión *m* camion *m*; **c. cisterna** camion-citerne *m*; **c. de la basura** camion des éboueurs; **c. frigorífico** camion frigorifique.

camionero, -a *mf* camionneur, -euse, routier *m*.

camioneta *f* camionnette *f*.

camisa *f* chemise *f*; **en mangas de c.** en manches de chemise; **c. de fuerza** camisole *f* de force.

camiseta *f* (de uso interior) maillot *m* de corps; (de uso exterior) T-shirt *m*; (de deporte) maillot.

camisón *m* chemise *f* de nuit.

camote *m Am* patate *f* douce.

campamento *m* campement *m*.

campana *f* cloche *f*.

campanada *f* sonnerie *f* de cloche.

campanilla *f* clochette *f*.

campaña *f* campagne *f*; **c. electoral** campagne électorale; **c. publicitaria** campagne publicitaire.

campeón, -ona *mf* champion, -ionne; **c. mundial** champion du monde.

campeonato *m* championnat *m*.

campesino, -a *mf* paysan, -anne.

camping *m* (terrain *m* de) camping *m*; **hacer** *o* **ir de c.** faire du camping.

campista *mf* campeur, -euse.

campo *m* campagne *f*; (de fútbol, golf) terrain *m*; (de tenis) court *m*; (parcela, ámbito) domaine *m*; **a c. traviesa** *o* **través** à travers champs; **c. de batalla** champ *m* de bataille; **c. de concentración** camp *m* de concentration; **c. de trabajo** camp de travail.

camposanto *m* cimetière *m*.

cana *f* (gris) cheveu *m* gris; (blanco) cheveu blanc; **tener canas** avoir des cheveux gris/blancs, grisonner.

canal *m* canal *m*; (de televisión) chaîne *f*; **el C. de la Mancha** la Manche.

canalla *mf* escroc *m*, fripouille *f*.

canalón *m* gouttière *f*.

canapé *m* canapé *m*; (sofá) divan *m*, sofa *m*.

canario, -a 1 *a* canarien; **Islas Canarias** (îles *fpl*) Canaries *fpl*.
2 *mf* Canarien, -ienne.
3 *m* (pájaro) canari *m*.

canasta *f* panier *m*.

cancela *f* grille *f*.

cancelar *vt* annuler; (deuda) régler.

cáncer *m* cancer *m*; **c. de pulmón/mama** cancer du poumon/du sein.

cancerígeno, -a *a* cancérigène.

canceroso, -a *a* cancéreux.

cancha *f* terrain *m*; (de tenis) court *m*.

canciller *m* chancelier *m*.

canción *f* chanson *f*.

candado *m* cadenas *m*.

candelabro *m* candélabre *m*.

candidato, -a *mf* candidat, -ate.

candidatura *f* candidature *f*; (lista) liste *f* des candidats.

cándido, -a *a* candide.

candoroso, -a *a* candide.

canela *f* cannelle *f*.

canelones *mpl* (pasta) cannelloni *mpl*.

cangrejo *m* (de mar) crabe *m*; (de río) écrevisse *f*.

canguro 1 *m* kangourou *m*.
2 *mf Fam* baby-sitter *mf*.

caníbal *a & mf* cannibale.

canica *f* bille *f*.

caniche *m* caniche *m*.

canícula *f* canicule *f*.

canillera *f Am* (cobardía) lâcheté *f*; (miedo) peur *f*.

canillita *m Am* vendeur *m* de journaux.

canino, -a 1 *a* canin.
2 *m* (colmillo) canine *f*.

canoa f canoë m.

canoso, -a a (de pelo blanco) aux cheveux blancs; (de pelo gris) aux cheveux gris; (pelo) blanc/gris.

cansado, -a a (agotado) fatigué.

cansancio m fatigue f.

cansar 1 vti fatiguer.
   2 cansarse vr se fatiguer; **se cansó de esperar** il en a eu assez d'attendre.

cantante 1 mf chanteur, -euse.
   2 a chantant.

cantaor, -ora mf chanteur, -euse de flamenco.

cantar vti chanter.

cántaro m cruche f; **llover a cántaros** pleuvoir des cordes.

cante m (canto) chant m; **c. hondo, c. jondo** flamenco m.

cantera f (de piedra) carrière f; (de campeones) pépinière f.

cantidad f quantité f; (de dinero) somme f; Fam **c. de libros/etc.** des tonnes de livres/etc.; **c. de gente** un monde fou.

cantina f cantine f.

canto¹ m (arte) chant m; (canción) chant, chanson f.

canto² m (borde) bord m; **de c.** de côté.

canturrear vi chantonner.

caña f (de cerveza) demi m; (tallo) tige f; (de pescar) canne f à pêche; **c. de azúcar** canne à sucre.

cañada f (barranco) gorge f, ravin m.

cañería f canalisation f.

caño m (tubería) tuyau m; (tubo) tube m; (chorro) jet m.

cañón m canon m; (garganta) canyon m.

cañonazo m coup m de canon.

caoba f acajou m.

caos m chaos m.

caótico, -a a chaotique.

capa f (prenda) cape f; (de pintura) couche f.

capacidad f capacité f.

caparazón m carapace f.

capataz mf contremaître m.

capaz a capable; **ser c. de hacer algo** être capable de faire qch; Am **es c. que** il se peut que.

capilla f chapelle f.

capital 1 f capitale f.
   2 m (dinero) capital m.
   3 a capital, essentiel; **pena c.** peine capitale.

capitalismo m capitalisme m.

capitalista a & mf capitaliste.

capitán, -ana mf capitaine m.

capitulación f accord m; (pacto) capitulation f.

capítulo m (de libro) chapitre m; (tema) sujet m.

capó m (de coche) capot m.

capota f (de coche) capote f.

capote m (de torero) cape f.

capricho m (antojo) caprice m.

caprichoso, -a a capricieux.

cápsula f capsule f.

captar vt (ondas) capter; (comprender) comprendre, saisir; (interés etc.) attirer.

captura f capture f.

capturar vt (criminal) capturer.

capucha f capuche f.

capullo m (de insecto) cocon m; (de flor) bouton m.

caqui a & m kaki a & m.

cara 1 f visage m, figure f; (lado) côté m; (de moneda) face f; Fam (desfachatez) culot m; **c. a c.** face à face; **tener buena/mala c.** avoir bonne/mauvaise mine; **tiene una c. de aburrido** il a l'air de s'embêter; **(de) c. a** en face de; **echarle a algn algo en c.** jeter qch à la figure de qn; **¿c. o cruz?** pile ou face?; **echar algo a. o cruz** jouer qch à pile ou face; **¡qué c. (más dura) tienes!** tu as un de ces culots!

2 *m Fam (desvergonzado)* impertinent, -ente.

caracol *m (de tierra)* escargot *m*; *Am* coquille *f*.

caracola *f* escargot *m* de mer, bulot *m*.

carácter *m (pl* **caracteres)** caractère *m*; **tener buen/mal c.** avoir bon/mauvais caractère.

característico, -a *a & f* caractéristique *a & f*.

caramba *interj (sorpresa)* ça alors!; *(enfado)* zut!

carámbano *m* glaçon *m*.

caramelo *m (dulce)* bonbon *m*; *(azúcar quemado)* caramel *m*.

caravana *f* caravane *f*; *(cola)* file *f*.

carbón *m* charbon *m*; **c. vegetal** charbon de bois; **c. mineral** charbon minéral.

carbonizar 1 *vt* carboniser.

2 carbonizarse *vr* être carbonisé.

carbono *m* carbone *m*.

carburador *m* carburateur *m*.

carburante *m* carburant *m*.

carcajada *f* éclat *m* de rire.

cárcel *f* prison *f*.

carcelero, -a *mf* gardien, -ienne de prison.

cardenal *m* cardinal *m*; *(en la piel)* bleu *m*, meurtrissure *f*.

cardiaco, -a, cardíaco, -a *a* cardiaque; **ataque c.** crise cardiaque.

cardinal *a* cardinal; **punto/número c.** point/nombre cardinal.

cardiólogo, -a *mf* cardiologue *mf*.

cardo *m (con espinas)* chardon *m*.

carecer *vi* **c. de** manquer de.

carencia *f* manque *m* **(de** de).

careta *f* masque *m*; **c. antigás** masque à gaz.

carezco *indic pres de* **carecer.**

carga *f (acción, cosa cargada)* chargement *m*; *(explosiva, eléctrica, obligación)* charge *f*.

cargado, -a *a* chargé; *(bebida)* fort;

un café **c.** un café forɪ *ou* serré; **atmósfera cargada** atmosphère tendue; **c. de deudas** criblé de dettes.

cargamento *m* chargement *m*.

cargar 1 *vt* charger; *(mechero, pluma)* recharger; **cárguelo a mi cuenta** débitez-le sur mon compte.

2 *vi* **c. con** *(llevar)* emporter; **c. con las consecuencias** subir les conséquences.

3 cargarse *vr* se charger; *Fam (estropear)* déglinguer, bousiller; *Fam (matar)* descendre.

cargo *m (puesto)* poste *m*; *(persona)* personne *f* haut placée; *(débito)* débit *m*; *(acusación)* accusation *f*; **alto c.** *(puesto)* poste à hautes responsabilités; **estar a c. de** être chargé de; **correr a c. de** *(gastos)* être à la charge de; **hacerse c. de algo** se charger de qch; **hazte c. de mi situación** rends-toi compte de ma situation; **con c. a mi cuenta** débité sur mon compte.

caricatura *f* caricature *f*.

caricia *f* caresse *f*.

caridad *f* charité *f*.

caries *f inv* carie *f*.

cariño *m (amor)* affection *f*; *(querido)* chéri, -ie; **coger/tener c. a algo/algn** s'attacher à/être attaché à qn/qch; **con c.** *(en carta)* avec toute mon affection.

cariñoso, -a *a* affectueux.

cariz *m* aspect *m*.

carmín *m* **(de color) c.** carmin *m*; **c. (de labios)** rouge *m* à lèvres.

carnaval *m* carnaval *m*.

carne *f* chair *f*; *(alimento)* viande *f*; *Fig* **ser de c. y hueso** ne pas être de bois; **c. de gallina** chair de poule; **c. de cerdo/ternera/vaca** (viande de) porc *m*/veau *m*/bœuf *m*.

carné *m* carte *f*; **c. de conducir** permis *m* de conduire; **c. de identidad** carte d'identité.

carnero *m* mouton *m*.

carnet *m* = **carné**.

carnicería *f* boucherie *f*.

caro, -a 1 *a* cher, *f* chère.

  2 *adv* **salir c.** revenir cher; **te costará c.** *(amenaza)* ça va te coûter cher.

carpa *f (pez)* carpe *f*; *(de circo)* chapiteau *m*; *Am (de camping)* tente *f*.

carpeta *f* chemise *f*.

carpintería *f* charpenterie *f*.

carpintero, -a *mf* charpentier *m*.

carraspear *vi* se racler la gorge.

carrera *f* course *f*; *(en media)* échelle *f*; *(estudios)* études *fpl*; *(profesión)* carrière *f*; **c. de coches** course automobile; **echar una c. a algn** faire la course avec qn.

carrerilla *f* **tomar c.** prendre son élan; **de c.** *(de memoria)* par cœur; *(de un tirón)* d'un trait.

carrete *m (de hilo, película)* bobine *f*.

carretera *f* route *f*; *(en autopista)* bretelle *f*; **c. comarcal/nacional** route départementale/nationale; **c. de circunvalación** périphérique *m*; **c. de acceso** route d'accès.

carretilla *f* brouette *f*.

carril *m (de trenes)* rail *m*; *(de carretera)* voie *f*.

carrillo *m* joue *f*.

carro *m (carreta, de máquina de escribir)* chariot *m*; *Am* voiture *f*; **c. de combate** char *m* d'assaut.

carrocería *f* carrosserie *f*.

carta *f* lettre *f*; *(menú)* menu *m*; *(de baraja)* carte *f*; **c. certificada/urgente** lettre recommandée/urgente; **a la c.** à la carte; **c. de vinos** carte des vins; **tomar cartas en un asunto** intervenir dans une affaire.

cartel *m* affiche *f*.

cartera *f (de bolsillo)* portefeuille *m*; *(de mano)* sac *m* à main; *(para documentos etc.)* serviette *f*; *(de colegial)* cartable *m*.

cartero, -a *mf* facteur, -trice.

cartilla *f (libreta)* livret *m*; *(para leer)* abécédaire *m*; **c. de ahorros** livret de caisse d'épargne.

cartón *m (material)* carton *m*; *(de cigarrillos)* cartouche *f*.

cartucho *m* cartouche *f*; *(de papel)* cornet *m*.

cartulina *f* carton *m*.

casa *f* maison *f*; **c. de huéspedes** pension *f*; **c. de socorro** poste *m* de premiers secours.

casado, -a *a & mf* marié, -ée; **los recién casados** les jeunes mariés.

casar 1 *vt* marier.

  2 casarse *vr* se marier.

cascabel *m* grelot *m*.

cascada *f* cascade *f*.

cascar 1 *vt* fêler.

  2 cascarse *vr* se fêler.

cáscara *f* coquille *f*; *(de fruta)* peau *f*; *(de grano)* écorce *f*.

casco *m* casque *m*; *(de caballo)* sabot *m*; *(envase)* bouteille *f* vide; *(de barco)* coque *f*; **c. urbano** centre-ville *m*; **cascos** *(auriculares)* casque *m*.

casero, -a 1 *a (hecho en casa)* maison *inv*; *(persona)* casanier.

  2 *mf (dueño)* propriétaire *mf*.

caseta *f* cabine *f*; *(de feria, exposición)* stand *m*.

casete 1 *m (magnetófono)* magnétophone *m*.

  2 *f (cinta)* cassette *f*.

casi *adv* presque; **c. nunca** presque jamais; **c. nadie** presque personne; **c. me caigo** j'ai failli tomber.

casino *m* casino *m*.

caso *m* cas *m*; **el c. es que...** le fait est que...; **el c. Mattei** l'affaire Mattei; **(en) c. contrario** sinon; **en c. de necesidad** en cas de besoin; **en cualquier c.** en tout cas; **en el mejor/el peor de los casos** dans le meilleur/le pire des cas; **en ese c.** dans ce cas; **en todo c.** en tout cas; **hacer c. a** *o* **de algn** faire attention à qn; **no venir al c.** n'avoir rien à voir; **pongamos por c.** supposons.

caspa f pellicules fpl.

cassette m & f = **casete**.

castaña f châtaigne f.

castaño, -a 1 a (pelo etc.) châtain; (ojos) marron inv.
   2 m (árbol) châtaignier m.

castigar vt punir; (penalizar) pénaliser.

castigo m punition f; (pena) peine f.

castillo m château m.

casual a accidentel.

casualidad f hasard m; **de** o **por c.** par hasard; **dió la c. de que...** il s'est fait que...; **¿tienes un lápiz, por c.?** tu aurais un crayon, par hasard?; **¡que c.!** quel hasard!

casualmente adv par hasard.

cataclismo m cataclysme m.

catalejo m longue-vue f.

catalogar vt cataloguer.

catálogo m catalogue m.

catapulta f catapulte f.

catarata f chute f (d'eau); (enfermedad) cataracte f.

catarro m rhume m.

catástrofe f catastrophe f.

cátedra f (profesoral) chaire f.

catedral f cathédrale f.

catedrático, -a mf professeur m (d'université).

categoría f catégorie f; **de c.** (persona) important.

cateto, -a mf (paleto) paysan, -anne, Fam péquenaud, -aude.

católico, -a a & mf catholique.

catorce a & m inv quatorze a & m inv.

cauce m (de un río) lit m; Fig voie f.

caucho m caoutchouc m; Am (cubierta) pneu m.

caudal m (de un río) débit m; (riqueza) fortune f.

caudillo m chef m.

causa f cause f; **a** o **por c. de** à cause de.

causante a & mf responsable.

causar vt causer; **c. buena/mala impresión** produire une bonne/mauvaise impression.

cautela f prudence f.

cautivar vt capturer.

cautiverio m, **cautividad** f captivité f.

cautivo, -a a & mf captif, -ive.

cava 1 f (bodega) cave f.
   2 m (vino espumoso) mousseux m.

cavar vt creuser.

caverna f caverne f.

caviar m caviar m.

cavidad f cavité f.

cavilar vt réfléchir.

cayado m (de pastor) houlette f.

caza f chasse f; (animales) gibier m; **ir de c.** aller à la chasse; **c. furtiva** braconnage m; **c. mayor/menor** gros/petit gibier.

cazador, -ora mf chasseur, -euse.

cazadora f blouson m.

cazar vt chasser.

cazo m (cacerola) casserole f; (cucharón) louche f.

cazuela f casserole f; (guiso) ragoût m; **a la c.** à la cocotte.

cebada f orge f.

cebo m appât m.

cebolla f oignon m.

cebolleta f ciboulette f.

cebra f zèbre m; **paso de c.** passage pour piétons.

ceder vti céder; **c. el paso** céder le passage.

cédula f document m; Am **c. de identidad** carte f d'identité.

C(E)E f abr de **Comunidad (Económica) Europea** C(E)E f.

cegar [1] vt aveugler; (puerta, ventana) boucher.

ceguera f cécité f.

ceja f sourcil m.

celador, -ora mf surveillant, -ante; *(de cárcel)* gardien, -ienne.

celda f cellule f.

celebérrimo, -a a très célèbre.

celebración f *(festejo)* célébration f; *(de juicio etc.)* instruction f.

celebrar 1 vt célébrer; *(reunión, elecciones)* tenir; *(juicio)* instruire; *(contrato)* signer.
   2 celebrarse vr se tenir.

célebre a célèbre.

celeste 1 a *(de cielo)* céleste; *(color)* bleu ciel.
   2 m bleu m ciel.

celibato m célibat m.

celo m zèle m; **en c.** en rut; **celos** jalousie f sing; **tener celos (de algn)** être jaloux (de qn).

celo® m Scotch® m.

celofán m Cellophane® f.

celoso, -a a jaloux.

célula f cellule f.

celulitis f inv cellulite f.

cementerio m cimetière m.

cemento m ciment m.

cena f dîner m.

cenar 1 vi dîner.
   2 vt dîner de.

cenicero m cendrier m.

cenit m zénith m.

censo m recensement m; **c. electoral** corps m électoral.

censura f censure f; **moción de c.** motion de censure.

censurar vt *(libro, película)* censurer.

centavo m Am centime m.

centellear vi scintiller.

centena f, **centenar** m centaine f.

centenario m centenaire m.

centeno m seigle m.

centésimo, -a a & mf centième.

centígrado, -a a centigrade.

centilitro m centilitre m.

centímetro m centimètre m.

céntimo m centime m.

centinela m o f sentinelle f.

centollo m araignée f de mer.

central 1 a central.
   2 f *(oficina principal)* siège m social; **c. nuclear/térmica** centrale f nucléaire/thermique.

centralismo m centralisme m.

centralita f standard m.

centralizar vt centraliser.

céntrico, -a a central.

centrifugar vt *(ropa)* essorer *(dans une essoreuse)*.

centro m centre m; **c. de la ciudad** centre-ville; **c. comercial** centre commercial.

ceñido, -a a ajusté.

cepillar 1 vt brosser.
   2 cepillarse vr se brosser; **cepillarse el pelo** se brosser les cheveux.

cepillo m brosse f; *(en carpintería)* rabot m; **c. de dientes** brosse à dents; **c. del pelo** brosse à cheveux.

cera f cire f; *(de abeja)* cire d'abeille.

cerámica f céramique f.

cerca¹ 1 adv près; **de c.** de près.
   2 prep **c. de** près de; **el colegio está c. de mi casa** le collège est près de chez moi; **c. de cien personas** près de cent personnes.

cerca² f clôture f.

cercano, -a a proche; **el C. Oriente** le Proche-Orient.

cercar vt *(tapiar)* clôturer; *(rodear)* entourer.

cerdo m cochon m; *(carne)* porc m.

cereal m céréale f.

cerebro m cerveau m.

ceremonia f cérémonie f.

cereza f cerise f.

cerezo m cerisier m.

cerilla f allumette f.

cero m zéro m ; **ser un c. a la izquierda** être complètement nul.

cerrado, -a a fermé; (acento) marqué; (curva) relevé.

cerradura f serrure f.

cerrar [1] **1** vt fermer; (cremallera) remonter; (negocio) clore; **c. con llave** fermer à clé; **c. el paso a algn** barrer la route à qn.
    2 vi fermer.
    3 cerrarse vr se fermer.

cerril a (obstinado) têtu.

cerro m colline f.

cerrojo m verrou m; **echar el c.** (a una puerta) verrouiller.

certamen m concours m.

certeza, certidumbre f certitude f; **tener la c. de que...** avoir la certitude que...

certificado, -a 1 a (correo) recommandé.
    2 m certificat m; **c. médico** certificat médical.

cervecería f brasserie f.

cerveza f bière f; **c. de barril** bière pression; **c. negra** bière brune.

cesar 1 vi cesser (**de** de); **sin c.** sans cesse.
    2 vt (empleado) renvoyer.

césped m gazon m.

cesta f panier m.

cesto m panier m.

chabola f cabane f; (casa pobre) baraque f; **chabolas** bidonville m.

chacinería f charcuterie f.

chacra f Am petite ferme f.

chafar vt Fam (plan etc.) faire tomber à l'eau; (aplastar) écraser.

chal m châle m.

chalado, -a a Fam dingue (**por** de).

chalé m (pl **chalés**) villa f.

chaleco m gilet m; **c. salvavidas** gilet de sauvetage.

chalet m villa f.

champán, champaña m champagne m.

champiñón m champignon m de Paris.

champú m shampoing m.

chamuscar vt flamber.

chancaca f Am cassonade f.

chance m Am chance f.

chancear vi blaguer.

chanchada f Am Fam sale tour m.

chancho, -a mf Am cochon, -onne.

chancla f savate f; (chancleta) pantoufle f.

chándal m survêtement m.

chantaje m chantage m; **hacer c. a algn** faire chanter qn.

chantajear vt faire chanter.

chapa f (tapón) bouchon m; (de adorno) badge m; Am serrure f.

chapado, -a a (metal) plaqué; **c. en oro** plaqué or.

chaparrón m averse f.

chapotear vi patauger.

chapurrear vt (idioma) baragouiner.

chapuza f (trabajo mal hecho) travail m bâclé; (trabajo ocasional) petit boulot m.

chapuzón m (baño corto) petite baignade f; **darse un c.** faire trempette.

chaqueta f veste f.

charca f mare f.

charco m flaque f d'eau.

charcutería f charcuterie f.

charla f (conversación) conversation f; (conferencia) causerie f.

charlar vi bavarder.

charlatán, -ana 1 a (parlanchín) bavard.
    2 mf (parlanchín) bavard, -arde; (embaucador) charlatan m.

charol m (cuir m) vernis m.

chárter a inv & m **(vuelo) c.** (vol) charter a inv & m.

chasca *f Am (cabellera revuelta)* tignasse *f.*

chasco *m Fam (decepción)* déception *f;* **llevarse un c.** être déçu.

chasis *m inv* châssis *m.*

chasqui *m Am* courrier *m.*

chasquido *m (de la lengua, de los dedos, de látigo)* claquement *m; (de madera)* craquement *m.*

chatarra *f* ferraille *f; (cosa inservible)* vieillerie *f.*

chato, -a *a* camus.

chauvinista *a & mf* chauvin, -ine.

chaval, -ala *mf (chico)* garçon *m; (chica)* fille *f.*

chepa *f* bosse *f.*

cheque *m* chèque *m;* **c. de viaje** *o* **(de) viajero** chèque de voyage.

chequeo *m* bilan *m* de santé.

chicano, -a 1 *a* chicano. **2** *mf* Chicano *m.*

chicha *f Am* liqueur *f* de maïs.

chícharo *m Am (guisante)* petit pois *m.*

chicharra *f* cigale *f.*

chichón *m* bosse *f.*

chicle *m* chewing-gum *m.*

chico, -a 1 *mf (muchacho)* garçon *m; (muchacha)* fille *f.* **2** *a (pequeño)* petit.

chicote *m Am* fouet *m.*

chiflado, -a *a Fam* dingue (**por** de).

chillar *vi (persona)* crier.

chillido *m (de persona)* cri *m.*

chillón, -ona *a (voz, color)* criard; *(sonido)* perçant.

chimenea *f* cheminée *f.*

chincheta *f* punaise *f.*

chingana *f Am* bar *m.*

chipirón *m* calamar *m.*

chiquillo, -a *mf* gamin, -ine.

chiringuito *m (en playa etc.)* buvette *f; (en carretera)* café-restaurant *m* au bord de la route.

chirriar *vi* grincer.

chirrido *m* grincement *m.*

chisme *m (habladuría)* ragot *m; Fam (trasto)* babiole *f; (cosa)* truc *m.*

chismear *vi* cancaner.

chismoso, -a *a & mf* cancanier, -ière.

chispa *f* étincelle *f.*

chispear *vi* jeter des étincelles; *(lloviznar)* pleuviner.

chiste *m* blague *f;* **contar un c.** raconter une blague.

chivatazo *m Fam (soplo)* mouchardage *m;* **dar el c.** moucharder.

chivato, -a *mf Fam (acusica)* mouchard, -arde; *(delator)* délateur, -trice.

chocante *a* choquant.

chocar 1 *vi (topar)* cogner; **c. con** *o* **contra** heurter. **2** *vt* heurter; *(sorprender)* choquer.

chochear *vi (viejo)* radoter.

chocolate *m* chocolat *m.*

chocolatina *f* tablette *f* de chocolat.

chófer *m (pl* **chóferes**), **chofer** *m Am (pl* **choferes**) chauffeur *m.*

chomba *f Am* pull *m.*

chonta *f Am* palmier *m.*

chopo *m* peuplier *m.*

choque *m* choc *m; (de coches etc.)* collision *f.*

chorizo *m* chorizo *m.*

chorrear *vi* jaillir; *(gotear)* goutter; *Fam* **estoy chorreando** je suis trempé.

chorro *m (de agua etc.)* jet *m; (muy fino)* filet *m;* **salir a chorros** jaillir.

chovinista *a & mf* chauvin, -ine.

choza *f* cabane *f.*

chubasco *m* averse *f.*

chubasquero *m* imperméable *m.*

chuleta *f* côtelette *f;* **c. de cerdo** côtelette de porc.

chulo, -a *Fam* **1** *mf* frimeur, -euse. **2** *a (bonito)* mignon.

chupachup® *m* sucette *f.*

chupar 1 *vt* sucer; *(lamer)* lécher; *(absorber)* absorber.
 2 *vi* sucer.
 3 chuparse *vr* **está para chuparse los dedos** ça vous met l'eau à la bouche.

chupete *m* tétine *f*.

churrete *m* tache *f*.

churro *m* beignet *m*.

chutar *vi (a gol)* shooter.

cicatriz *f* cicatrice *f*.

cicatrizar *vti* cicatriser.

ciclismo *m* cyclisme *m*.

ciclista *a & mf* cycliste.

ciclo *m* cycle *m*.

ciclomotor *m* cyclomoteur *m*.

ciclón *m* cyclone *m*.

ciego, -a 1 *a* aveugle; **a ciegas** à l'aveuglette.
 2 *mf* aveugle *mf*.

cielo *m* ciel *m*; *(de la boca)* voûte *f* du palais.

ciempiés *m inv* mille-pattes *m inv*.

cien *a & m inv* cent *a & m*; **c. por c.** cent pour cent.

ciencia *f* science *f*; **saber algo a c. cierta** être certain de quelque chose; **c. ficción** science-fiction *f*.

cieno *m* vase *f*.

científico, -a *a & mf* scientifique.

ciento *a & m* cent *a & m*; **c. tres** cent trois; **por c.** pour cent.

cierre *m (acción, de fábrica)* fermeture *f*; *(de emisión)* fin *f*; *(de bolso)* fermoir *m*; *(de puerta)* loquet *m*.

cierto, -a 1 *a* certain; *(verdadero)* vrai; **lo c. es que...** le fait est que...; **por c.** à propos.
 2 *adv* certainement.

ciervo, -a *mf (macho)* cerf *m*; *(hembra)* biche *f*.

cifra *f (número)* chiffre *m*.

cigala *f* langoustine *f*.

cigarra *f* cigale *f*.

cigarrillo *m* cigarette *f*.

cigarro *m (cigarrillo)* cigarette *f*; *(puro)* cigare *m*.

cigüeña *f* cigogne *f*.

cilindro *m* cylindre *m*.

cima *f* sommet *m*.

cimientos *mpl* fondations *fpl*.

cinco *a & m inv* cinq *a & m inv*.

cincuenta *a & m inv* cinquante *a & m inv*.

cine *m* cinéma *m*.

cinematográfico, -a *a* cinématographique.

cínico, -a *a & mf* cynique.

cinta *f (tira, para adornar)* ruban *m*; *(película)* bande *f*; *(de música)* cassette *f*; **c. adhesiva/aislante** ruban adhésif/isolant; **c. de vídeo** bande vídeo; **c. transportadora** tapis *m* roulant.

cintura *f* taille *f*.

cinturón *m* ceinture *f*; **c. de seguridad** ceinture de sécurité.

ciprés *m* cyprès *m*.

circo *m* cirque *m*.

circuito *m* circuit *m*.

circulación *f* circulation *f*.

circular 1 *a & f* circulaire *f*.
 2 *vi* circuler.

círculo *m* cercle *m*.

circuncisión *f* circoncision *f*.

circundante *a* environnant.

circunferencia *f* circonférence *f*.

circunscripción *f* circonscription *f*.

circunstancia *f* circonstance *f*.

cirio *m* cierge *m*.

ciruela *f* prune *f*; **c. claudia** reine-claude *f*; **c. pasa** pruneau *m*.

ciruelo *m* prunier *m*.

cirugía *f* chirurgie *f*; **c. estética** *o* **plástica** chirurgie esthétique.

cirujano, -a *mf* chirurgien, -ienne.

cisne *m* cygne *m*.

cisterna *f* citerne *f*.

cita f rendez-vous m; (mención) citation f.

citar vt (mencionar) citer; **me ha citado el dentista** j'ai rendez-vous chez le dentiste.

cítrico, -a 1 a citrique.
   2 mpl **cítricos** agrumes mpl.

ciudad f ville f.

ciudadano, -a mf citoyen, -enne.

cívico, -a a civique.

civil a civil; **matrimonio c.** mariage civil.

civilización f civilisation f.

civilizado, -a a civilisé.

civismo m civisme m.

clamoroso, -a a retentissant.

clan m clan m.

clandestino, -a a clandestin.

clara f (de huevo) blanc m.

claraboya f lucarne f.

clarear vi (despejar) s'éclaircir; (amanecer) **está clareando** le jour se lève.

clarete a & m rosé a & m.

claridad f (luz, inteligibilidad) clarté f; **con c.** clairement.

clarificar vt clarifier.

clarinete m clarinette f.

claro, -a 1 a clair.
   2 interj bien sûr!; **¡c. que no!** bien sûr que non!; **¡c. que sí!** bien sûr! .
   3 m (en un bosque) clairière f; (tiempo despejado) éclaircie f.
   4 adv clairement.

clase f classe f; (tipo) type m; (curso) cours m; (aula) (salle f de) classe; **c. alta/media** haute classe/classe moyenne; **primera/segunda c.** première/deuxième classe; **toda c. de...** toutes sortes de...

clásico, -a 1 a classique.
   2 m classique m.

clasificación f classification f; (para campeonato, concurso) classement m.

clasificar 1 vt classer.
   2 clasificarse vr se qualifier.

claustrofobia f claustrophobie f.

cláusula f clause f.

clausura f (cierre) clôture f.

clavar 1 vt clouer; (clavo, estaca) enfoncer.
   2 clavarse vr **clavarse una astilla** s'enfoncer une écharde.

clave f clé f; **la palabra c.** le mot clé.

clavel m œillet m.

clavícula f clavicule f.

clavo m clou m; (especia) clou de girofle; Fig **dar en el c.** taper dans le mille.

claxon m (pl **cláxones**) Klaxon® m; **tocar el c.** klaxonner.

clemencia f clémence f.

clementina f clémentine f.

clérigo m ecclésiatique m.

clero m clergé m.

clic hacer c. cliquer (**en** sur).

cliché m cliché m.

click = clic

cliente mf client, -ente.

clima m climat m.

climatizado, -a a climatisé.

clínica f clinique f.

clip m (para papel) trombone m.

cloaca f égout m.

cloro m chlore m.

cloroformo m chloroforme m.

club m club m; **c. náutico** club nautique.

coacción f contrainte f.

coalición f coalition f.

coartada f alibi m.

cobarde a & mf lâche.

cobayo, -a mf cobaye m.

cobertizo m remise f.

cobertor m couverture f.

cobija f Am couverture f.

cobijar 1 vt abriter.
   2 cobijarse vr s'abriter.

cobra *f* cobra *m.*

cobrador, -ora *mf (de autobús)* receveur, -euse; *(de luz, agua etc.)* percepteur, -trice.

cobrar *vt (dinero)* faire payer; *(cheque)* encaisser; *(salario)* toucher; **c. importancia** prendre de l'importance.

cobre *m* cuivre *m; Am (moneda)* monnaie *f* de cuivre.

cobro *m (pago)* paye *f; (de cheque)* encaissement *m;* **llamada a c. revertido** appel en P.C.V.

coca *f (Coca-Cola®)* Coca® *m inv.*

cocaína *f* cocaïne *f.*

cocción *f* cuisson *f.*

cocer [4] *vt,* **cocerse** *vr (comida)* cuire.

coche *m* voiture *f; (vagón)* wagon *m;* **en c.** en voiture; **c. de bomberos** camion *m* de pompiers; **c. cama** voiture-lit *f.*

cochecito *m (de niño)* poussette *f.*

cochera *f* garage *m; (de autobuses)* dépôt *m.*

cochino, -a 1 *mf (macho)* cochon *m; (hembra)* truie *f; Fam (persona)* cochon, -onne.
    2 *a (sucio)* dégoûtant.

cocido *m* ragoût *m.*

cocina *f* cuisine *f; (aparato)* cuisinière *f;* **c. eléctrica/de gas** cuisinière électrique/à gaz; **c. casera** cuisine maison.

cocinar *vti* cuisiner.

cocinero, -a *mf* cuisinier, -ière.

coco *m* noix *f* de coco.

cocodrilo *m* crocodile *m.*

cocotero *m* cocotier *m.*

cóctel *m* cocktail *m.*

codazo *m* coup *m* de coude.

codicia *f* cupidité *f.*

codicioso, -a 1 *a* cupide.
    2 *mf* personne *f* cupide.

código *m* code *m;* **c. de circulación** code de la route.

codo *m* coude *m; Fam* **hablar por los codos** être bavard comme une pie.

coeficiente *m* **c. intelectual** quotient *m* intellectuel, Q.I. *m.*

coetáneo, -a *a & mf* contemporain, -aine.

coexistir *vi* coexister.

cofre *m* coffre *m.*

coger 1 *vt* prendre; *(del suelo)* ramasser; *(fruta, flores)* cueillir; *(asir)* saisir; *(pelota, ladrón, resfriado)* attraper; *(atropellar)* renverser; *Am Vulg* baiser.
    2 cogerse *vr (agarrarse)* s'accrocher.

cogote *m* nuque *f.*

cohabitar *vi* cohabiter.

coherente *a* cohérent.

cohete *m* fusée *f.*

cohibir 1 *vt* inhiber.
    2 cohibirse *vr* être inhibé.

coincidencia *f* coïncidence *f.*

coincidir *vi* coïncider; *(concordar)* être d'accord; *(encontrarse)* se rencontrer.

cojear *vi (persona)* boiter; *(mesa etc.)* être bancal.

cojín *m* coussin *m.*

cojinete *m* roulement *m.*

cojo, -a 1 *a (persona)* boiteux; *(mueble)* bancal.
    2 *mf* boiteux, -euse.

col *f* chou *m;* **c. de Bruselas** chou de Bruxelles.

cola¹ *f (de animal, de pelo, fila)* queue *f; (de vestido)* traîne *f;* **a la c.** à la queue; **hacer c.** faire la queue.

cola² *f* colle *f.*

colaboración *f* collaboration *f.*

colaborador, -ora *a & mf* collaborateur, -trice.

colaborar *vi* collaborer.

colada *f* lessive *f;* **hacer la c.** faire la lessive.

colador *m* passoire *f; (de té)* passette *f; (de café)* filtre *m.*

colapso m effondrement m; **c. circulatorio** embouteillage m.

colar [2] **1** vt (líquido) passer.
  2 colarse vr se faufiler; (en fiesta) s'inviter; (en una cola) resquiller.

colcha f dessus-de-lit m inv.

colchón m matelas m.

colchoneta f matelas m pneumatique.

colección f collection f.

coleccionar vt collectionner.

colecta f collection f.

colectivo, -a 1 a collectif.
  2 m (asociación) association f; Am microbus m.

colega mf collègue mf.

colegial, -ala 1 a (escolar) scolaire.
  2 mf écolier, -ière.

colegio m (escuela) école f; **c. privado** école privée; **c. mayor** o **universitario** (residencia) résidence f universitaire.

cólera¹ f colère f.

cólera² m (enfermedad) choléra m.

colesterol m cholestérol m.

colgante 1 m (joya) pendentif m.
  2 a pendant.

colgar [2] **1** vt accrocher; (colada) étendre; (ahorcar) pendre.
  2 vi pendre (**de** à); (teléfono) raccrocher.
  3 colgarse vr (ahorcarse) se pendre.

cólico m colique f.

coliflor f chou-fleur m.

colilla f mégot m.

colina f colline f.

colirio m collyre m.

colisión f collision f.

collar m collier m.

colmado, -a a plein.

colmena f ruche f.

colmillo m canine f; (de carnívoro) croc m; (de jabalí, elefante) défense f.

colmo m comble m; **¡eso es el c.!**

c'est le comble!; **para c...** le comble, c'est que...

colocación f (acto) placement m; (situación) emplacement m; (empleo) situation f.

colocar 1 vt mettre; (emplear) employer.
  2 colocarse vr (situarse) se mettre; (emplearse) prendre un emploi (**de** de).

Colón n Colomb.

colonia¹ f colonie f.

colonia² f (agua de) **c.** eau f de Cologne.

colonial a colonial.

colonizar vt coloniser.

coloquio m discussion f.

color m couleur f; **de colores** coloré; **persona de c.** personne de couleur.

colorado, -a 1 a rouge; **ponerse c.** rougir.
  2 m rouge m.

colorante m colorant m.

colorear vt colorer.

colorete m rouge m.

colorido m coloris m.

columna f colonne f; **c. vertebral** colonne vertébrale.

columpio m balançoire f.

coma¹ f (ortográfica) virgule f.

coma² m (estado) coma m.

comadrona f sage-femme f.

comandante m commandant m.

comarca f région f.

combate m combat m; (batalla) bataille f; **fuera de c.** hors de combat.

combatir vti combattre.

combinación f combinaison f.

combinar 1 vt combiner.
  2 combinarse vr se combiner.

combustible a & m combustible a & m.

comedia f comédie f.

comedor m salle f à manger.

comentar *vt* commenter.

comentario *m* commentaire *m*; **sin comentarios** pas de commentaire.

comenzar [1] *vti* commencer; **comenzó a llover** il a commencé à pleuvoir; **comenzó diciendo que...** il a commencé par dire que...

comer 1 *vti* manger; **dar de c. a algn** donner à manger à qn.

2 comerse *vr* manger; **comerse una fruta** manger un fruit.

comercial *a* commercial.

comercializar *vt* commercialiser.

comerciante *mf* commerçant, -ante.

comercio *m* commerce *m*.

comestible 1 *a* comestible.

2 *mpl* **comestibles** aliments.

cometa 1 *m* comète *f*.

2 *f (juguete)* cerf-volant *m*.

cometer *vt* commettre.

comezón *m* démangeaison *f*.

comicios *mpl* élections *fpl*.

cómico, -a 1 *a (divertido)* drôle; **actor c.** acteur comique.

2 *mf* comique *mf*, comédien, -ienne.

comida *f (alimento)* nourriture *f*; *(almuerzo, cena)* repas *m*.

comienzo *m* début *m*; **dar c. (a algo)** commencer (qch).

comillas *fpl* guillemets *mpl*; **entre c.** entre guillemets.

comisaría *f* commissariat *m*.

comisión *f* commission *f*.

comité *m* comité *m*.

como 1 *adv* (a) *(manera, comparación etc.)* comme; **me gusta c. cantas** j'aime la façon dont tu chantes; **c. quieras/dije/etc.** comme tu veux/je l'ai dit/etc.; **blanco c. la nieve** blanc comme neige; **habla c. su padre** il parle comme son père; **lo compré c. recuerdo** je l'ai acheté comme souvenir.

(b) *(aproximadamente)* environ; **c. unos diez** une dizaine environ.

2 *conj* (a) **c.** + *subjuntivo (si)* si; **c.**

no estudies vas a suspender si tu ne travailles pas, tu seras refusé à l'examen.

(b) *(porque)* comme; **c. no venías me marché** comme tu n'arrivais pas, je suis parti.

(c) **c. si** comme si; **c. si nada** *o* **tal cosa** comme si de rien n'était.

cómo *adv* (a) **¿c.?** *(¿perdón?)* comment?

(b) *(interrogativo)* comment; **¿c. estás?** comment vas-tu?; **¿a c. están los tomates?** *(a cuánto)* à combien sont les tomates?; *(por qué)* **¿c. fue que no viniste a la fiesta?** comment se fait-il que tu ne sois pas venu à la fête?

(c) *(exclamativo)* comme; **¿c. es eso?** comment ça se fait?; **¡c. has crecido!** comme tu as grandi!; **¡c. no!** bien sûr!

cómoda *f* commode *f*.

comodidad *f* confort *m*; *(conveniencia)* commodité *f*.

comodín *m* joker *m*.

cómodo, -a *a* confortable; *(útil)* commode.

compacto, -a *a* compact; **disco c.** disque compact.

compadecer 1 *vt* plaindre.

2 compadecerse *vr* s'apitoyer (**de** sur).

compañero, -a *mf* compagnon, -agne; **es mi c. de piso** c'est avec lui que je partage mon appartement.

compañía *f* compagnie *f*; **hacer c. a algn** tenir compagnie à qn.

comparación *f* comparaison *f*; **en c.** en comparaison (**con** avec); **sin c.** sans comparaison.

comparar *vt* comparer (**con** avec).

compartimento, compartimiento *m* compartiment *m*.

compartir *vt* partager.

compás *m* compas *m*; *(brújula)* boussole *f*; *(ritmo)* mesure *f*; **al c. de** au rythme de.

compasión f compassion f; **tener c. de algn** compatir avec qn.

compatible a compatible.

compatriota mf compatriote mf.

compensar 1 vt (pérdida, error) compenser; (indemnizar) dédommager. **2** vi valoir la peine.

competencia f (rivalidad, empresas rivales) concurrence f; (capacidad, incumbencia) compétence f.

competición f compétition f.

competir [6] vi rivaliser; (en un concurso) concourir.

competitivo, -a a compétitif; (empresa, precios) concurrentiel.

compinche mf (cómplice) complice mf.

complacer vt plaire.

complejo, -a a & m complexe a & m.

complemento m complément m.

completamente adv complètement.

completar vt compléter.

completo, -a a complet; **por c.** complètement.

complicado, -a a (complejo) compliqué; (implicado) impliqué.

complicar 1 vt compliquer; (involucrar) impliquer (**en** dans). **2 complicarse** vr se compliquer.

cómplice mf complice mf.

complot m (pl complots) complot m.

componer (pp **compuesto**) **1** vt composer; (reparar) réparer. **2 componerse** vr (consistir) se composer (**de** de).

comportamiento m comportement m.

composición f composition f.

compra f achat m; **ir de c.** aller faire les courses.

comprar vt acheter.

comprender vt comprendre.

comprensión f compréhension f.

comprensivo, -a a compréhensif.

compresa f compresse f.

comprimido, -a a & m comprimé a & m.

comprobar [2] vt vérifier.

comprometer 1 vt (arriesgar) compromettre; (obligar) obliger. **2 comprometerse** vr (involucrarse) se compromettre; (novios) se fiancer; **comprometerse a hacer algo** s'engager à faire qch.

compromiso m (obligación) engagement m; (acuerdo) accord m; (cediendo algo) compromis m; **por c.** par obligation; **poner a algn en un c.** mettre qn dans l'embarras.

compuesto, -a a & m composé a & m.

compuse pt indef de **componer**.

computadora f ordinateur m.

común a commun; **poco c.** peu commun; **por lo c.** généralement.

comunicación f communication f; (unión) union f.

comunicar 1 vt communiquer; **comuníquenoslo lo antes posible** informez-nous-en le plus tôt possible. **2** vi communiquer; (teléfono) être occupé. **3 comunicarse** vr communiquer.

comunidad f communauté f; **C. Europea** Communauté Européenne.

comunión f communion f.

con prep (a) avec; **c. ese frío/niebla** avec ce froid/brouillard; **estar c. (la) gripe** avoir le rhume; **una bolsa c. dinero** un sac avec de l'argent dedans; **habló c. todos** il a parlé à tout le monde. (b) (con infinitivo) **c. llamar será suficiente** appeler suffira. (c) (con + **que** + subjuntivo) **bastará c. que lo esboces** une ébauche suffira; **c. tal de que...** pourvu que...

concebir [6] vti concevoir.

conceder vt accorder.

concejal, -ala *mf* conseiller, -ère municipal(e).

concentración *f* concentration *f*.

concentrar 1 *vt* concentrer.
 2 concentrarse *vr* se concentrer (**en** sur).

concepción *f* conception *f*.

concepto *m* concept *m*; **bajo/por ningún c.** en aucun cas.

concernir [5] *v impers (afectar)* concerner; *(corresponder)* relever de; **en lo que a mí concierne** en ce qui me concerne; **en lo que concierne a** en ce qui concerne.

concesión *f* concession *f*; *(de premio, contrato)* attribution *f*.

concha *f (caparazón)* coquillage *m*; *(carey)* écaille *f*.

conciencia *f* conscience *f*; **a c.** conciencieusement.

concienzudo, -a *a* consciencieux.

concierto *m* concert *m*; *(composición)* concerto *m*; *(acuerdo)* accord *m*.

concluir 1 *vt* conclure.
 2 *vi* se conclure.

conclusión *f* conclusion *f*; **sacar una c.** tirer une conclusion.

concretamente *adv* concrètement.

concreto, -a 1 *a* concret; **en c.** concrètement.
 2 *m Am* béton *m*.

concurrido, -a *a* fréquenté.

concursante *mf* concurrent, -ente.

concurso *m (competición, de belleza etc.)* concours *m*; *(televisivo)* jeu *m*.

condena *f* condamnation *f*.

condenado, -a 1 *a* condamné; **c. a muerte** condamné à mort.
 2 *mf* condamné, -ée.

condenar *vt* condamner.

condensado, -a *a* condensé; **leche condensada** lait condensé.

condensar 1 *vt* condenser.
 2 condensarse *vr* se condenser.

condición *f* condition *f*; **en buenas/malas condiciones** en bonne/mauvaise condition; **con la c. de que...** à condition que...

condimento *m* condiment *m*.

condón *m* préservatif *m*.

conducir 1 *vt* conduire.
 2 *vi* conduire; **permiso de c.** permis de conduire.

conducta *f* conduite *f*.

conducto *m (tubería)* conduit *m*.

conductor, -ora *mf* conducteur, -trice.

conectar *vt* connecter; *(enchufar)* brancher.

conejillo *m* **c. de Indias** cochon *m* d'Inde.

conejo *m* lapin *m*.

conexión *f* connexion *f*.

confección *f* confection *f*; *(de plan)* élaboration *f*.

conferencia *f* conférence *f*; *(de telefónica)* communication *f*.

confesar [1] **1** *vti* confesser.
 2 confesarse *vr* se confesser; **confesarse culpable** s'avouer coupable.

confianza *f (seguridad)* confiance *f*; **de c.** de confiance; **tener c. en uno mismo** avoir confiance en soi; **tener c. con algn** être intime avec qn.

confiar 1 *vt* confier.
 2 *vi* **c. en** avoir confiance en; **no confíes en su ayuda** ne compte pas sur son aide.
 3 confiarse *vr* se confier (**en, a** à).

confidencial *a* confidentiel.

confirmar *vt* confirmer.

confiscar *vt* confisquer.

confitería *f* confiserie *f*; *Am* salon *m* de thé.

confitura *f* confiture *f*.

conflicto *m* conflit *m*.

conformarse *vr* se contenter (**con** de); **tendrás que conformate**

(con esto) il faudra que tu te fasses une raison.

conforme 1 *a (satisfecho)* satisfait; **no estoy c.** je ne suis pas d'accord.

2 *conj* à mesure que; **c. crecía, iba madurando** à mesure qu'il grandissait, il mûrissait; **ha contado todo c. se le ocurría** il a tout raconté comme ça lui venait.

3 *prep* **c. a** conformément à; **su castigo fue c. a su conducta** le châtiment qu'il reçut était à la mesure de sa conduite.

confortable *a* confortable.

confrontación *f* confrontation *f.*

confundir 1 *vt* confondre (**con** avec); **c. a una persona con otra** prendre une personne pour une autre.

2 confundirse *vr (equivocarse)* se tromper; *(mezclarse)* s'embrouiller; *(colores, formas)* se mêler.

confusión *f* confusion *f.*

confuso, -a *a* confus.

congelado, -a 1 *a* congelé.

2 *mpl* **congelados** produits *mpl* congelés.

congelador *m* congélateur *m.*

congelar 1 *vt* congeler.

2 congelarse *vr* se congeler; *(persona)* geler.

congoja *f* chagrin *m.*

congreso *m* congrès *m*; **c. de los Diputados** Chambre *f* des députés.

congrio *m* congre *m.*

conjugación *f* conjugaison *f.*

conjunción *f* conjonction *f.*

conjunto, -a 1 *m (grupo, prenda)* ensemble *m*; *(todo)* tout *m*; *(pop)* groupe *m*; **de c.** d'ensemble; **en c.** dans l'ensemble.

2 *a* conjoint.

conmemoración *f* commémoration *f.*

conmigo *pron pers* avec moi; **él habló c.** il m'a parlé.

conmoción *f* commotion *f*; **c. cerebral** commotion cérébrale.

conmovedor, -ora *a* émouvant.

conmover [4] *vt* émouvoir.

conmutador *m* commutateur *m*; *Am* standard *m.*

cono *m* cône *m.*

conocedor, -ora *a & mf* connaisseur, -euse.

conocer 1 *vt* connaître; *(por primera vez)* rencontrer; *(reconocer)* reconnaître; **dar algo a c.** faire savoir qch; **esto lo dio a c.** c'est ce qui l'a fait connaître.

2 conocerse *vr (dos personas)* se connaître; *(por primera vez)* se rencontrer.

conocido, -a 1 *a* connu.

2 *mf* connaissance *f.*

conocimiento *m* connaissance *f*; **perder/recobrar el c.** perdre/reprendre connaissance; **conocimientos** connaissances.

conquistador, -ora *mf* conquérant, -ante.

conquistar *vt (país, ciudad)* conquérir; **c. a una persona** conquérir une personne.

consabido, -a *a (bien conocido)* bien connu; *(usual)* habituel.

consagrar 1 *vt* consacrer.

2 consagrarse *vr (dedicarse)* se consacrer (**a** à); *(lograr fama)* arriver à la consécration.

consciente *a* conscient.

consecuencia *f* conséquence *f*; *(coherencia)* cohérence *f*; **a o como c. de** en conséquence de; **en c.** par conséquent.

consecuente *a* conséquent.

consecutivo, -a *a* consécutif; **tres días consecutivos** trois jours d'affilée.

conseguir [6] *vt* obtenir; *(objetivo)* atteindre; *(lograr)* réussir.

consejero, -a *mf (asesor)* conseiller, -ère.

consejo m conseil m; **c. de ministros** conseil des ministres; **c. de administración** conseil d'administration.

consentido, -a a gâté.

consentimiento m consentement.

consentir [5] **1** vt (tolerar) tolérer; (mimar) gâter; **no consientas que haga eso** ne le laisse pas faire. **2** vi consentir (**en** à).

conserje m (bedel) concierge m.

conserva f conserve f.

conservador, -ora a & mf conservateur, -trice.

conservante m conservateur m.

conservar **1** vt conserver; (mantener) maintenir; (alimentos) mettre en conserve. **2 conservarse** vr se conserver; (tradición) se maintenir.

conservatorio m conservatoire m.

considerado, -a a (atento) attentionné.

considerar vt considérer.

consigna f (para maletas) consigne f.

consigo¹ pron pers (tercera persona) (hombre) lui-même; (mujer) elle-même; (plural) eux-mêmes; (usted) vous-même; **hablar c. mismo** se parler à soi-même; **lo que el invierno/la vejez/etc. trae c.** ce que l'hiver/la vieillesse/etc. apporte dans son sillage.

consigo² indic pres de **conseguir**.

consiguiente a **por c.** par conséquent; **c. a** résultant de.

consistente a (firme) ferme.

consistir vi consister (**en** en).

consola f console f.

consolar [2] **1** vt consoler. **2 consolarse** vr se consoler.

consomé m consommé m.

consonante **1** a consonant. **2** f consonne f.

consorte mf (cónyuge) conjoint, -ointe.

conspiración f conspiration f.

conspirar vi conspirer.

constancia f constance f; (testimonio) preuve f.

constante **1** a constant. **2** f constante f.

constantemente adv constamment.

constar vi (figurar) figurer; **me consta que...** je suis certain que...; **c. de** (consistir en) comprendre.

constatar vt constater.

constipado, -a 1 a enrhumé. **2** m rhume m.

constiparse vr s'enrhumer.

constitución f constitution f.

constituir 1 vt constituer; **estar constituido por** être constitué de. **2 constituirse** vr se constituer (**en** -).

construcción f construction f; (sector) bâtiment m.

constructor, -ora 1 mf constructeur, -trice. **2** a **empresa constructora** entreprise de construction.

construir vt construire.

consuelo m consolation f.

cónsul mf consul m.

consulado m consulat m.

consulta f consultation f; **horas de c.** heures de consultation.

consultar vt consulter.

consultivo, -a a consultatif.

consultorio m (médico) cabinet m de consultation.

consumidor, -ora 1 mf consommateur, -trice. **2** a qui consomme.

consumir 1 vt consommer. **2 consumirse** vr (agua, jugo) s'évaporer.

consumo m consommation f; **bienes de c.** biens de consommation; **sociedad de c.** société de consommation.

contabilidad f comptabilité f.

contable mf comptable mf.

contactar vi **c. con** contacter.

contacto m contact m; **ponerse en c.** entrer en contact.

contado, -a 1 a (pocos) peu nombreux; **contadas veces** très rarement.
  2 m **pagar al c.** payer comptant.

contador m compteur m.

contagiar 1 vt (enfermedad) transmettre.
  2 contagiarse vr (enfermar) être contaminé; (transmitirse) être contagieux.

contagioso, -a a contagieux.

contaminación f contamination f; (del aire) pollution f.

contar [2] **1** vt (sumar) compter; (narrar) raconter.
  2 vi compter; **c. con** (confiar en) compter sur; (tener) disposer de.

contemplar vt contempler; (considerar) envisager.

contemporáneo, -a a & mf contemporain, -aine.

contenedor m container m.

contener 1 vt contenir.
  2 contenerse vr se contenir.

contenido m contenu m.

contentar 1 vt (satisfacer) contenter; (alegrar) égayer.
  2 contentarse vr (conformarse) se contenter (**con** de).

contento, -a a content (**con** de).

contestación f réponse f.

contestador m **c. automático** répondeur m.

contestar vt répondre.

contienda f conflit m.

contigo pron pers avec toi; (documento, dinero) sur toi.

contiguo, -a a contigu, -uë.

continente m continent m.

continuación f suite f; **a c.** ensuite.

continuamente adv continuellement.

continuar vti continuer.

continuo, -a a continu; (reiterado) continuel.

contra 1 prep contre; **en c. de** à l'encontre de.
  2 mpl **los pros y los contras** le pour et le contre.

contrabajo m contrebasse f.

contrabando m contrebande f; **pasar algo de c.** passer qch en contrebande.

contracción f contraction f.

contradecir (pp **contradicho**) vt contredire.

contradicción f contradiction f.

contraer 1 vt contracter; **c. matrimonio** se marier.
  2 contraerse vr se contracter.

contraigo indic pres de **contraer**.

contraje pt indef de **contraer**.

contrapeso m contrepoids.

contraproducente a qui fait plus de mal que de bien.

contrariamente adv **c. a...** contrairement à...

contrariedad f (contratiempo) contretemps m; (decepción) déception f.

contrario, -a 1 a contraire; **en el sentido c.** dans le sens contraire; **en el lado c.** de l'autre côté; **al c., por el c.** au contraire; **de lo c.** autrement; **todo lo c.** tout le contraire.
  2 mf adversaire mf.
  3 f **llevar la contraria** contredire.

contrarrestar vt contrecarrer.

contrastar vt comparer.

contraste m contraste m.

contratar vt (empleado) embaucher.

contratiempo m contretemps m.

contratista mf entrepreneur, -euse.

contrato m contrat m; **c. de empleo** contrat de travail.

contribución *f* contribution *f*.

contribuir *vti* contribuer (**a** à).

contribuyente *mf* contribuable *mf*.

contrincante *mf* rival, -ale.

control *m* contrôle *m*; **c. a distancia** télécommande *f*.

controlador, -ora *mf* **c. (aéreo)** contrôleur, -euse aérien(ne).

controlar 1 *vt* contrôler.
  2 controlarse *vr* se contrôler.

controversia *f* controverse *f*.

convalecencia *f* convalescence *f*.

convalidar *vt* valider; *(documento)* ratifier.

convencer *vt* convaincre; **c. a algn de algo** convaincre qn de qch.

convencional *a* conventionnel.

convenio *m* accord *m*.

convenir *vti* *(acordar)* se mettre d'accord; *(ser oportuno)* convenir; **c. en** convenir de; **conviene recordar que...** il est bon de se souvenir que...

convento *m* *(de monjas)* couvent *m*.

conversación *f* conversation *f*.

conversión *f* conversion *f*.

convertir [5] **1** *vt* convertir.
  2 convertirse *vr* **convertirse en** devenir.

convicción *f* conviction *f*.

convidado, -a *a & mf* invité, -ée.

convidar *vt* inviter.

convivencia *f* vie *f* commune.

convivir *vi* habiter ensemble.

convocar *vt* convoquer; *(reunión, elecciones)* fixer; *(huelga)* lancer un appel à.

convocatoria *f* convocation *f*.

convulsión *f* convulsion *f*.

conyugal *a* conjugal; **vida c.** vie conjugale.

cónyuge *mf* conjoint, -ointe.

coñac *m* cognac *m*.

cooperación *f* coopération *f*.

cooperar *vi* coopérer (**a, en** à; **con** avec).

cooperativa *f* coopérative *f*.

coordenada *f* coordonnée *f*.

coordinar *vt* coordonner.

copa *f* *(vaso, premio)* coupe *f*; *(de árbol)* cime *f*; **tomar una c.** prendre un verre.

copia *f* copie *f*.

copiadora *f* copieur *m*, copieuse *f*.

copiar *vt* copier.

copla *f* couplet *m*.

copo *m* flocon *m*; **c. de nieve** flocon de neige; **copos de maíz** flocons de maïs.

coquetear *vi* draguer.

coqueto, -a *a* coquet.

coraje *m* *(valor)* courage *m*; *(ira)* colère *f*.

coral¹ *m* corail *m*.

coral² *f* *(composición)* choral *m*.

Corán *m* Coran *m*.

coraza *f* cuirasse *f*.

corazón *m* cœur *m*; *(de fruta)* trognon *m*; **tener buen c.** avoir bon cœur.

corbata *f* cravate *f*.

corcho *m* bouchon *m*; *(materia)* liège *m*.

cordel *m* corde *f*.

cordero, -a *mf* agneau, -elle.

cordial *a* cordial.

cordillera *f* chaîne *f* de montagnes.

cordón *m* cordon *m*; *(de zapatos)* lacet *m*.

cornada *f* *(de toro)* coup *m* de corne.

córner *m* corner *m*.

corneta *f* cornet *m*.

cornisa *f* corniche *f*.

coro *m* chœur *m*; **a c.** tous en chœur.

corona *f* couronne *f*.

coronación *f* couronnement *m*.

coronel *m* colonel *m*.

coronilla *f* sommet *m* de la tête; *Fam* **estar hasta la c.** en avoir ras-le-bol (**de** de).

corporación *f* corporation *f*.

corporal *a* corporel; **olor c.** odeur corporelle.

corpulento, -a *a* corpulent.

corral *m* basse-cour *f*.

correa *f (tira, de motor)* courroie *f; (de pantalón)* ceinture *f; (de perro)* laisse *f*.

corrección *f* correction *f*.

correcto, -a *a* correct.

corredizo, -a *a (puerta etc.)* coulissant; **nudo c.** nœud coulant.

corredor[1] *m (pasillo)* couloir *m; (balconada)* galerie *f*.

corredor[2]**, -ora** *mf (deportista)* coureur, -euse.

corregir [6] **1** *vt* corriger.
  2 corregirse *vr (persona)* se racheter.

correo *m* courrier *m;* **echar al c.** poster; **por c.** par la poste; **c. aéreo** poste *f* aérienne; **c. certificado** envoi *m* recommandé; **c. electrónico** courrier électronique; **correos** *(edificio, organización)* poste *f*.

correr 1 *vi* courir; *(coche, conductor)* aller vite; *(viento)* souffler; **c. prisa** être urgent.
  2 *vt (cortina)* tirer; *(cerrojo)* mettre; *(mover)* bouger; **c. el riesgo** courir le risque.
  3 correrse *vr (moverse)* se pousser.

correspondencia *f* correspondance *f*.

corresponder 1 *vi* correspondre (**a** à; **con** avec); *(ajustarse)* aller (**con** avec); *(incumbir)* incomber; *(pertenecer)* revenir; **me dieron lo que me correspondía** ils m'ont donné ce qui me revenait.
  2 corresponderse *vr (ajustarse)* aller ensemble; *(dos resultados)* correspondre.

correspondiente *a* correspondant (**a** à).

corresponsal *mf* correspondant, -ante.

corrida *f* **c. (de toros)** corrida *f*.

corriente 1 *a* courant; **estar al c.** être au courant.
  2 *f* courant *m; Fam* **seguirle** *o* **llevarle la c. a algn** faire les quatre volontés de qn; **c. (eléctrica)** courant (électrique).

corrijo *indic pres de* **corregir**.

corro *m* cercle *m; (juego)* ronde *f*.

corromper 1 *vt* altérer; *Fig* corrompre.
  2 corromperse *vr Fig* se corrompre.

corrupción *f* pourriture *f; Fig* corruption *f*.

corrupto, -a *a* corrompu.

cortacésped *m o f* tondeuse *f* à gazon.

cortar 1 *vt (carne, luz, carretera etc.)* couper; *(piel)* crevasser.
  2 cortarse *vr (herirse)* se couper; *(leche etc.)* tourner; **cortarse el pelo** se faire couper les cheveux; **se cortó la comunicación** nous avons/ils ont/*etc.* été coupés.

corte *m* coupure *f; (sección)* coupe *f;* **c. de pelo** coupe de cheveux.

cortés *a* courtois.

corteza *f (de árbol)* écorce *f; (de pan)* croûte *f*.

cortijo *m* ferme *f (en Andalousie)*.

cortina *f* rideau *m*.

corto, -a *a (distancia, tiempo)* court; **c. de vista** myope; **luz corta** codes; **quedarse c.** *(calcular mal)* avoir calculé trop juste.

cortocircuito *m* court-circuit *m*.

cosa *f* chose *f;* **eso es c. tuya** c'est ton affaire; **eso es otra c.** ça c'est autre chose; **hace c. de una hora** il y a environ une heure.

coscorrón *m* coup *m* sur la tête.

cosecha *f* récolte *f; (año del vino)* année *f*.

coser *vt* coudre.

cosmético, -a *a & m* cosmétique *a & m.*

cosmonauta *mf* cosmonaute *mf.*

coso *m (taurino)* arène *f.*

cosquillas *fpl* **hacer c. a algn** chatouiller qn; **tener c.** être chatouilleux.

costa *f* côte *f; Fig* **a c. de** aux dépens de.

costado *m (lado)* côté *m;* **de c.** de côté.

costar [2] *vi* coûter; **¿cuánto cuesta?** combien ça coûte?; **c. caro/barato** coûter cher/ne pas coûter cher; **c. trabajo** *o* **mucho** coûter; **me cuesta hablar francés** c'est difficile pour moi de parler français.

coste *m* coût *m;* **c. de la vida** coût de la vie.

costear 1 *vt* payer.
   2 costearse *vr* se payer.

costilla *f (hueso)* côte *f; (chuleta)* côtelette *f.*

costo *m* coût *m.*

costra *f* croûte *f.*

costumbre *f (hábito)* habitude *f; (tradición)* coutume *f;* **como de c.** comme d'habitude; **tengo la c. de levantarme temprano** j'ai l'habitude de me lever de bonne heure.

costura *f* couture *f;* **alta c.** haute couture.

costurera *f* couturière *f.*

costurero *m* boîte *f* à couture.

cotidiano, -a *a* quotidien.

cotilla *mf Fam* cancanier, -ière.

cotilleo *m Fam* cancan *m.*

cotización *f* cours *m* (de la Bourse).

coto *m* réserve *f;* **c. de caza** chasse *f* gardée.

cotorra *f* perroquet *m; (persona)* pie *f.*

COU *m abr de* **Curso de Orientación Universitaria** cours *m* de préparation à l'examen d'entrée à l'université.

coz *f* ruade *f.*

cráneo *m* crâne *m.*

cráter *m* cratère *m.*

creación *f* création *f.*

crear *vt* créer.

creativo, -a *a* créatif.

crecer *vi* grandir; *(planta)* pousser.

crecimiento *m* croissance *f.*

credencial 1 *a* de créance.
   2 *f* lettre de créance.

crédito *m* crédit *m;* **dar c. a** croire.

creer 1 *vt* croire; **creo que no/sí** je crois que non/oui; **ya lo creo** je pense bien.
   2 *vi* croire.
   3 creerse *vr* **se cree guapo** il se croit beau; **se lo cree todo** il croit tout ce qu'on dit.

crema *f* crème *f.*

cremallera *f* fermeture *f* Éclair®.

crematorio *m* crématorium *m.*

cremoso, -a crémeux.

crepe *f* crêpe *f.*

crepúsculo *m* crépuscule *m.*

cresta *f* crête *f.*

crezco *indic pres de* **crecer.**

cría *f (crianza)* nourrisson *m;* **crías** *(cachorros)* chiots *mpl.*

criada *f* bonne *f.*

criado, -a *mf* domestique *mf.*

criar *vt (animales, niños)* élever.

criatura *f* créature *f; (crío)* bébé *m.*

criba *f* crible *m.*

crimen *m (pl* **crímenes)** crime *m.*

criminal *a & mf* criminel, -elle.

crin *f,* **crines** *fpl* crinière *f sing.*

crío, -a *mf* petit, -e.

criollo, -a *a & mf* créole.

crisis *f inv* crise *f;* **c. nerviosa** crise de nerfs.

crispar *vt* crisper; **me crispa los nervios** ça me tape sur les nerfs.

cristal *m* cristal *m; (vidrio, de gafas)* verre *m; (de ventana)* carreau *m.*

cristiano, -a *a & mf* chrétien, -ienne.

Cristo *m* le Christ.

criterio *m (pauta)* critère *m; (opinión)* opinion *f.*

crítica *f* critique *f.*

criticar 1 *vt* critiquer.
  2 *vi (murmurar)* dire du mal.

crítico, -a *a & mf* critique.

crol *m (en natación)* crawl *m.*

cromo *m (metal)* chrome *m; (estampa)* image *f.*

cromosoma *m* chromosome *m.*

crónica *f* chronique *f.*

crónico, -a *a* chronique.

cronológico, -a *a* chronologique.

cronometrar *vt* chronométrer.

cronómetro *m* chronomètre *m.*

croqueta *f* croquette *f.*

croquis *m inv* croquis *m.*

cruce *m* croisement *m.*

crucero *m (viaje)* croisière *f; (barco)* croiseur *m.*

crucifijo *m* crucifix *m.*

crucigrama *m* mots *mpl* croisés.

crudo, -a 1 *a (natural)* cru; *(comida)* pas assez cuit; *(color)* écru.
  2 *m (petróleo)* brut *m.*

cruel *a* cruel.

crueldad *f* cruauté *f.*

crujiente *a* croquant.

crujir *vi (madera, hueso)* craquer; *(comida)* croquer.

cruz *f* croix *f;* **C. Roja** Croix Rouge; **¿cara o c.?** pile ou face?

cruzado, -a *a* croisé; *(cheque)* barré; *(atravesado)* en travers.

cruzar 1 *vt* croiser; *(cheque)* barrer; *(calle)* traverser; *(palabra, mirada)* échanger.
  2 *vi (atravesar)* traverser.
  3 cruzarse *vr* se croiser; **cruzarse con algn** croiser qn.

cuaderno *m* cahier *m.*

cuadra *f (establo)* étable *f; Am* pâté *m* de maisons.

cuadrado, -a *a & m* carré *a & m;* **elevar (un número) al c.** élever (un nombre) au carré.

cuadriculado, -a *a* **papel c.** papier quadrillé.

cuadro *m* carré *m; (gráfico)* graphique *m; (pintura)* tableau *m;* **tela a cuadros** tissu à carreaux; **c. de mandos** tableau *m* de bord.

cual *(pl* **cuales)** *pron rel* **el/la c.** qui, lequel/laquelle; **con el/la c.** avec lequel/laquelle; **lo c.** ce qui/que.

cuál 1 *(pl* **cuáles)** *pron interr* lequel/laquelle?; **¿c. quieres?** lequel/laquelle veux-tu?.
  2 *a interr* quel, quelle.

cualidad *f* qualité *f.*

cualquier *a indef* n'importe quel, quelle; **c. cosa** n'importe quoi; **en c. momento** à n'importe quel moment.

cualquiera *(pl* **cualesquiera) 1** *a indef* n'importe quel, quelle; *(corriente)* quelconque.
  2 *pron indef (persona)* n'importe qui; *(cosa, animal)* n'importe quoi; **c. que sea** quoi que ce soit.

cuando *adv & conj* quand; **de c. en c., de vez en c.** de temps en temps; **c. quieras** quand tu veux; **c. vengas** quand tu viendras; **(aun) c.** même si.

cuándo *adv interr* quand?; **¿desde c.?** depuis quand?; **¿para c. lo quieres?** pour quand le veux-tu?

cuanto, -a 1 *a* **toma cuantos caramelos quieras** prends autant de bonbons que tu veux; **unas cuantas niñas** quelques filles.
  2 *pron rel* autant que; **coma (todo) c. quiera** mange autant que tu veux.
  3 *pron indef pl* **unos cuantos** quelques.
  4 *adv (tiempo)* **c. antes** le plus tôt possible; **en c.** dès que; **c. más... más** plus... plus; **en c. a** en ce qui concerne.

cuánto, -a 1 *a & pron interr* combien?; **¿cuántas veces?** combien de fois?; **¿c. es?** c'est combien? .

2 *adv* combien, comme; **¡cuánta gente hay!** comme il y a du monde!

cuarenta *a & m inv* quarante *a & m inv.*

cuartel *m (militar)* caserne *f*; **c. general** quartier *m* général.

cuartilla *f* feuille *f* (de papier).

cuarto, -a 1 *m (habitación)* pièce *f*; *(cuarta parte)* quart *m*; **c. de baño** salle *f* de bain; **c. de estar** salon *m*; **c. de hora** quart d'heure.

2 *a & mf* quatrième.

cuatro *m inv* quatre *m.*

cuatrocientos, -as *a & mf* quatre cents.

cubano, -a 1 *a* cubain.

2 *mf* Cubain, -aine.

cubata *m Fam* rhum-coca *m.*

cubierta *f* couverture *f*; *(de rueda)* pneu *m*; *(de barco)* pont *m.*

cubierto, -a 1 *a* couvert.

2 *mpl* **cubiertos** couverts *mpl.*

cubo *m* seau *m*; *(en matemática)* cube *m*; **c. de la basura** poubelle *f.*

cubrir (*pp* **cubierto**) **1** *vt* couvrir.

2 cubrirse *vr* se couvrir.

cucaracha *f* cafard *m.*

cuchara *f* cuillère *f.*

cucharada *f* cuillerée *f.*

cucharilla *f* petite cuillère *f*; **c. de café** cuillère à café.

cucharón *m* louche *f.*

cuchichear *vi* chuchoter.

cuchilla *f* lame *f*; **c. de afeitar** lame à raser.

cuchillo *m* couteau *m.*

cuco *m* coucou *m.*

cucurucho *m* cornet *m.*

cuello *m* cou *m*; *(de camisa etc.)* col *m.*

cuenco *m* terrine *f.*

cuenta *f (nota)* addition *f*; *(factura)* facture *f*; *(de banco, cálculo)* compte *m*; *(de collar)* perle *f*; **hacer cuentas** faire les comptes; *(en la escuela)* faire des opérations; **c. corriente** compte courant; **caer en la c., darse c.** se rendre compte; **tener en c.** tenir compte de; **traer c.** valoir la peine; **en resumidas cuentas** tout compte fait; **trabajar por c. propia** travailler à son compte.

cuentakilómetros *m inv* compteur *m.*

cuento *m* conte *m*; **contar un c.** raconter une histoire; **c. de hadas** conte de fées.

cuerda *f (cordel, de instrumento)* corde *f*; *(del reloj)* ressort *m*; **dar c. a su reloj** remonter sa montre.

cuerdo, -a *a* sain d'esprit.

cuerno *m* corne *f*; *(de ciervo)* bois *mpl*; *Fam* **¡vete al c.!** va te faire voir!

cuero *m* cuir *m*; **chaqueta de c.** blouson en cuir; **c. cabelludo** cuir chevelu.

cuerpo *m* corps *m*; **c. diplomático** corps diplomatique; **c. de policía** corps de police; **c. de bomberos** escouade *f* de pompiers.

cuesta 1 *f* pente *f*; **c. abajo** descente *f*; **c. arriba** montée *f.*

2 *adv* **a cuestas** sur le dos.

cuestión *f* question *f*; **en c. de unas horas** dans quelques heures.

cuestionario *m* questionnaire *m.*

cueva *f* cave *f*; *(caverna)* caverne *f.*

cuezo *indic pres de* **cocer.**

cuidado 1 *m* soin *m*; **con c.** avec soin; **tener c.** faire attention; **estar al c. de** être chargé de; *(persona)* s'occuper de; **me trae sin c.** je m'en moque pas mal; **cuidados intensivos** soins intensifs.

2 *interj* **¡c.!** attention!

cuidadoso, -a *a* soigneux; *(prudente)* prudent.

cuidar 1 *vt* prendre soin de.

2 cuidarse *vr* **cuídate** prends soin de toi.

culebra f couleuvre f.

culebrón m feuilleton m (télévisé).

culo m Fam (trasero) derrière m; (de recipiente) fond m.

culpa f faute f; **echar la c. a algn** rendre qn responsable; **fue c. mía** c'était de ma faute; **por tu c.** à cause de toi.

culpable a & mf coupable; **declararse c.** plaider coupable.

cultivar vt cultiver.

culto, -a 1 a instruit; (palabra) savant. **2** m culte m.

cultura f culture f.

culturismo m culturisme m.

cumbre f (de montaña) sommet m; **(conferencia) c.** (conférence f au) sommet.

cumpleaños m inv anniversaire m; **¡feliz c.!** joyeux anniversaire!

cumplir 1 vt exécuter; (deseo) combler; (promesa) tenir; **ayer cumplí veinte años** j'ai eu vingt ans hier. **2** vi (plazo) expirer; **c. con el deber** faire son devoir. **3 cumplirse** vr (deseo) se réaliser; (plazo) expirer.

cuna f berceau m.

cuneta f (de la carretera) fossé m.

cuñada f belle-sœur f.

cuñado m beau-frère m.

cuota f (de club etc.) cotisation f; (porción) quote-part f; Am **carretera de c.** route à péage.

cupe pt indef de **caber**.

cupiera subj imperfecto de **caber**.

cupón m bon m.

cura 1 m (religioso) curé m. **2** f (de enfermedad) cure f.

curación f guérison f.

curar 1 vt guérir; (herida) panser; (enfermedad) soigner. **2** vi, **curarse** vr (sanar) guérir.

curiosidad f curiosité f.

curioso, -a a & mf curieux, -euse.

currículum m (pl curricula) **c. vitae** curriculum vitae m inv.

cursi a Fam snob.

cursillo m stage m; **c. de reciclaje** cours m de recyclage.

curso m (año académico) année f scolaire; (clase, de acontecimientos, río) cours m; **en el c. de** au cours de; **moneda de c. legal** monnaie légale.

cursor m curseur m.

curtir vt (cuero) tanner; (endurecer) endurcir.

curva f courbe f; (en carretera) virage m; **c. cerrada** virage serré.

cutis m peau f.

cuyo, -a pron rel & pos dont; **en c. caso** auquel cas.

D. *abr de* **don** M.

D.ª *abr de* **doña** Mme.

dado *m* dé *m*.

dálmata *m* dalmatien *m*.

dama *f (señora)* dame *f*; **damas** *(juego)* dames *fpl*.

danés, -esa 1 *a* danois.

   2 *mf (persona)* Danois, -oise; **gran d.** *(perro)* danois.

   3 *m (idioma)* danois *m*.

danza *f* danse *f*.

daño *m (a cosa)* dégât *m*; *(a persona) (físico)* mal *m*; *(perjuicio)* tort *m*.

dar 1 *vt* donner; *(mano de pintura, cera)* mettre; *(beneficio, interés)* rapporter; *(hora)* sonner; **dale a la luz** allume la lumière; **d. la mano a algn** serrer la main à qn; **d. los buenos días/las buenas noches a algn** dire bonjour/bonsoir à qn; **me da lo mismo, me da igual** ça m'est égal; **¿qué más da?** qu'est-ce que ça peut faire?; **d. de comer a** donner à manger à; **d. a conocer** *(noticia)* annoncer; **d. a entender que...** laisser entendre que...; **d. por** *(considerar)* considérer; **d. por descontado** *o* **sabido** considérer comme acquis.

   2 *vi* **me dio un ataque de tos/risa** j'ai eu un quinte de toux/une crise de rire; **d. a** *(ventana, puerta)* donner sur; **d. con la solución** trouver la solution; **d. de sí** *(ropa)* s'allonger; **el presupuesto no da para más** c'est tout ce que permet le budget; **d. que hablar** faire jaser.

   3 darse *vr* **se dio la circunstancia de que** il s'est trouvé que; **se dio a la bebida** il s'est mis à boire; **darse con** *o* **contra** se cogner contre; **darse por satisfecho** s'estimer satisfait; **darse por vencido** s'avouer vaincu; **se le da bien/mal el francés** il est bon/mauvais en français.

dardo *m* dard *m*.

dársena *f* dock *m*.

dátil *m* datte *f*.

dato *m* renseignement *m*; **datos** *(de ordenador)* données *fpl*; **datos personales** coordonnées *fpl*.

d.C. *abr de* **después de Cristo** ap. J.-C.

dcha. *abr de* **derecha** droite.

de *prep* **(a)** *(pertenencia)* de, du (**de** + **le**), *pl* des (**de** + **les**); **el título de la novela** le titre du roman; **el coche/el hermano de Sofía** la voiture/le frère de Sofía.

   (b) *(procedencia)* de; **vino de Madrid** il est venu de Madrid.

   (c) *(descripción)* **el niño de ojos azules** le garçon aux yeux bleus; **una avenida de quince kilómetros** une avenue de quinze kilomètres de long; **una botella de litro** une bouteille d'un litre; **el señor de la chaqueta** l'homme qui porte une veste; **un reloj de oro** une montre en or.

   (d) *(contenido)* de; **un saco de patatas** un sac de pommes de terre.

(e) (oficio) comme; **trabaja de secretaria** elle travaille comme secrétaire.

(f) (acerca de) de; **curso de informática** cours d'informatique.

(g) (tiempo) de; **a las tres de la tarde** à trois heures de l'après-midi; **de día/noche** de jour/nuit; **de lunes a jueves** de lundi à jeudi; **de pequeño,...** enfant,...

(h) (con superlativo) de; **el más largo de España** le plus long d'Espagne.

(i) (causa) de; **llorar de alegría** pleurer de joie; **morir de hambre** mourir de faim.

(j) **de cuatro en cuatro** quatre par quatre; **de semana en semana** chaque semaine.

debajo 1 adv dessous.

2 prep **d. de** sous; **por d. de lo normal** en dessous de la normale.

debate m débat m.

debatir 1 vt débattre.

2 debatirse vr se débattre.

deber¹ m devoir m; **deberes** (en el colegio) devoirs.

deber² **1** vti (dinero, explicación) devoir; **debe (de) irse ahora** il doit s'en aller maintenant; **la factura debe pagarse mañana** la facture doit être réglée demain; **deberías visitar a tus padres** tu devrais rendre visite à tes parents; **debería haber ido ayer** j'aurais dû y aller hier; **no debiste hacerlo** tu n'aurais pas dû le faire; **deben de estar fuera** ils doivent être sortis.

2 deberse vr **deberse a** être dû à.

debidamente adv dûment.

debido, -a a **d. a** en raison de.

débil a faible; **punto d.** point faible.

debutar vi débuter.

década f décennie f; **en la d. de los noventa** pendant les années quatre-vingt-dix.

decadencia f décadence f.

decano, -a mf doyen, -enne.

decena f dizaine f; **una d. de veces** une dizaine de fois; **por decenas** par dizaines.

decenio m décennie f.

decente a décent.

decepción f déception f.

decidido, -a a décidé.

decidir 1 vti décider.

2 decidirse vr **decidirse (a hacer algo)** se décider (à faire qch); **decidirse por algo** se décider pour qch.

décima f dixième m.

decimal 1 a décimal.

2 m décimale f.

décimo, -a 1 a & mf dixième.

2 m (parte) dixième m.

decir (pp **dicho**) **1** vt dire; **d. una mentira/la verdad** dire un mensonge/la vérité; **díga(me)** (al teléfono) allô; **esta película no me dice nada** ce film ne me dit rien; **querer d.** vouloir dire; (locuciones) **es d.** c'est-à-dire; **por así decirlo** pour ainsi dire; **digamos** disons; **digo yo** à mon avis; **ni que d. tiene** inutile de dire; **¡no me digas!** vraiment! .

2 decirse vr **¿cómo se dice "mesa" en francés?** comment dit-on "mesa" en français?; **se dice que...** on dit que...

decisión f décision f; **tomar una d.** prendre une décision; **con d.** avec décision.

declaración f déclaration f; **d. de (la) renta** déclaration d'impôts.

declarar 1 vt déclarer; **d. la guerra a** faire une déclaration de guerre à.

2 vi (en juicio) témoigner.

3 declararse vr (guerra, incendio) se déclarer; **declararse a favor/en contra de** se déclarer en faveur de/contre; **declararse en huelga** se mettre en grève; **declararse a algn** faire une déclaration d'amour à qn.

decoración f décoration f.

decorar vt décorer.

decorativo, -a a décoratif.

decreto *m* décret *m*; **d. ley** décret-loi *m*.

dedal *m* dé *m* (à coudre).

dedicar 1 *vt* dédier; *(tiempo, esfuerzos)* consacrer (**a** à).
  2 dedicarse *vr* ¿**a qué se dedica Vd.?** que faites-vous dans la vie?; **los fines de semana ella se dedica a pescar** elle passe ses week-ends à la pêche.

dedo *m (de la mano)* doigt *m*; *(del pie)* orteil *m*; **d. anular/corazón/índice/meñique** annulaire *m*/majeur *m*/index *m*/petit doigt; **d. pulgar, d. gordo** pouce *m*.

deducir 1 *vt* déduire.
  2 deducirse *vr* **de aquí se deduce que...** on en déduit que...

defecar *vi* déféquer.

defecto *m* défaut *m*.

defectuoso, -a *a* défectueux.

defender [3] **1** *vt* défendre (**contra** contre; **de** de).
  2 defenderse *vr* se défendre.

defensa 1 *f* défense *f*; **en d. propia, en legítima d.** en légitime défense.
  2 *m (en equipo)* défenseur *m*.

deficiente 1 *a* déficient.
  2 *m (nota)* note *f* éliminatoire.

definición *f* définition *f*.

definir *vt* définir.

deformar 1 *vt* déformer.
  2 deformarse *vr* se déformer.

defraudar *vt* décevoir; **d. a Hacienda** frauder le fisc.

defunción *f* décès *m*.

degenerado, -a *a & mf* dégénéré, -ée.

degollar [2] *vt* décapiter.

degradante *a* dégradant.

degustación *f* dégustation *f*.

dejar 1 *vt* laisser; **déjame en paz** laisse-moi tranquille; **dejé el tabaco y la bebida** j'ai arrêté de fumer et de boire; **d. caer** laisser tomber; **d. entrar/salir** laisser entrer/sortir;

d. triste rendre triste; **d. preocupado/sorprendido** préoccuper/surprendre.
  2 *v aux* **d. de** + *inf* arrêter de; **no deja de llamarme** elle n'arrête pas de m'appeler.
  3 dejarse *vr* **me he dejado las llaves dentro** j'ai laissé les clés à l'intérieur; **dejarse barba** se laisser pousser la barbe; **dejarse llevar por** se laisser entraîner par.

del *(contracción de* **de** + **el**) *ver* **de**.

delantal *m* tablier *m*.

delante 1 *adv* devant; **la entrada de d.** la porte de devant; **por d.** par devant; **se lo lleva todo por d.** rien ne l'arrête; *(producto)* il dépasse tous les autres; **tiene toda la vida por d.** il a toute la vie devant lui.
  2 *prep* **d. de** devant; *(en serie)* avant.

delatar *vt* dénoncer.

delegación *f (acto, delegados)* délégation *f*; *(oficina)* bureau *m* régional.

delegado, -a *mf* délégué, -ée.

deletrear *vt* épeler.

delfín *m* dauphin *m*.

delgado, -a *a* mince; *(capa)* fin.

deliberado, -a *a* délibéré.

delicadeza *f* délicatesse *f*; **falta de d.** manque de délicatesse.

delicado, -a *a* délicat.

delicioso, -a *a* délicieux.

delincuente *a & mf* délinquant, -ante.

delineante *mf* dessinateur, -trice.

delirar *vi* délirer.

delirio *m* délire *m*.

delito *m* délit *m*.

delta *m* delta *m*.

demanda *f (judicial)* action *f* (en justice).

demandar *vt* poursuivre (en justice).

demás 1 *a* **los/las d.** les autres.
  2 *pron* **lo d.** le reste; **los/las d.** les

autres; **por lo d.** à part cela.

demasiado, -a 1 *a* trop de.
   2 *adv* trop; **es d. grande/caro** c'est trop grand/cher; **fumas/trabajas d.** tu fumes/travailles trop.

demencia *f* démence *f.*

democracia *f* démocratie *f.*

democrático, -a *a* démocratique.

demográfico, -a *a* démographique; **crecimiento d.** croissance démographique.

demonio *m* démon *m.*

demora *f* retard *m.*

demorar 1 *vt* retarder.
   2 demorarse *vr (retrasarse)* tarder.

demostrar [2] *vt (mostrar)* montrer; *(evidenciar)* démontrer.

denegar [1] *vt* refuser.

denigrante *a* humiliant.

denominación *f* dénomination *f.*

denominar *vt* dénommer.

denotar *vt* dénoter.

densidad *f* densité *f.*

denso, -a *a* dense.

dentadura *f* denture *f;* **d. postiza** fausses dents *fpl.*

dental *a* dentaire.

dentera *f* **me da d.** ça me fait grincer des dents.

dentífrico, -a *a & m* dentifrice *a & m.*

dentista *mf* dentiste *mf.*

dentro 1 *adv (en el interior)* à l'intérieur; **aquí d.** à l'intérieur; **por d.** en dedans.
   2 *prep* **d. de** *(lugar)* à l'intérieur de; **d. de poco** d'ici peu; **d. de un mes** dans un mois.

denunciar *vt (delito)* dénoncer (**a** à).

departamento *m* département *m;* *Am (piso)* appartement *m.*

depender *vi* dépendre (**de** de).

dependienta *f* vendeuse *f.*

dependiente 1 *a* dépendant (**de** de).
   2 *m* vendeur *m.*

depilación *f* épilation *f.*

depilar *vt* épiler.

depilatorio, -a *a & m* dépilatoire *a & m;* **crema depilatoria** crème dépilatoire.

deportar *vt* déporter.

deporte *m* sport *m;* **hacer d.** faire du sport.

deportista *a & mf* sportif, -ive.

deportivo, -a 1 *a* sportif; **club d.** club sportif; **chaqueta deportiva** veste sport.
   2 *m (coche)* voiture *f* de sport.

depositar 1 *vt* déposer.
   2 depositarse *vr* se déposer.

depósito *m (dinero)* dépôt *m;* *(de agua, gasolina)* réservoir *m.*

depresión *f* dépression *f.*

deprimente *a* déprimant.

deprimir 1 *vt* déprimer.
   2 deprimirse *vr* s'abattre.

deprisa *adv* vite.

derecha *f (mano)* main *f* droite; *(lugar)* droite *f;* **a la d.** à droite; **la d.** *(en política)* la droite.

derecho, -a 1 *a* droit.
   2 *m (privilegio, carrera)* droit *m;* **derechos civiles/humanos** droits civiques/de l'homme; **tener d. a** avoir droit à; **no hay d.** ce n'est pas permis.
   3 *adv* **siga todo d.** allez toujours tout droit.

derivar 1 *vi* dériver (**de** de).
   2 derivarse *vr* dériver (**de** de).

dermatólogo, -a *mf* dermatologue *mf.*

derramar 1 *vt* renverser; *(lágrimas)* verser.
   2 derramarse *vr* se renverser.

derrapar *vi* déraper.

derretir [6] **1** *vt* faire fondre.
   2 derretirse *vr* fondre.

derribar *vt (demoler)* abattre; *(gobierno)* renverser.

derrochar *vt* gaspiller.

derroche *m* gaspillage *m.*

derrota f défaite f.

derrotar vt battre.

derruir vt démolir.

derrumbar 1 vt (edificio) abattre.
2 derrumbarse vr s'écrouler.

desabrido, -a a (insípido) fade; (tono) rude; (persona) hargneux.

desabrochar 1 vt déboutonner.
2 desabrocharse vr (prenda) se déboutonner; **desabróchate la camisa** déboutonne ta chemise.

desacato m manque m de respect (**a** envers).

desacertado, -a a malavisé.

desacreditar vt (desprestigiar) discréditer.

desactivar vt (bomba) désamorcer.

desacuerdo m désaccord m.

desafiante a provocant.

desafiar vt défier.

desafinar 1 vi chanter faux; (instrumento) jouer faux.
2 desafinarse vr se désaccorder.

desafío m défi m.

desafortunado, -a a malchanceux.

desagradable a désagréable.

desagradar vi déplaire.

desagradecido, -a a & mf ingrat, -ate.

desagrado m mécontentement m.

desagüe m (cañería) tuyau m d'écoulement; (vaciado) écoulement m.

desaguisado m erreur f.

desahogado, -a a (acomodado) à l'aise; (espacioso) spacieux.

desahogarse vr se soulager.

desahuciar vt (desalojar) expulser; (enfermo) condamner.

desairar vt vexer.

desajuste m dérèglement m.

desalentar [1] **1** vt décourager.
2 desalentarse vr se décourager.

desaliento m découragement m.

desaliñado, -a a négligé.

desalmado, -a a sans cœur.

desalojar 1 vi (inquilino) expulser, déloger; (público) évacuer.
2 vt (lugar) évacuer; (abandonar) abandonner.

desamparado, -a a (persona) abandonné.

desangrarse vr perdre beaucoup de sang.

desanimado, -a a (persona) abattu; (fiesta etc.) ennuyeux.

desanimar 1 vt décourager.
2 desanimarse vr se décourager.

desánimo m découragement m.

desapacible a désagréable.

desaparecer vi disparaître.

desaparición f disparition f.

desapercibido, -a a **pasar d.** passer inaperçu.

desaprovechar vt (dinero, tiempo) mal employer.

desarmar vt (desmontar) démonter; (ejército) désarmer.

desarme m désarmement m; **d. nuclear** désarmement nucléaire.

desarraigado, -a a déraciné.

desarreglar vt déranger.

desarrollado, -a a développé.

desarrollar 1 vt développer.
2 desarrollarse vr (persona, enfermedad) se développer; (tener lugar) avoir lieu.

desarrollo m développement m; **países en vías de d.** pays en voie de développement.

desarticular vt démonter.

desasir 1 vt lâcher.
2 desasirse vr se défaire; **desasirse de** se libérer de.

desasosiego m inquiétude f.

desastrado, -a 1 a négligé.
2 mf personne f négligée.

desastre m désastre m.

desastroso, -a a désastreux.

D

desatar 1 *vt* dénouer.
  2 desatarse *vr (zapato)* se délacer; *(cordón)* se défaire.

desatascar *vt* déboucher.

desatornillar *vt* dévisser.

desatrancar *vt* déboucher; *(puerta)* déverrouiller.

desavenencia *f* désaccord *m*.

desayunar 1 *vi* déjeuner.
  2 *vt* déjeuner de.

desayuno *m* petit déjeuner *m*.

desbarajuste *m* confusion *f*.

desbaratar *vt* défaire; *(proyecto)* mettre à l'eau.

desbordar 1 *vt* déborder.
  2 *vi* déborder (**de** de).
  3 desbordarse *vr* déborder.

descabellado, -a *a* absurde.

descafeinado, -a *a* décaféiné.

descalabro *m* échec *m*.

descalificar *vt* disqualifier.

descalzarse *vr* se déchausser.

descalzo, -a *a* pieds nus.

descampado *m* terrain *m* vague.

descansado, -a *a (persona)* reposé; *(vida, trabajo)* tranquille.

descansar *vi* se reposer.

descansillo *m* palier *m*.

descanso *m* repos *m*; *(en teatro, cine)* entracte *m*; *(en deporte)* mi-temps *f inv*; **un día de d.** un jour de repos.

descapotable *a & m* décapotable *a & f*.

descarado, -a 1 *a (insolente)* insolent; *(desvergonzado)* éhonté.
  2 *mf* insolent, -ente.

descarga *f* décharge *f*.

descargar 1 *vt* décharger; *(golpe)* asséner.
  2 *vi (tormenta)* éclater.
  3 descargarse *vr* se décharger.

descaro *m* insolence *f*.

descarrilar *vi* dérailler.

descartar *vt* écarter.

descender [3] **1** *vi (temperatura, nivel)* baisser; **d. de** descendre de.
  2 *vt* descendre.

descendiente *mf* descendant, -ante.

descenso *m* descente *f*; *(de temperatura)* baisse *f*.

descifrar *vt* déchiffrer; *(mensaje)* décoder; *(misterio)* résoudre.

descolgar [2] *vt* décrocher.

descolorido, -a *a* décoloré.

descomponer (*pp* **descompuesto**) **1** *vt* décomposer.
  2 descomponerse *vi (corromperse)* se décomposer; *(ponerse nervioso)* s'emporter.

descomposición *f (de carne)* décomposition *f*.

descompuse *pt indef de* **descomponer**.

descomunal *a* énorme.

desconcertar [1] **1** *vt* déconcerter.
  2 desconcertarse *vr* se troubler.

desconectar *vt* déconnecter.

desconfiado, -a *a* méfiant.

desconfiar *vi* se méfier (**de** de).

descongelar *vt* décongeler.

desconocer *vt* ne pas connaître.

desconocido, -a 1 *a* inconnu; *(irreconocible)* méconnaissable.
  2 *m* **lo d.** l'inconnu.
  3 *mf* inconnu, -ue.

desconsolado, -a *a* inconsolable.

descontar [2] *vt* déduire.

descontento, -a 1 *a* mécontent.
  2 *m* mécontentement *m*.

descorchar *vt* déboucher.

descorrer *vt* tirer.

descoser *vt* découdre.

descoyuntar *vt* disloquer.

descrédito *m* discrédit *m*.

descremado, -a *a* écrémé.

describir (*pp* **descrito**) *vt* décrire.

descripción *f* description *f*.

descuartizar *vt* dépecer.

descubierto, -a 1 *a* découvert.
  2 *m* **al d.** à découvert; *Fig* **poner al d.** mettre au jour.

descubrimiento *m* découverte *f*.

descubrir (*pp* **descubierto**) *vt* découvrir.

descuento *m* escompte *m*; *(rebaja)* remise *f*.

descuidado, -a *a (negligente)* négligent; *(desaseado)* négligé; *(desprevenido)* distrait.

descuido *m* oubli *m*; *(negligencia)* négligence *f*; **por d.** par distraction.

desde *adv (tiempo, lugar)* depuis; **no lo he visto d. el lunes/d. hace tres días** je ne l'ai pas vu depuis lundi/depuis trois jours; **d. siempre** depuis toujours; **d. luego** bien sûr; **d. que** depuis que.

desdén *m* dédain *m*.

desdeñar *vt* dédaigner.

desdichado, -a *a & mf* malheureux, -euse.

desdoblar *vt* déplier.

desear *vt* désirer; **¿qué desea?** que désirez-vous?; **estoy deseando que vengas** j'ai hâte que tu viennes; **te deseo buena suerte/feliz Navidad** je te souhaite bonne chance/joyeux Noël.

desechable *a* jetable.

desechar *vt (tirar)* jeter; *(idea, proyecto)* abandonner.

desembarcar *vti* débarquer.

desembarco, desembarque *m* débarquement *m*.

desembocar *vi (río)* se jeter (**en** dans); *(calle, situación)* déboucher (**en** sur).

desembolsar *vt* débourser.

desempaquetar *vt* déballer.

desempate *m* belle *f*.

desempeñar *vt (cargo, función)* remplir; *(papel)* jouer.

desempleado, -a 1 *a* au chômage.
  2 *mf* chômeur, -euse.

desempleo *m* chômage *m*; **cobrar el d.** toucher le chômage.

desencadenar 1 *vt (provocar)* déchaîner.
  2 desencadenarse *vr (viento, pasión)* se déchaîner; *(conflicto)* éclater

desencanto *m* désenchantement *m*.

desenchufar *vt* débrancher.

desenfadado, -a *a* désinvolte.

desenfocado, -a *a* flou.

desenganchar *vt* décrocher.

desengaño *m* désillusion *f*.

desengrasar *vt* dégraisser.

desenlace *m* dénouement *m*.

desenmascarar *vt* démasquer.

desenredar *vt* démêler.

desenrollar *vt* dérouler; *(cable)* débobiner.

desenroscar *vt* dévisser.

desentenderse [3] *vr* se désintéresser.

desentonar *vi* détonner.

desentrañar *vt* éclaircir.

desentrenado, -a *a* qui manque d'entraînement.

desenvolver [4] (*pp* **desenvuelto**) **1** *vt* déballer.
  2 desenvolverse *vr (persona)* se débrouiller.

desenvuelto, -a *a* désinvolte.

deseo *m* désir *m*.

desequilibrado, -a *a & mf* déséquilibré, -ée.

desértico, -a *a* désertique.

desertor, -ora *mf* déserteur *m*.

desesperado, -a *a* désespéré.

desesperante *a* désespérant.

desesperar *vt*, **desesperarse** *vr* désespérer.

desfachatez *f* culot *m*.

desfallecer *vi* défaillir.

desfavorable *a* défavorable.

desfigurar *vt (cara)* défigurer.

desfiladero *m* défilé *m*.

desfilar vi défiler.

desfile m (militar) défilé m; **d. de modas** défilé de mode.

desganado, -a a (apático) las; **estar d.** (inapetente) ne pas avoir d'appétit.

desgarrador, -ora a déchirant.

desgarrar vt déchirer.

desgastar 1 vt user.
 2 desgastarse vr s'user.

desgaste m usure f.

desgracia f malheur m; **por d.** par malheur.

desgraciadamente adv malheureusement.

desgraciado, -a a & mf malheureux, -euse.

desgravación f dégrèvement m; **d. fiscal** dégrèvement fiscal.

desgravar vt dégrever.

deshabitado, -a a inhabité.

deshacer (pp **deshecho**) **1** vt (paquete) déballer; (maleta) défaire; (destruir) détruire; (disolver) dissoudre; (derretir) faire fondre.
 2 deshacerse vr se défaire; (disolverse) se dissoudre; (derretirse) fondre; **deshacerse de algn/algo** se débarrasser de qn/qch.

deshielo m dégel m.

deshonesto, -a a malhonnête; (indecente) indécent.

deshonrar vt déshonorer.

deshora (a) adv mal à propos.

deshuesar vt (carne) désosser; (fruta) dénoyauter.

desierto, -a a & m désert a & m.

designar vt désigner; (fecha, lugar) fixer.

desigual a inégal.

desigualdad f inégalité f.

desilusión f déception f; (pérdida de toda ilusión) désillusion f.

desilusionado a déçu; (sin ilusiones) désillusionné.

desilusionar vt décevoir; (quitar las ilusiones) désillusionner.

desinfectante a & m désinfectant a & m.

desinflar 1 vt dégonfler.
 2 desinflarse vr se dégonfler.

desintegrar 1 vt désintégrer.
 2 desintegrarse vr se désintégrer.

desinteresado, -a a désintéressé.

desistir vi renoncer (**de** à).

deslenguado, -a a (insolente) insolent.

desliz m dérapage m.

deslizar 1 vi glisser.
 2 deslizarse vr se glisser.

deslumbrador, -ora, deslumbrante a éblouissant.

deslumbrar vt éblouir.

desmandarse vr désobéir.

desmantelar vt démanteler.

desmaquillador, -ora a & m démaquillant a & m.

desmaquillarse vr se démaquiller.

desmayarse vr s'évanouir.

desmayo m évanouissement m; **tener un d.** s'évanouir.

desmedido, -a a démesuré.

desmejorar vi, **desmejorarse** vr se détériorer.

desmemoriado, -a a qui a mauvaise mémoire.

desmentir [5] vt démentir.

desmenuzar vt émietter.

desmesurado, -a a démesuré.

desmontar vt démonter.

desmoralizar vt démoraliser.

desmoronarse vr s'écrouler.

desnatado, -a a (leche) écrémé.

desnivel m dénivellation f.

desnudar vt déshabiller.
 2 desnudarse vr se déshabiller.

desnudista a & mf nudiste.

desnudo, -a a nu.

desnutrido, -a a sous-alimenté.

desobedecer *vt* désobéir.

desobediente 1 *a* désobéissant.
   2 *mf* personne *f* désobéissante.

desocupado, -a 1 *a* inoccupé; *(sin trabajo)* au chômage.
   2 *mf* chômeur, -euse.

desodorante *a & m* déodorant *a & m*.

desolar [2] *vt* dévaster.

desollar [2] **1** *vt* écorcher.
   2 desollarse *vr* s'écorcher; **me desollé el brazo** je me suis écorché le bras.

desorbitado, -a *a (precio)* exorbitant.

desorden *m* désordre *m*; **d. público** trouble *m* de l'ordre public.

desordenado, -a *a* désordonné.

desordenar *vt* mettre en désordre.

desorientar 1 *vt* désorienter.
   2 desorientarse *vr* se désorienter.

despabilado, -a *a (sin sueño)* éveillé; *(listo)* vif.

despachar *vt (asunto)* expédier; *(en tienda)* servir.

despacho *m* bureau *m*.

despacio *adv (lentamente)* lentement; *(en voz baja)* doucement.

desparramar 1 *vt* éparpiller; *(líquido)* renverser.
   2 desparramarse *vr* s'éparpiller; *(líquido)* se renverser.

despavorido, -a *a* terrifié.

despectivo, -a *a* méprisant.

despedida *f* adieux *mpl*.

despedir [6] **1** *vt (empleado)* renvoyer; *(decir adiós)* dire au revoir à; *(olor, humo etc.)* dégager.
   2 despedirse *vr (decir adiós)* dire au revoir (**de** à).

despegar 1 *vt* décoller.
   2 *vi (avión)* décoller.
   3 despegarse *vr* se décoller.

despegue *m* décollage *m*.

despeinado, -a *a* décoiffé.

despejar 1 *vt* dégager.
   2 despejarse *vr (cielo)* se dégager; *(persona)* se réveiller.

despeje *m (de balón)* dégagement *m*.

despensa *f* garde-manger *m*.

despeñarse *vr* se jeter dans un précipice.

desperdiciar *vt* gaspiller; *(oportunidad)* perdre.

desperdicio *m* gaspillage *m* ; **desperdicios** *(basura)* ordures *fpl*; *(desechos)* restes *mpl*.

desperdigar 1 *vt* éparpiller.
   2 desperdigarse *vr* s'éparpiller.

desperezarse *vr* s'étirer.

desperfecto *m (defecto)* défaut *m*; *(daño)* dégât *m*.

despertador *m* réveil *m*.

despertar [1] **1** *vt* réveiller.
   2 despertarse *vr* se réveiller.

despiadado, -a *a* impitoyable.

despido *m* renvoi *m*.

despierto, -a *a (desvelado)* réveillé; *(listo)* vif.

despilfarrar *vt* gaspiller.

despistado, -a *a & mf* distrait, -aite.

despistar 1 *vt (hacer perder la pista a)* semer.
   2 despistarse *vr (perderse)* se perdre; *(distraerse)* se déconcentrer.

desplazamiento *m (viaje)* déplacement *m*.

desplazar 1 *vt* déplacer.
   2 desplazarse *vr* se déplacer; **desplazarse a** se rendre à; **se desplaza cuarenta kilómetros todos los días** tous les jours il fait quarante kilomètres.

despojar *vt* dépouiller (**de** de); *Fig* dessaisir (**de** de).

desposar *vt* épouser.

déspota *mf* despote *m*.

despreciar *vt (desdeñar)* mépriser; *(rechazar)* rejeter.

D

desprender 1 vt (separar) détacher; (olor, humo etc.) dégager.
  2 desprenderse vr (soltarse) se détacher; **desprenderse de** se débarrasser de.

despreocupado, -a a (descuidado) négligent; (estilo) négligé.

desprestigiar vt discréditer.

desprevenido, -a a **coger** o **pillar a algn d.** prendre qn au dépourvu.

desproporcionado, -a a disproportionné.

desprovisto, -a a dépourvu (**de** de).

después 1 adv après; (entonces) alors; (posteriormente) ensuite; **poco d.** peu après.
  2 prep **d. de** après.
  3 conj **d. de que** après que.

destacar 1 vt mettre en relief.
  2 vi, **destacarse** vr ressortir.

destapar 1 vt découvrir; (botella) déboucher.
  2 destaparse vr se découvrir.

destartalado, -a a (desvencijado) délabré.

destello m scintillement m.

desteñir [6] vti, **desteñirse** vr déteindre.

desternillarse vi **d. (de risa)** se tordre de rire.

desterrar [1] vt exiler.

destierro m exil m.

destilería f distillerie f.

destinar vt (dinero etc.) destiner; (empleado) affecter.

destino m (rumbo) destination f; (sino) destin m; **el avión con d. a Bilbao** l'avion à destination de Bilbao.

destituir vt destituer.

destornillador m tournevis m.

destreza f adresse f.

destrozar vt (destruir) détruire; (abatir) abattre.

destrucción f destruction f.

destruir vt détruire.

desuso m **en d.** (máquina) périmé; (ropa) démodé; **caer en d.** tomber en désuétude.

desvalijar vt dévaliser.

desván m grenier m.

desvanecerse vr (disiparse) disparaître; (desmayarse) s'évanouir.

desvariar vi divaguer.

desvelar 1 vt empêcher de dormir; (revelar) révéler.
  2 desvelarse vr se coucher tard.

desvencijarse vr se démonter.

desventaja f désavantage m; **estar en d.** être désavantagé.

desvergonzado, -a 1 a (indecente) indécent; (descarado) insolent.
  2 mf (sinvergüenza) personne f indécente; (fresco) insolent, -ente.

desvestir [6] **1** vt dévêtir.
  2 desvestirse vr se dévêtir.

desviar 1 vt (río, carretera, conversación) détourner; (golpe) dévier.
  2 desviarse vr faire un détour; (coche) tourner.

desvío m déviation f.

detallado, -a a détaillé.

detalle m détail m; (delicadeza) attention f.

detallista a minutieux.

detectar vt détecter.

detective mf détective m; **d. privado** détective privé.

detener 1 vt arrêter.
  2 detenerse vr s'arrêter.

detenidamente adv minutieusement.

detenido, -a 1 a (parado, arrestado) arrêté; (minucioso) minutieux.
  2 mf détenu, -ue.

detergente a & m détergent a & m.

deteriorar 1 vt détériorer.
  2 deteriorarse vr (estropearse) se détériorer.

determinado, -a a déterminé.

determinar 1 vt déterminer; (fecha) fixer; (decidir) décider.
2 determinarse vr **determinarse a** se décider à.

detestar vt détester.

detrás 1 adv derrière.
2 prep **d. de** derrière.

detuve pt indef de **detener**.

deuda f dette f; **d. pública** dette publique.

deudor, -ora mf débiteur, -trice.

devaluar vt dévaluer.

devastador, -ora a dévastateur, -trice.

devoción f dévotion f; (al trabajo etc.) assiduité f.

devolución f restitution f; (de dinero) remboursement m.

devolver [4] (pp **devuelto**) **1** vt rendre; (dinero) rembourser.
2 vi (vomitar) rendre.
3 devolverse vr Am (venir de vuelta) revenir; (ir de vuelta) retourner.

devorar vt dévorer.

devoto, -a 1 a dévot.
2 mf dévot, -ote; (seguidor) adepte mf.

devuelto, -a pp de **devolver**.

DF m abr de **Distrito Federal** District m fédéral.

di pt indef de **dar**; imperativo de **decir**.

día m jour m; **¿qué d. es hoy?** quel jour sommes-nous?; **d. a d.** jour après jour; **de d.** de jour; **durante el d.** pendant la journée; **un d. sí y otro no** un jour sur deux; **pan del d.** pain frais; **hoy (en) d.** à l'heure actuelle; **el d. de mañana** plus tard; **d. festivo/laborable** jour férié/ouvrable; **d. libre** jour de congé; **es de d.** il fait jour; **hace buen/mal d.** il fait beau/mauvais.

diabético, -a a & mf diabétique.

diablo m diable m.

diadema f diadème m.

diagnóstico m diagnostique m.

diagonal 1 a diagonal.
2 f diagonale f; **en d.** en diagonale.

dial m cadran m.

diálogo m dialogue m.

diamante m diamant m.

diámetro m diamètre m.

diana f (blanco) centre m (de la cible).

diapositiva f diapositive f.

diariamente adv quotidiennement.

diario, -a 1 a quotidien; **a d.** quotidiennement.
2 m quotidien m; (memorias) journal m.

diarrea f diarrhée f.

dibujante mf dessinateur, -trice.

dibujar vt dessiner.

dibujo m dessin m; **dibujos animados** dessins animés.

diccionario m dictionnaire m.

dicho, -a a dit; **mejor d.** plutôt; **d. y hecho** pas plus tôt dit que fait; **dicha persona** cette personne.

dichoso, -a a (feliz) heureux; Fam (maldito) sacré.

diciembre m décembre m.

dictado m dictée f.

dictadura f dictature f.

dictáfono® m Dictaphone® m.

dictar vt dicter; (ley) édicter.

didáctico, -a a didactique.

diecinueve a & m inv dix-neuf a & m inv.

dieciocho a & m inv dix-huit a & m inv.

dieciséis a & m inv seize a & m inv.

diecisiete a & m inv dix-sept a & m inv.

diente m dent f; **d. de ajo** gousse f d'ail; **d. de leche** dent de lait; **dientes postizos** fausses dents.

diera subj imperfecto de **dar**.

diesel a & m diesel a & m.

diestro, -a 1 a (hábil) adroit.
2 m torero m.

D

dieta f régime m; (paga) indemnité f parlementaire; **estar a d.** être au régime; **dietas** frais mpl.

diez a & m inv dix a & m inv.

diferencia f différence f; **a d. de** à la différence de.

diferenciar 1 vt différencier (**entre** entre).
　2 diferenciarse vr être différent (**de** de).

diferente 1 a différent (**de** de).
　2 adv différemment. *

diferido, -a a **en d.** en différé.

difícil a difficile; **d. de creer/hacer** difficile à croire/faire; **es d. que venga** il est peu probable qu'il vienne.

dificultad f difficulté f.

difundir 1 vt (líquido, noticia) répandre; (emisión, luz) diffuser.
　2 difundirse vr se répandre.

difunto, -a mf défunt, -unte.

digestión f digestion f.

digestivo, -a a digeste.

digital a digital; **huellas digitales** empreintes digitales; **tocadiscos d.** lecteur de CD.

dígito m chiffre m.

digno, -a a digne.

digo indic pres de **decir**.

dije pt indef de **decir**.

dilatar 1 vt dilater.
　2 dilatarse vr se dilater.

dilema m dilemme m.

diluir 1 vt diluer.
　2 diluirse vr se diluer.

diluviar v impers pleuvoir à torrents.

diluyo indic pres de **diluir**.

dimensión f dimension f; **de gran d.** de grandes dimensions.

dimisión m démission f; **presentar su d.** présenter sa démission.

dimitir vi démissionner (**de** de).

dinamita f dynamite f.

dinamo f, **dínamo** f dynamo f.

dinero m argent m; **d. efectivo** o **en metálico** espèces fpl.

dinosaurio m dinosaure m.

dios m dieu m; **¡D. mío!** mon Dieu!; **¡por D.!** pour l'amour de Dieu!

diploma m diplôme m.

diplomacia f diplomatie f.

diplomarse vr obtenir son diplôme.

diplomático, -a 1 a diplomatique.
　2 mf diplomate mf.

diptongo m diphtongue f.

diputación f **d. provincial** conseil m général.

diputado, -a mf député m; **Congreso de Diputados** Chambre des députés.

dique m digue f.

diré fut de **decir**.

dirección f direction f; (señas) adresse f; (destino) destination f; (vehículo) conduite f; (de un partido) tête f; **d. prohibida** sens interdit; **calle de d. única** rue à sens unique.

directa f (marcha) prise f directe.

directamente adv directement.

directiva f direction f.

directo, -a a direct; **en d.** en direct.

director, -ora mf directeur, -trice; **d. de cine** metteur m en scène; **d. de orquesta** chef m d'orchestre; **d. gerente** président-directeur général.

dirigir 1 vt (empresa, orquesta, periódico etc.) diriger; (negocio) tenir; **d. la palabra a algn** adresser la parole à qn.
　2 dirigirse vr **dirigirse a** o **hacia** (ir) se diriger vers; (hablar) s'adresser à.

disciplina f discipline f.

discípulo, -a mf disciple mf.

disco m disque m; **d. compacto** disque compact; **d. duro** disque dur; **d. óptico** disque optique.

discoteca f discothèque f.

discrepar vi (disentir) ne pas être d'accord (**de** avec; **en** sur).

discreto, -a *a* discret.

discriminación *f* discrimination *f*.

disculpa *f* excuse *f*; **dar disculpas** donner des excuses; **pedir disculpas a algn** demander des excuses à qn.

disculpar 1 *vt* excuser.
    2 disculparse *vr* s'excuser (**por** de).

discurrir *vi* réfléchir.

discurso *m* discours *m*; **dar** *o* **pronunciar un d.** faire un discours.

discusión *f* désaccord *m*.

discutir 1 *vi* se disputer (**de** sur).
    2 *vt* discuter de.

diseñar *vt* dessiner.

diseño *m* dessin *m*.

disfrazar 1 *vt* déguiser.
    2 disfrazarse *vr* se déguiser.

disfrutar 1 *vi (gozar)* s'amuser; *(poseer)* jouir (**de** de).
    2 *vt* profiter de.

disgustar 1 *vt* ennuyer.
    2 disgustarse *vr (molestarse)* s'offusquer; *(dos amigos)* se fâcher.

disgusto *m (preocupación)* contrariété *f*; *(desgracia)* malheur *m*; **llevarse un d.** avoir de la peine; **dar un d. a algn** faire de la peine à qn; **a d.** à contrecœur.

disimular *vt* dissimuler.

disipar 1 *vt* dissiper.
    2 disiparse *vr (niebla, temor etc.)* se dissiper.

dislocar *vt* disloquer.

disminuir *vti* diminuer.

disolvente 1 *a* dissolvant.
    2 *m* solvant *m*; *(para uñas)* dissolvant *m*.

disolver [4] *(pp* **disuelto***)* *vt* dissoudre.

disparar 1 *vt (pistola etc.)* donner un coup de; *(flecha, balón)* lancer.
    2 dispararse *vr (arma)* partir; *(precios)* monter en flèche.

disparate *m (dicho, acto)* bêtise *f*; **decir disparates** dire des bêtises.

dispersar 1 *vt* disperser.
    2 dispersarse *vr* se disperser.

disponer (*pp* **dispuesto**) **1** *vt (arreglar)* disposer; *(ordenar)* ordonner.
    2 *vi* **d. de** disposer de.
    3 disponerse *vr* se disposer.

disposición *f* disposition *f*; **a su d.** à votre disposition.

dispositivo *m* dispositif *m*.

disputa *f (discusión)* dispute *f*; *(contienda)* bataille *f*.

disquete *m* disquette *f*.

disquetera *f* lecteur *m* de disques.

distancia *f* distance *f*.

distante *a* distant.

distinguir 1 *vt* distinguer.
    2 *vi (diferenciar)* faire la distinction.
    3 distinguirse *vr* se distinguer.

distintivo, -a 1 *a* distinctif.
    2 *m* signe *m* distinctif.

distinto, -a *a* différent.

distracción *f* distraction *f*.

distraer 1 *vt* distraire.
    2 distraerse *vr (divertirse)* se distraire; *(abstraerse)* se dissiper.

distraído, -a *a* distrayant; *(abstraído)* distrait.

distribuidor, -ora 1 *a* distributif.
    2 *mf* distributeur, -trice.

distribuir *vt* distribuer.

distrito *m* district *m*; **d. postal** secteur *m* postal.

disturbio *m* trouble *m*.

disuadir *vt* dissuader.

disuelto, -a *pp de* **disolver**.

diván *m* divan *m*.

diversión *f* divertissement *m*.

diverso, -a *a* différent; **diversos** divers.

divertido, -a *a* amusant.

divertir [5] **1** *vt* amuser.
    2 divertirse *vr* s'amuser.

dividir 1 *vt* diviser.
    2 dividirse *vr* se diviser (**en** en).

divisas *fpl* devises *fpl*.

división f division f.

divorciado, -a a & mf divorcé, -ée.

divorciarse vr divorcer.

divorcio m divorce m.

divulgación f divulgation f.

DNI m abr de **Documento Nacional de Identidad** carte f d'identité.

doberman m doberman m.

dobladillo m ourlet m.

doblar 1 vt doubler; (plegar) plier; (torcer) tordre; **d. la esquina** tourner au coin de la rue.

2 vi (girar) tourner.

3 doblarse vr (plegarse) se plier; (torcerse) se courber.

doble 1 a double.

2 m double m; **gana el d. que tú** il gagne le double de toi.

doce a & m inv douze a & m inv.

docena f douzaine f.

docente a enseignant; **centro d.** centre d'enseignement.

dócil a docile.

doctor, -ora mf docteur m.

doctorado m doctorat m.

documentación f documentation f; (DNI, de conducir etc.) papiers mpl.

documental a & m documentaire a & m.

documento m document m; **d. nacional de identidad** carte f d'identité.

dogo m dogue m.

dólar m dollar m.

doler [4] vi faire mal; **me duele la cabeza** j'ai mal à la tête.

dolor m douleur f; (pena) peine f; **d. de cabeza/de muelas** mal m de tête/de dents.

domar vt dompter; (caballo) dresser.

doméstico, -a a domestique; **animal d.** animal domestique.

domicilio m domicile m; (señas) adresse f.

dominante a dominant; (déspota) dominateur.

dominar 1 vti dominer.

2 dominarse vr se dominer.

domingo m inv dimanche m; **D. de Resurrección** o **Pascua** dimanche de Pâques.

dominical 1 a dominical.

2 m (suplemento) supplément m du dimanche.

dominicano, -a 1 a dominicain; **República Dominicana** République dominicaine.

2 mf Dominicain, -aine.

dominio m (poder, de un idioma) maîtrise f; (territorio) domaine m.

dominó, dómino m domino m.

don¹ m (habilidad) don m; **tener el d. de** avoir le don de.

don² m **Señor D. José García** Monsieur José Garcia; **D. Fulano de Tal** Monsieur Untel.

donar vt (sangre etc.) faire don de.

donativo m don m.

donde adv rel où; **a** o **en d.** où; **de** o **desde d.** d'où.

dónde adv où?; **¿por d. se va a la playa?** par où faut-il passer pour aller à la plage?

doña f **Señora D. Leonor Benítez** Madame Leonor Benítez.

dorada f (pez) daurade f.

dorado, -a a doré.

dormido, -a a endormi; **quedarse d.** s'endormir; (no despertarse) ne pas se réveiller.

dormilón, -ona Fam **1** a qui dort beaucoup.

2 mf marmotte f.

dormir [7] **1** vi dormir.

2 vt **d. la siesta** faire la sieste.

3 dormirse vr s'endormir; **se me ha dormido el brazo** mon bras est engourdi.

dormitorio m (de una casa) chambre f; (de colegio, residencia) dortoir m.

dorsal 1 a **espina d.** colonne vertébrale.

2 *m (de camiseta)* dossard *m*.
dorso *m* dos *m*; **instrucciones al d.** instructions au dos; **véase al d.** voir au dos.
dos 1 *a* deux.
 2 *m inv* deux *m*; **los d.** les deux; **nosotros/vosotros d.** nous/vous deux.
doscientos, -as *a & m* deux cents *a & m*.
dosis *f inv* dose *f*.
doy *indic pres de* **dar**.
dpto *abr de* **departamento** dépt.
Dr. *abr de* **doctor** Dr.
Dra. *abr de* **doctora** Dr.
dragón *m* dragon *m*.
drama *m* drame *m*.
dramático, -a *a* dramatique.
drástico, -a *a* drastique.
droga *f* drogue *f*; **d. blanda/dura** drogue douce/dure.
drogadicto, -a *mf* toxicomane *mf*.
drogar 1 *vt* droguer.
 2 drogarse *vr* se droguer.
droguería *f* droguerie *f*.
ducha *f* douche *f*; **darse** *o* **tomar una d.** prendre une douche.
ducharse *vr* se doucher.

duda *f* doute *m*; **sin d.** sans aucun doute; **no cabe d.** cela ne fait aucun doute.
dudar 1 *vi* douter; *(vacilar)* hésiter (en à).
 2 *vt* douter de.
dueña *f* propriétaire *f*.
dueño *m* propriétaire *m*.
dulce 1 *a (sabor)* sucré; *(carácter, voz, agua)* doux.
 2 *m (pastel)* gâteau *m*; *(caramelo)* bonbon *m*.
duna *f* dune *f*.
duodécimo, -a *a & mf* douzième.
duplicar 1 *vt* reproduire; *(cifras)* multiplier par deux.
 2 duplicarse *vr* doubler.
duración *f* durée *f*.
durante *prep* pendant.
durar *vi* durer.
durazno *m (fruto)* pêche *f*; *(árbol)* pêcher *m*.
dureza *f* dureté *f*; *(callosidad)* durillon *m*.
duro, -a 1 *a* dur.
 2 *m (moneda)* pièce *f* de cinq pesetas.
 3 *adv* dur.

D

e *conj (devant des mots commençant par* **i** *ou* **hi***)* et.

ébano *m* ébène *f*.

ebullición *f* ébullition *f*; **punto de e.** point d'ébullition.

echar 1 *vt* jeter; *(carta)* poster; *(vino, agua)* verser; *(expulsar)* jeter dehors; *(despedir)* renvoyer; *(humo, olor etc.)* dégager; **e. una mano** donner un coup de main; **e. una mirada/una ojeada** jeter un regard/un coup d'œil; **e. gasolina al coche** mettre de l'essence dans la voiture; **te echo de menos** *o* **en falta** tu me manques.
2 *vi (+* **a** *+ infinitivo) (empezar)* commencer à; **echó a correr** il s'est mis à courir.
3 echarse *vr (tumbarse)* s'allonger; *(lanzarse)* se lancer; *(+* **a** *+ infinitivo) (empezar)* commencer à; *Fig* **echarse atrás** reculer; **echarse a llorar** se mettre à pleurer; **echarse a perder** *(comida)* se perdre.

eclesiástico, -a *a & m* ecclésiastique *a & m*.

eclipse *m* éclipse *f*.

eco *m* écho *m*.

ecológico, -a *a* écologique.

ecologista *a & mf* écologiste.

economía *f* économie *f*.

económico, -a *a* économique.

economizar *vti* économiser.

ecuación *f* équation *f*.

ecuador *m* équateur *m*.

ecuánime *a (temperamento)* serein; *(juicio)* impartial.

ecuatoriano, -a 1 *a* équatorien.
2 *mf* Équatorien, -ienne.

ecuestre *a* équestre.

edad *f* âge *m*; **¿qué e. tienes?** quel âge as-tu?; **E. Media** Moyen Âge.

edición *f (publicación)* publication *f*; *(conjunto de ejemplares)* édition *f*.

edicto *m* édit *m*.

edificio *m* édifice *m*.

edil, -ila *mf* conseiller *m* municipal.

editar *vt (libro, en ordenador)* éditer; *(periódico)* publier; *(disco)* sortir.

editor, -ora 1 *a & mf* éditeur, -trice.
2 *m* **e. de textos** éditeur *m* de texte.

editorial 1 *a* d'édition.
2 *f* maison *f* d'édition.
3 *m* éditorial *m*.

edredón *m* édredon *m*.

educación *f* éducation *f*; **buena/mala e.** *(modales)* éducation/manque *m* d'éducation; **falta de e.** manque d'éducation.

educado, -a *a* poli.

educar *vt (hijos)* élever.

educativo, -a *a* éducatif.

EE.UU. *mpl abr de* **Estados Unidos** E.U. *mpl*.

efectivamente *adv* effectivement.

efectivo, -a 1 *a* effectif; **hacer e. un cheque** encaisser un chèque.
2 *m* **en e.** en espèces.

efecto *m (resultado, impresión)* effet *m*; **efectos personales** effets; **en e.** en effet.

efectuar *vt* effectuer; *(viaje, pedido)* faire.

eficacia *f* efficacité *f.*

eficaz *a* efficace.

eficiente *a* efficace.

efusivo, -a *a* expansif.

EGB *f abr de* **Enseñanza General Básica** enseignement *m* primaire.

egipcio, -a 1 *a* égyptien.
2 *mf* Egyptien, -ienne.

egoísmo *m* égoïsme *m.*

egoísta *a & mf* égoïste.

egresar *vi* Am terminer ses études.

ej. *abr de* **ejemplo** ex.

eje *m (de rueda)* essieu *m; (de máquina)* arbre *m.*

ejecutar *vt* exécuter.

ejecutivo, -a 1 *a* exécutif; **el poder e.** le pouvoir exécutif.
2 *mf* cadre *m.*

ejemplar 1 *m (de libro, revista)* exemplaire *m; (especimen)* spécimen *m.*
2 *a* exemplaire.

ejemplo *m* exemple *m;* **por e.** par exemple; **dar e.** donner l'exemple.

ejercer *vt* exercer.

ejercicio *m* exercice *m;* **hacer e.** faire de l'exercice.

ejercitar *vt* exercer.

ejército *m* armée *f.*

el 1 *art def m* (**a**) le; **el Sr. García** M. Garcia.
(**b**) *(con prendas de vestir)* **métetelo en el bolsillo** mets-le dans ta poche.
(**c**) *(con días de la semana)* **el lunes** lundi.
2 *pron* celui; **el de las once** celui d'onze heures; **el que tienes en la mano** celui que tu as dans la main.

él *pron pers (sujeto)* il; *(complemento)* lui.

elaboración *f (de un producto)* élaboration *f.*

elaborar *vt (producto)* élaborer.

elasticidad *f* élasticité *l.*

elástico, -a *a & m* élastique *a & m.*

elección *f* choix *m; (votación)* élection *f.*

electorado *m* électorat *m.*

electoral *a* électoral; **campaña e.** campagne électorale.

electricidad *f* électricité *f.*

electricista *mf* électricien, -ienne.

eléctrico, -a *a* électrique.

electrocutar *vt* électrocuter.

electrodoméstico *m* appareil *m* électroménager.

electrónico, -a *a* électronique.

elefante *m* éléphant *m.*

elegancia *f* élégance *f.*

elegante *a* élégant.

elegir [6] *vt* choisir; *(en votación)* élire.

elemental *a (fundamental)* fondamental; *(simple)* élémentaire.

elemento *m* élément *m.*

elepé *m* (disque *m*) trente-trois tours *m.*

elevación *f* élévation *f; (de precios)* hausse *f.*

elevado, -a *a* élevé; *(edificio)* haut.

elevalunas *m inv* **e. eléctrico** lève-vitre *m* électrique.

elevar 1 *vt* élever.
2 **elevarse** *vr (subir)* s'élever; **elevarse a** *(cantidad)* s'élever à.

elijo *indic pres de* **elegir**.

eliminar *vt* éliminer.

eliminatorio, -a *a* éliminatoire.

ella *pron pers f* elle.

ellas *pron pers fpl* elles.

ello *pron pers neutro* cela, ça; **por e.** pour cela.

ellos *pron pers mpl (sujeto)* ils; *(complemento)* eux.

elocuente *a* éloquent.

elogiar *vt* faire l'éloge de.

elote *m* Am jeune épi *m* de maïs.

eludir *vt* éviter.

E

embajada *f* ambassade *f.*

embajador, -ora *mf* ambassadeur, -drice.

embalaje *m* emballage *m.*

embalse *m* réservoir *m*; *(presa)* barrage *m.*

embarazada 1 *a* enceinte.
 2 *f* femme *f* enceinte.

embarazo *m (preñez)* grossesse *f*; *(turbación)* embarras *m.*

embarazoso, -a *a* embarrassant.

embarcación *f (nave)* embarcation *f*; *(embarco)* embarquement *m.*

embarcadero *m* embarcadère *m.*

embarcar 1 *vti* embarquer.
 2 embarcarse *vr* embarquer (**en una nave** sur un bateau; **en un avión** dans un avion).

embarque *m (de persona)* embarquement *m*; *(de mercancías)* chargement *m*; **tarjeta de e.** carte d'embarquement.

embestida *f* charge *f.*

embestir [6] *vt (a torero)* charger; *(atacar)* assaillir.

emblema *m* emblème *m.*

embobado, -a *a* éberlué.

émbolo *m* piston *m.*

embolsar *vt,* **embolsarse** *vr* empocher.

emborrachar 1 *vt* soûler.
 2 emborracharse *vr* se soûler.

emboscada *f* embuscade *f.*

embotellamiento *m* embouteillage *m.*

embotellar *vt* mettre en bouteilles; *(tráfico)* embouteiller.

embrague *m* embrayage *m.*

embriagar 1 *vt* soûler .
 2 embriagarse *vr* se soûler.

embriaguez *f* ivresse *f.*

embrollar 1 *vt* embrouiller.
 2 embrollarse *vr* s'embrouiller.

embrujado, -a *a (sitio)* hanté; *(persona)* ensorcelé.

embudo *m* entonnoir *m.*

embuste *m* mensonge *m.*

embustero, -a *mf* menteur, -euse.

embutido *m* saucisse *f.*

emergencia *f* urgence *f*; **salida de e.** sortie de secours; **en caso de e.** en cas d'urgence.

emigración *f* émigration *f.*

emigrante *a & mf* émigrant, -ante.

emigrar *vi* émigrer.

emisión *f* émission *f.*

emisora *f* station *f* émettrice.

emitir *vt (luz, opinión etc.)* émettre; *(calor)* dégager; *(programa)* diffuser.

emoción *f* émotion *f*; **¡qué e.!** quelle émotion!

emocionante *a (conmovedor)* émouvant; *(excitante)* exaltant.

emocionar 1 *vt (conmover)* émouvoir; *(excitar)* exalter.
 2 emocionarse *vr (conmoverse)* s'émouvoir; *(excitarse)* s'exalter.

empacar *vt (mercancías)* emballer; *Am* énerver.

empacho *m (de comida)* indigestion *f.*

empalagoso, -a *a (dulce)* écœurant.

empalizada *f* palissade *f.*

empalmar 1 *vt* raccorder.
 2 *vi* se raccorder.

empanada *f* pâté *m* en croûte.

empanadilla *f* friand *m.*

empañar 1 *vt* embuer.
 2 empañarse *vr (cristales)* s'embuer.

empapado, -a *a* trempé.

empapar 1 *vt (mojar)* tremper; *(absorber)* absorber.
 2 empaparse *vr (persona)* se faire tremper.

empapelar *vt* tapisser.

empaquetar *vt* empaqueter.

emparedado *m* sandwich *m.*

empaste *m (de diente)* plombage *m.*

empatar vi arriver à égalité; (en fútbol etc.) faire match nul.

empate m match m nul.

empedrado, -a 1 a pavé.
2 m (adoquines) pavés mpl.

empeine m (de pie) cou-de-pied m; (de zapato) empeigne f.

empellón m poussée f.

empeñar 1 vt mettre en gage.
2 empeñarse vr (insistir) insister (**en** sur); (endeudarse) s'endetter.

empeño m (insistencia) insistance f; (deuda) engagement m.

empeorar vti, **empeorarse** vr empirer.

emperador m empereur m.

empezar [1] vti commencer (**a hacer algo** à faire qch).

empinado, -a a (cuesta) raide.

empinar 1 vt dresser.
2 empinarse vr (persona) se mettre sur la pointe des pieds.

emplazamiento m (colocación) emplacement m.

empleado, -a mf employé, -ée.

emplear vt employer.

empleo m emploi m; **modo de e.** mode d'emploi.

emplomar vt Am (diente) plomber.

empobrecer 1 vt appauvrir.
2 empobrecerse vr s'appauvrir.

empobrecimiento m appauvrissement m.

empollón, -ona mf Fam bûcheur, -euse.

emporio m Am grand magasin m.

empotrado, -a a encastré.

emprendedor, -ora a entreprenant.

empresa f entreprise f.

empresarial a (de empresa) commercial; (espíritu) d'entreprise; **(ciencias) empresariales** études de commerce.

empresario, -a mf entrepreneur, -euse; (patrón) patron, -onne.

empujar vt pousser.

empujón m poussée f.

emulsión f émulsion f.

en prep (**a**) (posición) à, en; (sobre) sur; **en Madrid/Bolivia** à Madrid/en Bolivie; **en casa/el trabajo** à la maison/au travail; **en la mesa** sur la table.
(**b**) (tiempo) **en 1940** en 1940; Am **en la mañana** le matin; **cae en martes** ça tombe un mardi; **en ese momento** à ce moment.
(**c**) (transporte) en; **en coche/tren** en voiture/train.
(**d**) (modo) **en español** en espagnol; **en broma** pour plaisanter; **en serio** sérieusement.
(**e**) (reducción, aumento) de; **los precios aumentaron en un diez por ciento** les prix ont augmenté de dix pour cent.
(**f**) (tema, materia) en; **bueno en deportes** bon en sport; **experto en política** expert en politique.
(**g**) (división, separación) en; **lo dividió en tres partes** il l'a divisé en trois.
(**h**) (con infinitivo) à; **fue rápido en responder** il a été vite à répondre.

enaguas fpl jupon m.

enamorado, -a a & mf amoureux, -euse.

enamorar 1 vt rendre amoureux.
2 enamorarse vr tomber amoureux (**de** de).

enano, -a a & mf nain m, naine f.

encabezado, encabezamiento m (de carta) en-tête m; (de periódico) manchette f.

encabezar vt (carta) mettre un en-tête à; (periódico) titrer; (rebelión, carrera, movimiento) mener; **e. la lista** être en tête de la liste.

encajar 1 vt (ajustar) encastrer; **e. un golpe a algn** envoyer un coup à qn.
2 vi (ajustarse) s'emboîter; **e. con** aller avec.

encaje *m* dentelle *f.*

encallar *vi* échouer.

encantado, -a *a (contento)* enchanté; *(embrujado)* hanté; **e. de conocerle** enchanté de faire votre connaissance.

encantador, -ora 1 *a* charmant. **2** *mf* enchanteur, -teresse.

encantar *vt (hechizar)* enchanter; **me encanta nadar** j'adore nager.

encanto *m* charme *m*; **ser un e.** être charmant.

encapricharse *vr* s'enticher (**con** de).

encaramarse *vr* grimper.

encarar 1 *vt* faire face à. **2 encararse** *vr* **encararse con** faire front à.

encarcelar *vt* emprisonner.

encarecer 1 *vt* faire monter le prix de. **2 encarecerse** *vr* augmenter.

encargado, -a *a & mf* responsable.

encargar 1 *vt* charger de; *(mercancías)* commander. **2 encargarse** *vr* **encargarse de** se charger de.

encargo *m* commande *f*; *(recado)* commission *f*; *(tarea)* poste *m.*

encariñarse *vr* s'attacher (**con** à).

encarnado, -a *a (rojo)* rouge.

encarnizado, -a *a* acharné.

encauzar *vt* canaliser.

encendedor *m* briquet *m.*

encender [3] **1** *vt* allumer. **2 encenderse** *vr* s'allumer.

encendido *m* allumage *m.*

encerado *m (pizarra)* tableau *m* (noir).

encerrar [1] **1** *vt* enfermer. **2 encerrarse** *vr* s'enfermer.

encharcar 1 *vt* inonder. **2 encharcarse** *vr* être inondé.

enchufado, -a *Fam* **1** *a* **estar e.** être pistonné. **2** *mf (favorito)* personne *f* pistonnée.

enchufar *vt* brancher; *(unir)* raccorder.

enchufe *m* prise *f*; *Fam* piston *m.*

encía *f* gencive *f.*

enciclopedia *f* encyclopédie *f.*

encima 1 *adv* dessus; *(arriba)* là-haut; *(en el aire)* en l'air; *(además)* en plus. **2** *prep* **e. de** *(sobre)* sur; *(además)* en plus de; **ahí e.** là-haut; **por e.** au-dessus; **leer un libro por e.** parcourir un livre.

encina *f* chêne *m* vert.

encinta *a* enceinte.

enclenque *a (débil)* chétif; *(enfermizo)* maladif.

encoger 1 *vti* contracter; *(prenda)* rétrécir. **2 encogerse** *vr (contraerse)* se contracter; *(prenda)* rétrécir; **encogerse de hombros** hausser les épaules.

encolar *vt (papel)* encoller; *(madera)* coller.

encolerizar 1 *vt* mettre en colère. **2 encolerizarse** *vr* se mettre en colère.

encono *m* rancœur *f.*

encontrar [2] **1** *vt (hallar)* trouver; *(a persona, problema)* rencontrer. **2 encontrarse** *vr (sentirse)* se sentir; *(estar)* être; **encontrarse a gusto** se sentir à l'aise; **encontrarse con algn** rencontrer qn.

encontronazo *m (choque)* collision *f.*

encorvarse *vr* se courber.

encrucijada *f* croisement *m.*

encuadernar *vt* relier.

encubrir *vt* cacher.

encuentro *m* rencontre *f.*

encuesta *f* enquête *f.*

encuestar *vt* enquêter sur; **e. a alguien** sonder qn.

endeble *a* faible.

endémico, -a *a* endémique.

enderezar 1 *vt* redresser.
   2 enderezarse *vr* se redresser.

endeudarse *vr* s'endetter.

endiablado, -a *a* diabolique.

endibia *f* endive *f.*

endulzar *vt* sucrer; *Fig* adoucir.

endurecer 1 *vt* endurcir.
   2 endurecerse *vr* s'endurcir.

enemigo, -a *a & mf* ennemi, -ie.

enemistar 1 *vt* brouiller.
   2 enemistarse *vr* se brouiller (**con algn** avec qn).

energía *f* énergie *f*; **e. nuclear** énergie nucléaire; **e. vital** vitalité *f.*

enérgico, -a *a* énergique.

enero *m* janvier *m.*

enfadado, -a *a* fâché.

enfadar 1 *vt* fâcher.
   2 enfadarse *vr* se fâcher (**con** après); *(dos personas)* se fâcher.

enfado *m* colère *f.*

énfasis *m inv* emphase *f.*

enfermar 1 *vt* rendre malade.
   2 *vi* **enfermarse** *vr Am* tomber malade.

enfermedad *f* maladie *f.*

enfermería *f* infirmerie *f.*

enfermero, -a *mf* infirmier, -ière.

enfermizo, -a *a* maladif.

enfermo, -a *a & mf* malade.

enfocar *vt (imagen)* mettre au point; *(tema)* examiner; *(con linterna)* éclairer.

enfrentamiento *m* affrontement *m.*

enfrentar 1 *vt (situación, peligro)* affronter; *(enemistar)* brouiller.
   2 enfrentarse *vr* **enfrentarse con** *o* **a** *(encararse con)* faire front à.

enfrente 1 *adv* en face; **la casa de e.** la maison d'en face.
   2 *prep* **e. de** en face de.

enfriamiento *m* refroidissement *m.*

enfriar 1 *vt* refroidir.
   2 enfriarse *vr* refroidir; *(resfriarse)* prendre froid.

enfurecer 1 *vt* rendre furieux.
   2 enfurecerse *vr* devenir furieux.

enganchar 1 *vt* accrocher.
   2 engancharse *vr (ropa)* s'accrocher; *(persona)* devenir accro.

engañar 1 *vt* tromper; *(mentir a)* mentir à.
   2 engañarse *vr* s'abuser.

engaño *m* tromperie *f*; *(mentira)* mensonge *m.*

engañoso, -a *a (palabras)* mensonger; *(apariencias)* trompeur.

engarzar *vt (unir)* accrocher; *(engastar)* enchâsser.

engastar *vt* enchâsser.

engendrar *vt Fig* engendrer.

englobar *vt* englober.

engordar 1 *vt* faire grossir.
   2 *vi* grossir; *(comida, bebida)* faire grossir.

engorro *m* ennui *m.*

engranaje *m* engrenage *m.*

engrasar *vt (lubricar)* graisser; *(manchar)* tacher de graisse.

engreído, -a *a* orgueilleux.

engrudo *m* colle *f.*

engullir *vt* avaler.

enhebrar *vt* enfiler.

enhorabuena *f* félicitations *fpl*; **dar la e. a algn** féliciter qn.

enigma *m* énigme *f.*

enjabonar *vt* savonner.

enjambre *m* essaim *m.*

enjaular *vt (animal)* mettre en cage.

enjuagar *vt* rincer.

enjugar 1 *vt* sécher.
   2 enjugarse *vr* se sécher.

enjuiciar *vt (criminal)* juger.

enlace *m* liaison *f*; *(entre trenes)* correspondance *f*; *(casamiento)* union *f.*

enlatado, -a *a* en boîte.

enlazar 1 *vt* attacher.
   2 *vi* assurer la correspondance (**con** avec).

enloquecer 1 *vi*, **enloquecerse** *vr* devenir fou.
   2 *vt* rendre fou.

enmarañar 1 *vt* *(pelo)* emmêler; *(complicar)* compliquer.
   2 enmarañarse *vr* *(pelo)* s'emmêler.

enmascarar *vt* *(problema, la verdad)* masquer.

enmendar [1] **1** *vt* *(corregir)* corriger.
   2 enmendarse *vr* *(persona)* s'amender.

enmienda *f* correction *f*; *(de ley)* amendement *m*.

enmohecerse *vr* *(metal)* rouiller; *(comida)* moisir.

enmudecer *vi* rester muet.

ennegrecer *vt*, **ennegrecerse** *vr* noircir.

enojado, -a *a* fâché.

enojar 1 *vt* fâcher.
   2 enojarse *vr* se fâcher.

enorgullecer 1 *vt* remplir d'orgueil.
   2 enorgullecerse *vt* s'enorgueillir (**de** de).

enorme *a* énorme.

enraizar *vi*, **enraizarse** *vr* *(planta, costumbre)* prendre racine.

enrarecerse *vr* *(aire)* se raréfier.

enredadera *f* plante *f* grimpante.

enredar 1 *vt* *(enmarañar)* emmêler; *Fig (implicar)* mêler (**en** à).
   2 enredarse *vr* *(enmarañarse)* s'emmêler; *Fig (involucrarse)* être mêlé (**con** à).

enriquecer 1 *vt* enrichir.
   2 enriquecerse *vr* s'enrichir.

enrojecer *vi*, **enrojecerse** *vr* *(ruborizarse)* rougir.

enrollado, -a *a* enroulé.

enrollar 1 *vt* enrouler.
   2 enrollarse *vr* *Fam (hablar)* rabâcher.

enroscar 1 *vt* enrouler; *(tornillo, tapón)* visser.
   2 enroscarse *vr* s'enrouler.

ensaimada *f* viennoiserie *f* en forme de spirale, originaire de Majorque.

ensalada *f* salade *f*.

ensaladilla rusa *f* salade *f* russe.

ensanchar 1 *vt* élargir.
   2 ensancharse *vr* s'élargir.

ensangrentado, -a *a* ensanglanté.

ensayar *vt* essayer; *(obra, canción)* répéter.

ensayo *m* essai *m*; *(de obra)* répétition *f*; **e. general** répétition générale.

enseguida *adv* tout de suite.

ensenada *f* crique *f*.

enseñanza *f* enseignement *m*.

enseñar *vt* enseigner; *(mostrar)* montrer; **e. a algn a hacer algo** montrer à qn comment faire qch.

ensimismado, -a *a* *(absorbido)* absorbé; *(abstraído)* pensif.

ensimismarse *vr* *(absorberse)* s'absorber; *(abstraerse)* devenir pensif.

ensombrecer 1 *vt* assombrir.
   2 ensombrecerse *vr* assombrir.

ensopar *vt* *Am* tremper.

ensordecedor, -ora *a* assourdissant.

ensuciar 1 *vt* salir.
   2 ensuciarse *vr* se salir.

ensueño *m* rêve *m*.

entablar *vt* *(conversación)* entamer; *(amistad)* nouer.

entallado, -a *a* *(vestido)* ajusté; *(camisa)* cintré.

entender [3] **1** *vt* *(comprender)* comprendre; **dar a algn a e. que...** laisser entendre à qn que...
   2 *vi* *(comprender)* comprendre; **e. de** *(saber)* s'y connaître en.
   3 entenderse *vr* *(comprenderse)* se comprendre.

entendimiento *m* entente *f*.

enteramente *adv* entièrement.

enterarse *vr* apprendre; **me he enterado de que...** j'ai appris que...;

ni me enteré je ne m'en suis même pas rendu compte.

entereza *f* fermeté *f*.

enternecer 1 *vt* attendrir.
  2 enternecerse *vr* s'attendrir.

entero, -a *a (completo)* entier.

enterrar [1] *vt* enterrer.

entidad *f* organisme *m*.

entierro *m* enterrement *m*.

entonar *vt (canción)* entonner.

entonces *adv* alors; **por aquel e.** à cette époque.

entornar *vt (ojos etc.)* fermer à demi; *(puerta)* entrebâiller.

entorpecer *vt (obstaculizar)* gêner.

entrada *f* entrée *f*; *(recaudación)* recette *f*; **tener entradas** *(en la frente)* avoir le front dégarni.

entrar 1 *vi* entrer; **me entró dolor de cabeza** un mal de tête m'a pris; **me entraron ganas de reír** j'ai eu envie de rire.
  2 *vt (datos)* entrer.

entre *prep* entre.

entreabierto, -a *a* entrouvert.

entreacto *m* entracte *m*.

entrecejo *m* espace *m* entre les sourcils; **fruncir el e.** froncer les sourcils.

entrecortado, -a *a (voz)* entre-coupé.

entrega *f (de productos)* livraison *f*; *(de premios)* remise *f*; *(devoción)* dévouement *m*.

entregar 1 *vt (dar)* remettre; *(mercancía)* livrer.
  2 entregarse *vr (rendirse)* se rendre; **entregarse a** se consacrer à.

entrelazar 1 *vt* entrelacer.
  2 entrelazarse *vr* s'entrelacer.

entremedias *adv* au milieu.

entremés *m* hors d'œuvre *m*.

entremeterse *vr* = **entrometerse**.

entrenador, -ora *mf* entraîneur, -euse.

entrenamiento *m* entraînement *m*.

entrenar 1 *vi* entraîner.
  2 entrenarse *vr* s'entraîner.

entresuelo *m* entresol *m*.

entretanto *adv* entre-temps.

entretención *f Am* divertissement *m*.

entretener 1 *vt (divertir)* divertir; *(retrasar)* retarder; *(detener)* retenir.
  2 entretenerse *vr (distraerse)* se divertir; *(retrasarse)* se mettre en retard.

entretenido, -a *a* divertissant.

entretenimiento *m* divertissement *m*.

entretiempo *m* demi-saison *f*; **ropa de e.** vêtement de demi-saison.

entrevista *f* entrevue *f*; *(para periódico)* interview *f*.

entrevistar 1 *vt* avoir une entrevue avec; *(periodista)* interviewer.
  2 entrevistarse *vr* **entrevistarse con algn** avoir une entrevue avec qn; *(periodista)* interviewer qn.

entristecer 1 *vt* attrister.
  2 entristecerse *vr* s'attrister (**por** de).

entrometerse *vr* se mêler (**en** de).

entumecerse *vr* s'engourdir.

enturbiar 1 *vt* troubler.
  2 enturbiarse *vr* se troubler.

entusiasmar 1 *vt* enthousiasmer.
  2 entusiasmarse *vr* s'enthousiasmer (**con** pour).

entusiasmo *m* enthousiasme *m*; **con e.** avec enthousiasme.

enumerar *vt* énumérer.

envasar *vt (embotellar)* mettre en bouteilles; *(empaquetar)* emballer; *(enlatar)* mettre en boîte.

envase *m (recipiente)* récipient *m*; *(botella vacía)* bouteille *f* vide.

envejecer *vti* vieillir.

envenenar *vt* empoisonner.

envergadura *f* **de gran e.** de grande envergure.

enviar *vt* envoyer.

envidia f envie f; **tener e. de algn** envier qn.

envidiable a enviable.

envidiar vt envier.

envidioso, -a a envieux.

envío m envoi m; (paquete) paquet m; **gastos de e.** frais d'envoi.

envoltorio m, **envoltura** f emballage m.

envolver [4] (pp **envuelto**) **1** vt (con papel) emballer; (en complot etc.) impliquer (**en** dans).
    2 envolverse vr s'envelopper (**en** dans).

enyesar vt plâtrer.

epidemia f épidémie f.

episodio m épisode m.

época f époque f.

equilibrio m équilibre m.

equilibrista mf équilibriste mf; Am opportuniste mf.

equipaje m bagages mpl; **hacer el e.** faire ses bagages.

equipar vt équiper (**con, de** de).

equiparar vt comparer (**con** avec).

equipo m (de expertos, jugadores) équipe f; (aparatos) équipement m; (ropa) ensemble m; **e. de alta fidelidad** chaîne f haute-fidélité.

equitación f équitation f.

equitativo, -a a équitable.

equivalente a équivalent.

equivaler vi équivaloir (**a** à).

equivocación f erreur f.

equivocado, -a a dans l'erreur; (resultado) faux.

equivocar 1 vt **e. el camino** se tromper de chemin.
    2 equivocarse vr se tromper.

equívoco, -a a équivoque.

era pt imperfecto de **ser**.

eras pt imperfecto de **ser**.

eres indic pres de **ser**.

erguir vt dresser.

erizarse vr se hérisser.

erizo m hérisson m; **e. de mar, e. marino** oursin m.

ermita f chapelle f.

erosión f érosion f.

erótico, -a a érotique.

erradicar vt supprimer.

errante a errant.

errata f faute f d'impression.

erróneo, -a a erroné.

error m erreur f.

eructar vi éructer.

eructo m éructation f.

erudito, -a a & mf érudit, -ite.

erupción f éruption f.

es indic pres de **ser**.

esa a dem ver **ese**.

ésa pron dem ver **ése**.

esbelto, -a a svelte.

escabeche m marinade f.

escabullirse vr s'éclipser.

escala f (de temperaturas etc.) échelle f; (parada) escale f; **en gran e.** sur une grande échelle; **hacer e. en** faire escale à.

escalada f escalade f.

escalador, -ora mf grimpeur, -euse.

escalar vt escalader.

escaldar vt ébouillanter.

escalera f escalier m; (de peintre etc.) échelle f; **e. de incendios** escalier de secours; (de los bomberos) échelle d'incendie; **e. mecánica** escalator m.

escalerilla f escabeau m.

escalfar vt pocher.

escalofrío m frisson m.

escalón m marche f; (de escalera) échelon m.

escalonar vt échelonner.

escama f (de animal) écaille f; (de jabón) paillette f.

escamotear vt escamoter.

escampar vi s'éclaircir.

escandalizar 1 *vt* scandaliser.
  2 escandalizarse *vr* être scandalisé (**de** par).

escándalo *m* (*alboroto*) vacarme *m*; (*desvergüenza*) scandale *m*; **armar un e.** faire un scandale.

escanear *vt* faire un scanner de.

escáner *m* scanner *m*.

escaño *m* (*parlamentario*) siège *m*.

escapada *f* (*de prisión*) évasion *f*.

escapar 1 *vi* s'échapper.
  2 escaparse *vr* s'échapper; (*gas etc.*) fuir.

escaparate *m* vitrine *f*.

escape *m* fuite *f*; **tubo de e.** pot d'échappement.

escarabajo *m* scarabée *m*.

escarbar *vt* (*suelo*) gratter.

escarcha *f* givre *m*.

escarlata *a* écarlate.

escarlatina *f* scarlatine *f*.

escarmentar [1] *vi* tirer la leçon de l'expérience.

escarmiento *m* leçon *f*.

escarola *f* scarole *f*.

escarpado, -a *a* (*paisaje*) escarpé.

escasear *vi* se faire rare.

escasez *f* manque *m*.

escaso, -a *a* rare; (*conocimientos*) maigre.

escayola *f* plâtre *m*.

escayolar *vt* (*brazo etc.*) plâtrer.

escena *f* scène *f*.

escenario *m* (*en teatro*) scène *f*; (*de película*) cadre *m*.

escéptico, -a *a* & *mf* sceptique.

esclarecer *vt* éclairer; (*cuestión*) éclaircir.

esclavo, -a *a* & *mf* esclave.

esclusa *f* écluse *f*.

escoba *f* balai *m*.

escocer [4] *vi* piquer.

escocés, -esa 1 *a* écossais; **falda escocesa** kilt.
  2 *mf* Écossais, -aise.

escoger *vt* choisir.

escolar 1 *a* (*curso, año*) scolaire.
  2 *mf* écolier, -ière.

escollo *m* écueil *m*.

escolta *f* escorte *f*.

escoltar *vt* escorter.

escombros *mpl* décombres *mpl*.

esconder *vt* cacher.
  2 esconderse *vr* se cacher (**de** de).

escondidas *adv* **a e.** en cachette.

escondite *m* (*lugar*) cachette *f*; (*juego*) cache-cache *m* *inv*.

escondrijo *m* cachette *f*.

escopeta *f* fusil *m*; **e. de aire comprimido** fusil à air comprimé.

escorpión *m* scorpion *m*.

escotado, -a *a* décolleté.

escote *m* décolleté *m*.

escotilla *f* écoutille *f*.

escozor *m* démangeaison *f*.

escribir (*pp* escrito) **1** *vt* écrire; **e. a máquina** taper à la machine.
  2 escribirse *vr* (*dos personas*) s'écrire.

escrito, -a *a* écrit.
  2 *m* (*documento*) écrit *m*; **por e.** par écrit.

escritor, -ora *mf* écrivain *m*.

escritorio *m* (*mueble*) bureau *m*.

escritura *f* (*documento*) acte *m*.

escrúpulo *m* (*recelo*) scrupule *m*.

escrupuloso, -a *a* délicat; (*honesto, meticuloso*) scrupuleux.

escrutinio *m* (*de votos*) scrutin *m*.

escuadra *f* (*instrumento*) équerre *f*; (*militar*) escouade *f*; (*de barcos*) escadre *f*.

escuálido, -a *a* émacié.

escuchar 1 *vt* écouter; (*oír*) entendre.
  2 *vi* écouter.

escudo *m* (*arma defensiva*) bouclier *m*; (*blasón*) écu *m*.

escuela f école f; **e. de idiomas** école de langues.

escueto, -a a sobre.

escuezo indic pres de **escocer**.

esculcar vt Am (registrar) fouiller.

escultor, -ora mf sculpteur m.

escultura f sculpture f.

escupidera f (recipiente) crachoir m; (orinal) pot m de chambre.

escupir vti cracher.

escurreplatos m inv égouttoir m à vaisselle.

escurridizo, -a a glissant.

escurridor m passoire f; (escurreplatos) égouttoir m à vaisselle.

escurrir 1 vt (plato, vaso) égoutter; (ropa) essorer; Fig **e. el bulto** se défiler.
   2 escurrirse vr (resbalarse) glisser.

ese, -a a dem ce, cette; **esos, -as** ces.

ése, -a pron dem mf celui-là, celle-là; **ésos, -as** ceux-là, celles-là; Fam **¡ni por ésas!** pas moyen!

esencia f essence f.

esencial a essentiel; **lo e.** l'essentiel.

esencialmente adv essentiellement.

esfera f sphère f; (de reloj) cadran m.

esforzarse [2] vr s'efforcer (**por** de).

esfuerzo m effort m.

esfumarse vr Fam se volatiliser.

esgrima f escrime f.

esguince m entorse f.

eslabón m chaînon m.

eslogan m (pl **eslóganes**) slogan m.

esmalte m émail m; (de uñas) vernis m à ongles.

esmeralda f émeraude f.

esmerarse vr faire attention; (esforzarse) faire de son mieux.

esmoquin m (pl **esmóquines**) smoking m.

esnob (pl **esnobs**) a & mf snob.

eso pron dem neutro cela, ça; **¡e. es!**

c'est ça!; **por e.** c'est pourquoi; **a e. de las diez** vers dix heures.

esos, -as a dem pl ver **ese**.

ésos, -as pron dem mfpl ver **ése**.

espabilado, -a a (despierto) réveillé; (listo) vif.

espabilar 1 vt réveiller.
   2 espabilarse vr se réveiller.

espacial a spatial; **nave e.** vaisseau spatial.

espacio m espace m; (programa) émission f.

espacioso, -a a spacieux.

espada f épée f; **pez e.** espadon m.

espaguetis mpl spaghetti m.

espalda f dos m; (en natación) dos crawlé; **espaldas** dos sing; **a espaldas de algn** dans le dos de qn; **por la e.** par derrière; **volver la e. a algn** tourner le dos à qn.

espantajo m (muñeco) épouvantail m.

espantapájaros m inv épouvantail m.

espantar 1 vt (asustar) effrayer; (ahuyentar) faire fuir.
   2 espantarse vr s'effrayer (**de** de).

espantoso, -a a épouvantable.

español, -ola 1 a espagnol.
   2 mf Espagnol, -ole; **los españoles** les Espagnols.
   3 m (idioma) espagnol m.

esparadrapo m sparadrap m.

esparcir 1 vt (papeles) éparpiller; (semillas) semer; (rumor) répandre.
   2 esparcirse vr se répandre.

espárrago m asperge f.

espátula f spatule f.

especia f épice f.

especial a spécial; **en e.** en particulier.

especialidad f spécialité f.

especialista mf spécialiste mf.

especializarse vr se spécialiser (**en** dans).

especialmente adv *(exclusivamente)* spécialement; *(muy)* particulièrement.

especie f espèce f.

específicamente adv spécifiquement.

especificar vt spécifier.

específico, -a a spécifique.

espectacular a spectaculaire.

espectáculo m spectacle m.

espectador, -ora mf spectateur, -trice; **los espectadores** les spectateurs; *(de televisión)* les téléspectateurs.

especulación f spéculation f.

espejismo m mirage m.

espejo m miroir m ; **e. retrovisor** rétroviseur m.

espeluznante a terrifiant.

espera f attente f; **en e. de** en attendant; **a la e. de** dans l'attente de; **sala de e.** salle d'attente.

esperanza f espoir m; **e. de vida** espérance f de vie.

esperar 1 vi *(aguardar)* attendre; *(tener esperanza)* espérer.
2 vt *(aguardar, bebé)* attendre; *(tener esperanza)* espérer; *(estar a la espera de)* s'attendre à; **espero que sí** j'espère que oui; **espero que vengas** j'espère que tu viendras; **ya lo esperaba** je m'y attendais.

esperma m sperme m; Am *(vela)* bougie f.

espesar vt, **espesarse** vr épaissir.

espeso, -a a *(líquido, niebla, masa etc.)* épais; *(bosque)* dense.

espesor m épaisseur f; **tres metros de e.** trois mètres d'épaisseur.

espía mf espion, -ionne.

espiar vti espionner.

espiga f *(de trigo)* épi m.

espigado, -a a élancé.

espina f *(de planta)* épine f; *(de pescado)* arête f; **e. dorsal** épine dorsale.

espinaca f épinard m.

espinazo m épine f dorsale.

espinilla f tibia m; *(en la piel)* bouton m.

espionaje m espionnage m.

espiral 1 a spiral.
2 f spirale f.

espirar vi expirer.

espíritu m esprit m; *(alma)* âme f.

espiritual a spirituel.

espléndido, -a a *(magnífico)* splendide; *(generoso)* généreux.

esplendor m splendeur f.

espliego m lavande f.

esponja f éponge f.

espontáneo, -a a spontané.

esposado, -a a *(con esposas)* menottes aux poignets.

esposas fpl menottes fpl.

esposo, -a mf époux, -ouse.

esprint m sprint m.

espuela f éperon m.

espuma f écume f; *(de cerveza, jabón)* mousse f; **e. de afeitar** mousse à raser.

espumoso, -a a écumeux; *(vino)* mousseux.

esqueleto m squelette m.

esquema m schéma m.

esquemático, -a a schématique.

esquí m ski m; **e. acuático** ski nautique.

esquiador, -ora mf skieur, -ieuse.

esquiar vi skier.

esquimal 1 a esquimau, -aude.
2 mf Esquimau, -aude.

esquina f coin m.

esquivar vt *(a una persona)* éviter; *(un golpe)* esquiver.

esta a dem cette.

está indic pres de **estar**.

ésta pron dem f celle-ci.

estabilidad f stabilité f.

estable a stable.

E

establecer 1 *vt* établir.
 2 establecerse *vr (instalarse)* s'établir.

establecimiento *m* établissement *m*.

establo *m* étable *f*.

estaca *f* pieu *m*; *(de tienda de campaña)* piquet *m*.

estación *f* gare *f*; *(del año)* saison *f*; **e. de servicio** station-service *f*; **e. de esquí** station de ski; **e. de trabajo** poste *m* de travail.

estacionamiento *m (acción)* stationnement *m*.

estacionar 1 *vt* garer.
 2 estacionarse *vr* se garer.

estacionario, -a *a* stationnaire.

estada *f*, **estadía** *f* Am séjour *m*.

estadio *m* stade *m*.

estadística *f* statistique *f*.

estado *m* état *m*; **e. civil** situation *f* de famille; **e. de cuenta** relevé *m* de compte.

estadounidense 1 *a* nord-américain.
 2 *mf* Nord-Américain, -aine.

estafa *f* escroquerie *f*.

estafar *vt* escroquer.

estafeta *f* **e. de Correos** bureau *m* de poste.

estallar *vi* éclater; *(bomba)* exploser.

estallido *m* explosion *f*; *(de guerra)* déclenchement *m*.

estampa *f* image *f*.

estampado, -a *a & m (tela)* imprimé *a & m*.

estampilla *f* Am timbre *m*.

estancar 1 *vt (agua)* retenir; *(paralizar)* paralyser.
 2 estancarse *vr* stagner.

estancia *f (permanencia)* séjour *m*; *(habitación)* chambre *f*; Am *(hacienda)* ferme *f*.

estanco, -a *m* bureau *m* de tabac.

estándar *(pl* **estándares)** *a & m* standard *a & m*.

estanque *m* bassin *m*.

estante *m* étagère *f*; *(para libros)* bibliothèque *f*.

estantería *f* étagères *fpl*.

estaño *m* étain *m*.

estar 1 *vi* (a) être; **¿está tu madre?** ta mère est là?; **¿cómo estás?** comment vas-tu?; **está escribiendo** il est en train d'écrire; **estamos a 2 de noviembre** nous sommes le 2 novembre; **están a 100 pesetas el kilo** ils sont à 100 pesetas le kilo; **¿estamos?** d'accord?
 (b) *(+ para)* **estará para las seis** il sera là à six heures; **hoy no estoy para bromas** je ne suis pas d'humeur à plaisanter aujourd'hui; **el tren está para salir** le train est sur le point de partir.
 (c) *(+ por)* **está por hacer** ça reste à faire; **eso está por ver** cela reste à voir.
 (d) *(+ con)* avoir; **e. con la gripe** avoir la grippe.
 (e) *(+ sin)* ne pas avoir.
 2 estarse *vr* **¡estáte quieto!** tiens-toi tranquille!

estatal *a* étatique.

estatua *f* statue *f*.

estatura *f* stature *f*.

estatuto *m* statut *m*; *(de empresa etc.)* statuts *mpl*.

este¹ 1 *a* d'est; *(dirección)* vers l'est.
 2 *m* est *m*; **al e. de** à l'est de.

este², -a *a dem* ce, cette; **estos, -as** ces.

esté *subj pres de* **estar**.

éste, -a *pron dem mf* celui-ci, celle-ci; **aquél... é.** celui-là... celui-ci; **éstos, -as** ceux-ci, celles-ci; **aquéllos... éstos** ceux-là... ceux-ci.

estela *f* sillage *m*.

estepa *f* steppe *f*.

estera *f* natte *f*.

estéreo 1 *m* chaîne *f* (stéréo).
 2 *a* stéréo.

estereofónico, -a a stéréophonique.

estereotipo m stéréotype m.

estéril a stérile.

esterlina a sterling; **libra e.** livre sterling.

esternón m sternum m.

estero m Am marais m.

esteticista f esthéticienne f.

estético, -a a esthétique; **cirugía estética** chirurgie esthétique.

estiércol m fumier m.

estilarse vr être à la mode.

estilo m style m; (modo) façon f; (en natación) nage f.

estilográfica a & f **(pluma) e.** stylo m plume.

estima f estime f.

estimación f (estima) estime f; (valoración, cálculo aproximado) estimation f.

estimado, -a a estimé; **E. Señor** (en carta) Cher Monsieur.

estimar vt estimer.

estimulante a & m stimulant a & m.

estimular vt stimuler.

estímulo m stimulation f.

estirar 1 vt étirer.
2 estirarse vr s'étirer.

estival a estival.

esto pron dem ceci, ça.

estocada f estocade f.

estofado m daube f.

estómago m estomac m; **dolor de e.** mal d'estomac.

estoque m épée f.

estorbar vti (dificultar) gêner.

estorbo m (obstáculo) obstacle m.

estornudar vi éternuer.

estornudo m éternuement m.

estos, -as a dem pl ces.

éstos, -as pron dem mfpl ceux-ci, celles-ci.

estoy indic pres de **estar**.

estrangular vt étrangler.

estraperlo m marché m noir.

estratagema f stratagème m.

estratégico, -a a stratégique.

estrechamente adv (íntimamente) étroitement.

estrechamiento m rétrécissement m; **e. de calzada** (en letrero) chaussée rétrécie.

estrechar 1 vt rétrécir; (lazos de amistad) resserrer; **e. la mano a algn** serrer la main à qn.
2 estrecharse vr se rétrécir.

estrechez f étroitesse f; **pasar estrecheces** être dans l'embarras.

estrecho, -a 1 a étroit; (ropa, zapato) serré.
2 m détroit m.

estrella f étoile f; **e. de cine** étoile du cinéma; **e. de mar** étoile de mer; **e. fugaz** étoile filante.

estrellar Fam **1** vt réduire en miettes.
2 estrellarse vr (chocar) s'écraser (**contra** contre).

estremecer 1 vt faire trembler.
2 estremecerse vr trembler.

estrenar vt étrenner; (obra, película) donner la première de.

estreno m (teatral, de película) première f.

estreñimiento m constipation f.

estrépito m fracas m.

estrés m stress m.

estribillo m (en canción, poema) refrain m.

estribo m étrier m; Fig **perder los estribos** perdre la tête.

estribor m tribord m.

estricto, -a a strict.

estropajo m tampon m à récurer.

estropear 1 vt (máquina, cosecha, manos) abîmer; (fiesta) gâcher; (plan) réduire à néant.
2 estropearse vr s'abîmer; (máquina) tomber en panne.

estructura f structure f.

estrujar vt (limón etc.) presser; (ropa) essorer; (apretar) serrer fort.

estuche m étui m.

estudiante mf étudiant, -ante.

estudiar vti étudier.

estudio m étude f; (encuesta) enquête f; (cinematográfico, apartamento) studio m; (de artista) atelier m.

estudioso, -a 1 a studieux.
2 mf spécialiste mf.

estufa f cuisinière f; (radiador) radiateur m.

estupefaciente m stupéfiant m.

estupefacto, -a a stupéfait.

estupendamente adv merveilleusement.

estupendo, -a a formidable.

estupidez f stupidité f.

estúpido, -a a & mf idiot, -ote.

estuve pt indef de **estar**.

ETA f abr de **Euskadi Ta Askatasuna** (Patria Vasca y Libertad) ETA f.

etapa f étape f.

etc.étera adv et cetera.

eterno, -a a éternel.

ético, -a a éthique.

etílico, -a a alcohol e. alcool éthylique.

etiqueta f étiquette f; **de e.** de cérémonie.

étnico, -a a ethnique.

eucalipto m eucalyptus m.

eufórico, -a a euphorique.

europeo, -a 1 a européen.
2 mf Européen, -éenne.

euskera, eusquera a & m basque a & m.

eutanasia f euthanasie f.

evacuación f évacuation f.

evacuar vt évacuer.

evadir 1 vt (peligro) fuir; (responsabilidad, pregunta) se dérober à; (impuestos) échapper à.

2 **evadirse** vr s'évader.

evaluación f évaluation f; **e. de conocimientos** évaluation des connaissances.

evaluar vt évaluer.

evangelio m évangile m.

evaporación f évaporation f.

evaporar 1 vt faire évaporer.
2 **evaporarse** vr s'évaporer.

evasión f évasion f; **e. de capitales** évasion de capitaux.

evasiva f réponse f évasive.

evento m (acontecimiento) événement m; (incidente) incident m.

eventual a (posible) éventuel; (trabajo, obrero) temporaire.

evidencia f évidence f; **poner a algn en e.** mettre qn en évidence.

evidente a évident.

evidentemente adv évidemment.

evitar vt éviter.

evocar vt (traer a la memoria) évoquer.

evolución f évolution f; (desarrollo) développement m.

evolucionar vi évoluer.

ex prefijo ex-; **ex alumno** ancien élève; **ex marido** ex-mari; Fam **mi ex** mon ex.

exacerbar 1 vt (agravar) exacerber.
2 **exacerbarse** vr (irritarse) s'exaspérer.

exactamente adv exactement.

exactitud f exactitude f.

exacto, -a a exact; **¡e.!** exactement!

exageración f exagération f.

exagerado, -a a exagéré; (excesivo) excessif.

exagerar vti exagérer.

exaltarse vr (acalorarse) s'exalter.

examen m examen m; **e. de conducir** (examen du) permis m de conduire.

examinar 1 vt examiner; (a alumnos) faire passer un examen à.
2 **examinarse** vr passer un examen.

exasperante *a* exaspérant.
exasperar 1 *vt* exaspérer.
  2 exasperarse *vr* s'exaspérer.
excavación *f* excavation *f*; *(en arqueología)* fouille *f*.
excavadora *f* excavatrice *f*.
excedencia *f* disponibilité *f*.
excedente *a & m* excédent *a & m*.
exceder 1 *vt* excéder.
  2 excederse *vr* exagérer.
excelencia *f* excellence *f*.
excelente *a* excellent.
excéntrico, -a *a* excentrique.
excepción *f* exception *f*; **a e. de** à l'exception de.
excepcional *a* exceptionnel.
excepto *adv* excepté.
exceptuar *vt* excepter.
excesivo, -a *a* excessif.
exceso *m* excès *m*; **e. de velocidad** excès de vitesse.
excitación *f* excitation *f*.
excitante *a* stimulant; *(situación, deporte)* passionnant, excitant; *(sexualmente)* excitant.
excitar 1 *vt* animer, exciter.
  2 excitarse *vr* s'animer, s'exciter.
exclamación *f* exclamation *f*.
exclamar *vti* s'exclamer.
excluir *vt* exclure.
exclusive *adv (en fechas)* non compris.
exclusivo, -a *a* exclusif.
excremento *m* excrément *m*.
excursión *f* excursion *f*.
excursionista *mf* excursionniste *mf*.
excusa *f* excuse *f*.
excusar 1 *vt* excuser (**de** de).
  2 excusarse *vr (disculparse)* s'excuser.
exención *f* exemption *f*.
exento, -a *a* exempt (**de** de).
exhalar *vt* exhaler.
exhaustivo, -a *a* exhaustif.

exhausto, -a *a* épuisé.
exhibición *f* exhibition *f*; *(de arte)* exposition *f*.
exhibir 1 *vt (mostrar)* montrer; *(lucir)* exhiber.
  2 exhibirse *vr* s'exhiber.
exigente *a* exigeant.
exigir *vt* exiger.
exil(i)ado, -a *a & mf* exilé, -ée.
exil(i)ar 1 *vt* exiler.
  2 exil(i)arse *vr* s'exiler.
exilio *m* exil *m*.
existencia *f (vida)* existence *f*; **existencias** stocks *mpl*.
existente *a* existant.
existir *vi* exister.
éxito *m* succès *m*; **con é.** avec succès; **tener é.** avoir du succès.
éxodo *m* exode *m*.
exorbitante *a* exorbitant.
exótico, -a *a* exotique.
expandir 1 *vt* étendre.
  2 expandirse *vr* s'étendre.
expansión *f* expansion *f*; *(de noticia)* propagation *f*; *(diversión)* divertissement *m*.
expectación *f (interés)* vif intérêt *m*.
expectativa *f* expectative *f*.
expedición *f* expédition *f*.
expediente *m (informe)* dossier *m*; *(ficha)* fiche *f*; **e. académico** dossier universitaire.
expedir [6] *vt (pasaporte etc.)* délivrer.
expendeduría *f* bureau *m* de tabac.
expensas *fpl* **a e. de** aux dépens de.
experiencia *f* expérience *f*.
experimentado, -a *a* expérimenté.
experimental *a* expérimental.
experimentar 1 *vi* expérimenter.
  2 *vt* faire l'expérience de; *(aumento)* connaître; *(pérdida)* subir; *(sensación)* éprouver.
experimento *m* expérience *f*.

experto, -a *mf* expert *m.*

expirar *vi* expirer.

explanada *f* esplanade *f.*

explicación *f* explication *f.*

explicar 1 *vt* expliquer.
  2 explicarse *vr (persona)* s'expliquer; **no me lo explico** je ne me l'explique pas.

exploración *f* exploration *f.*

explorador, -ora *mf (persona)* explorateur, -trice.

explorar *vt* explorer.

explosión *f* explosion *f*; **hacer e.** exploser.

explosivo, -a *a & m* explosif *a & m.*

explotación *f* exploitation *f.*

explotar 1 *vi (bomba)* exploser.
  2 *vt* exploiter.

exponer *(pp* **expuesto) 1** *vt (mostrar)* exposer; *(presentar)* proposer; *(arriesgar)* risquer.
  2 exponerse *vr* s'exposer **(a** à).

exportación *f* exportation *f.*

exportar *vt* exporter.

exposición *f* exposition *f.*

exprés *a* express; **olla e.** Cocotte-Minute® *f*; **café e.** café express.

expresamente *adv* expressément.

expresar 1 *vt* exprimer.
  2 expresarse *vr* s'exprimer.

expresión *f* expression *f.*

expreso, -a 1 *a* express.
  2 *m* (train *m*) express *m.*
  3 *adv* exprès.

exprimidor *m* presse-fruits *m inv.*

exprimir *vt (limón)* presser; *(zumo)* exprimer.

expulsar *vt* expulser; *(jugador)* renvoyer du terrain.

expuse *pt indef de* **exponer.**

exquisito, -a *a* exquis.

extender [3] **1** *vt* étendre; *(agrandar)* agrandir; *(mantel, mapa)* déployer; *(mano, brazo)* tendre; *(crema, mantequilla)* étaler.

  2 extenderse *vr (en el tiempo)* durer; *(en el espacio)* s'étendre; *(rumor, noticia)* se propager.

extendido, -a *a* étendu; *(en el tiempo)* long; *(mapa, plano)* déployé; *(mano, brazo)* tendu; *(costumbre, rumor)* répandu.

extensión *f (de libro etc.)* longueur *f*; *(de terreno)* étendue *f.*

extenso, -a *a (terreno)* étendu; *(libro, película)* long.

extenuar 1 *vt* exténuer.
  2 extenuarse *vr* s'exténuer.

exterior 1 *a* extérieur; **Ministerio de Asuntos Exteriores** ministère des Affaires étrangères.
  2 *m (parte de fuera)* extérieur *m*; *(extranjero)* étranger *m.*

exteriormente *adv* extérieurement.

exterminar *vt* exterminer.

externo, -a *a* externe.

extinguir 1 *vt (fuego)* éteindre; *(raza)* anéantir.
  2 extinguirse *vr (fuego)* s'éteindre; *(especie)* disparaître.

extintor *m* extincteur *m.*

extorsionar *vt* extorquer.

extra 1 *a inv* supplémentaire; *(superior)* extra; **horas e.** heures supplémentaires; **paga e.** prime *f.*
  2 *mf* figurant, -ante.

extracto *m* extrait *m*; **e. de cuenta** relevé *m* de compte.

extraer *vt* extraire.

extranjero, -a 1 *a* étranger.
  2 *mf* étranger, -ère.
  3 *m* étranger *m*; **en el e.** à l'étranger.

extrañar 1 *vt (sorprender)* étonner; *Am* **te extraño** tu me manques.
  2 extrañarse *vr* **extrañarse de** *(sorprenderse)* s'étonner de.

extrañeza *f (sorpresa)* étonnement *m*; *(singularidad)* étrangeté *f.*

extraño, -a 1 *a* étrange.
  2 *mf* étranger, -ère.

extraoficial *a* officieux.

extraordinario, -a *a* extraordinaire.

extrarradio *m* banlieue *f*.

extraterrestre *mf* extraterrestre *mf*.

extravagante *a* extravagant.

extravertido, -a *a* = **extroverti-do, -a**.

extraviar 1 *vt* égarer.
  2 extraviarse *vr* se perdre.

extremeño, -a 1 *a* d'Estrémadure.
  2 *mf* natif, -ive / habitant, -ante d'Estrémadure.

extremidad *f* extrémité *f*.

extremo, -a 1 *m* (de cable) extrémité *f*; (de calle) bout *m*; (máximo) extrême *m*; **en último e.** en dernier recours.
  2 *f* **extrema derecha / izquierda** ailier *m* droit / gauche.
  3 *a* extrême; **E. Oriente** Extrême-Orient.

extrovertido, -a *a* & *mf* extraverti, -ie.

exuberante *a* exubérant.

E

fabada *f* ragoût *m* de haricots à la saucisse et au lard.

fábrica *f* usine *f*.

fabricación *f* fabrication *f*.

fabricante *mf* fabricant, -ante.

fabricar *vt* fabriquer.

fabuloso, -a *a* fabuleux.

facción *f* faction *f*; **facciones** *(rasgos)* traits *mpl*.

facha *f Fam* allure *f*.

fachada *f* façade *f*.

facial *a* facial.

fácil *a* facile; **es f. que...** il est probable que...

facilidad *f* facilité *f*; **facilidades de pago** facilités de paiement.

facilitar *vt (simplificar)* faciliter; **f. algo a algn** procurer qch à qn.

fácilmente *adv* facilement.

facsímil, facsímile *m* fac-similé *m*.

factoría *f* usine *f*.

factura *f* facture *f*.

facturación *f* enregistrement *m*.

facturar *vt* enregistrer.

facultad *f* faculté *f*.

faena *f (tarea)* besogne *f*; *(en corrida)* travail *m*.

faisán *m* faisan *m*.

faja *f (corsé)* gaine *f*.

fajo *m (de billetes)* liasse *f*.

falda *f (prenda)* jupe *f*; *(de montaña)* versant *m*; **f. pantalón** jupe-culotte *f*.

falla *f Am (defecto)* défaut *m*.

fallar 1 *vi* échouer; **le falló la puntería** il n'a pas bien visé.
2 *vt* rater.

fallecer *vi* décéder.

fallo *m (error)* erreur *f*; *(del corazón, de los frenos)* défaillance *f*; *(sentencia)* sentence *f*; **emitir un f.** prononcer une sentence.

falsear *vt (hechos, la verdad)* déformer.

falsificar *vt* falsifier; *(cuadro, firma, moneda)* contrefaire.

falso, -a *a* faux.

falta *f (carencia, escasez)* manque *m*; *(ausencia)* absence *f*; *(error, en fútbol, tenis)* faute *f*; *(defecto)* défaut *m*; **sin f.** sans faute; **lo/te echo en f.** ça/tu me manque(s); **f. de ortografía** faute d'orthographe; **hacer f.** falloir; **(nos) hace f. una escalera** il nous faut une échelle; **harán f. dos personas para mover el piano** il faudra deux personnes pour transporter le piano; **no hace f. que...** ce n'est pas la peine que...

faltar *vi (no estar)* manquer; *(escasear)* faire défaut; *(quedar)* rester; **¿quién falta?** qui est-ce qui manque?; **le falta confianza en sí mismo** il manque de confiance en lui; **¡lo que me faltaba!** il ne manquait plus que ça!; **¡no faltaría o faltaba más!** *(por supuesto)* bien entendu!; **¿cuántos kilómetros faltan para Managua?** combien de kilomètres reste-t-il jusqu'à Managua?; **ya falta poco para las**

vacaciones il ne reste plus long-temps jusqu'aux vacances; **f. a la verdad** ne pas dire la vérité.

fama *f* renommée *f*.

familia *f* famille *f*.

familiar 1 *a (de la familia)* familial; *(conocido)* familier.
2 *mf* parent, -ente.

famoso, -a *a* célèbre.

fan *mf* fan *mf*.

fanático, -a *a & mf* fanatique.

fanfarrón, -ona *a & mf* fanfaron, -onne.

fango *m (barro)* boue *f*.

fantasía *f* fantaisie *f*.

fantasma *m* fantôme *m*.

fantástico, -a *a* fantastique.

fardo *m* paquet *m*.

farmacéutico, -a 1 *a* pharmaceutique.
2 *mf* pharmacien, -ienne.

farmacia *f (tienda)* pharmacie *f*.

faro *m* phare *m*.

farol *m (luz)* lanterne *f*; *(en la calle)* lampadaire *m*.

farola *f* lampadaire *m*.

fascículo *m* fascicule *m*.

fascinar *vt* fasciner.

fascista *a & mf* fasciste.

fase *f* phase *f*.

fastidiar 1 *vt (molestar)* ennuyer.
2 fastidiarse *vr (aguantarse)* se faire une raison; **que se fastidie** tant pis pour lui; **fastidiarse el brazo** se faire mal au bras.

fastuoso, -a *a (acto)* fastueux.

fatal 1 *a (muy malo)* atroce; *(mortal)* fatal.
2 *adv* atrocement mal; **lo pasé f.** c'était atroce.

fatiga *f (cansancio)* fatigue *f*.

fatigar 1 *vt* fatiguer.
2 fatigarse *vr* se fatiguer.

fauna *f* faune *f*.

favor *m* faveur *f*; **¿puedes hacerme un f.?** peux-tu me rendre un service?; **estar a f. de** être en faveur de; **por f.** s'il te/vous plaît; **haga el f. de sentarse** veuillez vous asseoir.

favorable *a* favorable.

favorecer *vt* favoriser; *(sentar bien)* avantager.

favorito, -a *a & mf* favori, -ite.

fax *m* fax *m*; **mandar por f.** faxer.

fe *f* foi *f*; **fe de bautismo/matrimonio** acte *m* de baptême/mariage.

fealdad *f* laideur *f*.

febrero *m* février *m*.

fecha *f* date *f*; **f. de caducidad** date de péremption; **hasta la f.** jusqu'à présent.

fechar *vt* dater.

fecundación *f* fécondation *f*.

federación *f* fédération *f*.

felicidad *f* bonheur *m*; **(muchas) felicidades** *(en cumpleaños)* meilleurs vœux.

felicitar *vt* féliciter **(por** de); **¡te felicito!** félicitations!

feliz *a (contento)* heureux; **¡Felices Navidades!** Joyeux Noël!

felpa *f (tela)* tissu éponge *m*; *(para el pelo)* bandeau *m* (en tissu-éponge).

felpudo *m* paillasson *m*.

femenino, -a *a* féminin; **sexo f.** sexe féminin.

feminista *a & mf* féministe.

fémur *m* fémur *m*.

fenomenal 1 *a* phénoménal; *Fam (fantástico)* génial.
2 *adv Fam* super.

fenómeno *m* phénomène *m*.

feo, -a *a* laid.

féretro *m* cercueil *m*.

feria *f* foire *f*; **f. de muestras** foire-exposition; **f. del libro** foire du livre.

fermentar *vi* fermenter.

feroz *a* féroce.

ferretería *f* quincaillerie *f*.

ferrocarril *m* chemin *m* de fer.

F

ferroviario, -a a ferroviaire.

ferry m ferry m.

fértil a fertile.

fertilizante m engrais m.

fertilizar vt fertiliser.

festejar vt fêter.

festín m festin m.

festival m festival m.

festividad f fête f.

festivo, -a 1 a (ambiente etc.) de fête; **día f.** jour férié.
   2 m jour m férié.

feto m fœtus m.

fiable a fiable.

fiador, -ora mf garant, -ante.

fiambre m viande f froide.

fiambrera f gamelle f.

fianza f caution f.

fiarse vr se fier (**de** à).

fibra f fibre f.

ficción f fiction f.

ficha f (de archivo) fiche f; (en juegos) jeton m; (de ajedrez) pièce f.

fichaje m contrat m.

fichero m fichier m.

ficticio, -a a fictif.

fidelidad f fidélité f; **alta f.** haute-fidélité.

fideo m vermicelle m.

fiebre f fièvre f; **tener f.** avoir de la fièvre.

fiel 1 a (leal) fidèle.
   2 mpl **los fieles** les fidèles.

fieltro m feutre m.

fiera f fauve m.

fierro m Am (hierro) fer m; (navaja) couteau m.

fiesta f fête f.

figura f silhouette f.

figurar 1 vi (aparecer) figurer.
   2 figurarse vr se figurer; **ya me lo figuraba** je m'en doutais; **¡figúrate!, ¡figúrese!** imagine!

fijador m (gomina) gel m.

fijamente adv (mirar) fixement.

fijar 1 vt fixer.
   2 fijarse vr (darse cuenta) remarquer; (poner atención) faire attention.

fijo, -a a fixe.

fila f file f; (en cine, teatro) rang m; **en f. india** en file indienne.

filántropo, -a mf philanthrope mf.

filarmónico, -a a philharmonique.

filatelia f philatélie f.

filete m filet m.

filial 1 a (de hijos) filial.
   2 f (empresa) filiale f.

filmar vt filmer.

filme m film m.

filo m fil m.

filosofía f philosophie f.

filosófico, -a a philosophique.

filósofo, -a mf philosophe mf.

filtración f filtration f; (de noticia) fuite f.

filtrar 1 vt filtrer; (noticia) divulguer.
   2 filtrarse vr (líquido) filtrer; (noticia) être divulgué.

filtro m filtre m.

fin m (final) fin f; (objetivo) but m; **dar** o **poner f. a** mettre fin à; **en f.** enfin; **¡por** o **al f.!** enfin!; **f. de semana** week-end m; **al f. y al cabo** en fin de compte; **a f. de** afin de.

final 1 a final.
   2 m fin f; **al f.** à la fin; **a finales de octubre** à la fin du mois d'octobre.
   3 f (de campeonato) finale f.

finalizar vti finir.

finalmente adv finalement.

financiación f financement m.

financiar vt financer.

financiero, -a a financier.

financista mf Am financier, -ière.

finanzas fpl finances fpl.

finca f (de campo) maison f de campagne.

fingir 1 *vt* feindre.
  2 *vi* faire semblant.
fino, -a 1 *a (hilo, capa, oído)* fin; *(flaco)* mince; *(educado)* poli.
  2 *m (vino)* xérès *m* très sec.
firma *f* signature *f*; *(empresa)* firme *f*.
firmar *vt* signer.
firme 1 *a* ferme; **tierra f.** terre ferme.
  2 *adv* fort.
firmemente *adv* fermement.
fiscal 1 *a* fiscal.
  2 *mf (en juicio)* procureur *m*.
fisco *m* fisc *m*.
física *f* physique *f*.
físico, -a *a* physique.
fisioterapia *f* physiothérapie *f*.
flaco, -a *a (delgado)* maigre.
flamenco, -a 1 *a (música)* flamenco; *(de Flandes)* flamand.
  2 *mf* Flamand, -ande.
  3 *m (idioma)* flamand; *(música)* flamenco *m*.
flan *m* crème *f* au caramel.
flanco *m* flanc *m*.
flaquear *vi (fuerzas, piernas)* faiblir.
flas *m* flash *m*.
flauta *f* flûte *f*.
flecha *f* flèche *f*.
flechazo *m (enamoramiento)* coup *m* de foudre.
fleco *m* frange *f*.
flema *f* flegme *m*.
flemático, -a *a* flegmatique.
flemón *m* abcès *m* à la gencive.
flequillo *m* frange *f*.
fletar *vt* affréter.
flexible *a* flexible.
flexión *f* flexion *f*.
flexionar *vt* fléchir; *(músculo)* bander.
flexo *m* lampe *f* de bureau.
flirtear *vi* flirter.
flojera *f* Fam faiblesse *f*.
flojo, -a *a (tornillo, cuerda etc.)* lâche; *(perezoso)* mou.

flor *f* fleur *f*.
flora *f* flore *f*.
floreado, -a *a* fleuri.
florecer *vi (plantas)* fleurir; *(negocio)* être florissant.
floreciente *a* florissant.
florero *m* vase *m*.
floristería *f* fleuriste *m*.
flota *f* flotte *f*.
flotador *m (para nadar)* bouée *f*.
flotar *vi* flotter.
flote *m* **a f.** à flot.
flotilla *f* flottille *f*.
fluctuar *vi* fluctuer.
fluido, -a *a & m* fluide *a & m*.
fluir *vi* couler.
flujo *m* flux *m*.
flúor *m* fluor *m*.
fluorescente *a* fluorescent.
fluvial *a* fluvial.
FMI *m abr de* **Fondo Monetario Internacional** FMI *m*.
fobia *f* phobie *f* (**a** de).
foca *f* phoque *m*.
foco *m* projecteur *m*; *Am (bombilla)* ampoule *f* (électrique); *(de coche)* phare *m*; *(farola)* lampadaire *m*.
fogata *f* feu *m*.
fogón *m (de cocina)* cuisinière *f* (à bois).
folclórico, -a *a* música folclórica musique folklorique.
folio *m* feuillet *m*.
follaje *m* feuillage *m*.
folletín *m (relato)* feuilleton *m*.
folleto *m* prospectus *m*; *(turístico)* brochure *f*.
follón *m Fam (alboroto)* vacarme *m*; *(enredo, confusión)* pagaille *f*.
fomentar *vt* fomenter.
fomento *m* encouragement *m*.
fonda *f* pension *f*.
fondear *vi* jeter l'ancre.

F

fuerza f force f; **a f. de** à force de; **a la f.** (por obligación) par force; (con violencia) de force; **por f.** par force; **Fuerzas Aéreas** forces aériennes; **Fuerzas Armadas** forces armées.

fuese 1 subj imperfecto de **ir**.
  2 subj imperfecto de **ser**.

fuete m Am fouet m.

fuga f fuite f.

fugarse vr s'enfuir.

fui 1 pt indef de **ir**.
  2 pt indef de **ser**.

fulminante a (muerte, enfermedad) foudroyant; (mirada) fulminant.

fumador, -ora mf fumeur, -euse; **los no fumadores** les non-fumeurs.

fumar 1 vti fumer; **no f.** (en letrero) interdit de fumer.
  2 fumarse vr **fumarse un cigarro** fumer une cigarette.

función f fonction f; (de teatro, cine) représentation f.

funcionamiento m fonctionnement m; **poner/entrar en f.** mettre/entrer en marche.

funcionar vi fonctionner; **no funciona** (en letrero) en panne.

funcionario, -a mf fonctionnaire mf.

funda f housse f; (de gafas etc.) étui m; **f. de almohada** taie f d'oreiller.

fundación f fondation f.

fundamental a fondamental.

fundar 1 vt (crear) fonder.

  2 fundarse vr (empresa, teoría) être fondé.

fundir 1 vt faire fondre; (plomos) faire sauter.
  2 fundirse vr (derretirse) fondre; (bombilla) griller; (plomos) sauter; (unirse) se fondre.

fúnebre a (mortuorio) funèbre; **coche f.** corbillard m.

funeral m enterrement m.

funeraria f entreprise f de pompes funèbres.

fungir vi Am agir (**de** en tant que).

furgoneta f fourgonnette f.

furia f furie f.

furioso, -a a furieux.

furor m furie f.

furtivo, -a a furtif; **cazador/pescador f.** braconnier.

furúnculo m furoncle m.

fusible m fusible m.

fusil m fusil m.

fusilar vt fusiller.

fusión f (de metales, empresas) fusion f; (del hielo) fonte f.

fusionar vt, **fusionarse** vr fusionner.

fútbol m football m.

futbolín m baby-foot m.

futbolista mf footballeur, -euse.

futuro, -a 1 a futur.
  2 m avenir m.

gabardina f (prenda) gabardine f.

gabinete m cabinet m.

gacho, -a a con la cabeza gacha la tête baissée.

gafas fpl lunettes fpl; **g. de sol** lunettes de soleil.

gafe m ser (un) g. porter la poisse.

gaita f cornemuse f.

gajo m (de naranja, pomelo etc.) quartier m.

gala f (espectáculo) gala m; **de g.** en tenue de gala; (ciudad) sur son trente et un; Fig **hacer g. de** faire étalage de.

galán m beau garçon m; (personaje) jeune premier m.

galante a galant.

galápago m tortue f.

galardón m récompense f.

galardonar vt récompenser.

galería f galerie f.

Gales m (el país de) G. le pays de Galles.

galés, -esa 1 a gallois.
 2 mf Gallois, -oise.
 3 m (idioma) gallois m.

galgo m lévrier m.

Galicia f Galice f.

galimatías m inv galimatias m.

gallego, -a 1 a galicien; Am Fam espagnol.
 2 mf Galicien, -ienne; Am Fam Espagnol, -ole.
 3 m (idioma) galicien m.

galleta f gâteau m sec.

gallina f poule f.

gallinero m poulailler m.

gallo m coq m.

galopante a (inflación etc.) galopant.

galopar vi galoper.

gama f gamme f.

gamba f gamba f, grosse crevette f.

gamberro, -a a & mf vandale.

gamo m daim m.

gamuza f (trapo) peau f de chamois.

gana f (deseo) envie f (**de** de); (apetito) faim f; **de buena/mala g.** de bon/mal gré; **tener ganas de (hacer) algo** avoir envie de (faire) qch.

ganado m bétail m.

ganador, -ora a & mf gagnant, -ante.

ganancia f bénéfice m.

ganar 1 vt (sueldo, premio) gagner; (aventajar) battre.
 2 ganarse vr gagner.

ganchillo m crochet m.

gancho m crochet m; Am (horquilla) épingle f à cheveux.

ganga f aubaine f.

ganso, -a mf oie f; (macho) jars m.

garabato m gribouillage m.

garaje m garage m.

garantía f garantie f.

garantizar vt garantir.

garbanzo m pois m chiche.

garfio m crochet m.

garganta f gorge f.

garra *f* griffe *f*; *(de ave)* serre *f*; **caer en las garras de** tomber entre les griffes de.

garrafa *f* carafe *f*.

garrapata *f* tique *f*.

garrote *m* *(porra)* gourdin *m*.

gas *m* gaz *m*; **g. ciudad** gaz de ville; **g. de escape** gaz d'échappement; **agua con g.** eau gazeuse.

gasa *f* gaze *f*.

gaseosa *f* limonade *f*.

gasoducto *m* gazoduc *m*.

gasoil, gasóleo *m* gasoil *m*.

gasolina *f* essence *f*.

gasolinera *f* station *f* d'essence.

gastar 1 *vt* *(consumir)* *(dinero)* dépenser; *(tiempo)* passer; *(gasolina, electricidad)* consommer; *(malgastar)* gaspiller; *(ropa)* porter; **g. una broma a algn** faire une farce à qn.
    2 gastarse *vr* *(zapatos etc.)* s'user.

gasto *m* dépense *f*.

gatas a g. à quatre pattes.

gatear *vi* marcher à quattre pattes.

gatillo *m* *(de armas)* gâchette *f*.

gato *m* chat *m*; *(de coche)* cric *m*.

gaviota *f* mouette *f*.

gay *a inv* & *m* *(pl* **gays**) homosexuel *a* & *m*.

gazpacho *m* soupe *f* froide à la tomate, avec des poivrons, des concombres, des oignons, de l'ail.

gel *m* gel *m*; **g. (de ducha)** gel douche.

gelatina *f* *(ingrediente)* gélatine *f*; *(para postre)* gelée *f*.

gema *f* gemme *f*.

gemelo, -a 1 *a* & *mf* jumeau, -elle.
    2 *mpl* **gemelos** *(de camisa)* boutons *mpl* de manchettes; *(anteojos)* jumelles *fpl*.

gemido *m* gémissement *m*.

gemir [6] *vi* gémir.

generación *f* génération *f*.

general *a* général; **por lo** *o* **en g.** en général.

generalizar 1 *vt* généraliser.
    2 generalizarse *vr* se généraliser.

generalmente *adv* généralement.

generar *vt* générer.

género *m* *(clase, gramatical)* genre *m*; *(mercancía)* article *m*.

generoso, -a *a* généreux (**con, para** envers).

genético, -a *a* génétique.

genial *a* génial.

genio *mf inv* génie *m*; **estar de mal g.** être de mauvaise humeur; **tener mal g.** avoir mauvais caractère.

genocidio *m* génocide *m*.

gente *f* gens *mpl*.

gentuza *f* populace *f*.

genuino, -a *a* vrai.

geografía *f* géographie *f*.

geología *f* géologie *f*.

geometría *f* géométrie *f*.

geranio *m* géranium *m*.

gerente *mf* gérant, -ante.

gérmen *m* germe *m*.

gerundio *m* gérondif *m*.

gestación *f* gestation *f*.

gesticular *vi* gesticuler.

gestión *f* *(administración)* gestion *f*; **gestiones** *(negociaciones)* négociations *fpl*; *(trámites)* démarches *fpl*.

gesto *m* *(mueca)* grimace *f*; *(con las manos)* geste *m*.

gigante, -a *a* & *mf* géant, -ante.

gigantesco, -a *a* gigantesque.

gimnasia *f* gymnastique *f*.

gimnasio *m* gymnase *m*.

ginecólogo, -a *mf* gynécologue *mf*.

gira *f* *(musical, teatral)* tournée *f*.

girar *vi* *(dar vueltas)* tourner; **g. a la derecha/izquierda** tourner à droite/à gauche.

girasol *m* tournesol *m*.

giratorio, -a *a (puerta)* tournant.

giro *m (vuelta)* tour *m; (frase)* tournure *f; (libranza)* virement *m;* **g. telegráfico** mandat *m* télégraphique; **g. postal** mandat postal.

gitano, -a *a & mf* gitan, -ane.

glaciar *m* glacier *m.*

glándula *f* glande *f.*

global *a* global.

globo *m* globe *m.*

gloria *f (fama)* gloire *f; (cielo)* paradis *m.*

glorieta *f (plazoleta)* square *m; (encrucijada de calles)* rond-point *m.*

glosario *m* glossaire *m.*

glotón, -ona *a & mf* glouton, -onne.

glucosa *f* glucose *m.*

gobernación *f* gouvernement *m;* **Ministerio de la G.** ministère de l'Intérieur.

gobernador, -ora *mf* gouverneur *m.*

gobernante 1 *a* dirigeant.
    2 *mpl* **los gobernantes** les gouvernants.

gobernar [1] *vt* gouverner.

gobierno *m* gouvernement *m.*

gofio *m (en América y Canarias)* farine *f* de maïs grillé.

gol *m* but *m.*

golf *m* golf *m;* **palo de g.** club *m.*

golfo¹, -a *mf* vaurien, -ienne.

golfo² *m* golfe *m.*

golondrina *f* hirondelle *f.*

golosina *f* friandise *f.*

goloso, -a *a* gourmand.

golpe *m* coup *m; (puñetazo)* coup de poing; *(choque)* heurt *m; (desgracia)* coup dur; **de g.** tout d'un coup; **g. de estado** coup d'État.

golpear *vt* frapper; *(puerta)* frapper à; **g. a alguien** taper sur qn.

goma *f* gomme *f; (elástica)* élastique *m;* **g. de borrar** gomme.

gomal *m Am* plantation *f* de caoutchouc.

gomero *m Am* arbre *m* à caoutchouc; *(recolector)* récolteur *m* de caoutchouc.

gordo, -a 1 *a (carnoso)* gros; *(grueso)* épais.
    2 *mf* gros, -osse.
    3 *m* **el g.** *(de lotería)* le gros lot.

gorila *m* gorille *m.*

gorra *f* casquette *f.*

gorrión *m* moineau *m.*

gorro *m* bonnet *m.*

gota *f* goutte *f;* **g. a g.** goutte à goutte; **ni g.** pas du tout; **no queda ni g.** il n'y en a plus du tout.

gotear *v impers* goutter; **el techo gotea** le toit fuit.

gotera *f* fuite *f.*

gozar 1 *vt* jouir de.
    2 *vi (disfrutar)* jouir (**de** de).

gozne *m* gond *m.*

grabación *f* enregistrement *m.*

grabado *m* gravure *f.*

grabadora *f* magnétophone *m.*

grabar *vt (sonidos, imágenes)* enregistrer; *(en ordenador)* sauvegarder.

gracia *f (chiste)* blague *f; (indulto)* grâce *f;* **hacer** o **tener g.** être drôle.

gracias *fpl* merci; **muchas** o **muchísimas g.** merci beaucoup.

gracioso, -a 1 *a (divertido)* drôle.
    2 *mf (personaje)* comique *mf.*

grada *f (peldaño)* marche *f;* **gradas** perron *m; (en estadio)* gradins *mpl.*

grado *m* degré *m;* **de buen g.** de bon gré.

gradual *a* graduel.

gradualmente *adv* graduellement.

graduar 1 *vt (regular)* régler.
    2 graduarse *vr (soldado)* monter en grade; *(alumno)* recevoir un diplôme; **graduarse la vista** se faire examiner la vue.

gráfico, -a a & m graphique a & m ou f; **gráficos** (de ordenador) graphiques.

gragea f comprimé m.

gral. abr de **General** Gal.

gramática f grammaire f.

gramo m gramme m.

gran a ver **grande**.

granada f grenade f.

granate a inv & m grenat a inv & m.

grande a (devant un nom au singulier, on utilise **gran**) (tamaño, persona) grand; (cantidad) grand, gros; **pasarlo en g.** bien s'amuser.

granel m a g. (sin medir exactamente) en vrac.

granito m granit m.

granizada f, **granizado** m granité m.

granizo m grêle f.

granja f ferme f.

granjear vt, **granjearse** vr gagner.

granjero, -a mf fermier, -ière.

grano m grain m; (espinilla) bouton m.

granuja m (pilluelo) galopin m; (estafador) escroc m.

grapa f agrafe f.

grapadora f agrafeuse f.

grasa f graisse f.

grasiento a graisseux.

graso, -a a gras.

gratis adv gratis.

gratitud f gratitude f.

gratuito, -a a gratuit.

grava f gravier m.

gravar vt (impuestos) grever.

grave a (importante, voz, nota) grave; (muy enfermo) gravement malade.

gravedad f gravité f.

gravilla f (en carretera) gravillons mpl.

grieta f crevasse f.

grifo m robinet m.

grillo m grillon m.

gringo, -a a & mf Am gringo.

gripe f grippe f.

gris a & m gris a & m.

grisáceo, -a a grisâtre.

gritar vti crier.

grito m cri m.

grosella f (fruto) groseille f; **g. negra** cassis m; **g. silvestre** groseille sauvage; **g. espinosa** groseille à maquereau.

grosería f (ordinariez) grossièreté f.

grosor m grosseur f.

grotesco, -a a grotesque.

grúa f (en construcción) grue f; (para coches) dépanneuse f.

grueso, -a 1 a gros; (tejido) épais. **2** m (parte principal) gros m.

grumo m grumeau m.

gruñido m grognement m.

gruñón, -ona a grognon, -onne.

grupo m groupe m.

gruta f grotte f.

guacamole m Am sauce f à l'avocat.

guacho, -a a & mf Am orphelin, -ine.

guagua¹ f (en Canarias y Cuba) bus m.

guagua² f Am bébé m.

guante m gant m.

guantera f (en coche) coffre m à gants.

guapo, -a a beau, f belle.

guaraca f Am (arma) fronde f.

guarango, -a a Am grossier.

guarda mf garde m; **g. jurado** vigile m.

guardacoches mf inv gardien, -ienne de parking.

guardacostas m inv garde-côte m.

guardaespaldas mf inv garde m du corps.

guardameta mf gardien, -ienne de but.

guardar vt (conservar, reservar, un secreto) garder; (poner en un sitio) ranger; (en ordenador) sauvegarder.

guardería infantil f crèche f.

guardia 1 f garde f; **la g. civil** la gendarmerie; **farmacia de g.** pharmacie de garde; **me toca g.** je suis de garde.

    2 mf agent m de police.

guardián, -ana mf gardien, -ienne.

guarecerse vr s'abriter (**de** de).

guaso, -a a Am rustaud.

guasón, -ona a & mf blagueur.

guata f (relleno) rembourrage m; Am (barriga) bedaine f.

guayabo, -a mf (chica bonita) jolie fille f; (chico guapo) beau garçon m.

guerra f guerre f; **g. civil/fría/mundial/nuclear** guerre civile/froide/mondiale/nucléaire.

guerrilla f guérilla f.

guía 1 mf (persona) guide mf.

    2 f (libro) guide m; **g. de teléfonos** annuaire m (du téléphone).

guiar 1 vt (indicar el camino) guider; (automóvil) conduire.

    2 guiarse vr se guider (**por** à).

guijarro m galet m.

guindilla f piment m.

guiñapo m (andrajo) guenille f.

guiñar vt **g. el ojo** faire un clin d'œil.

guión m (de cine, televisión) scénario m; (ortográfico) tiret m; (en palabra compuesta) trait m d'union.

guirnalda f guirlande f.

guisante m petit pois m.

guisar vt cuisiner.

guita f ficelle f.

guitarra 1 f guitare f.

    2 mf guitariste mf.

gula f gourmandise f.

gusano m ver m; (oruga) chenille f.

gustar 1 vt plaire; **me gusta el vino** j'aime le vin; **me gusta nadar** j'aime nager; **me gustaría ir** j'aimerais bien y aller.

    2 vi **g. de** aimer.

gusto m goût m; **con (mucho) g.** avec (grand) plaisir; **tanto g.** enchanté; **estar a g.** être à l'aise; **de buen/mal g.** de bon/mauvais goût; **tener buen g.** avoir bon goût; **tener mal g.** ne pas avoir de goût; (en la boca) avoir un goût désagréable dans la bouche.

G

H

ha *indic pres de* **haber**.

haba *f* fève *f*.

habano *m* havane *m*.

haber 1 *v aux* (a) *(en tiempos compuestos)* avoir; *(con verbos de movimiento o reflexivos)* être; **lo he visto** je l'ai vu; **ya lo había hecho** il l'avait déjà fait; **he regresado temprano** je suis rentré de bonne heure; **se ha caído** il est tombé; **me he visto en el espejo** je me suis vu dans le miroir.
(b) **h. de** + *infinitivo (obligación)* devoir; **has de ser bueno** il faut que tu sois sage.
2 *v impers* (a) *(s'emploie avec des noms singuliers ou pluriels)* **hay** il y a; **había** il y avait; **habrá una fiesta** il y aura une fête; **había una vez...** il était une fois...; **no hay de qué** il n'y a pas de quoi; **¿qué hay?** comment ça va?.
(b) **h. que** + *infinitivo* il faut.

habichuela *f* haricot *m*.

hábil *a (diestro)* habile; **días hábiles** jours ouvrables.

habitación *f (cuarto)* pièce *f*; *(dormitorio)* chambre *f*; **h. individual/doble** chambre simple/double.

habitante *mf* habitant, -ante.

hábito *m (costumbre)* habitude *f*; *(de monje)* habit *m*.

habitual *a* habituel.

habituar 1 *vt* habituer (**a** à).
2 **habituarse** *vr* s'habituer (**a** à).

hablador, -ora *a (parlanchín)* bavard.

hablar 1 *vi* parler; **h. con algn** parler à *ou* avec qn; **¡ni h.!** pas question!; *Fam* **¡quién fue a h.!** tu peux/il peut/*etc.* bien parler!.
2 *vt (idioma)* parler.
3 **hablarse** *vr* se parler; **se habla español** on parle espagnol.

habré *indic fut de* **haber**.

hacer 1 *vt* faire; **hazme un favor** rends-moi service; **¿qué haces?** *(en este momento)* que fais-tu?; *(para vivir)* que fais-tu dans la vie?; **tengo mucho que h.** j'ai beaucoup à faire; **lo hizo con sus propias manos** il l'a fait de ses propres mains; **h. la cama** faire le lit; **h. la cena** préparer le dîner; **el negro le hace más delgado** le noir l'amincit; **ya no puedo leer como solía hacerlo** je n'arrive plus à lire comme avant; **¡bien hecho!** bravo!.
2 *vi* **h. de** *(actuar)* jouer; **hizo de Desdémona** elle a joué Desdémone; **h. por** *o* **para** + *infinitivo* essayer de; **haz por venir** essaie de venir.
3 *v impers* **hace calor/frío** il fait chaud/froid; **hace mucho (tiempo)** ça fait longtemps; **hace dos días que no le veo** ça fait deux jours que je ne l'ai pas vu; **hace dos años que vivo en San Francisco** ça fait deux ans que j'habite à San Francisco.
4 **hacerse** *vr (volverse)* devenir; *(simular)* faire; **hacerse el dormido** faire semblant de dormir; **hacerse con** *(apropiarse)* obtenir; **hacerse a** *(habituarse)* se faire à.

hacha f (herramienta) hache f.

hachís m haschisch m.

hacia prep (dirección, aproximadamente) vers; **h. abajo/arriba** vers le bas/le haut; **h. adelante/atrás** en avant/arrière.

hacienda f ferme f; **Ministerio de H.** ministère des Finances.

hada f fée f; **cuento de hadas** conte de fées.

hago indic pres de **hacer**.

halagar vt flatter.

halago m flatterie f.

halcón m faucon m.

hallar 1 vt (encontrar) trouver; (descubrir) découvrir.
   2 hallarse vr (estar) être; (estar situado) se trouver.

hallazgo m découverte f.

hamaca f hamac m.

hambre f faim f; **tener h.** avoir faim.

hambruna f famine f.

hamburguesa f hamburger m.

han indic pres de **haber**.

haré indic fut de **hacer**.

harina f farine f.

hartar 1 vt (cansar, fastidiar) fatiguer; (atiborrar) rassasier.
   2 hartarse vr (saciar el apetito) se rassasier; (cansarse) se lasser (**de** de).

harto, -a a (lleno) rassasié; (cansado) fatigué; **estoy h. de trabajar** j'en ai assez de travailler.

has indic pres de **haber**.

hasta 1 prep (lugar, tiempo, cantidad) jusqu'à; (incluso) même; **h. la fecha** jusqu'ici; **h. luego** à bientôt.
   2 conj **h. que** jusqu'à ce que.

hay indic pres de **haber**.

haya subj pres de **haber**.

haz imperativo de **hacer**.

he indic pres de **haber**.

hebilla f boucle f.

hebra f brin m de fil.

hebreo, -a a & m hébreu a & m.

hechizo m (embrujo) sortilège m.

hecho, -a 1 a fait; (carne) cuit; (ropa) de confection.
   2 m (realidad) fait m; (acto) acte m; (suceso) événement m; **de h.** en fait.

hectárea f hectare m.

hedor m puanteur f.

helada f gelée f.

heladería f glacier m.

helado, -a 1 m glace f.
   2 a (muy frío) gelé; Fig **quedarse h.** (atónito) être stupéfait.

helar [1] **1** vt (congelar) geler.
   2 v impers geler; **anoche heló** il a gelé la nuit dernière.
   3 helarse vr (congelarse) geler.

helecho m fougère f.

hélice f (de avión, barco) hélice f.

helicóptero m hélicoptère m.

hembra f Bot Zool femelle f; (mujer) femme f.

hemorragia f hémorragie f.

hemos indic pres de **haber**.

hendidura f fente f.

heno m foin m.

herbolario m (tienda) herboristerie f.

heredar vt hériter.

heredero, -a mf héritier, -ière.

herencia f héritage m; (biológica) hérédité f.

herida f blessure f.

herido, -a mf blessé, -ée.

herir [5] **1** vt blesser.
   2 herirse vr se blesser.

hermana f sœur f.

hermano m frère m; **primo h.** cousin m germain; **hermanos** frères et sœurs.

herméticamente adv **h. cerrado** fermé hermétiquement.

hermético, -a a (cierre) hermétique; Fig (grupo, persona) fermé.

hermoso, -a a beau, f belle.

héroe *m* héros *m*.

heroína *f* héroïne *f*.

herradura *f* fer *m* à cheval.

herramienta *f* outil *m*.

hervir [5] **1** *vt (hacer bullir)* faire bouillir.
 2 *vi (bullir)* bouillir.

heterogéneo, -a *a* hétérogène.

hice *pt indef de* **hacer**.

hiciste *pt indef de* **hacer**.

hidratante *a* hydratant; **crema h.** crème hydratante.

hidráulico, -a *a* hydraulique.

hidroavión *m* hydravion *m*.

hiedra *f* lierre *m*.

hielo *m* glace *f*.

hiena *f* hyène *f*.

hierba *f* herbe *f*; **mala h.** mauvaise herbe.

hierbabuena *f* menthe *f*.

hierro *m* fer *m*.

hígado *m* foie *m*.

higiénico, -a *a* hygiénique; **papel h.** papier hygiénique.

hija *f* fille *f*.

hijo *m* fils *m*; **hijos** enfants *mpl*.

hilera *f* file *f*.

hilo *m* fil *m*; *(fibra)* fibre *f*; **perder el h.** perdre le fil; **h. musical** musique *f* de fond.

himno *m* hymne *m*; **h. nacional** hymne national.

hincapié *m* **hacer h. en** *(insistir)* insister sur; *(subrayar)* souligner.

hincar 1 *vt (clavar)* enfoncer.
 2 hincarse *vr* **hincarse de rodillas** se mettre à genoux.

hincha 1 *mf (de equipo)* supporter *mf*.
 2 *f (antipatía)* animosité *f*.

hinchado, -a *a* gonflé.

hinchar 1 *vt (inflar)* gonfler.
 2 hincharse *vr* se gonfler; *Fam (hartarse)* se rassasier.

hindú 1 *a* indien; *(religioso)* hindou.
 2 *mf* Indien, -ienne; *(religioso)* Hindou, -oue.

hipermercado *m* hypermarché *m*.

hípico, -a *a* hippique.

hipnotizar *vt* hypnotiser.

hipo *m* **tener h.** avoir le hoquet.

hipócrita *a & mf* hypocrite.

hipopótamo *m* hippopotame *m*.

hipoteca *f* hypothèque *f*.

hipótesis *f inv* hypothèse *f*.

hispánico, -a *a* hispanique.

hispano, -a 1 *a* hispanique.
 2 *mf* Hispano-Américain, -aine.

hispanohablante *a & mf* hispanophone.

histérico, -a *a* hystérique.

historia *f* histoire *f*.

historial *m* curriculum vitae *m inv*; *(antecedentes)* expérience *f*.

histórico, -a *a* historique.

historieta *f (tira cómica)* bande *f* dessinée.

hizo *indic indef de* **hacer**.

hocico *m (de animal)* museau *m*.

hogar *m* foyer *m*.

hoguera *f* bûcher *m*.

hoja *f (de árbol, de papel)* feuille *f*; *(de cuchillo, espada)* lame *f*; *(impreso)* tract *m*; **h. de cálculo** feuille de calcul.

hojalata *f* fer-blanc *m*.

hojaldre *m* pâte *f* feuilletée.

hojear *vt (libro)* feuilleter.

hola *interj* salut!

holgado, -a *a (ropa)* ample; *(económicamente)* à l'aise; *(espacio)* vaste.

holgazán, -ana *a & mf* paresseux, -euse.

hollín *m* suie *f*.

hombre 1 *m* homme *m*; **h. de negocios** homme d'affaires.
 2 *interj (saludo)* salut!; **¡sí h.!, ¡h. claro!** *(enfático)* bien sûr que oui!

hombrera *f* épaulette *f*.

hombro *m* épaule *f*; **a hombros** sur les épaules; **encogerse de hombros** hausser les épaules; **mirar a algn por encima del h.** regarder qn de haut.

homenaje *m* hommage *m*.

homicida 1 *mf* meurtrier, -ière.
   2 *a* homicide; *(arma)* du crime.

homicidio *m* homicide *m*.

homogéneo, -a *a* homogène.

homosexual *a & mf* homosexuel, -elle.

hondo, -a *a* profond; **plato h.** assiette creuse.

honesto, -a *a (honrado)* honnête; *(recatado)* pudique.

hongo *m* champignon *m*; *(sombrero)* melon *m*; **h. venenoso** champignon vénéneux.

honor *m* honneur *m*; **palabra de h.** parole d'honneur.

honorario, -a 1 *a* honoraire.
   2 *mpl* **honorarios** honoraires *mpl*.

honra *f* honneur *m*; **¡a mucha h.!** et j'en suis fier!

honradez *f* honnêteté *f*.

honrado, -a *a (de fiar)* honnête.

hora *f* heure *f*; *(cita)* rendez-vous *m*; **media h.** demi-heure *f*; **h. punta** heure de pointe; **horas extra** heures supplémentaires; **¿qué h. es?** quelle heure est-il?; **a última h.** au dernier moment; **pedir h.** *(al médico etc.)* demander un rendez-vous.

horario *m* horaire *m*.

horchata *f* orgeat *m*.

horizonte *m* horizon *m*.

hormiga *f* fourmi *f*.

hormigón *m* béton *m*.

hormiguero *m* fourmilière *f*.

hormona *f* hormone *f*.

horno *m* four *m*; **pescado al h.** poisson cuit au four.

horóscopo *m* horoscope *m*.

horquilla *t (del pelo)* épingle *f* à cheveux.

horrible *a* horrible.

horror *m* horreur *f*; **¡qué h.!** quelle horreur!; *Fam* **tengo h. a las motos** j'ai horreur des motos.

horrorizar *vt* horrifier; *(dar miedo)* terrifier.

horroroso, -a *a* horrible; *(que da miedo)* terrifiant; *Fam (muy feo)* horrible; *Fam (malísimo)* atroce.

hortaliza *f* légume *m*.

hortera 1 *a Fam* ringard, -arde.
   2 *f* écuelle *f*.

hospedar 1 *vt* héberger.
   2 hospedarse *vr* **hospedarse en el hotel/en casa de amigos** loger à l'hôtel/chez des amis.

hospicio *m (para huérfanos)* orphelinat *m*.

hospital *m* hôpital *m*.

hospitalizar *vt* hospitaliser.

hostal *m* petit hôtel *m*.

hostelería *f* hôtellerie *f*.

hostería *f Am* auberge *f*.

hostil *a* hostile.

hotel *m* hôtel *m*.

hoy *adv (día)* aujourd'hui; **h. (en) día** de nos jours.

hoyo *m* trou *m*.

hube *pt indef de* **haber**.

hubiera *subj imperfecto de* **haber**.

hucha *f* tirelire *f*.

hueco, -a 1 *a (vacío, sonido)* creux.
   2 *m (cavidad)* creux *m*; *(sitio no ocupado)* espace *m* libre.

huele *indic pres de* **oler**.

huelga *f* grève *f*; **estar en** *o* **de h.** être en grève; **hacer h.** faire la grève.

huella *f (del pie)* empreinte *f*; *(coche, Fig vestigio)* trace *f*; **h. dactilar** empreinte digitale.

huérfano, -a *mf* orphelin, -ine.

huerta *f (parcela)* jardin *m* maraîcher;

H

(región) région *f* irriguée de culture maraîchère.

huerto *m (de verduras)* potager *m; (de frutales)* verger *m.*

hueso *m (del cuerpo)* os *m; (de fruto)* noyau *m; Am* bon poste *m* (obtenu grâce à un piston).

huésped, -eda *mf* invité, -ée; **casa de huéspedes** pension *f.*

huevo *m* œuf *m;* **h. duro** œuf dur; **h. frito** œuf sur le plat; **h. pasado por agua,** *Am* **h. tibio** œuf à la coque; **huevos revueltos** œufs brouillés.

huida *f* fuite *f.*

huir *vi (escaparse)* fuir (**de** -); *(evadirse)* s'enfuir (**de** de).

hule *m (tela impermeable, de mesa)* toile *f* cirée; *Am* caoutchouc *m.*

humanitario, -a *a* humanitaire.

humano, -a 1 *a* humain; **ser h.** être humain.
 2 *m* humain *m.*

humeante *a (chimenea)* fumant.

humedad *f* humidité *f.*

humedecer 1 *vt* humidifier.
 2 humedecerse *vr* s'humidifier.

húmedo, -a *a* humide.

humildad *f* humilité *f.*

humilde *a* humble.

humillar 1 *vt (rebajar)* humilier.
 2 humillarse *vr* **humillarse ante algn** s'humilier devant qn.

humo *m* fumée *f; (gas)* gaz *mpl; (vapor)* vapeur *f.*

humor *m (genio)* humeur *f; (gracia)* humour *m;* **estar de buen/mal h.** être de bonne/mauvaise humeur; **sentido del h.** sens de l'humour.

hundimiento *m (de edificio)* effondrement *m; (de barco)* naufrage *m; (de tierra)* affaissement *m; (ruina)* ruine *f.*

hundir 1 *vt (barco)* couler; *(derrumbar)* abattre.
 2 hundirse *vr (barco)* couler; *(edificio, empresa)* s'effondrer.

huracán *m* ouragan *m.*

huraño, -a *a* sauvage.

hurgar 1 *vi (fisgar)* fouiller (**en** dans).
 2 *vt (fuego etc.)* tisonner.

hurto *m* vol *m.*

huyo *indic pres de* **huir.**

ibérico, -a *a* ibérique.

iberoamericano, -a 1 *a* latino-américain.

   2 *mf* Latino-Américain, -aine.

iceberg *m* (*pl* **icebergs**) iceberg *m*.

ICONA *m abr de* **Instituto para la Conservación de la Naturaleza** Institut *m* pour la protection de la nature.

icono *m* icône *f*.

ida *f* billete de i. y vuelta billet d'aller et retour.

idea *f* idée *f*; **hacerse a la i. de** se faire à l'idée de; **ni i.** aucune idée; **cambiar de i.** changer d'idée.

ideal *a & m* idéal *a & m*.

idear *vt* (*historia, excusa*) inventer; (*plan*) concevoir.

idéntico, -a *a* identique.

identidad *f* identité *f*; **carnet de i.** carte d'identité.

identificación *f* identification *f*.

identificar 1 *vt* identifier.

   2 identificarse *vr* s'identifier (**con** à).

idilio *m* (*romance*) idylle *f*.

idioma *m* langue *f*.

idiota *a & mf* idiot, -ote.

ídolo *m* idole *f*.

idóneo, -a *a* convenable.

iglesia *f* (*edificio*) église *f*; **la I.** l'Église.

ignorante *a & mf* ignorant, -ante (**de** de).

ignorar *vt* ignorer.

igual 1 *a* pareil; (*equivalente*) égal; quiero uno i. j'en veux un pareil, je veux le même; **es i.** c'est la même chose; **me da i.** ça m'est égal; **i. que el mío** le même que moi; **es i. que yo** elle est comme moi; **sin i.** sans égal; **por i., a partes iguales** à parts égales; **al i. que** tout comme; **6 más 7 i. a 13** 6 plus 7 égalent 13.

   2 *m* égal, -ale.

   3 *adv* lo haces i. que yo tu fais pareil que moi.

igualar *vt* égaler; (*nivelar*) niveler.

igualdad *f* égalité *f*; (*identidad*) identité *f*; **en i. de condiciones** dans les mêmes conditions.

igualmente *adv* également; ¡gracias! — ¡i.! merci! — à vous de même!

ilegal *a* illégal.

ilegalmente *adv* illégalement.

ilegítimo, -a *a* illégitime.

ileso, -a *a* sain et sauf, *f* saine et sauve.

ilícito, -a *a* illicite.

ilimitado, -a *a* illimité.

iluminación *f* (*alumbrado*) éclairage *m*.

iluminar *vt* éclairer; (*colorear*) colorier.

ilusión *f* (*esperanza*) espoir *m*; (*esperanza vana*) illusion *f*; (*emoción*) plaisir *m*; **hacerse ilusiones** se faire des illusions; **me hace i. verla** ça me fait très plaisir de la voir; **¡qué i.!** quel bonheur!

ilusionar 1 *vt* (*esperanzar*) i. a algn donner des illusions à qn; (*entusiasmar*) faire très plaisir à qn.

2 ilusionarse *vr (esperanzarse)* s'illusionner; *(entusiasmarse)* être fou de joie (**con** à l'idée de).

ilustración *f (grabado)* illustration *f;* *(erudición)* instruction *f.*

ilustrar *vt* illustrer.

ilustre *a* illustre.

imagen *f* image *f.*

imaginación *f* imagination *f.*

imaginar 1 *vt* imaginer.

2 imaginarse *vr* s'imaginer; **me imagino que sí** j'imagine que oui.

imán *m* aimant *m.*

imbécil *a & mf* imbécile.

imitar *vt* imiter.

impacientar 1 *vt* **i. a algn** irriter qn.

2 impacientarse *vr* s'impatienter (**por** de).

impaciente *a (deseoso)* impatient; *(intranquilo)* anxieux.

impacto *m* impact *m.*

impar *a* impair.

imparcial *a* impartial.

impasible *a* impassible.

impecable *a* impeccable.

impedimento *m* empêchement *m;* *(obstáculo)* obstacle *m.*

impedir [6] *vt* empêcher.

impenetrable *a* impénétrable.

imperante *a (gobernante)* dirigeant; *(predominante)* dominant.

imperativo, -a *a & m* impératif *a & m.*

imperdible *m* épingle *f* de nourrice.

imperfecto, -a *a* imparfait; **pretérito i.** imparfait.

imperio *m* empire *m.*

impermeable *a & m* imperméable *a & m.*

impertinente *a (insolente)* impertinent; *(inoportuno)* inopportun.

impetuoso, -a *a* impétueux.

implacable *a* implacable.

implicar *vt* impliquer (**en** dans).

implícito, -a *a* implicite.

implorar *vt* implorer.

imponente *a (impresionante)* imposant; *(sobrecogedor)* renversant.

imponer (*pp* impuesto) **1** *vt* imposer; *(impresionar)* impressionner; **i. respeto** inspirer le respect.

2 imponerse *vr* s'imposer.

importación *f* importation *f;* **artículos de i.** articles d'importation.

importancia *f* importance *f.*

importante *a* important.

importar¹ 1 *vi (tener importancia)* importer; **no importa** ça n'a pas d'importance; **eso no te importa a tí** ça ne te regarde pas; **¿te importa si fumo?** ça te dérange si je fume?

2 *vt (valer)* valoir.

importar² *vt* importer.

importe *m* montant *m.*

imposibilitar *vt (impedir)* rendre impossible; *(incapacitar)* rendre impotent.

imposible *a* impossible; **me es i. hacerlo** il m'est impossible de le faire.

impostor, -ora *mf* imposteur *m.*

impotencia *f* impuissance *f.*

imprenta *f* imprimerie *f.*

imprescindible *a* indispensable.

impresión *f (efecto, opinión, de periódico etc.)* impression *f;* *(edición)* édition *f.*

impresionante *a* impressionnant.

impresionar *vt* impressionner.

impresionismo *m* impressionnisme *m.*

impreso, -a 1 *a* imprimé.

2 *m (papel, folleto)* imprimé *m;* *(formulario)* formulaire *m;* **i. de solicitud** formulaire de demande.

impresora *f* imprimante *f;* **i. de inyección** imprimante à jet d'encre; **i. láser** imprimante laser; **i. matricial** imprimante matricielle.

imprevisible *a* imprévisible.

imprevisto, -a *a* & *m* imprévu *a* & *m*.

imprimir (*pp* **impreso**) *vt* imprimer.

impropio, -a *a* (*inadecuado*) inapproprié.

improvisado, -a *a* (*espontáneo*) improvisé; (*provisional*) de fortune.

improvisar *vt* improviser.

imprudencia *f* imprudence *f*; (*indiscreción*) indiscrétion *f*.

impuesto *m* impôt *m*; **i. sobre la renta** impôt sur le revenu; **libre de impuestos** exonéré d'impôts.

impulsar *vt* pousser.

impulso *m* impulsion *f*.

impunemente *adv* impunément.

impureza *f* impureté *f*.

impuse *pt indef de* **imponer**.

inacabable *a* interminable.

inaccesible *a* inaccessible.

inaceptable *a* inacceptable.

inadaptado, -a *a* & *mf* inadapté, -ée.

inadecuado, -a *a* inadéquat.

inadmisible *a* inadmissible.

inagotable *a* (*recursos etc.*) inépuisable; (*persona*) infatigable.

inaguantable *a* insupportable.

inapreciable *a* (*valioso*) inappréciable; (*insignificante*) insignifiant.

inasequible *a* (*producto*) inabordable; (*meta, persona*) inaccessible.

inaudito, -a *a* ahurissant.

inauguración *f* inauguration *f*.

inaugurar *vt* inaugurer.

inca 1 *a* inca.
    2 *mf* Inca *mf*.

incalculable *a* incalculable.

incandescente *a* incandescent.

incansable *a* infatigable.

incapacidad *f* incapacité *f*.

incapacitar *vt* mettre en arrêt de travail; (*inhabilitar*) rendre incapable.

incapaz *a* incapable (**de** de).

incendiar 1 *vt* incendier.
    2 incendiarse *vr* prendre feu.

incendio *m* incendie *m*; **i. forestal** feu *m* de forêt.

incentivo *m* stimulant *m*.

incertidumbre *f* incertitude *f*.

incierto, -a *a* incertain.

incinerar *vt* incinérer.

incipiente *a* naissant; (*síntomas*) premier.

incitar *vt* inciter.

inclinación *f* (*de terreno, del cuerpo*) inclinaison *f*; (*reverencia*) inclination *f*.

inclinar 1 *vt* incliner.
    2 inclinarse *vr* s'incliner; (*optar*) **inclinarse a** être enclin à.

incluir *vt* inclure; (*contener*) renfermer.

inclusive *adv* (*incluido*) inclus; (*incluso*) même; **hasta la lección ocho i.** jusqu'à la leçon huit incluse.

incluso *adv* même.

incógnita *f* (*misterio*) mystère *m*.

incoherente *a* incohérent.

incoloro, -a *a* incolore.

incomodidad *f* inconfort *m*; (*molestia*) gêne *f*.

incómodo, -a *a* inconfortable.

incompatible *a* incompatible.

incompetencia *f* incompétence *f*.

incompetente *a* & *mf* incompétent, -ente.

incompleto, -a *a* incomplet; (*inacabado*) inachevé.

incomprensible *a* incompréhensible.

incomunicado, -a *a* (*aislado*) isolé; (*en la cárcel*) au régime cellulaire; **el pueblo se quedó i.** le village a été coupé du reste du pays.

inconcebible *a* inconcevable.

incondicional 1 *a* (*apoyo*) sans réserve; (*amigo*) à toute épreuve; (*partidario*) inconditionnel.
    2 *mf* inconditionnel, -elle.

inconfundible *a* caractéristique.

incongruente *a* incohérent.

inconsciencia *f* inconscience *f*.

inconsciente *a* inconscient.

inconsistente *a (argumento)* inconsistant.

inconstante *a* inconstant.

incontrolable *a* incontrôlable.

inconveniente 1 *a (conducta)* inconvenant.
   2 *m* inconvénient *m*.

incorporación *f* incorporation *f*.

incorporar 1 *vt* incorporer (**en** à); *(levantar)* redresser.
   2 incorporarse *vr (en la cama)* se redresser; **incorporarse a** *(sociedad)* se mêler à; *(trabajo)* commencer.

incorrecto, -a *a* incorrect.

incorregible *a* incorrigible.

incrédulo, -a *a & mf* incrédule.

increíble *a* incroyable.

incrementar *vt*, **incrementarse** *vr* augmenter.

inculto, -a 1 *a* inculte.
   2 *mf* ignorant, -ante.

incumplimiento *m (de un deber)* manquement *m* (**de** à); *(de una orden)* inobservation *f*.

incurrir *vi* commettre (**en** -).

indagar *vt* rechercher.

indebido, -a *a (desconsiderado)* indu; *(ilegal)* illégal.

indecente *a* indécent.

indeciso, -a *a & m* indécis *a & m*.

indefenso, -a *a* sans défense.

indefinidamente *adv* indéfiniment.

indefinido, -a *a (indeterminado, impreciso)* indéfini; **pretérito i.** passé simple.

indemnización *f* indemnisation *f*.

indemnizar *vt* indemniser (**de, por** de).

independencia *f* indépendance *f*.

independiente *a* indépendant.

independientemente *adv* indépendamment (**de** de).

indescriptible *a* indescriptible.

indeseable *a & mf* indésirable.

indeterminado, -a *a* indéterminé; *(artículo)* indéfini.

indicación *f* indication *f*.

indicador, -ora *mf* indicateur *m*.

indicar *vt* indiquer.

indicativo, -a 1 *a* indicatif (**de** de).
   2 *m* (mode *m*) indicatif *m*.

índice *m (de libro)* index *m*; *(relación)* taux *m*; **í. de natalidad/mortalidad** taux de natalité/mortalité; **(dedo) í.** index *m*.

indicio *m* indice *m* (**de** de).

índico, -a *adj* indien; **Océano Í.** océan Indien.

indiferente *a* indifférent; **me es i.** ça m'est égal.

indígena *a & mf* indigène (**de** de).

indigestión *f* indigestion *f*.

indignación *f* indignation *f*.

indignar 1 *vt* indigner.
   2 indignarse *vr* s'indigner (**por** de).

indio, -a 1 *a* indien.
   2 *mf* Indien, -ienne.

indirecta *f* Fam insinuation *f*.

indirecto, -a *a* indirect.

indiscreto, -a *a* indiscret.

indiscutible *a* indiscutable.

indispensable *a* indispensable.

indisponer *(pp* **indispuesto) 1** *vt* indisposer.
   2 indisponerse *vr* être indisposé.

indispuse *pt indef de* **indisponer**.

indistintamente *adv* **pueden escribir en francés o en español i.** vous pouvez écrire indifféremment en français ou en espagnol.

individual *a* individuel; **habitación i.** chambre individuelle.

individuo *m* individu *m*; *(tío)* mec *m*.

índole *f (carácter)* caractère *m*; *(clase, tipo)* genre *m*.

inducir *vt* pousser.

indudable *a* indubitable.

induje *pt indef de* **inducir**.

indultar *vt* gracier.

indumentaria *f* tenue *f*.

industria *f* industrie *f*.

industrial *a* industriel.

industrialización *f* industrialisation *f*.

induzco *indic pres de* **inducir**.

ineficacia *f* inefficacité *f*.

ineficaz *adj* inefficace.

ineptitud *nf* inaptitude *f*.

inepto, -a *a* & *mf* incompétent, -ente.

inerte *a* inerte.

inesperado, -a *a* inattendu; *(victoria etc.)* inespéré.

inestabilidad *f* instabilité *f*.

inevitable *a* inévitable.

inexistente *a* inexistant.

inexperiencia *f* inexpérience *f*.

inexplicable *a* inexplicable.

infalible *a* infaillible.

infancia *f* enfance *f*.

infantería *f* infanterie *f*.

infantil *a (aniñado)* enfantin; *(peyorativo)* puéril; **literatura i.** *(para niños)* littérature pour enfants.

infarto *m* **i. (de miocardio)** infarctus *m* (du myocarde).

infección *f* infection *f*.

infeliz *a* & *mf* malheureux, -euse.

inferior *a* & *mf* inférieur, -ieure.

infestado, -a *a* **i. de** infesté de; **i. de turistas** envahi de touristes.

infidelidad *f* infidélité *f*.

infierno *m* enfer *m*; **un calor de i.** une chaleur insupportable; *Fam* **¡vete al i.!** va au diable!

infinidad *f* infinité *f*; **en i. de ocasiones** à de très nombreuses reprises.

infinitivo, -a *a* & *m* infinitif *a* & *m*.

infinito, -a *a* & *m* infini *a* & *m*.

inflable *a* gonflable.

inflación *f* inflation *f*.

inflamable *a* inflammable.

inflamación *f* inflammation *f*.

inflamar 1 *vt* enflammer.
2 inflamarse *vr* s'enflammer.

inflar 1 *vt* gonfler.
2 inflarse *vr* se gonfler.

inflexible *a* inflexible.

influencia *f* influence *f*; **ejercer** o **tener i. sobre algn** avoir de l'influence sur qn.

influir 1 *vt* influencer.
2 *vi* avoir de l'influence; **i. en** o **sobre** influencer.

información *f* information *f*; *(servicio telefónico)* renseignements *mpl*.

informal *a (reunión, cena)* informel; *(comportamiento)* décontracté; *(persona)* pas sérieux.

informar 1 *vt (enterar)* informer (**de** de); *(dar informes)* renseigner.
2 informarse *vr (procurarse noticias)* s'informer (**de** sur).

informática *f* informatique *f*.

informe *m* rapport *m*; **informes** références *fpl*.

infracción *f* infraction *f*.

infraestructura *f* infrastructure *f*.

infringir *vt* **i. una ley** enfreindre une loi.

infundir *vt* inspirer; *(idea, vida)* donner.

infusión *f* infusion *f*.

ingeniero, -a *mf* ingénieur *m*; **i. de caminos** ingénieur des ponts et chaussées; **i. técnico** technicien *m*.

ingenio *m (talento)* talent *m*; *(inventiva)* génie *m*; *(agudeza)* esprit *m*; *(máquina)* engin *m*; **i. azucarero** sucrerie *f*.

ingenioso, -a *a* ingénieux.

ingenuo, -a *a* & *mf* ingénu, -ue.

ingle *f* aine *f*.

inglés, -esa 1 *a* anglais.
2 *mf* Anglais, -aise.

3 m *(idioma)* anglais m.

ingratitud f ingratitude f.

ingrediente m ingrédient m.

ingresar 1 vt *(dinero)* verser; *(enfermo)* admettre; **la ingresaron en el hospital** elle a été hospitalisée.
2 vi entrer.

ingreso m *(de dinero, entrada)* entrée f (**en** à); *(admisión)* admission f (**en** à); **ingresos** *(sueldo, renta)* revenu m.

inhalador m inhalateur m.

inhalar vt inhaler.

inhumano, -a a inhumain.

inicial 1 a initial.
2 f initiale f.

iniciar 1 vt *(empezar)* commencer; *(discusión)* entamer; *(una cosa nueva)* lancer.
2 iniciarse vr commencer.

iniciativa f initiative f; **por i. propia** de sa propre initiative.

inicio m commencement m.

ininterrumpido, -a a ininterrompu.

injerirse vr s'ingérer (**en** dans).

injuria f injure f.

injusticia f injustice f.

injustificado, -a a injustifié.

injusto, -a a injuste.

inmaduro, -a a immature.

inmediatamente adv immédiatement.

inmediato, -a a *(en el tiempo)* immédiat; *(en el espacio)* contigu, f contiguë (**a** à); **de i.** tout de suite.

inmejorable a *(trabajo)* excellent; *(precio)* imbattable.

inmenso, -a a immense.

inmigración f immigration f.

inmigrante mf immigrant, -ante.

inminente a imminent.

inmiscuirse vr s'entremettre (**en** dans).

inmobiliaria f agence f immobilière.

inmoral a immoral.

inmortal a & mf immortel, -elle.

inmóvil a immobile.

inmovilizar vt immobiliser.

inmueble m immeuble m.

inmune a immunisé; Fig à l'abri de.

inmunidad f immunité f (**contra** contre).

inmunizar vt immuniser (**contra** contre).

innato, -a a inné.

innecesario, -a a superflu.

innegable a indéniable.

innovación f innovation f.

innumerable a innombrable.

inocencia f innocence f; *(ingenuidad)* ingénuité f.

inocentada f équivalent du poisson d'avril.

inocente 1 a innocent.
2 mf innocent, -ente; **día de los Inocentes** jour des Saints-Innocents, le 28 décembre *(équivalent du 1er avril et de ses poissons)*.

inocuo, -a a inoffensif.

inofensivo, -a a inoffensif.

inolvidable a inoubliable.

inoportuno, -a a inopportun.

inoxidable a **acero i.** acier inoxydable.

inquietante a inquiétant.

inquietar 1 vt inquiéter.
2 inquietarse vr s'inquiéter (**por** au sujet de).

inquieto, -a a *(preocupado)* inquiet (**por** au sujet de); *(intranquilo)* agité.

inquietud f *(preocupación)* inquiétude f; *(agitación)* agitation f.

inquilino, -a mf locataire mf.

insaciable a insatiable.

insatisfecho, -a a insatisfait.

inscribir *(pp* **inscrito)** **1** vt inscrire.
2 inscribirse vr s'inscrire; **inscribirse en un club** s'inscrire à un club.

inscripción f inscription f.
insecticida m insecticide m.
insecto m insecte m.
inseguridad f (falta de confianza, peligro) insécurité f; (duda) incertitude f.
insensato, -a 1 a insensé. **2** mf fou m, folle f.
insensible a insensible.
inseparable a inséparable.
insertar vt insérer.
inservible a inutilisable.
insignia f insigne m.
insignificante a insignifiant.
insinuar vt insinuer.
insistir vi insister (**en** sur).
insolación f insolation f.
insolente a insolent.
insólito, -a a insolite.
insomnio m insomnie f.
insoportable a insupportable.
insospechado, -a a insoupçonné.
inspección f inspection f.
inspeccionar vt inspecter.
inspector, -ora mf inspecteur, -trice; **i. de Hacienda** inspecteur des impôts.
inspiración f inspiration f.
inspirar 1 vt inspirer. **2 inspirarse** vr **inspirarse en** s'inspirer de.
instalación f installation f; **instalaciones deportivas** équipements mpl sportifs.
instalar 1 vt installer; (empresa) monter. **2 instalarse** vr s'installer.
instancia f (solicitud) requête f; **a instancia(s) de** à la demande de; **en última i.** en dernier ressort.
instantáneamente adv instantanément.
instantáneo, -a a instantané.
instante m instant m; **a cada i.** à cha-

que instant; **al i.** tout de suite.
instaurar vt instaurer.
instigar vt inciter.
instintivo, -a a instinctif.
instinto m instinct m; **por i.** instinctivement.
institución f institution f.
instituto m institut m; (colegio) lycée m.
institutriz f préceptrice f.
instrucción f (educación) instruction f; **instrucciones para el** o **de uso** instructions d'emploi.
instructivo, -a a instructif.
instruir vt instruire.
instrumento m instrument m.
insubordinarse vr se soulever (**contra** contre).
insuficiente 1 a insuffisant. **2** m (nota) note f éliminatoire.
insultar vt insulter.
insulto m insulte f.
insurrección f insurrection f.
intacto, -a a intact.
integral a intégral; **pan i.** pain complet.
integrar 1 vt intégrer; (formar) constituer. **2 integrarse** vr s'intégrer (**en** à).
integridad f intégrité f.
íntegro, -a a (entero) complet; (honrado) intègre; **versión íntegra** version intégrale.
intelectual a & mf intellectuel, -elle.
inteligencia f intelligence f.
inteligente a intelligent.
inteligible a intelligible.
intemperie f **a la i.** en plein air.
intención f intention f; **con i.** intentionnellement; **tener la i. de hacer algo** avoir l'intention de faire qch.
intencionadamente adv intentionnellement.
intencionado, -a a intentionné.

intensidad *f* intensité *f*; *(del viento)* force *f*.

intensificar 1 *vt* intensifier; *(relación)* renforcer.

   2 intensificarse *vr* s'intensifier; *(relación)* se renforcer.

intenso, -a *a* intense.

intentar *vt* essayer.

intento *m* tentative *f*; **i. de suicidio** tentative de suicide.

intercambiar *vt* échanger.

interceder *vi* intercéder.

interceptar *vt (detener)* intercepter; *(carretera)* couper; *(tráfico)* bloquer.

interés *m* intérêt *m*; **tener i. en** o **por** s'intéresser à; **tipos de i.** taux d'intérêt.

interesante *a* intéressant.

interesar 1 *vt (tener interés)* intéresser; *(concernir)* concerner.

   2 *vi (ser importante)* être intéressant.

   3 interesarse *vr* **interesarse por** o **en** s'intéresser à.

interferencia *f* interférence *f*; *(en radio, televisión)* parasites *mpl*.

interfono *m* Interphone® *m*.

interior 1 *a* intérieur; **ropa i.** sous-vêtements; *(política, vuelo)* intérieur; *(región)* de l'intérieur.

   2 *m* intérieur *m*; **Ministerio del I.** ministère de l'Intérieur.

interjección *f* interjection *f*.

interlocutor, -ora *mf* interlocuteur, -trice.

intermediario *m* intermédiaire *m*.

intermedio, -a 1 *a* intermédiaire.

   2 *m (en televisión)* pause *f*.

interminable *a* interminable.

intermitente 1 *a* intermittent.

   2 *m (de automóvil)* clignotant *m*.

internacional *a* international.

internado *m (colegio)* pensionnat *m*.

interno, -a 1 *a* interne; *(política)* intérieur.

   2 *mf (alumno)* interne *mf*.

interpretación *f* interprétation *f*.

interpretar *vt* interpréter.

intérprete *mf* interprète *mf*.

interrogación *f* interrogation *f*; **(signo de) i.** point d'interrogation.

interrogar *vt* interroger.

interrogatorio *m* interrogatoire *m*.

interrumpir *vt* interrompre; *(tráfico)* bloquer.

interruptor *m* interrupteur *m*.

interurbano, -a *a* interurbain; **conferencia interurbana** appel interurbain.

intervalo *m* intervalle *m*.

intervenir 1 *vi (mediar)* intervenir (**en** dans); *(participar)* participer (**en** à).

   2 *vt (teléfono)* mettre sur écoute.

interviú *m (pl* **interviús)** interview *m*.

intestino *m* intestin *m*.

intimidar *vt* intimider.

íntimo, -a *a* intime; *(vida)* privé.

intolerante *a* & *mf* intolérant, -ante.

intoxicación *f* intoxication *f*; **i. alimenticia** intoxication alimentaire.

intranquilizarse *vr* s'inquiéter.

intransitivo, -a *a* intransitif.

intriga *f* intrigue *f*.

intrigar *vti* intriguer.

intrínseco, -a *a* intrinsèque.

introducir *vt* introduire.

introvertido, -a *a* & *mf* introverti, -ie.

intruso, -a *mf* intrus, -use.

intuición *f* intuition *f*.

intuir *vt* avoir l'intuition de.

inundación *f* inondation *f*.

inusitado, -a *a* inhabituel.

inútil 1 *a* inutile; *(esfuerzo, intento)* vain.

   2 *mf* Fam bon, *f* bonne à rien.

inutilizar *vt* rendre inutilisable.

invadir *vt* envahir.

inválido, -a *a* & *mf* invalide.

invariable *a* invariable.

invasión f invasion f.

invencible a (enemigo, miedo) invincible; (obstáculo) insurmontable.

invención f invention f.

inventar vt inventer.

inventario m inventaire m.

invento m invention f.

invernadero m serre f.

invernal a hivernal.

inversión f inversion f; (de dinero) investissement m.

inverso, -a a **en sentido i.** en sens inverse; **en orden i.** dans l'ordre inverse.

invertir [5] vt (orden) inverser; (dinero) investir (**en** dans); (tiempo) mettre (**en hacer algo** à faire qch).

investigación f (policial etc.) enquête f; (científica) recherche f.

investigar vt (indagar) enquêter sur; (científicamente) faire des recherches sur.

invierno m hiver m.

invisible a invisible.

invitado, -a a & mf invité, -ée.

invitar vt inviter; **me invitó a una copa** il m'a invité à prendre un verre.

involuntario, -a a involontaire.

inyección f injection f; **poner una i.** faire une piqûre.

ir 1 vi aller; **¡vamos!** on y va!; **¡ya voy!** j'arrive!; **¿cómo le va el nuevo trabajo?** comment ça va son nouveau travail?; **el negro no te va** le noir ne te va pas; **ir con falda** être en jupe; **ir de blanco/de uniforme** être en blanc/en uniforme; **va para abogado** il fait des études pour devenir avocat; **ir por la derecha** rester sur la droite; **ve (a) por agua** va chercher de l'eau; **voy por la página noventa** j'en suis à la page quatre-vingt-dix; **en lo que va de año** depuis le début de l'année; **ir a parar** aller se retrouver; **¡qué va!** allons donc!; **va a lo suyo** il fait

ce qu'il l'arrange; **¡vamos a ver!** voyons!; **¡vaya!** ah bon!; **¡vaya que idea!** quelle drôle d'idée!; **¡vaya moto!** tu parles d'une moto! .

2 v aux **ir andando** aller à pied; **va mejorando** il fait des progrès; **ya van rotos tres** il y en a déjà trois de cassés; **iba a decir que...** j'allais dire que...; **va a llover** il va pleuvoir.

3 irse vr (marcharse) s'en aller; **me voy** j'y vais; **¡vámonos!** allons-y!; **¡vete!** va-t'en!; **¡vete a casa!** rentre à la maison!; **¿por dónde se va a...?** par où faut-il passer pour aller à...?

ira f colère f.

iraní 1 a iranien.

  2 mf (pl **iraníes**) Iranien, -ienne.

iraquí 1 a irakien.

  2 mf (pl **iraquíes**) Irakien, -ienne.

irascible a irascible.

iris m inv **arco i.** arc-en-ciel m.

irlandés, -esa 1 adj irlandais.

  2 mf Irlandais, -aise.

  3 m (idioma) irlandais m.

ironía f ironie f.

irónico, -a a ironique.

irracional a irrationnel.

irreal a irréel.

irregular a irrégulier.

irremediable a irrémédiable.

irresistible a (impulso, persona) irrésistible; (insoportable) insupportable.

irresponsable a irresponsable.

irritar 1 vt irriter.

  2 irritarse vr s'irriter.

irrompible a incassable.

irrumpir vi faire irruption (**en** dans).

isla f île f.

islámico, -a a islamique.

israelí 1 a israélien.

  2 mf (pl **israelíes**) Israélien, -ienne.

italiano, -a 1 a italien.

  2 mf Italien, -ienne.

3 *m (idioma)* italien *m.*

itinerario *m* itinéraire *m.*

IVA *m abr de* **impuesto sobre el valor añadido** TVA *f.*

izqda., izqd *a abr de* **izquierda**.

izqdo., izqd *a abr de* **izquierdo**.

izquierda *f* gauche *f; (mano)* main *f* gauche; **a la i.** à gauche; **girar a la i.** tourner à gauche.

izquierdo, -a *a* gauche.

jabalí *m* (*pl* **jabalíes**) sanglier *m*.

jabalina *f* javelot *m*.

jabón *m* savon *m*; **j. de afeitar/to-cador** savon à barbe/de toilette.

jabonera *f* assiette *f* à savon.

jaca *f* petit cheval *m*.

jacinto *m* jacinthe *f*.

jactarse *vr* se vanter (**de** de).

jadear *vi* haleter.

jalea *f* gelée *f*.

jaleo *m* (*alboroto*) vacarme *m*; (*confusión*) pagaille *f*.

jalón *m Am* **me dió un j. de pelos** il m'a tiré les cheveux.

jamás *adv* jamais; **j. he estado allí** je n'y suis jamais allé; **el mejor libro que j. se ha escrito** le meilleur livre qui ait jamais été écrit; **nunca j.** jamais; (*futur*) plus jamais.

jamón *m* jambon *m*; **j. de York/serrano** jambon cuit/de montagne.

japonés, -esa 1 *a* japonais.
    2 *mf* Japonais, -aise.
    3 *m* (*idioma*) japonais *m*.

jaque *m* échec *m*; **j. mate** échec et mat; **j. al rey** échec au roi.

jaqueca *f* migraine *f*.

jarabe *m* sirop *m*; **j. para la tos** sirop pour la toux.

jardín *m* jardin *m*; **j. botánico** jardin botanique; **j. de infancia** jardin d'enfants.

jardinero, -a *mf* jardinier, -ière.

jarra *f* jarre *f*.

jarro *m* cruche *f*.

jarrón *m* vase *m*.

jaula *f* cage *f*.

jazmín *m* jasmin *m*.

J.C. *abr de* **Jesucristo** J.-C.

jeep® *m* Jeep® *f*.

jefa *f* patronne *f*.

jefatura *f* direction *f*.

jefe *m* chef *m*; (*de empresa*) patron *m*; (*de partido*) président *m*; **J. de Estado** chef d'État.

jengibre *m* gingembre *m*.

jerez *m* xérès *m*.

jerga *f* (*técnica*) jargon *m*; (*vulgar*) argot *m*.

jeringa *f* seringue *f*.

jeringuilla *f* seringue *f* (hypodermique).

jeroglífico *m* hiéroglyphe *m*; (*juego*) rébus *m*.

jersey *m* (*pl* **jerseis**) pull-over *m*.

Jesucristo *m* Jésus-Christ *m*.

Jesús 1 *m* Jésus *m*.
    2 *interj* (*al estornudar*) à tes/vos souhaits!

jíbaro, -a *mf Am* paysan, -anne.

jícara *f Am* calebasse *f*.

jilguero *m* chardonneret *m*.

jinete *m* cavalier *m*.

jirafa *f* girafe *f*.

jirón *m* (*trozo desgarrado*) lambeau *m*; (*pedazo suelto*) morceau *m*; **hecho jirones** en lambeaux.

JJ.OO. *mpl abr de* **Juegos Olímpicos** JO *mpl*.

jornada f j. (laboral) (día de trabajo) journeé f de travail; **trabajo de media j./j. completa** travail à mi-temps/à temps complet.

jornal m salaire m journalier.

jornalero, -a mf journalier, -ière.

joroba f bosse f.

jorobado, -a a & mf bossu, -ue.

joven 1 a jeune; **de aspecto j.** à l'air jeune.
    2 mf jeune mf; **de j.** quand il/elle était jeune; **los jóvenes** les jeunes.

joya f bijou m; Fig (persona) perle f.

joyería f (tienda) bijouterie f.

joyero, -a 1 mf bijoutier, -ière.
    2 m coffret m à bijoux.

jubilado, -a a & mf retraité, -ée.

judía f haricot m; **j. verde** haricot vert.

judío, -a 1 a juif.
    2 mf Juif m, Juive f.

judo m judo m.

juego m jeu m; **j. de azar** jeu de hasard; **j. de cartas** jeu de cartes; **Juegos Olímpicos** jeux Olympiques; **terreno de j.** terrain de jeux; **fuera de j.** hors jeu; **j. de café/té** service à café/thé; **ir a j. con** être assorti à.

juerga f Fam bringue f; **ir de j.** faire la bringue.

jueves m inv jeudi m; **J. Santo** jeudi saint.

juez, jueza mf juge m; **j. de línea** juge de ligne.

jugada f coup m; Fam sale tour f.

jugador, -ora joueur, -euse.

jugar 1 vi jouer; **j. a(l) fútbol** jouer au foot; **j. sucio** jouer déloyalement.
    2 vt jouer.
    3 jugarse vr jouer.

jugo m jus m.

juguete m jouet m; **pistola de j.** pistolet m en plastique.

juicio m (facultad mental, en tribunal) jugement m; (sensatez) bon sens m; (opinión) opinion f; **a mi j.** à mon avis; **perder el j.** perdre la raison.

julio m juillet m.

junco m jonc m.

jungla f jungle f.

junio m juin m.

júnior a junior.

junta f (reunión) réunion f; (dirección) conseil m d'administration; (gobierno militar) junte f; (parlamento regional) parlement m régional.

juntar 1 vt (unir) joindre; (piezas) assembler; (dinero) rassembler.
    2 juntarse vr (unirse) se joindre; (ríos, caminos) se rejoindre; (personas) se réunir.

junto, -a 1 a ensemble.
    2 junto adv **j. con** avec; **j. a** à côté de.

jurado m jury m.

juramento m serment m; **bajo j.** sous serment.

jurar vt jurer; **j. el cargo** prêter serment avant de prendre ses fonctions.

jurídico, -a a juridique.

justamente adv **¡j.!** justement!; **j. detrás de** juste derrière.

justicia f justice f; **tomarse la j. por su mano** se faire justice.

justificado, -a a justifié.

justificante m justificatif m.

justo, -a 1 a juste; **un trato j.** un bon traitement; **estamos justos de tiempo** nous avons tout juste le temps; **llegamos en el momento j. en que salían** nous sommes arrivés juste au moment où ils partaient; **lo j.** juste assez.
    2 justo adv justement; **j. al lado de** juste à côté de; **j. a tiempo** juste à temps.

juvenil a juvénile; **ropa j.** (de joven) vêtements jeunes; **delincuencia j.** délinquance juvénile.

juventud f jeunesse f.

juzgado m tribunal m.

juzgar vt juger; **a j. por...** à en juger de...

K k

kárate *m* karaté *m.*
kilo *m* kilo *m.*
kilogramo *m* kilogramme *m.*
kilometraje *m* kilométrage *m.*

kilómetro *m* kilomètre *m.*
kiosco *m* kiosque *m.*
kiwi *m (fruto)* kiwi *m.*
kleenex® *m* Kleenex® *m.*

L *l*

la¹ 1 *art def* f la.

    2 *pron dem* celle; **la del vestido azul** celle en robe bleue.

la² *pron pers* f la, l'; *(usted)* vous; **la invitaré** je l'inviterai; **ya la avisaremos, señora** nous vous préviendrons, madame; **no la dejes abierta** ne la laisse pas ouverte.

labio *m* lèvre f.

labor f travail *m*; *(de costura)* travail d'aiguille.

laborable *a* **día l.** jour ouvrable.

laboral *a* du travail; **accidente l.** accident du travail; **jornada l.** journée de travail.

laboratorio *m* laboratoire *m*.

laborista *a* **partido l.** parti travailliste.

laca f laque f; **l. de uñas** vernis *m* à ongles.

ladera f pente f.

lado *m* côté *m*; **a un l.** de côté; **al l.** à côté; **al l. de** à côté de; **ponte de l.** mets-toi de côté; **por todos lados** de tous côtés; **por otro l.** *(además)* d'autre part; **por un l..., por otro l...** d'un côté..., de l'autre...

ladrar *vi* aboyer.

ladrillo *m* brique f.

ladrón, -ona *mf* voleur, -euse.

lagartija f petit lézard *m*.

lagarto *m* lézard *m*.

lago *m* lac *m*.

lágrima f larme f.

laguna f petit lac *m*.

lamentar 1 *vt* regretter; **lo lamento** je suis désolé.

    2 lamentarse *vr* se lamenter.

lamer *vt* lécher.

lámina f plaque f.

lámpara f lampe f; *(bombilla)* ampoule f (électrique).

lana f laine f.

lancha f canot *m*; **l. motora** canot à moteur; **l. neumática** canot pneumatique; **l. salvavidas** canot de sauvetage.

langosta f langouste f; *(insecto)* sauterelle f.

langostino *m* grosse crevette f.

lanza f lance f.

lanzar 1 *vt* lancer.

    2 lanzarse *vr* se lancer.

lápiz *m* crayon *m*; **l. de labios** rouge *m* à lèvres; **l. de ojos** crayon pour les yeux.

largo, -a 1 *a* long, f longue; **a lo l. de** *(espacio)* le long de; *(tiempo)* pendant; **a la larga** à la longue.

    2 *m (longitud)* longueur f; **¿cuánto tiene de l.?** combien fait-il de long? .

    3 largo *adv Fam* **¡l. (de aquí)!** fiche le camp!; **esto va para l.** ça va durer longtemps.

largometraje *m* long métrage *m*.

las¹ 1 *art def* fpl les.

    2 *pron dem* f **l. que** celles qui/que; **toma l. que quieras** prends celles que tu veux.

las² *pron pers* fpl *(ellas)* les; *(ustedes)* vous; **no l. rompas** ne les casse pas; **l. llamaré mañana (a ustedes)** je vous appellerai demain.

láser *m inv* laser *m*.

lástima *f* pitié *f*; **¡qué l.!** quel dommage!; **es una l. que...** il est dommage que...

lata¹ *f (envase)* boîte *f* de conserve; *(hojalata)* fer-blanc *m*; **en l.** en boîte.

lata² *f Fam* barbe *f*; **dar la l.** être casse-pieds.

lateral *a* latéral; **escalón l.** *(en letrero)* dénivellation.

latido *m* battement *m*.

látigo *m* fouet *m*.

latín *m* latin *m*.

latinoamericano, -a 1 *a* latino-américain.
    2 *mf* Latino-Américain, -aine.

latir *vi* battre.

latón *m* laiton *m*.

laurel *m* laurier *m*.

lava *f* lave *f*.

lavable *a* lavable.

lavabo *m (pila)* lavabo *m*; *(cuarto de aseo)* cabinet *m* de toilette; *(retrete)* toilettes *fpl*.

lavado *m* lavage *m*; **l. en seco** nettoyage *m* à sec.

lavadora *f* machine *f* à laver.

lavanda *f* lavande *f*.

lavandería *f (autoservicio)* laverie *f*; *(aten-dida por personal)* blanchisserie *f*.

lavaplatos *m inv* lave-vaisselle *m inv*.

lavar *vt* laver; **l. en seco** nettoyer à sec.

lavavajillas *m inv* lave-vaisselle *m inv*.

laxante *a & m* laxatif *a & m*.

lazo *m (adorno, nudo)* nœud *m*; **lazos** *(vínculo)* liens *mpl*.

le 1 *pron pers mf (objeto indirecto) (a él, a ella, a cosa)* lui; *(a usted)* vous; **lávale la cara** lave-lui la figure; **le compraré uno** je lui en achèterai un; **¿qué le pasa (a usted)?** que vous arrive-t-il?.
    2 *pron pers m (objeto directo) (él)* le, l'; *(usted)* vous; **no le oigo** je ne vous/l'entends pas; **no quiero molestarle** je ne veux pas vous/le déranger.

leal *a* loyal.

lección *f* leçon *f*.

leche *f* lait *m*; **dientes de l.** dents de lait; **l. descremada** *o* **desnatada** lait écrémé.

lechuga *f* laitue *f*.

lechuza *f* chouette *f*.

lector, -ora *mf* lecteur, -trice.

lectura *f* lecture *f*.

leer *vt* lire.

legal *a* légal.

legalizar *vt* légaliser.

legislación *f* législation *f*.

legítimo, -a *a* légitime; *(auténtico)* authentique; **en legítima defensa** en légitime défense; **oro l.** or pur.

legumbres *fpl* légumes *mpl*.

lejano, -a *a* lointain.

lejía *f* eau *f* de Javel.

lejos *adv* loin; **a lo l.** au loin; **de l.** de loin; *Fig* **sin ir más l.** sans chercher plus loin.

lema *m* devise *f*.

lencería *f (prendas)* lingerie *f*; *(ropa blanca)* blanc *m*.

lengua *f* langue *f*; **l. materna** langue maternelle.

lenguado *m* sole *f*.

lenguaje *m* langage *m*; **l. corporal** langage corporel.

lente *mf* lentille *f*; **lentes** lunettes *fpl*; **lentes de contacto** lentilles de contact.

lenteja *f* lentille *f*.

lentilla *f* lentille *f* de contact.

lento, -a *a* lent; **a fuego l.** à petit feu.

leña *f* bois *m* (à brûler).

leño *m* bûche *f*.

león *m* lion *m*.

leopardo *m* léopard *m*.

leotardos *mpl* collants *mpl*.

les *pron pers mfpl* (a ellos/ellas) leur; *(a ustedes)* vous; **dales el dinero** donne-leur l'argent; **l. he comprado un regalo** je vous/leur ai acheté un cadeau; **l. esperaré** je vous/les attendrai; **no quiero molestarles** je ne veux pas vous/les déranger.

lesión *f (física)* lésion *f*.

lesionar *vt* blesser.

letal *a* létal.

letargo *m* léthargie *f*.

letra *f* lettre *f*; *(escritura)* écriture *f*; *(de canción)* paroles *fpl*; **l. de imprenta** caractère *m* d'imprimerie; **l. mayúscula** (lettre) majuscule *f*; **l. minúscula** (lettre) minuscule *f*; **l. (de cambio)** lettre de change; *(carrera)* **letras** lettres.

letrero *m (aviso)* avis *m*; *(cartel)* affiche *f*.

levadura *f* levure *f*; **l. en polvo** levure en poudre.

levantamiento *m* levée *f*; *(insurrección)* soulèvement *m*; **l. de pesos** haltérophilie *f*.

levantar 1 *vt* lever; *(edificio)* ériger; *(ánimos)* remonter.
  2 *vr* **levantarse** se lever.

levante *m* **(el) L.** Levant *m (région de Valence et Murcie)*.

leve *a* léger.

levemente *adv* légèrement.

ley *f* loi *f*; **aprobar una l.** adopter une loi; **oro de l.** or pur; **plata de l.** argent de bon aloi.

leyenda *f* légende *f*.

liar 1 *vt (envolver)* emballer; *(cigarrillo)* rouler; *(enredar, confundir)* embrouiller.
  2 **liarse** *vr (embarullarse)* s'embrouiller.

liberal 1 *a* libéral; **profesión l.** profession libérale.
  2 *mf* libéral, -ale.

liberar *vt* libérer.

libertad *f* liberté *f*; **en l. bajo palabra/fianza** en liberté sous parole/caution; **en l. condicional** en liberté conditionnelle.

libio, -a 1 *a* libyen.
  2 *mf* Libyen, -enne.

libra *f* livre *f*; **l. esterlina** livre sterling.

librar 1 *vt (del peligro)* sauver; **l. una batalla** livrer bataille.
  2 **librarse** *vr* échapper à; **librarse de algn** se débarrasser de qn.

libre *a* libre; **entrada l.** entrée libre; **l. de impuestos** exonéré d'impôts.

librería *f (tienda)* librairie *f*; *(estante)* bibliothèque *f*.

libreta *f* carnet *m*.

libro *m* livre *m*; **l. de texto** manuel *m* scolaire.

licencia *f (permiso)* permission *f*; *(documentos)* permis *m*; *Am* permis de conduire.

licenciado, -a *mf* licencié, -ée; *Am* avocat *m*; **l. en Ciencias** licencié de sciences.

licenciatura *f* maîtrise *f (formation durant de 4 à 5 ans selon le type d'études)*.

licor *m* liqueur *f*.

licuadora *f* mixeur *m*.

líder *mf* leader *m*.

lidia *f* tauromachie *f*.

lidiar *vt* combattre.

liebre *f* lièvre *m*.

liga *f* ligue *f*.

ligar 1 *vt* lier.
  2 *vi Fam* **l. con una chica** draguer une fille.

ligeramente *adv* légèrement.

ligereza *f* légèreté *f*; *(rapidez)* rapidité *f*; **fue una l. de su parte** il a agi à la légère.

ligero, -a 1 *a (peso, leve)* léger; *(veloz)* rapide; **l. de ropa** légèrement vêtu.

2 ligero *adv (rápido)* vite.

liguero *m* porte-jarretelles *m inv.*

lija *f* papier *m* de verre; **papel de l.** papier de verre.

lima *f (herramienta)* lime *f*; **l. de uñas** lime à ongles.

limar *vt* limer.

limitar 1 *vt* limiter.
2 *vi* **l. con** confiner à *ou* avec.

límite *m* limite *f*; *(de país)* frontière *f*; **fecha l.** date limite; **velocidad l.** vitesse limite.

limón *m* citron *m.*

limonada *f* limonade *f.*

limonero *m* citronnier *m.*

limpiaparabrisas *m inv* essuie-glace *m.*

limpiar *vt* nettoyer; *(con un trapo)* essuyer; *(zapatos)* cirer.

limpieza *f (calidad)* propreté *f*; *(acción)* nettoyage *m.*

limpio, -a 1 *a (aseado)* propre; *(neto)* net; *(juego)* loyal.
2 limpio *adv* proprement; *(jugar)* loyalement.

lindar *vi* **l. con** confiner à.

lindo, -a 1 *a (bonito)* joli; **de lo l.** énormément.
2 lindo *adv Am (bien)* joliment.

línea *f* ligne *f*; **l. aérea** ligne aérienne; **en líneas generales** dans les grandes lignes; **guardar la l.** garder la ligne.

lino *m (fibra)* lin *m.*

linterna *f* torche *f* électrique.

lío *m (paquete)* paquet *m*; *(embrollo)* embrouillement *m*; **hacerse un l.** s'embrouiller; **meterse en líos** se mettre dans le pétrin.

liquidación *f* liquidation *f.*

liquidar 1 *vt* liquider.
2 *vr* **liquidarse a algn** *(matar)* liquider qn.

líquido, -a 1 *a* liquide; *(cantidad)* net.
2 *m* liquide *m.*

lirio *m* iris *m.*

lisiado, -a *a & mf* estropié, -ée.

liso, -a *a (superficie)* lisse; *(pelo)* raide; *(falda)* droit; *(tela)* uni; *Am (desvergonzado)* insolent.

lista *f (relación)* liste *f*; *(franja)* rayure *f*; **l. de espera** liste d'attente; *(en avión)* stand-by *m*; **l. de correos** poste *f* restante; **pasar l.** faire l'appel; **de/a listas** à rayures.

listín *m* **l. telefónico** annuaire *m* du téléphone.

listo, -a *a* **ser l.** être intelligent; **estar l.** être prêt.

litera *f (cama)* lit *m* superposé; *(en tren)* couchette *f.*

literatura *f* littérature *f.*

litigio *m* litige *m.*

litoral *a & m* littoral *a & m.*

litro *m* litre *m.*

llaga *f* plaie *f.*

llama *f* flamme *f*; **en llamas** en flammes.

llamada *f* appel *m*; **l. interurbana** appel interurbain.

llamar 1 *vt* appeler; **l. la atención** attirer l'attention.
2 *vi (a la puerta)* sonner à la porte; *(tocar)* frapper à la porte.
3 llamarse *vr* s'appeler; **¿cómo te llamas?** comment t'appelles-tu?

llano, -a 1 *a (superficie)* plat.
2 *m* plaine *f.*

llanta *f (de rueda)* jante *f*; *Am* pneu *m.*

llanto *m* pleurs *mpl.*

llanura *f* plaine *f.*

llave *f* clé *f*; *(interruptor)* interrupteur *m*; **cerrar con l.** fermer à clé; **l. de contacto** *(de coche)* clé de contact; **l. inglesa** clé anglaise; **l. de paso** robinet *m* d'arrêt.

llavero *m* porte-clés *m inv.*

llegada *f* arrivée *f.*

llegar *vi* arriver; **l. a Madrid** arriver à Madrid; **¿llegas al techo?** tu arrives à toucher le plafond?; **l. a** + *infinitivo* aller jusqu'à; **l. a ser** devenir.

llenar 1 *vt* remplir; *(satisfacer)* satisfaire.

2 *vi (comida)* être nourrissant.

3 llenarse *vr* se remplir.

lleno, -a *a* plein.

llevar 1 *vt (cosa)* emporter; *(persona)* emmener; *(hacia el oyente) (cosa)* apporter; *(persona)* amener; *(transportar, prenda)* porter; *(negocio)* être responsable de; **llevo dos años aquí** je suis ici depuis deux ans; **esto lleva mucho tiempo** ça prend du temps.

2 *v aux* **(a)** **l.** + *gerundio* **llevo dos años estudiando español** j'étudie l'espagnol depuis deux ans.

(b) **l.** + *participio pasado* avoir + participe passé; **llevaba escritas seis cartas** j'avais écrit six lettres.

3 llevarse *vr* emporter; *(premio)* remporter; *(estar de moda)* être à la mode; **llevarse bien con algn** bien s'entendre avec qn.

llorar *vi* pleurer.

llover [4] *v impers* pleuvoir; **llueve** il pleut.

llovizna *f* crachin *m*.

lluvia *f* pluie *f*.

lluvioso, -a *a* pluvieux.

lo¹ *art def neutro* le, la, l'; **lo mismo** la même chose; **lo mío** ce qui est à moi; **lo tuyo** ce qui est à toi.

lo² *pron pers m & neutro (cosa)* le; **debes hacerlo** tu dois le faire; **no se lo dije** je ne (le) lui ai pas dit; **lo que...** ce qui/que...; **lo cual...** ce qui/que...; **lo de...** ce qui concerne...; **cuéntame lo del juicio** et le procès, raconte.

lobo *m* loup *m*; **como boca de l.** noir comme dans un four.

local *a & m* local *a & m*.

localidad *f (pueblo)* localité *f*; *(asiento)* place *f*.

localizar *vt* localiser.

loción *f* lotion *f*.

loco, -a 1 *a* fou, *f* folle; **a lo l.** comme un fou/une folle; **l. por** fou de; **volverse l.** devenir fou.

2 *mf* fou *m*, folle *f*.

locomotora *f* locomotive *f*.

locura *f* folie *f*.

locutor, -ora *mf* présentateur, -trice.

locutorio *m* parloir *m*.

lodo *m* boue *f*.

lógico, -a *a* logique; **era l. que ocurriera** c'était sûr que ça arriverait.

lograr *vt* obtenir; *(premio)* remporter; *(meta)* atteindre; **l. hacer algo** réussir à faire qch.

lombriz *f* ver *m* de terre.

lomo *m* dos *m*; *(para filete)* échine *f*.

lona *f* toile *f*.

loncha *f* tranche *f*.

lonchería *f Am* snack-bar *m*.

longaniza *f* saucisse *f*.

longitud *f* longueur *f*; **dos metros de l.** deux mètres de long; **salto de l.** saut en longueur.

lonja *f* tranche *f*.

loquería *f Am* asile *m* d'aliénés.

loro *m* perroquet *m*.

los¹ 1 *art def mpl* les; **esos son l. míos/tuyos** ce sont les miens/tiens.

2 *pron dem* **l. que** ceux qui; **toma l. que quieras** prends ceux que tu veux.

los² *pron pers mpl* les; **¿l. has visto?** tu les as vus?

losa *f* dalle *f*.

lote *m* lot *m*.

lotería *f* loterie *f*; **le tocó la l.** il a gagné à la loterie.

loza *f (material)* faïence *f*; *(vajilla)* vaisselle *f*.

lubricante *m* lubrifiant *m*.

lucha *f* lutte *f*; **l. libre** lutte libre.

luchar *vi* lutter.

lucir 1 *vi (brillar)* luire.

2 *vt (ropas)* arborer.

3 lucirse *vr (hacer buen papel)* se distinguer; *(pavonearse)* faire le beau.

luego 1 *adv (después)* après; *(más tarde)* ensuite; **¡hasta l.!** à plus tard!; *Am* **l. de** après; **desde l.** bien sûr.

2 *conj* donc.

lugar *m* lieu *m*; **en primer l.** en premier lieu; **en l. de** au lieu de; **sin l. a dudas** sans aucun doute; **tener l.** avoir lieu; **dar l. a** donner lieu à.

lujo *m* luxe *m*.

lujuria *f* luxure *f*.

lumbre *f* feu *m*.

luminoso, -a *a* lumineux.

luna *f* lune *f*; *(espejo)* miroir *m*; *Fig* es-tar en la l. être dans la lune; **l. llena** pleine lune; **l. de miel** lune de miel.

lunar *m (en la ropa)* pois *m*; *(en la piel)* grain *m* de beauté.

lunes *m inv* lundi *m*.

lupa *f* loupe *f*.

lustre *m* lustre *m*.

luto *m* deuil *m*; **de l.** en deuil.

luz *f* lumière *f*; **apagar la l.** éteindre la lumière; **dar a l.** *(parir)* mettre au monde; **luces de cruce** codes *mpl*; **luces de posición** feux *mpl* de position; **luces largas** phares *mpl*; **traje de luces** habit de lumière.

luzco *indic pres de* **lucir**.

L

macana f Am (palo) gourdin m; (trasto) vieillerie f.

macanear vt Am inventer.

macarrones mpl macaroni mpl.

macedonia f macédoine f.

maceta f pot m de fleurs.

machacar vt écraser.

machista a & m machiste a & m.

macho 1 a mâle; Fam (viril) viril.
2 m mâle m.

machote m Am brouillon m.

macizo, -a a & m massif a & m.

madeja f écheveau m.

madera f bois m; **de m.** en bois.

madrastra f belle-mère f (nouvelle conjointe du père).

madre 1 f mère f; **m. de familia** mère de famille; **m. política** belle-mère; **m. soltera** mère célibataire.
2 interj **¡m. mía!** mon Dieu!

madrina f (de bautizo) marraine f; (de boda) témoin m.

madrugada f aube f; **de m.** à l'aube; **las tres de la m.** trois heures du matin.

madrugador, -ora 1 a matinal.
2 mf lève-tôt mf inv.

madrugar vi se lever tôt.

madurar vi mûrir.

maduro, -a a mûr; **de edad madura** d'âge mûr.

maestro, -a 1 mf professeur m; (especialista) maître m; (músico) maestro m.
2 a **obra maestra** chef-d'œuvre m.

magdalena f madeleine f.

magia f magie f; **por arte de m.** comme par magie.

magnetofón, magnetófono m magnétophone m.

magnífico, -a a magnifique.

mago, -a mf mage m; **los (tres) Reyes Magos** les Rois mages.

magullar 1 vt meurtrir.
2 magullarse vr être meurtri.

mahonesa f mayonnaise f.

maíz m maïs m.

majestad f majesté f.

majo, -a a (bonito) joli; Fam (simpático) sympa.

mal 1 m mal m; (enfermedad) maladie f.
2 a mauvais; **un m. año** une mauvaise année; ver **malo, -a.**
3 adv mal; **menos m. que...** heureusement que...; **no está (nada) m.** ce n'est pas mal (du tout); **te oigo/veo (muy) m.** je t'entends/vois (très) mal.

malabarista mf jongleur, -euse.

malcriado, -a a & mf mal élevé, -ée.

maldad f méchanceté f.

maldecir vti maudire.

maldición 1 f malédiction f.
2 interj malédiction!

maldito, -a a Fam (molesto) maudit; **¡maldita sea!** zut alors!

maleducado, -a a & mf mal élevé, -ée.

malentendido m malentendu m.

malestar m malaise m.

maleta *f* valise *f*; **hacer la m.** faire sa valise.

maletero *m (de coche)* coffre *m*.

maletín *m* mallette *f*.

maleza *f (arbustos)* broussaille *f*; *(malas hierbas)* mauvaises herbes *fpl*.

malgastar *vt* gâcher.

malhablado, -a 1 *a* grossier.
   2 *mf* grossier personnage *m*.

malhechor, -ora *mf* malfaiteur, -trice.

malhumor *m* mauvaise humeur *f*; **de m.** de mauvaise humeur.

malicia *f (maldad)* méchanceté *f*; *(astucia)* malice *f*.

malintencionado, -a 1 *a* mal intentionné.
   2 *mf* personne *f* mal intentionnée.

malla *f* maille *f*; *(red)* filet *m*; *Am (bañador)* maillot *m* de bain; *(mallas)* collant *m*.

malo, -a *a* mauvais; *(persona)* méchant; *(enfermo)* malade; **por las malas** de force; **lo m. es que...** le problème c'est que...

malpensado, -a 1 *a* à l'esprit mal tourné.
   2 *mf* personne *f* à l'esprit mal tourné.

malta *f* malt *m*.

maltratado, -a *a* maltraité.

maltratar *vt* maltraiter.

mama *f (de mujer)* sein *m*; *(de animal)* mamelle *f*; *(mamá)* maman *f*.

mamá *f Fam* maman *f*.

mamadera *f Am* biberon *m*.

mamar *vt* téter.

mamífero, -a *mf* mammifère *m*.

mampara *f* paravent *m*.

manada *f (de vacas, elefantes)* troupeau *m*; *(de lobos, perros)* meute *f*; *(de leones)* bande *f*.

manantial *m* source *f*.

mancha *f* tache *f*.

manchar 1 *vt* tacher.
   2 mancharse *vr* se tacher.

manco, -a *a & mf* manchot, -ote.

mancuernas *fpl Am* boutons *mpl* de manchette.

mandado *m (recado)* commission *f*; **hacer un m.** faire une commission.

mandar *vt (ordenar)* ordonner; *(dirigir)* diriger; *(ejército)* commander; *(enviar)* envoyer; **m. (a) por** envoyer chercher; **m. algo por correo** envoyer qch par la poste.

mandarina *f* mandarine *f*.

mandíbula *f* mandibule *f*.

mando *m (autoridad)* commandement *m*; *(control)* commande *f*; **cuadro** *o* **tablero de mandos** tableau de bord; **m. a distancia** télécommande *f*.

manecilla *f (de reloj)* aiguille *f*.

manejar 1 *vt (máquina)* manier; *(situación)* avoir en mains; *(dirigir)* diriger; *Am (coche)* conduire; **¿cómo manejaste el asunto?** comment as-tu réglé l'affaire?
   2 manejarse *vr* se débrouiller.

manera *f* manière *f*; **de cualquier m.** n'importe comment; **de esta m.** de cette manière; **de ninguna m.** en aucune façon; **de todas maneras** de toutes façons; **de m. que** alors; **de tal m. que** de façon à ce que; **maneras** manières; **con buenas maneras** poliment.

manga *f* manche *f*; *(de riego)* tuyau *m*; *(en tenis)* set *m*; **de m. corta/larga** à manches courtes/longues; **sin mangas** sans manches; *Fig* **sacarse algo de la m.** sortir qch de son sac.

mango *m* manche *m*.

manguera *f* tuyau *m*.

maní *m (pl* **manises)** cacahouète *f*.

maniático, -a *a & mf* maniaque.

manicomio *m* asile *m* d'aliénés.

manifestación *f* manifestation *f*.

manifestar [1] **1** *vt* manifester.
   2 manifestarse *vr (por la calle)* manifester.

M

manilla f (de reloj) aiguille f; Am (palanca) levier m.

manillar m guidon m.

maniobra f manœuvre f.

manipular vt manipuler.

maniquí m mannequin m.

manivela f manivelle f.

manjar m plat m.

mano f main f; **a m.** (sin máquina) à la main; (asequible) à portée de main; **escrito a m.** écrit à la main; **hecho a m.** fait main; **estrechar la m. a algn** serrer la main à qn; **de segunda m.** d'occasion; **¡manos a la obra!** au travail!; **equipaje de m.** bagages à main; **a m. derecha/izquierda** à droite/gauche; **m. de pintura** couche de peinture; **m. de obra** main-d'œuvre.

manojo m botte f.

manopla f moufle f.

manso, -a a (animal) dressé.

manta f couverture f.

manteca f graisse f; **m. de cacao/cacahuete** beurre de cacao/cacahouètes.

mantecado m pâtisserie f au saindoux.

mantel m nappe f.

mantener 1 vt (conservar) garder; (entrevista, reunión) avoir; (familia) nourrir; (sostener) maintenir; **m. la línea** garder la ligne.

2 mantenerse vr (sostenerse) tenir; (sustentarse) vivre (**de** de); **mantenerse firme** (perseverar) tenir bon.

mantenimiento m (de máquina) maintenance f; (alimento) subsistance f.

mantequilla f beurre m.

manto m cape f.

mantón m châle m.

mantuve pt indef de **mantener**.

manual 1 a manuel; **trabajos manuales** travaux manuels.

2 m (libro) manuel m.

manufactura f manufacture f; (fabricación) fabrication f.

manzana f pomme f; (de edificios) pâté m de maisons.

manzanilla f (infusión) camomille f; (vino) manzanilla m.

maña f (astucia) ruse f; (habilidad) adresse f.

mañana 1 f (parte de día) matin m; **de m.** de bonne heure; **por la m.** le matin.

2 m **el m.** l'avenir m.

3 adv demain; **¡hasta m.!** à demain! **m. por la m.** demain matin; **pasado m.** après-demain.

mañoso, -a a rusé.

mapa m carte f.

maquillaje m maquillage m.

maquillar 1 vt maquiller.

2 maquillarse vr se maquiller.

máquina f machine f; **escrito a m.** tapé à la machine; **hecho a m.** fait machine; **m. de afeitar (eléctrica)** rasoir m (électrique); **m. de coser** machine à coudre; **m. de escribir** machine à écrire; **m. fotográfica** o **de fotos** appareil photo m.

maquinaria f machines fpl; (mecanismo) mécanique f.

maquinilla f **m. de afeitar** rasoir m.

mar m o f mer f; **en alta m.** en haute mer; Fam **está la m. de guapa** elle est drôlement belle; **llover a mares** pleuvoir à torrents.

maratón m marathon m.

maravilla f merveille f; **de m.** à merveille; **¡qué m. de película!** quel film merveilleux!

marca f marque f; (récord) record m; **m. registrada** marque déposée.

marcador m marqueur m.

marcar vt marquer; (número) composer; **m. el cabello** faire une mise en plis.

marcha *f* marche *f*; *(de coche)* vitesse *f*; **hacer algo sobre la m.** faire qch au fur et à mesure; **estar en m.** être en marche; **poner en m.** mettre en marche; **m. atrás** marche arrière.

marchar 1 *vi* marcher; **m. bien** *(negocio)* bien marcher.
  2 marcharse *vr* s'en aller.

marco *m* *(de cuadro etc.)* cadre *m*; *(moneda)* mark *m*.

marea *f* marée *f*; **m. alta/baja** marée haute/basse; **m. negra** marée noire.

marear 1 *vt* donner mal au cœur; *(aturdir)* étourdir; *Fam (fastidiar)* barber.
  2 marearse *vr* avoir mal au cœur; *(quedar aturdido)* être étourdi.

marejada *f* houle *f*.

mareo *m* *(náusea)* mal *m* au cœur; *(aturdimiento)* étourdissement *m*.

marfil *m* ivoire *m*.

margarina *f* margarine *f*.

margarita *f* marguerite *f*.

margen *m* bord *m*; *(de folio)* marge *f*; *Fig* **mantenerse al m.** rester en dehors.

marginado, -a *a & mf* marginal, -ale.

marginar *vt* *(a una persona)* marginaliser.

marido *m* mari *m*.

mariguana, marihuana, marijuana *f* marijuana *f*.

marinero *m* marin *m*.

marioneta *f* marionnette *f*.

mariposa *f* papillon *m*.

mariquita *f* coccinelle *f*.

marisco *m* coquillage *m*; **mariscos** fruits *mpl* de mer.

marítimo, -a *a* maritime; **paseo m.** front de mer.

mármol *m* marbre *m*.

marqués, -esa *mf* marquis, -ise.

marrano, -a 1 *a* *(sucio)* dégoûtant.
  2 *mf* *(animal, Fam persona)* cochon, -onne.

marrón *a & m* marron *a & m*.

marroquí 1 *a* marocain.
  2 *mf* Marocain, -aine.

Marte *m* Mars *m*.

martes *m inv* mardi *m*.

martillo *m* marteau *m*.

mártir *mf* martyr, -e.

marzo *m* mars *m*.

más 1 *adv* **(a)** plus; **m. gente de la que esperas** plus de monde que tu crois; **m. de** plus de; **cada día** *o* **vez m. de** plus en plus; **en m.** en plus; **lo m. posible** le plus possible; **m. bien** plutôt; **m. o menos** plus ou moins; **m. aún** encore plus; **¿qué m. da?** qu'est-ce que ça peut faire?.
  (b) *(comparativo)* **es m. alta/inteligente que yo** elle est plus grande/intelligente que moi.
  (c) *(superlativo)* **el m. bonito/caro** le plus joli/cher.
  (d) *(exclamación)* **¡qué casa m. bonita!** quelle jolie maison!; **¡está m. guapa!** elle est si belle!.
  (e) *(después de pron interr e indef)* autre; **¿algo m.? – no, nada m.** autre chose? – non, rien d'autre; **¿quién m.?** qui d'autre?; **nadie/alguien m.** personne/quelqu'un d'autre.
  (f) **por m.** + *(a/adv +)* **que** + *subjuntivo* pour aussi; **por m. fuerte que sea** pour aussi fort qu'il soit.
  2 *m inv* **los/las m.** la plupart.
  3 *prep* *(en sumas)* plus.

masa *f* masse *f*; *(de pan etc.)* pâte *f*; *(de cosas)* totalité *f*; **medios de comunicación de masas** moyens de communication de masse.

masaje *m* massage *m*; **dar masaje(s) (a)** masser.

mascar *vti* mâcher.

máscara *f* masque *m*; **m. de gas** masque à gaz.

mascarilla *f* masque *m*; **m. de oxígeno** masque à oxygène.

masculino, -a *a* masculin.

masticar *vt* mastiquer.

mástil *m* mât *m*.

mastín *m* mastiff *m*.

mata *f (matorral)* buisson *m*.

matador *m* matador *m*.

matar *vt* tuer.

mate¹ *a (sin brillo)* mat.

mate² *m* mat *m*; **jaque m.** échec et mat.

matemáticas *fpl* mathématiques *fpl*.

materia *f* matière *f*; *(tema)* sujet *m*; **m. prima** matière première; **índice de materias** table des matières.

material 1 *a* matériel.
   2 *m* matériel *m*; **m. escolar/de construcción** matériel scolaire/de construction; **m. de oficina** matériel de bureau.

materialmente *adv* matériellement; *Fig* **m. me dijo que me fuera** il m'a pour ainsi dire demandé de partir.

maternal *a* maternel.

materno, -a *a* maternel; **abuelo m.** grand-père maternel; **lengua materna** langue maternelle.

matiz *m (de color)* nuance *f*.

matorral *m* buisson *m*.

matrero, -a *Am (bandolero)* bandit *m*.

matrícula *f* inscription *f*; *(de coche) (número)* numéro *m* d'immatriculation; *(placa)* plaque *f* d'immatriculation.

matrimonio *m* mariage *m*; *(pareja casada)* couple *m* (marié); **m. civil/religioso** mariage civil/religieux; **contraer m.** se marier; **cama de m.** grand lit.

matriz *f* utérus *m*.

matrona *f (comadrona)* sage-femme *f*.

maullar *vi* miauler.

maxilar *m* maxillaire *m*.

máximo, -a 1 *a* maximum.
   2 *m* maximum *m*; **como/al m.** au maximum.

mayo *m* mai *m*.

mayonesa *f* mayonnaise *f*.

mayor *a (tamaño)* plus grand (**que** que); *(edad)* plus âgé; *(adulto)* adulte; *(principal)* majeur; **la m. parte** la majeure partie; **la m. parte de las veces** la plupart du temps; **ser m. de edad** être majeur; **al por m.** en gros.

mayoría *f* majorité *f*; **la m. de los niños** la plupart des enfants; **m. de edad** majorité *f*.

mayúscula *f* majuscule *f*.

mazapán *m* massepain *m*.

me *pron pers* **(a)** *(objeto directo)* me, m'; **no me mires** ne me regarde pas.
   (b) *(objeto indirecto)* me, m'; **¿me das un caramelo?** tu me donnes un bonbon?; **me lo dio** il me l'a donné.
   (c) *(pron reflexivo)* me, m'; **me he cortado** je me suis coupé; **me muero** *(no se traduce)* je vais mourir.

mecánico, -a 1 *a* mécanique.
   2 *mf* mécanicien, -ienne.

mecanismo *m* mécanisme *m*.

mecanografía *f* dactylographie *f*.

mecanógrafo, -a *mf* dactylo *mf*.

mecedora *f* rocking-chair *m*.

mecer 1 *vt* balancer.
   2 mecerse *vr* se balancer.

mecha *f* mèche *f*.

mechero *m* briquet *m*.

mechón *m (de pelo)* mèche *f*; *(de lana)* touffe *f*.

medalla *f* médaille *f*.

media *f* bas *m*; *Am (calcetín)* chaussette *f*; *(promedio)* moyenne *f*; **a medias** à moitié.

mediano, -a *a (tamaño)* moyen.

medianoche *f* minuit *m*.

mediante *prep* au moyen de.

medicación *f* médication *f*.

medicamento *m* médicament *m*.

medicina f médecine f; **estudiante de m.** étudiant en médecine.

médico, -a 1 mf docteur m; **m. de cabecera** médecin traitant.

2 a médical.

medida f mesure f; **a (la) m.** (ropa) sur mesure; **a m. que avanzaba** à mesure qu'il avançait; **adoptar** o **tomar medidas** prendre des mesures.

medieval a médiéval.

medio, -a 1 a demi; (intermedio, normal) moyen; **una hora y media** une heure et demie; **a media mañana/tarde** au milieu de la matinée/de l'après-midi; **clase media** classe moyenne; **salario m.** salaire moyen.

2 **medio** adv à demi; **está m. muerta** elle est à demi morte.

3 m (centro) milieu m; **en m. (de)** au milieu (de); **por en m.** au milieu; **medios de transporte** moyens de transport; **por m. de** au moyen de; **medios de comunicación** moyens de communication; **m. ambiente** environnement m.

medioambiental a environnemental.

mediocre a médiocre.

mediodía m midi m.

medir [6] vti mesurer; **mide dos metros** il mesure deux mètres; **mide dos metros de alto/ancho/largo** il mesure deux mètres de haut/large/long.

médula f moelle f; **m. ósea** moelle osseuse.

megafonía f sonorisation f.

mejicano, -a 1 a mexicain.

2 mf Mexicain, -aine.

mejilla f joue f.

mejillón m moule f.

mejor 1 a (comparativo) meilleur (**que** que); (superlativo) meilleur; **tu m. amiga** ta meilleure amie; **lo m.** le mieux.

2 adv (comparativo) mieux (**que** que); (superlativo) mieux; **cada vez**

m. de mieux en mieux; **m. dicho** ou plutôt; **es él que m. canta** c'est lui qui chante le mieux; **a lo m.** peut-être.

mejora f amélioration f.

mejorar 1 vt améliorer.

2 vi s'améliorer.

3 **mejorarse** vr se remettre; **¡que te mejores!** remets-toi vite!

melancolía f mélancolie f.

melancólico, -a a mélancolique.

melena f chevelure f; (de león) crinière f.

mellizo, -a a & mf jumeau, -elle.

melocotón m pêche f.

melodía f mélodie f.

melón m melon m.

membrana f membrane f.

membrillo m coing m.

memoria f (facultad) mémoire f; (tesis) mémoire m; (informe) rapport m; **memorias** (biografía) mémoires mpl; **aprender/saber algo de m.** apprendre/savoir qch par cœur.

mencionar vt mentionner.

mendigo, -a mf mendiant, -ante.

mendrugo m croûton m (de pain dur).

menear 1 vt remuer.

2 **menearse** vr se remuer.

menestra f jardinière f de légumes.

menguar vti diminuer.

menor 1 a (comparativo) (de tamaño) plus petit (**que** que); (de edad) plus jeune (**que** que); (superlativo) (de tamaño) plus petit; (de intensidad) moindre; (de edad) plus jeune; **ser m. de edad** être mineur; **al por m.** au détail.

2 mf mineur, -eure.

menos 1 a (comparativo) moins de; **m. dinero/leche/libros que** moins d'argent/de lait/de livres que; **tiene m. años de lo que parece** il est moins vieux qu'il n'en a l'air; (superlativo) le moins; **fui el que perdió**

M

m. dinero c'est moi qui ai perdu le moins d'argent.

2 *adv* (**a**) **m. de** moins de.

(**b**) *(superlativo)* moins; **el m. inteligente de la clase** le moins intelligent de la classe.

(**c**) *(con plural)* le moins de; **ayer fue cuando vinieron m. personas** c'est hier qu'il est venu le moins de gens.

(**d**) *(locuciones)* **a m. que** + *subjuntivo* à moins que + *subjuntjvo*; **al** o **por lo m.** au moins; **la echo de m.** elle me manque; **¡m. mal!** encore heureux!; **ni mucho m.** moins encore.

3 *prep* sauf; *(en restas)* moins.

menosprecio *m* mépris *m*.

mensaje *m* message *m*.

mensajero, -a *mf* messager, -ère.

mensual *a* mensuel.

menta *f* menthe *f*; *(licor)* crème *f* de menthe.

mental *a* mental.

mente *f* esprit *m*.

mentir [5] *vi* mentir.

mentira *f* mensonge *m*.

mentón *m* menton *m*.

menú *m* menu *m*.

menudo, -a 1 *a* menu; **¡m. lío/susto!** quelle pagaille/peur! .

2 a menudo *adv* souvent.

meñique *a* & *m* **(dedo) m.** petit doigt *m*.

mercado *m* marché *m*; **M. Común** marché commun.

mercadotecnia *f* marketing *m*.

mercancías *fpl* marchandises *fpl*.

mercantil *a* commercial.

mercería *f* mercerie *f*.

merecer *vt* **1** mériter; *(uso impers)* **no merece la pena hacerlo** ça ne vaut pas la peine de le faire.

2 merecerse *vr* mériter.

merendar [1] **1** *vt* manger au goûter.

2 *vi* goûter.

merendero *m* petit restaurant *m*.

merezco *indic pres de* **merecer**.

meridional *a* méridional.

merienda *f* goûter *m*.

mérito *m* mérite *m*.

merluza *f* merluche *f*.

mermelada *f* confiture *f*; *(compota)* marmelade *f*; **m. de fresa** confiture de fraises.

mes *m* mois *m*; **el m. pasado/que viene** le mois dernier/prochain.

mesa *f* table *f*; *(de despacho etc.)* bureau *m*; **poner/recoger la m.** mettre/débarrasser la table.

meseta *f* plateau *m*.

mesilla *f* **m. de noche** table *f* de nuit.

mesón *m* auberge *f*.

meta *f* *(objetivo, portería)* but *m*; *(de carrera)* arrivée *f*.

metal *m* métal *m*.

metálico, -a 1 *a* métallique.

2 *m* **pagar en m.** payer en liquide.

meteorológico, -a *a* météorologique; **parte m.** bulletin météo.

meter 1 *vt* *(poner)* mettre (**en** dans); *(comprometer)* impliquer (**en** dans).

2 meterse *vr* *(entrar)* entrer; *(entrometerse)* se mêler; *(estar)* **¿dónde te habías metido?** où t'étais-tu fourré?; **meterse con algn** *(en broma)* faire marcher qn.

método *m* méthode *f*.

métrico, -a *a* métrique; **sistema m.** système métrique.

metro *m* mètre *m*; *(tren)* métro *m*.

mexicano, -a 1 *a* *Am* mexicain.

2 *mf* Mexicain, -aine.

mezcla *f* mélange *m*.

mezclar 1 *vt* mélanger; *(involucrar)* mêler.

2 mezclarse *vr* *(cosas)* se mélanger; *(gente)* se mêler.

mezquino, -a *a* *(tacaño)* mesquin; *(escaso)* misérable.

mezquita *f* mosquée *f*.

mi a mon, ma; **mis cosas/libros** mes affaires/livres.

mí pron pers moi, m'; **a mí me dio tres** à moi il m'en a donné trois; **compra otro para mí** achète-m'en un aussi; **por mí mismo** par moi-même.

mía a & pron pos f ver **mío**.

microbús m minibus m.

micrófono m microphone m.

microonda f un (horno) microondas un (four) micro-ondes.

microprocesador m microprocesseur m.

microscopio m microscope m.

miedo m peur f; **una película de m.** un film d'horreur; **tener m. de algo/algn** avoir peur de qch/qn.

miedoso, -a a peureux.

miel f miel m.

miembro m membre m.

mientras 1 conj pendant que; (cuanto más) **m. más/menos...** plus/moins...

2 adv **m. (tanto)** pendant ce temps-là.

miércoles m inv mercredi; **M. de Ceniza** mercredi des Cendres.

miga f (de pan etc.) miette f.

mil a & m mille a & m inv.

milagro m miracle m.

milésimo, -a a & mf millième.

mili f Fam service m militaire; **hacer la m.** faire son service (militaire).

milímetro m millimètre m.

militar a & m militaire a & m.

milla f mille m.

millar m millier m.

millón m million m.

millonario, -a a & mf millionnaire.

mimar vt gâter.

mimbre f osier m.

mina f mine f; **lápiz de m.** porte-mine m.

mineral 1 a minéral.
2 m minerai m.

minero, -a 1 mf mineur m.
2 a minier.

miniatura f miniature f.

minifalda f minijupe f.

mínimo, -a 1 a (muy pequeño) minime; (en matemáticas) minimum.
2 m minimum m; **como m.** au minimum.

ministerio m ministère m.

ministro, -a mf ministre m; **primer m.** Premier ministre.

minoría f minorité f; **m. de edad** minorité.

minúsculo, -a a minuscule; **letra minúscula** minuscule f.

minusválido, -a a & mf handicapé, -ée.

minuto m minute f.

mío, -a 1 a pos à moi; **un amigo m.** un de mes amis; **no es asunto m.** ce ne sont pas mes affaires.
2 pron pos mien, mienne.

miope mf myope mf.

mirada f regard m; **lanzar** o **echar una m. a** lancer un regard à.

mirar 1 vt regarder; (cuidar) **mira que no le pase nada** fais attention à ce qu'il ne lui arrive rien.
2 vi **la casa mira al norte** la maison est exposée au nord.

mirlo m merle m.

misa f messe f.

miserable a (mezquino) (persona) mesquin; (pobre, sueldo etc.) misérable.

miseria f (pobreza extrema, insignificancia) misère f; (tacañería) mesquinerie f.

misión f mission f.

mismo, -a 1 a même; (uso enfático) **yo m.** moi-même; **por eso m.** pour cette raison même; **por uno** o **sí m.** par soi-même; **aquí m.** ici même.
2 pron même; **es el m. de ayer**

c'est le même qu'hier; **lo m.** la même chose; **dar** o **ser lo m.** revenir au même.

3 adv **así m.** de cette façon même.

misterio m mystère m.

mitad f moitié f; (centro) milieu m; **a m. de camino** à mi-chemin; **a m. de precio** à moitié prix; **en la m. del primer acto** au milieu du premier acte.

mitote m Am fête f.

mixto, -a a mixte.

mobiliario m mobilier m.

moca m moka m.

mochila f sac m à dos.

moco m morve f; **sonarse los mocos** se moucher.

mocoso, -a mf Fam morveux, -euse.

moda f mode f; **a la m., de m.** à la mode; **pasado de m.** passé de mode.

modales mpl manières fpl.

modelo 1 a inv & m modèle a & m.

2 mf modèle m; **desfile de modelos** défilé de mode.

módem m modem m.

moderado, -a a modéré.

modernizar 1 vt moderniser.

2 modernizarse vr se moderniser.

moderno, -a a moderne.

modesto, -a a modeste.

modificar vt modifier.

modisto, -a mf couturier, -ière.

modo m (manera) manière f; (en gramática) mode m; **m. de empleo** mode d'emploi; **modos** manières; **m. indicativo/subjuntivo** mode indicatif/subjonctif.

mofarse vr se moquer (**de** de).

moflete m joue f ronde.

mohoso, -a a moisi; (oxidado) rouillé.

mojar 1 vt mouiller; (labios) humecter.

2 mojarse vr se mouiller.

molde m moule m.

mole 1 f masse f.

2 m Am plat m à base de dinde et de piment.

moler [4] vt moudre.

molestar 1 vt (incomodar) déranger; (causar malestar) faire mal; **¿le molestaría esperar fuera?** cela vous dérangerait d'attendre dehors? .

2 molestarse vr (tomarse la molestia) se déranger; (ofenderse) se vexer.

molestia f dérangement m; (dolor) petite douleur f.

molesto, -a a (irritante) énervant; **estar m. con algn** (enfadado) être fâché avec qn.

molino m moulin m; **m. de viento** moulin à vent.

momentáneo, -a a momentané.

momento m moment m; **al m.** tout de suite; **de m.** pour l'instant; **en cualquier m.** à tout moment.

monasterio m monastère m.

mondar 1 vt éplucher.

2 mondarse vr Fam **mondarse (de risa)** se tordre de rire.

moneda f (pieza) pièce f (de monnaie); (dinero) monnaie f; **m. suelta** monnaie.

monedero m porte-monnaie m inv.

monetario, -a a monétaire.

monigote m (persona) chiffe f molle; (dibujo) gribouillage m.

monitor, -ora mf moniteur, -trice.

monja f religieuse f.

monje m moine m.

mono, -a 1 m singe m; (prenda) salopette f.

2 a Fam (bonito) mignon.

monopolio m monopole m.

monótono, -a a monotone.

monstruo m monstre m; (genio) génie m.

montaje m montage m.

montaña f montagne f; **m. rusa** montagnes russes.

montañismo *m* alpinisme *m*.

montañoso, -a *a* montagneux.

montar 1 *vi (subirse)* monter (**en bici/a caballo** à bicyclette/cheval; **en coche/tren** en voiture/train); *(viajar)* voyager.
     2 *vt* monter.
     3 montarse *vr* monter.

monte *m (montaña)* montagne *f*; *(con nombre propio)* mont *m*.

montón *m* tas *m*; **un m. de** un tas de.

montura *f* monture *f*.

monumento *m* monument *m*.

moño *m* chignon *m*.

moqueta *f* moquette *f*.

mora *f (zarzamora)* mûre *f*.

morado, -a *a & m* violet *a & m*.

moral 1 *a* moral.
     2 *f (ética)* morale *f*; *(ánimo)* moral *m*.

morboso, -a *a (malsano)* morbide.

morcilla *f* boudin *m* noir.

mordaz *a* mordant.

morder [4] *vt* mordre.

mordida *f* morsure *f*; *Am (soborno)* pot-de-vin *m*.

mordisco *m* morsure *f*.

moreno, -a 1 *a (pelo)* brun; *(piel)* foncé; *(bronceado)* bronzé; **ponerse m.** bronzer; **azúcar m.** sucre roux; **pan m.** pain complet.
     2 *mf (persona) (de pelo)* brun, brune; *(de piel)* noir, noire.

morir [7] **1** *vi* mourir; **m. de frío/hambre/cáncer** mourir de froid/de faim/du cancer.
     2 morirse *vr* mourir; **morirse de hambre** mourir de faim; **morirse de aburrimiento** s'ennuyer à mourir; **morirse de risa** mourir de rire.

moro, -a 1 *a* maure; *Fam (musulmán)* musulman; *(árabe)* arabe.
     2 *mf* Maure *mf*; *Fam (musulmán)* musulman, -ane; *(árabe)* Arabe *mf*.

morocho, -a *a Am (moreno)* basané.

morro *m (hocico)* museau *m*.

mortadela *f* mortadelle *f*.

mortal *a* mortel.

mosca *f* mouche *f*; *Fam* **estar m.** *(suspicaz)* se douter de quelque chose; *Fam* **por si las moscas** au cas où.

moscardón *m* mouche *f* bleue.

mosquito *m* moustique *m*.

mostaza *f* moutarde *f*.

mostrador *m* comptoir *m*.

mostrar 1 *vt* montrer.
     2 mostrarse *vr* se montrer; **se mostró muy comprensiva** elle s'est montrée très compréhensive.

mota *f* poussière *f*.

mote¹ *m (apodo)* surnom *m*.

mote² *m Am* maïs cuit dans l'eau et salé.

motín *m (amotinamiento)* mutinerie *f*; *(disturbio)* émeute *f*.

motivo *m (causa)* motif *m*; **con m. de** à l'occasion de; **sin m.** sans aucune raison.

moto *f* moto *f*.

motocicleta *f* motocyclette *f*.

motociclista *mf* motocycliste *mf*.

motor *m* moteur *m*; **m. de reacción** moteur à réaction.

motora *f* canot *m* à moteur.

motorista *mf* motocycliste *mf*.

mover [4] *vt*, **moverse** *vr* bouger.

movimiento *m* mouvement *m*; *(actividad)* animation *f*; **(poner algo) en m.** (mettre qch) en mouvement.

moza *f* jeune fille *f*.

mozo *m* jeune homme *m*; *(de estación)* porteur *m*; *(de hotel)* chasseur *m*.

mucamo, -a *mf Am* domestique *mf*.

muchacha *f* fille *f*.

muchacho *m* garçon *m*.

muchedumbre *f* foule *f*.

mucho, -a 1 *a* **(a)** *sing* beaucoup de; **no tengo m. dinero** je n'ai pas beaucoup d'argent; **¿bebes m.**

M

café? tu bois beaucoup de café?; **m. tiempo** longtemps; **tengo m. sueño/mucha sed** j'ai très sommeil/soif; **hay m. loco suelto** il y a beaucoup de fous dans la nature.

(**b**) **muchos, -as** beaucoup de; **no hay muchas chicas** il n'y a pas beaucoup de filles; **¿tienes muchos amigos?** tu as beaucoup d'amis?; **hace muchos años que vive aquí** il vit ici depuis de nombreuses années.

2 *pron* beaucoup; **¿cuánta leche queda?** − **mucha** combien de lait reste-t-il? − beaucoup; **muchos, -as** beaucoup; **¿cuántos libros tienes?** − **muchos** combien de livres as-tu? − beaucoup; **muchos creemos que...** beaucoup d'entre nous estiment que...

3 mucho *adv* beaucoup; **lo siento m.** je regrette beaucoup; **como m.** au maximum; **con m.** de loin; **m. antes/después** longtemps avant/après; **¡ni m. menos!** pas question!; **por m. que le digas** tu as beau le répéter; **hace m. que no viene por aquí** ça fait longtemps qu'on ne l'a pas vu par ici.

mudanza *f* déménagement *m*; **estar de m.** déménager; **camión de m.** camion de déménagement.

mudar 1 *vt* (*ropa*) changer de; (*plumas, pelo*) perdre; (*de piel*) muer.
2 mudarse *.vr* **mudarse de casa** déménager; **mudarse de ropa** se changer.

mudo, -a *a & mf* muet, muette.

mueble *m* meuble *m*; **con/sin muebles** meublé/non meublé.

muela *f* molaire *f*; **dolor de muelas** mal de dents; **m. del juicio** dent de sagesse.

muelle[1] *m* ressort *m*.

muelle[2] *m* (*en puerto*) quai *m*.

muerte *f* mort *f*; **dar m. a algn** donner la mort à qn; **odiar a algn a m.** haïr qn à mort; **un susto de m.** une peur mortelle.

muerto, -a 1 *a* mort; **m. de hambre/frío/miedo/risa** mort de faim/froid/peur/rire; (**en) punto m.** au point mort.
2 *mf* (*difunto*) mort *m*, morte *f*; **hacerse el m.** faire le mort.

muestra *f* (*espécimen*) échantillon *m*; (*modelo a copiar*) modèle *m*; (*prueba, señal*) signe *m*; **m. de cariño/respeto** marques *fpl* d'affection/de respect; **dar muestras de** donner des signes de.

mugido *m* mugissement *m*.

mugre *f* saleté *f*.

mujer *f* femme *f*; **m. de la limpieza** femme de ménage; **m. de su casa** femme d'intérieur.

muleta *f* (*prótesis*) béquille *f*; (*de torero*) muleta *f*.

mulo, -a *mf* mulet, *f* mule.

multa *f* amende *f*.

multicopista *f* Ronéo® *f*.

multinacional 1 *a* multinational.
2 *f* multinationale *f*.

múltiple *a* multiple.

multiplicación *f* multiplication *f*.

multiplicar 1 *vt* multiplier (**por** par).
2 *vi* **multiplicarse** *vr* se multiplier.

multitud *f* multitude *f*.

mundial 1 *a* mondial; **campeón m.** champion du monde; **de fama m.** connu dans le monde entier.
2 *m* championnat *m* du monde.

mundialmente *adv* **m. famoso** mondialement connu.

mundo *m* monde *m*; **todo el m.** tout le monde.

munición *f* munition *f*.

municipal *a* municipal.

municipio *m* municipalité *f*.

muñeca *f* poignet *m*; (*juguete, muchacha*) poupée *f*.

muñeco *m* (*juguete*) baigneur *m*; **m. de trapo** poupée *f* de chiffon; **m. de nieve** bonhomme *m* de neige.

murciélago *m* chauve-souris *f.*
murmullo *m* murmure *m.*
murmurar *vi (criticar)* médire; *(susu-rrar, producir murmullo)* murmurer.
muro *m* mur *m.*
músculo *m* muscle *m.*
museo *m* musée *m.*
musgo *m* mousse *f.*
música *f* musique *f;* **m. clásica** musique classique.
musical *a* musical.

músico, -a *mf* musicien, -ienne.
muslo *m* cuisse *f.*
musulmán, -ana *a & mf* musulman, -ane.
mutilado, -a *mf* mutilé, -ée.
mutuo, -a *a* mutuel.
muy *adv* très; **m. bueno/malo** très bon/mauvais; **¡m. bien!** très bien!; **M. señor mío** Cher Monsieur; **m. de mañana** tôt le matin; **m. de noche** tard le soir.

M

nabo *m* navet *m.*

nácar *m* nacre *f.*

nacer *vi* naître; *(pelo)* pousser; *(río)* prendre sa source; **nací en Montoro** je suis né à Montoro.

nacimiento *m* naissance *f;* *(de río)* source *f;* *(belén)* crèche *f;* **lugar de n.** lieu de naissance.

nación *f* nation *f;* **las Naciones Unidas** les Nations unies.

nacional 1 *a* national; *(vuelo)* intérieur.
2 *mf* national *m.*

nacionalidad *f* nationalité *f.*

nada 1 *pron* rien; **no sé n.** je ne sais rien; **yo no digo n.** moi je ne dis rien; **más que n.** plus que tout; **sin decir n.** sans rien dire; **casi n.** presque rien; **gracias – de n.** merci – de rien; **para n.** pour rien; **como si n.** comme si de rien n'était; **n. de eso** pas du tout; **n. de n.** rien de rien; **n. más verla** aussitôt qu'il l'a vue.
2 *adv* pas du tout; **no me gusta n.** ça ne me plaît pas du tout.

nadar *vi* nager; **n. a braza** nager la brasse.

nadie *pron* personne; **no conozco a n.** je ne connais personne; **más que n.** plus que quiconque; **sin decírselo a n.** sans le dire à personne; **casi n.** presque personne.

nafta *f Am (gasolina)* essence *f.*

nailon *m* Nylon® *m;* **medias de n.** bas en Nylon®.

naipe *m* carte *f* (à jouer).

nalga *f* fesse *f.*

nana *f* berceuse *f.*

naranja 1 *f* orange *f.*
2 *a & m (color)* orange *a & m.*

naranjada *f* orangeade *f.*

naranjo *m* oranger *m.*

narcotráfico *m* trafic *m* de drogue.

nariz *f* nez *m;* **narices** nez *sing; Fam* **meter las narices en algo** fourrer son nez dans qch.

nata *f* crème *f;* *(de leche hervida)* peau *f;* **n. batida** *o* **montada** crème fouettée.

natación *f* natation *f.*

natillas *fpl* crème *f* pâtissière.

natural 1 *a* naturel; *(fruta, flor)* frais; *(bebida)* à température ambiante; **de tamaño n.** grandeur nature.
2 *mf* natif, -ive.

naturaleza *f* nature *f;* **en plena n.** en pleine campagne.

naturalidad *f* naturel *m;* **con n.** naturellement.

naturalizar 1 *vt* naturaliser.
2 naturalizarse *vr* se faire naturaliser.

naturalmente *adv* naturellement.

naturismo *m* naturisme *m.*

naufragar *vi (barco)* faire naufrage.

naufragio *m* naufrage *m.*

náusea *f* nausée *f;* **me da n.** ça me donne la nausée; **sentir náuseas** avoir des nausées.

navaja *f (cuchillo)* couteau *m* pliant; **n. de afeitar** rasoir *m.*

nave *f* bateau *m*; *(de iglesia)* nef *f*; **n. (espacial)** vaisseau *m* spatial; **n. industrial** usine *f*.

navegar *vi* naviguer.

Navidad(es) *f(pl)* Noël *m*; **árbol de Navidad** arbre de Noël; **Feliz Navidad, Felices Navidades** Joyeux Noël.

navideño, -a *a* de Noël.

navío *m* navire *m*.

neblina *f* brume *f*.

necesario, -a *a* nécessaire; **es n. hacerlo** il faut le faire; **es n. que vayas** il fáut que tu t'en ailles; **no es n. que vayas** il n'est pas nécessaire que tu t'en ailles; **si fuera n.** si besoin est.

neceser *m* nécessaire *m* de toilette.

necesidad *f* nécessité *f*; **por n.** par nécessité; **tener n. de** avoir besoin de.

necesitar *vt* avoir besoin de.

necio, -a 1 *a* bête.
    2 *mf* imbécile *mf*.

nectarina *f* nectarine *f*.

neerlandés, -esa 1 *a* néerlandais.
    2 *mf* Néerlandais, -aise.
    3 *m (idioma)* néerlandais.

nefasto, -a *a (perjudicial)* néfaste; *(funesto)* funeste.

negación *f* négation *f*; *(negativa)* refus *m*.

negar [1] **1** *vt* nier; *(rechazar)* refuser; **negó haberlo robado** il a nié l'avoir volé; **le negaron la beca** ils lui ont refusé la bourse.
    2 negarse *vr* se refuser (**a** à).

negativo, -a *a & mf* négatif *a & m*.

negligencia *f* négligence *f*.

negociación *f* négociation *f*.

negociar 1 *vt* négocier.
    2 *vi (comerciar)* faire du commerce.

negocio *m* affaire *f*; **hombre/mujer de negocios** homme/femme d'affaires.

negro, -a 1 *a* noir; **verlo todo n.** voir tout en noir.

    2 *mf* noir, noire; *Fam* **trabajar como un n.** travailler comme un nègre.
    3 *m (color)* noir *m*.

nene, -a *mf* bébé *m*.

neocelandés, -esa 1 *a* néo-zélandais.
    2 *mf* Néo-Zélandais, -aise.

neoyorquino, -a 1 *a* new-yorkais.
    2 *mf* New-Yorkais, -aise.

neozelandés, -esa *a & mf* = **neocelandés, -esa**.

nervio *m* nerf *m*; **ataque de nervios** crise de nerfs; **ser un manojo de nervios** être un paquet de nerfs.

nervioso, -a *a* nerveux; **poner n. a algn** énerver qn.

neto, -a *a (peso, cantidad)* net.

neumático, -a 1 *a* pneumatique.
    2 *m* pneu *m*; **n. de recambio** pneu de rechange.

neumonía *f* pneumonie *f*.

neurótico, -a 1 *a* névrotique.
    2 *mf* névrosé, -ée.

neutral *a* neutre.

neutro, -a *a* neutre.

nevada *f* chute *f* de neige.

nevar [1] *v impers* neiger; **nieve** il niege.

nevera *f (frigorífico)* Frigidaire® *m*; *(portátil)* glacière *f*.

ni *conj* **no... ni, ni... ni** pas de... ni, ni... ni; **ni se te ocurra** n'y songe même pas.

nicaragüense, nicaragüeño, -a 1 *a* nicaraguayen.
    2 *mf* Nicaraguayen, -enne.

nido *m* nid *m*.

niebla *f* brouillard *m*.

nieto, -a *mf* petit-fils *m*, petite-fille *f*; **mis nietos** mes petits-enfants.

nieve *f* neige *f*.

nigeriano, -a 1 *a* nigérian.
    2 *mf* Nigérian, -iane.

N

ningún *a (delante de m sing) ver* **ninguno, -a.**

ninguno, -a 1 *a* aucun; **en ninguna parte** nulle part; **de ningún modo** en aucune façon.

    2 *pron (persona)* personne; **n. de los dos** aucun des deux; **n. de ellos** aucun d'entre eux; **n. me gusta** je n'en aime aucun; **no vi n.** je n'en ai vu aucun.

niña *f* enfant *f; (bebé)* bébé *m; (muchacha)* (petite) fille *f; (pupila)* pupille *f.*

niñera *f* nourrice *f.*

niño *m* enfant *m; (bebé)* bébé *m; (muchacho)* (petit) garçon *m;* **de n.** enfant.

nipón, -ona 1 *a* japonais.
    2 *mf* Japonais, -aise.

nitrógeno *m* nitrogène *m.*

nivel *m* niveau *m;* **al n. del mar** au niveau de la mer; **n. de vida** niveau de vie.

n° *abr de* **número** no.

no *adv (con verbo)* ne... pas; *(como respuesta)* non; **no vi a nadie** je n'ai vu personne; **aún no** pas encore; **ya no lo tengo** je ne l'ai plus; **¿por qué no?** pourquoi pas?; **no fumar/aparcar** *(en letrero)* défense de fumer/stationner; **no sea que** *(+ subjuntivo)* au cas où *(+ indicatif)*; **es rubia, ¿no?** elle est blonde, n'est-ce pas?

noble *a & mf* noble.

noche *f* soir *m; (después de las diez)* nuit *f;* **de n., por la n.** le soir/la nuit; **esta n.** ce soir/cette nuit; **mañana por la n.** demain soir; **buenas noches** bonsoir; *(antes de dormir)* bonne nuit.

nochebuena *f* nuit *f* de Noël.

nochevieja *f* Saint-Sylvestre *f.*

nocturno, -a *a* nocturne; **clases nocturnas** cours du soir.

nombrar *vt* nommer.

nombre *m* nom *m;* **n. de pila** nom de baptême; **n. y apellidos** nom et prénom; **n. propio** nom propre.

nordeste *a inv & m* nord-est *a inv & m.*

nórdico, -a 1 *a* nordique.
    2 *mf* Nordique *mf.*

noreste *a inv & m* nord-est *a inv & m.*

norma *f* norme *f.*

normal *a* normal; **lo n.** la normale.

normalizar 1 *vt* normaliser.
    2 normalizarse *vr* rentrer dans l'ordre.

noroeste *a inv & m* nord-ouest *a inv & m.*

norte *m* nord *m;* **al n. de** au nord de.

norteafricano, -a 1 *a* nord-africain.
    2 *mf* Nord-Africain, -aine.

norteamericano, -a 1 *a* nord-américain.
    2 *mf* Nord-Américain, -aine.

noruego, -a 1 *a* norvégien.
    2 *mf* Norvégien, -ienne.
    3 *m (idioma)* norvégien *m.*

nos *pron pers* nous; **n. hemos divertido mucho** nous nous sommes bien amusés; **n. queremos mucho** nous nous aimons beaucoup.

nosotros, -as *pron pers* nous; **con n.** avec nous.

nostalgia *f* nostalgie *f.*

nota *f* note *f;* **sacar buenas notas** avoir de bonnes notes.

notable 1 *a (apreciable)* notable; *(digno de notar)* remarquable.
    2 *m (nota)* très bien.

notar 1 *vt (percibir)* remarquer.
    2 notarse *vr (percibirse)* se voir; **no se nota** ça ne se voit pas.

notario, -a *mf* notaire *m.*

noticia *f* nouvelle *f;* **una buena n.** une bonne nouvelle.

noticiario *m* journal *m* télévisé.

notificar *vt* notifier.

novato, -a *a & mf* novice.

novecientos, -as *a & m inv* neuf cents *a & m*.

novedad *a & f (cosa nueva, cualidad)* nouveauté *f*; *(cambio)* nouveau *m*.

novela *f* roman *m*; *(corta)* nouvelle *f*.

noveno, -a *a & m* neuvième *a & m*; **novena parte** neuvième.

noventa *a & m inv* quatre-vingt-dix *a & m inv*.

novia *f (amiga)* petite amie *f*; *(prometida)* fiancée *f*; *(en boda)* mariée *f*.

noviembre *m* novembre *m*.

novillada *f* corrida *f* avec de jeunes taureaux.

novillo, -a *mf (toro)* jeune taureau *m*; *(vaca)* génisse *f*; **hacer novillos** faire l'école buissonnière.

novio *m (amigo)* petit ami *m*; *(prometido)* fiancé *m*; *(en boda)* marié *m*; **los novios** les mariés.

nube *f* nuage *m*.

nublarse *vr* se couvrir.

nuca *f* nuque *f*.

nuclear *a* nucléaire; **central n.** centrale nucléaire.

núcleo *m* noyau *m*.

nudillo *m* jointure *f*.

nudista *a & mf* nudiste.

nudo *m* nœud *m*; **hacer un n.** faire un nœud.

nuera *f* bru *f*.

nuestro, -a 1 *a pos* notre; **un amigo n.** un de nos amis.
   2 *pron pos* nôtre; **este libro es n.** ce livre est à nous.

nuevamente *adv* à nouveau.

nueve *a & m inv* neuf *a & m inv*.

nuevo, -a *a* neuf.

nuez *f* noix *f*; **n. (de Adán)** pomme *f* d'Adam.

numérico, -a *a* numérique.

número *m* numéro *m*; *(de zapatos)* pointure *f*; **n. de matrícula** numéro d'immatriculation.

numeroso, -a *a* nombreux.

nunca *adv* jamais; **no he estado n. en España** je ne suis jamais allé en Espagne; **yo no haría n. eso** je ne ferais jamais cela; **casi n.** presque jamais; **más que n.** plus que jamais; **n. jamás** jamais; *(futuro)* plus jamais.

nutrición *f* nutrition *f*.

nutritivo, -a *a* nourrissant; **valor n.** valeur nutritive.

ñame *m Am* igname *f*.

ñato, -a *a Am* camus.

ñoñería *f* pruderie *f*.

ñoño, -a 1 *a* prude; *(soso)* rasoir.
   2 *mf* prude *mf*.

Ñ

o *conj* ou; **o... o...** ou... ou...; **o sea** autrement dit.

oasis *m inv* oasis *f.*

obedecer *vt* obéir.

obediente *a* obéissant.

obeso, -a *a* obèse.

obispo *m* évêque *m.*

objetivo, -a *a & m* objectif *a & m.*

objeto *m* objet *m;* **con o. de...** afin de...

obligación *f (deber)* obligation *f;* **por o.** par obligation.

obligar *vt* obliger.

obligatorio, -a *a* obligatoire.

obra *f (trabajo)* œuvre *f; (construcción)* chantier *m;* **carretera en o.** travaux; **o. maestra** chef-d'œuvre *m.*

obrar *vi (proceder)* agir; **o. bien/mal** bien/mal agir.

obrero, -a 1 *mf* ouvrier, -ière.
2 *a* ouvrier; **clase obrera** classe ouvrière.

obsceno, -a *a* obscène.

obscurecer 1 *vi impers* faire nuit.
2 *vt (ensombrecer)* obscurcir.
3 obscurecerse *vr (nublarse)* se couvrir.

obscuridad *f* obscurité *f.*

obscuro, -a *a* obscur; *(nublado)* couvert.

obsequio *m* cadeau *m.*

observador, -ora *a & mf* observateur, -trice.

observar *vt (mirar, cumplir)* observer; *(notar)* remarquer.

obsesión *f* obsession *f.*

obstáculo *m* obstacle *m.*

obstante (no) 1 *adv* cependant.
2 *prep* en dépit de.

obstinado, -a *a* obstiné.

obstinarse *vr* s'obstiner (**en** à).

obstruir 1 *vt (salida, paso)* obstruer.
2 obstruirse *vr* s'obstruer.

obtener *vt (alcanzar)* obtenir.

obvio, -a *a* évident.

oca *f* oie *f.*

ocasión *f* occasion *f;* **en cierta o.** une fois; **aprovechar la o.** profiter de l'occasion.

ocasional *a (eventual)* occasionnel; **de forma o.** occasionnellement.

ocasionar *vt* occasionner.

occidental *a* occidental.

océano *m* océan *m.*

ochenta *a & m inv* quatre-vingts *a & m.*

ocho *a & m inv* huit *a & m inv.*

ochocientos, -as *a & m inv* huit cents *a & m.*

ocio *m* loisir *m; (ociosidad)* oisiveté *f.*

ocioso, -a *a* oisif, -ive.

octavo, -a 1 *a & mf* huitième.
2 *f* octave *f.*

octubre *m* octobre *m.*

oculista *mf* oculiste *mf.*

ocultar 1 *vt* cacher; **o. algo a algn** cacher qch à qn.
2 ocultarse *vr* se cacher.

ocupación *f (tarea)* occupation *f.*

ocupado, -a a occupé.

ocupante mf occupant, -ante; *(ilegal)* squatter m.

ocupar 1 vt occuper.
   2 ocuparse vr s'occuper (**de** de).

ocurrencia f *(agudeza)* mot m d'esprit; *(idea).*idée f.

ocurrente a spirituel.

ocurrir 1 v impers se passer; **¿qué te ocurre?** qu'est-ce qui t'arrive? .
   2 ocurrirse vr **no se me ocurre nada** je ne vois pas; **ne se le ocurrió cerrar la puerta** il ne lui est pas venu à l'idée de fermer la porte.

odiar vt haïr.

odio m haine f.

odontólogo, -a mf chirurgien-dentiste m.

oeste m & a'inv ouest m & a inv.

ofender 1 vt offenser.
   2 ofenderse vr s'offenser (**con, por** de).

ofensa f offense f.

oferta f offre f.

oficial, -iala 1 a officiel.
   2 m *(rango)* officiel m; *(obrero)* ouvrier m qualifié.

oficialismo m Am *(gobierno)* gouvernement m.

oficina f bureau m; **o. de turismo** office m de tourisme; **o. de correos** bureau de poste.

oficinista mf employé, -ée de bureau.

oficio m métier m; **hacer el o. de** faire office de.

ofimática f bureautique f.

ofrecer 1 vt offrir.
   2 ofrecerse vr *(prestarse)* se proposer; *(situación)* se présenter.

ofrezco indic pres de **ofrecer**.

oftalmólogo, -a mf ophtalmologiste mf.

oído m *(sentido)* ouïe f; *(órgano)* oreille f.

oír vt entendre; **¡oye!** hé!, **¡oiga!** excusez-moi! *(pour attirer l'attention).*

ojal m boutonnière f.

ojalá 1 interj espérons! .
   2 conj + subjuntivo **¡o. sea cierto!** pourvu que ce soit vrai!

ojeada f **echar una o.** lancer un coup d'œil (**a** à).

ojeras fpl cernes fpl.

ojo 1 m œil m, pl yeux; *(de cerradura)* trou m; **calcular a o.** calculer à vue de nez; **mal de o.** mauvais œil.
   2 interj attention!

ola f vague f.

oleaje m houle f.

oleoducto m oléoduc m.

oler [4] **1** vt sentir.
   2 vi *(exhalar)* sentir; **o. a** sentir; **o. bien/mal** sentir bon/mauvais.

olfato m odorat m.

olimpiada f olympiades fpl.

olímpico, -a a olympique.

oliva f olive f; **aceite de o.** huile d'olive.

olivo m olivier m.

olla f marmite f; **o. exprés** o a **presión** autocuiseur m.

olmo m orme m.

olor m odeur f.

olvidar 1 vt oublier.
   2 olvidarse vr **olvidarse de algo** oublier qch.

ombligo m nombril m.

omisión f omission f.

omitir vt omettre.

omnipotente a omnipotent.

omóplato, omoplato m omoplate f.

once a & m inv onze a & m inv.

onda f onde f; *(en el agua)* vague f; **o. corta/media** onde courte/moyenne; **ondas largas** grandes ondes.

ondulado, -a a *(pelo)* ondulé; *(paisaje)* vallonné.

ONU f abr de **Organización de las Naciones Unidas** ONU f.

O

opaco, -a a opaque.

opcional a optionnel.

ópera f opéra m.

operación f opération f.

operador, -ora mf opérateur, -trice.

operar 1 vt opérer (**a -**).
2 operarse vr se faire opérer (**de** de); (producirse) s'opérer.

opinar vi (pensar) penser; (declarar) donner son avis.

opinión f opinion f; **cambiar de o.** changer d'avis.

oponer (pp **opuesto**) **1** vt (resistencia) opposer.
2 oponerse vr (estar en contra) s'opposer.

oporto m (vino) porto m.

oportunidad f opportunité f.

oportuno, -a a opportun.

oposición f opposition f; (examen) concours m.

opresión f oppression f.

oprimir vt (pulsar) presser; (subyugar) opprimer.

optativo, -a a optionnel.

óptica f (tienda) opticien m.

óptico, -a 1 a optique.
2 mf opticien, -ienne.

optimista a & mf optimiste.

óptimo, -a a excellent; (condiciones) optimal.

opuesto, -a a opposé; **en direcciones opuestas** dans des directions opposées.

opuse pt indef de **oponer**.

oración f (plegaria) prière f; (frase) phrase f.

oral a oral; **por vía o.** par voie orale.

orar vi prier.

orden 1 m ordre m; **o. público** ordre public; **por o. alfabético** par ordre alphabétique; **del o. de** de l'ordre de.
2 f ordre m; (judicial) mandat m; **¡a la o.!** à vos ordres!

ordenado, -a a ordonné.

ordenador m ordinateur m; **o. de sobremesa** ordinateur de bureau; **o. doméstico** ordinateur domestique.

ordenanza 1 m (empleado) garçon m de bureau.
2 f disposition f.

ordenar vt (organizar) mettre en ordre; (habitación) ranger; (mandar) ordonner.

ordeñar vt traire.

ordinario, -a a ordinaire.

orégano m origan m.

oreja f oreille f.

orejero, -a a Am (soplón) rapporteur, -euse.

orfanato m orphelinat m.

orgánico, -a a organique.

organismo m organisme m.

organización f organisation f.

organizar 1 vt organiser.
2 organizarse vr (armarse) se produire.

órgano m organe m; (instrumento) orgue m.

orgullo m orgueil m.

orgulloso, -a a orgueilleux, -euse, fier, fière.

orientación f (dirección) direction f; (guía) orientation f.

oriental 1 a oriental.
2 mf Oriental, -ale.

orientar 1 vt (indicar camino) indiquer le chemin à; **una casa orientada al sur** une maison exposée au sud.
2 orientarse vr (encontrar el camino) se repérer.

oriente m orient m; **Extremo** o **Lejano/Medio/Próximo O.** Extrême-/Moyen-/Proche-Orient.

orificio m orifice m.

origen m origine f; **dar o. a** donner lieu à.

original a & mf original, -ale.

orilla *f (borde)* bordure *f; (del río)* rive *f; (del mar)* bord *m*.

orinal *m* pot *m* de chambre.

orinar 1 *vi* uriner.
   2 orinarse *vr* mouiller sa culotte.

oro *m* or *m*; **de o.** en or; **o. de ley** or pur.

orquesta *f* orchestre *m*.

ortiga *f* ortie *f*.

ortodoxo, -a *a & mf* orthodoxe.

ortografía *f* orthographe *f*.

ortográfico, -a *a* orthographique.

ortopédico, -a *a* orthopédique.

oruga *f* chenille *f*.

orzuelo *m* orgelet *m*.

os *pron pers* vous; **os veo mañana** je vous verrai demain; **os daré el dinero** je vous donnerai l'argent; **os escribiré** je vous écrirai.

osadía *f* audace *f*.

oscilar *vi (variar)* varier.

oscuras (a) *adv* dans le noir.

oscurecer *vi impers & vt* = **obscurecer**.

oscuro, -a *a* = **obscuro, -a**.

osito *m* **o. (de peluche)** ours *m* en peluche.

oso *m* ours *m*; **o. polar** ours polaire.

ostentación *f* ostentation *f*.

osteópata *mf* ostéopathe *mf*.

ostra *f* huître *f*; **aburrirse como una o.** s'ennuyer à mourir.

OTAN *f abr de* **Organización del Tratado del Atlántico Norte** OTAN *f*.

otoño *m* automne *m*.

otorgar *vt (premio)* attribuer (**a** à).

otorrinolaringólogo, -a *mf* otorhino-laryngologiste *mf*.

otro, -a 1 *a indef* **otro/otra...** un/une autre...; **otros/otras...** d'autres...; **el otro/la otra...** l'autre...; **otra cosa** autre chose; **otra vez** encore une fois.
   2 *pron indef* un/une autre; **otros/otras** d'autres; **el otro/la otra** l'autre; **los otros/las otras** les autres.

oval, ovalado, -a *a* ovale.

oveja *f* mouton *m; (hembra)* brebis *f*; **la o. negra** la brebis galeuse.

overol *m Am* salopette *f*.

ovillo *m* pelote *f* (de laine).

OVNI *m abr de* **objeto volador no identificado** OVNI *m*.

oxidar 1 *vt (metales)* oxyder.
   2 oxidarse *vr (metales)* s'oxyder.

oxígeno *m* oxygène *m*.

oye *indic pres & imperativo de* **oír**.

ozono *m* ozone *m*; **capa de o.** couche d'ozone.

O

pabellón *m (en feria)* stand *m; (bloque)* aile *f;* **p. de deportes** centre *m* sportif.

paciencia *f* patience *f.*

pacificar *vt* pacifier.

pacotilla *f* **de p.** de pacotille.

pactar *vt* se mettre d'accord sur.

padecer 1 *vt (enfermedad)* souffrir de; *(consecuencias, injusticia)* subir. **2** *vi* souffrir; **padece del corazón** il a des problèmes cardiaques.

padrastro *m* beau-père *m (mari de la mère); (pellejo)* envie *f.*

padre *m* père *m;* **padres** parents *mpl.*

padrenuestro *m* Pater *m.*

padrino *m (de bautizo)* parrain *m; (de boda)* témoin *m;* **padrinos** parrain et marraine.

padrón *m* recensement *m.*

paella *f* paella *f.*

pág *abr de* **página** p.

paga *f (salario)* paye *f;* **p. extra** prime *f.*

pagar *vti* payer; *(recompensar)* rendre; **p. en metálico** *o* **al contado** payer en liquide.

página *f* page *f.*

pago *m* paiement *m;* **p. adelantado** *o* **anticipado** paiement anticipé.

paila *f Am* poêle *f.*

país *m* pays *m;* **P. Vasco** Pays basque.

paisaje *m* paysage *m.*

paja *f* paille *f.*

pajarita *f* nœud *m* papillon; *(de papel)* cocotte *f* en papier.

pájaro *m* oiseau *m;* **p. carpintero** pic-vert *m.*

pakistaní 1 *a* pakistanais. **2** *mf* Pakistanais, -aise.

pala *f* pelle *f; (de ping-pong, frontón)* raquette *f; (de remo)* rame *f.*

palabra *f* mot *m;* **dirigir la p. a algn** adresser la parole à qn; **juego de palabras** jeu de mots; **p. de honor** parole d'honneur.

palabrota *f* gros mot *m.*

palacio *m* palais *m.*

paladar *m* palais *m.*

paladear *vt* savourer.

palanca *f* levier *m; (manecilla)* manette *f;* **p. de cambio** levier de vitesses.

palco *m* loge *f.*

palestino, -a 1 *a* palestinien. **2** *mf* Palestinien, -ienne.

paleta *f (espátula)* spatule *f; (de pintor)* palette *f; (de albañil)* truelle *f; (de cricket, ping-pong)* batte *f.*

paletilla *f* omoplate *f.*

paleto, -a *a & mf* bouseux, -euse.

paliar *vt* apaiser.

palidecer *vi (persona)* pâlir.

palidez *f* pâleur *f.*

pálido, -a *a* pâle.

palillero *m* boîte *f* à cure-dents.

palillo *m (mondadientes)* cure-dent *m; (de tambor)* baguette *f;* **palillos chinos** baguettes.

paliza *f* raclée *f;* **darle a algn una p.** donner une raclée à qn.

palma f paume f; *(árbol)* palmier m; **hacer palmas** applaudir.

palmada f *(golpe)* tape f.

palmera f palmier m.

palmo m **p. a p.** peu à peu.

palo m bâton m, bout m de bois; *(vara)* perche f; *(de escoba)* manche m; *(golpe)* coup m; *(de portería)* boiserie f; *(de golf)* club m; **de p.** en bois.

paloma f pigeon m; *(como símbolo)* colombe f.

palomar m pigeonnier m.

palomitas (de maíz) fpl pop-corn m.

palpar vt palper.

palpitar vi palpiter.

palurdo, -a a rustre.

pamela f chapeau m à larges bords.

pampa f pampa f.

pan m pain m; **p. de molde** pain de mie; **p. integral** pain complet; **p. rallado** o **molido** chapelure f.

pana f velours m côtelé.

panadería f boulangerie f.

panameño, -a 1 a panaméen. **2** mf Panaméen, -éenne.

pancarta f pancarte f.

panda¹ m panda m.

panda² f *(de amigos)* bande f.

pandilla f bande f.

panfleto m pamphlet m.

pánico m panique f; **sembrar el p.** semer la panique.

panorama m panorama m.

pantaletas fpl Am slip m *(de femme)*.

pantalla f *(monitor)* écran m; *(de lámpara)* abat-jour m inv.

pantalones mpl pantalon m; **p. vaqueros** jean m.

pantano m *(natural)* marais m; *(artificial)* lac m de retenue.

pantera f panthère f.

pantorrilla f mollet m.

pantufla f pantoufle f.

panty m (paire f de) collants mpl.

panza f Fam ventre m.

pañal m couche f.

paño m tissu m.

pañuelo m mouchoir m; *(pañoleta)* foulard m.

papa f Am *(patata)* pomme f de terre.

Papa m **el P.** le Pape.

papá m Fam papa m.

papada f double menton m.

papagayo m perroquet m.

papel m papier m; *(hoja)* feuille f de papier; *(rol)* rôle m; **papeles** *(documentos)* papiers; **p. higiénico** papier hygiénique; **p. de aluminio** papier d'aluminium; **p. pintado** papier peint.

papelera f *(en despacho)* corbeille f à papier; *(en calle)* poubelle f.

papelería f *(tienda)* papeterie f.

papeleta f *(de rifa)* billet m; *(de votación)* bulletin m.

paperas fpl oreillons mpl.

papilla f bouillie f.

paquete m paquet m; *(postal)* colis m.

paquistaní 1 a pakistanais. **2** mf Pakistanais, -aise.

par 1 a *(número)* pair. **2** m *(pareja)* paire f; *(dos)* deux; **a la p.** *(a la vez)* en même temps; **de p. en p.** en grand.

para prep pour; *(a punto de)* sur le point de; **p. terminar antes** pour finir plus tôt; **p. entonces** d'ici là; **¿p. qué?** pour quoi faire?; **ir p. viejo** se faire vieux; **no es p. tanto** il n'y a pas de quoi en faire toute une histoire; **p. mí** à mon avis.

parabólico, -a a antena parabólica antenne parabolique.

parabrisas m inv pare-brise m inv.

paracaidista mf parachutiste mf.

parachoques m inv pare-chocs m inv.

parada f arrêt m; **p. de autobús** arrêt de bus; **p. de taxis** station f de taxis.

paradero m (lugar) domicile m; (pensión) petit hôtel m; Am (apeadero) arrêt m.

parado, -a 1 a arrêté; (quieto) immobile; (desempleado) au chômage; Am (de pie) debout; Fig **salir bien/mal p.** bien/mal s'en tirer.
2 mf chômeur, -euse.

parador m auberge f; **p. nacional** o **de turismo** hôtel m de luxe.

paraguas m inv parapluie m.

paraíso m paradis m.

paralelo, -a a & m parallèle a & m.

paralítico, -a a & mf paralytique.

paralizar 1 vt paralyser.
2 paralizarse vr se paralyser; (circulación) être paralysé.

parapeto m parapet m.

parar 1 vt arrêter.
2 vi s'arrêter; (alojarse) loger; **sin p.** sans arrêt; **fue a p. a la cárcel** il a fini en prison.
3 pararse vi s'arrêter; Am (ponerse en pie) se mettre debout.

pararrayos m inv paratonnerre m.

parásito, -a a & m parasite a & m.

parcela f parcelle f.

parche m pièce f; (para neumático) Rustine® f; (emplasto) emplâtre m.

parchís m jeu m des petits chevaux.

parcial a (partidario) partial; (no completo) partiel; **a tiempo p.** à temps partiel.

parcialmente adv (en parte) partiellement; (con parcialidad) partialement.

pardo, -a a (marrón) marron inv; (gris) gris foncé.

parecer 1 vi avoir l'air, sembler; **parece que no arranca** elle n'a pas l'air de vouloir démarrer; **como te parezca** comme tu voudras; **¿te parece?** ça te dit?; **¿qué te parece?** qu'est-ce que tu en penses?
2 parecerse vr se ressembler; **parecerse a** ressembler à.
3 m avis m; **¿cuál es tu p.?** qu'en penses-tu?

parecido, -a 1 a semblable; **bien p.** bien.
2 m ressemblance f.

pared f mur m.

pareja f paire f; (hombre y mujer) couple m; (de baile, juego) partenaire mf; **por parejas** deux par deux; **hacen buena p.** ils font un beau couple.

parentesco m parenté f.

paréntesis m inv parenthèse f; **entre p.** entre parenthèses.

parezco indic pres de **parecer**.

pariente mf parent, -ente.

parir 1 vt accoucher de.
2 vi accoucher.

parlamento m parlement m.

paro m (huelga) grève f; (desempleo) chômage m; **estar en p.** être au chômage; **cobrar el p.** toucher le chômage.

parpadear vi (ojos) cligner; (luz) vaciller.

párpado m paupière f.

parque m parc m; **p. de atracciones** parc d'attractions; **p. zoológico** parc zoologique; **p. nacional** parc national; **p. natural** réserve naturelle.

parquear vti Am stationner.

parquímetro m parcmètre m.

parra f treille f; **hoja de p.** feuille de vigne.

párrafo m paragraphe m.

parrilla f gril m; **pescado a la p.** poisson grillé.

párroco m curé m.

parroquia f paroisse f; (iglesia) église f paroissiale.

parte 1 f (sección, en repartición, juicio) partie f; (lugar) endroit m; **en** o **por todas partes** partout; **por mi p.** pour ma part; **de p. de...** de la part

de...; **¿de p. de quién?** de la part de qui?; **en gran p.** en grande partie; **en p.** en partie; **la mayor p.** la majeure partie; **por otra p.** d'un autre côté.
  2 m (informe) rapport m.

participación f participation f; (acción) part f; (notificación) faire-part m inv.

participar 1 vi participer (**en** à).
  2 vt (notificar) annoncer.

participio m participe m.

particular 1 a (concreto, raro) particulier; (privado) privé.
  2 mf (individuo) particulier m.

partida f (salida) départ m; (remesa) envoi m; (de presupuesto) chapitre m; (juego) partie f; (certificado) certificat m; **p. de nacimiento** extrait m de naissance.

partidario, -a a & mf partisan, -ane.

partido m parti m; (de fútbol) match m; **sacar p. de** tirer parti de.

partir 1 vt casser; (dividir) diviser; (cortar) couper.
  2 vi (marcharse) partir; **a p. de** à partir de.
  3 partirse vr se fendre; **partirse de risa** se tordre de rire.

partitura f partition f.

parto m accouchement m.

pasa f raisin m sec.

pasadizo m couloir m.

pasado, -a 1 a (último) dernier; (anticuado) vieux, f vieille; (alimento) plus bon; (cocido) cuit; **p. (de moda)** passé de mode; **p. mañana** après-demain.
  2 m passé m.

pasaje m passage m; (pasajeros) passagers mpl; (billete) billet m.

pasajero, -a a & mf passager, -ère.

pasamanos m inv (barra) rambarde f; (de escalera) rampe f.

pasaporte m passeport m.

pasar 1 vt passer; (página) tourner;

(trasladar) déplacer; (servicio) transférer; (padecer) souffrir de; (cruzar) traverser; (limite) dépasser; **p. hambre** avoir faim.
  2 vi passer; (entrar) entrer; **p. de largo** passer (sans s'arrêter).
  3 v impers (suceder) se passer; **¿qué pasa aquí?** qu'est-ce qui se passe ici?; **¿qué te pasa?** qu'est-ce qui t'arrive?; **pase lo que pase** quoi qu'il advienne.
  4 pasarse vr (comida) se gâter; (excederse) exagérer; **se me pasó la ocasión** j'ai laissé passer l'occasion; **se le pasó llamarme** il a oublié de m'appeler; **pasarse el día haciendo algo** passer la journée à faire qch; **pasárselo bien/mal** bien/ne pas s'amuser; **¿cómo te la pasaste?** comment ça a été?

pasatiempo m passe-temps m inv.

pascua f Pâque f; **pascuas** (Navidad) Noël m; **¡Felices Pascuas!** Joyeux Noël!

pasear 1 vi se promener.
  2 vt (perro) promener.
  3 pasearse vr se promener.

paseo m promenade f; **dar un p.** faire une promenade.

pasillo m couloir m.

pasión f passion f.

pasivo, -a a passif.

paso m pas m; (modo de andar) démarche f; (ruido al andar) bruit m de pas; (camino, acción) passage m; (de montaña) col m; **abrirse p.** se frayer un passage; **ceda el p.** vous n'avez pas la priorité; **prohibido el p.** entrée interdite; **p. a nivel** passage à niveau; **p. de peatones** passage pour piétons; **el p. del tiempo** le passage du temps; **estar de p.** être de passage.

pasta f pâte f; (italiana) pâtes fpl; (galleta) gâteau m sec; Fam (dinero) fric m; **p. de dientes** o **dentífrica** dentifrice m.

pastel *m* gâteau *m*; *(de carne)* pâté *m* en croûte; *(de fruta)* cake *m*.

pastelería *f* pâtisserie *f*.

pastilla *f* pastille *f*; **p. de jabón** savon *m*; **pastillas para la tos** pastilles pour la toux.

pastor, -ora 1 *mf* berger, -ère; **p. alemán** berger allemand.
   2 *m (sacerdote)* pasteur *m*.

pata *f* patte *f*; **patas arriba** les pattes en l'air; **mala p.** malchance *f*; **meter la p.** mettre les pieds dedans.

patada *f* coup *m* de pied; **dar patadas** *(en el suelo)* taper des pieds par terre.

patalear *vi* battre des jambes; *(con enfado)* trépigner.

patán *m* bouseux *m*.

patata *f* pomme *f* de terre; **patatas fritas** frites *fpl*; *(de bolsa)* chips *fpl*.

paté *m* pâté *m*.

patentar *vt* breveter.

paternal *a* paternel.

paterno, -a *a* paternel.

patilla *f (de gafas)* branche *f*; **patillas** *(pelo)* favoris *mpl*.

patín *m* patin *m*; *(hidropedal)* Pédalo® *m*; **p. de ruedas/de hielo** patin à roulettes/à glace.

patinaje *m* patinage *m*; **p. artístico** patinage artistique; **p. sobre hielo/ruedas** patin à glace/à roulettes.

patinar *vi* patiner; *(sobre ruedas)* faire du patin à roulettes; *(sobre hielo)* faire du patin à glace; *(deslizarse, resbalar)* glisser; *(vehiculo)* déraper.

patinete *m* trottinette *f*.

patio *m (de una casa)* patio *m*; *(de recreo)* cour *f*; **p. de butacas** orchestre *m*.

pato *m* canard *m*.

patria *f* patrie *f*.

patrimonio *m* patrimoine *m*.

patriotismo *m* patriotisme *m*.

patrocinar *vt* sponsoriser.

patrón, -ona 1 *mf (jefe)* patron, -onne; *(de pensión)* propriétaire *mf*.
   2 *m* patron *m*.

patronal 1 *a* patronal.
   2 *f (dirección)* patronat *m*.

patronato, patronazgo *m (institución benéfica)* fondation *f*; *(protección)* patronage *m*.

patrono, -a *mf* patron, -onne.

patrulla *f* patrouille *f*.

paulatino, -a *a* lent.

pausa *f* pause *f*.

pavimento *m (de calle)* revêtement *m*.

pavo *m* dinde *f*.

pavor *m* terreur *f*.

payaso, -a *mf* clown *m*.

payo, -a *mf* non gitan, -ane.

paz *f* paix *f*; **¡déjame en p.!** laisse-moi en paix!

peaje *m* péage *m*; **autopista de p.** autoroute à péage.

peatón, -ona *mf* piéton, -onne.

peca *f* tache *f* de rousseur.

pecado *m* péché *m*.

pecera *f* aquarium *m*.

pecho *m* poitrine *f*; **dar el p. (a un bebé)** donner le sein (à un bébé).

pechuga *f (de ave)* blanc *m*.

pectoral *a* pectoral.

peculiar *a* particulier.

pedagógico, -a *a* pédagogique.

pedal *m* pédale *f*.

pedante *a & mf* pédant.

pedazo *m* morceau *m*; **hacer pedazos** mettre en pièces.

pediatra *mf* pédiatre *mf*.

pedido *m (remesa)* commande *f*.

pedir [6] *vt* demander; *(en bar etc.)* commander; *(mendigar)* mendier; **p. algo a algn** demander qch à qn; **p. prestado** emprunter; **p. cuentas** demander des comptes.

pedrada *f (golpe)* coup *m* de pierre; *(lanzamiento)* lancer *m* de pierre.

pega *f* contretemps *m*; *(objeción)* objection *f*; **de p.** *(falso)* faux.

pegajoso, -a *a (pegadizo)* collant.

pegamento *m* colle *f*.

pegar 1 *vt (adherir)* attacher; *(con pegamento)* coller; *(golpear)* frapper; *Fam* **no pegó ojo** il n'a pas fermé l'œil; **p. un grito** lancer un cri; **p. un salto** faire un bond; **me ha pegado el sol** j'ai pris un coup de soleil.

   2 *vi (adherirse)* coller; *(armonizar)* bien aller ensemble; *(sol)* taper.

   3 pegarse *vr (adherirse)* coller; *(pelearse)* se battre; *(comida)* attacher; *(arrimarse)* se rapprocher; **pegarse un tiro** se tirer un coup de pistolet.

pegatina *f* autocollant *m*.

peinado *m* coiffure *f*.

peinar 1 *vt (pelo)* peigner.

   2 peinarse *vr* se peigner.

peine *m* peigne *m*.

pelado, -a *a (fruta, patata)* pelé; *(cabeza)* rasé.

pelar 1 *vt (cortar el pelo a)* couper les cheveux à; *(fruta, patata)* peler.

   2 pelarse *vr (cortarse el pelo)* se faire couper les cheveux.

peldaño *m* marche *f*; *(de escalera de mano)* échelon *m*.

pelea *f* bagarre *f*; *(riña)* dispute *f*.

pelear 1 *vi* se battre; *(reñir)* se disputer.

   2 pelearse *vr* se battre; *(reñir)* se disputer; *(enemistarse)* se fâcher.

peletería *f (tienda)* magasin *m* de fourrures.

película *f* film *m*; *(fotográfica)* pellicule *f*; **p. de miedo** *o* **terror** film d'horreur; **p. del Oeste** western *m*.

peligro *m* danger *m*; *(riesgo)* risque *m*; **correr (el) p. de...** courir le risque de...; **poner en p.** mettre en danger.

peligroso, -a *a* dangereux.

pelirrojo, -a *a* & *mf* roux, rousse.

pellejo *m (piel)* peau *f*; **jugarse el p.** risquer sa peau.

pellizco *m* pincement *m*.

pelma *mf Fam*, **pelmazo, -a** *mf Fam (persona)* casse-pieds *mf inv*.

pelo *m* poil *m*; *(cabello)* cheveu *m*; **cortarse el p.** *(uno mismo)* se couper les cheveux; *(en la peluquería)* se faire couper les cheveux; **tomar el p. a algn** faire marcher qn; **por los pelos** à un cheveu.

pelota *f* balle *f*; *Fam* **hacer la p. a algn** lécher les bottes à qn.

pelotón *m* peloton *m*.

pelotudo, -a *a Am* bon à rien.

peluca *f* perruque *f*.

peluche *m* **osito de p.** ours *m* en peluche.

peludo, -a *a* poilu.

peluquería *f* coiffeur, -euse.

pena *f (tristeza)* peine *f*; **¡qué p.!** quel dommage!; **no merece** *o* **vale la p. (ir)** ça ne vaut pas la peine (d'y aller); **a duras penas** à grand-peine; **p. de muerte** *o* **capital** peine de mort.

penalti *m* (*pl* **penaltis**) penalty *m*.

pendejo *m Am Vulg* merdeux *m*.

pendiente 1 *a (por resolver)* en cours; *(colgante)* pendu (**de** à); **asignatura p.** *(en colegio)* matière à repasser; **estar p. de** *(esperar)* être en attente de; *(vigilar)* guetter.

   2 *m (joya)* boucle *f* d'oreille.

   3 *f* pente *f*.

penetrante *a* pénétrant.

penetrar 1 *vt* pénétrer.

   2 *vi (entrar)* pénétrer (**en** dans).

penicilina *f* pénicilline *f*.

península *f* péninsule *f*.

penitenciario, -a *a* & *m* pénitencier *a* & *m*.

pensamiento *m* pensée *f*.

P

pensar [1] **1** *vi* penser (**en, sobre** à); **sin p.** sans réfléchir.

2 *vt (considerar)* envisager; *(proponerse)* compter; *(concebir)* concevoir; *Fam* **¡ni pensarlo!** pas question!

pensativo, -a *a* pensif.

pensión *f* pension *f*; **media p.** demi-pension; **p. completa** pension complète.

pensionista *mf* retraité, -ée.

penúltimo, -a *a* & *mf* avant-dernier, -ière.

penumbra *f* pénombre *f*.

peña *f* rocher *m*; *(de amigos)* bande *f*.

peñón *m* rocher *m*; **el P. de Gibraltar** le rocher de Gibraltar.

peón *m* péon *m*; *(en ajedrez)* pion *m*.

peor *a* & *adv* pire; **en el p. de los casos** dans le pire des cas.

pepinillo *m* cornichon *m*.

pepino *m* concombre *m*.

pequeño, -a 1 *a* petit.

2 *mf* petit, -ite; **de p.** petit.

pera *f* poire *f*.

peral *m* poirier *m*.

percance *m* contretemps *m*.

percha *f (colgador)* portemanteau *m*.

perchero *m* penderie *f*.

percibir *vt* percevoir.

percusión *f* percussion *f*.

perder [3] **1** *vt* perdre; *(tren, autobús, oportunidad)* rater.

2 *vi* perdre; **echar (algo) a p.** laisser (qch) se perdre; **echarse a p.** se perdre; **salir perdiendo** sortir perdant.

3 perderse *vr (extraviarse) (persona)* se perdre; **se me ha perdido la llave** j'ai perdu ma clé.

pérdida *f* perte *f*.

perdiz *f* perdrix *f*.

perdón *m* pardon *m*; **¡p.!** pardon!; **pedir p.** demander pardon.

perdonar *vt* pardonner; *(eximir)* dispenser; **¡perdone!** pardon!; **perdonarle la vida a algn** laisser la vie à qn.

perecedero, -a *a* périssable; **artículos perecederos** denrées périssables.

perecer *vi* périr.

perejil *m* persil *m*.

perenne *a (hojas)* persistant; *(sentimiento)* immortel.

perezoso, -a *a (vago)* paresseux.

perfección *f* perfection *f*; **a la p.** à la perfection.

perfeccionar *vt* parfaire; *(mejorar)* perfectionner.

perfeccionista *a* & *mf* perfectionniste.

perfectamente *adv* parfaitement; **¡p.!** *(de acuerdo)* très bien!

perfecto, -a *a* parfait.

perfil *m* profil *m*; *(contorno)* silhouette *f*; **de p.** de profil.

perforar *vt* perforer.

perfumar 1 *vt* parfumer.

2 *vi* embaumer.

3 perfumarse *vr* se parfumer.

perfume *m* parfum *m*.

pericia *f* compétence *f*.

periferia *f* périphérie *f*.

periférico *m* périphérique *m*.

periódico, -a 1 *m* journal *m*.

2 *a* périodique.

periodista *mf* journaliste *mf*.

periodo, período *m* période *f*; *(menstruación)* règles *fpl*.

periquito *m* perruche *f*.

perjudicar *vt* nuire à.

perjudicial *a* nuisible.

perjuicio *m* préjudice *m*.

perla *f* perle *f*.

permanecer *vi* rester.

permanente 1 *a* permanent.

2 *f (de pelo)* permanente *f*; **hacerse la p.** se faire faire une permanente.

permiso m *(autorización)* permission f; *(licencia)* permis m; **p. de conducir** permis de conduire.

permitir 1 vt permettre.
  2 permitirse vr *(costearse)* se permettre; **no se permite fumar** interdit de fumer.

pero conj mais.

perpendicular a & f perpendiculaire a & f.

perpetuo, -a a perpétuel; **cadena perpetua** réclusion à perpétuité.

perplejo, -a a perplexe.

perra f chienne f.

perrera f chenil m.

perro m chien m; *Fam* **vida de perros** vie de chien; **p. caliente** hot dog m.

persecución f poursuite f; *(represión)* persécution f.

perseguir [6] vt poursuivre; *(reprimir)* persécuter.

perseverar vi *(persona)* persévérer; *(cosa)* durer.

persiana f persienne f.

persistente a persistant.

persistir vi persister.

persona f personne f; *Fam* **p. mayor** grande personne.

personaje m personnage m; *(celebridad)* personnalité f.

personal 1 a personnel.
  2 m *(plantilla)* personnel m.

personalidad f personnalité f.

perspectiva f perspective f.

perspicaz a perspicace.

persuadir vt persuader.

persuasión f persuasion f.

pertenecer vi appartenir (**a** à).

pertinaz a persistant; *(obstinado)* obstiné.

perturbación f perturbation f.

peruano, -a 1 a péruvien.
  2 mf Péruvien, -ienne.

perverso, -a a pervers.

pervertir [5] vt pervertir.

pesa f poids m; **levantamiento de pesas** haltérophilie f.

pesadez f lourdeur f; *(fastidio)* barbe f.

pesadilla f cauchemar m.

pesado, -a a lourd; *(aburrido)* ennuyeux.

pésame m dar el p. présenter ses condoléances.

pesar 1 vt peser; *(entristecer)* peiner.
  2 vi peser; *(ser pesado)* peser lourd.
  3 m *(pena)* peine f; *(arrepentimiento)* regret m; **a p. de** malgré, en dépit de.

pesca f pêche f.

pescadería f poissonnerie f.

pescadilla f jeune colin m.

pescado m poisson m.

pescador, -ora a & mf pêcheur, -euse.

pescar vt i pêcher.

pescuezo m *Fam* cou m.

peseta f peseta f.

pesimismo m pessimisme m.

pesimista a & mf pessimiste.

pésimo, -a a atroce.

peso m poids m; **p. bruto/neto** poids brut/net; **de p.** *(razón)* de poids.

pestaña f cil m.

peste f *(hedor)* puanteur f; *(epidemia)* peste f.

pesticida m pesticide m.

pestillo m pêne m.

petaca f *(para cigarrillos)* étui m à cigarettes; *Am (maleta)* valise f.

pétalo m pétale m.

petardo m pétard m.

petición f demande f.

petróleo m pétrole m.

petrolero m pétrolier m.

pez m poisson m.

pezón m mamelon m.

pezuña f sabot m.

piadoso, -a a (devoto) pieux; (compasivo) charitable; **mentira piadosa** pieux mensonge.

pianista mf pianiste mf.

piano m piano m.

pibe, -a mf Am (niño) gamin, -ine.

picadero m manège m.

picado, -a 1 a (carne) haché; (fruta, diente) gâté; (mar) houleux.
  2 m **caer en p.** descendre en piqué.

picador m picador m.

picadora f hachoir m.

picadura f (de insecto) piqûre f; (de serpiente) morsure f; (en fruta) tache f.

picante a piquant; (chiste etc.) osé.

picaporte m (aldaba) heurtoir m; (pomo) poignée f (de porte).

picar 1 vt (insecto) piquer; (serpiente) mordre; (comer) (aves) picorer; (persona) grignoter; (anzuelo) mordre à; (perforar) perforer; (carne) hacher.
  2 vi (escocer) gratter; (herida) cuire; (el sol) brûler; (estar picante) piquer; (pez, Fig) mordre (à l'hameçon).
  3 picarse vr (fruta) se tacher; (dientes) se gâter; (enfadarse) se vexer.

pícaro, -a 1 a (travieso) espiègle; (astuto) rusé.
  2 mf fripouille f.

pico m (de ave) bec m; (punta) coin m; (de montaña, herramienta) pic m; **cincuenta/las dos y p.** cinquante/deux heures et quelques.

picor m démangeaison f.

pie m pied m; (de una ilustración) légende f; **a p.** à pied; **de p., en p.** debout; **de pies a cabeza** de la tête aux pieds; **hacer/perder p.** avoir/perdre pied; **al p. de la letra** au pied de la lettre.

piedad f piété f; (compasión) pitié f.

piedra f pierre f.

piel f peau f; (cuero) cuir m; (con pelo) fourrure f; **p. de gallina** chair f de poule.

pienso m fourrage m.

pierna f jambe f; (de cordero) gigot m; (de cerdo) jarret m; (de pollo) cuisse f.

pieza f pièce f; **p. de recambio** pièce de rechange.

pijama m pyjama m.

pila f pile f; (de la cocina) évier m; **nombre de p.** nom de baptême.

píldora f pilule f.

pileta f (pila) évier m; Am (piscina) piscine f.

pillar 1 vt (coger) attraper; (alcanzar) rattraper; **lo pilló un coche** il a été renversé par une voiture.
  2 pillarse vr se coincer; **pillarse un dedo/una mano** se coincer le doigt/la main.

pillo, -a 1 a (travieso) coquin m; (astuto) rusé.
  2 mf fripouille f.

piloto m (de avión, barco, moto , fórmula 1) pilote m; (de coche) chauffeur m; (luz) (lampe f) témoin m; **piso p.** appartement m témoin.

pimentón m piment m rouge.

pimienta f poivre m.

pimiento m (fruto) poivron m; (planta) piment m doux.

pimpón m ping-pong m.

pinar m pinède f.

pincel m pinceau m.

pinchadiscos mf inv disc-jockey m.

pinchar 1 vt (punzar) piquer; (balón, globo, rueda) crever.
  2 vi (coche) crever.

pinchazo m (punzadura) piqûre f; (de rueda) crevaison f; (de dolor) tenaillement m.

pincho m (púa) pointe f; **p. moruno** chiche-kebab m.

ping-pong m ping-pong m.

pingüino m pingouin m.

pino m pin m; Fig **hacer el p.** faire le poirier.

pinole *m Am* dessert *m* à base de farine de maïs et de cannelle.

pinta *f Fam (aspecto)* air *m*.

pintada *f* graffiti *m*.

pintar 1 *vt (dar color)* peindre; *(dibujar)* dessiner.
  2 pintarse *vr (maquillarse)* se maquiller.

pintor, -ora *mf* peintre *m*.

pintoresco, -a *a* pittoresque.

pintura *f* peinture *f*.

pinza *f (para depilar)* pince *f* à épiler; *(para tender)* pince à linge; *(de animal)* pince.

piña *f (de pino)* pomme *f* de pin; *(ananás)* ananas *m*.

piñón *m* pignon *m*.

piojo *m* pou *m*.

pipa *f (de fumar)* pipe *f*; *(de fruta)* pépin *m*; *(de girasol)* graine *f* de tournesol.

piragua *f* canoë *m*.

piragüismo *m* canoë *m*.

pirámide *f* pyramide *f*.

piraña *f* piranha *m*.

pirata *a & mf* pirate *a & m*.

piropo *m* **echar un p.** faire un compliment.

pisada *f* pas *m*; *(huella)* trace *f* de pas.

pisapapeles *m inv* presse-papiers *m inv*.

pisar *vt* marcher sur.

piscifactoría *f* établissement *m* piscicole.

piscina *f* piscine *f*.

piso *m* appartement *m*; *(planta)* étage *m*; *(suelo)* sol *m*; *(de carretera)* revêtement *m*.

pisotear *vt (aplastar)* piétiner; *(pisar)* marcher sur.

pisotón *m* **me dio un p.** il m'a marché sur le pied.

pista *m* piste *f*; **p. de baile** piste de danse; **p. de esquí** piste de ski; **p. de patinaje** patinoire *f*; **p. de tenis**

court *m* de tennis; **p. de aterrizaje** piste d'atterrissage; **p. de despegue** piste d'envol.

pistacho *m* pistache *f*.

pistola *f* pistolet *m*.

pitar 1 *vt (silbato)* souffler dans.
  2 *vi* siffler; *(coche)* klaxonner.

pitillo *m* cigarette *f*.

pito *m* sifflet *m*; *(de vehículo)* Klaxon® *m*.

pizarra *f (encerado)* tableau *m* (noir); *(piedra)* ardoise *f*.

pizca *f* petit morceau *m*; **ni p.** pas du tout.

placa *f* plaque *f*.

placer *m* plaisir *m*; **tengo el p. de...** j'ai le plaisir de...

plaga *f* plaie *f*.

plagiario, -a *mf Am (secuestrador)* kidnappeur, -euse.

plagio *m* plagiat *m*.

plan *m (proyecto)* plan *m*; *(programa)* programme *m*; **p. de estudios** programme; **estar a p.** être au régime.

plana *f* page *f*; **primera p.** première page.

plancha *f* fer *m* à repasser; *(de metal)* plaque *f*; *(de cocina)* plaque de cuisson; **sardinas a la p.** sardines grillées.

planchar *vt* repasser.

planeta *m* planète *f*.

planificación *f* planification *f*.

planilla *f Am* liste *f*; *(papeleta de voto)* bulletin *m* de vote.

plano, -a 1 *m* plan *m*.
  2 *a* plat.

planta *f* plante *f*; *(piso)* étage *m*; *(fábrica)* usine *f*; **p. baja** rez-de-chaussée *m*.

plantar 1 *vt (árboles, campo)* planter; *(poner)* mettre.
  2 plantarse *vr* se planter; *(llegar)* arriver.

plantear 1 vt (problema) poser; (proponer) proposer.
  2 plantearse vr se poser.

plantilla f (personal) personnel m; (de zapato) semelle f.

plantón m Fam **dar un p. a algn** poser un lapin à qn.

plástico, -a a & m plastique a & m.

plastilina® f pâte f à modeler.

plata f argent m; (objetos de plata) argenterie f; Am (dinero) argent; **p. de ley** argent véritable.

plataforma f plate-forme f.

plátano m (fruta) banane f; (árbol) platane m.

platillo m petite assiette f; (guisado) plat m; (de balanza) plateau m; (musical) cymbale f; **p. volante** soucoupe f volante.

platina f (de tocadiscos) platine f.

plato m assiette f; (parte de una comida, guiso) plat m; (de balanza) plateau m; (de tocadiscos) platine f; **de primer p.** en entrée; **p. combinado** assiette composée.

playa f plage f; Am **p. de estacionamiento** parking m.

playera f sandale f; Am (camiseta) tee-shirt m.

plaza f place f; (mercado) marché m; **p. de toros** arène f.

plazo m (periodo) délai m; (término) échéance f; **p. de entrega** délai de livraison; **a corto/largo p.** à court/long terme; **comprar a plazos** acheter à tempérament.

plegable a pliant.

plegar vt plier.

pleito m procès m; **poner un p. (a algn)** intenter un procès (à qn).

pleno, -a 1 a plein.
  2 m séance f plénière.

pliego m feuille f de papier.

pliegue m pli m.

plomero m Am plombier m.

plomo m plomb m.

pluma f plume f; (de escribir) stylo m à plume.

plumero m plumeau m.

plumier m plumier m.

plural a & m pluriel a & m.

pluriempleo m cumul m d'activités.

población f (ciudad) ville f; (pueblo) village m; (habitantes) population f.

poblado, -a 1 a peuplé.
  2 m village m.

pobre 1 a pauvre; **¡p.!** le/la pauvre!
  2 mf pauvre mf.

pobreza f (indigencia) pauvreté f; (escasez) manque m.

pocho, -a a (fruta) blet.

pocillo m Am tasse f.

poco, -a 1 m **un p.** un peu; **un p. de azúcar** un peu de sucre.
  2 a peu de, pas beaucoup de; **p. sitio/tiempo** pas beaucoup de place/temps; **pocos, -as** peu de; **pocas personas** peu de gens; **unos, -as pocos, -as** quelques-uns, -unes.
  3 pron peu; **pocos, -as** peu; **queda p.** il en reste peu.
  4 adv (con verbo) peu, pas beaucoup; (+adjetivo) guère, pas très; **p. generoso** guère généreux; **un p. tarde/frío** peu tard/froid; **dentro de p.** d'ici peu; **p. a p.** peu à peu; **p. antes/después** peu avant/après; **por p.** presque.

poder¹ m pouvoir m.

poder² 1 vt (a) pouvoir; **no puede hablar** il ne peut pas parler; **no podré llamarte** je ne pourrai pas t'appeler.
  (b) (permiso) pouvoir; **¿se puede (entrar)?** est-ce qu'on peut entrer?; **aquí no se puede fumar** on ne peut pas fumer ici.
  (c) (posibilidad) se pouvoir; **puede que no lo sepan** ils ne le savent peut-être pas; **no puede ser** ça ne

se peut pas; **puede (ser) (que sí)** ça se peut.

(**d**) *(deber)* pouvoir; **podrías haberme advertido** tu aurais pu me prévenir.

2 *vi* supporter (**con -**); **no puedo más** je n'en peux plus; **no p. menos que** ne pouvoir que.

poderoso, -a *a* puissant.

podré *indic fut de* **poder**.

podrido, -a *a* pourri.

podrir *vt defectivo de* **pudrir**.

poesía *f (género)* poésie *f*; *(poema)* poème *m*.

poeta *mf* poète *m*.

póker *m* poker *m*.

polaco, -a 1 *a* polonais.
2 *mf* Polonais, -aise.
3 *m (idioma)* polonais *m*.

polea *f* poulie *f*.

polémica *f* polémique *f*.

polémico, -a *a* polémique.

polen *m* pollen *m*.

policía 1 *f* police *f*.
2 *mf* agent *m* de police.

polideportivo *m* centre *m* omnisports.

poliéster *m* polyester *m*.

polietileno *m* polyéthylène *m*.

polígono *m* polygone *m*; **p. industrial** zone *f* industrielle.

polilla *f* mite *f*.

politécnico, -a *a & f* polytechnique *a & f*.

política *f* politique *f*.

político, -a 1 *a* politique; *(pariente)* beau-, *f* belle-; **su familia política** sa belle-famille.
2 *mf* politique *m*.

póliza *f (sello)* timbre *m*; **p. de seguros** police *f* d'assurance.

pollo *m* poulet *m*.

polo *m* pôle *m*; *(helado)* Esquimau® *m*; *(deporte)* polo *m*; **P. Norte/Sur** pôle Nord/Sud.

polución *f* pollution *f*.

polvera *f* poudrier *m*.

polvo *m* poussière *f*; **limpiar** *o* **quitar el p.** épousseter; **en p.** en poudre; **polvo(s) de talco** talc *m*; *Fam* **estar hecho p.** *(cansado)* être crevé; *(deprimido)* avoir le moral à zéro.

pólvora *f* poudre *f*.

polvoriento, -a *a* poussiéreux.

polvorón *m* sablé *m*.

pomada *f* pommade *f*.

pomelo *m (fruto)* pamplemousse *m*; *(árbol)* pamplemoussier *m*.

pómez *a inv* **piedra p.** pierre ponce.

pomo *m (de puerta)* bouton *m*.

pómulo *m* pommette *f*.

ponche *m* punch *m*.

poncho *m* poncho *m*.

pondré *indic fut de* **poner**.

poner (*pp* **puesto**) **1** *vt* mettre; *(huevo)* pondre; *(gesto)* faire; *(telegrama)* envoyer; *(negocio)* monter; *(encender)* allumer; *(película)* jouer; *(+ adjetivo)* rendre; **p. triste a algn** rendre qn triste; **¿qué llevaba puesto?** qu'est-ce qu'il portait?; *(decir)* **¿qué pone aquí?** qu'est-ce qui est écrit ici?.

2 ponerse *vr* se mettre; *(+ adjetivo)* devenir; *(sol)* se coucher; **ponerse a** se mettre à; **ponerse a trabajar** se mettre au travail; **ponerse al teléfono** répondre au téléphone.

pongo *indic pres de* **poner**.

poni *m* poney *m*.

poniente *m (occidente)* ouest *m*.

popa *f* poupe *f*.

popular *a* populaire.

póquer *m* poker *m*.

por *prep* (**a**) *(agente)* par; **pintado p. Picasso** peint par Picasso; **p. qué** pourquoi.

(**b**) *(causa)* par; **p. necesidad/amor** par nécessité/amour.

(c) *(tiempo)* **p. la mañana/noche** le matin/la nuit; **p. ahora** pour l'instant.

(d) *(en favor de)* pour; **lo hago p. mi hermano** je le fais pour mon frère.

(e) *(lugar)* par; **pasamos p. Córdoba** nous sommes passés par Cordoue; **p. ahí** par là; **¿p. dónde vamos?** par où passons-nous?; **mirar/entrar p. la ventana** regarder/entrer par la fenêtre.

(f) *(medio)* par; **p. avión/correo** par avion/la poste.

(g) *(a cambio de)* pour; **cambiar algo p. algo** échanger qch contre qch.

(h) *(distributivo)* par; **p. cabeza** par personne; **p. hora/mes** par heure/mois.

(i) *(multiplicación)* **dos p. tres, seis** deux fois trois, six; **un diez p. ciento** dix pour cent.

(j) *(con infinitivo)* pour.

(k) **p. más/muy... que sea** tout... qu'il/elle soit; **p. mí** en ce qui me concerne.

(l) **¿p. qué?** pourquoi?

porcelana f porcelaine f.

porcentaje m pourcentage m.

porche m porche m.

porción f portion f.

pormenor m détail m; **venta al p.** vente au détail.

porno a inv porno.

pornográfico, -a a pornographique.

poro m pore m.

porque conj parce que; **¡p. no!** parce que!

porqué m pourquoi m inv.

por qué voir **por**.

porquería f cochonnerie f.

porra f *(de policía)* matraque f; Fam **¡vete a la p.!** va te faire voir!

porrazo m coup m.

porrón m sorte de cruche à long bec qu'on utilise pour boire du vin.

portada f *(de libro etc.)* couverture f; *(de periódico)* une f; *(de disco)* pochette f; *(fachada)* façade f.

portaequipajes m inv *(maletero)* coffre m; *(baca)* galerie f.

portal m entrée f; *(porche)* porche m; *(puerta de la calle)* porte f d'entrée.

portarse vr se conduire.

portátil a portable.

portazo m claquement m de porte; **dar un p.** claquer la porte.

portento m *(cosa)* merveille f; *(persona)* génie m.

portería f loge f du concierge; *(de fútbol etc.)* but m.

portero, -a mf *(de vivienda)* concierge mf; *(de edificio público)* portier m; *(guardameta)* gardien, -ienne de but; **p. automático** Interphone® m.

portorriqueño, -a 1 a portoricain.
2 mf Portoricain, -aine.

portugués, -esa 1 a portugais.
2 mf Portugais, -aise.
3 m *(idioma)* portugais m.

porvenir m avenir m.

posada f auberge f.

posar 1 vi *(para retrato etc.)* poser.
2 vt poser.
3 posarse vr se déposer.

posdata f post-scriptum m inv.

poseer vt posséder.

posibilidad f possibilité f.

posible a possible; **de ser p.** si possible; **lo antes p.** dès que possible; **es p. que venga** il est possible qu'il vienne.

posición f position f.

positivo, -a a positif.

posponer vt *(aplazar)* remettre (**para** à); *(relegar)* reléguer.

postal 1 a postal.
2 f carte f postale.

poste m poteau m.

póster m poster m.

posterior *a (lugar)* de derrière; *(tiempo)* postérieur (**a à**).

posteriormente *adv* après.

postgraduado, -a 1 *a* de troisième cycle. .

  2 *mf* étudiant, -ante de troisième cycle.

postigo *m (de ventana)* volet *m*; *(de puerta)* guichet *m*.

postizo, -a *a* faux; **dentadura postiza** dentier *m*.

postre *m* dessert *m*.

póstumo, -a *a* posthume.

postura *f* posture *f*; *(psicológica)* attitude *f*.

potable *a* potable; **agua p./no p.** eau potable/non potable.

potaje *m* ragoût *m* à base de légumes secs.

potencia *f* puissance *f*; **en p.** en puissance.

potencial *a & m* potentiel *a & m*.

potente *a* puissant.

potro *m* poulain *m*; *(de gimnasia)* cheval-d'arçons *m*.

pozo *m* puits *m*.

PP *m abr de* **Partido Popular** Parti *m* populaire.

práctica *f* pratique *f*; **en la p.** dans la pratique.

practicar *vti* pratiquer; *(operación)* réaliser.

práctico, -a *a* pratique.

pradera *f*, **prado** *m* prairie *f*.

pragmático, -a 1 *a* pragmatique.

  2 *mf* pragmatiste *mf*.

preámbulo *m (introducción)* préambule *m*; *(rodeo)* détour *m*.

precario, -a *a* précaire.

precaución *f* précaution *f*.

precavido, -a *a* prévoyant.

precedente 1 *a* précédent.

  2 *m* précédent *m*; **sin p.** sans précédent; **sentar un p.** créer un précédent.

3 *mf* prédécesseur *m*.

precepto *m* précepte *m*.

precintar *vt* sceller.

precinto *m* scellés *mpl*.

precio *m* prix *m*.

preciosidad *f (cosa)* chose *f* ravissante; *(persona)* amour *m*.

precioso, -a *a (hermoso)* beau, *f* belle; *(valioso)* précieux.

precipicio *m* précipice *m*.

precipitación *f* précipitation *f*.

precipitado, -a *a* précipité.

precipitar 1 *vt* précipiter.

  2 precipitarse *vr* se précipiter.

precisamente *adv* précisément.

precisar *vt (especificar)* préciser; *(necesitar)* avoir besoin de.

precisión *f* précision *f*.

preciso, -a *a (necesario)* nécessaire; *(exacto)* précis; *(claro)* net.

precoz *a (persona)* précoce.

predecesor, -ora *mf* prédécesseur *m*.

predecir *(pp* **predicho**) *vt* prédire.

predicado *m* prédicat *m*.

predicción *f* prédiction *f*.

predigo *indic pres de* **predecir**.

predije *pt indef de* **predecir**.

predilecto, -a *a* préféré.

predisponer *(pp* **predispuesto**) *vt* prédisposer.

predominar *vi* prédominer.

preescolar *a* préscolaire.

preferencia *f* préférence *f*.

preferible *a* préférable.

preferido, -a *a* préféré.

preferir [5] *vt* préférer.

prefijo *m (telefónico)* indicatif *m*; *(gramatical)* préfixe *m*.

pregunta *f* question *f*; **hacer una p.** poser une question.

preguntar 1 *vti* demander; **p. algo a algn** demander qch à qn; **p. por algn** demander des nouvelles de qn.

  2 preguntarse *vr* se demander.

prehistórico, -a a préhistorique.

prejuicio m préjugé m.

preliminar a & m préliminaire a & m.

prematuro, -a a prématuré.

premeditado, -a a prémédité.

premiar vt récompenser (**a** -).

premio m prix m; (recompensa) récompense f.

prenatal a prénatal.

prenda f vêtement m.

prender 1 vt (detener) arrêter; (sujetar) attacher; **p. fuego a** mettre le feu à.
    2 vi (fuego, madera) prendre.
    3 prenderse vr prendre feu.

prensa f presse f.

prensar vt presser.

preñado, -a a enceinte.

preocupación f préoccupation f.

preocupar 1 vt préoccuper.
    2 preocuparse vr se préoccuper (**por** au sujet de); **no te preocupes** ne t'en fais pas.

preparación f préparation f; (formación) formation f.

preparar 1 vt préparer.
    2 prepararse vr se préparer.

preparativo m préparatif m.

preposición f préposition f.

presa f proie f; (embalse) barrage m; Fig **ser p. de** être en proie à.

presagiar vt présager.

presagio m présage m.

prescindir vi **p. de** se passer de.

presencia m présence f; **p. de ánimo** présence d'esprit.

presenciar vt être témoin de.

presentación f présentation f.

presentador, -ora mf présentateur, -trice.

presentar 1 vt présenter.
    2 presentarse vr se présenter; (llegar inesperadamente) débarquer.

presente 1 a présent; **tener p.** (tener en cuenta) tenir compte de.

    2 m cadeau m.

presentimiento m pressentiment m.

preservar vt préserver (**de, contra** de).

preservativo m (contraceptivo) préservatif m; (conservador) conservateur m.

presidente, -a mf président, -ente; **p. del gobierno** chef m du gouvernement.

presidiario, -a mf prisonnier, -ière.

presidio m prison f.

presidir vt présider.

presión f pression f; **a** o **bajo p.** sous pression.

presionar vt presser; Fig faire pression sur.

preso, -a 1 a emprisonné.
    2 mf prisonnier, -ière.

préstamo m prêt m.

prestar 1 vt prêter; (servicio) rendre.
    2 prestarse vr (ofrecerse) se proposer (**a** à).

prestidigitador, -ora mf prestidigitateur, -trice.

prestigio m prestige m.

presumido, -a a & mf vaniteux, -euse.

presumir 1 vt (suponer) présumer.
    2 vi (ser vanidoso) être vaniteux.

presuntuoso, -a a (vanidoso) vaniteux; (pretencioso) prétentieux.

presupuesto m budget m; (cálculo) devis m.

pretender vt (intentar) essayer de; (aspirar a) prétendre à; (cortejar) courtiser.

pretendiente, -a mf (al trono, amante) prétendant, -ante.

pretérito m passé m simple; **p. imperfecto** imparfait m.

pretexto m prétexte m.

prevenir vt (persona, enfermedad) prévenir; (problema) éviter.

prever (*pp* **previsto**) *vt* prévoir.

previo, -a *a* préalable; **sin p. aviso** sans préavis.

previsible *a* prévisible.

previsto, -a *a* prévu.

primario, -a *a* primaire.

primavera *f* printemps *m*.

primer *a* (*delante de m*) premier.

primera *f* première *f*.

primero, -a 1 *a* premier; **de primera necesidad** de première nécessité.

  2 *mf* premier, -ière; **a primero(s) de mes** au début du mois.

  3 *adv* d'abord.

primitivo, -a *a* primitif.

primo, -a 1 *mf* cousin, -ine; **p. hermano** cousin germain.

  2 *a* **materia prima** matière première.

primogénito, -a *a* & *mf* premier-né, *f* première-née.

primoroso, -a *a* exquis.

princesa *f* princesse *f*.

principal *a* principal; **puerta p.** porte principale.

príncipe *m* prince *m*.

principiante *a* & *mf* débutant, -ante.

principio *m* début *m*; (*fundamento*) principe *m*; **a principio(s) de** au début de; **al p., en un p.** au début; **en p.** en principe; **principios** rudiments *mpl*.

pringar 1 *vt* (*ensuciar*) tacher (de graisse).

  2 pringarse *vr* (*ensuciarse*) se tacher (de graisse).

pringoso, -a *a* (*grasiento*) gras.

prisa *f* hâte *f*; **date p.** dépêche-toi; **tener p.** être pressé; **de** *o* **a p.** en vitesse.

prisión *f* prison *f*.

prisionero, -a *mf* prisonnier, -ière.

prismáticos *mpl* jumelles *fpl*.

privado, -a *a* privé.

privar 1 *vt* (*despojar*) priver (**de** de).

  2 privarse *vr* (*abstenerse*) se priver.

privilegio *m* privilège *m*.

pro 1 *m* profit *m*; **los pros y los contras** le pour et le contre.

  2 *prep* en faveur de.

proa *f* proue *f*.

probable *a* probable; **es p. que llueva** il est probable qu'il pleuve.

probador *m* cabine *f* d'essayage.

probar [2] **1** *vt* essayer; (*comida, bebida*) goûter; (*demostrar*) prouver.

  2 *vi* essayer.

  3 probarse *vr* (*ropa*) essayer.

probeta *f* éprouvette *f*.

problema *m* problème *m*.

proceder 1 *vi* (*actuar*) agir; (*ser oportuno*) être approprié; **p. de** (*provenir*) procéder de; **p. a** (*continuar*) continuer à.

  2 *m* (*comportamiento*) comportement *m*.

procedimiento *m* (*método*) procédé *m*.

procesador *m* processeur *m*; **p. de textos** traitement *m* de texte.

procesar *vt* instruire un procès contre; (*información*) traiter.

procesión *f* procession *f*.

proceso *m* processus *m*; (*juicios*) procès *m*; **p. de datos** traitement *m* de données.

proclamar *vt* proclamer.

procurar *vt* (*intentar*) essayer de; (*proporcionar*) procurer; **procura que no te vean** essaie de ne pas te faire voir.

prodigioso, -a *a* prodigieux.

producción *f* production *f*; **p. en cadena/serie** production à la chaîne/ en série.

producir 1 *vt* produire; (*fruto, cosecha*) donner; (*rendir*) rapporter.

  2 producirse *vr* se produire.

productivo, -a *a* productif.

producto *m* produit *m*.

P

productor, -ora a & mf producteur, -trice.

profesión f profession f.

profesional a & mf professionnel, -elle.

profesor, -ora mf professeur m.

profesorado m (grupo de profesores) professeurs mpl.

profetizar vt prophétiser.

prófugo, -a a & mf fugitif, -ive.

profundidad f profondeur f; **un metro de p.** un mètre de profondeur.

profundo, -a a profond.

progenitor, -ora mf **progenitores** (padres) géniteurs mpl.

programa m programme m.

programación f programmation f.

programar vt programmer.

progresar vi progresser.

progresivamente adv progressivement.

progresivo, -a a progressif.

progreso m progrès m.

prohibido, -a a interdit; **prohibida la entrada** entrée interdite; **p. aparcar/fumar** interdit de stationner/fumer.

prohibir vt interdire.

prójimo, -a mf prochain m.

proliferar vi proliférer.

prólogo m prologue m.

prolongar 1 vt (alargar) prolonger.
2 prolongarse vr (continuar) se prolonger.

promedio m moyenne f.

promesa f promesse f.

prometer 1 vti promettre.
2 prometerse vr se fiancer.

prometido, -a 1 a promis.
2 mf fiancé, -ée.

promocionar vt promouvoir.

pronombre m pronom m.

pronosticar vt pronostiquer.

pronóstico m (del tiempo) prévision f; (médico) pronostic m.

pronto, -a 1 a prompt.
2 pronto adv (deprisa) vite; (temprano) tôt; **de p.** tout à coup; **por de** o **lo p.** (para empezar) pour commencer; **¡hasta p.!** à bientôt!

pronunciación f prononciation f.

pronunciar vt prononcer.

propaganda f (política) propagande f; (comercial) publicité f.

propagar 1 vt propager.
2 propagarse vr se propager.

propiamente adv **p. dicho** proprement dit.

propiedad f propriété f; **con p.** proprement.

propietario, -a mf propriétaire mf.

propina f pourboire m.

propio, -a a (de uno, característico) propre; (correcto) approprié; (mismo) lui-même, elle-même; **el p. autor** l'auteur lui-même; **propios, -as** eux-mêmes, elles-mêmes.

proponer (pp **propuesto**) **1** vt proposer.
2 proponerse vr se proposer de.

proporción f proportion f; **proporciones** (tamaño) proportions.

proporcional a proportionnel.

proporcionar vt (dar) procurer; (suministrar) fournir.

proposición f (propuesta) proposition f.

propósito m (intención) intention f; **a p.** (por cierto) à propos; (adrede) exprès.

propuesta f proposition f.

propuse pt indef de **proponer**.

prórroga f (prolongación, aplazamiento) prorogation f; (en partido) prolongation f.

prosa f prose f.

proseguir [6] vti poursuivre.

prospecto m prospectus m.

prosperar *vi (negocio, país)* prospérer; *(propuesta)* avoir du succès.

próspero, -a *a* prospère.

prostitución *f* prostitution *f*.

prostituta *f* prostituée *f*.

protagonista *mf* protagoniste *mf*.

protección *f* protection *f*; **p. de escritura** protection contre l'écriture.

protector, -ora *a & mf* protecteur, -trice.

proteger *vt* protéger.

protesta *f* protestation *f*.

protestante *a & mf* protestant, -ante.

protestar *vi* protester; *(quejarse)* réclamer.

protocolo *m* protocole *m*.

protuberante *a* protubérant.

provecho *m* profit *m*; **¡buen p.!** bon appétit!; **sacar p. de algo** tirer profit de qch.

proveedor, -ora *mf* fournisseur, -euse.

proveer *(pp* **provisto)** *vt* fournir.

provenir *vi* **p. de** provenir de.

proverbio *m* proverbe *m*.

provincia *f* province *f*.

provisional *a* provisoire.

provisto, -a *a* **p. de** pourvu de.

provocación *f* provocation *f*.

provocador, -ora *a & mf* provocateur, -trice.

provocar *vt* provoquer; *Am* **si no le provoca** si ça ne lui dit pas.

provocativo, -a *a* provocant.

próximamente *adv* prochainement.

proximidad *f* proximité *f*; **en las proximidades de** à proximité de.

próximo, -a *a (cercano)* proche; *(siguiente)* prochain.

proyección *f* projection *f*.

proyectar *vt* projeter.

proyectil *m* projectile *m*.

proyecto *m* projet *m*.

proyector *m* projecteur *m*.

prudencia *f* prudence *f*; *(moderación)* modération *f*.

prudente *a* prudent.

prueba *f (argumento)* preuve *f*; *(examen etc.)* examen *m*; **a p. de agua/balas** à l'épreuve de l'eau/des balles.

psicoanálisis *m inv* psychanalyse *f*.

psicología *f* psychologie *f*.

psicológico, -a *a* psychologique.

psicólogo, -a *mf* psychologue *mf*.

psicópata *mf* psychopathe *mf*.

psiquiatra *mf* psychiatre *mf*.

psiquiátrico, -a *a* psychiatrique.

psíquico, -a *a* psychique.

PSOE *m abr de* **Partido Socialista Obrero Español** Parti *m* socialiste ouvrier espagnol.

pta(s). *abr de* **peseta(s)** pta(s).

pts *abr de* **pesetas** ptas.

púa *f (de planta, animal)* épine *f*; *(de peine)* dent *f*.

pub *m (pl* **pubs, pubes)** pub *m*.

publicación *f* publication *f*.

publicar *vt* publier; *(divulgar)* rendre public.

publicidad *f* publicité *f*.

público, -a *a & m* public *a & m*.

puchero *m (olla)* marmite *f*; *(cocido)* ragoût *m*; **hacer pucheros** faire la moue.

pucho *m Am* mégot *m*.

pude *pt indef de* **poder**.

pudor *m* pudeur *f*.

pudrir *vt defectivo,* **pudrirse** *vr* pourrir.

pueblo *m* village *m*; *(gente)* peuple *m*.

puente *m* pont *m*; **p. aéreo** *(civil)* navette *f* aérienne.

puerco, -a 1 *a* dégoûtant.
2 *mf* porc *m*, truie *f*.

puericultura *f* puériculture *f*.

pueril *a* puéril.

P

puerro *m* poireau *m*.

puerta *f* porte *f*; *(verja)* portail *m*.

puerto *m* *(de mar, ordenador)* port *m*; *(de montaña)* col *m*; **p. deportivo** port *m* de plaisance.

puertorriqueño, -a 1 *a* portoricain. **2** *mf* Portoricain, -aine.

pues *conj* *(puesto que)* parce que, puisque; *(por lo tanto)* donc; *(entonces)* alors; *(para reforzar)* **¡p. claro que sí!** mais bien sûr!; **p. como iba diciendo** eh bien, comme je le disais; **¡p. no!** certainement pas!

puestero, -a *mf Am* personne *f* qui tient un stand *(sur un marché etc.)*.

puesto, -a 1 *conj* **p. que** puisque. **2** *m* *(lugar)* endroit *m*; *(empleo)* poste *m*; *(tienda)* stand *m* *(sur un marché etc.)*; **p. de trabajo** emploi *m*. **3** *a* *(colocado)* mis; **llevar p.** *(ropa)* porter.

pugna *f* conflit *m*.

pulcro, -a *a* propre, soigné.

pulga *f* puce *f*.

pulgada *f* *(medida)* pouce *m*.

pulgar *m* *(dedo)* pouce *m*.

pulir *vt* *(metal, madera)* polir.

pulmón *m* poumon *m*.

pulpería *f Am* épicerie *f*.

pulpo *m* poulpe *m*.

pulsación *f* pulsation *f*; *(en mecanografía)* frappe *f*.

pulsar *vt* appuyer sur.

pulsera *f* *(aro)* bracelet *m*; **reloj de p.** montre-bracelet *f*.

pulso *m* pouls *m*; **tener p.** *(mano firme)* avoir de la poigne; **echarse un p.** faire un bras de fer.

pulverizador *m* vaporisateur *m*.

puma *m* puma *m*.

puna *f Am* terrain *m* en haute altitude.

punta *f* pointe *f*; **sacar p. a un lápiz** tailler un crayon; **tecnología p.** technologie de pointe; **hora p.** heure de pointe.

puntapié *m* coup *m* de pied.

puntería *f* adresse *f* au tir; **tener buena/mala p.** bien/mal viser.

puntiagudo, -a *a* pointu.

puntilla *f* *(encaje)* dentelle *f*; **dar la p.** achever; **de puntillas** sur la pointe des pieds.

punto *m* point *m*; *(lugar)* endroit *m*; **a p.** à point; **a p. de** sur le point de; **hasta cierto p.** jusqu'à un certain point; **p. muerto** point mort; **p. de vista** point de vue; **p. y seguido** point; **p. y coma** point virgule; **dos puntos** deux points; **p. y aparte** point à la ligne; **las ocho en p.** huit heures pile; **hacer p.** tricoter.

puntuación *f* *(ortográfica)* ponctuation *f*; *(deportiva)* score *m*; *(nota)* note *f*.

puntual 1 *a* ponctuel. **2** *adv* à l'heure.

puntualidad *f* ponctualité *f*.

puñado *m* poignée *f*.

puñal *m* poignard *m*.

puñalada *f* coup *m* de couteau.

puñetazo *m* coup *m* de poing.

puño *m* poing *m*; *(de camisa etc.)* manchette *f*; *(de herramienta)* poignée *f*.

pupa *f* *(herida)* bobo *m*.

pupila *f* pupille *f*.

pupitre *m* pupitre *m*.

puré *m* purée *f*; **p. de patata** purée de pommes de terre.

pureza *f* pureté *f*.

purificar *vt* purifier.

puritano, -a *a & mf* puritain, -aine.

puro, -a 1 *a* pur; **aire p.** air pur; **la pura verdad** la pure vérité. **2** *m* *(cigarro)* cigare *m*.

púrpura *a inv* pourpre.

puse *pt indef de* **poner**.

puzzle *m* puzzle *m*.

P.V.P. *m abr de* **precio de venta al público** prix *m* de vente au public.

Pza., Plza. *abr de* **plaza** Pl

que¹ *pron rel* **(a)** *(sujeto)* qui.

(b) *(complemento)* que, qu'; **la chica q. conocí** la fille que j'ai rencontrée; **el coche q. compré** la voiture que j'ai achetée.

(c) lo q. ce qui/que.

(d) *(con infinitivo)* **hay mucho q. hacer** il y a beaucoup à faire; **no sé q. decirle** je ne sais pas quoi lui dire.

(e) con (el/la) q. avec lequel/la-quelle; **el lápiz con (el) q. escribo** le crayon avec lequel j'écris; **del/de la q. dont**; **la mujer de la q. te hablo** la femme dont je te parle; **en el momento en q.** au moment où.

que² *conj* **(a)** que, qu'; **dijo q. llamaría** il a dit qu'il appellerait.

(b) *(consecutivo)* que, qu'; **habla tan bajo q. no se le oye** il parle si bas qu'on ne l'entend pas.

(c) *(en comparativas)* que, qu'; **mejor q. tú** mieux que toi.

(d) *(causal)* car; **date prisa q. no tenemos mucho tiempo** dépêche-toi car nous n'avons pas beaucoup de temps.

(e) *(enfático)* **¡q. no!** non alors!

(f) *(deseo, mandato)* *(+ subjuntivo)* **¡q. te diviertas!** amuse-toi bien!

(g) *(final)* *(pour)* que; **ven q. te dé un beso** viens ici que je t'embrasse.

(h) *(disyuntivo)* que, qu'; **me da igual q. suba o no** ça m'est égal qu'il monte ou pas.

(i) *(locuciones)* **q. yo sepa** que je sache; **yo q. tú** si j'étais toi.

qué 1 *pron* **(a)** *interr* que, qu', qu'est-ce que, qu'est-ce qu'; **¿q. quieres?** que veux-tu?, qu'est-ce que tu veux?.

(b) *(exclamativo)* *(+ a)* comme il/elle/c'est; *(+ n)* quel, quelle, quels, quelles; **¡q. bonito!** comme c'est joli!; **¡q. lástima!** quel dommage! .

2 *a interr* quel, quelle, quels, quelles; **¿q. libro quieres?** quel livre veux-tu?

quebrada *f col m; Am* ruisseau *m.*

quebrar [1] **1** *vt (romper)* casser.

2 *vi (empresa)* faire faillite.

3 quebrarse *vr* se casser.

quedar 1 *vi (restar)* rester; *(con amigo)* prendre rendez-vous; *(acordar)* convenir **(en** de); *(estar situado)* se trouver; **quedan dos** il en reste deux; **quedaría muy bien allí** ça rendrait très bien là; **q. en ridículo** se tourner en ridicule; **q. bien/mal** faire bien/ne pas faire bien.

2 quedarse *vr (permanecer)* rester; **quedarse sin dinero/pan** être à court d'argent/de pain; **quedarse con hambre** rester sur sa faim; **quedarse (con)** *(retener)* garder; **quédese (con) el cambio** gardez la monnaie.

quehacer *m* besogne *f.*

queja *f* plainte *f.*

quejarse *vr* se plaindre **(de** de).

quemadura *f* brûlure *f.*

quemar 1 *vti* brûler.

2 quemarse *vr* se brûler; *(broncearse)* bronzer; *Fig* être consumé de passion; *(desacreditarse)* se discréditer.

quemazón *f* brûlure *f.*

quepo *indic pres de* **caber**.

querella *f* querelle *f*; *(queja)* plainte *f*.

querer 1 *vt* vouloir; *(amar)* aimer; **sin q.** sans le vouloir; **¡por lo que más quieras!** pour l'amour de Dieu!; **¿quiere pasarme el pan?** vous pourriez me passer le pain?; **q. decir** vouloir dire; **no quiso darme permiso** il n'a pas voulu me donner la permission.

   2 quererse *vr* s'aimer.

querido, -a *a* cher.

querré *indic fut de* **querer**.

queso *m* fromage *m*.

quicio *m (de puerta)* gond *m*; *(marco de puerta)* jambage *m*; **sacar de q. (a algn)** faire sortir (qn) de ses gonds.

quien *pron rel* (a) qui; **el hombre con q. vino** l'homme avec lequel il est venu.

   (b) *(indefinido)* **q. quiera venir...** ceux qui veulent venir...; **hay q. dice lo contrario** il y en a qui disent le contraire; **no hay q. quiera hacerlo** personne ne veut le faire.

quién *pron interr* qui; **¿q. es?** qui est-ce?; **¿para q. es?** c'est pour qui?; **¿de q. es esa bici?** à qui appartient ce vélo?; **¡q. pudiera hacerlo!** si seulement je pouvais le faire!

quienquiera *pron indef* (*pl* **quienesquiera**) quiconque.

quieto, -a *a* tranquille; **¡estáte q.!** tiens-toi tranquille!

quilo *m* = **kilo**.

químico, -a *a* chimique.

quince *a & m inv* quinze *a & m inv*.

quiniela *f* paris *mpl* mutuels *(sur le résultat de matchs de foot, courses de chevaux etc.)*.

quinientos, -as *a & m inv* cinq cents *a & m*.

quinqué *m* quinquet *m*.

quintal *m (medida)* quintal *m*; **q. métrico** quintal métrique.

quinto, -a *a & mf* cinquième.

quiosco *m* kiosque *m*; **q. de periódicos** kiosque à journaux.

quirófano *m* salle *f* d'opération.

quirúrgico, -a *a* chirurgical.

quise *indic pret de* **querer**.

quitaesmalte(s) *m inv* dissolvant *m*.

quitamanchas *m inv* détachant *m*.

quitanieves *m* **(máquina) q.** chasse-neige *m*.

quitar 1 *vt* enlever; *(dolor)* soulager; *(sed)* apaiser; *(hambre)* couper; *(robar)* voler; *(tiempo, asiento)* prendre.

   2 *vi* **¡quita!** ôte-toi de là!.

   3 quitarse *vr (apartarse)* s'écarter; *(mancha)* s'enlever; *(dolor)* s'apaiser; *(ropa, gafas)* enlever; **quitarse de fumar** arrêter de fumer; **quitarse a algn de encima** se débarrasser de qn.

quizá(s) *adv* peut-être.

R

rábano *m* radis *m*.

rabia *f* rage *f*; **¡qué r.!** que c'est rageant!; **me da r.** ça me met en rage.

rabiar *vi (enfadarse)* enrager; **hacer r. a algn** faire enrager qn.

rabioso, -a *a* enragé; *(enfadado)* furieux.

rabo *m* queue *f*.

racha *f (de viento)* rafale *f*; *(periodo)* vague *f*.

racial *a* racial.

racimo *m* grappe *f*.

ración *f* ration *f*.

racionar *vt* rationner.

racismo *m* racisme *m*.

racista *a & mf* raciste.

radar *m (pl* **radares***)* radar *m*.

radiación *f* radiation *f*.

radiactividad *f* radioactivité *f*.

radiactivo, -a *a* radioactif.

radiador *m* radiateur *m*.

radiante *a* rayonnant **(de** de*)*.

radical *a* radical.

radio 1 *f* radio *f*.
   2 *m* rayon *m*.

radioactividad *f* radioactivité *f*.

radiocasete *m (pl* **radiocasetes***)* radiocassette *f*.

radiografía *f (imagen)* radiographie *f*.

ráfaga *f (de viento, disparos)* rafale *f*.

raído, -a *a (gastado)* usé.

raíz *f (pl* **raíces***)* racine *f*; **r. cuadrada** racine carrée; **a r. de** à la suite de.

raja *f (corte)* coupure *f*; *(hendidura)* fissure *f*.

rajar 1 *vt (tela)* déchirer; *(hender)* fendre.
   2 rajarse *vr (tela)* se déchirer; *(partirse)* se fendre; *Fam (echarse atrás)* faire marche arrière; *Am (acobardarse)* se dégonfler.

rallado, -a *a* **queso r.** fromage râpé; **pan r.** chapelure *f*.

rallador *m* râpe *f*.

rallar *vt* râper.

ralo, -a *a* clairsemé.

rama *f* branche *f*.

ramillete *m (de flores)* bouquet *m*.

ramo *m (de flores)* bouquet *m*; *(sector)* branche *f*.

rampa *f* rampe *f*.

rana *f* grenouille *f*.

rancho *m (granja)* ranch *m*.

rancio, -a *a (comida)* rance.

rango *m (jerárquico)* rang *m*.

ranura *f* rainure *f*; **r. de expansión** emplacement *m* pour extension.

rapar *vt* couper à ras.

rapaz 1 *a* rapace; **ave r.** oiseau de proie.
   2 rapaz, -aza *mf* garçon *f*, fille *f*.

rape *m (pez)* lotte *f* de mer; **cortado al r.** coupé à ras.

rapidez *f* rapidité *f*.

rápido, -a 1 *a* rapide.
   2 *adv* rapidement.
   3 *m* rapide *m*.

raptar *vt* kidnapper.

rapto m (secuestro) rapt m.

raqueta f (de tenis, ping-pong) raquette f.

raquítico, -a a (delgado) rachitique; Fam (escaso) faible.

raro, -a a rare; (extraño) étrange.

rascacielos m inv gratte-ciel m inv.

rascar vt (con las uñas) gratter.

rasgar vt déchirer.

rasgo m trait m.

rasguño m égratignure f.

raso, -a 1 a (llano) plat; (cielo) dégagé.
   2 m satin m.

raspa f (de pescado) arête f.

raspar 1 vt (limar) râper; (picar) gratter.
   2 vi (persona) s'érafler.

rastrear vt (zona) passer au peigne fin.

rastrillo m râteau m; (mercadillo) marché m aux puces.

rastro m trace f.

rasurar 1 vt raser.
   2 rasurarse vr se raser.

rata f rat m.

ratero, -a mf pickpocket m.

ratificar vt ratifier.

rato m (momento) moment m; **a ratos** par moments; **al poco r.** peu après; **pasar un buen/mal r.** passer un bon/mauvais moment; **ratos libres** moments libres.

ratón m (también de ordenador) souris f.

raya f (línea, del pelo) raie f; (del pantalón) pli m; **camisa a rayas** chemise à rayures.

rayar vt rayer.

rayo m rayon m; (relámpago) éclair m.

raza f race f.

razón f raison f; (proporción) rapport m; **uso de r.** usage de la raison; **dar la r. a algn** donner raison à qn; **tener r.** avoir raison; **mandarle r. a**

algn (recado) faire la commission à qn; **¡con r.!** évidemment!

razonable a raisonnable.

razonar 1 vt (argumentar) justifier.
   2 vi (discurrir) raisonner.

reacción f réaction f; **avión de r.** avion à réaction.

reaccionar vi réagir.

reactor m réacteur m; (avión) avion m à réaction.

reajuste m rajustement m.

real¹ a (efectivo, verdadero) réel.

real² a (regio) royal.

realidad f réalité f; **en r.** en réalité.

realismo m réalisme m.

realizador, -ora mf réalisateur, -trice.

realizar 1 vt réaliser.
   2 realizarse vr se réaliser.

realmente adv réellement.

realzar vt rehausser.

reanimar 1 vt réanimer.
   2 reanimarse vr reprendre conscience.

reanudar vt, **reanudarse** vr reprendre.

rebaja f (descuento) rabais m; **rebajas** soldes mpl.

rebajar 1 vt (precio) baisser; (tanto por ciento) décompter.
   2 rebajarse vr (humillarse) s'abaisser.

rebanada f tranche f.

rebaño m troupeau m.

rebasar vt (exceder) dépasser.

rebeca f cardigan m.

rebelarse vr se rebeller.

rebelde a & mf rebelle.

rebelión f rébellion f.

rebobinar vt rembobiner.

rebosar vi déborder.

rebotar vi rebondir.

rebuznar vi braire.

recado m (mandado) commission f;

(mensaje) message *m*; **dejar un r.** laisser un message.

recalcar *vt Fig* appuyer sur.

recalentar [1] *vt (comida)* faire réchauffer.

recambio *m (repuesto)* pièce *f* de rechange; *(de pluma etc.)* cartouche *f*; **rueda de r.** roue de secours.

recapacitar *vt* réfléchir à.

recargado, -a *a (estilo)* chargé.

recargar *vt (batería)* recharger; *(adornar mucho)* surcharger.

recatado, -a *a (prudente)* prudent; *(modesto)* réservé.

recaudador, -ora *mf* percepteur, -trice.

recaudar *vt* percevoir.

recelar *vt* **r. de** se méfier de.

receloso, -a *a* méfiant.

recepción *f* réception *f*.

recepcionista *mf* réceptionniste *mf*.

receptor *m (aparato)* récepteur *m*.

receta *f* recette *f*; **r. (médica)** ordonnance *f*.

recetar *vt* prescrire.

rechazar *vt* refuser.

rechinar *vi* grincer.

rechoncho, -a *a* boulot.

recibidor *m* entrée *f*.

recibimiento *m* réception *f*.

recibir 1 *vt* recevoir.
 2 recibirse *vr Am* **recibirse de** obtenir son diplôme de.

recibo *m (factura)* facture *f*; *(resguardo)* reçu *m*.

reciclar *vt* recycler.

recién *adv* récemment; **r. casados** jeunes mariés; **r. nacido** nouveau-né.

reciente *a* récent.

recientemente *adv* récemment.

recinto *m (cercado)* enceinte *f*; **r. comercial** centre *m* commercial.

recio, -a *a (robusto)* robuste; *(grueso)* gros; *(voz)* fort.

recipiente *m* récipient *m*.

recíproco, -a *a* réciproque.

recitar *vt* réciter.

reclamación *f* réclamation *f*.

reclamar *vti* réclamer (**contra** contre).

reclinar 1 *vt* appuyer (**sobre** sur).
 2 reclinarse *vr* s'appuyer.

recluir *vt* enfermer.

recluso, -a *mf* prisonnier, -ière.

recobrar 1 *vt* retrouver; *(conocimiento)* reprendre; **r. el aliento** reprendre son haleine.
 2 recobrarse *vr* se remettre.

recodo *m* tournant *m*.

recoger 1 *vt* ramasser; *(datos etc.)* recueillir; *(ordenar, limpiar)* ranger; *(cosecha)* récolter.
 2 recogerse *vr (pelo)* relever.

recogida *f* ramassage *m*; *(cosecha)* récolte *f*.

recomendación *f* recommandation *f*.

recomendar [1] *vt* recommander.

recompensa *f* récompense *f*.

reconciliar 1 *vt* réconcilier.
 2 reconciliarse *vr* se réconcilier.

reconfortante *a* réconfortant.

reconocer *vt* reconnaître; *(paciente)* examiner.

reconocimiento *m* reconnaissance *f*; *(médico)* examen *m*.

reconstituyente *m* fortifiant *m*.

reconstruir *vt* reconstruire.

recopilación *f* recueil *m*.

recopilar *vt* recueillir.

récord *m* record *m*.

recordar 1 [2] *vt* se souvenir de; **r. algo a algn** rappeler qch à qn.
 2 vi se souvenir.

recorrer *vt* parcourir.

recorrido *m* parcours *m*.

recortar *vt* découper.

recorte *m* coupure *f* (de presse); *(de personal, presupuesto)* réduction *f*.

R

recostar [2] **1** *vt* appuyer.
　2 recostarse *vr (tumbarse)* s'allonger.

recreo *m* distraction *f*; *(en colegio)* récréation *f*.

recriminar *vt* critiquer; *(reprochar)* reprocher.

recrudecer *vi*, **recrudecerse** *vr* empirer.

recta *f (de carretera)* ligne *f* droite.

rectangular *a* rectangulaire.

rectángulo *m* rectangle *m*.

rectificar *vt* rectifier.

recto, -a 1 *a* droit.
　2 *adv* tout droit.

rector, -ora *mf* recteur, -trice.

recuerdo *m* souvenir *m*; **recuerdos** amitiés *fpl*.

recuperación *f* récupération *f*; *(de un enfermo)* rétablissement *m*.

recuperar 1 *vt (salud)* retrouver, recouvrer; *(conocimiento)* reprendre; *(tiempo, clases)* rattraper.
　2 recuperarse *vr* se rétablir.

recurrir *vi (sentencia)* faire appel; **r. a algn** recourir à qn; **r. a algo** avoir recours à qch.

recurso *m* ressource *f*; *(de sentencia)* appel *m*.

red *f* filet *m*; *(sistema)* réseau *m*; **r. local** réseau local.

redacción *f* rédaction *f*.

redactar *vt* rédiger.

redactor, -ora *mf* rédacteur, -trice.

redondel *m (círculo)* cercle *m*.

redondo, -a *a* rond; *(rotundo)* catégorique.

reducción *f* réduction *f*.

reducir 1 *vt (disminuir)* réduire.
　2 reducirse *vr (disminuirse)* réduire; *(limitarse)* se limiter (**a** à).

reembolso *m* remboursement *m*; **contra r.** contre remboursement.

reemplazar *vt* remplacer (**con** par).

ref. *abr de* **referencia** réf.

refaccionar *vt Am* réparer.

refectorio *m* réfectoire *m*.

referencia *f* référence *f*.

referéndum *m* (*pl* **referéndums**) référendum *m*.

referente a concernant.

referir [5] **1** *vt* rapporter.
　2 referirse *vr (aludir)* se référer (**a** à).

refilón de r. *(de pasada)* en passant.

refinería *f* raffinerie *f*.

reflector *m* projecteur *m*.

reflejar 1 *vt* refléter.
　2 reflejarse *vr* se refléter (**en** sur).

reflejo, -a 1 *m (imagen, destello)* reflet *m*; *(automatismo)* réflexe *m*; **reflejos** *(en el cabello)* reflets.
　2 *a (movimiento)* réflexe.

reflexión *f* réflexion *f*.

reflexionar *vi* réfléchir (**sobre** à).

reflexivo, -a *a* réfléchi.

reforma *f* réforme *f*; *(reparación)* réparation *f*.

reformar *vt* réformer; *(edificio)* rénover.

reformatorio *m* maison *f* de correction.

reforzar [2] *vt* renforcer.

refrán *m* proverbe *m*.

refrescante *a* rafraîchissant.

refrescar 1 *vti* rafraîchir.
　2 refrescarse *vr* se rafraîchir.

refresco *m* boisson *f* gazeuse.

refrigeración *f* réfrigération *f*; *(aire acondicionado)* climatisation *f*.

refrigerado, -a *a (local)* climatisé.

refuerzo *m* renfort *m*; *(acción)* renforcement *m*.

refugiarse *vr* se réfugier.

refugio *m* refuge *m*.

refunfuñar *vi* grommeler.

regadera *f* arrosoir *m*.

regalar *vt (dar)* offrir.

regaliz *m* réglisse *f*.

regalo *m* cadeau *m*.
regañadientes a r. à contrecœur.
regañar 1 *vt* gronder.
  2 *vi* ronchonner.
regar [1] *vt* arroser.
regata *f* régate *f*.
regatear *vi* marchander; *(en fútbol)* dribbler.
regazo *m* giron *m*.
regeneración *f* régénération *f*.
régimen *m* (*pl* **regímenes**) régime *m*; **estar a r.** être au régime.
regio, -a *a (real)* royal; *Am (magnifico)* majestueux.
región *f* région *f*.
regional *a* régional.
registrado, -a *a* **marca registrada** marque déposée.
registrar 1 *vt (examinar)* inspecter; *(cachear)* fouiller; *(inscribir)* inscrire.
  2 registrarse *vr (detectarse)* se produire; *(inscribirse)* s'inscrire.
registro *m* inspection *f*; *(inscripción)* inscription *f*.
regla *f (norma, instrumento)* règle *f*; *(periodo)* règles *fpl*; **por r. general** en règle générale.
reglamentario, -a *a* réglementaire.
reglamento *m* règlement *m*.
regocijar *vt* réjouir.
regocijo *m (placer)* plaisir *m*; *(alborozo)* réjouissance *f*.
regresar *vi* retourner.
regreso *m* retour *m*.
regular 1 *vt* régler.
  2 *a* régulier; *(mediano)* moyen; **vuelo r.** vol régulier.
  3 *adv* moyen.
regularidad *f* régularité *f*; **con r.** régulièrement.
regularizar *vt* régulariser.
rehabilitar *vt* réhabiliter; *(edificio)* transformer.

rehacer *(pp* **rehecho**) **1** *vt* refaire.
  2 rehacerse *vr (recuperarse)* se remettre.
rehén *m* otage *mf*.
rehogar *vt* faire revenir.
rehuir *vt* fuir.
rehusar *vt* refuser.
reina *f* reine *f*.
reinar *vi* régner.
reincidir *vi* retomber (**en** dans).
reincorporarse *vr* reincorporarse **al trabajo** reprendre le travail.
reino *m* royaume *m*; **el R. Unido** le Royaume-Uni.
reír *vi*, **reírse** *vr* rire (**de** de).
reiterar *vt* réitérer.
reivindicación *f* revendication *f*.
reivindicar *vt* revendiquer.
reja *f (de ventana)* grille *f*.
rejilla *f* grillage *m*; *(de horno)* grille *f*; *(para equipaje)* galerie *f*.
rejoneador, -ora *mf* toréador *m* à cheval.
relación *f* relation *f*; **relaciones públicas** relations publiques.
relacionado, -a *a* lié (**con** à).
relacionar 1 *vt* relier (**con** à).
  2 relacionarse *vr* être lié; *(alternar)* entrer en relations.
relajación *f* relaxation *f*.
relajar 1 *vt* relaxer.
  2 relajarse *vr* se relaxer.
relamerse *vr* se lécher les babines.
relámpago *m* éclair *m*.
relatar *vt* raconter.
relativo, -a *a* relatif (**a** à).
relato *m* récit *m*.
relax *m* relaxation *f*.
relegar *vt* reléguer.
relevante *a* notable.
relevar *vt (sustituir)* prendre la relève de.
relevo *m* relief *m*; *(en carrera)* relais *m*.
religión *f* religion *f*.

relinchar *vi* hennir.

rellano *m* palier *m*.

rellenar *vt* remplir (**de** de).

relleno, -a 1 *m* (*de aves*) farce *f*; (*de pasteles*) garniture *f*.
  2 *a* farci.

reloj *m* horloge *f*; (*de pulsera*) montre *f*.

relojería *f* (*tienda*) horlogerie *f*.

relucir *vi* luire.

reluzco *indic pres de* **relucir**.

remache *m* rivet *m*.

remangarse *vr* (*mangas, pantalones*) retrousser.

remar *vi* ramer.

rematar *vt* achever.

remate *m* (*final*) fin *f*; (*en fútbol*) tir *m* au but; **para r.** pour couronner le tout; **de r.** fini.

remediar *vt* remédier à; (*enmendar*) réparer; **no pude remediarlo** je n'ai rien pu faire.

remedio *m* remède *m*; **¡qué r.!** on n'a pas le choix!; **no hay más r.** c'est la seule solution.

remendar [1] *vt* (*ropa*) raccommoder.

remesa *f* (*de mercancías*) expédition *f*.

remiendo *m* (*arreglo*) raccommodage *m*; (*parche*) pièce *f*.

remilgado, -a *a* (*melindroso*) maniéré.

remite *m* (*en carta*) nom et adresse de l'expéditeur.

remitente *mf* expéditeur, -trice.

remitir 1 *vt* (*enviar*) envoyer.
  2 *vi* (*fiebre, temporal*) se calmer.

remo *m* rame *f*.

remodelación *f* (*modificación*) modification *f*; (*reorganización*) réorganisation *f*.

remojar *vt* faire tremper (**en** dans).

remojón *m* *Fam* **darse un r.** faire trempette.

remolacha *f* betterave *f*.

remolcador *m* remorqueur *m*.

remolcar *vt* remorquer.

remolino *m* tourbillon *m*.

remolque *m* (*acción*) remorquage *m*; (*vehículo*) remorque *f*.

remordimiento *m* remords *m*.

remoto, -a *a* lointain.

remover [4] *vt* (*tierra*) retourner; (*líquido, comida*) remuer.

remuneración *f* rémunération *f*.

remunerar *vt* rémunérer.

renacuajo *m* têtard *m*; *Fam* (*niño pequeño*) minus *m*.

rencor *m* rancœur *f*; **guardar r. a algn** en vouloir à qn.

rencoroso, -a *a* rancunier.

rendido, -a *a* (*muy cansado*) épuisé.

rendija *f* fente *f*.

rendimiento *m* (*de máquina, motor*) rendement *m*.

rendir [6] **1** *vt* (*fruto*) donner; (*beneficios*) rapporter; (*cansar*) épuiser.
  2 *vi* (*dar beneficios*) rapporter.
  3 rendirse *vr* se rendre.

RENFE *abr de* **Red Nacional de Ferrocarriles Españoles** chemin *m* de fer espagnol.

renglón *m* ligne *f*.

reno *m* renne *m*.

renombre *m* renom *m*.

renovación *f* (*de contrato, pasaporte*) renouvellement *m*.

renovar [2] *vt* renouveler; (*edificio*) rénover.

renta *f* (*ingresos*) rente *f*; (*alquiler*) loyer *m*.

rentable *a* rentable.

renunciar *vi* (*dimitir*) démissionner; (*no aceptar*) refuser; **r. a** renoncer à.

reñido, -a *a* (*disputado*) disputé.

reñir [6] **1** *vt* (*regañar*) gronder.
  2 *vi* (*discutir*) se disputer; (*pelear*) se battre.

reo *mf* (*acusado*) accusé, -ée; (*culpable*) coupable *mf*.

reojo mirar algo de **r.** regarder qn du coin de l'œil.

reparar 1 *vt* réparer.
  2 *vi* **r. en** *(darse cuenta de)* remarquer.

reparo *m* no tener reparos en n'avoir aucune appréhension à; **me da r.** ça me gêne.

repartidor, -ora *mf* distributeur, -trice.

repartir *vt (dividir)* répartir; *(regalo, premio, correo)* distribuer.

reparto *m* répartition *f*; *(distribución, de actores)* distribution *f*; *(de mercancías)* livraison *f*.

repasar *vt* réviser.

repecho *m* petite côte *f*.

repeler *vt (repugnar)* répugner.

repente de **r.** soudain.

repentino, -a *a* soudain.

repercutir 1 *vt (subida de precio)* répercuter.
  2 *vi* **r. en** se répercuter sur.

repertorio *m* répertoire *m*.

repetición *f* répétition *f*.

repetir [6] **1** *vt* répéter; *(plato)* reprendre de.
  2 *vi (en colegio)* redoubler.
  3 **repetirse** *vr (hecho)* se répéter.

repicar *vti (campanas)* sonner.

repisa *f* étagère *f*.

replegarse [1] *vr* se replier.

repleto, -a *a* plein; **r. de** plein de.

réplica *f* réplique *f*.

replicar *vti (objetar)* répliquer.

repollo *m* chou *m*.

reponer 1 *vt* remettre.
  2 **reponerse** *vr* se remettre (**de** de).

reportaje *m* reportage *m*.

reportero, -a *mf* reporter *mf*.

reposar 1 *vi* se reposer; *(comida)* reposer.
  2 **reposarse** *vr* se reposer (**en** sur).

reposo *m* repos *m*.

repostar *vti (gasolina)* faire le plein (de).

repostería *f* pâtisserie *f*.

reprender *vt* reprendre.

represalias *fpl* représailles *fpl*.

representante *mf* représentant, -ante.

representar *vt* représenter.

represión *f* répression *f*.

reprimenda *f* réprimande *f*.

reprimir *vt* réprimer.

reprochar *vt* **r. algo a algn** reprocher qch à qn.

reproducción *f* reproduction *f*.

reproducir 1 *vt* reproduire.
  2 **reproducirse** *vr* se reproduire.

reptil *m* reptile *m*.

república *f* république *f*.

repuesto *m (recambio)* pièce *f* de rechange; **rueda de r.** roue de secours.

repugnante *a* répugnant.

repugnar *vt* répugner.

repulsivo, -a *a* répulsif.

repuse *pt indef de* **reponer**.

reputación *f* réputation *f*.

requesón *m* fromage *m* blanc.

requisar *vt* réquisitionner.

requisito *m* condition *f* requise.

res *f* animal *m*.

resaca *f* gueule *f* de bois.

resaltar *vi (sobresalir)* faire saillie; *Fig* se détacher.

resbaladizo, -a *a* glissant.

resbalar 1 *vi* glisser; *Fig* **se me resbala** je m'en moque.
  2 **resbalarse** *vr* glisser.

resbalón *m* glissade *f*.

rescatar *vt (liberar)* délivrer.

rescate *m* sauvetage *m*; *(dinero pagado)* rançon *f*.

rescindir *vt (contrato)* annuler.

rescoldo *m* braises *fpl*.

reseco, -a *a* desséché.

R

resentimiento m ressentiment m.

reserva f (de entradas etc.) réservation f; (provisión) réserve f.

reservado, -a a réservé.

reservar vt réserver.

resfriado, -a 1 m (catarro) rhume m; **coger un r.** attraper le rhume.
  2 a **estar r.** être enrhumé.

resfriarse vr s'enrhumer.

resguardo m (recibo) reçu m.

residencia f résidence f; **r. de ancianos** maison f de retraite.

residir vi résider (**en** à).

resignarse vr se résigner (**a** à).

resina f résine f.

resistencia f résistance f.

resistir 1 vi résister.
  2 vt (situación, persona) endurer; (tentación) résister à.
  3 resistirse vr résister; (negarse) refuser.

resolver [4] (pp **resuelto**) **1** vt résoudre.
  2 resolverse vr (solucionarse) se résoudre.

resonar [2] vi résonner.

resoplar vi souffler.

resorte m (muelle) ressort m; (medio) moyen m.

respaldo m (de silla etc.) dossier m.

respecto m **al r., a este r.** à ce sujet; **(con) r. a** en ce qui concerne.

respetable a respectable.

respetar vt respecter.

respeto m respect m.

respetuoso, -a a respectueux.

respingo m sursaut m.

respiración f (acción) respiration f; (aliento) haleine f.

respirar vti respirer.

resplandecer vi resplendir.

resplandor m (brillo) lueur f; (muy intenso, de fuego) éclat m.

responder 1 vt répondre.
  2 vi répondre.

responsabilidad f responsabilité f.

responsabilizar 1 vt donner la responsabilité (**de** de); (culpar) rendre responsable (**de** de).
  2 responsabilizarse vr prendre la responsabilité (**de** de).

responsable 1 a responsable.
  2 mf **el/la r.** le/la responsable; (de robo etc.) l'auteur m.

respuesta f réponse f.

resquicio m fente f.

resta f soustraction f.

restablecer 1 vt rétablir.
  2 restablecerse vr (mejorarse) se rétablir.

restante a restant.

restar vt soustraire.

restaurante m restaurant m.

restaurar vt restaurer.

resto m reste m; **restos** restes.

restregar [1] vt frotter.

restricción f restriction f.

restringir vt restreindre.

resucitar vti ressusciter.

resuello m souffle m.

resultado m résultat m.

resultar vi (ser) être; **me resultó fácil** ça m'a été facile.

resumen m résumé m; **en r.** en résumé.

resumir vt résumer.

retaguardia f arrière-garde f.

retahíla f ribambelle f.

retal m (pedazo) restant m.

retar vt défier.

retazo m (pedazo) morceau m.

retención f retenue f; **r. de tráfico** encombrement m de la circulation.

retener vt retenir.

retirada f retrait m.

retirar 1 vt retirer.
  2 retirarse vr (apartarse) se reculer; (irse) se retirer; (jubilarse) partir en retraite.

retiro m (lugar tranquilo) retraite f.
reto m défi m.
retoque m retouche f.
retorcer [4] **1** vt (cuerda, hilo) enrouler; (ropa) tordre.
    2 retorcerse vr s'enrouler
retorno m retour m.
retortijón m (dolor) crampe f d'estomac.
retraído, -a a réservé.
retransmisión f retransmission f.
retrasado, -a 1 a **estar r.** (tren, en el colegio) être en retard; (reloj) retarder.
    2 mf **r. (mental)** attardé, -ée.
retrasar 1 vt (retardar, reloj) retarder; (atrasar) remettre; **r. a alguien** mettre qn en retard.
    2 retrasarse vr s'attarder; (reloj) retarder.
retraso m (demora) retard m; **con r.** en retard; **una hora de r.** une heure de retard.
retrato m portrait m.
retrete m toilettes fpl.
retribución f rétribution f.
retroceder vi reculer.
retroceso m (movimiento) recul m.
retrospectivo, -a 1 a rétrospectif.
    2 f rétrospective f.
retrovisor m rétroviseur m.
retumbar vi (resonar) résonner; (tronar) tonner.
retuve pt indef de **retener**.
reúma m o f, **reumatismo** m rhumatisme m.
reunión f réunion f.
reunir 1 vt réunir.
    2 reunirse vr se réunir.
revelar vt révéler; (película) développer.
reventar [1] **1** vt faire éclater.
    2 reventarse vr éclater.
reventón m (de neumático) éclatement m.

reverencia f révérence f.
reversible a réversible.
reverso m envers m.
revés m (reverso) envers m; (contrariedad) revers m; **al** o **del r.** à l'envers; (al contrario) au contraire.
revisar vt réviser.
revisión f révision f; **r. médica** bilan m de santé.
revisor, -ora mf contrôleur, -euse.
revista f revue f.
revivir vti revivre.
revolcarse [2] vr se rouler.
revoltijo, revoltillo m pagaille f.
revoltoso, -a a (travieso) espiègle.
revolución f révolution f.
revolver [4] (pp **revuelto**) **1** vt remuer; (desordenar) mettre sens dessus dessous; **me revuelve el estómago** ça me dégoûte.
    2 revolverse vr s'agiter.
revólver m (pl **revólveres**) revolver m.
revuelo m (agitación) agitation f
revuelto, -a a (desordenado) sens dessus dessous; (tiempo) incertain; (mar) agité; (huevos) brouillé.
rey m roi m; **(el día de) Reyes** la fête des Rois.
rezagarse vr être à la traîne.
rezar 1 vi (orar) prier.
    2 vt (oración) faire.
rezumar vt laisser échapper.
ría f estuaire m.
riada f inondation f.
ribera f rive f.
rico, -a 1 a **ser r.** être riche; **estar r.** (delicioso) être délicieux.
    2 mf riche mf.
ridiculizar vt ridiculiser.
ridículo, -a 1 a ridicule.
    2 m ridicule m; **hacer el r., quedar en r.** se tourner en ridicule; **poner a algn en r.** tourner qn en ridicule.
riego m irrigation f.

R

rienda f rêne f.

riesgo m risque m; **correr el r. de** courir le risque de.

rifa f tombola f.

rifle m rifle m.

rigidez f rigidité f.

rigor m rigueur f.

rigurosamente adv rigoureusement.

riguroso, -a a rigoureux.

rimar 1 vi rimer (**con** avec). **2** vt faire rimer.

rímel m Rimmel® m.

rincón m coin m.

rinoceronte m rhinocéros m.

riña f (pelea) bagarre f; (discusión) dispute f.

riñón m rein m.

río m rivière f; (grande) fleuve m; **r. abajo** en aval; **r. arriba** en amont.

riqueza f richesse f.

risa f rire m; **me da r.** ça me fait rire; **morirse** o **mondarse de r.** mourir de rire.

risueño, -a a (sonriente) souriant.

ritmo m rythme m.

rival a & mf rival, -ale.

rivalizar vi rivaliser (**en** de).

rizado, -a a (pelo) frisé; (mar) légèrement agité.

rizar [4] **1** vt friser. **2 rizarse** friser; **rizarse el pelo** se faire friser.

rizo m (de pelo) boucle f.

robar vt (objeto, persona) voler; (banco, casa) cambrioler.

roble m chêne m.

robo m vol m; (en casa) cambriolage m; **r. a mano armada** vol à main armée.

robot m (pl **robots**) robot m; **r. de cocina** robot ménager.

robusto, -a a robuste.

roca f roche f.

roce m (fricción) frottement m; (contacto ligero) effleurement m.

rociar vt asperger.

rocío m rosée f.

rocoso, -a a rocheux.

rodaja f rondelle f.

rodaje m tournage m.

rodar [2] **1** vt (película etc.) tourner. **2** vi rouler.

rodear 1 vt entourer. **2 rodearse** vr s'entourer (**de** de).

rodeo m détour m; Am rodéo m; **no andarse con rodeos** ne pas tourner autour du pot.

rodilla f genou m; **de rodillas** à genoux; **hincarse** o **ponerse de rodillas** se mettre à genoux.

roer vt (hueso) ronger; (galleta) grignoter.

rogar [2] vt (pedir) prier; (implorar) supplier; **hacerse de r.** se faire prier.

rojo, -a a & m rouge a & m; **estar en números rojos** être dans le rouge.

rollizo, -a a potelé.

rollo m (fotográfico) pellicule f; (rodillo) rouleau m; Fam (confusión) méli-mélo m.

romance m (aventura amorosa) aventure f.

romántico, -a a & mf romantique.

rombo m losange m.

rompecabezas m inv (juego) puzzle m.

romper (pp **roto**) **1** vt casser; (papel, tela) arracher; (pantalones) craquer; (relaciones) rompre. **2** vi se casser; **r. a llorar** se mettre à pleurer. **3 romperse** vr se casser; (papel, tela) s'arracher; **romperse la cabeza** se casser la tête.

ron m rhum m.

roncar vi ronfler.

roncha f (en la piel) bosse f.

ronco, -a a rauque; **quedarse r.** s'enrouer.

ronda f (patrulla) ronde f; (carretera) périphérique m; (paseo) avenue f; (musical) sérénades nocturnes données par un groupe de jeunes; (en bar) tournée f.

rondar 1 vt (merodear) tourner autour de; (estar cerca de) approcher.
  2 vi tourner.

ronquido m ronflement m.

ronronear vi ronronner.

roñoso, -a a (mugriento) crasseux; (tacaño) radin.

ropa f vêtements mpl; **r. interior** dessous mpl.

ropero m (armario m) **r.** armoire f.

rosa 1 a inv & m rose a & m; **novela r.** roman d'amour.
  2 f (flor) rose f.

rosado, -a 1 a (color) rose; (vino) rosé.
  2 m (vino) rosé m.

rosal m rosier m.

rosbif m rosbif m.

rosca f (pastel) gâteau m en forme de couronne; **r. de reyes** = galette f des Rois (en forme de couronne).

rosquilla f petit gâteau m en forme de couronne; Fig **venderse como rosquillas** se vendre comme des petits pains.

rostro m (cara) visage m; Fam **tener mucho r.** avoir un culot monstre.

roto, -a 1 a cassé; (papel, ropa) arraché; (gastado) usé.
  2 m (agujero) trou m.

rótula f rotule f.

rotulador m feutre m.

rótulo m (letrero) enseigne f; (titular) titre m.

rotundo, -a a catégorique; **éxito r.** succès retentissant.

rotura f (ruptura) cassure f; (de hueso) fracture f.

rozadura f éraflure f.

rozar 1 vt effleurer.
  2 vi frotter.
  3 rozarse vr frotter (**con** contre).

Rte. abr de **remite, remitente** Exp.

rubí m (pl **rubíes**) rubis m.

rubio, -a 1 a blond.
  2 mf blond, -onde.

ruborizarse vr rougir.

rudimentario, -a a rudimentaire.

rudo, -a a rude.

rueda f roue f; **r. de recambio** roue de secours; **r. de prensa** conférence f de presse.

ruedo m arène f.

ruego m prière f.

rugido m (de animal) rugissement m.

rugir vi rugir.

ruido m bruit m; **hacer r.** faire du bruit.

ruidoso, -a a bruyant.

ruin a (vil) malveillant; (tacaño) radin.

ruina f ruine f.

ruiseñor m rossignol m.

ruleta f roulette f.

rulo m (para el pelo) rouleau m.

rumba f rumba f.

rumbo m direction f; **(con) r. a** en direction de.

rumor m rumeur f.

rumorearse v impers **se rumorea que los precios van a aumentar** le bruit court que ou on dit que les prix vont augmenter.

ruptura f rupture f.

rural a rural.

ruso, -a 1 a russe.
  2 mf Russe mf.
  3 m (idioma) russe m.

rústico, -a a rustique.

ruta f route f.

rutina f routine f.

R

S.A. *abr de* **Sociedad Anónima** S.A.

sábado *m* samedi *m*.

sábana *f* drap *m*; *Fam* **se me pegaron las sábanas** j'ai eu une panne d'oreiller.

sabañón *m* engelure *f*.

saber¹ *m* savoir *m*.

saber² **1** *vt* savoir; **que yo sepa** pour autant que je sache; **vete tú a s.** va donc savoir; **a s.** à savoir; **¿sabes cocinar?** tu sais faire la cuisine? .
2 *vi (tener sabor)* avoir un goût (**a** de); *Am (soler)* avoir l'habitude de; **sabe a fresa** ça a un goût de fraise.

sabiduría *f* sagesse *f*.

sabio, -a **1** *a (prudente)* sage.
2 *mf* savant, -ante.

sable *m* sabre *m*.

sabor *m (gusto)* goût *m*; **con s. a limón** au citron.

saborear *vt (degustar)* savourer.

sabotaje *m* sabotage *m*.

sabré *indic fut de* **saber.**

sabroso, -a *a* savoureux.

sacacorchos *m inv* tire-bouchon *m*.

sacapuntas *m inv* taille-crayon *m*.

sacar **1** *vt* sortir; *(obtener)* obtenir; *(entrada)* acheter; *(libro, disco)* sortir; *(fotografía)* prendre; **s. la lengua** tirer la langue; **s. provecho de algo** tirer profit de qch; **s. adelante** *(hijo)* lancer dans la vie; *(trabajo, proyecto)* mener à bien; **s. a bailar** inviter à danser.
2 *vi (tenis etc.)* servir; *(fútbol)* donner le coup d'envoi.

sacarina *f* saccharine *f*.

sacerdote *m* prêtre *m*.

saciar *vt (sed)* étancher; *(deseos, hambre)* assouvir.

saco *m* sac *m*; *Am (jersey)* pull-over *m*; **s. de dormir** sac de couchage.

sacrificar **1** *vt* sacrifier.
2 sacrificarse *vr* se sacrifier.

sacrificio *m* sacrifice *m*.

sacudida *f* secousse *f*.

sacudir *vt (agitar)* secouer; *(golpear)* frapper.

sádico, -a *a & mf* sadique.

saeta *f (dardo)* flèche *f*.

safari *m (cacería)* safari *m*; *(parque)* réserve *f*.

sagaz *a* sagace.

sagrado, -a *a* sacré.

sal¹ *f* sel *m*; **s. de mesa** sel de table; **s. gorda** gros sel.

sal² *imperativo de* **salir.**

sala *f* pièce *f*; *(en un hospital)* salle *f*; **s. de estar** salle de séjour; **s. de espera** salle d'attente; **s. de exposiciones** hall *m* d'exposition; **s. de fiestas** salle des fêtes.

salado, -a *a (con sal)* salé; *(con exceso de sal)* trop salé; *Am (infortunado)* malchanceux; **agua salada** eau de mer.

salario *m* salaire *m*.

salchicha *f* saucisse *f*.

salchichón *m* saucisson *m*.

saldar *vt* solder; *(deuda)* acquitter.

saldo *m (de cuenta)* solde *m*; **saldos** soldes.

saldré *indic fut de* **salir**.

salero *m (recipiente)* salière *f*.

salgo *indic pres de* **salir**.

salida *f (partida, de carrera)* départ *m*; *(puerta, de ordenador etc.)* sortie *f*; *(de un astro)* lever *m*; **callejón sin s.** cul-de-sac; **s. de emergencia** sortie de secours; **te vi a la s. del cine** je t'ai vu à la sortie du cinéma; **s. del sol** lever de soleil.

salir 1 *vi (de un sitio, tren etc.)* partir; *(venir de dentro, novios, disco)* sortir; *(aparecer)* apparaître; *(ley)* entrer en vigueur; *(oportunidad)* se présenter; *(resultar)* (se révéler) être; *(problema)* se résoudre; **salió de la habitación** il est sorti de la pièce; **¿cómo te salió el examen?** comment ça a été ton examen?; **¿te salió el trabajo?** tu as obtenu le travail?; **s. ganando** en sortir gagnant; **s. caro/barato** revenir cher/ne pas revenir cher; **esta cuenta no me sale** je n'arrive pas à faire ce calcul.

  2 salirse *vr (líquido, gas)* fuir; **salirse de lo normal** sortir de l'ordinaire; **salirse con la suya** arriver à ses fins.

saliva *f* salive *f*.

salmón 1 *m (pescado)* saumon *m*.

  2 *a inv (color)* saumon *inv*.

salmonete *m (pescado)* rouget *m*.

salobre *a (agua)* saumâtre; *(gusto)* salé.

salón *m (en una casa)* salon *m*; **s. de actos** salle *f* des fêtes; **s. de belleza** salon de beauté; **s. del automóvil** salon de l'automobile.

salpicar *vt (rociar)* éclabousser; **me salpicó el abrigo de barro** il a éclaboussé mon manteau de boue.

salsa *f* sauce *f*.

saltamontes *m inv* sauterelle *f*.

saltar 1 *vt (obstáculo, valla)* sauter (par-dessus).

  2 *vi* sauter; *(romperse)* se casser; *(desprenderse)* partir; **s. a la vista** sauter aux yeux.

  3 saltarse *vr (omitir)* sauter; *(no hacer caso)* ne pas faire attention à; **saltarse el semáforo** brûler le feu rouge; **se me saltaron las lágrimas** j'ai eu les larmes aux yeux.

salto *m (acción)* saut *m*; *Fig* **a saltos** par à-coups; **dar** o **pegar un s.** faire un saut; **de un s.** d'un bond; **s. de altura** saut en hauteur; **s. de longitud** saut en longueur; **s. mortal** saut périlleux.

salud *f* santé *f*; **beber a la s. de algn** boire à la santé de qn; **¡s.!** (à ta/votre) santé!

saludable *a (sano)* sain.

saludar *vt (decir hola a)* saluer; **saluda de mi parte a** donne le bonjour à; **le saluda atentamente** *(en una carta)* veuillez agréer mes salutations respectueuses.

saludo *m* salut *m*; **un s. de** bonjour de.

salvado *m* son *m*.

salvaguardar *vt* sauvegarder (**de** de).

salvaje *a* sauvage.

salvam(i)ento *m* sauvetage *m*.

salvar 1 *vt* sauver (**de** de); *(obstáculo)* franchir.

  2 salvarse *vr (sobrevivir)* survivre; *(escaparse)* échapper (**de** à); **¡sálvese quien pueda!** sauve qui peut!

salvavidas *m inv* bouée *f* de sauvetage.

salvo, -a 1 *a* sauf; **a s.** sauf.

  2 salvo *adv (exceptuando)* sauf.

  3 *conj* **s. que** sauf si.

san *a* saint; *ver* **santo, -a**.

sanar *vti* guérir.

sanción *f* sanction *f*.

sancionar *vt (castigar)* sanctionner.

sandalia *f* sandale *f*.

sándalo *m* santal *m*.

S

sandía *f* pastèque *f*.

sandwich *m* sandwich *m*.

sangrar *vi* saigner.

sangre *f* sang *m*; **donar s.** donner du sang; **a s. fría** de sang-froid.

sangría *f* (*bebida*) sangria *f*.

sangriento, -a *a* (*cruel*) sanguinaire.

sanguíneo, -a *a* sanguin; **grupo s.** groupe sanguin.

sano, -a *a* sain; **s. y salvo** sain et sauf.

santiguarse *vr* se signer.

santo, -a 1 *a* saint.
  2 *mf* saint, *f* sainte; (*día onomástico*) fête *f*; **se me fue el s. al cielo** j'ai complètement oublié; **¿a s. de qué?** pourquoi diable?

santuario *m* sanctuaire *m*.

sapo *m* crapaud *m*.

saque *m* (*en tenis*) service *m*; (*en fútbol*) **s. inicial** coup *m* d'envoi; **s. de esquina** corner *m*.

saquear *vt* (*casas y tiendas*) mettre à sac.

sarampión *m* rougeole *f*.

sarcástico, -a *a* sarcastique.

sardina *f* sardine *f*.

sargento *m* sergent *m*.

sarpullido *m* éruption *f* cutanée.

sarro *m* (*en los dientes*) tartre *m*; (*en la lengua*) dépôt *m*.

sartén *f* poêle *f*.

sastre *m* tailleur *m*.

satélite *m* satellite *m*; **televisión vía s.** télévision par satellite.

satén *m* satin *m*.

sátira *f* satire *f*.

satisfacción *f* satisfaction *f*.

satisfacer (*pp* **satisfecho**) *vt* satisfaire; (*deuda*) acquitter.

satisfecho, -a *a* satisfait; **me doy por s.** ça fera mon affaire.

sauce *m* saule *m*; **s. llorón** saule pleureur.

sauna *f* sauna *m*.

saxofón *m* saxophone *m*.

sazonar *vt* assaisonner.

se¹ *pron* (**a**) (*reflexivo*) se, s'; (*a usted(es) mismo(s)*) vous; **se afeitó** il s'est rasé; **se compró un nuevo coche** il s'est acheté une nouvelle voiture.
  (**b**) (*recíproco*) se, s'.
  (**c**) (*voz pasiva*) se; **el vino se guarda en cubas** le vin se conserve dans des tonneaux.
  (**d**) (*impersonal*) on; **nunca se sabe** on ne sait jamais; **se habla inglés** on parle anglais; **se dice que...** on dit que...

se² *pron pers* lui; (*a usted o ustedes*) vous; (*a ellos*) leur; **se lo diré en cuanto les vea** je leur dirai quand je les verrai; **¿se lo explico?** je lui/vous/leur explique?

sé¹ *indic pres de* **saber**.

sé² *imperativo de* **ser**.

sea *subj pres de* **ser**.

secador *m* séchoir *m*; **s. de pelo** sèche-cheveux *m inv*.

secadora *f* sèche-linge *m inv*.

secar 1 *vt* sécher.
  2 secarse *vr* sécher; (*marchitarse*) se dessécher; **secarse las manos** se sécher les mains.

sección *f* section *f*.

seco, -a *a* sec, *f* sèche; **frutos secos** fruits secs; **limpieza en s.** nettoyage à sec; **frenar en s.** donner un coup de frein.

secretaría *f* (*oficina*) secrétariat *m*.

secretario, -a *mf* secrétaire *mf*.

secreto, -a 1 *a* secret; **en s.** en secret.
  2 *m* secret *m*.

secta *f* secte *f*.

sector *m* secteur *m*.

secuencia *f* séquence *f*.

secuestrar *vt* (*persona*) séquestrer; (*avión*) détourner.

secuestro *m* (*de persona*) séquestration *f*; (*de avión*) détournement *m*.

secundario, -a a secondaire.

sed f soif f; **tener s.** avoir soif.

seda f soie f.

sedal m ligne f (de pêche).

sedante a & m sédatif a & m.

sede f siège m.

sedentario, -a a sédentaire.

sedimento m sédiment m.

sedoso, -a a soyeux.

seducir vt séduire.

seductor, -ora a & mf séducteur, -trice.

segar [1] vt couper.

seglar a & mf laïque.

segmento m segment m.

seguida en seguida tout de suite.

seguido, -a 1 seguido adv souvent; **todo s.** tout droit.
   2 a **tres años seguidos** trois ans de suite.

seguir [6] **1** vt suivre.
   2 vi suivre; **siguió hablando** il a continué à parler; **sigo resfriado** je suis encore enrhumé.

según 1 prep selon; (tal como) comme; **estaba s. lo dejé** c'était dans l'état où je l'avais laissé.
   2 conj (a medida que) à mesure que; **s. iba leyendo...** à mesure que je lisais...
   3 adv **¿vendrás? − s.** tu viendras? − ça dépend.

segundo¹, -a a second.

segundo² m (tiempo) seconde f.

seguramente adv sûrement.

seguridad f sécurité f; (confianza, certeza) assurance f; **s. en carretera** sécurité routière; **s. en sí mismo** confiance en soi; **con toda s.** très certainement; **tener la s. de que...** avoir la certitude que...; **S. Social =** Sécurité sociale.

seguro, -a 1 a sûr; **estoy s. de que...** je suis sûr que...; **está segura de ella misma** elle est sûre d'elle.

   2 m (de accidentes etc.) assurance f; (dispositivo) dispositif m de sécurité; **s. de vida** assurance-vie.
   3 seguro adv sûrement.

seis a & m inv six a & m inv.

seiscientos, -as a & m inv six cents a & m.

seleccionar vt sélectionner.

selecto, -a a choisi.

self-service m self-service m.

sello m (de correos) timbre m; (para documentos) sceau m.

selva f jungle f.

semáforo m feux mpl de signalisation.

semana f semaine f; **S. Santa** semaine sainte.

semanal a & m hebdomadaire a & m.

semanario m hebdomadaire m.

sembrar vt semer; **s. el pánico** semer la panique.

semejante a & m semblable a & m.

semestre m semestre m.

semifinal f demi-finale f.

semilla f graine f.

seminario m séminaire m.

sémola f semoule f.

sencillo, -a a simple.

senda f, **sendero** m chemin m.

seno m sein m.

sensación f sensation f; **tengo la s. de que...** j'ai l'impression que...; **causar s.** faire sensation.

sensacional a sensationnel.

sensato, -a a sensé.

sensible a sensible.

sensiblemente adv sensiblement.

sensualidad f sensualité f.

sentar [1] **1** vt asseoir; (establecer) établir.
   2 vi (color, ropa) aller; **el pelo corto te sienta mal** les cheveux courts ne te vont pas; **s. bien/mal a** (comida) réussir/ne pas réussir à; **la sopa te sentará bien** la soupe te fera du bien.

S

3 sentarse vr s'asseoir.

sentencia f (condena) sentence f.

sentido m sens m; (conciencia) conscience f; **s. común** bon sens; **no tiene s.** ça n'a aucun sens; **(de) s. único** (à) sens unique; **perder el s.** perdre connaissance.

sentimental 1 a sentimental; **vida s.** vie sentimentale.

2 mf sentimental, -ale.

sentimiento m sentiment m; (pesar) regret m.

sentir [5] **1** vt sentir; (lamentar) regretter; **lo siento (mucho)** je suis désolé; **siento molestarle** je suis désolé de vous déranger.

2 sentirse vr se sentir; **me siento mal** je me sens mal.

seña f marque f; (gesto, indicio) signe m; **hacer señas a algn** faire des signes à qn; **señas** (dirección) adresse f.

señal f signe m; (marca) marque f; (vestigio) trace f; **s. de llamada** tonalité f; **s. de tráfico** panneau m de signalisation.

señalar vt indiquer; **s. con el dedo** montrer du doigt.

señor m (hombre) homme m; (caballero) gentleman m; (con apellido, tratamiento de respeto) Monsieur; **el Sr. Gutiérrez** Monsieur Gutiérrez.

señora f (mujer, esposa) femme f; (trato formal) dame f; (con apellido, tratamiento de respeto) Madame; **¡señoras y señores!** Mesdames et Messieurs!; **la Sra. Salinas** Madame Salinas.

señorita f (joven) jeune fille f; (trato formal) demoiselle f; (tratamiento de respeto) Mademoiselle; **S. Padilla** Mademoiselle Padilla.

sepa subj pres de **saber**.

separación f séparation f; (espacio) espace m.

separar 1 vt séparer; (desunir)

détacher; (dividir) partager, diviser; apartar) écarter.

2 separarse vr se séparer; (apartarse) s'écarter (**de** de).

septentrional a septentrional.

septiembre m septembre m.

séptimo, -a a & mf septième.

sepultura f tombe f.

sequía f sécheresse f.

séquito m cortège m.

ser¹ m être m; **s. humano** être humain; **s. vivo** être vivant.

ser² vi (**a**) être; **s. músico** être musicien; **s. de** (procedencia) être de; (+ material) être en; (+ poseedor) être à; **el perro es de Miguel** le chien est à Miguel; **hoy es dos de noviembre** aujourd'hui c'est le deux novembre; **son las cinco de la tarde** il est cinq heures de l'après-midi; **¿cuántos seremos en la fiesta?** combien serons-nous à la fête?; **¿cuánto es?** combien est-ce?; **el estreno será mañana** la première aura lieu demain; **es que...** c'est que...; **como sea** n'importe comment; **lo que sea** n'importe quoi; **o sea** c'est-à-dire; **por si fuera poco** comme si ça ne suffisait pas; **sea como sea** quoi qu'il en soit; **a no s. que** à moins que; **de no s. por...** sans...

(**b**) (auxiliar en pasiva) être; **fue asesinado** il a été assassiné.

sereno, -a a serein.

serial m feuilleton m.

serie f série f; **fabricación en s.** fabrication en série.

seriedad f sérieux m; **falta de s.** manque de sérieux.

serio, -a a sérieux; **en s.** sérieusement.

sermón m sermon m.

serpiente f serpent m; **s. de cascabel** serpent à sonnettes; **s. pitón** python m.

serrín m sciure f.

serrucho *m* scie *f* à main.

servicial *a* serviable.

servicio *m* service *m*; *(retrete)* toilettes *fpl*; **s. a domicilio** livraison *f* à domicile; **s. militar** service militaire.

servidor *m* serviteur *m*.

servilleta *f* serviette *f* de table.

servir [6] **1** *vti* servir; **ya no sirve** ce n'est plus la peine; **¿para qué sirve esto?** à quoi ça sert?; **s. de** servir de. **2 servirse** *vr (comida etc.)* se servir; **sírvase entrar** veuillez entrer.

sesenta *a* & *m inv* soixante *a* & *m inv*.

sesión *f (reunión)* session *f*; *(pase)* séance *f*.

seso *m* cervelle *f*.

seta *f (comestible)* champignon *m*; **s. venenosa** champignon vénéneux.

setecientos, -as *a* & *m inv* sept cents *a* & *m*.

setenta *a* & *m inv* soixante-dix *a* & *m inv*.

setiembre *m* septembre *m*.

seto *m* haie *f*.

seudónimo *m* pseudonyme *m*.

severidad *f* sévérité *f*.

sexo *m* sexe *m*.

sexto, -a *a* & *mf* sixième.

sexual *a* sexuel; **vida s.** vie amoureuse.

si *conj* si; **como si** comme si; **si no** sinon; **me preguntó si me gustaba** il m'a demandé si ça me plaisait.

sí[1] *pron pers (sing) (masc)* lui; *(pl)* eux; *(fem)* elle; *(pl)* elles; *(uno mismo)* soi-même; **por sí mismo** de lui-même; *(sin ayuda)* tout seul; **el concurso de por sí** le concours en soi.

sí[2] *adv* oui; *(después de una negativa)* si; **porque sí** parce que; **¡que sí!** je te dis que oui/si!; **un día sí y otro no** un jour sur deux; *(uso enfático)* **sí que me gusta** bien sûr que ça me plaît; **¡eso sí que no!** ah ça non!

sico- = **psico-**.

SIDA *m* SIDA *m*.

siderúrgico, -a *a* sidérurgique.

sidra *f* cidre *m*.

siempre 1 *adv* toujours; **como s.** comme toujours; **a la hora de s.** à l'heure habituelle; **para s.** pour toujours. **2** *conj* **s. que** *(cada vez que)* chaque fois que; *(a condición de que)* pourvu que; **s. y cuando** pourvu que.

sien *f* tempe *f*.

sierra *f* scie *f*; *(montañosa)* chaîne *f* de montagnes.

siesta *f* sieste *f*; **dormir la s.** faire la sieste.

siete *a* & *m inv* sept *a* & *m inv*.

sigilo *m* secret *m*.

sigilosamente *adv (secretamente)* secrètement.

sigiloso, -a *a* secret.

sigla *f* sigle *m*.

siglo *m* siècle *m*.

significado *m* sens *m*.

significar *vt* signifier.

significativo, -a *a* significatif.

signo *m* signe *m*; **s. de interrogación** point *m* d'interrogation.

sigo *indic pres de* **seguir**.

siguiente *a* suivant; **al día s.** le jour suivant.

sílaba *f* syllabe *f*.

silbar *vi* siffler.

silbato *m* sifflet *m*.

silbido *m* sifflement *m*.

silencio *m* silence *m*.

silencioso, -a *a* silencieux.

silicona *f* silicone *f*.

silla *f* chaise *f*; *(de montura)* selle *f*; **s. de ruedas** chaise roulante.

sillín *m* selle *f*.

sillón *m* fauteuil *m*.

silueta *f* silhouette *f*.

silvestre *a* sauvage.

símbolo *m* symbole *m*.

simétrico, -a *a* symétrique.

simiente *f* semence *f*.

similar *a* similaire.

similitud *f* similitude *f*.

simio *m* singe *m*.

simpatía *f (de persona, lugar)* charme *m*; **tenerle s. a algn** éprouver de la sympathie pour qn.

simpático, -a *a* sympathique.

simpatizar *vi* sympathiser (**con** avec).

simple 1 *a* simple.
   2 *m (persona)* simple *m* d'esprit.

simulacro *m* simulacre *m*.

simular *vt* simuler.

simultáneo, -a *a* simultané.

sin *prep* sans; **cerveza s.** bière sans alcool; **s. más (ni más)** et puis c'est tout.

sinagoga *f* synagogue *f*.

sinceridad *f* sincérité *f*.

sincero, -a *a* sincère.

sincronizar *vt* synchroniser.

sindicato *m* syndicat *m*.

sinfonía *f* symphonie *f*.

singular 1 *a* singulier.
   2 *m (número)* singulier *m*; **en s.** au singulier.

siniestro, -a *a & m* sinistre *a & m*.

sino *conj* mais; **nadie s. él** personne sauf lui; **no quiero s. que me oigan** je demande seulement que vous m'écoutiez.

sinónimo, -a *a & m* synonyme *a & m*.

sintético, -a *a* synthétique.

sintetizar *vt* synthétiser.

síntoma *m* symptôme *m*.

sintonía *f (de programa)* syntonie *f*.

sintonizador *m (de radio)* bouton *m* de syntonisation.

sintonizar *vt (radio)* syntoniser.

sinvergüenza 1 *a (desvergonzado)* éhonté; *(descarado)* culotté.
   2 *mf (desvergonzado)* crapule *f*; *(caradura)* effronté, -ée.

siquiera *adv (por lo menos)* au moins; **ni s.** même pas.

sirena *f* sirène *f*.

sirviente, -a *mf* domestique *mf*.

sistema *m* système *m*; **por s.** systématiquement; **s. nervioso** système nerveux; **s. operativo** système d'exploitation.

sitio *m (lugar)* endroit *m*; *(espacio)* place *f*; **en cualquier s.** n'importe où; **hacer s.** faire de la place.

situación *f* situation *f*; *(ubicación)* emplacement *m*.

situar 1 *vt* situer.
   2 situarse *vr* se trouver.

slogan *m* slogan *m*.

smoking *m* smoking *m*.

s/n. *abr de* **sin número**.

snob *a & mf =* **esnob**.

sobaco *m* aisselle *f*.

soberanía *f* souveraineté *f*.

soberano, -a *a & mf* souverain, -aine.

soberbio, -a *a* fier; *(magnífico)* superbe.

sobornar *vt* suborner.

sobra *f* **de s.** *(no necesario)* en trop; **tener de s.** avoir de trop; **saber algo de s.** ne savoir qch que trop; **sobras** *(restos)* restes *mpl*.

sobrante *a & m* restant *a & m*.

sobrar *vi* être largement suffisant; *(quedar)* rester; **sobran tres sillas** il y a trois chaises en trop; **ha sobrado carne** il reste de la viande.

sobrasada *f* saucisson *m* au poivre.

sobre[1] *m (para carta)* enveloppe *f*; *(de sopa etc.)* sachet *m*.

sobre[2] *prep (encima, acerca de)* sur; *(por encima)* au-dessus de; *(aproximadamente)* environ; **s. todo** surtout.

sobrecogedor, -ora *a* effroyable.

sobredosis *f inv* surdose *f*.

sobreentenderse *vr* **se sobreentiende** cela va de soi.

sobrehumano, -a *a* surhumain.

sobrenatural *a* surnaturel.

sobrepasar 1 *vt* dépasser.
 2 sobrepasarse *vr* dépasser les bornes, exagérer.

sobreponerse *vr* (*superar*) surmonter; (*animarse*) reprendre le dessus.

sobresaliente 1 *m* (*nota*) mention *f* très bien.
 2 *a* (*que destaca*) excellent.

sobresalir *vi* dépasser; *Fig* (*destacar*) se distinguer.

sobresalto *m* (*movimiento*) sursaut *m*; (*susto*) frayeur *f*.

sobrevenir *vi* survenir.

sobreviviente *a* & *mf* survivant, -ante.

sobrevivir *vi* survivre.

sobrevolar [2] *vt* survoler.

sobrina *f* nièce *f*.

sobrino *m* neveu *m*.

sobrio, -a *a* sobre.

socarrón, -ona *a* (*sarcástico*) sarcastique.

socavón *m* (*bache*) nid-de-poule *m*.

sociable *a* sociable.

social *a* social.

socialista *a* & *mf* socialiste.

sociedad *f* société *f*; **s. anónima** société anonyme.

socio, -a *mf* (*miembro*) membre *m*; (*de empresa*) associé, -ée; **hacerse s. de un club** devenir membre d'un club.

sociológico, -a *a* sociologique.

socorrer *vt* secourir.

socorrista *mf* secouriste *mf*.

socorro *m* secours *m*; **¡s.!** au secours!; **puesto de s.** poste de secours.

soda *f* (*bebida*) soda *m*.

soez *a* grossier.

sofá *m* (*pl* **sofás**) sofa *m*; **s. cama** canapé-lit *m*.

sofisticado, -a *a* sophistiqué.

sofocado, -a *a* **estar s.** suffoquer; (*irritado*) être irrité.

sofocante *a* suffocant.

sofocar 1 *vt* (*ahogar*) suffoquer; (*incendio*) éteindre.
 2 sofocarse *vr* (*ahogarse*) suffoquer; (*irritarse*) s'irriter.

soga *f* corde *f*.

soja *f* soja *m*.

sol *m* soleil *m*; **hace s.** il fait soleil; **tomar el s.** se faire bronzer; **al** o **bajo el s.** au soleil.

solamente *adv* seulement; **no s.** pas seulement; **s. que...** sauf que...

solapa *f* (*de chaqueta*) revers *m*; (*de sobre, bolsillo, libro*) rabat *m*.

solar¹ *a* solaire; **luz s.** lumière solaire.

solar² *m* (*terreno*) terrain *m*; (*en obras*) chantier *m*.

soldado *m* soldat *m*.

soldar [2] *vt* souder.

soleado, -a *a* ensoleillé.

soledad *f* solitude *f*.

solemne *a* (*majestuoso*) solennel.

soler [4] *vi* defectivo avoir l'habitude de; **solemos ir en coche** normalement nous y allons en voiture; **solía pasear por aquí** il avait l'habitude de se promener par ici.

solicitar *vt* solliciter.

solicitud *f* (*petición*) requête *f*; (*de trabajo*) demande *f*.

solidaridad *f* solidarité *f*.

sólido, -a *a* solide.

solitario, -a *a* solitaire.

sollozar *vi* sangloter.

sollozo *m* sanglot *m*.

solo, -a 1 *a* seul; **una sola vez** une seule fois; **se enciende s.** ça s'allume tout seul; **a solas** seul.
 2 *m* (*musical*) solo *m*.

sólo *adv* seulement; **tan s.** seule-

S

ment; **no s... sino (también)** pas seulement... mais (encore); **con s., (tan) s. con** rien qu'avec.

solomillo *m* aloyau *m*.

soltar [2] **1** *vt (desasir)* lâcher; *(prisionero)* relâcher; *(humo, olor)* dégager; *(carcajada)* laisser échapper; **¡suéltame!** lâche-moi! .

2 soltarse *vr (desatarse, desprenderse)* se détacher; *(perro etc.)* s'échapper.

soltero, -a *a & mf* célibataire.

solterón, -ona *mf* vieux garçon *m*, vieille fille *f*.

soluble *a* soluble; **café s.** café soluble.

solución *f* solution *f*.

solucionar *vt* résoudre.

sombra *f* ombre *f*; **s. de ojos** ombre à paupières.

sombrero *m (prenda)* chapeau *m*; **s. de copa** haut-de-forme *m*; **s. hongo** (chapeau) melon *m*.

sombrilla *f* ombrelle *f*.

sombrío, -a *a* sombre.

someter 1 *vt* soumettre; **s. a prueba** mettre à l'épreuve.

2 someterse *vr (subordinarse)* se soumettre; *(rendirse)* se rendre; **someterse a un tratamiento** suivre un traitement.

somnífero *m* somnifère *m*.

somnoliento, -a *a* somnolent.

sonar [2] **1** *vi* avoir un son; *(timbre, teléfono)* sonner; **suena bien** ça a une bonne consonance; *(propuesta)* ça a l'air bien; **tu nombre/cara me suena** ton nom/ta tête me dit quelque chose.

2 sonarse *vr* **sonarse (la nariz)** se moucher.

sondeo *m (encuesta)* sondage *m*.

sonido *m* son *m*.

sonoro, -a *a (resonante)* retentissant; **banda sonora** bande sonore.

sonreír *vi*, **sonreírse** *vr* sourire; **me**

sonrió il m'a souri.

sonrisa *f* sourire *m*.

sonrojarse *vr* rougir.

soñar [2] *vti* rêver; **s. con** rêver de.

soñoliento, -a *a* somnolent.

sopa *f* soupe *f*.

sopera *f* soupière *f*.

soplar 1 *vi (viento)* souffler.

2 *vt (polvo etc.)* faire envoler; *(para enfriar)* souffler sur; *(para apagar)* souffler; *(para inflar)* souffler dans.

soplo *m* souffle *m*.

soplón, -ona *mf Fam* mouchard, -arde.

soportar *vt* supporter.

soporte *m* support *m*.

sorber *vt (beber)* siroter; *(absorber)* absorber.

sorbete *m* sorbet *m*.

sorbo *m (petite)* gorgée *f*.

sórdido, -a *a* sordide.

sordo, -a *a & mf* sourd, sourde.

sordomudo, -a *a & mf* sourd-muet, sourde-muette.

sorprender *vt* surprendre; *(coger desprevenido)* prendre au dépourvu.

sorpresa *f* surprise *f*; **coger por s.** prendre au dépourvu.

sorpresivo, -a *a Am* inattendu.

sortear *vt* tirer au sort.

sorteo *m* tirage *m* au sort.

sortija *f* bague *f*.

sosegar [1] **1** *vt* calmer.

2 sosegarse *vr* se calmer.

soso, -a *a* qui manque de sel; *(persona)* terne.

sospechar 1 *vi (desconfiar)* soupçonner; **s. de algn** soupçonner qn.

2 *vt (pensar)* soupçonner.

sospechoso, -a *a & mf* suspect, -ecte.

sostén *m (apoyo)* support *m*; *(prenda)* soutien-gorge *m*.

sostener 1 *vt* soutenir; **s. que...** soutenir que...

   2 sostenerse *vr (mantenerse)* se soutenir; *(permanecer)* se maintenir.

sostuve *pt indef de* **sostener**.

sota *f (de baraja)* valet *m*.

sotana *f* soutane *f*.

sótano *m* sous-sol *m*.

soviético, -a 1 *a* soviétique; **la Unión Soviética** l'Union soviétique.

   2 *mf* Soviétique *mf*.

soy *indic pres de* **ser**.

spray *m (pl* **sprays**) vaporisateur *m*.

Sr. *abr de* **Señor** M.

Sra. *abr de* **Señora** Mme.

Srta. *abr de* **Señorita** Mlle.

standard *a & m* standard *a & m*.

su *a pos (de él, ella)* son, *f* sa, *pl* ses; *(de usted, ustedes)* votre, *pl* vos; *(de ellos)* leur.

suave *a* doux.

suavizante *m (para el pelo)* après-shampoing *m*; *(para la ropa)* adoucissant *m*.

suavizar 1 *vt* adoucir.

   2 suavizarse *vr (temperatura)* s'adoucir.

subalterno, -a *a & mf* subalterne.

subasta *f* vente *f* aux enchères.

subcampeón, -ona *mf* deuxième *mf*.

subconsciente *a & m* subconscient *a & m*.

subdesarrollado, -a *a* sous-développé.

subdirector, -ora *mf* sous-directeur, -trice.

súbdito, -a *mf* sujet *m*.

subestimar *vt* sous-estimer.

subir 1 *vt* monter; *(precio, salario, volumen)* augmenter; *(voz)* hausser.

   2 *vi (ir arriba, al autobús, barco etc.)* monter; *(aumentar)* augmenter; **s. a** *(un coche)* monter dans.

   3 subirse *vr* monter; *(mangas)* remonter; **subirse a un coche** monter en voiture.

súbitamente *adv* soudain.

súbito, -a *a* soudain.

sublevarse *vr* se soulever.

sublime *a* sublime.

submarinismo *m* plongée *f* sous-marine.

submarino, -a *a & m* sous-marin *a & m*.

subnormal *a & mf* anormal, -ale.

subordinado, -a *a & mf* subordonné, -ée.

subrayar *vt* souligner.

subscripción *f* abonnement *m*.

subsecretario, -a *mf* sous-secrétaire *mf*.

subsidiario, -a *a* subsidiaire.

subsidio *m* subvention *f*; **s. de desempleo** allocation *f* de chômage.

subsistencia *f* subsistance *f*.

subterráneo, -a *a* souterrain.

suburbio *m* faubourg *m*.

subvención *f* subvention *f*.

suceder 1 *vi (ocurrir) (uso impers)* se passer; **¿qué sucede?** que se passe-t-il?; **s. a** *(seguir)* succéder à.

   2 sucederse *vr* se succéder.

sucesión *f (serie)* succession *f*.

sucesivamente *adv* **y así s.** et ainsi de suite.

sucesivo, -a *a (siguiente)* suivant; **en lo s.** dorénavant.

suceso *m (acontecimiento)* événement *m*; *(incidente)* incident *m*.

sucesor, -ora *mf* successeur *m*.

suciedad *f* saleté *f*.

sucio, -a *a* sale.

suculento, -a *a* succulent.

sucumbir *vi* succomber.

sucursal *f (de banco etc.)* succursale *f*.

sudadera *f* sweat-shirt *m*.

sudafricano, -a 1 *a* sud-africain.

   2 *mf* Sud-Africain, -aine.

S

sudamericano, -a 1 a sud-américain.

2 mf Sud-Américain, -aine.

sudar vti transpirer.

sudeste a inv & m sud-est a inv & m.

sudoeste a inv & m sud-ouest a inv & m.

sudor m sueur f.

sueco, -a 1 a suédois.

2 mf (persona) Suédois, -oise.
3 m (idioma) suédois m.

suegra f belle-mère f.

suegro m beau-père m; **mis suegros** mes beaux-parents.

suela f sole f.

sueldo m salaire m.

suelo m sol m.

suelto, -a 1 a détaché; (en libertad) en liberté; (que huyó) en fuite; (desatado) défait; **dinero s.** monnaie f.

2 m (dinero) monnaie f.

sueño m sommeil m; (cosa soñada) rêve m; **tener s.** avoir sommeil.

suerte f (fortuna) chance f; **por s.** heureusement; **tener s.** avoir de la chance; **¡que tengas s.!** bonne chance!

suéter m pull-over m.

suficiente 1 a (bastante) suffisant.

2 m (nota) mention f passable.

suficientemente adv suffisamment; **no es lo s. rico como para...** il n'est pas suffisamment riche pour...

sufragio m (voto) suffrage m.

sufrimiento m souffrance f.

sufrir 1 vi souffrir.

2 vt (accidente) avoir; (dificultades, cambios) connaître; (aguantar) endurer.

sugerencia f suggestion f.

sugerir [5] vt suggérer.

sugestión f suggestion f.

suicida 1 mf (persona) suicidé, -ée.

2 a suicidaire.

suicidarse vr se suicider.

suicidio m suicide m.

suizo, -a 1 a suisse.

2 mf (persona) Suisse m, Suissesse f.
3 m (pastel) brioche f.

sujetador m (prenda) soutien-gorge.

sujetar 1 vt (agarrar) tenir; (fijar) fixer; (someter) discipliner.

2 **sujetarse** vr (agarrarse) s'accrocher.

sujeto, -a 1 m (gramatical) sujet m; (individuo) individu m.

2 a (atado) attaché.

suma f (cantidad) somme f; (cálculo) addition f.

sumar vt (cantidades) additionner.

sumergir 1 vt submerger.

2 **sumergirse** vr plonger.

sumidero m tuyau m d'écoulement.

suministrar vt fournir; **s. algo a algn** fournir qch a qn.

suministro m fourniture f.

sumiso, -a a soumis.

supe pt indef de **saber**.

súper m (gasolina) super m; Fam (supermercado) supermarché m.

superar vt (obstáculo etc.) surmonter; (prueba) réussir; (aventajar) dépasser.

superdotado, -a a & mf surdoué, -ée.

superficial a superficiel.

superficie f superficie f.

superfluo, -a a superflu.

superior 1 a supérieur (**a** à).

2 mf (jefe) supérieur, -ieure.

supermercado m supermarché m.

supersónico, -a a supersonique.

supersticioso, -a a superstitieux.

supervisar vt superviser.

supervivencia f survie f.

súpito, -a a Am soudain; (estupefacto) stupéfait, pantois.

suplantar vt supplanter.

suplementario, -a *a* supplémentaire.

suplemento *m* supplément *m*.

suplicar *vt* supplier.

suplicio *m* supplice *m*.

suplir *vt* *(reemplazar)* suppléer; *(compensar)* compenser.

suponer *(pp* **supuesto)** *vt* supposer; **supongo que sí** je suppose que oui.

supositorio *m* suppositoire *m*.

supremo, -a *a* suprême.

suprimir *vt* supprimer.

supuesto, -a *a (asumido)* supposé; *(presunto)* prétendu; **¡por s.!** bien entendu!; **dar algo por s.** considérer qch comme acquis.

supuse *pt indef de* **suponer**.

sur *m* sud *m*.

suramericano, -a 1 *a* sud-américain.
    2 *mf* Sud-Américain, -aine.

surco *m* sillon *m*.

sureste *a inv* & *m* sud-est *a inv* & *m*.

surf(ing) *m* surf *m*.

surgir *vi (problema, dificultad)* surgir.

suroeste *a inv* & *m* sud-ouest *a inv* & *m*.

surtido, -a 1 *a (variado)* assorti.
    2 *m* assortiment *m*.

surtidor *m* jet *m* d'eau; **s. de gasolina** pompe *f* à essence.

susceptible *a* susceptible; **s. de** *(capaz)* susceptible de.

suscitar *vt* susciter.

suscribirse *vr* s'abonner (**a** à).

suscripción *f* abonnement *m*.

suspender 1 *vt (reunión)* remettre; *(examen)* échouer à; *(colgar)* pendre; **me han suspendido** j'ai été refusé. **2** *vi (en colegio)* **he suspendido** j'ai été refusé.

suspense *m* suspense *m*; **novela/película de s.** roman/film à suspense.

suspensión *f* suspension *f*.

suspenso *m (nota)* note *f* éliminatoire.

suspicaz *a* suspicieux; *(desconfiado)* méfiant.

suspirar *vi* soupirer.

suspiro *m* soupir *m*.

sustancia *f* substance *f*.

sustantivo, -a *m* substantif *m*.

sustento *m (alimento)* subsistance *f*.

sustituir *vt* substituer.

sustituto, -a *mf* remplaçant, -ante.

susto *m* frayeur *f*; **llevarse** o **darse un s.** avoir peur.

sustraer *vt* soustraire; *(robar)* dérober.

susurrar *vi* murmurer.

sutil *a* subtil.

suyo, -a 1 *pron pos (de él, ella)* sien, *f* sienne; *(de usted, ustedes)* vôtre; *(de ellos, ellas)* leur.
    2 *a pos (de él)* à lui; *(de ella)* à elle; *(de usted, ustedes)* à vous; *(de ellos)* à eux; *(de ellas)* à elles.

S

tabaco *m* tabac *m*; *(cigarrillos)* cigarettes *fpl*; **t. rubio** tabac blond.

taberna *f* bar *m*.

tabique *m (pared)* cloison *f*.

tabla *f* planche *f*; *(de vestido)* pli *m*; *(de sumar etc.)* table *f*; **t. de surf** planche de surf; **t. de windsurf** planche à voile.

tablero *m (tablón)* panneau *m*; *(en juegos)* damier *m*; *(de ajedrez)* échiquier *m*; **t. de mandos** *(de coche)* tableau *m* de bord.

tableta *f (de chocolate)* tablette *f*.

tablón *m* planche *f*; **t. de anuncios** tableau *m* d'affichage.

taburete *m* tabouret *m*.

tacaño, -a *a & mf* radin, -ine.

tachar *vt* rayer.

taco *m (cuña)* cale *f*; *(de jamón, queso)* carré *m*; *(palabrota)* gros mot *m*; *Am (de zapato)* talon *m*.

tacón *m* talon *m*; **zapatos de t.** chaussures à talons.

táctica *f* tactique *f*.

táctico, -a *a* tactique.

tacto *m (sentido)* toucher *m*; *(delicadeza)* tact *m*.

tajada *f* tranche *f*.

tal 1 *a (semejante)* tel, *f* telle; *(más sustantivo singular contable)* un tel, *f* une telle; **en tales condiciones** dans de telles conditions; **nunca dije t. cosa** je n'ai jamais dit une chose pareille; **t. vez** peut-être; **como si t. cosa** comme si de rien n'était.

2 *adv* **t. (y) como** exactement comme; **¿qué t.?** comment ça va?; **¿qué t. ese vino?** comment est-il, ce vin? .

3 *conj* **con t. (de) que** + *subjuntivo* pourvu que + *subjuntivo*.

4 *pron (cosa)* ceci, cela; *(persona)* quelqu'un, *pl* quelques-uns.

taladro *m (herramienta)* perceuse *f*.

talante *m (carácter)* caractère *m*; **de mal t.** de mauvaise humeur.

talar *vt (árboles)* couper.

talco *m* talc *m* ; **polvos de t.** talc.

talega *f* sac *m*.

talento *m* talent *m*.

Talgo *m* Talgo *m (train rapide espagnol)*.

talla *f* taille *f*.

tallar *vt (madera, piedra)* sculpter; *(piedras preciosas)* tailler; *(metales)* graver.

tallarines *mpl* tagliatelles *fpl*.

talle *m (cintura)* taille *f*.

taller *m (obrador)* atelier *m*; **t. de reparaciones** *(garaje)* garage *m*.

tallo *m* tige *f*.

talón *m* talon *m*; *(cheque)* chèque *m*.

talonario *m (de cheques)* carnet *m* de chèques.

tamaño *m* taille *f*; **de gran t.** de grande taille; **del t. de** de la taille de.

tambalearse *vr (persona)* chanceler; *(mesa)* être branlant.

también *adv* aussi; **yo t.** moi aussi.

tambor *m* tambour *m*.

tampoco adv non plus; **no lo sé — yo t.** je ne sais pas — (ni) moi non plus.

tampón m tampon m.

tan adv (a) tellement; **¡es t. listo!** il est tellement intelligent!; **¡qué gente t. agradable!** ce qu'ils sont aimables!; **¡qué vestido t. bonito!** quelle jolie robe!

(b) (consecutivo) tellement; **iba t. deprisa que no lo ví** il allait tellement vite que je ne l'ai pas vu.

(c) (comparativo) aussi; **t... como** aussi... que; **t. alto como tú** aussi grand que toi.

(d) **t. sólo** seulement.

tango m tango m.

tanque m tank m.

tanto, -a 1 m (punto) point m; **t. por ciento** pourcentage m; **estar al t.** (informado) être au courant; (pendiente) surveiller.

2 a tant de; **t. dinero** tant d'argent; **¡ha pasado t. tiempo!** ça fait si longtemps!; **tantas manzanas** tant de pommes; **cincuenta y tantas personas** cinquante et quelques personnes; **t... como** autant de... que.

3 pron tellement; **otro t.** la même chose; **no es o hay para t.** ce n'est pas si grave que ça; **otros tantos** autant; **uno de tantos** ordinaire.

4 adv (cantidad) tellement; (tiempo) si longtemps; (frecuencia) si souvent; **t. mejor/peor** tant mieux/pis; **t... como** aussi... que; **t. tú como yo** aussi bien toi que moi; **por lo t.** donc.

tapa f (cubierta) couvercle m; (de libro) couverture f; (aperitivo) amuse-gueule m.

tapadera f couvercle m.

tapar 1 vt couvrir; (botella, vista) boucher; (ocultar) cacher.

2 taparse vr se couvrir.

tapete m napperon m.

tapia f mur m.

tapizar vt tapisser.

tapón m (de lavabo etc.) bonde f; (de botella, tráfico) bouchon m.

taponar 1 vt boucher.

2 taponarse vr **se me han taponado los oídos** j'ai les oreilles bouchées.

taquigrafía f sténographie f.

taquilla f guichet m.

tararear vt chantonner.

tardar 1 vt **tardé dos horas en venir** j'ai mis deux heures pour venir.

2 vi (demorar) tarder; **no tardes** ne sois pas long; **a más t.** au plus tard.

3 tardarse vr **¿cuánto se tarda en llegar?** combien de temps faut-il pour y aller?

tarde 1 f après-midi m o f inv.

2 adv tard; **(más) t. o (más) temprano** tôt ou tard.

tarea f tâche f; **tareas** (de ama de casa) travaux mpl ménagers; (de estudiante) devoirs mpl.

tarifa f tarif m.

tarjeta f carte f; **t. postal** carte postale; **t. de crédito** carte de crédit; **t. telefónica** carte de téléphone.

tarro m (vasija) pot m; Am (lata) boîte f de conserve.

tarta f tarte f; (pastel) gâteau m.

tartamudear vi bégayer.

tartamudo, -a a & mf bègue.

tartera f gamelle f.

tasa f (precio) tarif m; (impuesto) taxe f; (indice) taux m; **t. de inflación** taux d'inflation; **tasas académicas** droits mpl d'inscription; **t. de natalidad/mortalidad** taux de natalité/mortalité.

tasar vt (valorar) évaluer; (poner precio) fixer le prix de.

tasca f bar m.

tatarabuelo, -a mf trisaïeul, -eule; **tatarabuelos** trisaïeuls.

T

tataranieto, -a *mf* arrière-arrière-petit-fils, *f* arrière-arrière-petite-fille; **tataranietos** arrière-arrière-petits-enfants.

tatuaje *m* tatouage *m*.

taurino, -a *a* taurin.

taxi *m* taxi *m*.

taxista *mf* chauffeur, -euse de taxi.

taza *f* tasse *f*; **una t. de café** une tasse de café.

tazón *m* bol *m*.

te *pron pers (complemento directo, reflexivo)* te, t'; *(complemento indirecto)* (à *ou* pour) toi; **no quiero verte** je ne veux pas te voir; **te compraré uno** je t'en achèterai un; **te lo dije** je te l'ai dit; **lávate** lave-toi; **no te vayas** ne t'en va pas.

té *m (pl* **tés)** thé *m*.

teatro *m* théâtre *m*; **obra de t.** pièce de théâtre.

tebeo *m* bande *f* dessinée pour enfants.

techo *m (de habitación)* plafond *m*; *(tejado)* toit *m*.

tecla *f* touche *f*.

teclado *m* clavier *m*; **t. numérico** pavé *m* numérique.

técnica *f* technique *f*.

técnico, -a 1 *a* technique.
   2 *mf* technicien, -ienne.

tecnología *f* technologie *f*.

tedio *m* ennui *m*.

teja *f* tuile *f*.

tejado *m* toit *m*.

tejanos *mpl* jean *m*.

tejer *vt (en el telar)* tisser; *(hacer punto)* tricoter.

tejido *m* tissu *m*.

tela *f* toile *f*; **t. de araña** toile d'araignée; **t. metálica** grillage *m*.

telaraña *f* toile *f* d'araignée.

telecabina *f* télécabine *f*.

telediario *m* journal *m* télévisé.

telefax *m* télécopie *f*, fax *m*; *(aparato)* télécopieur *m*, fax *m*.

teleférico *m (en pista de esquí)* téléphérique *m*.

telefilme *m* téléfilm *m*.

telefonear 1 *vt* téléphoner à.
   2 *vi* téléphoner.

teléfono *m* téléphone *m*; **t. portátil** téléphone portable; **t. móvil** téléphone sans fil; **te llamó por t.** il t'a téléphoné; **al t.** au téléphone.

telegrama *m* télégramme *m*.

telenovela *f* feuilleton *m* télévisé.

teleobjetivo *m* téléobjectif *m*.

telescopio *m* télescope *m*.

telesilla *m* télésiège *m*.

telespectador, -ora *mf* téléspectateur, -trice.

telesquí *m* téléski *m*.

televidente *mf* téléspectateur, -trice.

televisión *f* télévision *f*; **ver la t.** regarder la télévision.

televisivo, -a *a* télévisé.

televisor *m* téléviseur *m*.

télex *m inv* télex *m*.

telón *m* rideau *m*.

tema *m* thème *m*.

temblar [1] *vi (de frío, miedo, voz)* trembler (**de** de); *(pulso)* être irrégulier.

temblor *m* tremblement *m*; **t. de tierra** tremblement de terre.

temer 1 *vt* craindre.
   2 *vi* avoir peur.
   3 temerse *vr* craindre; **¡me lo temía!** c'est ce que je craignais!

temerario, -a *a* téméraire.

temor *m* crainte *f*.

témpano *m* iceberg *m*; *(instrumento)* cymbale *f*.

temperamento *m* tempérament *m*.

temperatura *f* température *f*.

tempestad *f* tempête *f*.

templado, -a *a (agua)* tiède; *(clima)* tempéré.

templo *m* temple *m.*

temporada *f* saison *f; (período)* période *f;* **t. alta** saison haute; **t. baja** saison basse.

temporal 1 *a* temporaire.
2 *m* orage *m.*

temprano, -a 1 *a* précoce.
2 *adv* tôt.

tenaz *a* tenace.

tenaza *f,* **tenazas** *fpl (herramienta)* tenailles *fpl.*

tendencia *f* tendance *f.*

tender [3] **1** *vt (extender, para secar)* étendre; *(trampa, mano)* tendre; *(tumbar)* coucher.
2 *vi* **t. a** avoir tendance à.
3 **tenderse** *vr* s'étendre.

tendero, -a *mf* commerçant, -ante.

tendón *m* tendon *m.*

tenebroso, -a *a* ténébreux.

tenedor, -ora 1 *m* fourchette *f.*
2 *mf (de libros)* comptable *mf.*

tener 1 *vt* (a) avoir; **va a t. un niño** elle va avoir un bébé.
(b) *(sostener)* tenir; **tenme el bolso un momento** tiens mon sac un instant.
(c) **t. calor/frío** avoir chaud/froid; **t. cariño a algn** avoir de l'affection pour qn; **t. miedo** avoir peur.
(d) *(edad)* avoir; **tiene dieciocho** (años) il a dix-huit ans.
(e) *(medida)* faire; **la casa tiene cien metros cuadrados** la maison fait 100 mètres carrés.
(f) *(contener)* contenir.
(g) *(mantener)* tenir; **me tuvo despierto toda la noche** il m'a tenu éveillé toute la nuit.
(h) *(considerar)* **t. en cuenta que** prendre en compte que; **lo tienen por un ladrón** ils le considèrent comme un voleur; **ten por seguro que** tu peux être sûr que.
(i) **t. que** devoir; **tengo que...** je dois...

2 **tenerse** *vr* **tenerse en pie** se tenir debout.

tenga *subj pres de* **tener.**

tengo *indic pres de* **tener.**

teniente *m* lieutenant *m.*

tenis *m* tennis *m.*

tenor *m* ténor *m.*

tensión *f* tension *f;* **t. arterial** tension artérielle.

tenso, -a *a* tendu.

tentación *f* tentation *f.*

tentar [1] *vt* tenter.

tentativa *f* tentative *f.*

tentempié *m (pl* **tentempiés)** *(comida)* en-cas *m inv; (juguete)* poussah *m.*

tenue *a (luz, sonido)* faible.

teñir [6] **1** *vt (pelo etc.)* teindre.
2 **teñirse** *vr* **teñirse el pelo** se teindre les cheveux.

teoría *f* théorie *f;* **en t.** en théorie.

terapia *f* thérapie *f.*

tercer *a* troisième; **el t. mundo** le tiers-monde.

tercero, -a *a & mf* troisième.

tercio *m* tiers *m.*

terciopelo *m* velours *m.*

terco, -a *a* têtu.

tergiversar *vt* déformer.

terminal 1 *a* terminal.
2 *f* aérogare *f; (de autobús)* terminus *m.*
3 *m o f (de ordenador)* terminal *m.*

terminar 1 *vt* terminer.
2 *vi (acabarse)* se terminer; *(ir a parar)* finir (**en** dans); **terminó por comprarlo** il a fini par l'acheter.
3 **terminarse** *vr* se terminer; **se ha terminado el vino** il n'y a plus de vin.

término *m (final)* fin *f; (palabra)* terme *m;* **en términos generales** en général; **por t. medio** en moyenne.

termo *m* Thermos® *f.*

termómetro *m* thermomètre *m*.

termostato *m* thermostat *m*.

ternera *f* génisse *f*; *(carne)* veau *m*.

ternura *f* tendresse *f*.

terraplén *m* terre-plein *m*.

terremoto *m* tremblement *m* de terre.

terreno *m* terrain *m*; *(ámbito)* domaine *m*.

terrestre *a* terrestre.

terrible *a* terrible.

territorio *m* territoire *m*.

terrón *m* *(de azúcar)* morceau *m*.

terror *m* terreur *f*; **película de t.** film d'horreur.

terrorismo *m* terrorisme *m*.

terrorista *a & mf* terroriste.

terso, -a *a (liso)* lisse.

tertulia *f* réunion *f*.

tesis *f inv* thèse *f*; *(opinión)* opinion *f*.

tesoro *m* trésor *m*.

test *m* test *m*.

testamento *m* testament *m*; **hacer t.** faire son testament.

testarudo, -a *a* têtu.

testificar *vi* témoigner.

testigo *mf* témoin *m*.

testimonio *m* témoignage *m*.

tétano *m* tétanos *m*.

tetera *f* théière *f*.

tetina *f* tétine *f*.

texto *m* texte *m*; **libro de t.** manuel *m* scolaire.

tez *f* teint *m*.

ti *pron pers* toi; **es para ti** c'est pour toi; **piensas demasiado en ti mismo** tu penses trop à toi-même.

tía *f* tante *f*; *Fam (mujer)* nana *f*.

tibio, -a *a* tiède.

tiburón *m* requin *m*.

tic *m* *(pl* **tiques)** tic *m*; **t. nervioso** tic nerveux.

tiempo *m* temps *m*; *(de partido)* mi-temps *f*; **a t.** à temps; **a su (debido)**

t. en temps voulu; **al mismo t.** en même temps; **al poco t.** peu de temps après; **con t.** à l'avance; **¿cuánto t.?** combien de temps?; **¿cuánto t. hace?** ça fait combien de temps?; **estar a t. de** avoir encore le temps de; **¿nos da t. de llegar?** allons-nous arriver à temps?; **t. libre** temps libre; **¿qué t. hace?** quel temps fait-il?; **hace buen/mal t.** il fait beau/mauvais.

tienda *f* magasin *m*; **ir de tiendas** aller faire les magasins; **t. (de campaña)** tente *f*.

tienta *f* **a tientas** à tâtons; **andar/buscar algo a tientas** avancer/chercher qch à tâtons.

tierno, -a *a* tendre; *(reciente)* frais, *f* fraîche.

tierra *f* terre *f*; *(suelo)* sol *m*; **tocar t.** atterrir.

tieso, -a *a (rígido)* raide; *(erguido)* droit.

tiesto *m* pot *m* de fleurs.

tifus *m inv* typhus *m*.

tigre *m* tigre *m*; *Am* jaguar *m*.

tijeras *fpl* ciseaux *mpl*.

tila *f* tilleul *m*.

timar *vt* escroquer.

timbre *m* *(de puerta)* sonnette *f*; *(sonido)* timbre *m*.

timidez *f* timidité *f*.

tímido, -a *a* timide.

timo *m* escroquerie *f*.

timón *m* *(de barco, avión)* gouvernail *m*.

tímpano *m* tympan *m*.

tinieblas *fpl* ténèbres *fpl*.

tino *m* *(puntería)* **tener buen t.** bien viser.

tinta *f* encre *f*; **t. china** encre de Chine.

tinte *m* teinture *f*.

tintero *m* encrier *m*.

tintinear *vi* tinter.

tinto 1 *a (vino)* rouge.
    2 *m (vino)* vin *m* rouge.

tintorería *f* teinturerie *f*.

tío *m* oncle *m; Fam* mec *m;* **mis tíos** *(tío y tía)* mon oncle et ma tante.

tíovivo *m* manège *m*.

típico, -a *a* typique; *(baile, traje)* traditionnel.

tipo *m (clase, Fam persona)* type *m;* *(figura) (de hombre)* stature *f;* *(de mujer)* ligne *f;* **jugarse el t.** risquer sa peau; **t. bancario** *o* **de descuento** taux *m* d'escompte; **t. de cambio/interés** taux de change/d'intérêt.

tira *f* bande *f*.

tirabuzón *m* tire-bouchon *m*.

tirachinas *m inv* lance-pierres *m inv*.

tirada *f* tirage *m*.

tiranía *f* tyrannie *f*.

tirante 1 *a (cable etc.)* tendu.
    2 *m (de vestido etc.)* bretelle *f*.

tirar 1 *vt (echar, desechar)* jeter; *(dejar caer)* laisser tomber; *(derribar)* abattre.
    2 *vi* **t. de** *(cuerda, puerta)* tirer sur; *(disparar)* tirer; **ir tlrando** s'en sortir; **tira a la izquierda** tourne à gauche.
    3 tirarse *vr (lanzarse)* se jeter; *(tumbarse)* s'allonger; **tirarse de cabeza al agua** plonger dans l'eau.

tirita® *f* pansement *m*.

tiritar *vi* grelotter.

tiro *m (lanzamiento)* jet *m;* *(disparo, ruido)* coup *m;* *(de chimenea)* tirage *m;* **t. al blanco** tir *m* à blanc; **t. al plato** tir au pigeon.

tirón *m* **le dió un t. de pelo** il lui a tiré les cheveux; **le quitaron de un t. el bolso** ils lui ont arraché son sac; **sentir un t. en un músculo** sentir un tiraillement dans un muscle; *Fam* **de un t.** d'un seul coup.

titubear *vi (dudar)* hésiter.

titular¹ 1 *mf (persona)* titulaire *mf*.
    2 *m (de periódico)* gros titre *m*.

titular² 1 *vt (poner título)* intituler.

    2 titularse *vr (película etc.)* s'intituler.

título *m* titre *m*.

tiza *f* craie *f*.

tiznar *vt* noircir (à la suie).

toalla *f* serviette *f*.

toallero *m* porte-serviettes *m inv*.

tobillo *m* cheville *f*.

tobogán *m* toboggan *m*.

tocadiscos *m inv* tourne-disque *m;* **t. digital** *o* **compacto** platine *f* laser.

tocador *m (mueble)* table *f* de toilette; *(habitación)* cabinet *m* de toilette.

tocar 1 *vt* toucher; *(instrumento)* jouer de; *(canción)* jouer; *(campana)* sonner; *(tema, asunto)* aborder; **t. el timbre** sonner; **t. la bocina** klaxonner.
    2 *vi (entrar en contacto)* toucher; **¿a quién le toca?** *(en juegos)* à qui de jouer?; **me tocó el gordo** *(en rifa)* j'ai gagné le gros lot.
    3 tocarse *vr (una cosa con otra)* se toucher.

tocino *m* lard *m;* **t. de cielo** flan *m*.

tocólogo, -a *mf* obstétricien, -ienne.

todavía *adv (aún)* encore; **t. la quiere** il l'aime encore; **t. no** pas encore; **t. más/menos** encore plus/moins.

todo, -a 1 *a* tout; **t. el mundo** tout le monde; **t. el día** toute la journée; **t. ciudadano de más de dieciocho años** tout citoyen de plus de dix-huit ans; **todos, -as** tous, toutes; **todos los niños** tous les enfants; **todos los martes** tous les mardis.
    2 *pron* tout; **t. aquél** *o* **el que quiera** tous ceux qui veulent; **todos, -as** tous, toutes; **hablé con todos** j'ai parlé à tout le monde; **todos aprobamos** nous avons tous été reçus; **ante t.** avant tout; **del t.** complètement; **después de t.** après tout; **eso es t.** c'est tout; **hay de t.** il y a de tout; **lo sé t.** je sais tout; **t. lo**

contrario bien au contraire; **t. lo más** tout au plus.

3 todo *adv* tout; **t. sucio** tout sale.

toldo *m (cubierta)* bâche *f; (en la playa)* parasol *m; Am (cabaña)* tente *f.*

tolerar *vt* tolérer.

toma *f (acción)* prise *f;* **t. de corriente** prise de courant.

tomar 1 *vt* prendre; *(comer)* manger; *(beber)* prendre; **toma** voilà; **t. el sol** se faire bronzer; **t. en serio/broma** prendre sérieusement/à la blague.

2 tomarse *vr (comer)* manger; *(beber)* prendre; **no te lo tomes así** ne le prends pas comme ça.

tomate *m* tomate *f;* **salsa de t.** sauce tomate.

tómbola *f* tombola *f.*

tomo *m* tome *m.*

tonel *m* tonneau *m.*

tonelada *f* tonne *f.*

tónico, -a 1 *m* tonique *m.*
2 *f (bebida)* tonic *m;* **tónica general** tendance *f* générale.

tono *m* ton *m.*

tontería *f* bêtise *f.*

tonto, -a 1 *a* bête.
2 *mf* idiot, -iote.

topacio *m* topaze *f.*

toparse *vr* **t. con** tomber sur; *(dificultades)* rencontrer.

tope *m (límite)* limite *f;* **estar hasta los topes** être plein à ras bords; **fecha t.** date limite.

tópico *m* cliché *m.*

topo *m* taupe *f.*

topónimo *m* toponyme *m.*

torbellino *m (de viento)* tourbillon *m.*

torcer [4] **1** *vt* tordre; *(tobillo)* se tordre; *(inclinar)* incliner; **t. la esquina** tourner au coin de la rue.
2 *vi* tourner.
3 torcerse *vr (doblarse, tobillo)* se tordre; *(desviarse)* dévier.

torear *vi* toréer.

torero, -a *mf* torero *m.*

tormenta *f* orage *m.*

tormento *m (tortura)* torture *f; (padecimiento)* tourment *m.*

tornillo *m* vis *f.*

torno *m (de alfarero)* tour *m;* **en t. a** autour de.

toro *m* taureau *m;* **¿te gustan los toros?** tu aimes la corrida?

torpe *a (sin habilidad)* gauche; *(tonto)* bête; *(movimiento)* lent.

torre *f* tour *f.*

torrente *m* torrent *m.*

tórrido, -a *a* torride.

torso *m* torse *m.*

torta *f (pastel)* gâteau *m; (golpe)* claque *f.*

tortazo *m (bofetada)* claque *f.*

tortícolis *f inv* torticolis *m.*

tortilla *f* omelette *f; Am* tortilla *f,* galette *f* de maïs; **t. francesa/española** omelette nature/aux pommes de terre.

tortuga *f* tortue *f.*

tortura *f* torture *f.*

tos *f* toux *f;* **t. ferina** coqueluche *f.*

tosco, -a *a* grossier.

toser *vi* tousser.

tostada *f* una t. un toast.

tostador *m* grille-pain *m inv.*

tostar [2] *vt (pan)* faire griller; *(café)* torréfier.

total 1 *a* total.
2 *m (todo)* tout *m,* ensemble *m; (cantidad)* total *m;* **en t.** en tout.
3 *adv (para resumir)* bref.

totalidad *f* totalité *f;* **la t. de** l'ensemble de; **en su t.** dans sa totalité.

tóxico, -a 1 *a* toxique.
2 *m* poison *m.*

toxicómano, -a *a & mf* toxicomane.

tozudo, -a *a* têtu.

traba *f (obstáculo)* obstacle *m.*

trabajador, -ora *a & mf* travailleur, -euse.

trabajar 1 *vi* travailler; **t. de camarera** travailler comme serveuse.
2 *vt* travailler.

trabajo *m* travail *m*; *(esfuerzo)* effort *m*; **t. eventual** travail temporaire; **trabajos manuales** travaux manuels.

trabalenguas *m inv* mot *m*/phrase *f* difficile à prononcer.

trabar 1 *vt (conversación)* engager; *(amistad)* nouer.
2 **trabarse** *vr* **se le trabó la lengua** il n'a pas réussi à prononcer un seul mot.

tractor *m* tracteur *m*.

tradición *f* tradition *f*.

tradicional *a* traditionnel.

traducción *f* traduction *f*.

traducir 1 *vt* traduire (**a** en).
2 **traducirse** *vr* se traduire (**en** par).

traductor, -ora *mf* traducteur, -trice.

traer 1 *vt (cosa)* apporter; *(persona, cosa)* amener; **t. consigo** porter; *(problemas)* entraîner.
2 **traerse** *vr (consigo)* apporter; *(persona)* amener.

traficante *mf (de drogas etc.)* trafiquant, -ante.

tráfico *m* trafic *m*; **t. de drogas** trafic de drogue.

tragaperras *f inv (máquina)* **t.** machine *f* à sous.

tragar *vt*, **tragarse** *vr* avaler.

tragedia *f* tragédie *f*.

trágico, -a *a* tragique.

trago *m (bebida)* gorgée *f*; **de un t.** d'un trait; **pasar un mal t.** passer un mauvais moment.

traición *f* trahison *f*.

traicionar *vt* trahir.

traidor, -ora *a & mf* traître, -esse.

traigo *indic pres de* **traer**.

traje¹ *m (de hombre)* costume *m*; *(de mujer)* robe *f*; **t. de baño** maillot *m* de bain; **t. de chaqueta** ensemble *m*; **t. de novia** robe de mariée.

traje² *pt indef de* **traer**.

trama *f* trame *f*.

tramar *vt* tramer.

trámite *m (paso)* démarche *f*; *(formalidad)* formalité *f*.

tramo *m (de carretera)* tronçon *m*; *(de escalera)* volée *f*.

trampa *f* piège *m*; **hacer trampa(s)** tromper.

trampilla *f* trappe *f*.

trampolín *m* tremplin *m*.

tramposo, -a 1 *a* trompeur.
2 *mf* tricheur, -euse.

tranquilizante *m* calmant *m*.

tranquilizar 1 *vt* tranquilliser.
2 **tranquilizarse** *vr (calmarse)* se tranquilliser.

tranquilo, -a *a (persona, lugar, conciencia)* tranquille; *(agua)* calme.

transatlántico, -a *a & m* transatlantique *a & m*.

transbordador *m* bac *m*, ferry *m*; **t. espacial** navette *f* spatiale.

transbordo *m (de trenes)* **hacer t.** changer.

transcurrir *vi (tiempo)* passer; *(acontecer)* se passer.

transcurso *m* **en el t. de** au cours.

transeúnte *mf (peatón)* passant, -ante.

transferencia *f* transfert *m*; **t. bancaria** virement *m* bancaire.

transformación *f* transformation *f*.

transformador *m* transformateur *m*.

transformar 1 *vt* transformer.
2 **transformarse** *vr* se transformer (**en** en).

transfusión *f* transfusion *f*.

transición *f* transition *f*.

transistor *m* transistor *m*.

T

transitado, -a a *(carretera)* passant.

transitivo, -a a transitif.

tránsito m *(tráfico)* circulation f; *(movimiento)* passage m; **pasajeros en t.** passagers en transit.

transitorio, -a a transitoire.

transmisión f transmission f; *(emisión)* émission f.

transmisor m transmetteur m.

transmitir vt transmettre.

transnochar vi se coucher tard; *(velar)* passer une nuit blanche.

transparentarse vr être transparent; **se le transparentaban las bragas** on voyait sa culotte.

transparente a transparent.

transpiración f transpiration f.

transplante m greffe f.

transportar vt transporter.

transporte m transport m.

transversal a transversal.

tranvía m tramway m.

trapo m *(viejo, roto)* chiffon m; **t. de cocina** torchon m; **t. del polvo** chiffon à poussière.

tráquea f trachée f.

tras prep *(después de)* après; *(detrás)* derrière.

trascendencia f *(importancia)* importance f.

trascendental, trascendente a important.

trasero, -a 1 a arrière; **en la parte trasera** à l'arrière.
  2 m Fam derrière m.

trasladar 1 vt *(cosa)* déplacer; *(trabajador)* muter.
  2 trasladarse vr se déplacer.

traslado m *(de casa)* déménagement m; *(de personal)* mutation f.

trasmisión f = **transmisión**.

trasmisor m = **transmisor**.

trasmitir vt = **transmitir**.

trasnochar vi = **transnochar**.

traspié m *(pl* **traspiés)** faux pas m;

dar un t. trébucher.

trastero m **(cuarto) t.** débarras m.

trastienda f arrière-boutique f.

trasto m chose f; *(cosa inservible)* vieillerie f.

trastornar 1 vt *(planes)* bouleverser; Fig *(persona)* rendre fou (amoureux).
  2 trastornarse vr *(enloquecer)* devenir fou.

trastorno m *(molestia)* dérangement m; **t. mental** déséquilibre m mental.

tratado m traité m.

tratamiento m traitement m; **t. de textos** traitement de texte.

tratar 1 vt traiter; *(manejar)* manier; **me trata de tú** il me tutoie.
  2 vi **t. de** *(intentar)* essayer de; **t. de** o **sobre** o **acerca** traiter de.
  3 tratarse vr *(relacionarse)* se parler; **se trata de** il s'agit de.

trato m traitement m; *(acuerdo)* accord m; *(comercial)* marché m; **malos tratos** mauvais traitements; **¡t. hecho!** marché conclu!; **estar en trato(s) con algn** être en rapport avec qn.

traumático, -a a traumatique.

través 1 prep **a t. de** *(superficie)* en travers de; *(agujero etc.)* par; *(por medio de)* par l'intermédiaire de; **a t. del periódico** par le journal.
  2 adv **de t.** *(transversalmente)* en travers; *(de lado)* de côté.

travesía f *(viaje)* traversée f.

travestí, travestido m travesti m.

travesura f espièglerie f.

travieso, -a a espiègle.

trayecto m *(distancia)* distance f; *(recorrido, viaje)* trajet m.

trazar vt tracer.

trébol m trèfle m.

trece a & m inv treize a & m inv.

trecho m *(distancia)* distance f; *(tramo)* tronçon m.

tregua f trêve f.

treinta *a & m inv* trente *a & m inv.*

tremendo, -a *a (terrible)* terrible; *(muy grande)* énorme; *(excelente)* fabuleux.

tren *m* train *m.*

trenca *f (prenda)* duffle-coat *m.*

trenza *f (de pelo)* tresse *f.*

trepar 1 *vi* grimper.
2 *vt* grimper à.

tres *a & m inv* trois *a & m inv;* **t. en raya** petites croix *fpl.*

trescientos, -as *a & m inv* trois cents *a & m.*

tresillo *m* salon *m* trois pièces.

treta *f* ruse *f.*

triángulo *m* triangle *m.*

tribu *f* tribu *f.*

tribuna *f* tribune *f.*

tribunal *m* tribunal *m; (de examen)* jury *m* d'examen; **T. Supremo** Cour *f* suprême.

tributo *m* impôt *m.*

triciclo *m* tricycle *m.*

trienio *m* période *f* de trois ans.

trigésimo, -a *a & mf* trentième; **t. primero** trente et unième.

trigo *m* blé *m.*

trimestral *a* trimestriel.

trimestre *m* trimestre *m.*

trinchar *vt (carne)* découper.

trinchera *f* tranchée *f.*

trineo *m* luge *f; (tirado por perros etc.)* traîneau *m.*

tripa *f (intestino)* tripe *f; Fam* bide *m;* **dolor de t.** mal de ventre.

triple *a & m* triple *a & m.*

trípode *m* trépied *m.*

tripulación *f* équipage *m.*

tripulante *mf* membre *m* de l'équipage.

tripular *vt* faire partie de l'équipage de.

triquiñuela *f* roublardise *f.*

triste *a* triste.

tristeza *f* tristesse *f.*

triturar *vt* triturer.

triunfador, -ora 1 *a* triomphant.
2 *mf* vainqueur *m.*

triunfar *vi* triompher.

triunfo *m* triomphe *m.*

trivial *a* banal.

triza *f* **hacer trizas** réduire en miettes.

trocear *vt* couper (en morceaux).

trofeo *m* trophée *m.*

tromba *f* **t. de agua** trombe *f* d'eau.

trombón *m* trombone *m.*

trompa *f* trompe *f; Fam* **estar t.** être pompette.

trompeta *f* trompette *f.*

tronchar 1 *vt (rama, tronco)* couper.
2 troncharse *vr* **troncharse de risa** se tordre de rire.

tronco *m (torso, de árbol)* tronc *m; (leño)* bûche *f.*

trono *m* trône *m.*

tropa *f* **tropas** troupes *fpl.*

tropel *m (muchedumbre)* cohue *f,* foule *f;* **en t.** avec précipitation.

tropezar [1] *vi (tropicar)* trébucher **(con** sur); **t. con algn/dificultades** tomber sur qn/rencontrer des difficultés.

tropezón *m (traspié)* faux pas *m;* **dar un t.** trébucher.

tropical *a* tropical.

trópico *m* tropique *m.*

tropiezo[1] *m (obstáculo)* obstacle *m.*

tropiezo[2] *indic pres de* **tropezar.**

trotar *vi* trotter.

trote *m* trot *m;* **al t.** au trot.

trozo *m* bout *m.*

trucha *f* truite *f.*

truco *m* truc *m;* **coger el t. (a algo)** prendre le coup (de qch).

trueno *m* tonnerre *m;* **un t.** un coup de tonnerre.

trufa *f* truffe *f.*

T

tu *a pos* ton, *f* ta, *pl* tes; **tu libro** ton livre; **tus libros** tes livres.

tú *pron (sujeto)* tu; *(forma tónica)* toi; **tú me lo has dicho** tu me l'as dit; **eres tú** c'est toi.

tubería *f (de agua)* tuyauterie *f; (de gas, petróleo)* pipeline *m.*

tubo *m* tube *m; (tubería)* tuyau *m;* **t. de ensayo** tube à essai; **t. de escape** tuyau d'échappement.

tuerca *f* écrou *m.*

tuerto, -a *a & mf* borgne.

tuerzo *indic pres de* **torcer**.

tulipán *m* tulipe *f.*

tullido, -a *a* paralysé.

tumba *f* tombe *f.*

tumbar 1 *vt* faire tomber.
2 tumbarse *vr (acostarse)* s'allonger.

tumbona *f* chaise *f* longue.

tumor *m* tumeur *f.*

tumulto *m* tumulte *m.*

túnel *m* tunnel *m;* **el t. del Canal de la Mancha** le tunnel sous la Manche.

túnica *f* tunique *f.*

tupé *m (pl* **tupés)** *(flequillo)* frange *f.*

tupido, -a *a* épais.

turba *f (combustible)* tourbe *f.*

turbado, -a *a (alterado)* troublé; *(desconcertado)* confus.

turbar 1 *vt (alterar)* troubler; *(desconcertar)* déconcerter.

2 turbarse *vr (preocuparse)* se troubler; *(desconcertarse)* se décontenancer.

turbio, -a *a (agua)* trouble; *(negocio etc.)* louche.

turbulencia *f* turbulence *f.*

turco, -a 1 *a* turc.
2 *mf (persona)* Turc, *f* Turque; *Fig* **cabeza de t.** tête de Turc.
3 *m (idioma)* turc *m.*

turismo *m* tourisme *m; (coche)* voiture *f;* **ir de t.** faire du tourisme.

turista *mf* touriste *mf.*

turístico, -a *a* touristique; **de interés t.** d'intérêt touristique.

turnarse *vr* se relayer.

turno *m (en juegos etc.)* tour *m; (de trabajo)* service *m;* **t. de día/noche** service de jour/nuit.

turquesa *a & f* turquoise *a inv & f.*

turrón *m* nougat *m.*

tutear 1 *vt* tutoyer.
2 tutearse *vr* se tutoyer.

tutela *f* tutelle *f.*

tutor, -ora *mf (de huérfano)* tuteur, -trice; *(de estudiante)* professeur *m* particulier.

tuve *pt indef de* **tener**.

tuyo, -a 1 *a pos* à toi, un de tes; **¿es amigo t.?** c'est un ami à toi?; **un libro t.** un de tes livres.
2 *pron pos* tien, *f* tienne.

U u

u *conj (devant des mots commençant par* **o** *ou* **ho**) ou.

ubicación *f* emplacement *m*.

ubicar 1 *vt (situar)* placer.
  2 ubicarse *vr (en un lugar)* se trouver.

Ud. *abr de* **usted** vous.

Uds. *abr de* **ustedes** vous.

UE *abr de* **Unión Europea** UE *f*.

úlcera *f* ulcère *m*.

últimamente *adv* récemment.

ultimar *vt (terminar)* finaliser; *Am (matar)* achever.

ultimátum *m (pl* **ultimátums)** ultimatum *m*.

último, -a *a* dernier; **por ú.** dernièrement; **a últimos de mes** à la fin du mois; **últimas noticias** dernières nouvelles; **el ú. piso** l'appartement du haut; **el ú. de la lista** le dernier de la liste; **la última fila** le dernier rang.

ultraderecha *f* extrême-droite *f*.

ultramarinos *mpl* produits *mpl* d'alimentation; **tienda de u.** épicerie *f*.

ultrasónico, -a *a* ultrasonique.

ultravioleta *a inv* ultraviolet.

ulular *vi (viento)* hurler; *(búho)* hululer.

umbral *m* seuil *m*.

un, una 1 *art indef* un, *f* une; **unos, -as** des.
  2 *a num (apócope de uno delante de m sing)* un, une; **un chico y dos chicas** un garçon et deux filles.

unánime *a* unanime.

unanimidad *f* unanimité *f*; **por u.** à l'unanimité.

undécimo, -a *a & mf* onzième.

únicamente *adv* uniquement.

único, -a *a* unique; **hijo ú.** fils unique; **lo ú. que quiero** la seule chose que je veux.

unidad *f* unité *f*; **u. de disquete** unité de disquete.

unido, -a *a* uni; **están muy unidos** ils sont très unis; **una familia muy unida** une famille très unie.

unificación *f* unification *f*.

uniforme 1 *m (prenda)* uniforme *m*.
  2 *a* uniforme; *(superficie)* égal.

unilateral *a* unilatéral.

unión *f* union *f*; **U. Europea** Union européenne.

unir 1 *vt* unir.
  2 unirse *vr* s'unir.

unísono *m* **al u.** à l'unisson.

universal *a* universel.

universidad *f* université *f*.

universitario, -a 1 *a* universitaire.
  2 *mf* étudiant, -ante d'université.

universo *m* univers *m*.

uno, -a 1 *m inv* un *m*.
  2 *f (hora)* **es la una** il est une heure.
  3 *a* **unos, -as** quelques; **unas cajas** quelques caisses; **debe haber unos/unas veinte** il doit y en avoir une vingtaine.
  4 *pron* un; *(persona)* quelqu'un; *(impers)* on, vous; **u. (de ellos), una**

(de ellas) un d'entre eux, une d'entre elles; **unos cuantos** quelques-uns; **se miraron el u. al otro** ils se sont regardés l'un l'autre; **de u. en u.** un par un; **u. tras otro** l'un derrière l'autre; **vive con u.** elle vit avec un type; **u. tiene que...** il faut...

untar vt enduire; *(mantequilla)* étaler.

uña f ongle m; **morderse** o **comerse las uñas** se ronger les ongles.

uperizado, -a a **leche uperizada** lait UHT.

urbanismo m urbanisme m.

urbanización f *(barrio)* lotissement m; *(proceso)* urbanisation f.

urbano, -a a urbain.

urbe f grande ville f.

urgencia f urgence f.

urgente a urgent; **correo u.** courrier urgent.

urgir vi être urgent.

urna f *(para votos)* urne f.

urraca f pie f.

uruguayo, -a 1 a uruguayen.
    2 mf Uruguayen, -enne.

usado, -a a *(ropa)* usagé.

usar 1 vt utiliser; *(prenda)* mettre.
    2 usarse vr être utilisé.

usina f Am *(central eléctrica)* centrale f.

uso m usage m; **u. externo** usage externe; **u. tópico** traitement m local; **haga u. del casco** port du casque obligatoire.

usted *(pl* **ustedes)** *pron pers* vous; **¿quién es u.?, ¿quiénes son ustedes?** qui êtes-vous?

usual a usuel.

usuario, -a mf utilisateur, -trice.

utensilio m ustensile m; *(herramienta)* outil m.

útil a utile.

utilidad f utilité f; **tener u.** être utile.

utilitario, -a a & m utilitaire a & m.

utilización f utilisation f.

utilizar vt utiliser.

utópico, -a 1 a utopique.
    2 mf utopiste.

uva f raisin m; **u. blanca** raisin blanc.

UVI f abr de **unidad de vigilancia intensiva** unité f de soins intensifs.

vaca *f* vache *f*; *(carne)* bœuf *m*.

vacaciones *fpl* vacances *fpl*; **estar/irse de v.** être/aller en vacances.

vacante 1 *a* vacant.
    2 *f* vacance *f*.

vaciar 1 *vt* vider.
    2 vaciarse *vr* se vider.

vacilar *vi (dudar)* hésiter; *(voz)* s'entrecouper; **sin v.** sans hésiter.

vacío, -a 1 *a* vide; *(hueco)* creux; *(sin ocupar)* libre.
    2 *m* vide *m*; *(hueco)* creux *m*; *(espacio)* place *f* libre.

vacuna *f* vaccin *m*.

vado *m (de un río)* gué *m*; *(de la acera)* bateau *m*.

vagabundo, -a *a & mf* vagabond, -onde.

vagar *vi* errer.

vago, -a 1 *a (perezoso)* paresseux; *(indefinido)* vague.
    2 *mf (holgazán)* paresseux, -euse.

vagón *m* wagon *m*.

vaho *m (de aliento)* haleine *f*; *(vapor)* vapeur *f*.

vaina *f (de guisante etc.)* gousse *f*; *Am (molestia)* barbe *f*.

vainilla *f* vanille *f*.

vajilla *f* vaisselle *f*.

valdré *indic fut de* **valer**.

vale¹ *interj* d'accord.

vale² *m (comprobante)* bon *m*; *(pagaré)* billet *m* à ordre.

valer 1 *vt* valoir; *(costar)* coûter; **no vale nada** ça ne vaut rien; **mis esfuerzos no valieron nada** mes efforts n'ont servi à rien; **no vale la pena (ir)** ça ne vaut pas la peine (d'y aller); **¿cuánto vale?** combien ça coûte? .
    2 *vi (servir)* servir; *(ser válido, aplicarse)* être valable; *(en juegos)* compter; **más vale** il vaut mieux; **más vale que te vayas ya** il vaut mieux que tu t'en ailles maintenant.
    3 valerse *vr* **valerse por sí mismo** s'en sortir tout seul; **valerse de** s'aider de.

valgo *indic pres de* **valer**.

válido, -a *a* valide.

valiente *a (valeroso)* courageux.

valioso, -a *a* précieux.

valla *f (cerca)* clôture *f*; *(muro)* mur *m*; **v. publicitaria** panneau *m* publicitaire.

valle *m* vallée *f*.

valor *m* valeur *f*; *(precio)* prix *f*; *(valentía)* courage *m*; **objetos de v.** objets de valeur; **sin v.** sans valeur.

valoración *f* évaluation *f*.

valorar *vt* évaluer.

vals *m* valse *f*.

válvula *f* valve *f*; **v. de seguridad** valve de sûreté.

vampiro *m* vampire *m*.

vandalismo *m* vandalisme *m*.

vanguardia *f* avant-garde *f*.

vanidad *f* vanité *f*.

vanidoso, -a *a* vaniteux.

vano, -a *a (vanidoso)* vaniteux; *(esfuerzo, esperanza)* vain; **en v.** en vain.

vapor *m* vapeur *f*; **al v.** à la vapeur; **v. de agua** vapeur d'eau.

vaporizador *m* vaporisateur *m*.

vaquero, -a 1 *m* vacher *m*; *(en EE.UU.)* cowboy *m*.
   2 *a* **pantalón v.** jean *m*.
   3 *mpl* **vaqueros** *(prenda)* jean *m*.

vara *f* bâton *m*.

variable *a & f* variable *a & f*.

variado, -a *a* varié.

variante *f (carretera)* déviation *f*.

variar *vti* varier; *(con ironía)* **para v.** pour changer.

varicela *f* varicelle *f*.

variedad *f* variété *f*; *(espectáculo)* **variedades** variétés.

varilla *f (vara)* baguette *f*; *(de abanico, paraguas)* branche *f*.

varios, -as *a* plusieurs.

variz *f* varice *f*.

varón *m (hombre)* homme *m*; *(chico)* garçon *m*.

vas *indic pres de* **ir**.

vascuence *m (idioma)* basque *m*.

vaselina *f* vaseline *f*.

vasija *f* pot *m*.

vaso *m (para beber)* verre *m*.

vaticinar *vt* prédire.

vatio *m* watt *m*.

vaya¹ *interj* **¡v. lío!** quelle pagaille!

vaya² *subj pres de* **ir**.

Vd., Vds. *abr de* **usted, ustedes** vous.

ve¹ *imperativo de* **ir**.

ve² *indic pres de* **ver**.

vecindad *f*, **vecindario** *m (área)* voisinage *m*; *(vecinos)* voisins *mpl*.

vecino, -a 1 *mf (persona)* voisin, -ine; *(residente)* habitant, -ante.
   2 *a* voisin.

vega *f* terrain *m* fertile.

vegetación *f* végétation *f*; *(en nariz)* **vegetaciones** végétations.

vegetal *a & m* végétal *a & m*.

vegetariano, -a *a & mf* végétarien, -ienne.

vehemente *a* véhément.

vehículo *m* véhicule *m*.

veinte *a & m inv* vingt *a & m inv*.

vejez *f* vieillesse *f*.

vejiga *f* vessie *f*.

vela¹ *f* bougie *f*; **pasar la noche en v.** passer une nuit blanche.

vela² *f (de barco)* voile *f*.

velador *m Am (mesilla de noche)* table *f* de chevet.

velar 1 *vt* voiler; *(enfermo)* veiller.
   2 velarse *vr* se voiler.

velatorio *m* veillée *f* funèbre.

velero *m* voilier *m*.

veleta *f* girouette *f*.

vello *m* poil *m*; *(fino)* duvet *m*.

velo *m* voile *m*.

velocidad *f* vitesse *f*; **v. máxima** vitesse maximum.

velocímetro *m* compteur *m* (de vitesse).

veloz *a* rapide.

vena *f* veine *f*.

venado *m* cerf *m*; *(carne)* venaison *f*.

vencedor, -ora 1 *mf* vainqueur *m*.
   2 *a* victorieux.

vencer 1 *vt* vaincre.
   2 *vi* échoir.

vencido, -a *a* vaincu; **darse por v.** s'avouer vaincu.

venda *f* bande *f*.

vendaje *m* bandage *m*.

vendar *vt* bander; **v. los ojos a algn** bander les yeux à qn.

vendaval *m* vent *m* fort.

vendedor, -ora *mf* vendeur, -euse.

vender 1 *vt* vendre.
   2 venderse *vr* se vendre; **se vende** à vendre.

vendimia *f* vendange *f*.

vendré *indic fut de* **venir**.

veneno *m* poison *m*; *(de serpiente)* venin *m*.

venenoso, -a *a* vénéneux; *(serpiente)* venimeux.

venereo, -a *a* vénérien.

venezolano, -a 1 *a* vénézuélien. **2** *mf* Vénézuélien, -ienne.

venga *subj pres de* venir.

venganza *f* vengeance *f.*

vengo *indic pres de* venir.

venir 1 *vi* **(a)** venir; **el año que viene** l'année prochaine; *Fam* **¡venga ya!** *(expresa incredulidad)* allons donc!; *(vamos)* allons-y!; **v. grande/pequeño** *(ropa)* être trop grand/petit; **v. mal/bien** tomber mal/bien.
(b) *(en pasivas)* **esto vino provocado por...** ceci a été provoqué par...
(c) **esto viene ocurriendo desde hace mucho tiempo** ça a commencé il y a longtemps.
2 venirse *vr* **venirse abajo** s'écrouler.

venta *f* vente *f*; *(posada)* auberge *f*; **en v.** en vente; **a la v.** en vente; **v. a plazos/al contado** vente à crédit/au comptant; **v. al por mayor/al por menor** vente en gros/au détail.

ventaja *f* avantage *m*; **llevar v. a** avoir l'avantage sur.

ventana *f* fenêtre *f*; *(de la nariz)* narine *f.*

ventanilla *f* fenêtre *f*; *(de la nariz)* narine *f.*

ventilador *m* ventilateur *m.*

ventilar *vt* aérer.

ventisca *f* blizzard *m*; *(de nieve)* tempête *f* de neige.

ver 1 *vt* voir; *(televisión)* regarder; **a v.** voyons; **a v. si escribes** j'espère que tu écriras; **(ya) veremos** on verra; **no tener nada que v. con** ne rien avoir à voir avec.
2 verse *vr* se voir; **¡nos vemos!** à bientôt!; *Am* **te ves divina** tu est magnifique.

veraneante *mf* estivant, -ante.

veranear *vi* passer ses vacances d'été.

veraniego, -a *a* estival.

verano *m* été *m.*

veras de v. vraiment.

verbena *f* fête *f* *(en plein air).*

verbo *m* verbe *m.*

verdad *f* vérité *f*; **es v.** c'est vrai; **¡de v!** vraiment!; **un amigo de v.** un vrai ami; **está muy bien, ¿(no es) v.?** c'est très bien, n'est-ce-pas?

verdaderamente *adv* vraiment.

verdadero, -a *a* vrai.

verde 1 *a* vert; *(chiste, película)* grivois.
2 *m* *(color)* vert *m.*

verdoso, -a *a* verdâtre.

verdura *f* légumes *mpl.*

vereda *f* chemin *m*; *Am (acera)* trottoir *m.*

veredicto *m* verdict *m.*

vergonzoso, -a *a* *(penoso)* honteux; *(tímido)* timide.

vergüenza *f* honte *f*; *(timidez)* timidité *f*; **¿no te da v.?** tu n'as pas honte?; **es una v.** c'est une honte; **me da v.** ça me gêne.

verificar *vt* vérifier.

verja *f* grille *f.*

vermut, vermú *m* *(pl* **vermús)** vermouth *m.*

verosímil *a* vraisemblable.

verruga *f* verrue *f.*

versión *f* version *f.*

verso *m* *(poesía)* vers *m.*

vertebrado, -a *a & m* vertébré *a & m.*

vertedero *m* *(de basura)* décharge *f.*

verter [5] *vt* verser; *(basura)* jeter.

vertical *a* vertical.

vertiente *f* *(de montaña, tejado)* versant *m*; *Am (manantial)* source *f.*

vertiginoso, -a *a* *(velocidad)* vertigineux.

vértigo *m* vertige *m*; **me da v.** ça me donne le vertige.

vespa® *f* Vespa® *f.*

vespertino, -a *a* de l'après-midi.

vespino® *m* Mobylette® *f.*

vestíbulo *m* (de casa) vestibule *m*; (de edificio público) hall *m.*

vestido, -a 1 *m* (de mujer) robe *f.*
2 *a* habillé.

vestigio *m* vestige *m.*

vestir [6] **1** *vt* (a alguien) habiller; (llevar puesto) porter.
2 *vi* s'habiller; **ropa de (mucho) v.** tenue (très) habillée.
3 vestirse *vr* s'habiller; **vestirse de** mettre; (disfrazarse) se déguiser en.

vestuario *m* (conjunto de vestidos) garde-robe *f*; (para teatro) costumes *mpl*; (camerino) loge *f*; (en estadio) vestiaire *m.*

veterano, -a *a & mf* vétéran *a & m.*

veterinario, -a 1 *mf* vétérinaire *mf.*
2 *f* médecine *f* vétérinaire.

veto *m* veto *m inv.*

vez *f* fois *f*; (turno) tour *m*; **a o algunas veces** parfois; **cada v.** chaque fois; **cada v. más** de plus en plus; **de v. en cuando** de temps en temps; **¿le has visto alguna v.?** tu l'as déjà vu?; **otra v.** encore (une fois); **a la v.** en même temps; **tal v.** peut-être; **de una v.** d'un seul coup; **en v. de** au lieu de.

vía 1 *f* (del tren) voie *f*; (camino) chemin *m*; **por v. oral** par voie orale; **por v. aérea/marítima** par avion/mer.
2 *prep* (a través de) via.

viajar *vi* voyager.

viaje *m* voyage *m*; **¡buen v.!** bon voyage!; **estar de v.** être en voyage; **v. de negocios** voyage d'affaires; **v. de novios** voyage de noces.

viajero, -a 1 *mf* voyageur, -euse; (en transporte público) passager, -ère.
2 *a* **cheque v.** chèque de voyage.

víbora *f* vipère *f.*

vibración *f* vibration *f.*

vibrar 1 *vt* faire vibrer.
2 *vi* vibrer.

vicepresidente, -a *mf* vice-président, -ente.

viceversa *adv* vice versa.

vicio *m* vice *m*; (mala costumbre) mauvaise habitude *f.*

vicioso, -a 1 *a* (persona) dépravé; **círculo v.** cercle vicieux.
2 *mf* dépravé, -ée.

víctima *f* victime *f.*

victoria *f* victoire *f.*

vid *f* vigne *f.*

vida *f* vie *f*; **en mi v.** jamais de la vie; **ganarse la v.** gagner sa vie; **¿qué es de tu v.?** comment va la vie?

vídeo *m* vidéo *f*; **grabar en v.** enregistrer sur vidéo.

videocámara *f* Caméscope® *m.*

videoclub *m* vidéoclub *m.*

videojuego *m* jeu *m* vidéo.

vidriera *f* vitrail *m*; *Am* (escaparate) vitrine *f.*

vidrio *m* verre *m.*

viejo, -a 1 *a* vieux, (antes de un sustantivo masc que comience con vocal vieil), *f* vieille; **hacerse v.** se faire vieux; **un v. amigo** un vieil ami.
2 *mf* vieux *m*, vieille *f.*

viento *m* vent *m*; **hace o sopla mucho v.** il y a beaucoup de vent.

vientre *m* ventre *m.*

viernes *m inv* vendredi *m*; **V. Santo** vendredi saint.

vietnamita 1 *a* vietnamien.
2 *mf* Vietnamien, -ienne.

viga *f* poutre *f.*

vigencia *f* vigueur *f*; **entrar en v.** entrer en vigueur.

vigésimo, -a *a & mf* vingtième.

vigilante *m* garde *m*; (nocturno) gardien *m* de nuit.

vigilar *vti* surveiller.

vigor *m* vigueur *f*; **en v.** en vigueur.

vil *a* vil.

villa *f (población)* petite ville *f*; *(casa)* villa *f*.

villancico *m* chant *m* de Noël.

vinagre *m* vinaigre *m*.

vinagreras *fpl* huilier-vinaigrier *m*.

vinagreta *f* vinaigrette *f*.

vincha *f Am* bandeau *m*.

vínculo *m* lien *m*.

vine *pt indef de* **venir**.

vino *m* vin *m*; **v. blanco/tinto** vin blanc/rouge; **v. rosado** vin rosé.

viña *f* vigne *f*.

viñedo *m* vignoble *m*.

viñeta *f* illustration *f*.

violación *f (de persona)* viol *m*; *(de ley, derecho)* violation *f*.

violar *vt* violer.

violencia *f* violence *f*.

violento, -a *a* violent; *(situación)* gênant; **sentirse v.** se sentir gêné.

violeta 1 *a & m (color)* violet *m*.
2 *f (flor)* violette *f*.

violín *m* violon *m*.

violonc(h)elo *m* violoncelle *m*.

virar *vi* virer.

virgen *a & f* vierge *a & f*.

viril *a* viril.

virtud *f* vertu *f*.

virtuoso, -a *a* vertueux; *(músico)* virtuose.

viruela *f* variole *f*.

virus *m inv* virus *m*.

visa *f Am* visa *m*.

visado *m* visa *m*.

visera *f* visière *f*.

visibilidad *f* visibilité *f*.

visible *adj* visible.

visillo *m* rideau *m*.

visión *f* vision *f*.

visita *f* visite *f*; **hacer una v.** rendre visite; **estar de v.** être en visite.

visitante *a & mf* visiteur, -euse.

visitar *vt* visiter; *(persona)* rendre visite à.

vislumbrar *vt* apercevoir.

visón *m* vison *m*.

víspera *f* veille *f*.

vista *f* vue *f*; **a la v.** en vue; **a primera** *o* **simple v.** à première vue; **en v. de** étant donné; **corto de v.** myope; **conocer a algn de v.** connaître qn de vue; **perder de v. a** perdre de vue; **¡hasta la v.!** à la prochaine!; **con vista(s) al mar** avec vue sur la mer.

vistazo *m* coup *m* d'œil; **echar un v. a algo** *(ojear)* jeter un coup d'œil à qch.

visto, -a *a* **está v. que...** il est évident que...; **por lo v.** apparemment; **estar bien/mal v.** être bien/mal vu.
2 *m* **v. bueno** accord *m*.

vitalicio, -a *a* viager.

vitalidad *f* vitalité *f*.

vitamina *f* vitamine *f*.

viticultor, -ora *mf* viticulteur, -trice.

vitorear *vt* acclamer.

vitrina *f* vitrine *f*.

viudo, -a *mf* veuf *m*, veuve *f*.

viva *interj* hourra!

vivaracho, -a *a* vif.

vivaz *a* vivace; *(perspicaz)* vif.

víveres *mpl* vivres *mpl*.

vivero *m (de plantas)* pépinière *f*.

vivienda *f* logement *m*; *(casa, piso)* demeure *f*.

vivir *vti* habiter; *(existir)* vivre.

vivo, -a *a* vivant; *(vivaz, color)* vif; *(listo)* malin, futé; **en v.** *(programa)* en direct; **estar al rojo v.** *(situación)* être explosif; *(persona)* avoir la sensibilité à vif.

vocabulario *m* vocabulaire *m*.

vocación *f* vocation *f*.

vocal *f* voyelle *f*.

voceador, -ora *mf Am* crieur, -euse.

V

vocero, -a *mf Am* porte-parole *m inv.*

vociferar *vi* vociférer.

vodka *m* vodka *f.*

volandas en v. en l'air; *(en un instante)* à toute vitesse.

volante 1 *m* volant *m;* **ir al v.** être au volant.

   2 *a* volant; **platillo v.** soucoupe volante.

volantín *m Am (cometa)* cerf-volant *m.*

volar [2] **1** *vi* voler; *Fam* **lo hizo volando** il l'a fait en un quart de tour.

   2 *vt* faire sauter.

   3 *volarse vr (papel etc.)* s'envoler.

volcán *m* volcan *m.*

volcar [2] **1** *vt (cubo, barco etc.)* renverser; *(vaciar)* vider.

   2 *vi (coche, barca)* capoter.

   3 *volcarse vr (vaso, jarra)* se renverser; *(coche, barca)* capoter.

voleibol *m* volley-ball *m.*

voltaje *m* voltage *m.*

voltereta *f* culbute *f.*

voltio *m* volt *m.*

volumen *m* volume *m.*

voluminoso, -a *a* volumineux; *(enorme)* énorme.

voluntad *f* volonté *f;* **fuerza de v.** force de volonté; **tiene mucha v.** il a beaucoup de volonté.

voluntario, -a 1 *a* volontaire; **ofrecerse v.** se proposer.

   2 *mf* volontaire *mf.*

volver [4] *(pp* **vuelto)** **1** *vi (venir de vuelta)* revenir; *(ir de vuelta)* retourner; **v. en sí** revenir à soi; **v. a hacer algo** recommencer à faire qch.

   2 *vt (convertir)* rendre; *(dar vuelta a)* retourner; **volverle la espalda a algn** tourner le dos à qn; **al v. la esquina** en tournant au coin de la rue.

   3 *volverse vr* se retourner; *(venir de vuelta)* revenir; *(ir de vuelta)* retourner; *(convertirse)* devenir; **volverse loco** devenir fou.

vomitar *vti* vomir; **tengo ganas de v.** j'ai envie de vomir.

voraz *a* vorace.

vosotros, -as *pron pers pl* vous.

votación *f* vote *m.*

votante *mf* votant, -ante.

votar *vi* voter; **v. a algn** voter pour qn.

voto *m* vote *m.*

voy *indic pres de* **ir.**

voz *f* voix *f;* *(grito)* cri *m;* **en v. alta/ baja** à voix haute/basse; **a media v.** à mi-voix; **a voces** en criant; **dar voces** crier; **no tener ni v. ni voto** ne pas avoir voix au chapitre.

vuelo *m* vol *m;* **v. chárter/regular** vol charter/régulier; **no se oía el v. de una mosca** on aurait entendu une mouche voler; **al v.** *(entender etc.)* au vol.

vuelta *f (regreso, viaje)* retour *m;* *(giro, ciclista, en carreras)* tour *m;* *(dinero)* monnaie *f;* **a v. de correo** par retour du courrier; **estar de v.** être de retour; **dar media v.** faire demi-tour; **la cabeza me da vueltas** la tête me tourne; **no le des más vueltas** arrête de revenir là-dessus; **dar una v.** faire un tour.

vuestro, -a 1 *a pos (antes del sustantivo)* votre; *(después del sustantivo)* à vous.

   2 *pron pos* vôtre; **lo v.** ce qui est à vous.

vulgar *a* vulgaire.

vulnerable *a* vulnérable.

walkman® *m* Walkman® *m*.
wáter *m* (*pl* **wáteres**) toilettes *fpl*.
whisky *m* whisky *m*.
windsurf(ing) *m* planche *f* à voile.

xenofobia *f* xénophobie *f*.

y *conj* et; **son las tres y cuarto** il est trois heures et quart; **¿y qué?** et alors?; **¿y tú?** et toi?; **¿y eso?** qu'est-ce qui s'est passé?; *ver* **e**.
ya 1 *adv* déjà; *(ahora mismo)* tout de suite; **ya lo sabía** je le savais déjà; **¡hazlo ya!** fais-le tout de suite!; **ya mismo** tout de suite; **ya hablaremos luego** nous discuterons plus tard; **ya verás** tu verras; **ya no lo tengo** je ne l'ai plus; **ya no viene por aquí** il ne vient plus ici; **ya era hora** il était temps; **ya lo creo** je pense bien; **¡ya voy!** j'arrive!; **¡ya está!** ça y est!
   2 *conj* **ya que** puisque.
yacaré *m Am* caïman *m*.
yacer *vi* être allongé; *(muerto)* gésir.
yacimiento *m* gisement *m*.
yanqui *a* & *mf* yankee.
yate *m* yacht *m*.

yedra *f* lierre *m*.
yegua *f* jument *f*.
yema *f* *(de huevo)* jaune *m*; *(de planta)* bourgeon *m*; *(pastel)* sucrerie *f* à base de sucre et de jaune d'œuf; **y. del dedo** bout *m* du doigt.
yendo *gerundio de* **ir**.
yerba *f* = **hierba**.
yerbatero, -a *mf Am (curandero)* guérisseur, -euse qui soigne par les plantes.
yerno *m* gendre *m*.
yerro *indic pres de* **errar**.
yeso *m* plâtre *m*.
yo *pron pers* je, j'; *(forma tónica)* moi; **entre tú y yo** entre toi et moi; **¿quién es? — soy yo** qui est-ce? — c'est moi; **yo no** pas moi; **yo que tú** si j'étais à ta place; **yo mismo** moi-même.
yoga *m* yoga *m*.
yogur *m* yaourt *m*.
yuca *f* yucca *m*.
yudo *m* judo *m*.
yugo(e)slavo, -a 1 *a* yougoslave.
   2 *mf* Yougoslave *mf*.

zafarse *vr* s'échapper (**de** de).

zafiro *m* saphir *m*.

zalamero, -a *a & mf* flatteur, -euse.

zamarra *f (prenda)* gilet *m* en peau de mouton.

zambo, -a *a* cagneux; *Am* métis *(issu de parents de race indienne et noire)*.

zambullirse *vr* plonger.

zanahoria *f* carotte *f*.

zancada *f* enjambée *f*.

zancadilla *f* **ponerle la z. a algn** mettre des bâtons dans les roues à qn.

zanco *m* échasse *f*.

zancudo *m Am* moustique *m*.

zanja *f* fossé *m*.

zapatería *f* magasin *m* de chaussures.

zapatero, -a *mf (vendedor)* marchand, -ande de chaussures; *(fabricante)* fabricant, -ante de chaussures; *(reparador)* cordonnier, -ière.

zapatilla *f* pantoufle *f*; **zapatillas de deporte** baskets *fpl*.

zapato *m* chaussure *f*.

zarandear *vt* secouer.

zarcillo *m (pendiente)* boucle *f* d'oreille.

zarpa *f* griffe *f*.

zarpar *vi* lever l'ancre.

zarza *f* ronce *f*.

zarzamora *f (zarza)* ronce *f*; *(fruto)* mûre *f*.

zarzuela *f* opérette *f* espagnole; **la Z.** résidence *f* royale à Madrid.

zigzag *m (pl* **zigzags** *o* **zigzagues)** zigzag *m*.

zócalo *m (de pared)* plinthe *f*; *Am* place *f*.

zodiaco, zodíaco *m* zodiaque *m*; **signo del z.** signe du zodiaque.

zona *f* zone *f*.

zoo *m* zoo *m*.

zoológico, -a 1 *a* zoologique; **parque z.** parc zoologique.
2 *m* zoo *m*.

zopilote *m Am* urubu *m*.

zoquete *mf Fam* abruti, -ie.

zorra *f* renarde *f*; *Vulg* putain *f*.

zorro *m* renard *m*.

zueco *m* sabot *m*.

zumbar *vi* bourdonner; **me zumban los oídos** mes oreilles bourdonnent.

zumbido *m* bourdonnement *m*.

zumo *m* jus *m*.

zurcir *vt* raccommoder.

zurdo, -a *a & mf* gaucher, -ère.

PRONUNCIACIÓN Y ORTOGRAFÍA

ACENTOS Y DIÉRESIS

En francés existen tres tipos de acentos: acento agudo (´), acento grave (`) y acento circunflejo (^).

El **acento agudo** (´) se coloca sólo sobre la vocal *e* para indicar que se trata de una *e cerrada* [e], como en *été*.

El **acento grave** (`) se coloca sobre las vocales *a, e* y *u*; en la letra *a* y *u* sirve únicamente para distinguir palabras que tienen significados distintos, como *à: **à** cheval* y *a: **il a** un cheval; la: **la** fille* y *là: la fille est **là**; ou: des pommes **ou** des poires* y *où: **où** sont les pommes?*

En cambio, aplicado sobre la letra *e* sirve para indicar que se trata de una *e abierta* [ɛ], como en *très, près*.

El **acento circunflejo** (^) se coloca sobre las vocales *a, e* y *o* y sirve para indicar los sonidos [a], [ɛ], [o] respectivamente, como en *pâte, être, dôme;* las vocales *i* y *u* con acento circunflejo se pronuncian de la misma forma que sin el acento.

El signo de **la diéresis** (¨) se coloca sobre la *e, i* o la *u* para indicar que estas vocales se pronuncian separadas de la vocal que las precede, como en *Noël, haïr, Saül;* en la *e* de palabras terminadas en *-guë*, para indicar que la *u* debe pronunciarse mientras que la *e* no se pronuncia, como en *aiguë*.

LAS VOCALES

En francés existen cinco vocales, *a, e, i, o, u*, que pueden pronunciarse de formas muy distintas según el tipo de acento, si van seguidas de dobles consonantes o consonantes nasales, o de la combinación entre distintas vocales.

Las combinaciones de vocales que tienen una pronunciación específica son:

ai se pronuncia [ɛ], como en *aimer*
au se pronuncia [o], como en *cause, aussi*
eau se pronuncia [o]: *beau, château*
ei se pronuncia [ɛ]: *peine, reine*

eu se pronuncia [œ]: *ḥeure*, o bien [ø]: *feu, jeu*
oe se pronuncia [œ]: *oeil*
oeu se pronuncia también [œ] : *coeur, oeuf*
oi se pronuncia [wa]: *croire, boire*
ou se pronuncia [u]: *jour, nous*
ui se pronuncia [ɥi]: *aujourd'hui*

Cabe destacar también la *e muda* [ə], que, al final de palabra o entre dos consonantes simples, generalmente no se pronuncia: e*lle*, re*v*e*nir*, aigu*ë*

LAS CONSONANTES

La mayoría de consonantes francesas tienen las mismas características y se pronuncian igual que en español. Muchas de ellas, sin embargo, no se pronuncian cuando van al final de palabra, como la *d, p, s, t* y *z*. A continuación destacamos aquellos casos en que existen diferencias entre ambas lenguas:

B/V

A diferencia del español, estas dos consonantes se pronuncian de forma distinta, la **b** francesa se pronuncia [b], como la española, mientras que la **v** se pronuncia [v], sonido entre la *b* y la *f*.

C

Como en español, delante de *a, o* y *u* la *c* se pronuncia [k], pero delante de *e, i* y de *y* su sonido es [s].

Ç

Se escribe sólo delante de *a, o* y *u* y su sonido es [s].

G

Delante de *e, i* y *u* su sonido es [ʒ]; delante de *a, o* su sonido es [g]. Igual que en español, para que tenga el sonido [g] delante de *e, i* se intercala una *u*. En francés, también se puede obtener el sonido [ʒ] delante de *a, o* intercalando una *e* que no se pronuncia: *mangeons, il neigeait*.

La combinación *gn* corresponde al sonido [ɲ], como el de la *ñ* española.

La letra *g* generalmente no se pronuncia al final de palabra o en combinación con la letra *t: sang, vingt, doigt.*

Ll

Se pronuncia como la *l* simple [l]: *balle* o como [j]: *fille.*

Ph

Se pronuncia [f].

Q

Va siempre seguida de *u,* su sonido es [k]; *qu* puede ir seguida de *a, e, i, o: quartier, question, quitter, quoique.*

R

La *r* simple y la doble *r (rr)* se pronuncian igual en francés [r]; no se pronuncia en las palabras terminadas en *-er.*

S

La *s* inicial, la *s* entre vocal y consonante y la doble *s (ss)* se pronuncian [s], como en *pastille, russe*; la *s* sencilla entre vocales se pronuncia [z], como en *case.*

Y

Se pronuncia como la *i* [i]: *hydrater*; la combinación *ay* se pronuncia [ej], como en *payer* y la combinación *oy* se pronuncia [waj], como en *noyer.*

Z

Se pronuncia [z], como en *zèbre.*

EL NOMBRE

GÉNERO

Al igual que en español, en francés todos los nombres tienen un género masculino o femenino.

Los nombres de **seres animados** (personas o animales) son masculinos o femeninos según se refieran a seres de sexo masculino o femenino:

un homme / une femme   *un chien / une chienne*

En general, para formar el femenino, se añade una *e* a la forma masculina:

ami / amie	*inconnu / inconnue*
cousin / cousine	*marchand / marchande*
employé / employée	*Mexicain / Mexicaine*
Français / Française	

En algunas ocasiones, existen diferencias entre la forma masculina y la femenina:

acteúr / actrice	*époux / épouse*
boucher / bouchère	*fils / fille*
copain / copine	*héros / héroïne*
chanteur / chanteuse	*maître / maîtresse*
chien / chienne	*veuf / veuve*

En otras, la forma femenina es completamente distinta a la del masculino:

un homme / une femme	*un monsieur / une dame*
un cheval / une jument	

Muchos nombres de personas tienen una misma forma para el masculino y el femenino; la distinción de género viene dada, en este caso, por los determinantes que acompañan al nombre:

un / une adulte	*un / une artiste*
un / une adversaire	*cet / cette athlète*

Muchos nombres de personas tienen una misma forma para el masculino y el femenino y llevan siempre el artículo en masculino:

un amateur	*un écrivain*	*un professeur*
un architecte	*un juge*	
un assassin	*un médecin*	

Los nombres de **seres inanimados**, al igual que en español, tienen un género masculino o femenino, que se indica mediante el determinante que los acompaña.

Suelen ser **masculinos** los nombres terminados en:

-age: un village	*-in: un sapin*
-eau: un bateau	*-isme: le journalisme*
-eu: un feu, un cheveu	*-ment: le lancement*
-i: un souci, un pari	*-oir: le dortoir, le couloir*
-ier: un papier	*-ou: le cou, un hibou*
-illon: un papillon	

A diferencia del español, son masculinos los nombres de las letras del alfabeto: *un a, le 'f'*.

Suelen ser **femeninos** los nombres terminados en:

-aison: la maison	*-gion: la région*
-ance: la confiance	*-tion: la nation*
-e: la soie, la paille	*-oi: la loi, la foi*
-ence: la patience	*-sion: la passion*
-ense: la défense	*-té: la santé, la liberté*

NÚMERO

En la mayoría de casos, el plural de un nombre se forma añadiendo una *s*, que no se pronuncia:

une maison → des maisons   *un lit → des lits*

Sin embargo, se dan muchos casos de irregularidad:

• las palabras terminadas en *s, x* o *z* no cambian en plural:

un fils / des fils   *un prix / des prix*   *un nez / des nez*

• las palabras terminadas en *eau, au, eu* forman el plural añadiendo un *x*, que no se pronuncia:

un cadeau / des cadeaux   *un tuyau / des tuyaux*
un cheveu / des cheveux

• las palabras terminadas en *al* o *ail* forman el plural en *aux*:

animal / animaux   journal / journaux   émail / émaux
cheval / chevaux   corail / coraux   vitrail / vitraux

aunque hay algunas excepciones:

bal / bals   *détail / détails*
carnaval / carnavals   *portail / portails*

• las palabras terminadas en *ou* hacen el plural añadiendo *s*:

fou / fous   *trou / trous*   *voyou / voyous* pero existen algunas excepciones, que hacen el plural añadiendo x:

bijou / bijoux	genou / genoux	pou / poux
caillou / cailloux	hibou / hiboux	
chou / choux	joujou / joujoux	

Otros nombres tienen un plural absolutamente irregular:

ciel → cieux	mademoiselle → mesdemoiselles
madame → mesdames	monsieur → messieurs
oeil → yeux	

EL ADJETIVO

GÉNERO

Como norma general puede decirse que el femenino de los adjetivos se forma añadiendo una e a la terminación masculina:

bleu → bleue	joli → jolie
brun → brune	noir → noire
dur → dure	plein → pleine
espagnol → espagnole	résistant → résistante
humain → humaine	seul → seule

Si la forma masculina termina en e la forma femenina se mantiene igual:

agréable	jaune	rouge
difficile	large	utile

En otras ocasiones, la terminación femenina cambia sustancialmente respecto de la masculina:

aigu → aiguë	heureux → heureuse
ancien → ancienne	individuel → individuelle
beau → belle	léger → légère
blanc → blanche	long → longue
bon → bonne	net → nette
complet → complète	neuf → neuve
doux → douce	nul → nulle
européen → européenne	public → publique
gros → grosse	

NÚMERO

La mayoría de adjetivos forman el plural añadiendo una *s*.

- los que terminan en *s* o *x* no varían en plural: *épais, sérieux*.
- los adjetivos terminados en *eau* añaden una *x* para formar el plural: *beau → beaux*.
- la mayoría de adjetivos terminados en *al* forman el plural en *aux: principal → principaux* pero existen algunas excepciones: *fatal, natal, naval* que hacen el plural añadiendo una *s*.

▶ Observa cómo los adjetivos *beau, fou, nouveau* y *vieux* adoptan formas distintas cuando van seguidos de un nombre que empieza por vocal o *h*:

un **bel** enfant   un **nouvel** appartement
un **fol** espoir   un **vieil** homme

DETERMINANTES

EL ARTÍCULO

En francés existen tres tipos de artículo: el determinado, el indeterminado y el partitivo. Presentan distintas formas según se utilicen para acompañar a un nombre masculino o femenino, en singular o en plural.

	masculino singular	masculino plural	femenino singular	femenino plural
indeterminado	un	des	une	des
determinado	le / l'	les	la / l'	les
con preposición *à*	au / à l'	aux	à la	aux
con preposición *de*	du / de l'	des	de la / de l'	des
partitivo	du / de l'	des	de la / de l'	des

El **artículo determinado** tiene usos muy parecidos a los del español pero existen también algunas diferencias:

- se utiliza delante de los nombres de países: *la France, l'Espagne*

- no se utiliza para indicar las horas del día: *je pars à huit heures du matin*, ni delante de algunas formas de tratamiento: *monsieur Dupont est arrivé; madame Sorel est sortie*; pero sí se utiliza delante de títulos: *monsieur **le** directeur, madame **la** comtesse*.

Al igual que en español, el artículo determinado masculino **se contrae** en combinación con las preposiciones *à* y *de*: *je vais **au** marché / **aux** États Unis, je reviens **du** marché / **des** États Unis*, pero: *je vais à la plage / je reviens de la plage*.

El artículo **indeterminado** tiene usos parecidos al del español, sin embargo, la forma plural presenta ciertas diferencias:

- en frases negativas el artículo es reemplazado por *de*: *il a **des** amis → il n'a pas **d'**amis*
- lo mismo ocurre cuando el nombre va precedido de un adjetivo: *ils ont **de** grands enfants*
- se utiliza en ocasiones en que el español no lo hace: *il chante **des** chansons*.

El artículo **partitivo** se utiliza para expresar una cantidad indefinida con palabras no contables: *je voudrais **du** lait, **de la** viande, **de l'**eau, **des** bonbons*.

En frases negativas el artículo es reemplazado por *de*: *je ne veux pas **de** café*.

ADJETIVOS POSESIVOS

persona	singular		plural
	masculino	femenino	
1ª persona singular	mon	ma	mes
2ª persona singular	ton	ta	tes
3ª persona singular	son	sa	ses
1ª persona plural	notre	notre	nos
2ª persona plural	votre	votre	vos
3ª persona plural	leur	leur	leurs

Los **adjetivos posesivos** concuerdan en género y número con el nombre del objeto poseído:

mon *livre* / **mes** *livres*   **son** *mari* / **sa** *femme*

▶ Observa cómo en francés existen una forma para la tercera persona del singular: *son* mari, *sa* femme, *ses* enfants (de él o de ella) y otra para la tercera persona del plural: *leur* enfant, *leurs* enfants (de ellos o de ellas).

Delante de un nombre femenino empezado por vocal o *h* se utiliza la forma masculina del adjetivo posesivo: *mon* amie.

ADJETIVOS DEMOSTRATIVOS

	singular	plural
masculino	ce (cet)	ces
femenino	cette	ces

Los **adjetivos demostrativos** concuerdan en género y número con el nombre al que acompañan:

ce monsieur   *cette* dame   *ces* enfants

Cuando precede a un nombre masculino que empieza por vocal o *h*, el demostrativo *ce* adopta la forma *cet*: *cet* enfant.

ADJETIVOS INTERROGATIVOS Y EXCLAMATIVOS

	singular	plural
masculino	quel	quels
femenino	quelle	quelles

Los **adjetivos interrogativos y exclamativos** concuerdan en género y número con el nombre al que acompañan:

Quel jour arrive-t-il?   *Quelle* chance!

Los adjetivos interrogativos también pueden utilizarse en la interrogación indirecta:

je me demande *quelle* heure il est

ADJETIVOS INDEFINIDOS

En general, los **adjetivos indefinidos** concuerdan en género y número con el nombre al que acompañan; en algunas ocasiones sirven para indicar una cantidad imprecisa.

Los principales adjetivos indefinidos son:

Quelque, quelques (= algún, alguno, alguna, algunos, algunas)
> Il reste encore **quelques** étudiants dans la salle
> (= todavía quedan algunos alumnos en la clase)

Plusieurs (= varios, varias)
> **Plusieurs** personnes sont venues ce soir
> (= han venido varias personas esta noche)

Chaque (= cada)
> Il faut se laver les mains avant **chaque** repas
> (= hay que lavarse las manos antes de cada comida)

Tout, toute, tous, toutes
> Pour **tout** achat supérieur à cent francs, il vous sera offert un livre
> (= por cualquier compra superior a cien francos...)

> **Tous** ses enfants sont blonds
> (= todos sus hijos son rubios)

> **Tous** les dimanches il joue au football
> (= cada domingo juega al fútbol)

Tel, telle, tels, telles (= tal, tales)
> **Tel** jour à **telle** heure
> (= tal día a tal hora)

Même, mêmes (= mismo, misma, mismos, mismas)
> Il a les **mêmes** yeux que sa mère
> (= tiene los mismos ojos que su madre)

Autre, autres (= otro, otra, otros, otras)
> Je voudrais un **autre** verre d'eau
> (= quisiera otro vaso de agua)

Aucun, aucune (= ningún, ninguno, ninguna)
> Il n'a pris **aucune** décision
> (= no ha tomado ninguna decisión)

ADJETIVOS NUMERALES

Los **adjetivos numerales** sirven para

- contar (cardinales): *ils ont eu **deux** garçons*
- ordenar (ordinales): *mardi est le **deuxième** jour de la semaine*

Los números cardinales son los siguientes:

1 un	*30 trente*
2 deux	*40 quarante*
3 trois	*50 cinquante*
4 quatre	*60 soixante*
5 cinq	*70 soixante-dix*
6 six	*71 soixante et onze*
7 sept	*72 soixante-douze*
8 huit	*80 quatre-vingts*
9 neuf	*81 quatre-vingt-un*
10 dix	*82 quatre-vingt-deux*
11 onze	*90 quatre-vingt-dix*
12 douze	*91 quatre-vingt-onze*
13 treize	*92 quatre-vingt-douze*
14 quatorze	*100 cent*
15 quinze	*101 cent un*
16 seize	*110 cent dix*
17 dix-sept	*200 deux cents*
18 dix-huit	*1000 mille*
19 dix-neuf	*1001 mille un*
20 vingt	*1200 mille deux cents*
21 vingt et un	*2000 deux mille*
22 vingt-deux	*1000000 un million*
23 vingt-trois	*1000000000 un milliard*

Los ordinales se forman añadiendo *-ième* a la terminación del número cardinal:

deux / deuxième   *six / sixième*   *dix / dixième*

Si el cardinal termina en *e*, ésta se pierde en la forma ordinal:

onze / onzième   *seize / seizième*

Algunos números sufren ligeros cambios al pasar de cardinales a ordinales:

cinq / cinquième   *neuf / neuvième*

PRONOMBRES

PRONOMBRES PERSONALES

	sujeto	complemento directo	complemento indirecto	formas reflexivas	otros usos
singular					
1ª persona	je (j')	me (m')	me (m')	me (m')	moi
2ª persona	tu	te (t')	te (t')	te (t')	toi
3ª persona masc.	il	le (l')	lui	se (s')	lui
3ª persona fem.	elle	la (l')	lui	se (s')	elle
plural					
1ª persona	nous	nous	nous	nous	nous
2ª persona	vous	vous	vous	vous	vous
3ª persona masc.	ils	les	leur	se (s')	eux
3ª persona fem.	elles	les	leur	se (s')	elles

▶ Observa que las formas *je, me, te* llevan apóstrofe (*j',m', t'*) delante de una palabra que empiece por vocal o *h*:

> *j'aime, il m'aime, je t'aime*

En francés, a diferencia del español, el verbo debe llevar siempre sujeto; si éste no es un nombre de persona, animal o cosa, el uso del pronombre es obligatorio:

> *Pierre a téléphoné, il voulait te parler*

El pronombre personal sujeto se coloca siempre delante del verbo y entre ambos sólo puede haber un pronombre personal complemento, los pronombres adverbiales *en, y* y la partícula negativa *ne*:

*Il **nous** a quittés*	*Nous **en** parlons*	*Je **ne** sais pas*
(= nos ha dejado)	(= hablamos de ello)	(= no sé)

En las frases interrogativas, el pronombre se coloca detrás del verbo, unido al mismo por un guión:

*Que veux-**tu**?*	*Où l'as-**tu** mis*
(= ¿qué quieres?)	(= ¿dónde lo has metido?)

En francés, la forma *vous* corresponde a la segunda persona del plural y también corresponde al tratamiento de *usted, ustedes*:

Vous, mes enfants, où allez-vous?   *Que voulez-vous?*
(= niños, ¿adónde vais?)   (= ¿que desea(n) usted(es)?)

Las formas *moi, toi, lui, elle, nous, vous, eux, elles* se utilizan:

- después de una preposición:

    *ce cadeau est pour **toi***
    (= este regalo es para ti)

- después de las formas *c'est, ce sont*:

*C'est **moi** qui ai dit ça*   *Ce sont **eux** qui crient*
(= lo he dicho yo)   (= son ellos los que gritan)

- como respuesta a una pregunta, cuando la respuesta carece de verbo:

    *Qui est là? **Moi***
    (= ¿quién está ahí? Yo)

- en comparaciones:

    *Il est plus grand que **toi***
    (= es más alto que tú)

PRONOMBRES ADVERBIALES

Estos pronombres no tienen equivalente en español y la mayoría de las veces no se traducen.

En

Sustituye a nombres de personas, animales o cosas cuando van precedidos del artículo partitivo, y a nombres de lugar cuando van precedidos de la preposición *de*:

*As-tu acheté des pommes? J'**en** ai*   (= regresó ayer de allí)
acheté deux   *Un peu de vin? J'**en** ai*
(= he comprado dos)   *déjà, merci*
*Elle est revenue de Rome → Elle **en***   (= ya tengo)
est revenue hier

También sustituye al complemento de un verbo que rige la preposición *de*:

    *Je te remercie de ton aide → Je t'**en** remercie*
    (= te agradezco la ayuda → Te lo agradezco)

Y

Sustituye a nombres de lugar cuando van precedidos de las preposiciones *à, dans, en, sur*; podría traducirse por *allí*:

*Elle part en vacances à Bordeaux; elle
y a toute sa famille*
(= toda su familia está allí)
*Ils ont une ferme dans les Cévennes.
Ils y passent toutes leurs vacances*
(= siempre pasan las vacaciones allí)
Marie part en Savoie pour y faire du ski
(= para esquiar)
*Cherche sur le haut de l'étagère.
J'y ai mis les serviettes de table*
(= he puesto allí las servilletas)

También sustituye al complemento de un verbo que rige la preposición *à*:

*Je ne voulais pas croire à cette histoire,
mais maintenant j'y crois*
(= no quería creerme esta historia, pero ahora sí la creo)

PRONOMBRES POSESIVOS

	un objeto poseído		varios objetos poseídos	
	masculino	femenino	masculino	femenino
singular				
1ª persona	le mien	la mienne	les miens	les miennes
2ª persona	le tien	la tienne	les tiens	les tiennes
3ª persona	le sien	la sienne	les siens	les siennes
plural				
1ª persona	le nôtre	la nôtre	les nôtres	les nôtres
2ª persona	le vôtre	la vôtre	les vôtres	les vôtres
3ª persona	le leur	la leur	les leurs	les leurs

Los **pronombres posesivos** sustituyen a nombre de animales, personas o cosas precedidos de un adjetivo posesivo:

*Jeanne a oublié son parapluie ici.
Tu es sûre que c'est **le sien**?*
(= Jeanne olvidó su paraguas aquí.
¿Estás segura que es el suyo?)

PRONOMBRES DEMOSTRATIVOS

formas simples				formas compuestas		
	masculino	femenino	neutro	masculino	femenino	neutro
singular	celui	celle	ça, ce (c')	celui-ci	celle-ci	ceci
				celui-là	celle-là	cela
plural	ceux	celles		ceux-ci	celles-ci	
				ceux-là	celles-là	

La forma *ce* lleva apóstrofe (c') delante de una palabra que empiece por vocal o *h*; generalmente no se traduce. Se utiliza en combinación con el verbo *être*:

C'est mon frère
(= es mi hermano)

Ce sont mes amis
(= son mis amigos)

Las formas neutras *ça, cela, ceci* pueden traducirse por *esto* o *aquello*; podría considerarse que *ça* es una forma familiar de *cela*:

*Que penses-tu de **ceci**?*
(= ¿qué piensas de esto?)
*As-tu vu **ça**?*
(= ¿has visto esto?)

***Cela**, c'est une autre histoire*
(= esto es otra historia)

Las formas *celui, celle, ceux, celles* pueden traducirse por *el, la, los, las* respectivamente:

*Ta maison est plus belle que **celle** de mes parents*
(= que la de mis padres)
***Ceux** que je préfère ce sont les noirs*
(= los que prefiero...)

Las formas compuestas con *-ci* sirven para mostrar la cercanía:

Celui-ci me plaît
(= éste me gusta)

*Je veux **celle-ci***
(quiero ésta)

Las formas compuestas con *-là* sirven para mostrar una mayor distancia:

*Passez-moi une bouteille, **celle-là**, en haut de l'étagère*
(= aquélla de arriba la estantería)

PRONOMBRES INTERROGATIVOS

	personas	cosas
sin preposición	qui	que (qu')
	lequel, laquelle,	lequel, laquelle,
	lesquels, lesquelles	lesquels, lesquelles
con preposición	qui	quoi
	auquel, à laquelle,	auquel, à laquelle,
	auxquels, auxquelles	auxquels, auxquelles
	duquel, de laquelle,	duquel, de laquelle,
	desquels, desquelles	desquels, desquelles

Los pronombres interrogativos franceses tienen usos similares a los españoles:

Qui a fait ça?
(= ¿quién ha hecho esto?)
Que veux-tu?
(= ¿qué quieres?)

À qui dois-je m'adresser?
(= ¿a quién tengo que dirigirme?)
De quoi s'agit-il?
(= ¿de qué se trata?)

Las formas *lequel, laquelle,* etc. concuerdan en género y número con la palabra a la que sustituyen:

Lequel me conseillez-vous?
(=¿cuál [de ellos] me aconseja?)
Lesquelles sont les meilleures?
(= ¿cuáles [de ellas] son las mejores?)

PRONOMBRES INDEFINIDOS

Sustituyen a personas, animales o cosas cuya identidad se desconoce.

Personne, rien, aucun (aucune)

Se utilizan siempre en frases negativas:

Personne n'est venu
(= no ha venido nadie)
Je ne connais personne
(= no conozco a nadie)
Rien n'est impossible
(= nada es imposible)

Il n'a rien dit
(= no ha dicho nada)
Aucun d'eux n'a compris
(= ninguno de ellos ha comprendido)

▶ Observa cómo en estos casos el segundo elemento de la negación (*pas*) desaparece.

Quelqu'un, quelque chose

Se utilizan en frases afirmativas e interrogativas:

Quelqu'un est venu te voir
(= alguien ha venido a verte)

As-tu perdu quelque chose?
(= ¿has perdido algo?)

PRONOMBRES RELATIVOS

Qui

Se utiliza cuando su antecedente, persona, animal o cosa, hace la función de sujeto en la subordinada adjetiva:

Il y a des gens qui disent n'importe quoi
(= hay personas que dicen cualquier cosa)
J'aime les films qui finissent bien
(= me gustan las películas que acaban bien)

Si va precedido de una preposición sólo puede sustituir a una persona:

> *La personne à qui je parlais est le directeur*
> (= la persona con quien hablaba es el director)

Que

Se utiliza cuando su antecedente, persona, animal o cosa, hace la función de complemento directo en la subordinada adjetiva:

Les gens que j'aime...
(= las personas que amo...)

Le film que j'ai vu...
(= la película que he visto...)

Quoi

Se refiere únicamente a cosas y va siempre precedido de preposición:

Je ne sais pas de quoi tu me parles
(= no sé de qué me hablas)

À quoi ça sert?
(= ¿para qué sirve?)

Dont

Se refiere a personas, animales o cosas y los sustituye cuando van precedidos de la preposición *de*; puede traducirse por *del que, de la que...* o por *cuyo, cuya...*:

J'ai vu le film dont tu me parlais
(= del que me hablabas)

*Le garçon **dont** je connais le père*
(= cuyo padre conozco)

Où

Puede hacer referencia al tiempo o al espacio:

*La maison **où** j'habite* *Le jour **où** l'on s'est connus*
(= la casa donde vivo) (= el día en que nos conocimos)
*La ville **d'où** je viens*
(= la ciudad de donde vengo)

EL PRONOMBRE ON

On no tiene equivalente en español; hace siempre la función de sujeto y el verbo va siempre en tercera persona del singular; en muchas ocasiones equivale a una forma impersonal pero, en lenguaje coloquial, también puede referirse a la primera persona del plural:

On *dit qu'elle a été assassinée* **On** *a beaucoup travaillé*
(= se dice que la han asesinado) (= hemos trabajado mucho)

EL ADVERBIO

Los adverbios son palabras invariables; sirven para dar información acerca del tiempo, modo, lugar y cantidad. Acompañan básicamente al verbo, aunque también pueden acompañar a un adjetivo o a otro adverbio:

*Il est arrivé **hier*** *Il mange **beaucoup***
(= llegó ayer) (= come mucho)
*Elles chantent **bien*** *Elles est **très** belle*
(= cantan bien) (= es muy bonita)
*Nous habitons **ici*** *Il parle **très bien** l'anglais*
(= vivimos aquí) (= habla muy bien inglés)

Como en español, muchos adverbios franceses se forman añadiendo la terminación *-ment* a la forma femenina del adjetivo:

doux → *douce* → *douce**ment***
sec → *sèche* → *sèche**ment***
long → *longue* → *longue**ment***

Los adjetivos cuya forma masculina termina en vocal forman el adverbio añadiendo directamente *-ment*:

poli →   poli**ment**
joli →   joli**ment**
vrai →   vrai**ment**

Los adjetivos cuya forma masculina termina en *-ant* o *-ent* forman el adverbio añadiendo *-amment* y *-emment* respectivamente:

courant →   cour**amment**
évident →   évid**emment**

ADVERBIOS INTERROGATIVOS

Son los que preguntan acerca del tiempo, modo, lugar y cantidad; se utilizan en la interrogación directa y la indirecta:

Quand *viendras-tu?*
(=¿cuándo vendrás?)
Dis-moi **quand** *tu viendras*
(= dime cuándo vendrás)
Comment *l'histoire se termine-t-elle?*
(= ¿cómo se acaba la historia?)
*D'**où** venez-vous?*
(= ¿de dónde venís?
Combien *coûte un kilo de pommes?*
(= ¿cuánto vale un kilo de manzanas?)

EL VERBO

CONJUGACIÓN

En francés los verbos se agrupan en tres conjugaciones:

- conjugación verbos terminados en *-er*: **chanter**
- conjugación verbos terminados en *-ir* y con el gerundio en *-issant*: **finir** *(fin**issant**)*
- conjugación verbos terminados en *-oir* : **voir,** en *-re*: **vendre** y los terminados en *-ir* con el gerundio en *-ant*: **courir** *(courant)*

Los verbos de la primera conjugación, a excepción de *aller*, son regulares, es decir, conservan siempre la misma raíz:

chant / er   nous **chant** / ons   vous **chant** / iez   tu **chant** / eras

► Observa, sin embargo, los cambios ortográficos que se dan en algunos verbos de este grupo:

* los verbos cuya raíz termina en *g* añaden una *e* cuando la raíz va seguida de *a* u *o*: *je mange → mangeons*
* si la raíz termina en *c* se transforma en *ç* delante de *a, o, u*: *je commence → nous commençons*
* si la raíz termina en *y* se transforma en *i* delante de *e muda*: *envoyer → j'envoie*
* algunos verbos cuya raíz termina en *et* o *el* doblan la consonante delante de *e muda*: *jeter → je jette; appeler → tu appelles*
* en cambio otros, con la misma raíz, cambian la *e* por *è* delante de *e muda*: *acheter → il achète; geler → ils gèlent*
* este mismo cambio se produce en verbos como *lever, mener*: *je lève, il mène*

Los verbos de la segunda conjugación son regulares, excepto *haïr* ya que la *ï* de la raíz pierde la diéresis en las tres primeras personas del singular del presente: *je hais, tu hais, il hait*.

Los verbos de la tercera conjugación son irregulares en la mayoría de los casos, ya que tienen más de una raíz:

> *peindre → je peins, nous peignons*
> *venir → je viens, nous viendrons*

Para más información acerca de la conjugación irregular, puede consultarse el cuadro de verbos de las páginas preliminares.

VERBOS AUXILIARES

A diferencia del español, en francés existen dos verbos auxiliares para formar los tiempos compuestos: *avoir* y *être*.

Los verbos que forman los tiempos compuestos con el auxiliar *être* son:

* los que expresan movimiento o cambio de estado: *aller, arriver, devenir, monter, mourir, naître, partir, rentrer, rester, retourner, revenir, sortir, venir*:

*Il **est** arrivé*	*Elle **est** sortie*	*Nous **sommes** partis*
(= ha llegado)	(= ha salido)	(= nos hemos ido)

* todos los verbos pronominales:

*Je me **suis** lavé*	*Ils se **sont** battus*
(= me he lavado)	(= se han peleado)

▶ Observa cómo el participio pasado concuerda en género y número con el sujeto del verbo.

Los verbos que forman los tiempos compuestos con el auxiliar *avoir* son

• los verbos *avoir* y *être* en todos sus sentidos:

*J'**ai** eu le plaisir de le connaître*
(= he tenido el placer de conocerlo)
*Il **avait** été médecin auparavant*
(= antes había sido médico)
Elles n'ont jamais été à Marseille
(= nunca han estado en Marsella)

• todos los verbos transitivos, los intransitivos que no expresan movimiento o cambio de estado:

*J'**ai** oublié les clés*   *Tu **as** bien dormi*
(= he olvidado las llaves)   (= has dormido bien)

• y los verbos *courir, marcher, suivre, grossir* y *maigrir* aunque expresen movimiento o cambios de estado:

*Nous **avons** couru*   *Elle **a** bien maigri*
(= hemos corrido)   (= sí que ha adelgazado)
*Elles **ont** beaucoup marché*
(= han andado mucho)

▶ Observa cómo, con el auxiliar *avoir* el participio pasado no concuerda en género y número con el sujeto del verbo, excepto cuando el complemento directo del verbo se coloca antes del mismo:

    *La robe qu'elle m'a montré**e** est très belle*
    (= el vestido que me ha enseñado es muy bonito)

VERBOS PRONOMINALES

Estos verbos se forman con SUJETO + PRONOMBRE REFLEXIVO (en el mismo número y persona que el sujeto) + VERBO:

*Je **me** lave*   *Ils **s'**habillent*   *Ils **se** détestent*

Al igual que en español, en la mayoría de los casos, los verbos pronominales expresan una acción reflexiva o recíproca, es decir que la acción del verbo recae sobre el mismo sujeto.

Algunos verbos, sin valor reflexivo o recíproco, se utilizan siempre en forma pronominal: *s'absenter, s'écrier, se souvenir, s'évanouir, s'enfuir*.

En otros casos, la forma pronominal da al verbo el valor de voz pasiva:

ça s'explique très bien   *ce livre se lit très vite*
(= se explica fácilmente) (= este libro se lee rápido)

▶ Recuerda que los verbos pronominales forman los tiempos compuestos con el auxiliar *être*.

VERBOS IMPERSONALES

Son los que se conjugan siempre en tercera persona del singular; el sujeto es *il* aunque no se refiera a ninguna persona o cosa en concreto.

Los principales verbos impersonales son:

• los que expresan actividad meteorológica:

il neige   *il pleut*   *il gèle*

• *falloir*, con significado de obligación se usa seguido del infinitivo o de una oración subordinada cuyo verbo está en subjuntivo:

Il fallait essayer   *Il faut que tu viennes*
(= había que intentarlo) (= tienes que venir)

• *rester, manquer*, con significado de *quedar* y *faltar*:

Il reste trois jours avant la fin de l'année
(= quedan tres días para terminar el año)
Il manque trois chaises
(= faltan tres sillas)

• *il y a...* (= hay...)

Il y a trois chiens dans la maison
(= hay tres perros en la casa)
Il y avait un jardin autour de la maison
(= había un jardín alrededor de la casa)
Il y aura beaucoup de monde
(= habrá mucha gente)
Il n'y a plus de lait
(= ya no hay leche)

- ***il est, il était*** (= es, era)

Il est *tard*
(= es tarde)

Il était *une fois*
(= érase una vez)

LA COMPARACIÓN

La comparación sirve para marcar la igualdad o la diferencia (superioridad / inferioridad) entre dos frases enteras, entre dos elementos de una frase o con relación a la totalidad, es decir la forma superlativa:

il est moins intelligent qu'on ne croit
(= es menos inteligente de lo que se cree)
elle est plus âgée que moi
(= es mayor que yo)
nous sommes les plus affectés [de tous]
(somos los más afectados [de todos])

Para formar el comparativo de igualdad de adjetivos o adverbios se utiliza la fórmula AUSSI......QUE:

> *Paul travaille **aussi** bien **que** son frère*
> (= Paul trabaja tan bien como su hermano)

Para el comparativo de superioridad la fórmula es PLUS......QUE:

> *Marie est **plus** jeune **que** Sophie*
> (= Marie es más joven que Sophie)

Para el de inferioridad la fórmula es MOINS......QUE:

> *Il fait **moins** chaud **que** l'été dernier*
> (= hace menos calor que el verano pasado)

Para formar el superlativo de los adjetivos la fórmula es LE / LA / LES PLUS / MOINS [DE...]:

> *Jean est **le plus** intelligent **des** élèves*
> (= Jean es el más inteligente de los alumnos)

Para formar el superlativo de adverbios o verbos la fórmula es LE PLUS / MOINS [DE...]:

> *c'est le train qui roule **le plus** vite*
> (= es el tren que circula más rápido)
> *le modèle que nous vendons **le plus** est celui-ci*
> (= el modelo que más vendemos es éste)

Algunos adjetivos y adverbios tienen formas irregulares para expresar la comparación:

bon	meilleur	le meilleur, la meilleure
bien	mieux	le mieux
mauvais	pire	le / la pire, les pires

PREGUNTA Y NEGACIÓN

Para formular LAS PREGUNTAS el francés tiene tres posibilidades:

- mediante la entonación, como en español

  alors, tu viens?
  (= ¿vienes o no?)

- mediante la inversión del verbo y el sujeto:

  Viendront-ils?   *Qu'en sais-tu?*
  (= ¿vendrán?)   (= ¿qué sabes de esto?)

- mediante la fórmula EST-CE QUE:

  Est-ce qu'ils viendront?   **Est-ce que** tu en sais quelque chose?
  (= ¿vendrán?)   (= ¿sabes algo?)

▶ Observa cómo en francés el signo de interrogación se coloca sólo al final.

Para formar una FRASE NEGATIVA el francés tiene dos elementos: *ne* y *pas*; *ne* se coloca delante del verbo y *pas* detrás del verbo en los tiempos simples o detrás del auxiliar en los tiempos compuestos:

*Je **ne** sais **pas***   *Ils **n'**ont **pas** répondu au téléphone*
(= no sé)   (= no han contestado al teléfono)

▶ Observa que *ne* se apostrofa (*n'*) cuando le sigue una palabra que empieza en vocal o *h*.

Cuando en la frase aparecen adverbios o pronombres con valor negativo, el elemento *pas* desaparece:

*Je **ne** sais **rien***   *Ils **ne** sortent **plus** ensemble*
(= yo no sé nada)   (= ya no salen juntos)

*Il **n'**a vu **personne***   *Elle **n'**en a **aucune** idée*
(= no ha visto a nadie)   (= no tiene ni idea)

*Nous **ne** nous sommes*   *Je **ne** le trouve **nulle part***
***jamais** rencontrés*   (= no lo encuentro por
(= no nos hemos visto nunca) ninguna parte)

Esta obra se terminó de imprimir y encuadernar en junio de 2002
en Gráficas Monte Albán, S.A. de C.V., Fraccionamiento
Agro-Industrial La Cruz, Querétaro, Qro.

La edición consta de 10 000 ejemplares